长沙县年鉴

2016

长沙县人民政府 主办
长沙县史志档案局 编

方志出版社
Publishing House of Local Records

图书在版编目（CIP）数据

长沙县年鉴. 2016 / 长沙县史志档案局编. —— 北京：方志出版社，2017.3

ISBN 978-7-5144-2391-4

Ⅰ. ①长… Ⅱ. ①长… Ⅲ. ①长沙县—2016—年鉴 Ⅵ. ①Z526. 44

中国版本图书馆CIP数据核字（2017）第068306号

长沙县年鉴（2016）

编　　者：	长沙县史志档案局
责任编辑：	齐　笑
出 版 人：	冀祥德
出 版 者：	方志出版社 地址：北京市朝阳区潘家园东里9号（国家方志馆4层） 邮编：100021 网址：http://www.fzph.org
发　　行：	方志出版社发行中心 电话（010）67110500
经　　销：	各地新华书店
印　　刷：	湖南宏图印务有限公司
开　　本：	787 × 1092　1/16
印　　张：	26
字　　数：	870千字
版　　次：	2017年3月第1版　2017年3月第1次印刷
印　　数：	0001~1000册

ISBN 978-7-5144-2391-4　　**定价：**200.00元

星沙文化广场　　（县委办 提供）

迈向现代化的长沙县

地域名片　全国十八个改革开放典型地区之一

区域定位　湖南省会次中心

土地面积　1756平方千米

户籍人口　74.3万人

所辖镇（街）

黄兴镇　江背镇　黄花镇　春华镇　果园镇　路口镇　北山镇
高桥镇　金井镇　开慧镇　福临镇　安沙镇　青山铺镇
星沙街道　湘龙街道　泉塘街道　长龙街道　榔梨街道

功能分区

长沙经济技术开发区（国家级开发区）

长沙临空经济区　星沙松雅湖商务区　黄兴会展经济区

长沙现代农业区（长沙县国家现代农业示范区）

发展理念

幸福与经济共同增长

乡村与城市共同繁荣

生态宜居与发展建设共同推进

全民共享经济发展成果

全民共享基本公共服务

全民共享平等发展机遇

发展愿景

率先建成全面小康社会

率先建成“两型”社会

率先基本实现现代化

综合实力

全国县域经济与县域基本竞争力百强县第八位

中国中小城市综合实力百强县第六位

全国十佳“两型”中小城市第一位

国家级荣誉

国家生态县

全国文明城市（县级）提名奖

全国县域网络形象十强县（第九）

中国茶业十大转型升级示范县

全国重点产茶县（十强）

回眸"十二五"（2011-2015年）

"十二五"期间，长沙县综合实力实现大跨越，经济社会发展取得新成就

1

地区生产总值
由630亿元 ↑ **1150**亿元

财政总收入
由75亿元 ↑ **202**亿元

2

县域经济基本竞争力排名
由第25位 ↑ 第**8**位

中国中小城市科学发展排名
由第31位至 ↑ 第**6**位

成为全国十八个改革开放典型地区之一

3

工程业总产值**2286.2**亿元
比2010年增长 **195.6%**

高新技术产业
增加值占GDP的比重达**38%**

4

累计利用外资**24.1亿**美元

外贸总量占 全省十分之一
全市四分之一

5

城乡居民人均可支配收入分别增长

72%、125% 分别为36400元、25100元

人均储蓄存款**40492元**

6

累计引进重大项目**159**个

完成固定资产投资**3041**亿元

7

坚持每年新增财力的

80%用于发展民生

分别累计投入

教育**61.2**亿元　医疗卫生**29.1**亿元

文化体育**8**亿元　保障房建设**13.2**亿元

8

基本构建了

覆盖全民的社会保障体系

覆盖城乡的公共服务体系

覆盖全社会的慈善救助体系

数说2015

指标	2015年	2014年	比上年增长百分比
GDP	1168.3亿元	1100.6亿元	9%
工业总产值	2286.2亿元	2128.3亿元	9.8%
农林牧渔业总产值	107.8亿元	111.9亿元	5.5%
固定资产投资总额	770.4亿元	761.9亿元	18.6%

说明：2015年1月14日，长沙县暮云街道、南托街道并入长沙市天心区，长沙县跳马镇并入长沙市雨花区，有关指标计算时，剔除了区划调整因素。

社会消费品零售总额

2015年 373.7亿元

2014年 290.1亿元

16.5%

比上年增长百分比

财政收入

2015年 202亿元

2014年 207.2亿元

10.9%

比上年增长百分比

城镇居民人均可支配收入

2015年 36400元

2014年 33513元

9.3%

比上年增长百分比

农民人均可支配收入

2015年 25100元

2014年 22872元

8.4%

比上年增长百分比

聚焦2015 领导考察

2015年，省委书记、省人大常委会主任徐守盛两次到长沙县调研或参加相关活动，图为徐守盛（右三）到长沙经济技术开发区蓝思科技、长沙创芯集成电路有限公司两家企业调研 （长沙经开区志办 提供）

2015年，省委副书记、省长杜家毫三次到长沙县调研，图为1月4日杜家毫（前排左一）到长沙经济技术开发区内企业蓝思科技（长沙）有限公司槊梨基地和上海大众长沙工厂等调研项目建设情况，省委常委、市委书记易炼红（前右一）等参加调研　　（曾诗怡 摄）

2015年，省委常委、市委书记易炼红十次到长沙县调研考察，图为3月9日易炼红（中）在湖南万容科技股份有限公司考察垃圾分类处理项目情况 （曾诗怡 摄）

3月31日，副省长、省政府秘书长戴道晋（左三）率领由省安监、经信委、科技厅等部门组成的调研组到长沙经济技术开发区企业千山药机调研该公司推出的的全自动化组合烟花生产线，市委常委、副市长张迎春（右二）参加调研　　（长沙经开区志办 提供）

4月22日，市政协主席范小新（前排左三）调研影珠山抗战遗址园　（县政协办 提供）

5月21日，长沙市委常委、统战部部长文树勋（右三）到星沙产业基地山河智能、云箭集团及上海大众配套园等企业调研项目建设情况　（星沙产业基地 提供）

6月6日，海关总署署长于广洲（前左三）与国务院第十督导组一行到长沙经济技术开发区蓝思科技等企业就园区稳增长、调结构、惠民生政策落实情况督查　（长沙经开区志办 提供）

11月11日，福田汽车集团纯电动卡车与环境装备产业园正式在长沙经开区开工建设，项目位于东六线与人民东路交会处，总投资50亿元。易炼红（前排右二）、胡衡华（前排左二）在福田纯电动卡车与环境装备产业园项目施工现场考察。（蒋炼 摄）

2015年，市委副书记、市长胡衡华九次到长沙县调研考察，图为12月1日胡衡华（前排左一）在千山药机参观最新专利科技产品，并就健康产业发展工作进行调研（章帝 摄）

聚焦2015 重要会议

12月30日，县委书记、长沙经开区党工委书记杨懿文在中共长沙县第十二届代表大会第六次会议上讲话　　（曾诗怡 摄）

县委书记、长沙经开区党工委书记杨懿文（左四）等领导在主席台前　（曾诗怡 摄）

12月30日，中国共产党长沙县第十二届代表大会第六次会议会场　（曾诗怡 摄）

在庄严的国歌声中，本次大会隆重开幕　（曾诗怡 摄）

2月4日，县人大常委会主任李建章在长沙县第十六届人民代表大会第四次会议上作报告（曾诗怡 摄）

2月4日，县委副书记、县长张庆红在长沙县第十六届人民代表大会第四次会议上作《政府工作报告》（曾诗怡 摄）

2月4日，长沙县第十六届人民代表大会第四次会议召开（刘晓东 摄）

2月3日，县政协主席王益枝在长沙县政协八届四次会议开幕式上讲话　（县政协办 提供）

2月3日，政协长沙县第八届委员会第四次会议开幕　（章帝摄）

县政协八届四次会议召开期间，政协委员视察松雅湖建设情况　（县政协办 提供）

聚焦2015 重要活动

2月11日，由长沙县委、县政府主办，县委宣传部、县文明办、县文广局、县文联、金井镇承办的“我们的中国梦，文化进万家”暨2015年长沙县文化志愿服务暨文化集市、送戏下乡启动式在金井镇文化广场举行 （刘晓东 摄）

4月29日，2015年长沙县庆“五一”暨“最美劳动者”颁奖典礼在明城国际大酒店举行 （县住建局 提供）

5月21日，以“创新驱动发展 科技引领未来”为主题的2015年长沙县科技活动周启动式暨送科技下乡活动在双江镇举行　　（县科技与知识产权局 提供）

7月24日，长沙经开区国家生态工业示范园区建设通过国家考核验收　　（长沙经开区志办 提供）

8月8日，2015年长沙县“三湘农民健康行”全民健康教育主题活动在松雅湖中学举行　　（县人大常委会办公室 提供）

9月2日，位于福临镇境内的影珠山抗战遗址文化公园正式开园　（福临镇 提供）

9月8日，2015年长沙县“爱心圆梦”企业冠名奖教奖学助教助学金发放仪式举行　（县教育局 提供）

9月24日，“欢乐潇湘 品质星沙”长沙县第五届全民广场舞大赛总决赛举行　（泉塘街道街道 提供）

11月14日，长沙县第五届“昕雨阳光杯”书画大赛暨星沙文明使者“星星”“沙沙”见面会在松雅湖足球场举行　　（星沙时报社 提供）

11月26日，湘绣城、黄兴故居纪念馆“中国华侨国际文化交流基地”授牌仪式在长沙县湖南湘绣城举行　（陈合宴 摄）

12月17日，“2015年学生发展指导高端论坛”在长沙县一中开讲　　（县教育局 提供）

12月18日，第六届“星沙商圈”购物消费节在星沙华润万象汇开幕　　（章帝 摄）

聚焦2015 实力园区

1月9日，湘联科技在全国中小企业股份转让系统（新三板）挂牌，系长沙经济技术开发区首家新三板挂牌企业 （长沙经开区志办 提供）

4月24日，长沙县人民政府与中国建设银行湖南省分行城建基金合作协议签约仪式举行 （刘晓东 摄）

5月24日，位于长沙经济技术开发区的上海大众汽车有限公司长沙工厂建成，首辆新朗逸轿车同时下线 （周柏平 摄）

6月12日，国家杂交水稻综合试验基地开工奠基仪式在春华镇举行，湖南省政协副主席、中国工程院院士、湖南杂交水稻研究中心主任袁隆平（左五）参加奠基 （熊文 摄）

8月12日，长沙县与中铁投资集团有限公司、中国民生银行就长沙空港城建设及综合开发PPP项目正式签约 （章帝 摄）

8月24日，2015全国动物疫病监控高峰论坛上，与会的全国业界权威一同按下水晶球，标志着“脐带血检测联合实验室”落户长沙经开区湖南中岸生物药业有限公司，并正式启动检测服务　　（黄训 摄）

9月18日，湖南劳动人事学院落成开学　　（星沙产业基地 提供）

10月19日，广汽菲亚特克莱斯勒汽车有限公司Jeep自由光下线仪式举行
（广汽菲亚特 提供）

11月14日，由中国铁建重工集团和中铁十六局集团合作研发的国产首台铁路大直径盾构机在铁建重工顺利下线，填补了国内铁路大直径盾构机自主品牌的空白　　（铁建重工 提供）

12月2日7时，长沙磁浮快线列车在磁浮高铁站至磁浮榔梨站区间进行热滑试验　　（星沙时报社 提供）

建设中的住友橡胶二期工程年产轮胎1050万条，投产后将成为“邓禄普”在中国最大的生产基地　　（刘晓东 摄）

12月9日，长沙梅花汽车制造有限公司前坪100辆自主研发的各式新能源汽车正式发车

（星沙时报社 提供）

12月10日，梅花汽车企业升级暨新能源汽车批量上市仪式隆重举行

（江背镇 提供）

广汽长丰汽车股份有限公司　　（郑骏 摄）

上海大众主机厂　　（郑骏 摄）

安沙镇毛塘工业小区　　（星沙时报社 提供）

聚焦2015 幸福乐园

松雅湖湿地文化区　　（县委办 提供）

星沙产业基地首个湿地公园——鸽子塘公园　　（星沙产业基地 提供）

星沙文化中心　　（县委办 提供）

星沙文化广场　　（曾诗怡 摄）

12月28日，长沙县新政务服务中心正式启用　　（蒋炼 摄）

桐仁桥水库　　（县水务局 提供）

乌川湖　　（彭国明 摄）

湖南省级森林公园——影珠山　　（福临镇 提供）

浔龙河生态小镇　　（长沙晚报社 提供）

杨泗庙集镇　　（果园镇 提供）

秀美开慧　　（章帝 摄）

旭日初升时的黄花集镇　　（彭国明 摄）

秀美青山铺镇　　（青山铺镇 提供）

浔龙岛农业观光园　　（果园镇 提供）

开慧镇国际露营基地　　（开慧镇 提供）

新江生态产业园　　（县旅游局 提供）

锦绣江南生态农庄　　（曾诗怡 摄）

安沙镇双冲村峡口组　　（曾诗怡 摄）

白沙镇双冲村乐和大院　　（白沙镇 提供）

印山农民公园　　（曾诗怡 摄）

湘绣苑公共租赁住宅小区　（星沙时报社 提供）

开慧镇村民集中居住点　（曾诗怡 摄）

黄花镇敬老院　（星沙时报社 提供）

松雅湖

（县委办 提供）

《长沙县年鉴（2016）》编纂委员会

主　任　张作林

副主任　谭浩然　喻名团

编　委　吴　昊　黄庆怀　彭　涛　曹伟兴

文清良　胡立忠　周庆炎　李　勇

《长沙县年鉴》编辑部

主　编　李　勇

副主编　廖再攀

编　辑　张竹清　李树凡　周进银　梁　漾

张　娜

《长沙县年鉴（2016）》组稿人员

（按汉语拼音字母顺序排序）

安　慧	曹　鹏	曹　薇	曹　雯	常　炬	陈合宴
陈俊融	陈　立	陈　启	陈　婷	陈晚霞	陈　扬
陈泽平	陈　展	丑　娟	邓灿斌	邓金玲	邓玲芝
范　沙	方　君	方艺惟	郭小杰	侯芳芳	胡　穗
胡　甜	胡　欣	胡　彦	黄金雨	黄　坤	黄　薇
黄新辉	黄艳娟	黄伊利	黄　宇	黄　珍	蒋兰萍
寇冠乔	李　超	李　栋	李　路	李少葵	李阳岳
廖金波	廖麓山	刘德峰	刘　芳	刘海敏	刘　娟
刘利红	刘　思	刘塑琪	刘艳艳	刘　英	刘资君
龙立成	龙赛斌	龙　也	卢文杰	罗　莎	欧琦岚
裴　航	彭　晶	彭峥嵘	全伟宾	单　婵	盛政敏
石　妮	舒　洁	宋　妙	孙启翔	谭丽娟	谭　涛
谭小花	汤　庆	唐　娇	田春雷	王承志	王飞跃
王行楚	王洪勇	王凯艳	王　柳	王小益	文　越
吴　让	肖　睿	谢晓琳	熊　彬	徐　靓	徐　泽
许　倩	许　琴	阳迎军	杨　帆	杨　华	杨蕙伊
杨　响	叶　凯	易　统	余佳友	余　杰	余向阳
禹　丹	喻泽兰	曾　征	张　晶	张　敏	张　伟
张　卫	张校银	张吟丰	赵　兵	赵　青	周秒全
周　湘	朱立辉				

编辑说明

一、《长沙县年鉴》以马克思列宁主义、毛泽东思想、邓小平理论、“三个代表”重要思想、科学发展观为指导，贯彻落实习近平总书记系列重要讲话精神和治国理政新理念、新思想、新战略，坚持辩证唯物主义和历史唯物主义的立场观点，全面系统记述长沙县（含长沙经济技术开发区）自然、政治、经济、文化、社会、生态等方面情况。《长沙县年鉴（2016）》主要记述2015年长沙县各项事业的发展状况和最新成就。

二、本卷采用分类编辑法，分为“类目”“分目”“条目”三级结构层次，部分涉及面较广的“分目”下增设“副分目”，以字体、字号等版式设计区分不同层次。《长沙县年鉴（2016）》设特载、专文、大事记、长沙县概况、中国共产党长沙县委员会、长沙县人民代表大会常务委员会、长沙县人民政府、中国人民政治协商会议长沙县委员会、纪检·监察、社会团体、法治、武装、开发（园）区·功能区、经济管理与监督、农业·水务·气象、工业·建筑业、城乡建设与管理、生态环境保护、交通·邮政·通信、商贸·旅游、财政·税务、金融、科学技术·知识产权、教育、文化·体育、卫生、社会民生、镇街要览、人物、文件、统计资料、综录、索引等33个类目。条目为记述的基本单元，标题用黑体字加“【】”表示。

三、为发挥图片资料对文字的补充和辅助作用，力求图文并茂，本卷在卷首设置公益彩页，按内容分成系列，并适当选配随文图照。

四、为避免内容上的重复记述，本卷中凡县级以下由镇（街）管理的开发园区继续在“镇街要览”相关镇（街）中记述。

五、本卷特载采用有关单位提供的原件，大事记和长沙县概况系从各单位提供的资料中选辑。其他文稿均由各单位专人撰写，领导审核，年鉴编辑部编辑人员加工整理后再反馈原单位核对，最后由编委会定稿。统计资料由县统计局提供，未列入统计范围的，以各单位录入的数据为准，敬请读者在查阅和引用时注意。

六、本卷收录县级以上领导和各镇（街）、县直各单位负责人名单为2015年1月1日至2015年12月31日担任实职的在职人员。因年内机构改革，各撤销单位领导人任职时间均统一至单位撤销月份，合并或新组建单位以及其他单位的领导人名录任免时间均以县委组织部发文时间为准，部分与实际到职时间不一，敬请读者在查阅和引用时注意。

七、本卷收录图片由各组稿单位以及星沙时报社等提供。因多方原因，部分图片的作者未能一一署名，在此一并致谢。

目　录

中国人民政治协商会议长沙县委员会

纪检·监察

社会团体

法 治

武 装

开发（园）区·功能区

工业·建筑业

城乡建设与管理

商贸·旅游

财政·税务

金　融

科学技术·知识产权

教　育

社会民生

文 件

文件目录选编

重要文件选辑

统计资料

2015 年全县统计资料

2015 年长沙县镇街主要经济社会指标

综 录

新闻存目

人文拾萃

索 引

Main Contents

Special Records

Special Articles

Major Events

Overviews of Changsha County

Changsha County Committee of the CPC

Standing Committee of Changsha County People' s Congress

Changsha County People's Government

Changsha County Committee of the CPPCC

Urban-rural Construction and Management

Eco-environmental Protection

Transportation, Post&Telecommunication

Commerce, Trade & Tourism

Finance and Taxation

Banking

Science, Technology & Intellectual Property

Education

Culture & Sports

Health

Social Life

Survey of Towns and Streets

Figures

Documents

Statistics

Appendix

Index

在中国共产党长沙县第十二届代表大会第六次会议上的报告

县委书记、长沙经开区党工委书记　杨懿文

（2015 年 12 月 30 日）

2015 年工作业绩和“十二五”发展主要成就

2015 年，县委团结带领全县人民，紧紧围绕“三个率先”的目标，攻坚克难，砥砺前行，各项工作在新的起点上实现了新的突破。

一是经济运行稳中前进。预计全年完成地区生产总值 1150 亿元，增长 10%；完成工业总产值 2270 亿元，增长 10%；完成财政总收入 202 亿元，增长 10.9%；完成社会消费品零售总额 370 亿元，增长 15.5%；完成固定资产投资 770 亿元，增长 17%。项目建设高歌猛进，北山危废、安沙国际建材城、恒广物流等项目建成运行，长沙国际会展中心、空港城片区等项目加快建设，山东商会集团总部基地、奥凯航空长沙基地等项目开工开建。招商引资成绩显著，中南国际医学健康城、千山药机大健康产业等一批重大项目成功落户，有力支撑了县域经济持续快速发展。

二是城乡建设提档提质。融城对接步伐加快，机场联络线、地铁 3 号线、黄江大道、农村公路提质改造等项目进展顺利。城区品质大幅提升，“海绵城市”城北新区建设、旧城改造加快推进。新型城镇化建设成效显著，春华镇率先创建全国美丽宜居小镇，浔龙河生态艺术小镇被市委炼红书记誉为“全国城乡一体化最新模式经典样板”。美丽乡村、农村集中居住点建设深入推进，开慧国际露营基地获评全国十大乡村旅游创客示范基地，我县获评全省新农村建设先进县。黄兴、安沙、湘龙、星沙等镇街拆违控违工作扎实有效。

三是改革创新大力实施。九个专项领域改革稳步推进。全面实施行政审批“流程再造”，创新“清单管理”“并联审批”，打造了新的“长沙县速度”。在全省率先实施 PPP 融资新模式，6 个项目成功落地，总投资达 120 亿元。在全省率先完成商事登记制度改革，农村土地确权颁证试点扎实推进。基层社会治理能力不断提升，创新成立了 6 个专业矛盾调处中心，“乐和乡村”、村民议事会、智慧社区建设成效明显。开放型经济发展加快，成功申报国家级跨境电子商务试点县，综合保税区即将获批。长沙经开区、三一集团等在非洲共同投资，启动了中国首个国际产能合作样板开发区建设。

四是民生福祉不断提升。坚持新增财力的80%用于民生，全年民生支出达到89.65亿元，普惠民生项目提标扩面。成功创建湖南省“教育强县”，先后引进北师大、湖南师大附中等优质资源合作办学，泉塘、龙塘等学校建成使用，城区“大班额”问题逐步缓解。基层文化呈现新亮点，安沙文化站获评全国基层文化建设先进集体，福临文化站获评全国优秀文化站。社会公共服务体系不断健全，住房保障、医疗卫生、社会救助等民生事业协调发展，青松老年公寓获评全国先进社会组织。城乡饮水安全达到全面建成小康县标准。全县安全形势持续好转，社会大局和谐稳定。

五是党的建设全面加强。坚持把党的纪律和规矩挺在前面，“三严三实”专题教育扎实有效。严格落实干部任免票决等制度，选人用人进一步规范。创新实施“党建+”模式，党建引领发展的能力不断提升。严格落实“两个责任”，省委巡视组反馈的整改问题基本整改到位。驰而不息纠正“四风”，扎实推进“为官不为”专项整治，严肃查处了一批违法违纪案件，党风廉政建设取得新成效。积极支持人大、政府、政协依法履职，武装、统战、党校、史志档案、工会、共青团、妇联、科协、残联等各项工作开创新局面。

回顾一年来的工作，特别是有十件大事，必将载入长沙县发展史册：一是县域综合实力不断提升，中国中小城市综合实力、全国县域经济基本竞争力百强排名，分别跃居第6位和第8位，全面小康社会基本实现；二是生态“两型”建设持续发力，“零碳县”创建工作引发国内外广泛关注，应邀参加法国里昂气候与地区世界峰会、法国巴黎世界气候大会，连续两年蝉联中国十佳“两型”中小城市榜首；三是民本民生持续改善，在全国率先启动首个城乡智能公交一体化PPP项目，乡镇主要集镇和县内主干道实现公交全覆盖；四是重特大项目建设强力推进，上海大众、广菲克项目建成投产，磁悬浮、长沙农产品物流园项目建成试运营；五是全国文明城市创建工作扎实推进，获评全国首批县级文明城市提名城市，蝉联“全国县域网络形象十佳县”，星沙文体中心基本建成；六是全面深化改革稳步推进，政府机构改革、行政执法体制改革、乡镇区划调整基本完成，五大功能区全面启动运行；七是创新创业达到新高度，北部农村创客平台启动建设；八是党的建设不断加强，接受省委巡视组全面巡视，基层党建工作经验在全省推介；九是星沙城区建设提质提档，智慧城市、松雅湖建设加快推进；十是精准扶贫扎实有效，全县1.8万多名相对贫困人口全部脱贫。

各位代表、同志们，2015年各项工作的顺利完成，为“十二五”画上了圆满句号。“十二五”期间，是长沙县发展进程中极不平凡的五年，经济社会发展取得巨大成就，为“十三五”发展奠定了坚实基础。这五年，是综合实力倍增跨越的五年。地区生产总值较2010年增加520亿元，增长1.83倍；财政总收入较2010年增加127亿元，增长2.69倍。全国县域经济基本竞争力、中国中小城市综合实力百强排名，较2010年分别前进了17位、25位，稳居中西部第一。这五年，是经济结构明显优化的五年。工业由工程机械“一业独大”向“多点支撑”转变。财政总收入占GDP的比重达12%，税收占地方财政收入的比重达86.78%，第三产业对税收的贡献率逐年提升，地税收入连续两年超过国税。这五年，是改革创新率先突破的五年。绿色政绩考核、“零碳县”创建、县域校车全覆盖、县城免费WIFI全覆盖、乡村治理、党建支企帮村等多项创新工作，走在全国前列；产城融合、PPP融资模式、功能分区、食品安全监管等多项创新工作，在全省处于领先地位，发展活力全面迸发。这五年，是生态环境持续改善的五年。在全国率先建立县级“两型”建设指标体系，成功创建湖南省首个国家级生态县，基本形成了“用1%的土地创造90%的财税收入，让99%的土地等生态资源得到有效保护”的发展局面，“两型”发展模式和生态文明建设经验在全国推介。这五年，是群众生活整体提升的五年。去年，我县荣获湖南省全面小康“经济强县”第一名。今年，全面小康总体实现程度达94.5%，有望年后在全省率先宣布建成全面小康社会，率先实现第一个百年奋斗目标。

各位代表、同志们，经过“十二五”的发展，我县经济实力、创新能力、核心竞争力、综合影响力，再次跃上了一个新的台阶，长沙县正以全新的面貌、全新的姿态、全新的形象，阔步迈向“十三五”！这一切，归功于上级党委的坚强领导！归功于历届县委和各位老领导打下的坚实基础！归功于全县广大党员干部群众的团结拼搏！在此，我代表十二届县委，向所有参与、支持、关心长沙县发展的同志们、朋友们，致以崇高的敬意和衷心的感谢！

“十三五”发展新蓝图和美好愿景

“十三五”时期，是长沙县率先实现基本现代化的决战决胜阶段，虽然面临的挑战和考验巨大，但总体上我县仍然处于大有可为的重要战略机遇期。从宏观经济形势来看，尽管复杂多变，但世界经济正在深度调整中曲折复苏，新一轮科技革命和产业变革蓄势待发，特别是国内经济发展进入新常态，发展方式加快转变，新的动力正在形成，经济长期向好的基本面没有改变。从区域发展机遇来看，国家“中部崛起”“长江经济带”等战略性政策将持续给力，湖南“一带一部”区位优势同步彰显。作为全国18个改革开放典型地区之一的长沙县，地处长株潭城市群核心地带，是湖南“泛珠三角”区域经济合作的前沿阵地，是中西部县域经济发展的引领区，具有较大的产业升级空间、巨大的市场预期。从全县发展潜力来看，具有临空、临铁、临港的独特区位优势，综合交通枢纽地位更加凸显，开放的发展格局全面拉开；五大功能区建设全面启动，必将成为新的重大投资平台，形成新的增长极；特别是随着一批重大产业项目的引进、落地，未来五年必将陆续进入投资回报期，支撑经济持续增长的内生动力日益强劲。我们一定要坚定信心，放大优势，坚决破除思维定势、破除路径依赖、破除工作惯性，求新求变求突破，大干实干齐心干，奋力开创“十三五”发展新局面！

未来五年，总的指导思想是：全面贯彻党的十八届五中全会精神、中央“四个全面”战略布局和省委、市委重大战略部署，加强和改善党对经济工作的领导，坚持“三个共同”“三个共享”的发展理念和愿景，始终瞄准最强县，紧紧围绕“一化一城一区一地”的战略任务，突出创新驱动、开放带动、分区发展，统筹推进经济、政治、文化、社会、生态文明建设和党的建设，促进“三量齐升”，推进“五化同步”，朝着打造综合实力更强、城乡品质更高、发展质量更优、民生福祉更爽的国际化美丽幸福长沙县而阔步前进。

未来五年，总的发展任务是：加快建设“一化一城一区一地”。“一化”，就是要瞄准最强县，致力赶超进位，率先实现基本现代化。“一城”，就是要围绕实力强、活力足、品质高、现代化的省会次中心定位，加快建设东部开放型经济走廊，着力打造高品质新城。“一区”，就是要加快功能区建设，打造新平台，培育新动力，拓展新空间，着力把长沙县打造成产业融合、产城融合、城乡融合发展的先行示范区。“一地”，就是要更加注重生活质量、环境质量和文明程度，推进全面小康达到更高水平，着力把长沙县打造成全国最具幸福感的“首善之地”。力争到2020年，地区生产总值、规模工业总产值和财政总收入实现内涵式倍增，百强县排名挺进全国前三强。

实现“十三五”发展蓝图，我们必须在坚定不移地贯彻落实好“创新、协调、绿色、开放、共享”五大发展理念的同时，以系统化思维、国际化视野，结合我县实际，突出走“特色、内涵、高端、安全”发展之路。突出走特色发展之路，就是要坚持因地制宜、分类指导，着力在比较优势上做足文章，依托现有产业基础，加快打造一批具有更大影响力、竞争力和知名度的特色项目、特色产业；依托深厚的地域文化，加快打造一批具有本土气息、本土元素、本土创意的特色城镇、特色建筑、特色名片，充分彰显“三湘首善、活力星沙”的独特魅力。突出走内涵发展之路，就是要强调发展结构、质量、效益、实力的同步提升，始终秉持“三个共同”“三个共享”的发展理念和愿景，依托功能区建设，加快推进产业、产城、城乡融合发展；依托两型社会建设，加快推进集约、节约、“零碳”发展；依托临空、临铁、临港优势，加快推进开放、合作、包容发展。突出走高端发展之路，就是要始终向国内外一流标准、一流技术、一流品牌靠拢看齐，依托新一轮科技革命和产业变革，加快引进、聚集、培育和打造一批高端产业、新型业态；采取产学研相结合，加快引进和培育一批高端人才、高端技术，打造和聚集一批高端研发机构和平台，为率先实现基本现代化夯实基础、提供支撑。突出走安全发展之路，就是要正确处理好安全与发展的关系，牢固树立“抓安全就是抓发展”的理念，进一步强化红线意识和底线思维，切实把重点行业领域安全、网络安全和公共安全抓在手上、扛在肩上，确保不发生重特大事故、不发生重大环境污染事件、不发生系统性和区域性金融风险，确保人民群众的生命财产安全，确保社会大局和谐稳定，切实增强人民群众的安全感、幸福感！

2016年工作的总体要求和基本任务

2016年，是实施“十三五”规划的开局之年，是全面深化改革的重要之年，也是长沙县率先迈向现代化的起步之年。做好明年的工作，为“十三五”开好头、起好步、蓄好势，意义十分重大。我们一定要按照“十三五”的宏伟蓝图，认真贯彻落实中央和省、市经济工作会议精神，以“稳增长、调结构、惠民生、防风险”为主线，按照“稳、准、活、实、托底”的要求，坚持稳中求进、进中求活、活中求好，全力推进“一化一城一区一地”建设，力争赢在新起点，实现“十三五”良好开局。主要预期目标是：地区生产总值增长10%，工业总产值增长10%，财政总收入增长10%，固定资产投资增长17%，社会消费品零售总额增长15%。

实现上述目标，我们必须重点抓好以下六个方面的工作：

（一）坚持抓项目建设聚优势。始终牢固树立“县域经济就是项目经济”的理念，持之以恒抓大项目、大抓项目，以项目促投资、促消费、促创新、促转型。一要坚定不移招大引强，推进产业集约集群发展。继续瞄准世界500强、国内外行业领军企业，加速引进一批具有重大带动作用的高技术含量、高附加值、高成长性的优质项目，重点培育一批具有较强国际竞争力的优势产业集群。加大产业链高端环节、关键缺失环节的招商力度，积极争取更多国家和省、市重大项目落户，力争引进世界500强、中国500强企业2家以上，单个项目投资规模达到50亿元以上，以大项目建设，促进基础设施改善、产业转型升级、园区深度开发。二要坚定不移优化结构，加快构建现代产业体系。瞄准“工业4.0”“中国制造2025”，以“互联网+”思维，继续支持和引导机械制造、汽车及零部件、电子信息等支柱产业，做优做强做特，推动“长沙县制造”向“长沙县智造”转型，加快打造高端智能制造基地。大力发展战略性新兴产业，超前布局一批汽车轻量化、3D智能打印、住宅工业、北斗导航、生命健康等新兴业态项目。积极支持食品、建材等优势传统产业，实施技术改造和商业模式创新，打造知名品牌，提升产品竞争力。对“僵尸企业”实施兼并重组、破产清算，加大对成长性好的中小微企业的支持力度，加速形成上中下产业链条集群互动、大中小微企业多点支撑的产业发展新格局。三要坚定不移推进分区发展，着力优化投资结构和需求结构。按照分区发展的功能定位，科学布局重大投资项目，并重点依托高铁新城、空港城、松雅湖、现代农业区等重大投资平台，进一步加大PPP模式推广力度，促进投资结构不断优化、投资效益不断提升。扎实推进供给侧结构性改革，在适度扩大总需求的同时，去产能、去库存、去杠杆、降成本、补短板，提高供给体系质量和效率，提高投资有效性，为内涵式发展注入更强内生动力。加快发展现代商贸综合体、汽车后市场、现代物流等现代服务业，继续坚持需求侧发力，积极推动消费载体、消费结构、消费内容升级，形成新的消费增长点。

（二）坚持抓改革创新添活力。始终突出重点，强攻难点，创造亮点，以有力有序的改革创新，为县域经济社会发展注入源源不断的强劲动力。一要率先深化重点领域和关键环节改革创新。加快推进国有投资公司管理体制改革，建立完善市场化的运营机制；强化政府债务管理，建立完善“借、用、还”相统一的举债融资机制；稳步推进金融改革，加快建立中小微企业融资性担保体系；统筹抓好农村土地确权颁证、农村土地流转、不动产统一登记等各项改革。深化“零碳县”创建，加快推进生物质电厂、碳交易平台建设，适时启动碳模拟交易。进一步加大简政放权、扩权强镇力度，加快制定出台县、镇（街）、村（社区）政务服务“三个清单”。深入推进功能分区改革，积极构建产业集群与城市功能协调发展的机制。建立健全季度考核与年终考核相结合的新型考核机制。二要切实加强源头创新和核心技术创新。以争创全国县域科技创新能力前八强为目标，加大对基础研究和应用研究支持力度，集中优势资源和力量，力争在具有比较优势的工程机械、汽车及零部件等领域，突破一批关键核心技术，打造一批具有行业主导权的自主创新品牌。支持企业积极利用移动互联网、云计算、大数据、物联网等新技术手段，开展科技、管理、品牌、商业模式创新，形成竞争新优势。加快建设大数据背景下的公共政务信息云平台。三要着力优化创新创业环境和发展平台。深化区域合作、院地合作，大力引进和建设一批高端科研机构、高端创新平台。全力加快北部农村创客平台建设，重点培育“三个一百”创新创业典型、重点打造“三条创客大道”，加速形成大众创业、万众创新的生动局面。充分发挥综合交通枢纽的区位优势，积极融入国家“一带一路”战略、长江经济带、长江中游城市群建设，加快把长沙县打造成东部开放型经济走廊的桥头堡。

（三）坚持抓两型建设树品牌。倍加珍爱、精心呵护长沙县的绿水青山，紧紧围绕率先建成两型社会、全面建成“零碳县”的目标，巩固提升国家级生态县创建成果，努力建设天人合一的生态宜居家园。一要做大做强做优生态经济。坚持把绿色发展贯穿于产业转型升级全过程，切实把绿色增量做上来、污染存量降下去。鼓励支持低碳环保产业和零碳产业发展，不断提高静脉产业资源供给率，加快建设低碳、绿色、环保、高效的现代化两型工业园区。深入倡导两型生活方式，大力推广绿色建筑、绿色交通、绿色餐饮、绿色消费。二要推进资源集约节约利用。加强重点用能领域、重点用能单位的管理，建立能源集约节约利用奖励机制，重点引导企业深化节能改造，加快淘汰黄标车、老旧车辆，积极做好现有建筑节能改造。实施最严格的耕地保护制度，探索建立闲置土地回购和转让政策，推进低效土地二次开发。大力推进农业节水灌溉设施的应用，大力推广工业节水技术和工艺，鼓励水资源循环利用、废水处理再利用。积极引进最前沿的技术、最先进的设备，加快建设星沙二水厂，让全县人民喝上最健康的水。三要持续加强生态建设和环境保护。坚定不移实行最严格的环境保护制度，加强联防联控和流域共治，深入开展"清霾""碧水""静音""净土"环保行动。积极推进PM2.5监测及防治体制改革，引导企业推动脱硫、脱硝、除尘改造工程建设，降低环境损害。加快推进城西片区、黄兴片区等污水处理设施建设，不断提升污水处理能力。严格落实生态保护区红线管控，禁止过度开发、过度垦殖，重点加强北部乡镇绿心地区山林保护。加快推进捞刀河、浏阳河生态文化旅游产业带、松雅湖北部园林景观工程建设，切实保护好松雅湖水质。深入推进农业面源污染治理，严格控制农药和化肥用量。

（四）坚持抓城乡统筹促融合。紧紧围绕缩小城乡差距、提升城乡品质，促进城乡深度融合发展。一要加快推进以星沙为核心的省会东部高品质新城建设。坚持高标准规划、高品质建设、高效能管理，突出融城对接、区域协调、宜居宜业，打造现代化品质新城。积极对接《长沙市城市总体规划》，以黄兴会展区、临空经济区、松雅湖商务区等片区建设为核心，大力实施"西向融城、北向扩容、旧城提质"工程。按照"一区两翼、双核三带"的总体布局，重点以安沙毛塘铺为中心，适时析置水渡河街道，加快建设城北新区。按照"智慧城市""海绵城市"建设要求，加快推进星沙老城区提质改造，全面推进城区道路"白改黑"，全面提升城区绿化水平。坚持控总量、降价格、去库存与调结构、提品质有机结合，引导房地产健康发展。加快省道323、省道319和北横线等路网建设，抓紧实施国道107调规改道，积极争取京珠高速、长浏高速外迁或下沉，完善县域路网、提高城区通行能力、辐射带动周边镇街发展。二要加快推进以中心镇、特色镇为重点的新型城镇化建设。严格按照"功能分区"和"六个集中"要求，统筹优化城镇空间布局，加快打造"一城四轴""一镇一特色"的城镇发展格局。在巩固提升南部镇街差异化、特色化发展水平的基础上，北部重点支持果园以浔龙河生态艺术小镇为主题、春华以发展健康养老为主题、路口以发展农产品精深加工和麻林温泉为主题、高桥以发展食用菌和农业科普展示为主题、金井以发展茶叶和江南传统记忆文化为主题，加快打造一批功能齐全、特色分明的现代化新型城镇。加快推进农民就近就地市民化，提高户籍城镇化率。三要加快推进以北部农村为核心区域的美丽乡村建设。坚持走绿色、安全、高效的现代农业发展道路，以国道107、省道207、黄兴大道北延线为重点，打造特色现代农业综合示范带，适时启动有机农业示范区建设试点。继续抓好农业生产特别是粮食生产，加大高标准农田建设力度。整合资源推进美丽乡村建设，因地制宜加快农民集中居住点建设，创新机制推进城乡环境综合整治，持续改善人居环境。加快推进"五网下乡"，完善农村基础设施和公共服务体系。科学编制北部乡村旅游发展规划，引进国内外战略投资商，尽快打造乡村旅游拳头产品，积极创建全国休闲农业和乡村旅游示范县、国家级生态旅游示范区。

（五）坚持抓民生普惠增福祉。将更多的资源政策、资金项目、工作精力向民生领域倾斜，让广大干部群众在共建共享中，有更多的参与感、获得感和幸福感。一要进一步健全社会保障体系。认真实施全民参保计划，鼓励进城农民工参加城镇职工养老保险，加快建立被征地农民刚性进保机制。建立完善城乡基本养老、医疗保险接续转移机制，积极推进城乡社会救助一体化。进一步完善医保门诊统筹管理、城乡居民大病医保制度。加快推进机关事业单位养老保险制度改革，推动建立职业年金制度。全面落实重点群体小额担保贷款、社会保险补贴、就业见习等就业援助政策。二要进一步加快社会事业发展。充分整合老行政区资源，合理规划建设一批高品质的学校、医院、文体中心等公共服务设施。按照"三个匹配、三个一流"的要求，加快推进教育事业发展，全力实施大班额"一年缓解、两年解决"行动计划；深入开展合作办学，努力引进更多的优质教育资源和优秀教育人才；扎实推进职业技术教育。加快县级公立医院改革，积极支持社会力量办医，逐步解决群众"看病难、看病贵"的问题。深入推进群众文体"百千万"工程，加快推进体育主题公园等公共服务设施建设。扎实推进县老年大学建设。三要进一步加强社会治理创新。积极探索法治、德治、自治“三治融合”的基层治理模式，进一步创新和完善新型村级治理，扩大“乐和乡村”建设范围，大力扶持和发展公益性社会组织，切实加强和改进群众工作。积极推进规范化、标准化物业管理模式，依法规范村规民约，探索实施涉农项目“村议定、镇申报、县审批”工作试点。持续做好“网络问政”工作，进一步加强网络虚拟社会治理。

（六）坚持抓依法治县促和谐。牢固树立现代法治理念，不断提升民主法治水平，努力营造更加公平公正、和谐稳定的社会环境。一要大力发扬社会主义民主，营造浓厚的民主氛围。支持和保障人大及其常委会依法履职，充分发挥人大在法治建设中的主导作用。坚持多党合作和政治协商制度，推进协商民主制度化发展。加强党管武装工作。认真贯彻落实《中国共产党统一战线工作条例（试行）》，着力推进政党、民族、宗教、阶层、海内外同胞“五大关系”和谐发展，不断深化“四同创建”，巩固壮大最广泛的爱国统一战线。进一步支持工青妇等群团组织，依照法律和章程，开展工作、参与社会治理和公共服务。二要大力加强法制社会建设，营造一流的法治环境。深刻领会法治建设的新要求，积极运用法治思维和法治方式，解决改革发展稳定中的突出问题。坚持法定职责必须为、法无授权不可为，进一步完善行政决策机制、行政执法体制，规范行政执法行为。支持法院、检察院依法独立公正行使职权，不断提高司法公信力。加强审计监督，支持审计机关依法履行职责。积极运用新媒体等开展法治宣传教育，努力营造办事依法、遇事找法、解决问题用法、化解矛盾靠法的良好社会氛围。三要大力推进“平安长沙县”建设，营造安全稳定的社会秩序。充分发挥法治对平安建设的引领保障作用，健全科学有效的源头防治、诉求表达、矛盾调处和应急管理机制。把平安创建和智慧城市、智慧社区创建结合起来，夯实基层基础，构建点线面结合、网上网下结合的立体化社会治安防控体系。加强安全生产监管，落实食品药品监管责任，杜绝重大安全事故发生。落实和完善领导干部接访下访、信访积案化解等工作制度，依法处置缠访闹访行为，切实维护正常的信访秩序。

从严从实推进党的建设，为实现未来发展蓝图提供坚强保证

站在新起点，履行新使命、实现新目标，必须学好用好中国特色社会主义政治经济学，必须毫不动摇地加强和改进新形势下党的建设，进一步提升党在新常态下领导发展的能力和水平，把党的优势转化为推动发展的强大力量。经济工作是党的中心工作，必须加强党对经济工作的领导。习近平总书记强调，要“坚持中国特色社会主义政治经济学的重大原则”，主要包括解放和发展社会生产力原则，共同富裕原则，发展社会主义市场经济原则，公有制为主体、多种所有制经济共同发展原则，社会主义分配原则，以及改革、发展、稳定三统一原则等。习总书记近年来提出的经济新常态、发展新理念、市场与政府关系、基本经济制度、经济体制改革、开放发展等新论断，继承、创新、发展了中国特色社会主义政治经济学。我们要深学、善用，指导全县经济社会发展。

（一）不断强化思想政治建设，始终以先进的理念引领发展。高度重视意识形态工作，巩固发展宣传主阵地，充分利用“指尖上的宣传”新模式，壮大主流思想舆论。加强社会主义核心价值观教育，深入开展全国文明城市创建工作。充分发挥县委中心组、板仓书院、星沙公益读书会等平台作用，深入抓好学习型党组织、学习型机关、学习型社会建设。坚持用国内外最先进的理念武装头脑，以最有效的方法破解难题，最大限度地激发各方面的创造热情、创业活力，全方位凝聚起率先迈向现代化的坚定信心和决心。

（二）不断强化基层组织建设，始终以坚实的基础支撑发展。深入推进“党建+”模式，严格落实基层党建责任“四张清单”，加快推进基层党建大数据库建设，着力打造“智慧党建”，推动基层党建向精准管理、精准服务转变。认真做好县镇两级班子换届和并村工作，确保换届并村期间人心不散、队伍不乱、工作面貌更好、工作劲头更足。持续整顿软弱涣散基层党组织，全面推进村级阵地标准化建设，大力实施基层骨干队伍“三五”计划，不断提升基层党务工作者专业化、职业化水平。严格执行发展党员《细则》，及时处置不合格党员。落实党员干部直接服务群众制度，扎实开展在职党员进社区、精准扶贫等工作。

（三）不断强化干部能力建设，始终以过硬的本领推动发展。坚持正确的选人用人导向，始终把品德作为第一标准、廉洁作为基本条件、实绩作为重要依据，真正把好干部选出来、用起来。扎实做好公务员职务与职级并行工作。切实发挥党校主阵地、主渠道作用，按照“三个一”的要求，加大干部培训力度，不断提高干部的战略思维能力、辩证思维能力、综合决策能力、驾驭全局能力。健全完善引才引智工作机制，着力引进一批能够突破关键技术、攻克关键难题的专业技术领军人才，加快构筑人才战略高地。积极探索县管国有企业人事制度改革试点，推进干部跨部门、跨行业交流。

（四）不断强化队伍作风建设，始终以奋发的状态促进发展。坚持从严管理干部与正向激励相结合，建立健全“有为激励、无为问责”制度体系。强力推进作风常态化建设，紧盯“四风”新形式、新动向，突出整顿公款吃喝、公款旅游、公款送礼，以及乱作为、慢作为、不作为等问题，坚持以优良的党风促政风带民风。大力践行“一线工作法”，深入基层、深入一线，靠前指挥、实地指导，勇于担当、履职尽责。牢固树立“不抓落实就是失职”的观念，进一步强化压力传导、督查问责、跟踪问效，以细化量化的考评机制、赏罚分明的激励机制，努力营造“在项目建设上比进度、在工作落实上比力度、在争先进位上比速度”的良好工作氛围。

（五）不断强化党风廉政建设，始终以优良的形象服务发展。全面落实党风廉政建设“两个责任”，严格执行“双报告”、廉政谈话、“一案双查”和述职考核等制度，将党风廉政建设纳入制度化、法制化轨道。突出抓好《准则》《条例》的学习宣传、贯彻落实，进一步创新和丰富廉政文化建设载体，加大反腐倡廉警示教育力度，持续释放“越往后执纪越严”的信号，坚决把纪律和规矩挺在前面。持续深化巡视整改工作，通过建章立制，巩固巡视成果。聚焦容易滋生腐败的重点领域和关键环节，聚焦发生在群众身边的“四风”和腐败问题，以零容忍的态度做到有案必查、有腐必惩。严肃换届纪律，努力营造风清气正的政治生态。

各位代表、同志们，蓝图催人奋进，使命重于泰山。让我们更加紧密地团结在以习近平同志为总书记的党中央周围，在省委、市委的坚强领导下，团结带领全县人民，锐意进取，奋勇争先，为加快建设“一化一城一区一地”、早日挺进全国前三强而努力奋斗！（本刊略有删节）

政府工作报告

——在2016年1月13日在长沙县第十六届人民代表大会第五次会议上

长沙县人民政府县长 张庆红

一、2015年及“十二五”工作回顾

刚刚过去的2015年，具有承前启后的重要意义。我们主动适应新常态，把握稳中求进总基调，咬定全年目标不放松，凝心聚力，克难奋进，较好完成了县十六届人大四次会议确定的各项目标任务。预计（下同）全县实现地区生产总值1150亿元，同比（下同）增长10%；完成财政总收入202亿元，增长10.9%；完成农林牧渔业总产值102亿元，增长5.5%；完成工业总产值2283亿元，增长10%；完成社会消费品零售总额372亿元，增长16%；完成固定资产投资770亿元，增长17.9%；城乡居民人均可支配收入分别达36400元、25100元，增长8.6%和9.7%。

（一）全力推动转型升级。产业层级提升。经开区获批国家生态工业示范园区。总投资120亿元的上海大众长沙项目正式投产，广汽菲克吉普填补了省内高端SUV制造领域生产空白，蓝思科技成为全国电子信息行业领军企业。山河工业城、厦门航空基地、安沙国际建材城、海驿物流等项目加快推进，北汽福田长沙环境装备产业园、中南国际医学健康城等重大项目成功落户。服务外包、文化创意、电子商务、现代物流等新兴服务业实现产值 275 亿元，增长 12%。服务业增加值占 GDP 比重达 23%。创新水平提高。新获授权专利 2462 件，新增中国驰名商标 2 件。高新技术企业增加到 150 家，完成产值 1500 亿元，占工业总产值的 66.4%。实施亿元以上重点技改项目 18 个，梅花汽车、众泰汽车新能源产品上市，三一工业化住宅、远大可持续建筑引领新一轮建筑产业发展。融合发展提速。中国工程机械交易展示中心启动建设，海吉星国际农产品物流园、恒广物流园正式运营，创建“两化融合[①]”示范企业 8 家。“互联网 + 农业”蓬勃兴起，农产品体验式消费和连锁网络直销方式快速发展，被评为中国茶业十大转型升级示范县。农村民宿、乡村旅游特色彰显，双冲村跻身“全国特色景观旅游名村”行列，板仓国际露营基地荣获首批“中国乡村旅游创客示范基地”称号。

（二）大力推进城乡建设。城乡交通网络化。国内首条自主研发的中低速磁浮专线建成试运行，完成 G107(安沙—青山铺)提质改造和黄江大道主路、黄金大道（黄花段）、北山大道建设，黄花机场飞行区东扩、地铁 3 号线、S207 南延及北部交通路网工程加快建设，启动地铁 5 号线、星沙联络线、岳汝联络线、机场联络线、金阳大道、G107 调规建设。改建和提质农村公路 230 千米，开通 25 条公交线路，率先全省实现城乡公交镇街全覆盖。城乡品质精致化。城北新区建设和星沙旧城改造加快推进，启动海绵城市[②]建设，完成城区 6 条道路“白改黑”，新建和提质社区公园 5 个，收回星沙文化公园管理权。市医危废处置中心正式运行。城乡一体化试点扩大到“14+2”，22 个农村集中居住点开建，浔龙河生态小镇开园，春华镇率先创建全国美丽宜居小镇。实施最严城市管理，数字化城管覆盖城区及黄花、黄兴、安沙等 8 个镇街，拆除违法建设 72.4 万平方米，货运车辆超限超载率控制在 0.5% 以内。城乡生态低碳化。推进三年造绿大行动，人工造林 800 公顷，道路绿化 132.8 千米，拆墙透绿 18.2 万平方米，创建市级绿色示范集镇 3 个，启动 35.6 千米环城绿带生态圈建设。完成湘江航电枢纽长沙县库区建设和麻林河、金脱河、双江口河、金井河果园段生态河流综合治理，白石洞水库枢纽工程加快建设。完成 78 个村环境整治，关停非法预拌混凝土企业 9 家，拆除生猪规模养殖栏舍 122 万平方米，建设生态湿地 3 处。“零碳县”创建深入推进，提名全国首批县级文明城市，国家卫生县城通过复查验收。

（三）着力深化改革开放。经济体制改革稳步实施。完善五大功能区顶层设计、发展规划，成立松雅湖商务区、黄兴会展区管理机构。强化综合治税，稳妥实施“营改增”。推进商事登记制度改革，实施“三证合一”，设立商事主体 10528 户。推进国有企业市场化改革，剥离融资平台政府融资职能。创新融资方式，落户 PPP 项目 6 个、总投资 120 亿元，与金融机构合作设立城市发展基金和产业发展基金 90.5 亿元。社会领域改革协调推进。启动县级公立医院改革，全面实行药品“零差率[③]”销售。开展社区专项治理，社区工作事项由 90 项减少到 44 项。完成农村土地承包经营权确权登记颁证外业工作。机关事业单位养老保险、不动产登记、户籍制度等改革稳妥推进。对外开放水平不断提高。实际利用外资 6 亿美元，实现进出口总额 33.8 亿美元，与长沙海关签署全省首个关县合作备忘录，被确定为国家跨境电子商务试点，黄花综合保税区即将获批，经开区、三一集团等在非洲建设中国首个国际产能合作样板开发区。

（四）竭力改善社会民生。社会保障日臻完善。推进大众创业，新增创业主体 7292 户，带动就业 17272 人，启动北部农村创客平台建设。社会保险基本全覆盖，实现医疗救助 11654 人次，城乡居民基础养老金补助提高到 135 元 / 月，为全县户籍人口购买民生保险，率先全省实施 80 周岁以上老人高龄津贴普惠制，在全国率先实现政府购买家庭教育公益项目。实施 3987 套保障性住房建设和 3371 套棚户区改造，完成危房改造 2200 户，公共租赁住房入住 4944 套（间）。强化食品药品安全监管，严格规范市场秩序。启动精准扶贫工作，完成生态扶贫移民安置 166 户、505 人，1.8 万相对贫困人口实现脱贫。社会事业繁荣发展。建成泉塘中学、龙塘小学等 5 所学校，改扩建 26 所学校，新增学位 1.1 万个，引进师大附中等优质教育资源合作办学，率先全省建成四级名师体系，获评湖南省教育强县。完成县妇幼保健院主体工程，慢性病综合防控示范区通过验收，荣获省人口计生工作先进模范县。举办纪念抗战胜利 70 周年系列活动，辛亥革命湖南人物纪念馆对外开放，影珠山抗战遗址文化公园开园。星沙文化中心春节前投入使用，安沙、福临文化站获评全国先进。社会大局和谐稳定。规范行业协会运作，发挥社会组织纽带作用。强化社会矛盾纠纷排查，化解信访积案 30 件。严厉打击黄赌毒、黑社会团伙、非法集资、高利放贷，刑事犯罪率下降 9.6%。全面开展安全生产隐患排查和整治行动，安全生产形势保持平稳。国防动员和后备力量建设不断加强。

（五）致力转变政府职能。法治意识增强。贯彻落实依法治国基本方略，坚持依法行政，认真执行“三重一大[④]”集体决策制度。自觉接受县人大及其常委会的法律监督、工作监督和县政协的民主监督，积极加强与人大代表、政协委员的沟通联系，续办人大议案 2 件，办理人大代表建议批评意见 109 件、政协委员提案 127 件，及时办理各类社情民意件。体制机制理顺。完成新一轮政府机构改革和事业单位分类改革，政府工作部门整合为 24 个，行政执法局正式组建。完成开慧、白沙、金井、双江、黄兴、干杉等镇区划调整。服务效能提升。编制政府部门责任清单，明确事项 2453 条。下放镇（街）行政职权 8 项，优化行政审批和行政职权 780 项。全面推行并联审批，办理时限压缩 51.9%。完善绩效考核办法，强化重点工程项目、重点民生实事工程、重点工作的调度，狠抓会议纪要、重要文件的落实情况督查。作风建设改进。扎实开展“三严三实”专题教育，取消议事协调机构 40 个，严格预算管理，“四项费用”同比下降 18%，蝉联“全国县域网络形象十佳县”。驰而不息纠正“四风”问题，保持惩治腐败高压态势，立案查处各类违纪案件 125 件，给予党纪政纪处分 125 人，移送司法机关 11 人。

各位代表，2015 年为“十二五”划上了一个圆满的句号。“十二五”时期，是长沙县发展史上浓墨重彩的五年，是极不寻常、极其厚重、极为珍贵的五年。五年间，我们的综合实力实现了大跨越。地区生产总值由 630 亿元到 1150 亿元，财政总收入由 75 亿元到 202 亿元（暮云、南托、跳马等镇街区划调整后），经济规模接近再造一个长沙县。县域经济基本竞争力排名由 25 位到 8 位，中国中小城市科学发展排名由 31 位到 6 位，成为全国十八个改革开放典型地区之一。五年间，我们的经济质态实现了大优化。工程机械产值占比由 55.6% 调整为 42%，高新技术产业增加值占 GDP 的比重达 38%，工业经济由“一业独大”向“多点支撑”转变，服务业占比持续攀升，产城融合、产业融合发展特征显现。财政总收入占 GDP 的比重达 12%，税收占财政总收入的比重达 87%，地税收入连续两年超国税。累计利用外资 24.1 亿美元，外贸总量占全省十分之一、全市四分之一。五年间，我们的城乡发展实现了大统筹。等级公路通达镇街，农村公路村村通，城乡规划、数字电视、城乡公交、自来水供应、垃圾清运、城乡医保、基本养老保险、乡村文化设施等基本全覆盖。县城建成区面积扩大到 71 平方千米，城镇化率提高到 60%。五年间，我们的民生福祉实现了大提升。城乡居民人均可支配收入分别增长 72%、125%，每千人拥有医院床位 5.9 张，人均受教育 11.2 年，人均拥有公共文体设施面积 3.1 平方米，人均储蓄存款 40492 元。荣获中国最具幸福感城市永久荣誉，即将率先建成全面小康社会。五年间，我们的生态环境实现了大改善。单位 GDP 能耗累计下降 23%，森林覆盖率达 49.8%，县城建成区绿化覆盖率达 40%，城镇生活污水集中处理、生活垃圾无害化处理，成功创建国家生态县，荣登“中国十佳两型中小城市”榜首。

各位代表，过来的五年，尽管遇到的挑战前所未有，但我们始终坚持科学发展不动摇、创新发展不懈怠、加快发展不折腾，精准发力，久久为功，使长沙县发展经受住了风雨洗礼。五年来，我们始终牢牢把握项目建设这一重要支撑，全力破解用地、资金、拆迁等瓶颈问题，累计引进重大项目 159 个，完成固定资产投资 3041 亿元，谋划布局了松雅湖、长沙空港城及综合保税区、星沙产业基地、黄兴市场群和星沙城北新区（安沙物流园）等战略平台，相继启动或建成了上海大众长沙项目、蓝思科技、住友轮胎、广汽三菱、广汽菲克、长沙国际会展中心、海吉星国际农产品物流园、星沙文化中心、白石洞水库及磁浮、地铁、机场扩建等一批重大项目，形成了项目“落地、建设、达产”的梯次发展格局。五年来，我们始终牢牢把握改革创新这一根本动力，着力优化顶层设计，在“南工北农”大框架下，构建了五大功能分区的整体架构，区划调整、城市管理、园区管理、行政执法、政府机构、行政审批、投融资等体制机制改革极大激发了行政活力，对接央企、商事登记、PPP 模式[⑤]、税收等关键领域改革加速释放了市场生产力，土地管理、人口户籍、社会保障和农村金融等制度创新全面提升了社会创造力。五年来，我们始终牢牢把握生态文明这一战略任务，深入开展“清霾、碧水、静音、净土”行动，在全国率先启动“零碳县”创建，率先建立县级两型指标体系，率先成立农村环保合作社，在全省率先建立生态补偿机制，率先划定畜禽养殖禁养区和限养区，率先实施河流断面水质交接检测，美丽乡村魅力展现，植树造林绿满城乡。五年来，我们始终牢牢把握改善民生这一现实追求，坚持每年新增财力的80%用于发展民生，教育、医疗卫生、文化体育、保障房建设分别累计投入61.2亿元、29.1亿元、8亿元、13.2亿元，基本解决了4号令、5号令、60号令、103号令拆迁历史遗留问题，基本构建了覆盖全民的社会保障体系、覆盖城乡的公共服务体系、覆盖全社会的慈善救助体系。

成绩来之不易，经验弥足珍贵。在此，我谨代表县人民政府，向全县人民，向各位人大代表、政协委员，向离退休老同志，向各民主党派、工商联、无党派人士、人民团体，向驻县部队、武警官兵，向所有关心、支持和参与长沙县建设发展的朋友们，致以崇高的敬意并表示衷心的感谢！

我们清醒地认识到，前进的道路上还面临不少困难和问题。转型升级任务艰巨，多业多点支撑还不牢固，现代服务业尚不发达，中小微企业活力不足，经济开放度和产业外向度不高；全面深化改革进入深水区，推进的难度和压力更大；城市规划建设管理需要创新，统筹城乡发展的体制机制亟待进一步突破；社会治理存在薄弱环节，教育、卫生、文体等公共产品供给不足，环境治理、征地拆迁、安全生产等领域引发的矛盾和问题不少，改善民生还需付出更多努力；干部队伍中不愿为、不敢为的现象有待纠正，行政服务效能有待提升。需要特别说明的是，受宏观经济下行压力，以及县域经济发展换挡期的影响，近两年工业产值、固定资产投资、财税收入等经济指标进行了适当调整。对此，我们将直面问题，勇于担当，在今后工作中采取有效措施，认真加以解决。

二、“十三五”时期目标与任务

今后五年，是长沙县率先实现基本现代化的关键时期。世界经济格局继续发生深刻调整，宏观环境更趋复杂，但经济全球化的大势没有改变。我国发展面临更为严峻的风险挑战，但仍处于可以大有作为的战略机遇期没有改变。我县转型创新发展的深层次矛盾更加凸显，但打造省会次中心、争当科学发展排头兵的地位和使命没有改变。我们必须准确把握所处的历史方位和阶段特征，进一步增强忧患意识、机遇意识、责任意识，以更大的责任担当和改革力度开拓前行，在新的起点上努力谋求新的发展、实现新的突破。

刚刚闭幕的县委十二届六次全会，提出了今后五年的指导思想和发展任务，结合我县“十三五”规划纲要，“十三五”时期经济社会发展的主要预期目标是：地区生产总值年均增长10%；财政总收入年均增长14.6%，达到400亿元；固定资产投资年均增长15%，达到1550亿元；社会消费品零售总额年均增长12.5%，达到670亿元；规模以上工业总产值年均增长12%，达到3600亿元；城乡居民人均可支配收入年均分别增长9.5%和10%，达到57300元和40400元。

到2020年，县域与省会全面融合，园区与城市相互支撑，综合性交通枢纽基本成型，现代化基础设施覆盖城乡，全面建成高品质省会东部新城。五大功能区引领产业集聚、功能集成、资源集约，产业结构向高端演进，经济结构向低碳发展，全面建成升级版现代产业体系。包容、均等、优质的公共服务体系进一步完善，人民群众收入更高、财富更多，长沙县的天更蓝、山更绿、水更清、食品更安全、城乡更宜居，全面建成共享型幸福首善之地。

围绕这些愿景，我们将始终坚持以五大理念推进发展：

（一）推进创新发展，构建现代产业新体系。加速推进新型工业化。实施智能制造示范、协同创新建设等重点工程，鼓励工程机械、汽车及零部件、电子信息企业向产业链高端发展，价值链两端延伸。培育壮大新材料、新能源与节能环保、住宅工业和北斗导航等新兴产业。全面提升现代服务业。大力发展临空、会展、现代物流、文化创意、金融保险等生产性服务业，培育汽车后市场产业集群。积极发展休闲旅游、养老服务、商贸服务等生活性服务业，创新城镇商业综合体开发，创建国家级乡村旅游示范区、国家级旅游度假区。大力发展现代农业。培育新型经营主体，打造知名农业品牌，保障农产品质量安全，巩固提升茶叶、蔬菜、食用菌、小水果、花卉苗木等特色产业，打造全省都市高效农业示范区。

（二）推进协调发展，打造融合发展新标杆。转变城市发展方式。全面贯彻中央城市会议精神，尊重城市发展规律，完善城市治理体系。坚持以建设实力强、活力足、品质高、现代化省会次中心为目标，全面对接长沙主城区规划建设，推进旧城区和老行政区提质改造，加快建设城北新区，加快形成“一城四轴⑥”发展格局。加强基础设施建设。完善覆盖城乡的交通网络，构建半小时经济圈。新建星沙第二水厂，扩建梨水厂，全面完成农村水厂提质改造和骨干管网建设，实现白石洞、白鹭湖、团结、金井等水库“四水联网”。推动“五网下乡⑦”由集镇向集居区、村（社区）延伸。发展壮大农村经济。全面打通城市资本、技术人才进入农村的壁垒，建立城乡统一的建设用地市场。深化供销社综合改革，发展新型农村合作金融组织，逐步实现村镇银行全覆盖。

（三）推进开放发展，开创活力迸发新局面。全面深化各项改革。以功能分区为载体，深化经济领域、社会领域和行政领域改革，形成有利于转型创新发展的体制机制，进一步增强经济社会发展动力活力。加速融入国家开放战略。完成黄花机场飞行区东扩工程，强化与长三角城市群在贸易、金融、产业等领域的合作，积极呼应长江中游城市群建设，加速融入长江经济带。鼓励参与“一带一路”基础设施及互联互通建设，支持企业抱团走出去，积极推进国际产能合作。放大开放发展优势。着力利用好国际国内“两个市场”“两种资源”，不断提升经济发展的开放度和产业发展的外向度。依托长沙东部开放型经济走廊，显化临空、临铁、临港经济，构建以黄花综合保税区为支撑的海、陆、空立体大口岸架构，推动形成高效畅通的贸易通关体系。

（四）推进绿色发展，建设生态宜居新家园。做强做优低碳经济。加快建设绿色、环保、高效的两型工业园区和产业体系，大力推广绿色建筑、绿色交通、绿色消费，推动低碳循环发展，率先建成两型社会。推进资源集约节约利用。推进工业节能、建筑节能、农业和农村节能，加强闲置、低效土地的管理和二次开发，全面推行垃圾分类处置，建设再生资源分拣中心。加强生态环境建设。深入实施大气、水、土壤污染防治行动计划，加快捞刀河、浏阳河风光带建设，完成环城绿带生态圈建设。推进 PM2.5 监测及防治体制改革，完成城西片区生活污水处理工程及北山、江背、黄花等工业园区污水处理厂建设。加强农业面源污染治理，全面退出生猪规模养殖。

（五）推进共享发展，迈向共同富裕新时代。加快实现教育现代化。以解决城区“大班额”和“入学难”问题为重点，加快中小学校和公办幼儿园建设。积极发展学前教育，推进义务教育均衡发展，实施高中教育免费，大力发展现代职业教育、各类民办教育，聚集更多的优质教育资源，争创全国一流的教育强县。全面提升社会保障水平。实施创新创业五年行动计划，积极发展众创、众筹、众包、众扶等新模式。建立以市场为导向的城乡一体化就业机制，实现职业教育、培训与就业的无缝对接，提升劳动者的就业能力。加快敬老院、残疾人康复中心建设，完善保基本、广覆盖、可持续的社会保障体系。协调发展社会事业。加快青少年宫、体育主题公园、博物馆、规划馆等设施建设，推进县人民医院、县中医院建设，完成县精神病医院整体搬迁，广泛开展全民健身运动，提高文化体育、医疗卫生设施覆盖率和综合服务能力。

三、2016 年工作重点

2016 年是“十三五”的开局之年。今年政府工作的总体要求是：深入贯彻落实十八届四中、五中全会和中央、省、市经济工作会议精神，按照县委十二届六次全会的决策部署，高扬科学发展主旋律，坚持稳中求进总基调，适应经济发展新常态，紧紧围绕“一化一城一区一地”战略任务，着力以改革开放的办法激活力、稳增长，以转型升级的举措补短板、提质量，以城乡统筹的理念拓空间、促融合，以改善民生的成效增福祉、创和谐，为率先建成全面小康社会、实现基本现代化开好局、起好步。

2016 年县域经济社会发展的主要目标是：地区生产总值增长 10%，工业总产值增长 10%，农林牧渔业总产值增长 5.5%，财政总收入增长 10%，固定资产投资增长 17%，社会消费品零售总额增长 15%，城乡居民人均可支配收入分别增长 9.5%、10%，城镇化率提高 2 个百分点，节能减排等约束性指标全面完成。

为实现以上目标任务，我们将强化五个方面的举措：

（一）以深化改革开放为引领，切实增强经济社会发展驱动力

推进重点领域改革。扎实推进供需两侧结构性改革，扩大有效投资，创造新供给，引导新需求。继续深化行政执法体制改革，理顺行政执法局与职能部门的关系，形成行政执法新型管理模式。规范政府和社会资本合作项目管理，做实 PPP 项目基金，加快 PPP 项目建设。加强政府性债务置换和监管，严格财政资金使用绩效考评。完善投融资管理机制，探索建立国有企业运作、国有资产运营监管和考核新模式。确立“善政必简”理念，坚持“马上就办、马上就好”导向，改革前置审批，突出事中事后监管，进一步释放市场活力。理顺五大功能区与镇街及县直部门关系，建立健全“功能区负责经济建设和发展、镇街负责公共服务和社会管理”新机制。坚持约束与激励并重，完善适应新常态的政府工作绩效考核制度。创新人才引进、培养和管理方式，根据产业发展、项目建设和公共服务需要，引进需要的注册会计师、注册规划师、总工程师、高级经济师、高级统计师、安全生产高级专业人员、特级教师、主任医师等，培养一批辅警、协管员和社会其他管理人员。结合“营改增”等税制改革，加强综合治税，优化税收环境。推进不动产统一登记制度改革，建立配套制度体系。完成公务用车改革。深入开展“零碳”创建工作，加快经济社会“零碳”发展的内生能力建设。完善卫生和教育体制机制，推进县级公立医院改革，优化校长和教师队伍管理。全面放开县城和建制镇落户限制，逐步实行户口一元化登记。

提升对外开放水平。创新对外开放和对外开拓的新思路，坚持招大引强与选优补缺并举，坚持开发国外市场与消化过剩产能并重。认真组织好“走入东盟”的大型外贸商务活动。大力推进临空经济发展，加快空港城跨境电商产业园建设，设立快件中心、进口商品展示中心，启动黄花综合保税区一期建设。大力发展口岸经济，鼓励各类企业开展对外贸易服务、航空代理、市场采购等商业模式，培育新兴消费市场。打造全省进出口农产品销售展示中心，支持中南汽车世界列入省市平行进口车专业销售市场。

深化社会治理创新。拓展“乐和乡村”建设，完成合并村工作，创新村级治理模式，鼓励集体经济对接大型企业发展。完善志愿者服务体系，引导社会力量参与社会治理。整合社区矫正、法律服务、矛盾调处等职能，组建司法行政服务中心。深化“智慧城市”建设，加强城市治理大数据平台功能整合，推进电子资源共享，发展民生服务智慧应用。大力推进“互联网＋信访”，将来访、网访、信访、电访全部纳入系统网上流转，实现办理过程公开。巩固“平安长沙县”建设，强化社会管理综合治理，提高人民群众安全感。严格落实新《安全生产法》，严格隐患排查，严厉失职失责追究，确保社会大局和谐稳定。

（二）以功能分区建设为载体，全力促进产业转型升级

优化板块功能。支持先进制造业区做大做强，推进经开区东拓南延，星沙产业基地争创省级工业园，完善道路、电力等基础设施网和公园、公租房等公共配套设施网。突出松雅湖商务区建设，启动区域规划展示馆建设，完成香岛、观光塔、北部园林景观工程及环湖片区 8 条市政道路建设，以总部经济、文化创意、创投产业、现代服务业为产业定位加快招商项目落地。着力长沙临空经济区建设，推进机场联络线（收费站—机场）提质改造及片区 7 条市政道路建设，完成 S207 南延、机场联络线（机场—三环干杉互通）建设，实现奥凯航空、中国联通数字阅读基地等项目主体竣工。加快黄兴功能区建设，全面完成黄江大道、岳汝联络线建设，完善黄兴会展区、黄兴市场群和黄江片区道路体系及配套设施，加快建设长沙市家禽批发大市场、海吉星国际农产品物流园二期，实现长沙国际会展中心投入运营。推进现代农业示范区建设，以湖南现代农业成果展示中心、长沙农产品精深加工园等项目为龙头，打造先进要素聚集区、新型农业样板区和体制机制创新实验区。

深化产业融合。推进先进制造业与现代服务业的深度融合，加快建设汽车后市场干杉汽车城、中国工程机械交易展示中心，拓展汽车及零部件、工程机械上下游产业，培育发展工业设计、电子商务、现代物流等生产性服务业。推进休闲观光农业与现代服务业的互动融合，鼓励和引导城市资本下乡，加快北部农村创客平台建设，重点培育“三个一百[⑧]”创新创业典型和“三条创客大道”。加快建设浏阳河文化旅游产业带和北部乡村旅游示范片，建设 10 万亩粮食标准化生产基地及 20 个双季稻高产创建万亩示范片，打造沿 S207 万亩蔬菜示范片，巩固提升 10 万亩绿色茶园基地，新建小水果基地 1500 亩、油茶基地 1500 亩。

强化创新驱动。发挥重大创新平台的承载作用，加快经开区“国家知识产权示范园区”创建工作，以梅花新能源汽车、千山药机大健康产业、山河智能等“产学研”对接项目为示范，引导企业加大研发投入，着力扶持一批具有核心竞争力的领军企业。发挥财政资金和政策扶持的导向作用，完善创新项目扶持机制，以工业地产、众创空间为平台，着力引进和培育一批市场前景好、科技含量高、节能环保的中小微企业。发挥人才对产业转型升级的支撑作用，以各类职业学院和实训基地为依托，培养壮大技术型、实用性人才队伍。

（三）以推进新型城镇化为动力，加快构建城乡融合新格局

推进品质新城建设。加强对城市的空间立体性、平面协调性、风貌整体性、文脉延续性等方面的规划和管控，留住城市特有的地域环境（诗意栖居的山水）、文化特色、建筑风格等“基因”。加快融城对接步伐，着力推进地铁3号线、4号线、5号线、星沙联络线、北横线等重大基础项目建设，建成黄花机场二跑道。全面实施城北新区建设，适时析置组建水渡河街道，完成万家丽路与绕城高速互通工程，实施跨捞刀河“两路一桥”建设，完善产业布局、市政道路、商业设施网络。推进城区提标提档，实施旧城区、老行政区、星沙商业乐园提质改造，加快以松雅湖为重点的城市公园和社区公园建设，实现绿化再提质。深化拆违控违、拆墙透绿行动，强化交通干道两厢风貌治理。提升城市的通透性（城市风道⑨）和微循环能力，优化交通秩序及停车管理，严管重罚各类交通违法行为，完善新建区域停车场配置，加大旧城区停车场建设力度。强化物业企业的监督考核，落实部门行业指导、社区属地负责的物业管理机制。

推进精致城镇建设。加快打造金井、开慧、路口等具有辐射带动作用的中心镇，建设一批个性彰显的特色镇，结合资源禀赋和区位优势，明确主导产业和特色产业，强化星沙区域、中心镇、特色镇产业协同，逐步形成横向错位发展、纵向分工协作的发展格局。控制城镇开发强度，完善道路、供水、供气、污水处理、公厕、垃圾站、加油站等基础功能，防止“摊大饼”式扩张，推动形成绿色低碳的生产生活方式和城镇建设运营模式。探索完善浔龙河生态小镇模式，发展“互联网+”现代农业、文化教育、休闲旅游等综合产业，加快以主导产业带动的内涵式发展，促进就地城镇化和就近就业。

推进美丽乡村建设。增强农村基础功能，推进G107调规、金阳大道等道路建设，实现北部交通路网工程通车。改建农村公路220千米，修建生态路120千米，改造危桥20座。实施新一轮农村电网改造和饮水安全提升工程，加强乡村旅游服务网络、农村邮政设施、公交设施和宽带网络建设，建成30个农民集中居住点。提升农村治理水平，严厉打击违法采矿采砂、违规建房、违章搭建等行为，严格城乡生活垃圾分类减量和有毒有害垃圾资源化处置，严控烟花鞭炮燃放和垃圾秸秆焚烧。推动区域联动发展，以“三带两片⑩”为重点，根据自然禀赋，整合区域资源，实施连片建设。切实统筹好农村生产、生活、生态三大布局，以32个美丽乡村示范村为带动，延续历史文脉，彰显民俗之美，塑造现代文明的乡村精神。

（四）以保障和改善民生为根本，共建共享更高水平的全面小康

扎实推进精准扶贫。找准制约贫困户发展的关键问题，对症下药，分类帮扶。扶持生产和就业发展一批，扶贫搬迁一批，危房改造一批，医疗救助一批，扶贫助学一批，政策兜底一批，让贫困群体共享改革发展成果。建立扶贫投入稳定增长机制，加大项目建设和产业扶持力度，力争年内减少贫困人口1万人，12个省级贫困村面貌有较大改观。

切实强化公共服务。续建湘龙中学，新扩建蓓蕾小学等10所小学，新增学位1.5万个，投入1.4亿元用于农村中小学及幼儿园建设，力争一年缓解、两年根治“大班额”和“入学难”问题。加大优质教育资源引进力度，创建国家农村职成教育示范县。抓紧县人民医院规划选址，全面建成县妇幼保健院，完善社区卫生服务体系，鼓励和引导社会资本举办医疗机构。落实全面二孩政策，不断提升计生服务水平。推进文体事业健康发展，启动和推进县体育主题公园、足球场、网球场等公共服务项目建设，落实文化体育普惠基层工程。扎实开展国家级档案馆创建工作。加大食品安全督查、曝光和处罚力度，强化外来食品进货溯源和县内食品生产全链条管理。

努力提升保障水平。推进北部农村创客平台、现代服务业创业孵化中心基地、花卉创业基地建设，设立创业投资人中心，健全创业银信支持体系。落实全民参保计划，全面实施机关事业单位养老保险改革，建立职业年金⑪制度，落实被征地农民刚性入保和就业培训机制。推进县社会福利中心建设，办好老年大学，推进青松老年公寓建设，居家养老服务设施覆盖70%以上村（社区）。继续实施安居工程，新建公租房2950套，改造棚户区6744户、农村危房1800户。

持续完善生态体系。强化河流断面水质监测、畜禽养殖栏舍拆除工作，完成白石洞水库、水渡河闸坝主体工程，筹备星沙第二水厂建设，新建金井水厂、江背污水处理厂，完成城乡供水管网应急碰通、部分农村供水管网村村通，扩大生态湿地建设。扎实推进环保三年行动计划，实施大气环境质量提升行动，加强机动车尾气、建筑扬尘、工业废气等污染综合治理，全面淘汰营运黄标车。全面实施环城绿带生态圈建设，完成京广高铁沿线风貌、“一点两线”提质改造，创建绿色示范集镇2个、示范社区和示范村庄30个，新建乡村公园、文化广场7个，打造乡村绿色片区7个。

（五）以加快职能转变为关键，努力打造人民满意的政府

严格依法行政。把政府工作全面纳入法治轨道，用法治思维和法治方式履行职责。加强政府法制工作，落实权力清单、责任清单和负面清单制度。严格落实行政执法责任，创新行政执法方式，提高行政执法水平。自觉接受县人大及其常委会的法律监督、工作监督和县政协的民主监督，定期向人大报告工作，向政协通报情况，认真办好人大代表建议和政协委员提案。

转变政府职能。深化简政放权，建立健全市场准入的负面清单，在金井镇开展简政放权试点。改进政府监管，制定和执行统一、权威、系统的事中事后监管制度，从传统的对微观事务进行干预，转向营造公平有序的良好发展环境。优化政务服务，深入推进行政审批制度改革，完善县、镇、村三级政务服务平台，实现行政审批的高度集约化。积极推进“互联网+”智慧政务建设，实现公共服务信息互通共享。

落实从严治政。创造更优的干部成长和工作环境，激发政府工作人员干事创业的热情。加大全过程督查、监察、审计力度，建立健全政府工作高密度、全过程督查、监察和审计全覆盖机制。加大绩效考核和追责问责力度，强化日常性、过程性考核，着力解决政府工作人员不作为问题，形成勇于负责、敢于担当的优良作风。加大违纪查处力度，坚持“一案双查⑫”，坚决查处“四风”和腐败问题，坚决铲除腐败滋生的土壤。

各位代表，再干一个新五年的征程已经开启。让我们在县委的坚强领导下，进一步解放思想、改革创新、务实奋进，为实现全县人民的期待和梦想而倍加努力工作！（本刊略有删节）

名词解释：

①两化融合：信息化和工业化高层次的深度结合，以信息化带动工业化、以工业化促进信息化。

②海绵城市：城市在适应环境变化和应对雨水带来的自然灾害等方面具有良好的“弹性”，下雨时吸水、蓄水、渗水、净水，需要时将蓄存的水释放并加以利用。

③零差率：对常见病、多发病使用的基本药品，实行按药品进价销售，让利给居民，利润部分由政府给予补贴。

④三重一大：重大事项决策、重要干部任免、重要项目安排、大额资金的使用，必须经集体讨论做出决定的制度。

⑤ PPP 模式：公共私营合作制，是政府和社会资本之间为提供公共产品和服务、基于具体项目的合作融资模式。

⑥一城四轴：“一城”即统筹县城和黄花、榔梨、江背、安沙、黄兴等镇街建设，打造长沙东部新城。“四轴”即培育 S207、黄兴大道、G107、北横线四条城镇发展轴线。

⑦五网下乡：指城乡公交、天然气、污水处理、数字电视、自来水等五项基础设施延伸到全县各个镇。

⑧三个一百：培养100个以“零资金”启动快速成长、100个以新型产业带动村集体经济发展、100个以解决就业带动精准扶贫的创新创业典型。

⑨城市风道：也叫城市通风廊道。把郊外的风引进主城区，把空气的霾等污染物吹走。增加城市的空气流动性，对城市的雾霾会起到一定的缓解作用。

⑩三带两片：“三带”：以 S207、黄兴大道、G107 为带，建成现代农业示范带、环境整治集中带、美丽乡村风光带。“两片”：以浏阳河沿岸产业风光带、以金开线为主轴，打造 2 个“美丽乡村”旅游示范片区。

⑪职业年金：补充养老保障制度，企业或单位为职工缴纳一部分，个人缴纳一部分。

⑫一案双查：严格执行问责机制，既要追究当事人责任，又要倒查追究党委和纪委的责任。

搭建群众有序参与平台　创新基层社会治理方式

——长沙县“乐和乡村”社会治理建设的实践与启示

中共长沙县委宣传部

长沙县，地处湖南长株潭“两型社会”综合配套改革试验区核心地带，全国县域经济基本竞争力排名挺进前十强。然而，在快速发展的过程中，长沙县感受到社会建设的任务日益繁杂、社会矛盾日益增多，单靠下派干部和转变干部工作作风是没办法彻底解决的，必须创新社会治理模式。2013年，县委决定在全县范围内加强乡村社会治理工作，并于当年5月正式引入第三方社会公益组织北京地球村环境文化教育中心“乐和”理念，在全县实施的一个基层社会治理创新实验项目——“乐和乡村”建设。

“乐和乡村”建设是由专业社会组织提供社工服务，在五个试点村实施“乐和乡村”社会治理试验，2014年扩大试点，今年试点村扩大到48个。目前，建设试点村围绕“乐和治理、乐和生计、乐和礼仪、乐和人居、乐和养生”五大目标，通过引导村民积极创新乡村公共服务、完善乡村社会治理、推动乡村文化复兴、发展乡村公共经济、保护乡村生态环境，初步建成了“社会共治、经济共赢、生命共惜、价值共识、环境共存”五位一体的美丽乡村。较好地实现了公共事务众人管、社会正气众人扶、和谐项目众人建、乡村文化众人兴的良好发展局面。

◆“乐和乡村”建设的主要做法

首先，搭建“一站两会”，创新组织架构，提升社会治理能力。长沙县委成立“乐和乡村”试点村建设领导小组，由县委书记任组长，县委政府相关领导任副组长，在县委宣传部设置“乐和”办具体负责项目统筹协调。在各试点村建立“一站两会”。“一站”即乐和社工站，社工站是乡镇党委建立的乡村社会组织管理服务平台，由镇党委副书记或副镇长担任站长，村支部书记担任副站长，地球村派驻专业社工入驻，负责开展前期调研、宣传“乐和”理念、组织村民培训，引导村民成立乐和互助会。目前，试点村(社区)都建立了社工站，专业社工队伍规模已达50余名。“两会”即乐和互助会和乐和联席会。互助会由村支两委统筹引导、乐和社工具体组织、全组村民共同参与，通过村民推选与自我推荐相结合的方式，选出具有公共精神、热心村组事物、义务服务村民的乐和代表组成，实质上是一种根植于本村本组的互助型、服务型、公益性的社会组织。截至2015年9月底，已成立174个村民互助会，推选1300余名乐和代表，发展800名乐和志愿者。乐和联席会以村支两委为主导、以乐和互助会为主体、由社工组织多方共同参与，定期由村支部书记召集，具体负责商议村社公共事务。

其次，推行“三事分流”，创新投入模式，构建多元共治机制。为确保“一站两会”发挥长效作用，长沙县进行了“三事分流”、改革投入机制、创新考核指标等一系列举措，构建多元共治运行机制。一是逐步实行“三事分流”。通过党委、政府牵头，村支两委具体统筹，召开乐和联席会，将涉农公共事务进行梳理分类，属于政府管的“大事”由基层政府与村支两委负责，属于村社公共事务的“小事”由乐和互助会负责，属于个人的“私事”由各家各户自己负责，实现“三事分流”。目前，通过县一级统筹协调、因势利导，各试点镇村因地制宜，形成了各自的“三事清单”。二是探索投入机制改革。互助会在承担相应义务的前提下，被赋予相应的财政资金使用权，鼓励和引导村民通过互助会自主管理、使用、筹集和监督涉农公共资金，让互助会参与到村级涉农公共项目的申报、实施、评估、监督等各环节。目前，长沙县已在村组生态路、小型水利、村级环保、绿化建设等方面进行了有效探索与实践，取得了良好效果。三是创新考核指标体系。正逐步建立“乐和乡村”社会建设考评体系，将社会组织培育与建设、项目投入方式转变、专业社会工作队伍培养等纳入考核评价体系，将群众参与作为考核的重要依据，促进基层政府职能转变。“三事分流”进一步厘清了基层政府、村支两委、乐和互助会和村民各自应该承担的责任，既减轻了基层政府、村支两委的工作负担，提高了公共资金的使用效率，又增强了村民自行处理公共事务的能力水平，乡村社会风气更趋文明和谐。

再次，建设学习型乡村，弘扬传统文化，促进基层和谐发展。各试点村建立“乐和大院”为村民公共活动空间，以“乐和学堂”为平台，开展学习培训和各种健康向上的文化活动，打造学习型乡村。一是建立乐和大院。乐和大院以“一站两会三事四公”为基石，进行学习培训、组织活动、议事决事。随着乐和大院的各项职能充分发挥，各试点村逐步呈现出“支持政府建设多了，上访缠诉现象少了；邻里和谐多了，琐碎纠纷少了”的良好发展局面。二是打造乐和学堂。乐和学堂是一所置身乡村的“无围墙大学”，是一所面向全社会的国学堂，以耕、读、居、养、礼、乐“六艺”为基层，通过重温儒学经典、传统习俗和礼仪，让村民拥有乡土文化的自觉和自信。学堂也是一所面向村民的乐和乡村培训学校，开展包括乐和人居、乐和生计、乐和养生、乐和礼义、乐和治理五个方面的全方位的乐和培训，培养一批新农村建设的乡村骨干队伍，为乡村发展提供人才支撑以乐和学堂为平台，推动乡村文化的繁荣。三是培育自立公益互助的精神。“向上之心强，相与之情厚”是乡村最为核心的传统文化。“乐和乡村”建设关注留守儿童、留守妇女、留守老人，通过培训让“三留”变“三杰”（即小先生、女先生、老先生）；同时通过学习传统经典、传习传统礼仪、传承乡土文化，践行传统文化，让经典融入生活，让生活成为风景，让风景熏陶心灵，逐步培养村民“自立、互助、公益”的精神，从而全面提升乡村生活品质，为建立和谐社会提供内在的、持续的精神动力。

◆“乐和乡村”的经验启示

经过两年多时间的建设，长沙县“乐和乡村”展现出一些引人注目、令人欣喜的变化，村民建设家园和投身公共事务热情迸发，呈现了“三事分流、民主议事、义务投劳、群策群力、互帮互助”的新风尚。

首先，坚持党政主导、共建共治，不断激发社会治理的活力。在“乐和乡村”建设中，始终坚持顶层设计、试点突破，突出重点、整体推进，方向坚定、步子扎实。县委主要领导多次统筹协调，科学规划，分类指导实施，推动社会治理沿着正确方向发展。引入社会组织作为善意第三方参与，发挥外力激发作用，搭建社会协商平台，激活基层自治职能，实现村民自治主体下沉到村民小组。充分尊重群众选择，发挥群众主体地位，增强广大群众的主人翁意识与责任感，实现政府治理和社会自我调节、群众自治良性互动。实践证明，只有加强党委领导，发挥政府主导作用，鼓励和支持社会各方面参与，做到多元参与，凝心聚力，共建共治，才能最大限度增加和谐因素，增强社会发展活力，走在社会治理创新前列。

其次，坚持改革创新、标本兼治，积极探索社会治理的新路。在“乐和乡村”建设中，坚持以深化改革驱动项目实施，由县委主要领导高位协调，积极简政放权，推行“三事分流”，主动下放权力，做好服务配套，改革投入机制，整合涉农资金，推动职能转变；严格考核制度，引导各单位既发挥各自优势，形成整体合力，打好总体战。明确互助会、村民责任义务，实现了基层政府、村支两委、互助会、村民各担其责、各执其权、各得其利。实践证明，只有厘清政府职能的边界，加快政府职能转变步伐，努力把政府该管的事情管好，把管不了、管不好、管不到、不该管的事情逐步剥离出去，才能实现政府功能归位、本土社会组织加快发展、群众主体作用充分发挥，从根本上提高社会自治能力。

再次，坚持为了群众，依托群众，切实提升社会治理的实效。在“乐和乡村”建设中，坚持同群众商量，与群众交流，事事尊重群众，时时亲近群众，充分发挥群众在创新社会治理、推动新农村建设中的主体作用，实现乡村社会治理与新农村建设从单纯收集群众的意见，提升为激发群众的共同愿景；从单纯满足群众的利益诉求，提升为满足群众的参与需求；从为群众点对点的服务，提升为培育群众组织，让群众实现自我服务。实践证明，只有真正尊重群众的主体地位，变“为民作主”为“由民作主”，在满足群众利益诉求的同时满足群众的参与需求，才能将把群众想干的事情变成党委政府要干的事情，把党委政府在干的事情变成群众积极参与、鼎力支持的事情，把党委政府干成的事情变成给群众带来实实在在民生利益的事情。

◆案例集锦

“乡约”让三事分流走向规范

事件过程：在环境卫生治理之前，金鼎山村龙顾组组级道路和池塘里到处可见塑料袋、农药瓶、废纸屑等一系列的白色垃圾，大家觉得只要这些不碍自己的事，也跟自己无关。互助会代表先从自己做起，把自家房前屋后的卫生打扫干净，并对整个公共区域的卫生进行了一次清理。在全组卫生打扫完成后，村民们普遍认为，如果不长期维护，卫生还是会回到原来的状态，所以大家商议决定，实施公共区域环境卫生责任区制，分配到户，全组45户人家每家每户都有其需要负责的公共领域卫生，乐和代表则负责督促和监督各家各户对公共卫生区的打扫，并定期组织评比。从2013年1月至今，这条村舍环境卫生治理的规定被良好的遵守和执行，原来由村委会安排的清洁工自然不再需要。

为了更好地保护村舍环境，乐和社工向龙顾组的村民讲授了环境保护和垃圾分类，龙顾组的互助会按照“三事分流”的原则确定了村舍环境属于小组村民所应负责的事，每家每户必须自己做好垃圾分类。并经龙顾组互助会代表会议讨论，全体社员大会通过，最终制定出《龙顾组环境卫生组规民约》。

案例分析：三事分流的突破口在于单体实验，单体实验的成果巩固在于形成“乡约”。大到基础设施建设，小到广场舞的组织，只要是村民自己制定的规则，其实际约束效果可能比政府要求甚至法律法规还要强。虽然“乡约”是三事分流走向规范化、常态化的保障，但是“乡约”的形成和制定不能一蹴而就，就目前而言还要注意以下几个问题：一、必须符合法律规定。“乡约”固然是村民共同意愿，但是不能与现行法律相冲突。只有符合法律规定的“乡约”才具有生命力。二、必须经过反复实践。必须经过“讨论—实践—再讨论—再实践”的过程，否则其科学性就会大打折扣。三、必须具有一定的强制力。鉴于目前价值观的多元，村民素质的参差不齐，要保持“乡约”约束力的可持续性，还需要让“乡约”在法律范围内形成一定的强制力。这也许是未来“三事分流”甚至乡村治理面临的一个重大课题。

参与资源分配 培育公益精神

事件过程：2014年11月14日晚，在互助会的组织下，孟家湾组召开了有关组上低保评议的会议。互助会会长宣读了低保评定的所需条件，然后由出席的乐和代表投票，选出了得票最多的4户人家。第二天晚上，在孟家湾组组长家召开了一次全体户主参加的互助会大会，会上将上次会议商议出的4户候选人家告知所有农户，再由村民们提出异议，并且投票决定，按照参与开会的户数决定，票数占80%以上的为合格户。最后大家评选出了2户，其中有互助会会长符清云，不过他主动放弃。他说：“只要我还能做一天事就不符合低保标准，就不能浪费国家的资源。”以前大家都争先恐后的争抢一个低保名额，听到符清云的话后，大家沉默了许久，接着是雷鸣掌声响起。整个会议流程完成得十分顺利，大家对评选结果也没有异议。

案例分析：分配公共资源，最大的障碍是信息不对称，这样容易造成资源分配的不公或浪费，由此引发的矛盾成为乡村上访的重要内容。如何使公共资源分配实现效益最大化，一直是基层政府和支村两委的难题。互助会的成立，三事分流的实施，为解决这一问题找到一条有效途径。乡村是熟人社会，一个村民组的人对每家每户的家庭情况都知根知底，所以信息是公开对称的。按照“三事分流”的理念，让互助会参与公共资源分配，最能体现“公开、公平、公正”的原则，能消除矛盾，能激发村民公益心。

葛家山村的“三事清单”是如何形成的

事件过程：葛家山村地处长沙县边远地区，乐和乡村进驻后，全村34个组先后成立了互助会，选出172名乐和代表，实现了互助组织的全村覆盖。葛家山村在乡村治理方面取得了显著的成效，具备了进行三事分流整体设计的基础。

2014年5月至10月期间，社工与乐和代表们走访县委相关部门、乡镇干部、村支两委干部，按照综治、财务管理、农业与农村经济等16项内容形成一部基层口述史。而在平日的走访中与乐和代表、普通老百姓围绕“政府应为你提供哪些服务？自己能够承担什么责任？”完成口头调研，回来做有针对性地记录，整理出村级主抓事务164条。之后，村支部书记召集社工站、党员代表、互助会代表、村民代表、辖区内的相关社会单位及联村党政干部出席的联席会三十次，讨论出164项村级事务中有70项可以剥离出来，交由互助会做。互助会会长随后召集乐和代表和村民召开互助会十三次，分析各自的责任、权利、义务和利益，将私事部分归纳为《葛家山村村规民约》。并通过投票方式，通过了《开慧镇葛家山村关于“三事分流、三治并存”的乡村管理制度》，并对制度进行了公示。

案例分析：“三事清单”的核心是界定“小事”的范围，即有哪些事可以由政府下放给互助会承担，如葛家山村从164项事务中剥离出的70项，明确了“小事”，政府该管的“大事”和村民自己的“私事”不难分辨。至此，葛家山村初步形成了“三事清单”，政府、社会和个人在综合社会事务中的责任边界和关系得以厘清，处理日常事务将有章可循。葛家山的乐和乡村建设取得阶段性成效，当按照“三事分流”的原则对村社事务进行责任划定后，相应地就要推进“参与式管理投入机制”改革。“三事分流”并非三事分离，只是通过公私、大小的分流方式明确基层政府、村支两委、互助会、村民等各方责任，使之能够各尽其职、分工协作；创造了村社分担公共服务的路径，使政府责任更加清晰，帮助政府减负和职能归位以及重建信任与感情。

（原文刊载于《湘潮》2015年第11期，第45～47页）

县域经济的标杆——“长沙县现象”

长沙县史志档案局

长沙县位于湖南省东部偏北，地处湘江下游东岸，自古为三湘“首善之区”，建制远溯秦汉，至今已有2200多年。全县总面积1997平方千米，辖17个镇、7个街道、218个行政村、82个社区；户籍总人口832236人（该数据统计日期截至2014年12月31日。2015年1月14日，跳马镇划入长沙市雨花区，暮云街道、南托街道划入长沙市天心区后，长沙县总面积1756平方千米，辖16个镇、5个街道、190个行政村、76个社区）。党的十一届三中全会以来，长沙县经济社会快速发展，财政收入实现从不足1亿元到10亿元再到100亿元的“三级跳”，创造了从“三湘第一县”到“中部第一县”再到“中西部第一县”的荣耀与辉煌：2008年，被列为全国十八个改革开放典型地区之一，是湖南省唯一、中部地区仅有的3个典型地区之一；在2014年中国十佳“两型”中小城市排名中跻身榜首，在第十四届、第十五届全国县域经济与县域基本竞争力百强县排名中分别排名第九、第八。2010年，时任省委书记周强作出批示：“长沙县科学发展的做法和经验值得总结和推广。”该县所追求的发展精神、发展速度、发展模式和发展效应，成为县域经济的标杆——“长沙县现象”。

一、亮点频现

1. 确立“飞鸟型”经济发展战略

改革开放以前，作为以种植业为主的典型农业县，长沙县经济发展方式以粗放型为主，体制单一，经济落后，人民生活停留在温饱阶段。1978年，全县地区生产总值仅2.2346亿元。改革开放之初，基于“有县无城”制约县域经济社会发展的实际，借鉴沿海发达地区改革发展经验，长沙县于1984年7月初步确立并开始实施“以乡镇企业为主体，粮食生产和多种经营为两翼”的“飞鸟型”经济发展战略，大力促进乡镇企业，促进全县经济由以农业为主向以工业为主的转变，乡镇企业、粮食生产和多种经营三大支柱产业蓬勃发展。

确立“飞鸟型”经济发展战略以后，长沙县将农村改革的经验引入乡镇企业，推行“一包三改”为主要内容的管理体制改革，即推行各种形式的经济承包责任制；改干部任命制为选聘制，改固定工制为合同工制，改固定工资制为浮动工资制，系列举措极大地增强了乡镇企业的活力。1984年，全县乡镇企业总收入2.19亿元，成为长沙市第一个总收入突破2亿元的县。1985年，县委、县政府出台《关于进一步放宽政策，促进乡镇企业发展的十条规定》，进一步增添乡镇企业活力、拓展横向联合。1985～1986年就引进“三资企业”28家，引进外资3727万美元。至1990年，全县乡镇企业以机械制造、汽车装配、建筑建材、轻纺食品、化工等为重点的主导产业快速发展，涌现出“水泥之乡”河田乡、“汽车之乡”果园乡、“化工之乡”黄兴镇、“湘绣之乡”沙坪乡等一批初具生产专业化、特色化的乡镇。是年，全县乡镇企业总收入16.64亿元，连续4年位居全省之冠，乡镇企业发展到19408家，乡镇企业产品获国家、部级、省级优质产品称号的21个，获国家及省、市发明奖和科技进步奖项的40个，填补国内、省内空白的新产品32个。果园乡、黄垅村分别进入全省乡镇企业“五强”乡（镇）

美丽星沙　（李新华 摄）

和“五强”村，果园交通机械厂、果园汽车改装厂分列全省乡镇企业“十强”一、二名。至1992年，全县三次产业比例为40 ∶ 42 ∶ 18，工业在三次产业中的比重由1978年的32%提高到42%，以乡镇企业为主体的第二产业首次超过第一产业，并在三次产业中逐步占据主导地位。至此，长沙县始由“农业大县”过渡到“工业大县”。

2. 经济开发与新县治建设齐头并进

1992年4月，县委、县政府作出建立星沙开发区并建设新县城这一具有里程碑意义的决策。是年7月和11月，省、市领导两度到星沙考察和现场办公，要求“要大胆规划，迅速开发，把星沙建成一个现代化的高标准新型经济开发区”。7月17日，长沙市人民政府批复同意设立长沙星沙开发区。时任省委书记熊清泉考察后欣然为星沙开发区题写区名，时任省长陈邦柱考察时指出：“这是一块风水宝地，要大胆规划，迅速开发。”时任市委书记夏赞忠在现场办公会上明确：“凡省里下放给长沙市的权力，市里不折不扣全部下放给长沙县”。10月8日，星沙开发区暨新县城建设奠基典礼举行。县委、县政府确立“整体规划、分期开发、滚动发展、形成特色”的开发建设方针，按照“起点高、立意新、功能全、环境美”的要求，在前期规划控制面积20平方千米的土地上，制订六区（新型工业区、商贸金融区、文化教育区、旅游别墅区、行政办公区、居民住宅区）一场（星沙大市场）一园（科技园）发展规划，将县城与开发区融为一体，构筑县城和开发区的新型城市骨架。12月26日，省发改委发文明确星沙开发区为省级重点开发区。1993年7月，省委、省政府批准成立湖南星沙特别招商区，实行星沙开发区与湖南星沙特别招商区两块牌子、一套人马的运行机制。是年，即有120家企业和2800多户工商个体户到星沙投资，签约外资项目19家，总投资3254万美元。1994年3月，经湖南省政府批准，星沙开发区更名为长沙经济技术开发区（以下简称长沙经开区）。1996年1月30日，县治迁址星沙，“有县无城”成为历史。1997年，国家科委批准在长沙经开区建立“长沙高新技术产业开发区星沙工业高科技园”，各知名企业纷纷慕名投资落户。是年，首家世界500强企业——韩国LG公司入驻长沙经开区，成为当年全省招商引资的重大项目。

长沙经济技术开发区　　（长沙经开区志办 提供）

1999年，当年积极推进开发区建设的省委老领导熊清泉、刘正、黄道奇为争取园区早日跻身国家队，联名致信时任国务院总理李鹏和副总理朱镕基、李岚清，得到国务院高度重视与积极支持。2000年2月，长沙经开区成功晋级国家级开发区后开始加速发展。2013年12月16日，长沙经开区与汨罗市在该市弼时镇大里塘工业区合作共建规划面积17平方千米的汨罗产业园，为全省首个“飞地工业园”（以工业园区为载体，经济相对发达地区整批输出项目，欠发达地区提供土地，双方合作开发，从而取得“借地生财”和“借鸡生蛋”的双重效应）。

2014年，长沙经开区规模工业总产值1637亿元，是1999年工业总产值（25.1241亿元）的65倍。建区至今，长沙经开区规划总面积105平方千米，区内企业1600余家（其中世界500强企业32家）；累计完成固定资产投资总额867.0226亿元，基础设施投资总额123.384亿元；先后获评“国家新型工业化产业示范基地”“国家知识产权示范园区”“中国最具投资潜力十强开发区”等称号，成为长沙乃至湖南工业发展的重要增长极和核心驱动力。

3. 实施园区兴工战略

2000年，根据省委对长沙县提出要在全省率先实现工业化的要求，县委、县政府坚持以工业化带动城镇化和农业产业化的发展方针，提出“一区带六园、园区带全县、由近及远、梯次推进”的发展战略。“一区”即长沙县县城和国家级长沙经济技术开发区，“六园”即当时规划建设中的暮云、㮾梨、黄花、江背、金井五个工业区和黄兴生态工业园。该战略核心就是发展大产业、做大经开区、建设大县城，充分发挥长沙经开区这一国家级开发区的优势，通过政策配套、产业延伸（项目配套或转移）、科技和人才辐射，促进六个乡镇工业园优化组团，竞相发展，成为县域内各具产业特色的次经济中心，构建以县城和经开区为中心的第二经济圈乃至第三经济圈，带动以工业为主导的县城经济跨越发展。为此，县委、县政府主要从三个方面进行突破：一是突出龙头建设，增强县城和经开区的带动功能，确立经开区以工业项目为主、以吸引外资为主、以出口创汇为主，致力高新技术产业发展，加快引进更多的世界500强大企业到经开区落户。二是建设乡镇工业园，打造乡镇向外开拓的新平台。通过土地开发，以地生财、滚动发展，加快推进乡镇工业园的基础设施建设，启动总投资5亿元的乡镇以上“高速信息公路”建设；依托原有的工业基地，通过引进资金、项目、技术等，不断提升乡镇工业整体水平。三是发挥联动效应，加快推进县域工业化进程。依托乡镇工业园，大力发展与经开区内大型企业的配套产业，转移经开区内不能接纳的相关企业，拓展延伸其区域范围，有力发挥经开区的龙头带动效应。如暮云工业园重点发展与伊莱克斯配套的相关产业，金井工业园重点发展皮革服装、茶叶加工和铸造产业，黄兴生态工业园重点发展农产品加工和生态农业旅游产业，㮾梨工业园重点发展与远大空调、三一重工、北汽福田等配套的机械制造和汽车零配件产业。特别是㮾梨的汽车配件产业通过几年发展，成为全国有名的汽车零配件产业基地。2001年年底，该战略即初显成效，全县各乡镇引进项目67个，到位外资145万美元，到位市外境内资金6.36.亿元，占全县招商引资总额的31%。至2004年，全县GDP149亿元，全县工业总产值280亿元，其中规模工业总产值210.1亿元，对全县GDP的贡献率达到60%，财政收入的65%由工业提供，农民新增收入的65%来自工业。2014年，全县工业总产值2128.3亿元，其中规模工业增加值523.3亿元，对GDP的贡献率达到47.5%。

4. 制定“领跑进军”战略

2001年，继在全国首届县域经济基本竞争力排名中位列第73位后，长沙县每年的排名不断前移。为进一步提振信心，在全省率先实现工业化，率先实现全面小康，2004年7月22日，县委十届三次全会确定《长沙县“领跑中西部，进军五十强”发展战略纲要》（即“1656”发展战略纲要），其总体目标是到2007年左右，长沙县进入全国县（市）经济基本竞争力五十强，夺取中西部县（市）第一名。主要经济发展目标是：GDP260亿元，工业总产值600亿元，工业增加值140亿元；财政收入30亿元，其中地方一般预算收入13.5亿元，力争15亿元；农民可支配收入5500元；一、二、三产业比为1 ∶ 5.8 ∶ 3.2。六大战略举措为：一是全力推进兴工强县，提升县域经济竞争，重点实现“三个打造”。即：突出做强经开区，打造经济核心圈；突出提升制造业，打造亿元企业群；突出优化产业链，打造优势产业集群；二是大力促进强农富民，全面建设农村小康社会。三是实施第三产业活县的方针。四是加快县城扩容提质。五是坚持开放带动发展，提升长沙县招商引资的整体水平。六是实施可持续发展战略，全面建设和谐社会。五大发展规划包括工业发展的“1211”工程规划、财源建设的“1234”工程规划、县城和经开区建设规划、城乡一体化规划、第三产业发展规划，其中工业发展的“1211”工程规划是五大发展规划的重中之重。2004年10月，县委制定《长沙县工业发展“1211”工程规划纲要》，提出打造一批具有显著带动作用的亿元品牌企业集群，强力推进品牌强企战略，构建以100亿元企业为龙头、20亿元和10亿元企业为骨干、1亿元企业为基础的工业发展模式。到2006年，长沙县在全国县域经济基本竞争力百强县排名中位列第49位，“领跑中西部，进军五十强”发展战略目标提前实现。

2009年，长沙县提出“争当排头兵，领跑中西部，进军二十强”的发展目标，至2011年，该县在全国县域经济基本竞争力百强县排名中列第18位，在中国中小城市科学发展评比中居第17位，顺利完成“进军二十强”目标。2011年6月28日，在中国共产党长沙县第十二届代表大会第一次会议上，长沙县又吹响“争当排头兵，领跑中西部，进军前十强”的号角。2014年11月1日，第十四届全国县域经济与县域基本竞争力百强县排名在京发布，该县成功挺进全国十强，位列第九，连续7年排名中部第一。

5. 构建“1+6+3”经济核心圈

为加快经济发展步伐，发挥长沙经开区的龙头优势，长沙县划定“1+6+3”经济核心圈，即1中心、6组团、3重镇。“1中心”是以长沙县城为主体发展的中心区（包括星沙县城和经开区），主要以先进制造业、电子信息产业为主导产业；“6组团”是㮾梨、黄花、安沙、春华、干杉、黄兴，分别以发展汽配产业、轻印模具和生态农产品加工、环保产业和民办教育、轻工、高效农业和农业深加工为主。“3重镇”即暮云、江背、金井三个省市级工业园。2001年，长沙县编制《县城和经开区发展规划》，其中规划城区面积60平方千米、人口20万人，但《规划》制定仅两年之后，随着经开区工业的腾飞，60平方千米的规划面积已远不能适应经济高速发展的需求。湖南省“十二五”规划指出“着力推动城市融合发展，统筹协调区内城市功能和规模、产业结构和布局、资源配置和利用、生态保护和建设”。《长沙市城市总体规划(2010—2020)》在发展片区将长沙县部分乡镇纳入规划，提出“一主两次六组团”的城市空间结构。因此，县委、县政府决定将经开区和县城为核心的初具规模的六个乡镇工业园和三个工业重镇与经开区和县城统筹考虑，统一规划，共同发展，实现水、电、路、气、信息通信等基础设施一体化，以产业梯度合作、衔接为纽带，通过大型企业的带动作用，形成有产业集群和专业分工的园区经济，以实现集约发展，构筑200平方千米左右的经济核心圈，人口规模80万人，以打造全县新型经济发展平台，促进长沙县向“功能互补、结构有序、融合发展、整体优化”的紧凑型、组团式城市发展。

6. 实施“南工北农”战略

在兴工强县战略的带动下，全县工业经济快速发展，但是经济发展不平衡、南北差异大等日趋明显。2008年始，为推进城乡一体化，长沙县先后制定《长沙县城乡一体化建设发展规划纲要》《长沙县城乡一体化规划》《长沙县县城总体规划》等，并确定“南工北农”的总体规划，根据区域资源环境承载能力、现有开发密度、未来人口分布等因素，将全县细分为优化开发区域、重点开发区域、限制开发区域和禁止开发区域，确立“分类指导、统筹发展”的战略，将全县22个乡镇（街道）划分为县城及经开区服务区域、工业优势区域、农业优势区域和工农综合发展区域，实施区域分类发展。

在“南工北农”战略发展思路的指导下，长沙县南部工业发展向园区集中，优势进一步增强，产业集聚效应和产业链效应更为明显。在经开区为龙头的“一区七园”（“一区”即长沙经开区，“七园”即暮云、㮾梨、黄花、安沙、江背、金井、干杉七个乡镇工业园）工业园区体系引领下，园区经济集约化程度不断提升，全县90%的企业都集中在园区，95%的工业产值来自园区。同时，北部地区农业现代化生产实现新跨越。2008年9月，捞刀河以北的12个乡镇，总面积1150平方千米的区域被确立为湖南省现代农业创新示范区。2009年7月，长沙县又整体获批为国家级现代农业创新示范区。为鼓励现代农业发展，坚持“以城带乡、以工哺农”的发展思路，该县出台《鼓励现代农业投资暂行办法》，鼓励社会资本、工商企业到农村投资现代农业。2010年，重点推进“2571”工程，即重点推进现代农业科技管理创新、社会主义新农村示范“两个基地”，高档生态有机稻、有机茶叶、食用菌和绿色有机蔬菜、鲜食和酿酒葡萄、花卉苗木五个精品园，超级杂交水稻、优质茶叶生产、绿色蔬菜与食用菌生产、特色瓜果生产、花卉苗木生产、生态养殖、现代农业观光休闲旅游七个产业优势区及100个现代农庄建设，并确立“六个集中”（资本集中下乡、土地集中流转、产业集中发展、农民集中居住、生态集中保护、公共服务集中）的发展思路，盘活土地等生产要素。至2014年年底，全县农民专业合作组织1278个，农产品加工企业254家，市县级农业标准化生产基地25个，现代农庄62家，59家规模农产品加工企业实现工业总产值145.6亿元，粮食、蔬果、茶叶、生态养殖、花卉苗木、休闲旅游等八大农业主导产业已经形成，沿S207线、黄兴大道北延线、G107线三大现代农业示范带成效初步显现。

7. 创新管理考核模式

优化乡镇绩效考核。从2008年起，长沙县提出“分类考核，统筹发展”战略，率先取消GDP考核指标，在对乡镇绩效考核上调整考核指标，突出空间结构、生产力布局、功能定位、区域特色、发展重点，把22个乡镇（街道）分成3个城市化发展型乡镇、5个工业主导型乡镇、6个综合发展型乡镇、8个农业生态型乡镇四种类型，实行“3568”考核模式，对城市化发展型乡镇考核分值重点倾向财政收入、城市建设与管理、现代服务业，弱化工业招商、工业经济等考核指标，对农业生态型乡镇考核分值重点倾向生态环境保护与建设、农业产业化，不设工业经济等考核指标。2013年，开慧镇、青山铺镇等4个北部乡镇赫然列入一等班子，占全县镇（街）8个一等班子的半壁江山。最“穷”的青山铺镇与最富的暮云镇财政收入相差近800倍，但暮云镇仅获评二等班子。从目标管理考核到绩效考核，从单纯以经济指标考核到分类考核，该县不断探索彰显县域特色、顺应“两型”发展的绩效考核模式，发展愿景极为广阔。2013年11月，全国政府绩效管理高层论坛在长沙县举办，授予长沙县“全国政府绩效管理示范基地”称号。

创新区县管理体制。长沙县与长沙经开区的的特殊关系是长沙经开区加快发展的独特优势。创建之初，长沙县举全县之力，建立长沙经开区。之后，为充分发挥长沙经开区的龙头作用，通过不断探索和实践，长沙县与长沙经开区的管理体制先后从市县共管、以县为主到市县共管、以市为主，再到由长沙市委托长沙县管理为主，经开区党工委、管委会成为市委、市政府的派出机构，享有省辖市相应的经济审批管理权限。多年来，长沙县、长沙经开区实行党委主要领导兼职，坚持大事讲原则、发展算大账，长沙经开区集中精力抓经济建设，长沙县则全力抓好社会管理和“三产”配套，无论是在财税分成、空间规划、土地报批方面，还是在审批授权、项目引进、“以区带园”等方面，长沙县对长沙经开区均给予强力支持，并享受到长沙经开区经济高速发展所带来的丰硕成果。二十多年来，区县一家、共谋发展的管理模式最大限度地实现了资源共享、产业互动和互利共赢。

建设“乐和乡村”。为探索乡村治理新模式，2013年，长沙县引进公益组织北京地球村“乐和”理念，实施“乐和乡村”建设项目，在坚持“党委领导、政府主导、村民主体、社会参与”原则基础上，由北京地球村提供核心技术支持和社工服务，在全县实施乡村建设综合试验项目。5月，在开慧镇葛家山村、金井镇惠农村、春华镇金鼎山村、福临镇金坑桥村、白沙镇双冲村启动第一批“乐和乡村”建设，通过成立社工站、建立互助会，实行“三事分流”（大事政府办、小事村社办、私事自己办），探索投入机制改革，创建考核指标体系，复兴乡村文化等实现“五乐和”（乐和治理、乐和生计、乐和人居、乐和礼义、乐和养生）的总体愿景。截至2014年年底，全县“乐和乡村”示范试点村（社区）增至25个，共成立村民互助会90个，发展乐和代表650名，召开乐和代表会、乐和联席会300余次；组织开展乐和宣讲会、传统国学讲座、文艺晚会等活动150场；各互助会组织村民义务投工投劳1678个，筹集公共资金235万元。2015年5月，长沙县确定“乐和乡村”建设在119个乐和互助会基础上全面扩大试点范围，并探索以简政放权为切入点列出事务清单，通过“三事分流”让村级事务“减负”。“乐和乡村”为建设“社会共治、经济共赢、生命共惜、价值共识、环境共存”五位一体的美丽乡村，全面提升城市生活品质，实现全县“南北一家，工农一心，城乡一体”提供了成功模式和经验。

探索“功能分区”。在经济社会发展取得巨大成就的同时，部分区域人口密度过高、资源环境约束趋紧的矛盾日益显现。2014年，长沙县贯彻落实国家主体功能区发展战略和省委、省政府“分类发展、科学发展”的要求，将“一县两区，南工北农”（两区指长沙经开区和长沙县国家现代农业示范区）的发展战略升级为“功能分区”战略，在《长沙县功能分区体制机制创新实施规划(2013—2020)》获省发改委批复同意后正式启动功能分区建设。按照“综合配套改革创新区、中部崛起战略增长极、转型升级发展样板区、空间科学开发先导区”的战略定位，长沙县将县域国土空间划分为国家级长沙经济技术开发区、长沙临空经济区、星沙松雅湖商务区、黄兴会展经济区、长沙现代农业区（长沙县国家现代农业示范区）五大功能区，改变以往镇街各自为营的格局。此次功能区划分在布局上更清晰，在定位上与人口、经济、资源、环境、社会发展要求更相适应，在空间结构上更优化，在土地利用上更节约，各功能区之间的经济社会发展水平、居民收入、基本公共服务和生态环境也更利于平衡。

8. 实施“三个共同”“三个共享”“三个率先”

“三个共同”由县委书记杨懿文在2010年12月20日中国共产党长沙县第十一届代表大会第二次会议上提出，即：一是幸福与经济共同增长。在发展中，更注重以人为本，更加注重改善民生，让人民群众共享改革发展成果，生活得更加幸福，更有尊严。二是乡村与城市共同繁荣。在加快城市建设的同时，始终坚持城乡统筹发展的理念，不断加大以工补农、以城带乡的力度，善待乡村，发展乡村，建设农民幸福生活的美好家园。三是生态宜居与发展建设共同推进，切实把自然、生态、低碳、平衡的理念融入到建设和发展中，努力建设生活舒适、生态优美、功能完善的宜居环境。“三个共享”由杨懿文在2013年12月28日中国共产党长沙县第十二届代表大会第四次会议上提出，即全民共享经济发展成果、共享基本公共服务、共享平等发展机遇。“三个率先”由杨懿文在2014年12月26日中国共产党长沙县第十二届代表大会第五次会议上提出，即率先建成全面小康社会、率先建成“两型”社会和率先基本实现现代化，全面吹响县域经济社会发展跨越发展的进军号角。“三个共同”是基础，“三个共享”是条件，“三个率先”是目标。从共同到共享、再到率先，长沙县发展“三部曲”战略得当，思路清晰，相互支撑形成合力，夯实县域经济社会发展的战略定力。

白沙镇双冲村试点成立的“乐和大院”　（白沙镇 提供）

近年来，长沙县始终按照共同、共享、率先的理念，将民生幸福、百姓福祉、城乡统筹发展摆在突出位置，始终将保障和改善民生作为一切工作的出发点和落脚点，始终将“两型”发展作为一切工作的根本和前提，破解了困扰发展的瓶颈，成就了今日的辉煌，奠定了可持续发展的基石。

9. 大力推进“四化”进程

实施集约集聚发展，大力推进新型工业化。一是致力打造“中国工程机械之都”。2002 年以前，县内主要的工程机械公司尚处于起步阶段。2003 年起，在国家基础设施建设热潮的推动下，中联重科重组并购浦沅机械（为中联重科全资子公司），山河智能整体搬迁至长沙经开区山河智能第一产业园，全县工程机械行业快速发展。在三一重工、中联重科、山河智能三大工程机械集团的推动下，全县工程机械制造基础更加牢固。2005 年，全县工程机械产值超过 100 亿元，成为中国工程机械城市前三强；2006 年，总产值突破 150 亿元而跃居全国第二。2007 年，三一重工、中联重科、山河智能组成的工程机械集群市值超过 1000 亿元，中联重科、三一重工跻身世界工程机械 50 强。

2006 年 11 月，三一重工执行总裁向文波在湖南省委召开的新型工业化座谈会上建言，将长沙打造成中国乃至世界工程机械之都。2008 年，长沙县提出“打造中国工程机械之都”，依托龙头企业，整合资源，完善工程机械的零部件、整机、销售与服务的产业链，建立中国工程机械核心技术开发研究中心等公共服务平台。2012 年，三一重工成为中国最大、全球第五的工程机械制造商，中国最大的混凝土机械制造商，中联重科工程起重机分公司成为中国大吨位移动起重机的领军者之一，山河智能的“SUNWARD”商标在全球数十个国家注册；是年，全县工程机械行业规模以上企业 15 家，完成产值 919.2 亿元，占全县规模工业总产值的 61%，产值占全省工程机械行业五分之三、销售占全国七分之一的市场份额。2014 年，全县工程机械规模工业产值 850.6 亿元，占全县规模工业总产值的 44.1%。2015 年 6 月 10 日，中国机械工业联合会、中国汽车工业协会联合发布年度中国机械工业百强、汽车工业三十强名单，三一集团、中联重科、中国铁建重工集团、山河智能 4 家企业入围中国机械工业百强，分列第 1 位、第 6 位、第 74 位、第 96 位（《五湘企上榜机械工业百强》，《长沙晚报》2015 年 6 月 11 日 AA1 版）。华丽嬗变“中国工程机械之都”的长沙县正昂首进军“世界工程机械之都”。

二是致力打造“中国汽车产业集群新板块”。20 世纪 80 年代中期，长沙县汽车产业曾创造短暂辉煌，果园镇、江背镇、黄花镇生产的农用车和中巴车，㮾梨镇的汽车配套件均为市场畅销产品，至 20 世纪 90 年代中后期这些均逐步衰退。

为扶持汽车工业的发展，县委、长沙经开区、县政府先后出台《关于支持工业园区发展的若干意见》《关于加快工程机械、汽车及零部件产业发展的若干意见》，对工程机械、汽车及零部件企业实行财政奖励扶持，鼓励科技创新。至 20 世纪 90 年代末，外来汽车企业纷纷开始进驻。2002 年 5 月，北汽福田车辆股份有限公司与湖动集团公司、市政府、县政府正式签订合作协议，一个投资 10 亿元、年产汽车 10 万辆的项目落户长沙县。2003 年引进长丰汽车股份有限公司，当年实现总产值 7.2 亿元，销售收入 6.2 亿元。2008 年，陕汽集团投资 10 亿元建设的重型卡车生产项目正式奠基，广汽集团、菲亚特汽车的合资工厂于 2009 年 8 月在星沙开工。2010 年 3 月，广汽菲亚特汽车有限公司在长沙县成立，总投资 65 亿元。2013 年 5 月，上海大众在中国大陆建立的第四大整车基地——上海大众湖南（长沙）项目在干杉镇奠基，总投资 150 亿元，相当于再造一个长沙经开区，是当时全省最大的实业投资项目。2015 年 5 月 24 日，上海大众汽车有限公司长沙工厂建成投产，首辆新朗逸轿车正式下线。

至此，长沙县具备越野车、轿车、轻卡、重卡、中卡、客车、工程车、特种车制作车系，成为一个完整车系的制造基地；以北汽福田、广汽三菱、比亚迪、广汽菲亚特、陕汽环通、众泰汽车、上海大众等整车生产企业为龙头，博世、易通、同心、胜通、住友等配套企业为辅助的完整汽车产业链不断发展和完善。

同时，长沙县汽车产业链向下游销售终端拓展。中南汽车世界、星沙汽配城和金鹰机电市场，形成“东边产业、西边市场”的新格局，构成集开发、制造、营销、服务、物流等于一体的完整的汽车产业链。中南汽车世界自 2003 年 6 月建设以后，发展迅速，形成新车交易市场、二手车市场、中南汽配批发大市场、汽配五金机电城、物流园等六大板块，成为全国知名市场，被省委、省政府定为重点支持的全省“七大市场”之一。2014 年，中南汽车市场交易总额 278 亿元，成为综合实力全国领先的汽车专业市场。2015 年 5 月，在北京召开的“2015 中国汽车流通协会有形市场商会年会”上，中南汽车世界获评“中国汽车流通行业有形市场影响力品牌奖”，是全省唯一获奖单位。目前，该县正加快建设上海大众干杉汽车城，全力打造以㮾梨、干杉为中心的“汽车后市场”，“中国汽车产业集群新板块”已崛起成为千亿元产业集群。

实施“产城融合”，大力推进新型城镇化。坚持以产兴城、以城育产，把重大产业项目和基础设施项目建设与新城镇开发有机结合，以组团式发展优化城镇布局，建设一批产城互动、生态宜居、各具特色的新型城镇，将城市功能、政府公共服务植入工业园区，推进园区经济向城市经济转变，促进城市功能完善和品质提升。着力打造产城融合示范区，重点打造松雅湖、空港城、星沙产业基地三大示范区，松雅湖示范区项目规划面积16.97平方千米，总投资40亿元，建成后湖面面积400多公顷，按照“现代理念、人文情怀、世界眼光、国际水准”的要求，面向国际顶尖品牌寻求战略合作伙伴，着力建设国内一流的城市生态湖泊，打造一个现代高端服务业的核心聚集区；空港城规划面积54.6平方千米，按照“空港的城市、城市的空港”的理念，有效整合湖南机场管理集团、长沙临空综合保税区、长沙县空港城管委会及周边镇（街）区域，建设“知识型现代服务业生态城”，大力发展航空运输保障业、航空服务业、高新技术产业、临空先进制造业、航空物流业、电子信息商务等优势产业，着力打造依托湖南、立足中部、面向世界的特色航空产业高地、国际门户和智慧航空新城；星沙产业基地按照“3个1/3” 的均衡开发理念，即1/3的地方发展工业，1/3的地方发展生产性服务业，1/3的地方建设基础设施和商贸住宅，一次性建成产城融合体。在松雅湖、空港城及其他新开发板块建设中，树立“反规划”和“不规划”理念，合理划定生态控制区和不开发区，尊重自然山水，合理制定生态控制区，最大限度地保护原有地貌和风土人情。在2011年第五届中国城市化国际峰会上，该县做法成为中国城市化“产城融合”典范案例。

建设现代农庄，大力推进农业现代化。坚持以城市化理念建设农村、以工业化理念发展农业，以北部农业乡镇为主体，建设国家现代农业示范区，大力发展城郊型高效农业。创新现代农业生产的模式，重点发展农业企业和现代农庄为主体、产业基地为平台、农户以土地入股为主要方式的“公司和农庄＋基地＋农业工人”的生产经营模式，以绿色、环保、生态为标准，发展集农业生产、农产品精深加工、农业体验休闲于一体的现代农业，形成“一乡一品、两大走廊、三条主轴、七大产业、百家农庄”的现代农业发展格局。强化科技支撑，吸引隆平高科和中科院、省农科院等科研院所进驻，建设湖南现代农业技术创新基地，加快设施农业、有机农业、生态农业、高效农业发展步伐。截至2014年年底，全县完成无公害农产品产地认证1338.38公顷，130个农产品获得“三品”认证有效证书，农产品“三品”认证数量和认证面积均居全省首位。自2011年起，该县先后被农业部列为双季稻高产创建整县整建制推进试点县、长江上中游冬春蔬菜重点区域基地县和国家标准菜园创建单位；并被评为全国无公害农产品标志推广与监管示范县、全国重点产茶县、首批国家标准茶园基地县、中国果菜无公害十强县；连续四年被评为湖南省粮食生产先进（标兵）县，百里茶廊被列为湖南省五大、长沙市四大优势产业带之一，全县花木基地占居湖南省的三分之一，为中南地区之最。2014年11月，该县成为国家级出口食品农产品质量安全示范区，是全省仅有的两个示范区之一，其中茶叶和食用菌被列为出口示范区重点出口农产品。

打造智慧城市，大力推进信息化。大力推动以蓝思科技、创新电子、纽曼科技和联通数字阅读基地等为龙头的重大项目建设投产，支持电子商务产业进驻，电子信息产业有望成为长沙县第三个千亿元产业集群。积极利用信息技术改造传统产业，强化信息技术在工业、农业、服务业和城市管理中的运用，全面提升城乡信息化水平，加快建设智慧城市。

10. 坚持“生态立县”

改革开放之初，长沙县和全国大多数县（市）一样走的是一条片面追求经济增长之路，“村村点火、户户冒烟”是当时全县乡村工业发展的真实写照，污水垃圾遍地、空气乌烟瘴气、声音嘈杂刺耳是当时城镇的真实境况（段林毅、雷国珍：《领跑进军科学发展——长沙县“三百强”之路》，中共中央党校出版社，2007年12月第1版，第93页）。在总结粗放传统发展模式的深刻教训后，长沙县提出打造“生态县”这一可持续发展的战略举措，编制《长沙县生态示范区建设总体规划》等，开启科技含量高、资源消耗低、环境污染少、经济效益好、资源优势得以充分发挥的新型工业化道路，全面推进生态环境的保护和治理。2002年，果断关闭黄兴镇13家污染化工企业，2003年全面退出化工行业。2005年起，县环保部门对全县招商引资项目实行“第一审批权”和“一票否决权”，每年都要否决几十个环保不达标的项目。2004年获授“国家生态示范区”后，启动创建“国家生态县”，历时十余载，终圆夙愿。坚持节约资源和保护环境，发展绿色产业，保护青山绿水，建设生态文明。加快两型产业发展。始终高度重视企业自主创新能力建设和科技成果转化工作，高新技术产业增加值占全县GDP总量的44%以上。坚持工业项目进园区，园区所有企业强制推行清洁生产。引导企业加强能耗控制和污染治理，致力推广生物质能、风能、太阳能等可再生能源的应用，全县沼气池入户率50%以上。加强农村环境整治，大力推进截污、清淤、固堤、增绿、造景等工作，实施“清洁水源、清洁田园、清洁能源、清洁家园”的“四洁农村”工程。全面推行科学养殖，出台畜禽养殖污染管理防治办法，科学划定禁养区、限养区、适度养殖区。各镇（街）均建有污水处理厂，实现污水处理全覆盖。成立农村环保合作社，实现“户分类、村收集、镇运转、县处理”的垃圾四级分类管理。开展生态补偿修复。始终坚持“用1%的土地支撑经济发展，99%的土地保护生态环境”，率先在全省建立生态补偿机制。科学划定限制开发和禁止开发区，建立生态恢复和水土涵养生态功能区，进行重点保护，实施生态扶贫移民工程，保护山区生态环境。实施“百条乡村公路、千里河港堤岸、万户农家庭院”绿色愿景工程，每年安排1000万元以上补助植树造林。推进生态环境示范村庄建设，极大地激发群众自主美化家园的热情。2014年，在全国率先创建“零碳县”、建立县级“两型”指标体系，“构建‘两型’生活方式”纳入全县科级党政领导班子和领导干部绩效考核；在金井镇涧山村建成国内最大、全省首个耕地生态保护型土地整治项目，建设规模277.34公顷。12月10日，县委书记杨懿文在《中国经济周刊》杂志社主办的“第十四届中国经济论坛”上获评2014中国十大创新榜样。是年，在长株潭地区“两型”社会建设发展的9项指标中，该县已完成人均GDP、高新技术产业增加值占GDP比重、万元GDP能耗降低、人均城市公共绿地、主要污染物排放强度5项评价指标，另有2项完成50%以上，在全市、全省乃至全国率先建成“两型”社会的梦想正在逐步成为现实。

二、华丽转身

1. 叫响“三湘第一县”

改革开放以前，长沙县是一个典型的农业县，人民生活停留在温饱水平。1978年，全县国民生产总值22346万元，财政总收入1918.9万元，工业总产值10715万元，社会商品零售总额2122.4万元，农民人均纯收入160.2元（当时未统计固定资产投资总额）。党的十一届三中全会以后，全县工作重点转向“以经济建设为中心”，翻开了县域经济社会发展新的一页。1987年，全县乡镇企业总收入8.49亿元，首次居全省各县（市）之冠；全县农村储蓄余额1.59亿元，为全省首个农村储蓄过亿元的县。1989年，全县乡镇企业各项指标进入全国乡镇企业“百强”；粮食总产量和肉类总产量均进入全国“百强”，农民人均纯收入居全省各县（市）之首。1990年8月10日，省委、省政府作出《关于开展向长沙县学习，加快农村经济发展的决定》。长沙县乘势开展“全省学长沙县，长沙县怎么办”的大讨论，全面激发全县经济社会持续、稳定、协调发展的强大合力。是年，全县财政总收入1.02亿元，成为全省首批财政收入过亿元的县；全县工农业总产值17.89亿元，成为全国百名产粮大县和全国百名猪牛羊生产大县（名列全国第六），工业总产值7.8亿元，乡镇企业总收入16.64亿元，连续四年居全省之冠。自此，长沙县成为名副其实的“三湘第一县”。

2. 跻身全国“百强县”

1992年4月22日，县委、县政府决定在当时的望新乡（1994年改为星沙镇，2009年12月改为星沙街道、湘龙街道、泉塘街道）建立星沙开发区，1994年3月更名为长沙经济技术开发区，首期开发面积14平方千米，并作为县治驻地，开启了县域经济社会发展的新篇章。1997年8月，长沙县被省委、省政府授予“小康县”称号，成为全省首批达小康的县；同年，长沙县位列全国县域经济综合实力第97位，跻身全国“百强县”。2001年12月，在第一届全国县域经济与县域基本竞争力百强县（市）评比中，长沙县位列第67位，成为当年湖南唯一获此殊荣的县（市）。此后，长沙县在全国县域经济基本竞争力百强县（市）排名中一路攀升，跨越进位。

3. 荣膺“中西部第一县”

2004年7月，县委制定“领跑中西部，进军五十强”的发展战略，科学描绘全面建设小康社会的宏伟蓝图，揭开了全县社会主义现代化化建设的新画卷。2006年，长沙县在全国县域经济基本竞争力百强县排名中排名第49位，提前实现“进军五十强”的目标。2007年，全县财政收入31.9亿元，在县域经济基本竞争力、社会经济综合实力和中国中小城市综合实力三项评比中分列全国第45、94、58位，成为全省唯一的全国“三百强”县。2008年，在全国县域经济基本竞争力百强县排名中位列第37位，首次排名中部第一；同年被中央确立为全国十八个改革开放典型地区之一，是湖南省唯一、也是中部地区仅有的三个典型地区之一。2012年，在全国县域经济基本竞争力百强县排名中位列第18位，在中国中小城市综合实力百强县（科学发展百强县）评比中，排名第13位，正式成为中西部第一县。2014年，地区生产总值（GDP）1100.6亿元，财政总收入207.2亿元，工业总产值2128.3亿元，固定资产投资总额761.9亿元，社会商品零售总额290.1亿元，城镇居民人均可支配收入33513元，农村居民人均可支配收入22872元；在中国中小城市综合实力百强县（市）排名中位列第七；在全国县域经济基本竞争力百强县排名中位列第九，首次挺进全国十强，连续七年稳居中部第一，连续三年荣膺“中西部第一县”。2015年8月22日，在第十五届全国县域经济与县域基本竞争力百强县排名中已升至第八位。

其间，长沙县先后获评“国家级生态示范区”“中国人居环境范例奖”“全国绿化模范县”“中国最具幸福感城市（县级）”“2013年度中国旅游竞争力百强县”“国家生态县”“全国文化先进县”等殊荣，不断书写“中西部第一县”的经典与传奇。

三、经验镜鉴

1. 坚持解放思想，改革创新

改革开放以来，长沙县经济社会发展能够取得如此巨大成就，得益于历届县委、县政府始终坚持把解放思想、改革创新贯穿于经济社会发展全过程，始终咬定“全国争先、中部领先、全省率先”的发展目标，坚持又好又快科学发展。这些年里，省委、省政府对“三湘第一县”寄予厚望，凡是涉及到县级的改革和推动县域经济社会发展的重大举措，几乎都是率先在长沙县试点和推行。这种重托，给长沙县带来了压力、风险和困难，但更多的是机遇、动力和荣誉。自强不息的长沙县人总是以强烈的责任感、使命感和敢于“吃螃蟹”的创新精神，不负重托，率先而为，大刀阔斧地推进农村税费、教育、医疗卫生、社会保障、政府机构、综合行政执法等各项改革，成就斐然。特别是县治迁址星沙镇和长沙经济技术开发区的建立，是长沙县经济社会发展史上影响最大的战略举措，彰显了长沙县人抢抓历史机遇、坚持改革创新的魄力和勇气。在进入全国“百强县”后，竞争压力日益加剧，但长沙县总能以改革的勇气、创新的思维破解一个又一个发展瓶颈，跨越一个又一个发展台阶，书写一个又一个传奇。

2. 注重因地制宜，统筹兼顾

科学发展是坚持统筹兼顾，全面协调可持续的发展。长沙县立足国际视野，既坚持前瞻性的发展探索，又从实际出发制定发展战略和举措。从“三个共同”“生态立县”的发展理念，到“领跑中西部”“进军全国十强”的发展目标；从“南工北农”“产城融合”的战略布局，到松雅湖、星沙产业基地、空港城、黄兴武广新城、安沙现代物流园等一大批重大项目的战略实施；从“人才强县”、县域经济“两型”发展的战略思维，到“三个管住”（管住村干部、管住污染源、管住绩效考核）“四评”（群众参评、党员互评、组织讲评、领导点评）“五步循环”（入户走访察民情、互动沟通听民声、跟踪办理解民忧、限期反馈安民心、上门回访满民意）“六个集中”等战略举措，无一不是高扬科学发展的主旋律，无一不是因地制宜、统筹兼顾的生动实践。

3. 实施生态建设，“两型”引领

在经历粗放传统发展模式所带来的诸多困扰与教训后，长沙县果断提出打造“生态县”这一可持续发展的战略举措，“既要金山银山，更要绿水青山”。从新型工业化、新型城镇化到农业现代化、城乡一体化，从“南工北农”到“功能分区”，从招商引资到招商选资，从“三个共同”到“三个共享”“三个率先”，无一不是将生态建设理念摆在首要地位，彰显以“两型”引领科学发展的前瞻性和创新性。2011年起，该县连续4年获评“中国十佳两型中小城市”，2014年荣登榜首。实践证明，长沙县实施生态建设，坚持“两型”引领，探索出了一条绿色发展之路，为未来经济转型升级、可持续发展奠定了坚实基础。

4. 突出项目建设，产业强县

有项目才有发展，有大项目才有大发展，项目建设成就县域经济发展核心竞争力。改革开放特别是建立星沙开发区以来，“引项目，促项目，抓项目”成为发展县域经济、培育核心竞争力及历任县委、政府领导班子的共识和工作常态。1992年，长沙县提出“两个惟一”的发展思路，即项目工程是促进长沙县经济跨越发展的“惟一载体”，招商引资是促进长沙县经济跨越发展的“惟一选择”（段林毅、雷国珍：《领跑进军科学发展——长沙县“三百强”之路》，中共中央党校出版社2007年12月第1版，第87页）。该县坚持以重大项目建设培育和集聚优势资源，延伸产业链，促进产业转型升级，围绕打造“工程机械之都”和“中国汽车产业集群新板块”，吸引了一批拥有国际知名品牌和核心竞争力的龙头企业。如今，长沙县已形成工程机械、汽车及零部件两个千亿元产业集群。中联重科、三一重工、山河智能、住友橡胶、广汽三菱、广汽菲亚特、博世汽车、蓝思科技等一大批百亿元级、十亿元级重大企业项目，为县域经济发展增加了核心动力。以长沙国际会展中心为代表的会展经济项目，以海南航空、奥凯航空为代表的临空产业项目，以中茂城纯商业项目、新长海商业综合体为代表的大型商业项目，以太平洋人寿、沪农商行金融总部、山东商会、雅居乐集团总部等为代表的总部经济项目，以宏梦卡通、天舟文化产业园、香港国艺影视等为代表的文化创意类项目，以中国联通数字阅读基地、快乐购、青苹果数据城为代表的电子商务、服务外包等新兴服务业产业项目等等，为县域经济持续强劲发展提供强大支撑，项目集群效应不断彰显。

5. 坚持城乡普惠，民生优先

始终坚持发展为了人民、发展依靠人民，发展成果由

人民共享。始终坚持城乡统筹、以城带乡，探索出一条城乡协调发展之路。将城乡一体化作为新一轮县域经济发展的突破口，按照“以工哺农，以城带乡”的总体思路，重点推进推进城乡规划、基础设施、公共服务、产业发展等六个一体化建设，“10+2”（指开慧镇、金井镇、㮾梨街道、青山铺镇、安沙镇、北山镇、春华镇、黄花镇、江背镇、跳马镇10个镇和果园镇双河村、金井镇惠农村）城乡一体化试点成效显著。在经济快速发展的同时，将新增财力重点用于民生，特别是近年来每年将新增财力的70%以上用于民生，2014年民生支出80.55亿元（占公共财政支出的78.2%），在全省率先实现新农合与城镇医保并轨运行、实现城乡居民养老保险全覆盖，率先建立城乡特困户医疗救助制度、爱心助医制度；实行高龄老人生活补贴制度；开展“革命先烈后代幸福计划”，“助学、助医、助居、助创业”和长沙县烈士陵园扩建工程等累计投入2000余万元；逐步推进基本公共服务均等化。系列举措不仅使城乡居民安居乐业，也极大地激发了人民群众共建美好家园的积极性。这些，是长沙县践行“三个共同、三个共享、三个率先”的真实写照，也为其荣膺“中国最具幸福感城市（县级）”这一终身成就奖添注了特殊元素。

改革创新结硕果，“四化两型”铸辉煌。三十多年来，长沙县克服地处中部内陆、基础薄弱、资源缺乏等劣势，大胆开拓，不断超越，在科学跨越的生动实践和可贵探索中，走出了一条“四化”协同、城乡统筹、绿色发展、共同富裕、创新驱动的发展道路，开创了独具特色的“长沙县现象”，其亮点、成就和经验在全省乃至全国均具有很好的示范引领作用。放眼未来，长沙县正紧紧围绕“瞄准最强县，改革走前列，“两型”作引领，争当排头兵”的发展目标，在率先建成全面小康两型社会和基本实现现代化的幸福大道上高歌前行！

（该文由周进银等撰稿，曾刊载于《湖南改革开放实录·2015卷》，中共湖南省委党史研究室编著，湖南人民出版社2016年1月出版，第52～75页）

挺进“八强”

——看逆势而上、持续进位的长沙县经验

《湖南日报》记者　周云武

第十五届全国县域经济基本竞争力百强排名8月下旬新鲜出炉：长沙县在2014年位列第9的基础上再进一位，挺进8强。

这是一次珍贵的挺进。当前，世界经济形势错综复杂、扑朔迷离，国内经济全面推进深层次改革，正值转方式、调结构的阵痛期，稳、进、调、转任务艰巨，整体经济形势下行。在巨大的压力面前，长沙县经济依然逆势而上，强势挺进，弥足珍贵。

这是一次持续的挺进。从2004年的65位，到2008年的37位，跻身2011年20强；再到2014年成功“进军全国10强”、排名第9位，2015年再上台阶，挺进八强。10多年来，长沙县咬定发展不放松，坚定目标不动摇，稳步前进不懈怠，一张蓝图绘到底，终于实现了从三湘第一县、到中部第一县、再到中西部第一县的三级跳。现在，又在向更高的目标挺进。

这是一次艰难的挺进。挺进10强，全国第9位，实属不易，很了不得。高位进位，何其艰难！这种竞争和排名，意味着此消彼长。你追我赶，大家都咬得很紧，都在拼命使劲。因此，看起来仅一位之差，但长沙县为此付出的艰辛、打拼，谁能感受个中甘苦？

这是一次高品质的挺进。全国县域经济基本竞争力评比，要求越来越高，体系越来越细致、全面，指标越来越科学、量化，评比越来越公开、透明。总量、均量、质量、速度和活力，五大类23项具体指标，项项比拼，综合敲定。长沙县这次跃升全国第8位，绝不仅仅是经济实力的第8位，更是资源节约和环境友好的样板，是居民收入、节能减排、绿色发展和科技进步的领先，是社会安定、安全生产、环境保护和廉政建设的典范。

这是一次幸福的挺进。这些年来，长沙县委、县政府持续加大对民生领域的投入，80%以上新增财力用于民生领域。如今，长沙县在全国率先实现校车镇街全覆盖、县城WIFI全覆盖；在全省率先实现了自来水、污水处理、综

合文化站镇街全覆盖，农家书屋实现村（社区）全覆盖；在全省率先实现了城乡居民养老保险和城乡居民医疗保险并轨运行，被征地农民全部转入城镇职工社保体系，率先建立了城乡特困户医疗救助制度，爱心助医制度，率先开展了革命先烈后代困难家庭幸福计划等试点工作。这一系列率先和全覆盖，让人民群众的幸福感和满意度不断攀升。

这样的成绩，这样的排名，远不是长沙县人追求的终极。长沙县挺进8强的消息公布后，县委书记杨懿文的一番感叹给人以更多遐想："不论多少指标，人民群众的幸福指数始终是第一指标；不论全国排名第几，人民群众的福祉，始终排在首位。"这背后，或许就是长沙县矢志追求的理想蓝图。

超越榜样

——长沙县经验的启迪（1）

高起点、高标准规划的星沙大气磅礴

"要奋斗，就会有牺牲"；要进步，就会流血汗。

不论单位、地方还是个人，持续进步，需要持续努力，顽强坚持。很累，很苦，很难，有时甚至很委屈。努力坚持一段时间，取得一定成绩，甚或夺取了较大成绩之后，想歇一歇，似乎也情有可原。但时局所迫，时不我待，往往一歇便一泻千里。有的地方，就是因为歇一歇，教训颇深刻。

长沙县之所以能十几年持续坚挺，稳步前行，不断超越，就是因为他们一直咬紧牙关，毫不松懈。是什么力量让他们十几年咬紧牙关不松懈？榜样的力量！

眼前有目标，心中有榜样。瞄准榜样，认识榜样，研究榜样，学习榜样，最终超越榜样，这是长沙县的一条重要经验。

如果说进入百强县的最初几年，长沙县一直在埋头苦干。那么，挺进20强之后，他们便开始寻找目标，确定榜样，借鉴经验，学习先进。

浙江义乌，是中国首个也是唯一一个国家级综合改革试点县级市。先后被授予国家卫生城市，国家环保模范城市，中国优秀旅游城市，国家园林城市。是中国最富裕的地区之一，中国内地六大强县（市）之一，人均收入水平、豪车密度在中国内地居首位，在福布斯发布2013中国最富有10个县级市中排名第一。

盯，就要盯这样的榜样。学义乌、赶义乌、超义乌，成了长沙县人心中默默的信念。2014年，全国县域经济基本竞争力百强县排名公布，义乌排第8位，长沙县第9位。不久，由县委书记杨懿文带队的考察团，再次踏上了义乌的热土。看、访、走、研、学、思……回来就一个目标——超！

终于，挺进第8，超义乌一位。一位之功，千钧之力！下个目标，又在眼前。

长沙县的经验告诉我们：树榜样，定位很重要。有的先进，或有资源优势，或有区位优势，得天独厚，不便效仿。长沙县学义乌，认识很清醒，思路很清晰：学综合品质，瞄四块牌子。把"卫生"学回来，把"环保"学回来，把"旅游"学回来，把"园林"学回来。搞自己的特色生态，下大力推新型产业，闯出一条新路来。

长沙县的经验告诉我们：学榜样，研究很重要。百强百强，各有所强；形形色色，各具特色。既要找差距，更要找差别。哪些是望尘莫及的，哪些属不可照搬的，哪些应借鉴改造的，哪些可直接引用的。在比较中取舍，在取舍中效仿，在效仿中改造，在改造中提升，在提升中推广。把榜样研究透了，才能学本质、学精髓，学思想、学精神，而不至于学皮毛。

长沙县的经验告诉我们：超榜样，恒心很重要。学习榜样，追赶不是出路，超越才是目的。从进军20强开始，他们就瞄准了当时已排名全国前几位的义乌。一盯几年，持之以恒，不停地寻找新亮点，发现新举措，学习新办法。这种超越，其实是一场伟大的马拉松长跑。你在盯人，人在盯你；你在学人，人在学你；你想超人，人想超你。拼实力，拼智慧，拼胆略，拼后劲，拼信心，拼决心，最终拼的是恒心。稍一松动，一不留神被人超；咬紧牙关，横下一条心，一鼓作气才能不断超先进。

谋划战略

——长沙县经验的启迪（2）

战略是大势，战略是全局，战略是长远。

不论是订规划、搞设计，还是作决策，依据时代发展的大势，按照整体全局的要求，遵循历史科学的规律，才

鸟瞰松雅湖

称得上具备战略眼光和战略思维，才能够实行战略决策。

谋战略，胸中如有千军万马，举目犹如登高望远，运筹好像纵横市场；时代在胸，全局在胸，历史在胸，规律在胸；起点高，目标远，立足实，思路清，视野开，办法新。不讲战略，大事看不到，小事爱折腾；各种关系纠结不清，局部利益斤斤计较；事业的发展只能像小脚女人走路，大步迈不开，小步也走歪。

长沙县之所以能持续高速发展，善谋战略，常谋战略，是他们又一条重要经验。

早在2008年，长沙县就提出“一县两区、南工北农、分类指导”的战略布局。这个布局的指导思想，就是要利用1%的土地，创造90%的财富。还有99%的土地用来干什么？保护生态资源，贮备后发力量。今天，他们做到了。作为省会城市的城乡结合县，全国排名第8的巨大财富来源于辖区内1%的土地，这是多么了不起的成就！黄金地域99%的土地贮备，又是多大的后发力量！

长沙县的工业是靠制造业发家的。在制造业红极一时的时候，他们便开始谋划产业转型，培植新型产业。当许多地方开始动手调结构、转方式的时候，他们已经顺利完成了由一业独大到多点支撑的战略转型。一大批新型产业迅速发展壮大，撑起了新型工业化的“航空母舰”。正因为此，这些年，他们在治理环境、保护生态、节约资源的大潮中，依然保持着GDP的高速增长。

县委书记杨懿文说：“长沙县财政收入过亿元时（1992年）主要靠中意冰箱，过10亿元时靠LG彩电、光阳摩托，过100亿元时靠机械制造，过200亿元、冲刺300亿元时靠新型产业。那么，我们将来冲刺400亿元、500亿元的时候，靠什么？这些我们现在就要谋划，就要打下扎实基础。我们现在创建零碳县、零碳产业，就是开创一片新天地。给后人留下一片‘森林’，这是我们的职责和作为。”

长沙县的经验告诉人们：谋划战略，立意要高。这个立意，就是思想，就是观念。思想有多高，天空就有多高；观念有多新，场景就有多新；想象有多大，舞台就有多大。要想行动快，思想要领先。打开思想的闸门，松开畏缩的手脚，才能大跨步走在前列。长沙县的很多事情，为什么能够快人一拍、走在前列？从根本上说，就是解放思想的成果。

长沙县的经验告诉我们：谋划战略，把脉要准。既要把准时代的脉搏，也要把准本地的脉搏。想当年，许多物资都短缺；看如今，多少产品都过剩？这就是时代的特征。如果在制造业一片红火的时候，他们不是提早谋划新型产业，而是沾沾自喜，盲目扩张，就不可能有多点支撑的新格局、新成果、新气象。这是把准了时代脉搏。南工北农，宜工则工，宜农则农，并进而划分五大功能区，敢于贮备99%的土地，只用1%的土地创造90%的财富。这是把准了本地脉搏。

长沙县的经验告诉人们：谋划战略，目光要远。鼠目寸光，输得精光；好高骛远，吓破人胆。这个远，是要掂量昨天的积累和沉淀，看清今天的优势和短板，开拓明天的愿景和光明。今天的长沙县，正在谋划今后10年、50年、甚至是100年的发展，这岂止是远虑和远见？更多的是胸襟和情怀！

因地制宜

——长沙县经验的启迪（3）

星沙晨练

很多真理，人们说了几十年，成了老话题。比如因地制宜，就不知强调过多少遍，论证过多少次。现在还在论证，今后还要强调。是因为这样的真理太重要、太珍贵、太有指导作用，而人们在许多时候、许多地方却又不大注意，不大重视，不大珍惜。有些问题和失误，就是因为不遵循因地制宜的规律造成的。

长沙县的成功，因地制宜是一条过硬的经验。

经验有时候看起来很简单，真正做到其实不简单。

长沙县不在沿海周边，不属发达地区，也不在省会核心繁华商贸区，这是劣势。但它享受着省会的辐射功能，有着发达的传统制造业、战略新型产业和大量的农业土地。根据地理环境特点和产业发展实际，他们着力优化国土开发格局，实施“南工北农”的布局。并进而根据全县各个区域的特点，科学地划分为五个功能区：长沙现代农业区、星沙松雅湖商务区、长沙先进制造业区、黄兴会展经济区、长沙临空经济区。

五个功能区职责分明。比如说，先进制造业区：全力打造“工程机械之都”“汽车产业集群新板块”，积极培育新材料、电动汽车、电子信息、节能环保等战略性新兴产业，提升产业层级，优化产业结构。把传统的做优，把新兴的做强，让同类的集中，搞就搞成“高大上”。再比如说，长沙临空经济区：依托黄花国际机场的独特优势，全力培植和发展配套产业。

对各个功能区，不仅有发展思路，而且有具体措施和政策。比如，对现代农业区，除了重点发展现代农业、加强生态环境保护的总体目标外，还差异化地配套实施财政政策、土地政策、环保政策。取消工业招商引资、工业产值等考核指标，大幅提高生态保护在绩效考核中的权重。

根据历史形成的区域特色，按特色定功能，按功能定职能，按职能定政策，有效避开劣势，充分发挥优势。这就是生动鲜活的因地制宜。

因地制宜，必须弄清当地优势。不论何地，都有所长，也都有所短。所谓扬长避短，首先得把当地之长、之优势，看准、看清、看实。优势是历史形成的：长沙县有五个区域的功能优势，非一日所成，乃长年累积的结果。优势是可能变化的：制造业，曾经在长沙县一业独大，国内外著名，优势无与伦比。但随着市场需求的变化，经济形势的变化，产业结构的变化，势头开始弱化。优势是时局造就的：长沙县的交通优势、区位优势、信息优势、人才优势等等，都是时局赋予的。优势是可以创造的：原来的一业独大，是前人创造的；现在的多点支撑，是今人创造的；今后的零碳产业，他们正在潜心打造。优势在哪里？优势怎么样？优势哪里来？优势如何去？像长沙县这样，盯住优势，研究优势，才能够掌握优势。优势握在手，定位才清楚。

因地制宜，必须挖掘本地优势。有些优势是潜在的，像一头睡狮，弄醒它，才会威力无比。长沙县许多乡镇、村落，历史文化深厚，自然风光秀丽。他们组织力量把一系列名人故里、名人故事、名人足迹、民间传说等打造、挖掘、整理出来，推介出来。现在的长沙县，不仅有美丽的自然生态，更有丰富的文化液态。挖掘整理出来的文化元素，正在新兴产业和区域经济中发挥愈来愈大的作用。潜在的优势，也像矿石中的金子，虽说总会发光的，但不“淘”出来，再耀眼的光也发不出来。

因地制宜，最关键的，是要充分利用好当地优势。优势不用，美观漂亮，也如废屋一栋。虽是“好剑”，任其生锈，只会越来越贱。其实，各地都有优势。但视而不见，见而不用，用而不充分、不彻底、不放大效应，是个常见病。全国有多少机场？像长沙县这样，努力把机场的辐射功能用到极致，专门设立临空经济区，培植一系列配套产业，使之成为县域经济的重要支撑，这才叫充分利用优势、放大优势效应。这样的事例，大的小的，长沙县还有一串又一串。

因地制宜，简单吗？有的地方硬是做不到；难吗？长沙县做得很好。

发展快不快，有些原因其实很浅显，有些办法其实不复杂。

开门创业
——长沙县经验的启迪（4）

三湘第一渡——春华漕渡

开门见山，犹如神仙；开门见喜，富贵到底。这是风水上说的。虽然针对静态的阳宅而言，但从动态上，也说明了一个道理：大门不打开，好运进不来。

当今时代，创新创业，颇为火热。但是，创业的途径、办法、成效，各地差别甚大。

开门创业，是长沙县的又一条经验。说来也怪，也许正是这个开门，让长沙县好运连连。那么，这条经验高明何在？

这里，有两组数据：

第一，近年来，长沙县无偿资助了1482个创业项目，扶持资金7051.4万元。其中，扶持大学生创业项目220个，扶持资金1116.5万元。

第二，通过实施人才引进工程，目前长沙县已引进各类人才1150名。包括聘请了48名科学发展顾问，引进186名专业技术人才、305名优秀青年人才和611名大学生村官。初步形成了以科学发展顾问为塔尖，专业领导人才、中高级专业技术人才为塔身，优秀青年人才和大学生村官为塔座的“金字塔”形人才队伍。

这里，有很多事例。

三一集团董事长梁稳根，三一重工总裁向文波，远大集团张跃、张剑兄弟，山河智能董事长何清华，蓝思科技创建人周群飞，开慧国际露营基地创办人皮青……还有一大批初显身手的大学生创客，都在这里创造了一个又一个创业奇迹，留下了一行又一行创业足迹，积累了一垒又一垒创业成绩。

把数据和事例结合在一起，很多事情便一目了然了。这些首富、大佬、名企、创客，为什么会来？来了为什么能留？留下来又为什么就能干出个样儿来？甚至干出个大样儿来？

长沙县的经验告诉我们：开门创业，开门就要全开，不能半开半闭，时开时闭，明开暗闭。在长沙县，创业不分先后，不分地域，不讲身份，不设门坎，来的都是“客”。没有资金，可带技术来；没有技术，可带项目来；没有项目，可带思路、带办法、带点子来；或者，这些都没有，只要能干、肯干、舍得干、敢于拼命干，也行——加入创业队伍，大家一起干！最近，长沙县正在研究出台一项新政策，叫做“设置三个一百，带动创新创业”。其中有一项，“百个零资产创业平台”。什么意思呢？没钱、想创业！没关系，你来，你的创意、想法好，县创业顾问团就会帮你提供资金和技术支持，协助你尽快进入创业渠道。

长沙县的经验告诉我们：开门创业，就要让创客进得来，留得住，干得欢，行得顺。长沙县委、县政府各个部门，提供给创客的是保姆式的服务。县长张庆红动情地说：“创业本来就很艰难，前进的历程中会遇到无数难以预料的困难，我们不仅要理解、包容、尊重、敬佩，而且要想尽一切办法为他们排除阻力，扫清障碍，解决困难。”一大批创客为什么能在长沙县干得热火朝天、惊天动地，这恐怕是根本原因。

长沙县的经验告诉我们：开门创业，也不能冷遇了自己的千里马。“外来的和尚好念经，本土的和尚好伤心”，曾经是招商热、招贤热中的冷现象。长沙县在推进创新创业的过程中，从不排外，也不压内。政策共享、平台共享、氛围共享，正因为此，一支本地创业队伍已茁壮成长，一批回乡创业大军正纷纷筑巢。

开门创业，拓展了一片“洼地”：创客来了，人才来了，资金来了，项目来了；展示了一种胸怀：海纳百川，包容宽容，有容乃大，由大而强；袒露了一份渴望：渴望人才，渴望创客，渴望发展。

渴望发展，根源在此。

立足实干

——长沙县经验的启迪（5）

农村新貌

一切都是干出来的！

干，一切皆有可能；不干，连可能也没有。

这些年，有的地方发展快，有的地方发展慢，根本的差别，在干。长沙县之所以能连续地、持续地高速度、高品质发展，也是干出来的。这个干，不是盲干，不是乱干，不是虚干，不是畏手畏脚地干，不是哗众取宠、虚张声势地干，不是无头苍蝇、漫无目标、毫无章法地干。

长沙县的干，思路清。南工北农，分类指导，分步实施，宜工则工，宜农则农。处城市商贸带，设会展经济区；置机场周围，搞临空经济；传统产业，提质改造；新兴产业，大力培育。思路清晰，接天线，接地气，好操作。干起来就有方向，有步骤，有章法。每一脚都踩在设定的路线上，每一笔都落在规划的蓝图上。省时省力，正点准点。

长沙县的干，目标高。“把长沙县打造成湖南的品牌”，不仅是县委、县政府的目标，更是全县人民共同的奋斗目标。所以，这些年长沙县一直盯着全国一流，盯着国际高端。目标高，动力足。为之奋斗，全力以赴。

长沙县的干，节奏快。2015年全市推行史上最严拆违控违，长沙县在松雅湖边搞拆违透绿，因地制宜建个足球场。从确定到落成，14天时间，其间还有4天大雨不能施工。10天建成足球场，速度空前。长沙县干事，今天绝不拖到明天，上午绝不拖到下午。一件事情，今天办成和明天办成，都是办成，但效果就是不一样，对事物的发展和今后的影响就是不一样，给人的感觉也会不一样。机不可失，时不我待。快人一拍，才能走在前列。无限风光，总在前头。

长沙县的干，胆量足。远大集团在长沙县建“小天城”项目，占地18万平方米，57层高楼，要用先进科技手段19天建成，有关手续的呈办在全国没有先例。县委、县政府会同长沙市经开区一起商讨，会上拍板：正负零以下按土建施工办法报建，正负零以上按公共采购报建，所有手续随即办结。敢开先河，没有智慧不行，没有胆量更不行。胆识胆识，有胆才有识。胆从何来？一心为公，天下情怀，渴望发展，不敢懈怠，才敢于担当。没有担当，患得患失，怕这怕那，哪有建树？哪有创新？哪有开拓？为什么会有为官不为的现象？说到底还是胆量不足，担当不够。根本原因则是私心有余，公心不足；名利心太重，事业心太轻。

长沙县的干，氛围好。长沙县不排外，这是在长沙县工作的所有外地干部的一致感受。你来了，大家接受你；你想干，大家支持你；你敢干，大家保护你；你肯干，大家抬举你；你能干，大家敬仰你；你不小心干错了，当然也会批评你，但更多的是理解你、包容你。反之不干，就没有市场，没有气场，没有温暖，没有地位。在长沙县，只有干出来的“位”，没有跑上去的官；只有敢干、实干的口碑，没有弄虚作假的奖杯；只有苦干、巧干的甘味，没有投机钻营的光环。长沙县有位干部，这样形象地谈体会：“只要一天不干事，就手发痒，腿不灵，心不安。”干，成了习惯。习惯，要多少年才能养成。习惯的传播和感染，造就了浓郁的干事氛围。有任务一起担，有压力一起扛，有困难一起上，有障碍一起扫，有难题一齐攻。团结协作，群策群力，不知不觉，干到了全国第八。

有句非洲谚语：“如果你想走得快，就一个人走；如果你想走得远，就一群人走。”长沙县，全县人民正在一起走。

夯实基层

——长沙县经验的启迪（6）

基础不牢，地动山摇。基层巩固，事业稳固。

基层是党和政府方针政策的播种地，土地肥沃，枝繁花艳，硕果累累。基层是党和政府执政的根基，根系发达，政令通达。基层是国家政权的底盘，底盘重，政权稳。基层是各项事业发展的路基，路基硬，事业顺。

在赛影电子生产车间内，工人正在组装投影仪（刘晓东 摄）

一个县，要政令畅通，令行禁止；要全县一盘棋，发展有底气；乡（镇）、村两级基层很重要，尤其是村级基层组织很重要。乡、镇由村构成，就县而言，村既是基层组织，又是基本单位。“麻雀虽小，五脏俱全”，涉及到经济社会的各个方面。大家经常说做群众工作，群众就在村（社区）里面。如果乡村运转不灵，基层不稳定，群众意见大、矛盾多，整个县的工作就会受牵连，不可能一心一意、聚精会神谋发展。

长沙县能全面、持续、高品质快速发展，重视基层，倾情基层，夯实基层，是他们的宝贵经验。

夯实基层，组织建设要出新招。怎么夯实？县委组织部和宣传部总结了八个字：输血、借智、换位、压担。省市选派了383名大学生村干部，他们觉得不够，又先后自聘了480名，以保证每村1-2名，全县全覆盖。这是输血。社会知名人士，有智慧，有思想，有影响，被长沙县请来当村干部。这是借智。本县机关的优秀党员干部，抽调一批当村书记，这是换位。先进村的书记，挂任后进村书记，这是压担。输、借、换、压，几经摩擦，出了火花。村级组织坚强了，光辉形象起来了，意见和矛盾化解了，群众的幸福感和美誉度上升了。

夯实基层，制度建设要有新意。从2013年起，长沙县开创了村级治理新模式，核心是村民议事制度，让村民真正扛起“我的地盘我做主”的大旗：知情权亮给村民，决策权还给村民，监督权赋予村民。他们引进公益组织北京地球村的“乐和”理念，开展“乐和乡村”试点建设。开始5个村，2014年25个村，2015年38个村，不断传承，群众喜欢、期盼“乐和”。“大事政府管，小事村组办，私事自己做”；“聚乐和大院，事事好商量，议大事小事，有事敞开谈”……这些三事分流、民主议事的制度，编成歌谣，传颂传唱。当制度演变成文化，力量无可限量。

夯实基层，资金投入要创新高。搞什么事都要钱，基层建设更要钱。在资金投入上，长沙县从不手软。尤其是这几年发展上来了，财政收入增长了，他们把民生投入提高到80%以上。这几年不断加大对村级组织运转经费的投入。2015年每村上升到30万元，社区上升到60万元。有钱好办事，钱多更好办事。事办好了，问题解决了，矛盾减少了，全县上下更有时间、更有精力、更有心思谋发展，发展就会再提速、再提质，步入良性循环。

谁都渴望良性循环，谁都期盼进入良性循环的状态，享受良性循环的意境。然而，享受的前提，是创造良性循环。

长沙县从基层发力、把基层夯实、在基层创新的经验，是值得我们好好学习、借鉴和推广的。

注重细节

——长沙县经验的启迪（7）

中联重科车间62米精细等离子切割线

星沙，长沙县县城，已是省会长沙城区的重要组成部分。

谈到城市品质建设，县委书记杨懿文颇为骄傲："星沙不堵车，星沙不看海，星沙的下水井口绝对安全。"

为什么？

在细节上下了功夫。星沙的道路交通设计和交通标志，引用的是国际顶尖标准，从细节的微量上掌握流量。他们在城区核心区，设置了20个滞洪池，让脾气不大好的暴雨，先有个地方安置下来休息休息，不吵不闹不暴躁。星沙4万多口下水井的井盖，全部经过了细心改造，盖下有牢固的铁网，掉下去也会被阻挡。

都说细节决定成败，其实，细节还决定品质，细节更决定形象，细节也决定速度。

千里之堤，溃于蚁穴，那是讲细节决定成败。一尘不染，见微知著，那是讲细节决定品质。一世英名，毁于一旦，那是讲细节决定形象。差之毫厘，失之千里，那是讲细节决定速度。

注重细节，是一种态度。"做城市的主人"，这是长沙县决策者一贯的要求。主人，才会竭尽所能地把自己的城市打扮好、维护好。毁城之绿，犹如撕人之衣；损城之貌，犹如伤人之面。这是长沙县人民管理城市的态度。既要把城市打点得干净、整洁、有秩序，更要把城市建设得有活力、有张力、有艺术魅力；城市不仅要有静态的美观，还要有动态的美感和情感。这是长沙县人民对城市发展的要求。星沙县城，一街一巷，一墙一角，一树一杆，画面像动漫，各种文化元素寓意彰显，傍晚的乐声歌声充斥其间。读不完的美，听不厌的音，享不尽的旋律。我是城市人，城市是我家，只有主人才会这样看重细节、研究细节、装扮细节。

注重细节，是一种追求。建设生态文明，各地都推行低碳经济。低碳，低到什么程度？在这个细节上，长沙县较真了。让碳排放和碳回收等值、归零，岂不更好？但这个目标太高。目标不高，谈何追求？零碳，天空需要，环境需要，人类需要！由此，长沙县开全国先河，创建零碳县，谋划和发展零碳产业。细节虽小，细节虽轻，只要较真，就可能为追求打开无限的空间。

注重细节，是一份责任。今年，长沙县捧回了"国家生态县"的奖杯，又拿一个中部唯一。县环保局的干部介绍，这个奖杯，是他们扭住一个又一个细节，攻克一个又一个难点扛回来的。长沙县曾经是养猪大县，农村污染严重，加上原来乡镇工厂多，污染也不轻。县委、县政府痛下决心：决不能把污染留给后来人！"第一县"，生态也必须第一。10多年来，他们在环境治理和保护上，创下十几个全省率先。这每一个率先，都是抓细节抓出来的。再比如，为了帮助大学生到农村创业，他们把许多环节和途径都想得很细、很具体。没有对他人负责的精神，没有对事业负责的精神，没有对未来发展负责的精神，没有对社会责任的担当，何必如此认真？何必如此关注细节、扭住细节、狠抓细节？

是的，注重细节，何止是一种态度，一种追求，一份责任？更多的，是一种担当，一种品格，一种精神。

长沙县的经验，折射出长沙精神，彰显了湖南精神，构筑了中国精神！

（该文原载于《湖南日报》2015年9月6日01版）

2015年长沙县大事记

1月

4日 湖南省委副书记、省长杜家毫到长沙县，深入长沙经开区的厂房、车间，调研企业生产经营特别是项目建设情况。省、市、县领导易炼红、胡衡华、杨懿文、张庆红等陪同调研。

6日 长沙市城乡融合发展暨现代农业项目现场观摩会在长沙县开幕。副市长黎石秋、市政协副主席龚正湘率市直单位负责人和各区县（市）相关负责人到金井镇白石洞水库移民安置区、开慧镇板仓小镇商贸综合区等观摩城乡一体化项目建设情况。长沙县委书记、长沙经开区党工委书记杨懿文，县委常委、县委办主任王国良，县委常委、副县长邹春林，县人大常委会副主任唐俊兴，县政协副主席杜宏亮参加观摩。

7日 长沙市能源局在山河工业城召开“山河智能装备股份有限公司能源管理体系试点项目专家评价会”。省计量局、市质监局及市能源局组成的评审专家组对山河智能能源管理体系建设工作给予高度评价，一致同意其能源管理体系试点项目通过验收。

9日 三一集团“高速重载工程机械大流量液压系统核心部件”获2014年度国家科技发明奖二等奖，成为2014年度唯一获此奖项的工程机械企业，总工程师易小刚作为项目第一完成人上台领奖。

14日 长沙市部分行政区划微调交接挂牌仪式在暮云街道、南托街道、跳马镇举行，标志长沙县暮云街道、南托街道正式划入长沙市天心区；跳马镇正式调入长沙市雨花区。市、县领导陈泽珲、陈计伟等出席挂牌仪式。

21日 国务院国资委党委委员、秘书长阎晓峰率国务院安委会安全生产第八督查组到长沙县，就安全生产工作进行督查。市、区县领导张迎春、黄瑶、杨忠文等陪同督查。

22日 水利部发展研究中心专家组到长沙县进行水利改革试点工作调研，并和省、市、县水利部门相关负责人现场交流探讨，就水利改革试点组织实施、经验推广工作提出具体意见建议。

24日 湖南省委常委、政法委书记、省公安厅厅长孙建国率队到长沙县，就消防、公安等工作进行调研，听取基层意见。市、县领导胡衡华、杨懿文、张庆红等陪同调研。

29日 湖南省副省长张硕辅率队到长沙县白沙镇、路口镇，调研病死猪处理和生态养殖等工作，县领导张庆红、邹春林等陪同调研。

2月

2日 文化部文化市场司李晓勇率文化部、中宣部专项调研组到长沙县，就文化市场综合执法改革情况进行调研，并召开座谈会。县领导彭勇、陈计伟参加座谈会。

3-5日 中国人民政治协商会议湖南省长沙县第八届委员会第四次会议召开，大会通过长沙县政协八届四次会议政治决议、政协常委会工作报告决议、政协提案工作报告决议。

4-6日 长沙县第十六届人民代表大会第四次会议召开，大会通过长沙县人民政府工作报告、关于长沙县2014年国民经济和社会发展计划执行情况与2015年国民经济和社会发展计划、关于长沙县2014年财政预算执行情况与2015年财政预算、关于长沙县人大常委会工作报告等决议。大会期间，议案组收到代表提出的建议、批评、意见88件。

4日 人社部副部长何宪一行到长沙县，就保障农民工工资支付工作情况进行调研。省委组织部副部长、省人社厅厅长胡伯俊，市委常委、常务副市长陈泽珲，长沙县委书记、长沙经开区党工委书记杨懿文，县委副书记、县长张庆红，县委常委、副县长杨莉，县委常委、县委办主任王国良陪同调研或参加座谈会。

12日 长沙市政协主席范小新率市安全生产第四督导组到长沙县，就安全生产工作进行督查。县领导杨懿文、张庆红、王益枝、杨忠文陪同督查或参加座谈会。

13日 市委副书记、市长胡衡华到长沙县青山铺镇，看望慰问困难党员和群众。市委常委、统战部部长文树勋，市人大常委会副主任刘新程，市政府秘书长谭勇，长沙县委书记、长沙经开区党工委书记杨懿文，县委副书记、县长张庆红，县委常委、县委办主任王国良参加慰问。

25日 长沙县委书记、长沙经开区党工委书记杨懿文，县委副书记、县长张庆红到㮾梨街道调研汽车后市场建设相关工作。区县领导吴京生、陈新忠、黄瑶、杨忠文、杨莉、王国良、黄梁、谭浩然参加调研。

28日 长沙县委书记、长沙经开区党工委书记杨懿文参加全国精神文明建设工作表彰暨学雷锋志愿服务大会，长沙县获得全国文明城市（县级）提名资格，金井镇金龙村获评第四届全国文明村。

3月

4日 长沙县召开2015年三级干部大会，对“适应新常态，再创新辉煌”主题讨论活动进行安排部署。长沙县四大家班子成员、县委正县级干部、人武部负责人、法检“两长”；县直机关各单位党政主要负责人；各镇（街）党（工）委书记、镇长（主任）；各村（社区）党组织书记等参加会议。

7日 湖南省委副书记孙金龙到长沙县，前往福临镇金坑桥村调研党建带妇建工作，走访慰问基层妇女干部群众。省委常委、市委书记易炼红，市县领导陈献春、夏建平、杨懿文、王国良、陈计伟等参加调研慰问。

9日 湖南省省委常委、市委书记易炼红到长沙县进行专题调研。市、区县领导陈泽珲、陈献春、杨懿文、李科明、张庆红、黄瑶、杨忠文、王国良、谭浩然陪同调研并出席汇报会；县四大家班子全体成员、县人武部负责人、法检“两长”等出席汇报会。

12日 长沙县召开2015年度拆迁拆违控违工作会议，对全县拆迁拆违控违工作进行安排部署，长沙县委书记、长沙经开区党工委书记杨懿文讲话，长沙县委副书记、县长张庆红主持会议，长沙经开区管委会副主任陈新忠，长沙县副县长谭浩然、黄波参加会议。

12日 长沙市委常委、常务副市长陈泽珲率市直相关部门负责人到长沙县开慧镇，就城乡一体化进行专题调研。区县领导李科明、张庆红等陪同调研或参加座谈。

13日，长沙市委常委、宣传部长张湘涛调研长沙县宣传思想文化工作。长沙县委常委、宣传部部长彭勇，县委常委、县委办主任王国良参加调研。

18日 省政协主席陈求发、副主席武吉海率队到长沙经开区调研新兴产业发展，考察园区企业万容科技、创芯电子和国科微电子，并现场了解上海大众长沙项目、广汽菲克新增产品及配套发动机项目等产业项目进展情况。市政协主席范小新，市委常委、统战部部长文树勋，市政协副主席谢明德、秘书长彭志一，长沙经开区党工委书记杨懿文、管委会主任李科明等陪同调研。

▲ 长沙经开区园区企业蓝思科技股票（证券代码300433）在深圳交易所创业板挂牌上市，总市值超过900亿元。蓝思科技董事长周群飞成为中国新晋女首富。

19日 长沙市乡镇水管站站长及工管单位负责人培训班在长沙县举行，并召开长沙市水利工程管理工作会议，交流水务建设管理工作经验。市、县领导黎石秋、邹春林参加会议。

20日，长沙县党务工作、绩效考核通报讲评会暨“党风廉政宣传教育月”启动式举行。长沙县四大家班子全体成员、县委正县级干部、县人武部负责人、法检“两长”等参加大会。

21日 湖南省召开全省全面建成小康社会推进工作会议。长沙县获评“经济强县”称号。长沙县委书记、长沙经开区党工委书记杨懿文代表长沙县领奖，并作典型发言。

26日 民政部副部长窦玉沛到长沙县调研双拥优抚工作，县领导杨忠文陪同调研。

4月

1日，长沙县委书记、长沙经开区党工委书记杨懿文率队赴安徽合肥、浙江义乌、江苏宜兴，围绕征地拆迁、城市规划建设管理、城乡一体化及新农村建设等进行实地考察。县领导杨忠文、王国良、谭浩然及部分县直单位、镇街主要负责人参加。

2日　湖南省委书记、省人大常委会主任徐守盛专题调研长株潭科技创新工作，实地考察长沙县蓝思科技、长沙创芯集成电路有限公司，省、市、县领导易炼红、杨懿文、张庆红等陪同调研。

8日　长沙市人大常委会主任袁观清率主任会议成员一行到长沙县就经济社会发展情况、经开区重点项目建设以及人大工作进行调研。县领导杨懿文、张庆红等陪同调研。

11日－15日 长沙经开区援鄯工作组、长沙经济技术开发集团有限公司一行赴新疆考察鄯善产业园、净水厂等项目，与鄯善工业园区工管委、鄯善县委和县政府、吐鲁番地委行署、湖南省援疆前方指挥部等单位进行座谈。就长沙经开区鄯善产业园等项目开发建设问题初步达成了共识，包括市政主干道及水、电、气、热、通信等即将修建并对接至园区周边或贯穿园区，市政基础设施和净水厂 PPP 建设模式，启动园区一期工业用地竞拍及标准厂房建设等具体项目，以及“十三五”规划纲要对园区的支持等。

12日 环保部科技标准司副司长刘鸿志带队到长沙县星沙街道杨梅冲社区调研零碳社区创建工作，县领导王国良、黄梁等陪同调研。

15日　国家卫生计生委法制司调研组一行到长沙县走访调研基本医疗卫生法立法情况，县领导杨忠文陪同调研。

16日　湖南省副省长戴道晋率队到长沙县就治超工作进行督查。市、县领导张迎春、黄梁等陪同督查。

17日　长沙市副市长何寄华率队到长沙县开慧镇调研旅游业工作。县领导杨莉陪同调研。

20日　由省、市小康办领导及专家组成的督查组到长沙县，就全面小康社会工作进行调研。县领导张庆红、王国良等陪同调研。

中华全国供销总社党组书记、理事会主任王侠一行到长沙县路口镇，考察调研路口供销社工作情况。省、市、县领导戴道晋、黎春秋、邹春林等陪同调研。

22日 市政协主席范小新率长沙市历史文化名城建设推动委员会成员到长沙县福临镇，实地调研影珠山抗战遗址文化公园建设情况，并召开论证会。市、县领导龚振湘、石长松、杨懿文、张庆红、王益枝、邹春林、陈计伟、陈沃辉参加调研。

23日 省高级人民法院知识产权司法保护新闻发布会在长沙经开区召开。发布《湖南法院知识产权司法保护状况白皮书(2014年)》和《2014年湖南法院知识产权司法保护十大典型案例》。

24日 长沙县人民政府与中国建设银行湖南省分行签约，共同设立长沙县城市基础设施建设投资基金，规模设定为60亿元，这是长沙县践行 PPP 模式的创新举措。长沙县领导杨懿文、张庆红、杨忠文、王国良出席签约仪式。

26日 文化部部长雒树刚、副部长董伟一行到长沙县，实地调研现代公共文化服务体系建设工作。省委常委、省委宣传部部长许又声，省文化厅厅长李晖，市县领导张湘涛、陈泽珲、张庆红、彭勇、王国良、陈计伟陪同调研。

28日 全国人大常委会副秘书长何晔晖一行到长沙县，就县乡人大换届选举工作开展调研并召开座谈会，长沙县领导杨懿文、李建章、郭润葵、周志远、周安伟、柳铁强、唐俊兴参加座谈会。

29日 长沙经开区国家生态工业示范园区创建工作通过国家生态工业示范园区建设领导小组办公室组织的技术核查。环保部、省环保厅、商务厅、科技厅、市环保局的相关负责人，环保部规划院副总工杨金田作为专家组长，以及中科院、中国环科院、浙江大学、山东国合循环经济中心等单位的专家参加本次技术核查会议。管委会常务副主任吴京生、副主任黄瑶及生态园区建设工作领导小组成员单位负责人出席会议。

▲ 湖北省委书记、省人大常委会主任李鸿忠，省委副书记、省长王国生率湖北省党政代表团到长沙经开区考察。省委副书记、省长杜家毫，省委常委、市委书记易炼红、长沙经开区党工委书记杨懿文、管委会主任李科明等陪同考察。

▲ 接市委长发干〔2015〕118号文件通知，张庆红任长沙经开区党工委委员，副书记（兼）；周志远任长沙经开区党工委委员，免去其长沙县委常委、委员职务。

5月

6日　国家卫生计生委基层卫生司基保处处长鄂启顺率队到长沙县开展国家基本公共卫生服务项目专项督查。副县长陈计伟陪同督查。

7日　省委常委、省军区司令员黄跃进率省军区机关工作组到长沙县，对军地各级依法履行党管武装工作和扶持复退军人创业、民兵武装工作进行检查调研。县领导张庆红、杨忠文等陪同调研。

8日 长沙县召开“两型”生活方式构建暨“零碳县”创建工作推进会，长沙县领导杨懿文、王益枝、王国良、黄梁参加会议。

12日　副省长黄兰香一行到长沙经开区考察。党工委书记杨懿文、管委会主任李科明及相关部门负责人参加。

13日　全国政协常委、常务副秘书长孙怀山，全国政协常委、国家发改委原副主任朱之鑫，全国政协常委甘霖、田岚、孙荫环、李说、杨维刚、周汉民、贺军科，全国政协委员卢中原、张俊芳、周文彰、夏勇、黄文平等全国政协特邀常委视察团一行到长沙经开区视察园区企业三一重工。省政协副主席欧阳斌、市政协主席范小新、副市长陈泽珲、市政协秘书长彭志一、管委会主任李科明陪同参观并参加座谈交流。

13日 长沙市委常委、统战部部长文树勋率队到长沙县督查水务及防汛工作，先后实地考察水渡河河坝改造工程、湘江综合枢纽库区泵站涵闸建设、防汛仓库、红旗水库等地，检查防汛工作准备情况。

14日 市政协主席范小新率队到长沙县江背镇调研现代农业发展情况，市、县领导谢明德、龚振湘、杨懿文、吴新伟、王益枝、杜宏亮参加调研。

17日　2015年长沙市科技活动周启动式暨北京知名高校科技成果推介交流会在长沙经开区园区企业万容科技举行。中国科协副主席、中国工程院院士黄伯云宣布科技周启动，市委常委夏建平出席。万容科技申报的废弃物资源化科学技术普及场馆等5家单位被宣布认定为长沙市第五批科学技术普及专业场馆（基地），会议对“众泰杯”长沙市第十二届大学生科技创新创业大赛优秀组织单位和获奖项目进行表彰。

20日 省统计局局长张世平一行到长沙经开区园区企业调研。管委会主任李科明、管委会副主任黄瑶等陪同调研。

▲ 全国政协“推动制造业转型开放”调研组一行到长沙经开区调研园区企业蓝思科技、铁建重工。管委会主任李科明，党工委副书记、纪工委书记高杰陪同调研。

22日 长沙经开区举办2015年度校企合作活动。该活动分为“《加快引进和培养技能型人才三年行动计划》2014年度政策兑现仪式”“校企洽谈”和“企业参观”三大环节。管委会主任李科明、常务副主任吴京生、党工委副书记、纪工委书记高杰、党工委委员张贤长、园区用工企业及技职院校负责人400余人参加会议，56家企业与23所技职院校建立了合作关系，联合培养学生达703人。

24日 上海大众汽车有限公司长沙工厂正式建成投产，首辆新朗逸轿车同时下线。

27日 长沙县召开“三严三实”专题教育工作座谈会，学习贯彻习近平总书记系列重要讲话精神，以及中央和省、市委“三严三实”专题教育工作座谈会精神，安排部署长沙县专题教育工作。长沙县领导杨懿文、张庆红、王益枝、郭润葵、杨忠文、杨莉、常利民、王国良、沈光等出席会议。

28日　市委常委、组织部部长程水泉率队到长沙县，就“加快发展村级集体经济”这一课题进行专题调研。长沙县领导杨懿文、王国良、沈光陪同调研并参加座谈会。

6月

1日 2015年长沙县（香港）现代服务业招商推介会在香港九龙举行。本次推介会，长沙县对外发布8个现代服务业平台，投资金额1650亿元，有10个项目签订框架合作协议，签约金额305亿元。

5日 市委副书记、市长胡衡华率队到长沙县调研，研究长沙临空经济和黄花综合保税区发展建设有关问题。副市长何寄华、黎春秋，市政府秘书长谭勇，长沙县领导张庆红、杨莉参加会议。

6日　海关总署署长于广洲与国务院第十督导组一行到长沙县进行考察，就园区稳增长、调结构、惠民生政策落实情况进行实地督查。省、市、县领导何报翔、夏建平、杨懿文、黄梁等陪同调研。

12日 长沙县召开综合治税工作推进会，通报全县1月至5月经济运行情况，并对综合治税工作进行具体安排。长沙县“四大家”全体班子成员、法检“两长”，其他在职副县级以上领导干部，“两办”副主任，县直机关各单位及省市垂直管理单位主要负责人，各镇街党政“一把手”参加会议。

▲ 湖南国家杂交水稻综合试验基地开工奠基仪式在春华镇举行。湖南省政协副主席、中国工程院院士、湖南杂交水稻研究中心主任袁隆平，宣布国家杂交水稻综合试验基地建设项目正式开工。县委常委、县委办主任王国良出席奠基仪式。

▲ 湖北省荆门市委书记别必雄、市长肖菊华率团到长沙经开区园区企业蓝思科技、凯天环保、远大集团参观考察，学习园区先进理念与管理经验，探讨两地交流合作途径。市委常委、市委秘书长陈献春，长沙经开区管委会主任李科明、副主任黄瑶陪同考察。

17日 江西省委常委、南昌市委书记龚建华，南昌市委副书记、市长郭长安率江西省南昌市党政代表团一行到长沙经开区考察交流。省委常委、市委书记易炼红，长沙经开区党工委书记杨懿文、管委会主任李科明等陪同考察。

▲ 省、市人社部门负责人到长沙经开区调研特殊工时审批工作。调研座谈会由党工委副书记、纪工委书记高杰主持，区、县人社局主要负责人出席会议，上海大众、广汽菲亚特、娃哈哈、百事可乐等园区企业受邀参加座谈。

24 日 国家发改委产业协调司司长年勇一行到长沙经开区园区企业三一重工、广汽菲亚特克莱斯勒、上海大众长沙汽车厂和蓝思科技考察调研。省发改委主任谢建辉，长沙经开区管委会主任李科明，副主任黄瑶陪同调研。

25 日 省委常委、市委书记易炼红，市委副书记、市长胡衡华率各区县（市）、园区和相关市直部门负责人到长沙县，现场观摩“三年造绿”、拆墙透绿等工作。市领导袁观清、范小新等参加观摩，区（县）领导陈新忠、王国良、张文球、谭浩然陪同观摩。

25 日 市委副书记、市长胡衡华到长沙经开区园区企业铁建重工、远大集团、耐普恩、国科微电子以及众泰汽车调研经济稳增长情况。党工委书记杨懿文，管委会主任李科明、副主任黄瑶及市工信委和发改委等单位主要负责人参加调研。

27 日 国家卫生县城省级复审汇报通报会召开，会议宣布，长沙县正式通过国家卫生县城省级复审。长沙县委副书记、县长张庆红，副县长谭浩然、陈计伟出席会议。

28 日 湖南省集成电路发展战略发布暨产业对接会在长沙经开区召开。会上授牌成立湖南省集成电路产业联盟，国科微电子当选联盟理事长单位，并获得国家集成电路产业投资基金 4 亿元。国家集成电路产业投资基金总经理丁文武、省政府副秘书长陈仲伯出席会议，长沙经开区管委会主任李科明介绍园区投资环境和相关产业政策。长沙市、株洲市有关单位和产业园区负责人，国防科大、湖南大学、湘潭大学等高校代表，以及 TCL 通力电子、日本富士通电子等数十家国内外知名企业代表参加会议。

30 日 长沙市副市长黎石秋率队到长沙县江背镇调研现代农业发展情况，并主持召开全市推进现代农业产业项目建设现场会议。县领导张庆红、王国良等参加调研并出席现场会。

7 月

1-2 日，长沙县以湖南省地区政府代表的身份参加法国里昂气候与地区世界峰会，在“低碳经济与就业”论坛上，长沙县代表团就“零碳”发展模式试点工作和速生草碳转化刈割封存技术做了专题推介，获得与会各方的高度赞赏。长沙县委副书记吴新伟参加峰会。

6 日 长沙县举行县委中心组“三严三实”专题教育第一次学习研讨会。市县领导胡衡华、杨懿文、谭勇、张庆红、李建章、王益枝、郭润葵、杨忠文、杨莉、彭勇、常利民、王国良参加学习研讨。

10 日 长沙市副市长廖健一行到长沙县调研经济社会发展情况。县领导杨懿文、张庆红等参加调研或出席汇报会。

▲ 长沙市副市长何寄华到长沙县调研跨境电商工作，县委常委、副县长杨莉陪同调研。

21 日 长沙市人大常委会主任袁观清率市人大常委会组成人员到长沙县，围绕农村水利建设和农村面源污染治理工作进行视察，现场对建设和治理情况提出建议与指导。县领导张庆红、吴新伟、李建章等陪同视察。

22 日 省委常委、市委书记易炼红率队到长沙县黄兴镇，调研长沙农产品物流中心和标准化仓储建设情况，并召开座谈会研究部署相关工作。市领导范小新、陈献春、黎春秋、廖健、段安娜参加调研。县领导杨懿文、张庆红、杨莉、王国良、谭浩然陪同调研或参加座谈会。

23 日 长沙县召开半年度经济形势分析暨功能分区建设启动大会，传达贯彻中央、省、市有关经济形势分析会议精神，科学研判长沙县经济发展形势，明确下半年工作重点，并正式启动部署功能分区工作。长沙县四大家领导班子成员，“法检”两长，各镇（街道）党政主要负责人，部分县直机关单位主要负责人参加会议。

23 日 长沙市委常委、统战部部长文树勋到长沙县金井镇新沙村调研，指导该村建设扶贫工作。县领导沈光、李开兴陪同调研。

24 日 长沙经开区国家生态工业示范园区建设通过国家考核验收，成为湖南省第一家、中部第二家国家生态工业示范园区。

25 日 由韩国著名经济学家、韩国前总理郑云灿带领的韩国企业家团队，到长沙县进行实地调研。县领导张庆红、杨莉陪同调研。

27 日 长沙县委书记、长沙经开区党工委书记杨懿文到长沙县金井镇，走访结对联系的 2 户贫困人口家庭、1 户重点工作对象家庭以及 1 户代表性人员家庭。长沙县委常委、组织部部长、统战部部长沈光，副县长提名人选李开兴参加走访。

29日 2015中国长沙经济绿色城市发展高峰论坛在长沙举行，本次论坛由《中国经济导报》、中国发展网主办，长沙经开区管委会和福田汽车集团承办。市委常委、市委统战部部长文树勋和福田汽车集团党委书记、总经理王金玉分别在会上作了专题演讲。本次高峰论坛由管委会主任李科明主持。市经济和信息化委员会、长沙经开区管委会和北汽福田汽车股份有限公司签署了《建设长沙环境装备产业园战略合作协议书》，标志着总投资50亿元（其中一期20亿元，占地26.67公顷）的北汽福田环境装备产业项目落户长沙经开区。

▲ 中信戴卡股份有限公司总经理徐佐一行到长沙经开区园区企业博世汽车考察，市政府秘书长谭勇、长沙经开区管委会副主任刘逢春陪同考察。

30日 湖南省委副书记、省长杜家毫率队到黄兴镇考察调研长沙国际会展中心项目建设情况。省委常委、市委书记易炼红参加调研。省、市、县领导何报翔、向力力、陈献春、黎春秋、廖健、黎勇、杨懿文、谭勇、张庆红、王国良陪同调研。

8月

6日 加拿大安大略省驻上海总领馆领事黄文楚等一行3人到长沙经开区考察长沙—加拿大安大略省汽车零部件情况。市政协主席范小新、党组副书记谢明德，长沙经开区管委会主任李科明等陪同考察。

7日 长沙县委书记、长沙经开区党工委书记杨懿文代表县委在全省农村基层党建工作座谈会上作典型发言，重点介绍长沙县农村基层党建工作的特色做法：切实强化主体责任、抓好村级带头人队伍建设、积极探索发展村级集体经济。

8日 长沙县召开打造北部农村创客平台研讨会，研究部署推进创新创业工作。长沙县委副书记吴新伟，县委常委、副县长杨莉，县委常委、县委办主任王国良，副县长李开兴参加会议。

10日 岳阳市委书记盛荣华、市长刘和生率党政代表团到长沙经开区考察园区企业上海大众。省委常委、市委书记易炼红，长沙经开区党工委书记杨懿文、管委会主任李科明陪同考察。

11日 人社部督查调研组调解仲裁管理司司长宋娟一行到长沙县督查调研劳动人事争议处理效能建设工作。市县领导张迎春、杨莉陪同调研。

▲ 长沙市委副书记徐宏源率队到长沙县调研创新创业工作。先后到大学生创业大厦、松雅湖湿地公园、人民东路东延线中铁项目施工现场、上海大众长沙工厂等地实地调研。县领导杨懿文、张庆红等陪同调研。

12日 长沙县与中铁投资集团有限公司、中国民生银行就长沙空港城建设及综合开发PPP项目正式签约。长沙县领导杨懿文、张庆红、李建章、王益枝、杨忠文、杨莉、王国良、彭军其出席仪式。

13日 省卫生计生委党组书记、副主任詹鸣一行到长沙县开展计划生育情况督查调研，市县领导何寄华、吴新伟、李开兴等陪同调研。

14日 长株潭、益阳、岳阳、常德等14个市州分管“两型”建设的负责人到长沙县金井镇湘丰集团，实地调研全省第一个“两型”示范基地。市县领导陈泽珲、杨忠文参加调研。

18日 民政部副部长邹铭率队到长沙县调研养老服务工作。省、市、县领导蔡振红、黎石秋、张庆红等陪同调研。

19日 湖南省住建厅住房保障处副处长杨健率省督查组一行到长沙县督查保障性安居工程建设实施情况，副县长谭浩然陪同督查。

▲ 长沙市委常委、副市长张迎春率队到长沙县督查安全生产工作，县领导杨忠文陪同督查。

20日 长沙县医疗纠纷调解中心、征地拆迁矛盾调处中心、劳动人事矛盾调处中心和物业矛盾纠纷调解中心正式挂牌成立。

22日 第十五届全国县域经济与县域基本竞争力百强县排名公布，继2014年第一次挺进十强位列第九后，长沙县再进一步，超越浙江义乌由第九位上升到第八位，继续领跑中西部，连续8年中部第一。

23日 长沙经开区出台《关于鼓励人力资源服务机构发展的暂行办法》（长经开工发〔2015〕8号），对国内外知名人力机构入区发展给予场地和资金支持，对引进高层次人才到区创办企业给予每人最高20万元奖励，鼓励技能人才输送，充分发挥人力资源服务机构在人力资源配置中的积极作用。

▲ 国家发改委规划司副司长岳修虎一行到长沙经开区调研产业发展情况，考察园区企业铁建重工和蓝思科技。党工委委员王维倩陪同调研。

24日 长沙县委书记、长沙经开区党工委书记杨懿文与长沙县29家高危行业企业负责人举行座谈，传达贯彻党中央、国务院和省、市主要领导关于安全生产的重要指示批示精神，深刻汲取天津港“8·12”爆炸事故教训。县委常委、常务副县长杨忠文主持座谈会。

25日　长沙市政协主席范小新率队到长沙县检查安全生产工作。县领导张庆红、王益枝、杨忠文参加检查。

28日 省委常委、市委书记易炼红率队到长沙县北山镇，专题调研长沙危险废物处置中心项目运行准备工作，看望慰问工程建设者。长沙危险废物处置中心项目主体建设全部完成，并于28日实现点火试运行。市县领导夏建平、黎春秋、杨懿文、张庆红、吴新伟、王国良、黄梁、曾卫国陪同调研。

▲　长沙市副市长黎石秋到长沙县就农机安全生产工作进行检查。副县长李开兴参加检查。

9月

2日 长沙县纪念中国人民抗日战争暨世界反法西斯战争胜利70周年座谈会及影珠山抗战遗址文化公园开园仪式在福临镇举行。长沙县领导杨懿文、吴新伟、李建章、王益枝、杨忠文、彭勇、王国良、沈光、陈晓成、陈计伟、李开兴出席开园仪式或参加座谈会。

6日　“2015中国（湖南）非公有制经济发展论坛暨海外侨领侨商三湘行活动”在长沙举行，来自全国的600多位非公经济精英人士和400多位海外侨胞代表参加活动。长沙经开区管委会主任助理张湘鸿代表管委会与湖南省新三诚投资置业有限公司董事长张瑞琪签订合作协议。

8日 市委副书记、市长胡衡华率队到长沙县，深入建工业园区、美丽乡村示范片区、现代农业企业、工业制造车间等地，全面调研长沙县发展建设情况。市政府秘书长谭勇陪同调研，市区县领导杨懿文、李科明、张庆红、吴新伟、王国良、黄梁、李开兴参加调研。

▲　英国布鲁姆利市市长金·达维娜·博丁及英国湖南同乡会一行到长沙县就深度开展教育、旅游等领域合作进行广泛交流。县领导杨莉、陈计伟陪同考察。

9日 长沙县委书记、长沙经开区党工委书记杨懿文出席长沙县实验中学教师节座谈会，代表县委、县政府向与会人员并通过他们向全县教师和教育工作者致以节日的问候。长沙县领导王国良、陈计伟参加座谈会。

9日　长沙县与湖南师大附中、芙蓉区教育局签订区域性、系统性合作办学协议，并与长沙师范学院达成合作意向，促使全县优质教学资源得到进一步充实。县领导张庆红、陈计伟等出席签约仪式。

10日　美国理查森市的友好城市代表迈克·斯凯顿先生率团到访长沙县，县领导张庆红、杨莉参加会谈。

11日 环保部办公厅副主任徐必久、省环保厅副厅长郑粟一行到长沙经开区调研环境信息公开及城市矿产资源利用情况。徐必久一行听取经开区环境在线监控系统的汇报，走访调研蓝思科技臬梨厂区，现场参观万容科技城市矿产展示馆。

14日 省委常委、市委书记易炼红到长沙经开区园区企业千山药机、三一PC工厂、铁建重工调研企业创新发展及转型升级情况。他强调，面对经济下行压力，园区要坚定信心不动摇，咬定目标不放松，全力实现产业转型升级和产城融合的新突破。

15日 湖南省召开“三严三实”专题教育“一进二访”活动动员部署视频会议，长沙县委、县政府领导班子成员，县人大常委会主任、县政协主席，县直机关部门党组（党委）主要负责同志，各镇（街道）党（工）委书记在长沙县分会场参加会议。全省视频会议结束后，长沙县对“三严三实”专题教育“一进二访”活动进行安排部署。

15日　长沙县与长沙海关联合召开外贸工作座谈会，并签署全省首个关县合作备忘录，共推开放型经济发展。这标志着长沙县打造长沙东部开放型经济走廊战略进一步提速。县领导杨懿文、张庆红等出席会议。

22日　民政部基层政权和社区建设司司长徐立一行到长沙县福临镇进行调研。县领导吴新伟、李开兴参加调研。

▲　国家质量技术监督检验检疫总局专家考核组到长沙县，对国家级出口食品农产品质量安全示范区进行2015年度考核。经过专家组的现场考核和资料会审，长沙县顺利通过年度审核。县委常委、副县长杨莉参加考核。

25日　长沙市乡镇（街道）全民健身中心建设工作推进会在长沙县开慧镇召开。长沙市副市长何寄华率领各区县市政府分管文体工作负责人一行到该镇，现场观摩全民健身中心活动场地。副县长陈计伟陪同。

29日 全国妇联儿童部部长陈晓霞率队到长沙县，围绕儿童早期发展社区家庭支持服务项目实施情况以及村（社区）基层家庭教育工作开展情况进行调研。县领导吴新伟、陈计伟陪同调研。

10月

9日 工信部军民结合推进司巡视员曹志恒、国家国防科工局信息中心主任罗建国、中国国防工业企业协会信息工作委员会主任刘东风一行到长沙经开区，联合调研军民融合发展情况，以促进军民深度融合项目合作。管委会主任李科明、副主任刘逢春、党工委委员王维倩、调研员刘运雄陪同调研，双方就军民融合的未来发展等相关问题进行探讨。

10日　辛亥革命湖南人物业绩陈列开展仪式在长沙县黄兴镇湖南辛亥革命人物纪念馆举行。民革中央常委、省政协副主席刘晓致辞并宣布开展。市、县领导文树勋、杨懿文、张庆红等出席仪式。

10日 长沙经开区党工委副书记、企业党工委书记高杰率队与长沙市人社局相关负责人一行到长沙经开区扶贫点——开慧镇开明村开展"一进二访"活动，深入贫困村调研指导精准扶贫工作，并走访慰问部分贫困户。党工委委员、机关党委书记张贤长，党工委委员张文球及区"三严三实"办公室相关人员参加活动。

12日　长沙市副市长黎春秋率调研组一行到长沙县，就新型城镇化综合试点进行专题调研。副县长谭浩然参加调研并作汇报。

12日 长沙经开区产业工人活动中心开工仪式在工地现场举行。该项目土地面积14.67公顷，总投资约5亿元，位于人民东路以北、映霞路以南。预计2年内建成投入使用。

13日 省委督办专员蒋新祺率省发改委、经信委、国土资源厅、科技厅等部门负责人，到长沙经开区调研建设发展情况。长沙经开区党工委书记杨懿文，管委会主任李科明、党工委委员王维倩陪同调研。

14日　农业部党组成员杨绍品率调研组到长沙县，先后前往安沙镇、青山铺、路口镇等地，就粮食蔬菜生产、农产品质量安全暨病死动物无害化处理工作进行调研。县领导张庆红、李开兴陪同调研。

16日 长沙经开区组织干部职工集中学习。工信部信息化和软件服务业司副司长安筱鹏，以"中国制造2025：中国制造与未来发展趋势"为主题作专题讲座。党工委委员王维倩主持会议，全体工管委班子成员，各局（室）、驻区机构、直属企事业单位全体干部职工以及园区企业代表共300人参加学习。

▲ 娄底市人民政府、冷水江市政府分别与凯天环保科技股份有限公司在凯天环保产业园签署生态环境建设及PPP项目战略合作协议。省委常委、长株潭"两型社会"试验区工委书记、管委会主任林武，长沙经开区管委会主任李科明、副主任刘逢春出席。

17日 2015长沙市"寻找最美家庭——讲述平凡家庭的最美故事"展演举行。长沙经开区周跃成家庭获得"最美平安家庭"；李志良家庭获得"最美两型家庭"；杨英家庭和鄢建峰家庭获得"最美艺术家庭"。

19日 长沙县委书记、长沙经开区党工委书记杨懿文主持召开县委常委会议，传达省委、市委主要领导关于学习"乐东经验"的重要讲话精神，研究星沙第二水厂选址等有关工作。长沙县领导张庆红、吴新伟、李建章、王益枝、郭润葵、杨忠文、杨莉、彭勇、常利民、王国良、沈光出席会议，曾卫国列席会议。

19日 广汽菲亚特克莱斯勒汽车有限公司首辆Jeep自由光在长沙工厂成功下线。

20-21日 市委副书记、市长胡衡华，市委常委、副市长张迎春率市经信委、市财政局、市政府研究室等部门负责人到园区企业广汽三菱、长丰集团、众泰汽车调研汽车产业发展情况。党工委书记杨懿文、管委会主任李科明、副主任张庆红、党工委委员王维倩陪同调研。

22日 省委巡视第八组组长孙剑霖、副组长曾益民代表巡视组向长沙县反馈巡视情况。市委常委、市纪委书记、市委巡视工作联络组组长李军出席会议并讲话，长沙县委书记、长沙经开区党工委书记杨懿文作表态发言，县委副书记、县长张庆红主持会议。

▲　湖南省卫生计生委主任、省爱卫会副主任张健率省城乡环境卫生整洁行动督查组一行到长沙县，就城乡环境卫生整洁行动开展情况进行督导检查。县领导吴新伟、李开兴参加调研。

23日 市委副书记、市长胡衡华，市政府秘书长谭勇率市经信委、市发改委、市政府研究室主要负责人到长沙经开区园区企业博世汽车和湘丰茶机公司调研智能制造情况，考察博世汽车部件生产线、湘丰茶机茶叶智能生产线，听取企业有关情况。管委会主任李科明、党工委委员王维倩陪同调研。

▲ 市委常委、常务副市长陈泽珲率队到长沙经开区扶贫点开慧镇开明村开展"一进二访"活动，实地调研当地情况，慰问贫困家庭。他强调，要回应群众所思所想、所需所盼，摸清底子，精准施策，深入进、用心访、真情帮，确保扶贫工作取得实效。长沙经开区管委会主任李科明，市人社局、市财政局、市交通局、市文体局相关负责人参加活动。

24日 长沙县委书记、长沙经开区党工委书记杨懿文主持召开县委常委会议，传达全省部分县（市、区）委书记信访工作座谈会精神，研究巡视反馈意见整改落实等工作。长沙县领导张庆红、吴新伟、李建章、王益枝、郭润葵、杨忠文、杨莉、彭勇、常利民、王国良、沈光、陈晓成出席会议，唐俊兴、黄梁、谭浩然、曾卫国、陈计伟、黄波、李开兴、杜宏亮列席会议。

28日 国家发改委气候司副司长蒋兆理率国家气候战略中心、中国农科院、中国林科院、中国科学院等单位专家组到长沙县，调研创建工作和“速生碳汇草捕碳固碳技术”情况。次日，举行座谈会。长沙县委书记、长沙经开区党工委书记杨懿文，县委副书记吴新伟介绍长沙县“零碳县”创建工作情况，就“零碳”发展模式、碳产业链条延伸等问题与专家组进行了交流探讨。省、市发改部门相关负责人，长沙县委常委、县委办主任王国良参加座谈会。

29日 省级老领导一行100人到长沙经开区考察上海大众长沙工厂。省委常委、市委书记易炼红，市长胡衡华，长沙经开区党工委书记杨懿文，管委会主任李科明，副主任张庆红、刘逢春等陪同考察。

31日 长沙县召开政府职能转变和机构改革动员暨乡镇区划调整改革工作推进会，启动新一轮政府机构改革，推进乡镇区划调整改革。长沙县“四大家”班子成员、县人武部负责人、镇（街道）党政主要负责人、县直机关各单位主要负责人、乡镇区划调整指导协调小组负责人等参加会议。

11月

2日 省委常委、市委书记易炼红率队到长沙县果园镇双河村调研浔龙河新农村规划建设工作情况，易炼红指出，浔龙河生态小镇的建设，是以最新模式打造的城乡一体化建设经典样板。市委副书记徐宏源，市委常委、市委秘书长夏建平参加调研。县委领导杨懿文、张庆红、吴新伟、王国良陪同调研。

▲ 美国北卡罗来纳州商务厅厅长约翰·斯克瓦尔拉、州参议员汤米·塔克尔等一行9人到长沙经开区访问并举行经贸合作洽谈会。管委会主任助理张湘鸿主持会议，省商务厅副厅长李心球致欢迎辞，党工委委员王维倩介绍长沙经开区投资环境及产业概况。

4日 长沙县召开省委巡视组巡视反馈意见整改工作调度会议。长沙县委书记、长沙经开区党工委书记杨懿文，县委常委、纪委书记郭润葵，县委常委、县委办主任王国良参加会议。

6日 中央政治局原常委、全国政协原主席贾庆林到长沙经开区视察园区企业蓝思科技、铁建重工、三一集团。省委书记徐守盛，省委副书记孙金龙，省委常委、市委书记易炼红，长沙经开区党工委书记杨懿文、管委会主任李科明等陪同考察。

9日 中国工业机械联合会、省经信委、省商务厅、省贸促会、长沙市人民政府联合主办，长沙经开区、长沙市经信委、长沙市商务局、长沙市会展办、长沙市贸促会联合承办的2015中国（长沙）国际工程机械配套件博览交易会在湖南国际会展中心开幕。出席开幕式的有国家有关部委相关领导、塔吉克斯坦驻华商务参赞、军队相关部门的领导、专家、学者和省直有关部门的领导及参展参会嘉宾500人，开幕式由市委常委、副市长张迎春主持，长沙经开区党工委书记杨懿文、塔吉克斯坦驻华商务参赞达姆多罗夫·卡龙、中国机械工业联合会副会长张克林分别致辞，副省长何报翔宣布博览交易会开幕。本届配博会为期三天，以十大主题活动为助推，更注重交易，为保障企业成交提供全链条保姆式服务，实现总交易额11亿元。

11日 长沙县与中国农业银行湖南省分行签订战略合作协议，县领导杨懿文、张庆红等参加签约仪式。

▲ 福田汽车集团纯电动卡车与环境装备产业园正式在长沙经开区开工建设，省委常委、市委书记易炼红宣布项目开工，市区县领导胡衡华、文树勋、张迎春、夏建平、杨懿文、李科明、张庆红以及福田汽车集团党委书记、总经理王金玉见证开工仪式，县区领导王益枝、高杰、巩固、刘逢春、丁仁义、周志远、王维倩、王国良、周安伟、黄梁出席仪式。

14日 长沙经开区园区企业铁建重工自主研发的国产铁路大直径盾构机下线。该装备拥有完全自主知识产权，填补了大直径盾构机自主研制的空白，标志着国产大直径全断面掘进机关键技术研究与应用取得新突破。

16日 长沙经开区总工会打造的“长沙经开区产业工人之家”全媒体平台上线，标志着覆盖全区15万名职工的微信公众号、手机微官网、PC端网站等三位一体的职工服务工作平台正式建立，成为工会走进职工，实现互动的新平台。

17日 长沙市副市长廖健率队到长沙县调研长沙黄花综合保税区工作，县领导杨莉陪同调研。

18日 省委常委、省长株潭“两型社会”试验区工委书记、管委会主任林武率队到长沙县，调研“两型社会”建设工作情况，市县区领导李蔚、杨懿文、李科明、李开兴等陪同调研。

18日 国家知识产权局（专利局）人教部人事教育处处长张利一行到长沙经开区调研专利审查员实践基地工作。党工委委员王维倩以及产业环保局相关负责人陪同调研。

▲ 埃塞俄比亚税务和海关总局局长贝克尔·沙莱一行访问长沙经开区并进行座谈。省商务厅厅长徐湘平、管委会主任李科明、经开区顾问吴京生、长沙经济技术开发区集团公司董事长郭汉辉参加座谈。管委会主任助理张湘鸿主持座谈会，双方就加强中埃经贸合作进行了深入交流，贝克尔·沙莱就中资企业在埃塞发展遇到的问题进行了深入解答。埃塞代表团参观了三一集团，并就合作事宜进行友好交流。

22日 国家卫计委副主任王国强率全国城乡环境卫生整洁行动督查组一行到长沙县，就城乡环境卫生整洁行动开展情况进行现场督查。县领导吴新伟、李开兴参加督查。

23日 湖南省农委副主任陈冬贵率新农村考核验收小组到长沙县，就省级新农村建设先进县创建和省级新农村示范创建进行考核验收。县领导吴新伟、李开兴陪同考核。

▲ 中国中小城市科学发展评价指标体系研究课题组、中国城市经济学会中小城市经济发展委员会等联合发布《中国中小城市发展报告（2015）》绿皮书。该绿皮书显示，在2015年度中国中小城市综合实力百强县市排名中，长沙县升至第6位，连续四年居中西部第一；在2015年全国十佳“两型”中小城市排名中，长沙县蝉联第一。

27日 省国土资源厅党组书记、厅长方先知率队到长沙县，调研该县国土管理及湖南工程职业技术学院项目用地等相关工作。县领导杨懿文、张庆红陪同调研。

30日 长沙县召开巡视整改工作推进会暨区划调整新设镇授牌仪式，对全县巡视整改工作和区划调整工作进行再部署、再督促、再推进。长沙县“四大家”班子成员，法检“两长”，县直机关党政主要负责人，各镇（街道）党政主要负责人等参加会议。

30日 长沙县举行区划调整新设镇授牌仪式，将原双江镇和金井镇合并，设立新的金井镇；将原白沙镇和开慧镇合并，设立新的开慧镇；将原干杉镇和黄兴镇合并，设立新的黄兴镇。县领导杨懿文、张庆红为区划调整新设镇党委和人民政府授牌。

12月

1日 长沙市委副书记、市长胡衡华率队到长沙县，实地查看长沙机场连接线改造项目建设情况，参观湖南千山制药机械股份有限公司最新专利科技产品，并就健康产业发展工作进行调研，市县区领导张迎春、杨懿文、张庆红等参加调研。

4日 湖南省委副书记、省长杜家毫到长沙经开区企业博世汽车部件（长沙）有限公司，调研生产经营情况，了解企业需求。省、市、区（县）领导石谋军、胡衡华、杨懿文、李科明、张庆红陪同调研。

6日 长沙县召开专家评审会，评审并通过《长沙县国民经济和社会发展“十三五”规划纲要》。

9日 长沙梅花汽车制造有限公司企业升级暨新能源汽车批量上市仪式在江背镇梅花汽车制造有限公司举行，县领导张庆红、黄梁出席仪式。

11日 省委常委、常务副省长陈向群一行到长沙经开区调研。省政府副秘书长陈仲伯、省发改委主任谢建辉、省国土资源厅厅长方先知，长沙经开区党工委书记杨懿文，管委会主任李科明，管委会副主任张庆红等陪同调研。

16日 长沙县召开2015年度落实党风廉政建设责任制检查考核大会。市委副书记、市长、湘江新区党工委书记胡衡华带领市检查考核组对长沙县落实党风廉政责任制工作开展全面检查考核。

16日 审计署经济责任审计司副司长罗彪率调研组到长沙县，调研经济责任审计工作开展情况并召开座谈会。长沙县委常委，常务副县长杨莉参加调研。

17日 长沙市委副书记、市长、湘江新区党工委书记胡衡华率市四大家在家领导到长沙县，实地观摩、督导湖南千山大健康产业项目、蓝思科技蓝宝石项目及浔龙河生态示范点项目建设推进情况。县领导杨懿文、张庆红等陪同调研。

18日 湖南省副省长、省公安厅厅长黄关春率队到长沙县，检查调研寄递物流业安全管理工作。市、县领导唐向阳、杨懿文、彭迟平等陪同调研。

22日 长沙经开区举行重大产业项目与人才项目新闻发布暨集中签约、颁奖活动，千山药机慢病精准管理与服务中心、铁建重工集团高端地下装备产业园、三一集团众智新城、博世汽车第四期等6个重大产业项目现场签约，总投资超200亿元，达产后产值近1000亿元；14位高层次创新人才及10家引才单位受到奖励，12个创新创业项目获得资金支持，新获批的1家博士后科研工作站获得建站资助，为园区“十三五”开局写下浓墨重彩的一笔。省经信委副主任殷林波，市委常委、市委统战部部长文树勋，市委常委、副市长张迎春，长沙经开区党工委书记杨懿文、管委会主任李科明出席活动。

24日 长沙县在果园镇浔龙河生态小镇举行农村创客天地启动仪式，率先在全国启动农村创客平台建设，市委副书记徐宏源出席活动并讲话，长沙县委书记、长沙经开区党工委书记杨懿文现场发布推进农村创客平台建设一系列优惠政策和举措。长沙县委副书记、县长张庆红主持活动，县委副书记吴新伟为长沙县农村创客孵化基地、长沙县（浔龙河）农村创客孵化基地和孵化平台授牌。市、县领导彭继球、王益枝、彭勇、王国良、唐俊兴、黄梁、李开兴、杜宏亮、李楚屏参加活动。

30日 中国共产党长沙县第十二届代表大会第六次会议召开。各条战线的300多名党代表、140余名列席人员和特邀来宾齐聚一堂，共议长沙县2016年和“十三五”发展大计。长沙县委书记、长沙经开区党工委书记杨懿文代表长沙县委作题为《瞄准最强县、迈向现代化，为加快打造省会东部高品质新城和产业产城城乡融合发展先行示范区而努力奋斗》的工作报告。

▲ 湖南省省长助理袁建尧一行到长沙县调研政务服务体系建设。县领导杨莉、张小春陪同调研。

▲ 副省长张剑飞到长沙经开区调研汽车产业情况，考察园区企业上海大众、广汽菲亚特克莱斯勒、众泰汽车、中上汽车。党工委书记杨懿文、管委会主任李科明、党工委委员张湘鸿陪同调研。

31日 长沙市副市长陈中率队到长沙县就农业农村工作进行调研。县领导吴新伟、李开兴陪同调研。

长沙县概况

自然地理

【位置·面积】 长沙县位于湖南省东部偏北，湘江下游东岸，湖南省会长沙市近郊。东邻浏阳市，南接长沙市雨花区，西毗长沙市芙蓉区、开福区、望城区，北靠平江县、汨罗市。全县总面积 1756 平方千米。

【地质地貌】 长沙县属长衡丘陵盆地的北部，地处幕阜山、连云山与大龙山余脉的南端，株洲隆起带的北缘。龙华、乌川诸山雄峙于东，陶家排、炭盆坡横亘于南，影珠、明月两座大山蜿蜒于西北，兴云、飘峰两山耸立于北。北山镇境内的明月山为最高峰，海拔 659 米。地势由北、东、南三面逐渐向中西部倾斜，形成一个不规则的“畚箕”形状。境域内有变质岩、沙砾岩、灰岩、红岩、红土、砂页岩、花岗岩七种岩层及岗地、平原、山地、丘陵、水面五类地貌，以岗地平原为主。

【水文气候】 长沙县除县境北部开慧镇境内的车对河、黎家嘴河、双江口河注入汨罗江，属汨罗江水系外，其余诸河均属湘江水系。浏阳河自浏阳市跃龙乡车田段进入长沙县江背镇五美小埠港，经湘阴港、桃树湾、金潭、筒车棚入浏阳市柏加镇浏坪村，再入长沙县黄兴镇，长沙市雨花区跳马镇与黄兴镇隔河（浏阳河）相望，经长沙县㮾梨街道后入长沙市芙蓉区东岸镇，在县境内流程 22.5 千米，流域面积 428 平方千米。捞刀河由浏阳市北乡永安市界牌桥进入长沙县春华镇横坑，经春华山、赤石河，会枫林港水，经崩坳至水渡河，与白沙河会合，经罗汉庄入开福区捞刀河镇，在县境内流程 28.6 千米，流域面积 1296.64 平方千米。有胭脂港、泥湾子、金井河、石灰嘴河、望仙桥港、水渡河、白沙河、观音塘港等 8 条二级支流，全长 181.1 千米。有丁家洞河、芙蓉桥河、脱甲河、范林桥河、桥里河、上杉市河、大坝桥河、麻林河、浔龙河、新桥港、常家冲港、将军塘、安沙港、白云河、乌溪桥港 15 条支流，全长 204.1 千米。县内有乌川湖、白鹭湖等 180 多座中小型水库，形成以水库为骨干，塘坝为基础，大、中、小相结合的水利灌溉网络。县内河流水位受年内降水量变化的影响而有升有降，高水位多出现在每年的 5–8 月，低（枯）水位多出现在 11 月至次年的 2 月。

长沙县地处东亚季风区，属亚热带湿润气候。由于位居盆地内部，距海较远，受冬夏季风转换，地势向西北倾斜等因素的影响，全县气候春温变化大，夏初雨水多，伏秋高温久，冬季严寒少。具有两个主要特征：一是水热充足，生长期长。长沙县平均气温 16℃～20℃，全年无霜期 260～300 天，日照时数为 1600～1800 小时，热量充足。年均降水量 1877.1 毫米，在省内居中等略偏少的地位，降水量集中在春夏两季。多雨期与高温期一致，生长期长，对农业生产有利。但降水年际变化大。二是气候温和，四季分明，夏冬季长，春秋季短。春季从 3 月中旬到 5 月中下旬，为期 70 天左右，其间气温升高很快，对春播有利。春季天气阴雨潮湿，降水量占全年的 40% 以上。夏季从 5 月中、下旬至 9 月下旬，为期约 132 天，季节长，天气热，是夏季突出的特点。秋季从 9 月下旬至 11 月中旬，将近 60 天，是全年最短的一季。冬季从 11 月中旬到次年 3 月上旬，为期 3 个半月，各月的平均气温大多在 6.1℃以上。冬季的降水量仅占全年的 16%，是一年中降水量最少的季节。2015 年，全县平均气温 17.5℃，极端最高气温 36.7℃，极端最低气温 −1.2℃，全年降水量 1534.1 毫米。 （年鉴编辑部）

历史人文

【建置沿革】 长沙县的建制远溯秦汉（秦为湘县、汉称临湘），隋开皇九年（589 年），改临湘县为长沙县，为长沙县名之始。自秦汉以来，长沙一直是湖南历代郡、州、道、路、行省和省的治所，西汉和五代还分别是长沙国和马楚国的王都，其治乱兴衰始终关系着湖南的大局，为历代中央政府所高度关注。民国元年（1912 年）善化县并入长沙县，结束长沙、善化两县同城分治的局面。民国 22 年（1933 年）析长沙县城及城郊的东屯渡、新开铺等地设置长沙市，市、县同城分治。1950 年设立长沙市郊区办事处，领导长沙市外四区。1951 年划出县境湘江以西的 5 个区及湘江以东的 3 个乡设置望城县。1959 年 3 月，望城县和长沙市郊区并入长沙县，划出县内的龙头铺公社入株洲县。1962 年恢复长沙市郊区。1977 年复置望城县，同时将县辖的大托、洞井、黎托、望岳 4 个公社划入郊区。1984 年 5 月撤销人民公社，建立乡镇，全县辖 9 区 1 镇 41 个乡。1995 年撤区并乡建镇，全县辖 14 个镇 7 个乡。1996 年，捞刀河镇划入长沙市开福区，全县辖 13 个镇 7 个乡。为适应经济社会的快速发展，长沙县对乡镇村的行政体制进行较大调整，先后撤乡建镇、撤镇设立街道，减少行政村数量，扩大规模。2015 年 1 月 14 日，暮云街道、南托街道划入长沙市天心区，跳马镇划入长沙市雨花区。至 2015 年年末，全县辖 5 个街道（星沙街道、湘龙街道、泉塘街道、长龙街道、㮾梨街道）13 个镇（江背镇、黄兴镇、金井镇、高桥镇、春华镇、路口镇、果园镇、黄花镇、开慧镇、福临镇、青山铺镇、安沙镇、北山镇），187 个村 83 个社区。

1996 年 1 月，长沙县治由长沙市开福区潘家坪迁至长沙县星沙镇（今星沙街道），结束 1933 年市、县分治以来长沙县“有县无城”的历史。随着经济的快速发展，县城星沙规模迅速扩张，至 2015 年年末，县城星沙建成区面积 70 平方千米。

【人文特征】长沙县人民勤劳、勇敢，具有光荣的革命传统。两千多年来，他们用勤劳、智慧和血汗哺育和繁荣了这块土地。近代以来，不少仁人志士忧国忧民，为推翻“三座大山”，建立新中国赴汤蹈火，英勇斗争，辛亥革命元勋黄兴、无产阶级革命家李维汉、毛泽东的夫人杨开慧、坚定的共产主义战士柳直荀、无产阶级教育家徐特立，为革命南征北战的解放军大将许光达、解放军后勤工作的创始人杨立三、中国共产党第一位女党员缪伯英等一批叱咤风云、名扬青史的杰出人物均诞生于此。还有 1000 多名革命英烈为革命的胜利献出了宝贵生命。这里也是第三代党和国家领导人朱镕基和李铁映的家乡。袁守谦、黄杰、李默庵、张辉瓒等一批国民党著名将领也出生在此。

长沙县人文荟萃，代有贤才。唐代书法家怀素，研习“狂草”如痴如醉，有《苦笋》和《自叙》传世。清代李文炤，乡里授徒，潜心著述，撰有《周易本义拾遗》等书。管学大臣张百熙，上溯古制，参考列邦，所著《学堂章程》，开中国系统教育先河。一代经学大师王先谦，终其一生，共著、编、校、注、辑、刊各类书籍 50 余种，3200 多卷。黄萱祐创建隐储女子学堂，首开湖南女子入学之禁。民国时期，彭海坤创办开物乙种农业学校，为长沙县培养了第一批农业科技人才。杨昌济治学严谨，教育有方，抱“欲栽大木拄长天”宏愿，培养毛泽东、蔡和森等一批国家中流砥柱。姜济寰三任长沙县知事，发展教育事业，培养革命青年，与毛泽东等人发起成立“俄罗斯研究会”，宣传革命真理。李国钦发现钨矿，首创《炭化钨冶炼法》，获国内外殊荣。戴庆祥技艺超群，精研《冷热水淬钢法》，所创捞刀河剪刀与北京“王麻子”和杭州“张小泉”齐名。剧作家田汉毕生从事新文化运动，创作话剧、歌剧、戏剧剧本 130 多部，所作《义勇军进行曲》歌词，慷慨激昂，唤起千百万中国人民齐心抗日，中华人民共和国成立后定为国歌。郑家溉潜心书法，成为一代书法名家，抗日战争时期长沙沦陷后，拒任日伪维持会长，以身殉国。当代法学家周鲠生，潜心国际法研究，所著《国际法》一书，将中国倡导的和平共处五项原则，提升为现代国际法的基本准绳。

【文化遗存】 长沙县文物古迹较多，境内有距今 4000 年前的黄兴镇鹿芝岭遗址，共有新石器时代至商周时期遗址 12 处，有宋元时期的南阳城遗址和明代的俄阳遗址（城址），有始建于南朝梁代的陶公庙，建于唐代的铁炉寺，有建于清代的河图观，还有众多的摩崖石刻。

为继承和发扬革命前辈的光荣革命传统，黄兴镇黄兴故居、江背镇徐特立故居被定为国家级重点文物保护单位，开慧镇杨开慧故居、缪伯英故居、高桥镇李维汉故居、柳直荀故居、黄兴镇许光达故居、果园镇田汉故居被定为省级文物保护单位，并被辟为爱国主义教育基地及党员教育基地。至 2015 年年底，全县共有国家级文物保护单位 2 个，省级文物保护单位 11 个，市级文物保护单位 27 个，县级文物保护单位 16 个。

（年鉴编辑部）

人口·民族

【人口】 2015年年末，长沙县户籍户数235687户，总人口743210人。其中男性人口371899人，女性人口371311人，男女比例100.16：100。全县出生人口10191人，人口出生率14‰；死亡5045人，死亡率6.9‰；人口自然增长率7.1‰。出生人口性别比例101.7 ∶ 100（以女性为100）。年末常住人口91.6万人；其中城镇人口55.2万人，城镇化率60.3%。 （县统计局 县公安局）

【民族】 2015年，全县有土家族、苗族、侗族等37个少数民族，土家族人口最多，苗族、侗族人口次之，少数民族人口总计1万余人。 （县民宗局）

国民经济和社会发展

【综述】 2015年，长沙县坚持围绕“三个率先”的发展目标，主动适应新常态，着力培育新增长点，扎实做好稳增长、调结构、抓创新、促改革、惠民生各项工作，县域经济基本竞争力继续排名全国前十强，各项社会事业和谐发展。全年实现生产总值（GDP）1168.3亿元，按可比价计算，比上年增长9%。其中第一产业增加值67.5亿元，增长5.4 %；第二产业增加值821.6亿元，增长8.4%；第三产业增加值279.2亿元，增长12%。第一、二、三次产业分别拉动GDP增长0.2、6.1、2.7个百分点。三次产业结构由上年的6.5 ∶ 71.1 ∶ 22.4调整为5.8 ∶ 70.3 ∶ 23.9。按常住人口计算，全县人均生产总值11.1万元。全县实现财政总收入202亿元，比上年增长10.9%，其中地方财政收入138.3亿元，增长11%；税收收入124.9亿元，增长0.8%。地方财政收入占GDP的比重11.8%。在全国第十五届县域经济基本竞争力百强县名单中位列第八，在全国中小城市综合实力百强（科学发展百强）名单中位列第六，稳居中西部第一；在2015年中国十佳“两型”中小城市排名中蝉联榜首。

【农业】 全县完成农林牧渔业总产值107.8亿元，比上年增长5.5%，其中农业总产值63.9亿元，增长9.9%；林业总产值3.7亿元，增长8.1%；牧业总产值36.4亿元，下降2.4%；渔业总产值2.6亿元，增长7.6%；农林牧渔服务业总产值1.2亿元。粮食总产量54.8万吨，油料产量1.3万吨；蔬菜产量117.1万吨，增长6.5 %；茶叶产量4.57万吨；水果产量10.1万吨，增长21.4%。肉类总产量16万吨，下降4.1%；禽蛋产量0.9万吨，增长3%；水产品产量1.9万吨，增长5.9%。全县有农产品加工企业231家，其中规模以上农产品加工企业48家。有农民专业合作社组织1447个。农业机械总动力150.55万千瓦，农业机械化综合水平76.3%。

【工业和建筑业】 工业经济平稳增长。全县实现工业总产值2286.2亿元，比上年增长9.8%，其中规模工业总产值2061.9亿元，增长9.5%。实现工业增加值709.2亿元，增长7.9%，其中规模工业增加值503.8亿元，增长8%，规模工业增加值对GDP的贡献率43.1%。工程机械、汽车及零部件、电子信息三大产业分别实现规模工业总产值837.8亿元、460.4亿元和222亿元，三大支柱产业产值占全县规模工业总产值的73.7%。全县规模以上工业企业实现主营业务收入1957.6亿元，实现利润57.1亿元，利税总额119.6亿元。

全县具有资质以上建筑企业56个，实现建筑业总产值326.2亿元，比上年增长21.7%。其中省内建筑业总产值216.1亿元，比上年增长11.7%。房屋建筑施工面积2250万平方米，房屋建筑竣工面积774万平方米。

【固定资产投资和房地产】 投资规模增长较快。全县完成固定资产投资770.4亿元，比上年增长18.6%。在固定资产投资中，第一产业投资14.8亿元，第二产业投资337亿元，第三产业投资418.6亿元，固定资产投资在三次产业中的比重由2013年的2.3 ∶ 41.1 ∶ 56.6调整为1.9 ∶ 43.8 ∶ 54.3。全县1亿元以上投资项目337个，全年完成投资287.7亿元，占固定资产投资总额的37.3%。

房地产业平稳发展。全县房地产开发投资100.1亿元，比上年下降27.1%。商品房屋销售面积283.9万平方米，比上年增长15.2%，其中住宅销售面积225.1万平方米，增长16.9%。

【贸易和经济合作】 全年实现社会消费品零售总额373.7亿元，比上年增长16.5%，其中：城镇消费品零售额288.4亿元，增长16.2%；乡村消费品零售额85.3亿元，增长17.5%。批发、零售业零售额360.6亿元，住宿、餐饮业零售额13亿元。

全年进出口总额34.7亿美元，比上年增长15.6%，其中：出口总额23.6亿美元，增长38.1%；进口总额11.1亿美元，下降14.2%。全年机电产品出口总额13亿美元、高新技术产品6.1亿美元，分别比上年增长38%和72.7%。

招商引资进展顺利。全年利用外资项目（企业）9个，实现到位外资6.1亿美元，比上年增长7.6 %；引进市外境内资金形成固定资产投资140.7亿元，增长15.2%；引进省外境内资金64.9亿元，增长6%。

【交通、邮电、电力和旅游】 交通运能持续扩张。全年交通运输、仓储和邮政业增加值34亿元，比上年增加6.6%。全年旅客周转量45764万人千米，货物周转量107194万吨千米。全县公路通车总里程4440千米。

邮电通信事业快速发展。全年实现邮电通信业务收入13.7亿元，比上年增长14.5%。年末全县移动电话用户157.2万户，增长6.3%；本地电话用户24.79万户，增长4.2%。全县互联网络用户25.3万户，增长32.1 %。

电力建设全力推进。负责维护110千伏变电站14座、35千伏变电站9座,110千伏线路232千米，35千伏线路230千米，10千伏线路3349千米，服务客户46.2万余户。完成供电量42.22亿千瓦时，同比增长16.38%；售电量40.16亿千瓦时，同比增长17.06%；综合线损率4.88%，下降0.56个百分点；最高负荷78.1兆瓦。投运110千伏长龙变电站、蝴蝶谷变电站，完成110千伏惠农变电站、35千伏仙人变电站扩建，启动35千伏青山铺变电站建设。完成大修技改31项。完成黄花变电站10千伏负荷转供及长龙变配套出线建设，完成蝴蝶谷变电站10千伏通道建设，完成城区补点7处，改造重载线路2条。全面完成2014年第六批网改工程，启动2015年增补工程和低电压整治，新建、改造10千伏线路79.72千米，台区207个、36560千伏安，低压线路373千米，解决低电压用户4535户。

旅游产业蓬勃发展。全年接待国内外游客637.3万人次，比上年增长25%；实现旅游总收入74.7亿元，同比增长28%。

【财政与金融】 财政收入平稳增长。全县财政总收入202亿元，比上年增长10.9%，其中：地方财政收入（市口径）138.3亿元，增长11%；税收收入124.9亿元，增长0.8%。地方财政收入占GDP的比重达到11.8%。公共财政保障能力继续增强，民生支出力度加大。公共财政预算支出118.8亿元，增长14.3%。全年医疗、教育、文化、社会保障等民生领域支出111.5亿元，占公共财政支出的80%以上。

金融机构不断健全，市场运行稳健。全县有工商银行、中国银行、农业银行等20余家驻县银行，年末金融机构人民币存款余额842.6亿元，比上年增长7.7%。其中，储蓄存款余额383.4亿元，增长9.5%。金融机构人民币贷款余额682亿元，增长16.7%。金融机构网点数177个，职工总人数2065人。

【科技与教育】 科技事业全面进步。全社会研究与发展（R&D）活动经费45.1亿元，占地区生产总值的3.9%。年末拥有国家级工程研究（技术）中心6家、省级工程研究（技术）中心31家、市级工程研究（技术）中心17家、行业协同技术创新服务平台3个。全年专利申请量3155件，专利授权量2479件。其中，发明专利申请量和授权量分别为1025件和597件，分别增长32.5%、92%。全县共有高新技术企业149家，实现高新技术产业产值1589.3亿元，高新技术增加值470.9亿元，高新技术产业增加值占地区生产总值比重达39%以上。拥有中国驰名商标21个。

教育事业全面协调发展。全县有各类全日制学校195所（不含幼儿园），其中普通高校10所、职业中专4所、普通高中7所、乡镇农校4所、初级中学31所、小学138所、特殊教育学校1所。共有幼儿园228所，其中公办幼儿园36所。全县在校中小学生118633人，在园幼儿35553人。其中：普通高中14187人；职业高中15417人；初中25875人，小学63045人，特校109人。初中入学率、巩固率均为100%；小学学龄人口入学率、巩固率均为100 %；免除10.44万人次学生杂费，义务教育阶段学生杂费免除率100 %。对各级各类贫困学生资助金额2776.1万元。

【文化、体育和卫生】 文化服务水平明显提高。全县有文化站18个、文化馆1个，公共图书馆1个，电影院8个，档案馆1个。全年送戏下乡105场、送电影下乡2650场。广播电视户户通等文化惠民工程扎实开展，广播综合人口覆盖率和电视综合人口覆盖率均达100%。有线电视用户10.1万户，比上年增长10%，有线电视入户率100%。星沙文化中心主体基本建成。

全县有各类体育场地1350个，面积157万平方米，其中：标准体育馆7座，标准运动场4个，标准游泳池1个，各种训练综合用房123个。开展大型群众体育活动20次，全民健身运动参加人数30万人次。

卫生事业发展较快。城乡基层卫生服务网络更加健全。年末有各类卫生机构456个，其中医院、卫生院32个，卫生防疫和防治机构1个，妇幼卫生保健机构1个。各类卫生机构拥有病床4600张。卫生技术人员5000人，其中执业医师、执业助理医师1995人，注册护士2168人，卫生防疫和防治机构卫生技术人员52人，妇幼卫生机构卫生技术人员315人。每千人拥有病床数5张，每千人拥有卫生技术人员数5.5人。

【环境保护与安全生产】 环境保护不断加强，生态环境有效改善。全年环境污染治理投资额4.2亿元。全县城镇生活垃圾无害化处理率100%、污水处理率96%。全年环境空气质量二级以上天数350天。全县林木绿化率49.6%，森林资源蓄积量增长率4.2%，城镇建成区绿化覆盖率31.9%。

全年发生各类生产安全事故103起，比上年增加171%；事故死亡10人，下降16%。全县亿元GDP事故死亡率0.0087，工矿商贸10万从业人员事故死亡率0.995，道路交通事故万车死亡率0.214，分别下降20.9%、上升26.8%、下降45.3%。危险化学品、特种设备、农业机械、水上交通、民爆物品等领域未发生死亡事故。

【人民生活与社会保障】 居民收入持续增长。全体居民人均可支配收入31260元，比上年增长8.9%。其中，工资性收入22461元，经营性收入3327元，财产性收入4170元，转移性收入1300元。城镇居民人均可支配收入36642元，增长9.3%；农村居民人均可支配收入25207元，增长8.4%。全体居民人均消费支出21336元，增长8.8%。全体居民自有住房面积人均45.2平方米，其中城镇居民39.5平方米，农村居民51.7平方米。居民文教娱乐服务消费支出占消费总支出的比重为16.2%。

社会保障水平稳步提高。全县企业职工基本养老保险、城镇职工基本医疗保险、失业保险参保人数分别为16.14万人（含参保离退休人员）、13.5万人（含参保退休人员）和10万人；参保率分别为98%、100%、98%。推进保障性安居工程建设，全年完成棚户区改造3371户，建设公租房3987套。社会救助体系日臻完善。年末拥有各类养老机构19个，社会福利收养性单位床位数2195张，收养1300余人。加大对困难群体的慈善救助，全县全社会救助总人数5.2万人次，共有2.1万人纳入低保范围，其中城镇低保对象1100户、1986人；农村低保对象8040户、19291人。大病保险制度和大重病患者长效补助机制基本建立。（县统计局）

“两型社会”建设

【概况】 2015年，长沙县被评为国家生态县，并在中国十佳“两型”中小城市排名中蝉联榜首。该县持续推进城乡环境综合整治、禽畜养殖污染治理、节能减排、工业项目进园区、“三年造绿”、零碳创建等工作，较好地实现了经济发展与生态保护“双赢”。

一是大力推进生态环保工程。积极推动水生态文明建设，重点中小河流治理及中小河流重点县综合整治、水价改革试点区建设、灌区渡槽及田间渠道节水改造工程、现代农业基地节水改造、大明湖及麻林河白沙段河道治理等项目进展顺利，大力加强水源保护和生态湿地建设；进一步推进三年造绿大行动和环城绿带建设。年内，全县斥资8.6亿元投入三年造绿大行动，铺排项目24个，拟将京珠高速公路杨梓冲以南5.4千米列入环城绿化建设，投资4130万元。积极推动绿色创建，创建市级绿色示范村庄7个、绿色示范社区2个，《湖南省全面建成小康社会推进工作简报》2015年第3期以《让绿色创建铺实全面小康之路——长沙县以绿色创建助推全面小康建设调查》推介该县林业绿色生态建设的经验做法；城乡一体化建设持续推进，农村环境综合整治整县推进工作进展顺利，实现城乡垃圾分类处理和集镇污水处理全覆盖，实施生猪养殖减量和农业面源污染治理，开展空气监测和水质监测，全县空气优良率和水质达标率明显提升。继续完善生态补偿机制，实施生态修复工程，全面封山育林。二是积极推广十大清洁低碳技术。8个清洁低碳技术示范项目进入市级推广库，加快推进工业清洁生产审核、淘汰落后产能，大力发展循环经济。三是开展“零碳县”试点创建。“零碳县”试点工作顺利，方案编制完成，环境资源交易所通过批复，2014年度碳源碳汇盘查全面展开，生物质电厂拟落户路口镇，正筹备零碳体验馆建设，8个“零碳县”示范点建设有序开展，基地建设等其他相关工作有序推进。应邀参加法国里昂地区与气候峰会及巴黎气候大会。先后接待法国驻武汉总领事马天宁，全国政协副主席、全国工商联主席王钦敏，国家发改委气候司副司长蒋兆理，中国社科院城市发展研究所所长潘家华，中国质量认证中心副主任宋向东，省委副书记孙金龙，市委书记易炼红等领导和专家调研考察。四是推动“两型”示范创建和“两型”生活方式构建工作。开展“两型”创建，年内创建省级“两型”村庄开慧镇葛家山村，省级“两型”示范基地金井镇湘丰茶业，获创建资金320万元。创建开慧镇等市级“两型”示范单位2个，黄兴镇鹿芝岭村等市级“两型”创建单位（家庭）10个，县级“两型”示范创建单位12个（社区、村庄、镇街、企业、学校、机关6类），县级“两型”示范家庭33个。建立“两型”生活构建考评指标体系，分解工作任务，定期调度指导。

【创建“零碳县”】 2013年年底，长沙县提出开展“零碳”发展模式试点，决定依托“速生草碳转化刈割封存降碳除霾技术”，在全国率先启动首个“零碳县”创建工作，即在综合利用节能减排降耗、能源结构调整、产业结构调整等多种途径的基础上，重点开展植物储碳固碳，以实施低碳技术和碳汇产业化技术创新、碳排放交易平台及配套政策集成为支撑，大力推进“产业低碳化、生活绿色化和碳汇规模化”三大战略，努力实现全县碳“零增长”“零排放”，力争到2035年实现“零碳县”创建战略目标。为此，该县成立试点工作机构，县财政在2014年安排专项资金1000万元的基础上，2015年继续安排3000万元用于创建“零碳县”。至2015年年底，完成2011-2013年全县碳源碳汇普查与核算等基础工作，根据《联合国气候变化框架公约》的要求，编制《长沙县“零碳县”发展规划(2015-2035)》，分三个阶段创建“零碳县”。年内，主要完成五个方面的工作：一是强化政策引领，出台《关于推进“零碳”发展模式试点工作实施意见》。二是在全省率先成立环境资源储备交易管理所，推动碳资源交易从“虚拟交易”走向“实体交易”。三是谋划、建设一批项目，重点抓好生物质发电厂项目引进工作，年底开建。四是树立标杆意识，推进示范引领，全面启动零碳机关、零碳企业、零碳乡村、零碳社区、零碳学校、零碳体验馆、零碳基地、碳排放信息平台和碳交易平台等建设项目。五是加强宣传推介，扩大零碳影响，引导全县上下大力倡导绿色低碳的生活方式、消费习惯和环境价值观念，努力为“零碳县”创建工作营造好氛围、凝聚正能量。7月，长沙县应邀参加法国里昂气候与地区世界峰会；12月，应邀参加法国巴黎全球气候变化大会。 （县发改局）

体制改革

【概况】 是年，长沙县以有利于稳增长、调结构、惠民生、防风险的改革举措为重点，将创新、协调、绿色、开放、发展的发展理念融入改革，突出重点和关键，依靠改革添活力、增动力。

完成政府机构改革和乡镇区划调整，整合22个部门的行政处罚权，组建县行政执法局，五大功能区同步设立运行；进一步加快简政放权力度，向社会公开发布权力清单和责任清单，最大限度地精简行政审批事项，优化和规范全县780项行政审批和有关行政职权事项，全面推行“并联审批”，项目报建流程再造创造新的“长沙县速度”。在全省率先实施县域PPP项目，投融资体制改革进一步深化。城乡公交一体化、空港城片区开发等一批PPP项目成功落地，总投资额超过120亿元，城乡公交一体化项目入围财政部PPP示范项目。进一步健全“网络问政”机制，连续两年在全国县域网络形象排行榜中位居全国前十。社会治理方面再出新举措，成立医疗纠纷、征地拆迁矛盾、劳动人事矛盾、物业矛盾纠纷、道路交通事故矛盾、社会矛盾纠纷六个矛盾调处中心，形成矛盾纠纷“大调解”的工作体系。创新实施“党建+”模式，开展组团式结对联系服务群众工作法，得到市委主要领导高度肯定，并在全省农村基层党建工作座谈会上作典型发言；强化基层党建责任，采取“四个四”（即四张党建清单明晰责任、四个本子全程纪实、四季督查盘点交账、四项经费全面保障）模式将基层党建工作化虚为实，全县基层党建工作水平大幅提升，其做法被《中国组织人事报》专题推介。完成纪检监察机关“三转”（转职能、转方式、转作风）职能的转变，纪委内设科室调整到位；教育体制改革步伐加快，百熙小学与北师大联合办学，获评湖南省2015年度县级教育工作督导评估第一名；在全国首创的食品安全监管督查巡视机制在人民日报社主办的第三届中国民生发展论坛上被评为“2015民生示范工程”；长沙县人民法院的裁判文书改革在《人民法院报》头版头条予以推广，在全国法院司法公开调研会上进行改革经验介绍；警务改革在《人民公安报》重点推介。

【政府机构改革】 10月31日，长沙县召开政府职能转变和机构改革动员暨乡镇区划调整改革工作推进会，启动新一轮政府机构改革，推进乡镇区划调整改革。根据《中共长沙县委、长沙县人民政府关于长沙县人民政府职能转变和机构改革的实施意见》（长县发〔2015〕8号）和《中共长沙县委、长沙县人民政府关于长沙县人民政府机构设置的通知》等文件精神，此次改革，对25个政府工作部门和10个直属事业单位均重新制定“三定”规定或印发机构编制调整文件，12月9～31日正式发文实施。改革后，县人民政府工作部门为县市场和质量监督管理局（加挂县食品药品监督管理局、县食品安全委员会办公室两块牌子）、县发展和改革局（加挂县物价局牌子）、县经济和信息化局、县教育局、县科学技术局（加挂县知识产权局牌子）、县城乡规划建设局（加挂长沙市规划局长沙县分局牌子）、县民政局、县司法局、县财政局、县人力资源和社会保障局、县国土资源局、县交通运输局、县水务局、县农业和林业局（加挂县委农村工作办公室牌子）、县商务局、县文化体育广播电视局（加挂县新闻出版局牌子）、县卫生和计划生育局、县审计局、县城市管理局、县行政执法局、县环境保护局、县安全生产监督管理局（加挂长沙经济技术开发区安全生产监督管理局牌子）、县人民防空办公室；县公路管理局（含公路超限检测站）成建制下放至长沙县人民政府管理，为县交通运输局所属正科级事业单位；县人民政府直属事业单位为县供销合作社联合社、县统计局、县住房保障局、县旅游局、县粮食局、县重点工程管理局、县机关事务管理局、县政务服务中心、县国有资产管理中心、县人民政府办公室（加挂县人民政府法制办公室牌子）。年内，继续推进全县行政类事业单位分类改革，发文明确全县各事业单位分类情况；县畜牧兽医水产局与县农办、县农业局、县林业局整合，重新组建县农业和林业局；县动物卫生监督所承担的行政职能划入县农林局，保留其公益性职能，为县农业和林业局所属事业单位；县渔政监督管理站（县水生动物防疫检疫站）承担的行政职能划入县农业和林业局，其他职能划入县农业和林业局所属事业单位，不再保留县渔政监督管理站（县水生动物防疫检疫站）；县货运管理所承担的行政职能划入县交通运输局，其他职能划入县交通运输局所属事业单位，不再保留县货运管理所。

【乡镇区划调整改革】 10月27日，长沙县召开乡镇区划调整改革部署会议，贯彻落实省委、市委关于乡镇区划调整改革工作的会议精神，就全县乡镇区划调整改革工作进行部署和动员。县民政局积极与省、市民政部门衔接，完成乡镇合并资料申报工作。11月19日，省民政厅发文批复同意长沙县乡镇区划调整方案（湘民行发〔2015〕43号）；11月20日，长沙市政府发文批复同意长沙县乡镇区划调整方案（长政函〔2015〕157号）。根据方案，长沙县将金井镇和双江镇合并为金井镇，镇政府驻地为现金井镇政府机关，合并后辖区总面积204平方千米，总人口6.5万人，辖24个村、3个社区；开慧镇和白沙镇合并为开慧镇，镇政府驻地为现开慧镇政府机关，合并后辖区总面积122平方千米，总人口4.2万人，辖16个村、2个社区；黄兴镇和干杉镇合并为黄兴镇，镇政府驻地为现黄兴镇政府机关，合并后辖区总面积157平方千米，总人口8.1万人，辖19个村、3个社区。11月底，乡镇区划调整改革工作基本完成。至此，长沙县辖星沙街道、泉塘街道、湘龙街道、㮾梨街道、长龙街道5个街道以及开慧镇、金井镇、黄兴镇、江背镇、黄花镇、春华镇、路口镇、果园镇、高桥镇、福临镇、青山铺镇、安沙镇、北山镇13个镇。

【行政审批制度改革】 3月26日，长沙县召开深化行政审批制度改革工作推进会。此次行政审批和有关行政职权事项优化工作的具体任务，是对已公布的227项行政审批事项及面向社会办理的行政权力事项，进行规范和优化，再造报建、新造商事登记等并联办理流程图，并同步推进行政权力下放工作。《长沙县人民政府部门责任清单》于6月30日经县政府常务会议审议通过，并向社会公布实施。年内，对各部门单位需要上级部门下放权力清单进行摸底，形成《长沙县请求下放的上级权限事项目录》上报市审改办。新下放的39项权限逐项承接。梳理整理下放到镇（街）的行政职权8项。全面审查全县20项非行政许可审批事项，取消“非行政许可审批”，6月28日，县政府发文明确：取消非行政许可审批3项，整合调整为行政许可2项、行政备案3项、行政确认3项、其他行政职权8项、内部管理事项1项。清理中介机构，形成中介机构清单。其中，取消2项，保留52项，规范11项。

【行政执法体制改革】 根据《中共长沙县委、长沙县人民政府关于长沙县人民政府职能转变和机构改革的实施意见》（长县发〔2015〕8号）和《中共长沙县委、长沙县人民政府关于长沙县人民政府机构设置的通知》等文件精神，12月31日，县人民政府办公室印发《长沙县行政执法局主要职责内设机构和人员编制规定》（长县政办发〔2015〕28号），将原县卫生局、原县食品药品监督管理局（县食品安全管理办公室）、县商务局、原县农业局、县水务局、原县畜牧兽医水产局、原县林业局、原县城乡规划局、原县住房和城乡建设局、县住房保障局、县国土资源局、县安全生产监督管理局、县环境保护局、县交通运输局、县公路管理局、县文化体育广播电视局、县人力资源和社会保障局、县人民防空办公室、县旅游局、县教育局、县发展和改革局（县物价局）、原县人口和计划生育局22个部门的行政处罚权，以及原县城市管理和行政执法局集中行使的工商行政管理、公安交通管理方面的部分行政处罚权、市容环境卫生管理、城市规划管理、城市园林绿化管理、市政管理、城市管理等方面的行政处罚权整合，组建县行政执法局（内设办公室、执法调度指挥中心、政工人事科、财务审计科、行政处罚中心、后勤保障中心），为县人民政府工作部门。

【功能分区建设】 7月25日，长沙县召开半年度经济形势分析暨功能分区建设启动大会，正式启动功能分区工作。会议宣读《中共长沙县委、长沙县人民政府关于推进功能分区建设有关工作的通知》（长县发〔2015〕7号），明确在《湖南省主体功能区规划》将长沙县确定为重点开发区域的基础上，在不改变与长沙市行政隶属关系、不改变长沙经开区现有运行模式、不涉及行政区划调整的基础上，将长沙县全域科学划分为长沙经济技术开发区即先进制造业区、长沙临空经济区、星沙松雅湖商务区、黄兴会展经济区和长沙现代农业区五大功能区。各功能区的划分不增加行政管理层级，功能区管理机构不直接管理辖区内镇（街道）的干部人事、财政税收、社会管理，不干预辖区内镇（街道）日常行政工作，主要承担与经贸发展、项目建设和招商引资等相关经济职能，着重于宏观管理、综合协调和监督考核，具体履行统筹区域规划、建设、招商、环境保护、经贸管理五项职能。

【不动产登记制度改革】 11月16日，在县人民政府县长办公会议上，审议通过县编委办《关于整合不动产登记职责的通知》和《长沙县不动产统一登记工作实施方案》。根据中央、省、市要求和相关方案，建立全县不动产统一登记制度，将全县土地登记、房屋登记、土地承包经营权登记、林权登记、水域滩涂养殖权登记职责整合划入县国土资源局。在县国土资源局设立不动产登记科，设立县不动产登记中心。整合县国土资源交易中心、县房地产交易管理所（县二手房交易管理中心），组建县不动产交易中心。

（县年鉴编辑部）

精神文明建设

【文明创建】 文明创建工作大力推进。积极培育和践行社会主义核心价值观，诚信建设、文明旅游、节俭养德活动广为开展。编印市民《文明手册》，“讲文明树新风”公益广告宣传形成常态，启动长沙县首届道德模范和“新乡贤”评选活动，黄花镇黄龙新村党总支书记王再德上榜“中国好人”敬业奉献类好人。做好中央、省市对县城的文明程度指数测评工作。10月13日，长沙县被确定为全国首批县级文明城市提名城市，出席在张家港召开的全国县级文明城市创建工作现场会。是年，新创建和通过复查全国文明单位1个，全国文明村3个（新创建金龙村），省级文明单位3个。加强志愿服务制度化建设，积极扶持公益组织，广泛开展“邻里守望”等各类主题志愿服务活动，新评定县级雷锋号志愿者工作各级星级站25家，省级志愿站2家、市级5家，泉塘街道“工之友”获首届中国青年志愿服务项目银奖。开展“我们的节日”等系列主题活动，承办长沙市首届孝文化节未成年人专场活动。实现乡村学校少年宫（镇级）全覆盖，新建城市学校少年宫5所。

（县委宣传部）

组织机构与领导人名录

中共长沙县委员会

书　　记　杨懿文
副 书 记　张庆红
　　　　　吴新伟（4月始）
常　　委　郭润葵（女，至11月）
　　　　　胡维龙（11月始）
　　　　　周志远（至5月）
　　　　　杨忠文（至11月）
　　　　　杨　莉（女）
　　　　　彭　勇
　　　　　常利民
　　　　　赖坤明（援藏）
　　　　　李　武（至7月）
　　　　　王国良
　　　　　邹春林（至4月）
　　　　　沈　光（5月始）
　　　　　陈晓成（7月始）
　　　　　谭浩然（11月始）

中共长沙经济技术开发区工作委员会

书　　记　杨懿文
副 书 记　李科明
　　　　　张庆红（4月始）
　　　　　吴京生（至3月）
　　　　　高　杰
委　　员　陈新忠（至3月）
　　　　　巩　固
　　　　　黄　瑶（至7月）
　　　　　刘逢春（至11月）
　　　　　范遵新（至1月）
　　　　　丁仁义
　　　　　周志远（4月始）
　　　　　张贤长
　　　　　张文球
　　　　　王维倩
　　　　　郭汉辉（至7月）
　　　　　张湘鸿（11月始）

长沙经济技术开发区管理委员会

主　　任　李科明
副 主 任　张庆红（兼，5月始）
　　　　　吴京生（至3月）
　　　　　陈新忠（至4月）
　　　　　巩　固
　　　　　黄　瑶（至7月）
　　　　　刘逢春（至12月）
调 研 员　刘逢春（12月始）
　　　　　刘运雄
主任助理　谭超纲（至8月）
　　　　　王新民（至4月）
　　　　　张湘鸿（至11月）
副调研员　郑安龙
　　　　　刘正凯
　　　　　唐益民
　　　　　黄庆怀
　　　　　田洪林

中共长沙经济技术开发区纪律检查工作委员会

书　　记　高　杰（至7月）
　　　　　周志远（7月始）
副 书 记　郑安龙（至12月）
　　　　　刘光辉（12月始）
委　　员　石　浪
　　　　　刘正凯
　　　　　苏　平（女）
　　　　　徐震山
　　　　　彭国奇
　　　　　熊志新

长沙县人大常委会

主　　任　李建章
副 主 任　周安伟
　　　　　柳铁强
　　　　　曹艳萍（女）
　　　　　彭军其
　　　　　唐俊兴

长沙县人民政府

县　　长　张庆红
副 县 长　杨忠文（至12月）
　　　　　杨　莉（女）
　　　　　谭浩然
　　　　　黄　梁
　　　　　黄　波（挂职）
　　　　　李开兴（8月始）
　　　　　邹春林（至4月）
　　　　　曾卫国（至11月）
　　　　　陈计伟（至12月）
　　　　　彭迟平（11月始）
副调研员　杨光荣
　　　　　张敬伟
　　　　　张劲松
　　　　　肖建军
　　　　　高胜利
　　　　　刘宗正（1月始）
　　　　　丁　文（12月始）

政协长沙县委员会

主　　席　王益枝
副 主 席　杜宏亮
　　　　　李楚屏（女，兼）
　　　　　郭艳红（女）
　　　　　陈沃辉
　　　　　张小春（兼）
党组书记　王益枝
副 书 记　杜宏亮
　　　　　彭克让

长沙县人民武装部

部　　长　李　武（至7月）
　　　　　陈晓成（7月始）
副部长　刘立如
政　　委　黄　勇（至3月）
　　　　　禹　丹（3月始）

中共长沙县纪委

书　　记　郭润葵（女，至11月）
　　　　　胡维龙（11月始）
副书记　杨晓明（女，至7月）
　　　　　陈　诚
　　　　　蒋炳桃
常　　委　彭雪辉（至10月）
　　　　　罗来好
　　　　　苏宽良
　　　　　庄　虎
　　　　　彭菊泉
　　　　　汤志国（10月始）

监察局

局　　长　杨晓明（女，至7月）
　　　　　陈　诚（12月始）
副局长　苏宽良
　　　　　袁书钦（女）

预防腐败局

局　　长　杨晓明（女，至7月）
　　　　　陈　诚（12月始）
副局长　苏宽良
　　　　　陈永恒

县委工作机构

办公室

主　　任　王国良
副主任　彭春华（兼）
　　　　　吴　昊
　　　　　胡孟东（兼，至10月）
　　　　　余仲双（兼，至10月）
　　　　　张建军
　　　　　彭　鹏（至10月）
　　　　　梁　山（10月始）

组织部

部　　长　周志远（至4月）
　　　　　沈　光（4月始）
常务副部长
　　　　　黄泽红（女）
副部长　李建军（兼）
　　　　　朱剑斌（兼）
副部长
绩效办主任
　　　　　陈佑谷（至11月）
　　　　　刘桂良（11月始）
副部长
基层办主任
　　　　　李顺林

宣传部

部　　长　彭　勇
副部长　张再明（至11月）
　　　　　张电波（12月始）
　　　　　马　搏
　　　　　饶　晗
　　　　　王海燕（女）
　　　　　陶自立

统战部

部　　长　周志远（至4月）
　　　　　沈　光（4月始）
副部长　黄毅力
　　　　　黄柏强
　　　　　李红军（女，至10月）
　　　　　何龙彪（10月始）
　　　　　艾　英

政法委员会

书　　记　常利民
副书记　余孟洋（11月始）
　　　　　胡文波
　　　　　周卫军（11月始）
　　　　　王伟山
　　　　　龚锋武（11月始）
　　　　　许海玲（女）
　　　　　黄卫新（至11月）
　　　　　文清良（至11月）
综治办主任
　　　　　黄卫新（至11月）
维稳办主任
　　　　　王伟山

县机构编制委员会办公室

党组书记
主　　任　胡　革
党组副书记
　　　　　罗范军（女）
副主任　黄淑慈（女）

信访局

局　　长　余仲双（兼，至10月）
　　　　　周向阳（11月始）
副局长　袁巧先
　　　　　刘　宝（至12月）
　　　　　黄　军
　　　　　邓曙光

农村工作部（农村工作办公室）

部　　长
主　　任　杜红旗（至10月）
副部长
副主任　陈洪毅（至10月）
　　　　　周佳良（至10月）
　　　　　裴治宇（至10月）
　　　　　（该机构10月撤销）

群众工作部

部　　长　宋伟奇
副部长　文清良（至11月）
　　　　　陈群芳（女，11月始）

老干部局

局　　长　朱剑斌

副 局 长　于水兰（女，至12月）

钟铁毛

毛利华（12月始）

县直属机关工作委员会

书　　记　曹　旷（至10月）

毛武林（11月始）

副 书 记　蔡国华

范乐赛

乔　昱（女）

联合工会主席

范乐赛

纪工委书记

蔡国华

台办

主　　任　李红军（女，至10月）

黄柏强（11月始）

副 主 任　曾令红

党校（行政学院）

校（院）长

罗静良（女，至4月）

吴新伟（4月始）

副校（院）长

罗静良（4月始）

彭凤鸣（女）

吴辉球

纪检组长　谢社江

杨开慧纪念馆

馆　　长

党组副书记

彭春华

党组书记　魏利华（女，至6月）

杨晓明（女，7月始）

副 馆 长　刘向上

向　春

长沙经济技术开发区党工委和管委会工作机构

·工作机构·

办公室

主　　任　谭超纲（至7月）

黄庆怀（11月始）

副 主 任　黄庆怀（至11月）

周跃成（至8月）

范丁贵（12月始）

梁颖昊（女，12月始）

督查室

主　　任　刘运雄

副 主 任　唐益民

人力资源与社会保障局

局　　长　刘　曙（女）

副 局 长　徐震山（至11月）

李布春（12月始）

陈小英（女，12月始）

彭庄利（兼）

党群工作局

局　　长　王怀庄

副 局 长　欧建雄（至6月）

周　芳（女，至12月）

王　璎（女，12月始）

朱正海（12月始）

纪检监察审计室

主　　任　郑安龙（至12月）

刘光辉（12月始）

副 主 任　刘光辉（至12月）

苏　平（女，至12月）

陈新明（12月始）

王萍萍（女，12月始）

招商合作局

局　　长　马　鑫（至7月）

黄天际（11月始）

副 局 长　李布春（至12月）

黄天际（至11月）

周枝栋（12月始）

王　顼（12月始）

齐迎美（女，12月始）

产业环保局

局　　长　蒋君山（至11月）

熊　伟（11月始）

副 局 长　李雪春（至8月）

谭清莲（女，至12月）

熊四清（至12月）

周　芳（女，12月始）

姚震宇（12月始）

肖　锐（12月始）

财政局

局　　长　刘建龙（兼，至8月）

常务副局长

黄恩晓（至11月）

石　浪（11月始）

副 局 长　石　浪（至11月）

莫　阳（女，至12月）

贺正强（12月始）

邱友梅（女，12月始）

建设发展局

局　　长　李乔岚

副 局 长　李志良（至12月）

熊志新（至3月）

苏　平（女，12月始）

陈玖颖

社会事业局

局　　长　梁应文（兼）

常务副局长

熊　伟（至11月）

徐震山（11月始）

副 局 长　田洪林（兼，12月始）

莫　阳（女，12月始）

经济研究室

主　　任　吴信村（至12月）
副 主 任　吕向龙（至8月）

总值班室

主　　任　肖志成
副 主 任　谢　亮

·党群组织·

企业工作委员会

书　　记　黄　瑶（至7月）
　　　　　高　杰（8月始）
常务副书记
　　　　　王维倩（8月始）
副 书 记　蒋君山
　　　　　王怀庄
　　　　　宋登红

机关委员会

书　　记　张贤长
副 书 记　周跃成
　　　　　欧建雄（至4月）

总工会

主　　席　丁仁义
副 主 席　陈建辉
　　　　　黄恩晓（至12月）
　　　　　罗　菁（女）

人民武装部

部　　长　张贤长

妇女工作委员会

副 主 任　饶佳威（女）

共青团工作委员会

副 书 记　吕向龙
　　　　　李标志
　　　　　张尚德

·派驻机构·

国土分局

局　　长　戴新煌
副 局 长　范新国（兼）
　　　　　罗文莲（女）
　　　　　粟飞跃

规划分局

局　　长　姚泽兴
书　　记　杨之金
副 局 长　向佐维（至8月）
　　　　　汤照照
　　　　　刘振宇（9月始，至12月）

工商分局

局　　长　宋登红
副 局 长　李太平
　　　　　谭四新
　　　　　雷满飞（至2月）

质监分局

局　　长　李　伟
副 局 长　龙　镭
　　　　　张　义
纪检组长　陈　玲（女）

消防大队

大 队 长　李　振
教 导 员　肖亚华

国税局

局　　长　潘平波（女）
副 局 长　易建明（至12月）
　　　　　蒲王灿（12月始）
　　　　　喻兴无
　　　　　熊明千（12月始）
　　　　　徐周灿
　　　　　贺　文（女）
纪检组长　缪明扣

地税局

局　　长　戴　涛（至5月）
　　　　　周万里（5月始）
副 局 长　崔向阳
　　　　　伍少波（7月始）
　　　　　金湘明（10月始）
　　　　　王　群（至7月）
　　　　　周朝辉（至6月）
　　　　　罗志勇（6月始，至10月）
纪检组长　王小曼（至5月）
　　　　　张又能（7月始）

安监局

局　　长　张铁云（兼，至3月）
副 书 记　金西林
副 局 长　杨运宏

新安派出所

所　　长　刘　波（至12月）
　　　　　孟　湘（12月始）
教 导 员　陈样友

泉塘派出所

所　　长　孟　湘（至12月）
　　　　　朱江波（12月始）
教 导 员　李伟雄

交警新安中队

中 队 长　桑爱军
指 导 员　陈　琳

职务犯罪预防监察室

主　　任　易飞阳

法庭

庭　　长　袁波涌

民三庭

庭　　长　左　登

·直属事业单位·

机关服务中心
主　　任　陈新明（至12月）
　　　　　肖泽祥（12月始）
（该机构10月更名为政务服务中心）

投资评审中心
主　　任　陈宇星（至12月）
　　　　　黄　科（12月始）

政府采购与招投标办公室
主　　任　黄　科（至12月）
　　　　　陈宇星（12月始）

创业服务中心
主　　任　郭　英（女，至12月）
　　　　　吴信村（12月始）

人才交流服务中心
主　　任　周枝栋（至12月）
　　　　　曾知山（12月始）

技术服务中心
主　　任　胡　嵩（女，至12月）
（该机构12月并入建设发展局）

征地拆迁办公室
主　　任　余　岚（至3月）
　　　　　胡祥伟（12月始）

拆迁事务所
主　　任　陈　晋

长沙经济技术开发集团有限公司
董 事 长　郭汉辉（6月始）
监事会主席
　　　　　谭超纲（6月始）
常务副总经理
　　　　　马　鑫
副总经理　吕向龙
财务总监　李雪春

水质净化工程有限公司
经　　理　胡祥伟（至7月）
　　　　　黄红旗（7月始）

星沙供水工程有限公司
经　　理　易美奇

工程建设开发有限公司
总 经 理　熊志新

县人大常委会工作机构

办公室
主　　任　彭　涛
副 主 任　王继强
　　　　　梁　山（至11月）

内司工委
主　　任　李德兴

教科文卫工委
主　　任　梁　山（至11月）

财经工委
主　　任　杨　琳

选联工委
主　　任　彭　辉（女）

农工委
主　　任　何都益

城环工委
主　　任　王文凯
副 主 任　卢文杰

县政府工作机构

办公室
主　　任　曹伟兴
副 主 任　何　典
　　　　　吴再文
　　　　　彭细祥
　　　　　李文杰
　　　　　吴　英（女）
　　　　　罗扬坤
　　　　　唐宪伟

发展和改革局（县物价局）
党组书记
局　　长　曹　雄（10月始）
党组副书记
　　　　　朱建民
副 局 长　谭振华
　　　　　姜正阳
　　　　　唐　智
纪检组长　李志勇
总经济师　邓剑侠

工业和信息化局
局　　长　曹　雄（至10月）
　　　　　刘新平（11月始）
党组书记　曹　雄（至10月）
　　　　　刘新平（10月始）
党组副书记
　　　　　王元益（至10月）
　　　　　汤立平（10月始）
副 局 长　李良成（至12月）
　　　　　柳伟文（至12月）
　　　　　汤立平（12月始）
　　　　　何铁建（12月始）
　　　　　游　晓（女）
　　　　　刘　刚
纪检组长　薛　原（至12月）
　　　　　胡永俊（12月始）
（该局10月更名为经济和信息化局）

教育局
党委书记

局　　长　彭志坚(至11月)
　　　　　陈卫球(11月始)
党委副书记
　　　　　姚利强(至10月)
党委副书记
县政府教育督导室主任
　　　　　侯建国
副 局 长　邬立平(至5月)
　　　　　毛照平
　　　　　胡永俊
　　　　　杨次平
　　　　　廖名跃
　　　　　陈　晓
纪委书记　王　容(女)

科学技术局(知识产权局)

党组书记
局　　长　杨喜平(至11月)
党组书记　周月明(12月始)
党组副书记
　　　　　曹腊兵(至10月)
　　　　　何金莲(女)
副 局 长　何金莲(女)
　　　　　周　伟
纪检组长　邓青于

住房和城乡建设局

党组书记
局　　长　谢德求
党组副书记
　　　　　刘建伟
副 局 长　童菊成
　　　　　王岳能
　　　　　陈自力
　　　　　杨　晓
　　　　　张新生
纪检组长　陈　渊

民政局

党组书记
局　　长　周习彬
党组副书记
　　　　　谭启桂(女,至10月)
副 局 长　黎　江
　　　　　何铁建
　　　　　高　军
纪检组长　张新明

财政局

党组书记
局　　长　刘建龙(至11月)
　　　　　胡立忠(11月始)
党组副书记
　　　　　张天明(至11月)
副 局 长　陈文伟(至12月)
　　　　　周　勇
　　　　　冯梅秀(女)
　　　　　胡立明
纪检组长　黄龙辉(至12月)
　　　　　胡皓珅(女,12月始)

人力资源和社会保障局

党组书记
局　　长　李建军
党组副书记
　　　　　王建洪
纪检组长　赵军林
副 局 长　彭庄利
　　　　　刘　铸
　　　　　陈志强
　　　　　杨　曲
　　　　　周　艳(女)

国土资源局

局　　长　范新国
党组第一副书记副局长
　　　　　龙征兵(至3月)
副 局 长　石朝佩(至12月)
　　　　　陶　权
　　　　　吴宇红(女)
　　　　　蒋卫民
纪检组长　陈　娟(女)
测绘总工程师
　　　　　龚　毅
执法大队大队长
　　　　　雷　彬

环境保护局

局　　长　张电波
党组书记　邓余粮
副 局 长　彭锡坤
　　　　　王建军
　　　　　孙欣栋
纪检组长　汤志国

交通运输局

局　　长　刘义红
党组副书记
　　　　　肖树森
副 局 长　梁立武
　　　　　毛　建(至8月)
　　　　　柳检军
　　　　　刘桂刚
　　　　　徐柱杰
纪检组长　张　颖(女)

水务局

局　　长　胡立忠(至11月)
党委副书记
　　　　　张根冶
副 局 长　韦树波(至12月)
　　　　　陶肖泉
　　　　　邹国良
　　　　　罗新跃(至11月)
　　　　　裴治宇(12月始)
　　　　　陈宇波
纪委书记　马志强
总工程师　吴奇勇(至12月)

农业和林业局

局　　长　杜红旗(11月始)
党组副书记
　　　　　唐云华(11月始)

副 局 长　陈洪毅（11 月始）
黄松印（11 月始）
叶春德（11 月始）
黄　虹（女,11 月始）
刘拥军（11 月始）
李良成（11 月始）
曾建新（11 月始）
李明惠（女,11 月始）
纪检组长　柳伟文（11 月始）
（该局 11 月成立）

农业局

局　　长　周卫军（至 10 月）
党组副书记
唐云华（至 10 月）
副 局 长　叶春德（至 10 月）
黄再富（至 10 月）
黄　虹（女，至 10 月）
黄其茂（至 10 月）
（该局 10 月被撤销）

林业局

局　　长　刘高祥（至 10 月）
党组副书记
石巨龙（至 10 月）
杜正伟（至 10 月）
副 局 长　杜正伟（至 10 月）
粟国庆（至 10 月）
张华山（至 10 月）
李明惠（女，至 10 月）
纪检组长　高爱娥（女，至 10 月）
（该局 10 月被撤销）

商务局

局　　长　胡超钢
党 组副书记
罗　伟
副 局 长　李雪凯
游松明
范文广
陈　洁
纪检组长　袁国栋（至 12 月）

文化体育广播电视局

局　　长　冯武斌
党组副书记
刘德华
副 局 长　陈云辉
沈　俊（女）
罗　晶（女）
纪检组长　王　波（女）

卫生局

局　　长　周月明（至 10 月）
党委副书记
吴迎波（至 10 月）
纪委书记　李政军（至 10 月）
副 局 长　龚发军（至 10 月）
李凤英（女，至 10 月）
杨曼琼（女，至 10 月）
（该局 10 月并入卫生和计划生育局）

人口和计划生育局

局　　长　张小亮（女，至 10 月）
党组副书记
童学安（至 10 月）
副 局 长　杨　军（女，至 10 月）
唐益群（至 10 月）
陈　瑛（女，至 10 月）
纪检组长　熊大坤（至 10 月）
（该局 10 月并入卫生和计划生育局）

卫生和计划生育局

局　　长　张再明（10 月始）
党委副书记
吴迎波（10 月始）
副 局 长　唐益群（10 月始）
李凤英（女，10 月始）
陈　瑛（女，10 月始）
龚发军（10 月始）
杨曼琼（女，10 月始）
纪委书记　熊大坤（10 月始）
（该局 10 月成立）

审计局

局　　长　陈　波
党组副书记
罗金汉（至 10 月）
副 局 长　陈万磊
刘兴益
晏　均
纪检组长　胡皓珅（女，至 11 月）

城乡规划局

局　　长　刘新平
党组副书记
缪畅群（女）
副 局 长　郭检罗
袁　红（女）
龙　江
纪检组长　罗胜利

安全生产监督管理局

局　　长　范文略（11 月始）
党组副书记
金西林
副 局 长　柳铁进
彭会文
于中伟
杨运宏
纪检组长　杨　宇（女）

人民防空办公室

党组书记
主　　任　胡孟东（11 月始）
党组副书记
副主任　杨　碧（女，12 月始）
副 主 任　李翊超（12 月始）
纪检组长　唐建辉（女，12 月始）

食品药品监督管理局

局　　长　杨建成（至 10 月）
党组书记　尹海林（至 10 月）

副 局 长　李翊超（至10月）
肖俊斌（至10月）
徐　猛（至10月）
袁　霞（女，至10月）
纪检组长　王　芳（女，至10月）
（该局10月并入市场和质量监督管理局）

食品安全委员会办公室
主　任　张建辉（至10月）
副主任　曹伟兴（至10月）
胡　革（至10月）
万兴兰（至10月）
（该机构10月并入市场和质量监督管理局）

市场和质量监督管理局
局　长　舒　曲（10月始）
副局长　王　彪（10月始）
张　义（10月始）
朱尚明（10月始）
傅正坤（10月始）
陈　玲（女，10月始）
石超刚（10月始）
肖俊斌（10月始）
曾尚亮（10月始）
万兴兰（10月始）
袁　霞（女，10月始）
纪检组长　王　芳（女，10月始）
（该局10月成立）

生态文明建设办公室
主　任　常势良（至3月）
张铁云（3月始）
爱国卫生运动委员会办公室主任
方建武

城市管理局
局　长　梁应文（10月始）
副 局 长　毛照平（2016年3月始）
韦树波（2016年3月始）
张　任（女，2016年3月始）
纪检组长　黄长庚
（该局10月成立）

城市管理和行政执法局
局　长　梁应文（至10月）
党委副书记
刘干武（至10月）
副 局 长　梁第杰（至10月）
熊利清（至10月）
周柏清（至10月）
周再明（至10月）
张　任（女，至10月）
纪委书记　黄长庚（至10月）
（该局10月被撤销）

城市管理行政执法大队
大 队 长　刘干武（至10月）
教 导 员　谭露明（至10月）
副大队长　黄文思（至10月）
刘志高（至10月）
李　军（至10月）
（该机构10月被撤销）

法制办
主　任　蒋勇文（至12月）
徐　杨（女，12月始）
副 主 任　胡　达
徐　杨（女，至12月）
石欣灵（女）

县政协工作机构

办公室
主　任　毛武林（至11月）
文清良（11月始）
副 主 任　王行楚

群团联络委
主　任　黄长庚
副 主 任　聂　敏
陈　敏（女）

经济科技委
主　任　曹　青

人口资源环境委
主　任　刘正超
副 主 任　聂平辉

法制提案委
主　任　童树国
副 主 任　易　辉

文教卫体委
主　任　熊　健

县政法机关

公安局
局　长　曾卫国（至12月）
彭迟平（12月始）
政　委　周立强
副 局 长　钟迪刚（至12月）
常天健
宋晓峰
韩　伟
周刚强
吴　鑫
副 政 委
纪检书记　罗俊强
副 政 委
政工室主任
刘娟慧（女）
党委成员
星沙派出所所长
朱智勇（至12月）
党委成员
新安派出所所长
刘　波
正县长级侦察员
肖仲国
县人民政府督办员

林松柏（至 12 月）

检察院

党组书记

检 察 长　石　华

副检察长　黄中玮（挂职，10 月始）

黎　军

余学军

朱忠义

何志刚

汪海渊

李江发（挂职）

纪检组长　周湘波（女）

法　院

党组书记

院　　长　何文哲

党组副书记

常务副院长

文继光（12 月始）

副 院 长　李国军

吴小安（女，至 11 月）

陈力军

文军伟

纪检组长　胡志宏

执行局局长

肖　强

政工室主任

王懿林

司法局

局　　长　江　涌（10 月始）

党组副书记

彭凤鸣（女）

副 局 长　杨建刚

康广平

纪检组长　范伟霞（女）

县委、县政府直属事业单位

史志档案局

局　　长　夏声朝（至 10 月）

李　勇（11 月始）

副 局 长　罗朝晖

廖再攀

统计局

局　　长　汤立平（女，至 10 月）

沈建民（10 月始 ）

党组副书记

沈建民（至 10 月）

副 局 长　胡　娟（女）

陈立云

陈渊智

纪检组长　戴志奇

粮食局

党组书记

局　　长　周海林（至 8 月）

余仲双（10 月始）

党组副书记

吴斌柯（至 10 月）

王建军（10 月始）

杨俊权（12 月始）

副 局 长　周志国

张福清

常红源（女）

旅游局

党组书记　孔胜国（女，至 10 月）

陈佑谷（10 月始）

局　　长　孔胜国（女，至 12 月）

陈佑谷（12 月始）

党组副书记

范燎亮（至 10 月）

聂建新

副 局 长　聂建新

范乐赛（12 月始）

杨幼奇（女，至 12 月）

纪检组长　唐雅静（女，至 12 月）

畜牧兽医水产局

局　　长　余孟洋（至 11 月）

党组书记　樊启东（至 11 月）

副 局 长　何楚雄（至 11 月）

刘拥军（至 11 月）

张卫东（至 11 月）

纪检组长　黄松印（至 11 月）

（该局 11 月撤销）

住房保障局

局　　长　唐铁钧

副 局 长　凌云峰

王新华

党组成员　裴见存

纪检组长　张　翠（女）

政务服务中心

主　　任　张小春

副 主 任　刘京昌

舒易波

杨树兴（女）

供销合作社联合社

主　　任　刘秋良

副 主 任　罗海权

陈　晃（女）

招标采购局

局　　长　饶晓刚（女，至 12 月）

毛旭平（12 月始）

党组书记　盛仲斌

副 局 长　冯　叶

袁　起

周智宇（女）

纪检组长　胡学军

重点工程管理局

局　　长　毛旭平（至 10 月）

刘高祥（11 月始）

党组副书记

缪旺祥（至 12 月）

副 局 长　孙革辉

裴正华（至 12 月）

颜宇辉（至10月）
尹小龙
彭长林
（12月，县工务局与原重点工程管理局合并为重点工程管理局）

工务局

局　　长　江　涌（至10月）
党组书记　陈义明（至10月）
副 局 长　罗海望（至10月）
　　　　　尹红兵（至10月）
　　　　　唐德洋（至10月）
纪检组长　黄凯明（至10月）
总工程师　周文军（至10月）
（该局10月被撤销）

派出机构

现代农业创新示范区

党工委书记
　　　　　邹春林（至5月）
　　　　　孟立祥（11月始）
副 书 记　涂亚鹏（至10月）
　　　　　彭万贵（11月始）
　　　　　李雨蓉（女）
委　　员　廖健夫
　　　　　杨建刚
　　　　　饶培元
　　　　　朱长安
纪工委书记
　　　　　李雨蓉（女）
管委会主任
　　　　　涂亚鹏（至10月）
　　　　　彭万贵（11月始）
副 主 任　廖健夫
　　　　　杨建刚
　　　　　饶培元
　　　　　朱长安

空港城管委会

主　　任　杨　莉（女）
常务副主任
　　　　　常格亮
副 主 任　曾利满（女）
　　　　　李靓熹
　　　　　李俊开（至12月）
　　　　　李命命
　　　　　彭正球（兼）
规划建设部部长
　　　　　兰伟强
招商服务部部长
　　　　　曹江辉
财务融资部部长
　　　　　李晓阳
综合办公室副主任
　　　　　龙赛斌
社会事务部副部长　周敬平
规划建设部副部长　李光成
财务融资部副部长　朱新光

群团机构

县总工会

主　　席　张美香（女，至10月）
副 主 席　杨德胜（11月始）
　　　　　龙喜广（至11月）
　　　　　童菊成（12月始）
　　　　　傅亿安（女）
党组书记　张美香（女，至10月）
　　　　　杨德胜（11月始）

团县委

书　　记　范维新
副 书 记　陈　展（女）
　　　　　罗　维

县妇联

主　　席　阳　智（女）
副 主 席　张新红（女）
　　　　　孙金国（女，至12月）
　　　　　杨春艳（女）

县工商联（商会）

主　　席
（会 长）　李楚屏（女）
副 主 席
（副会长）　陈　彬
　　　　　唐建辉（女）
　　　　　汤金玲（女）

县残联

理 事 长　别　若
副理事长　黄　桢（女）
　　　　　彭　刚

县科协

主　　席　何龙彪（至10月）
　　　　　李红军（10月始）
副 主 席　黄再富（12月始）
　　　　　喻奇英（女，至12月）
　　　　　张红霞（女）

县侨联

主　　席　黄柏强（至10月）
副 主 席　陈合宴
　　　　　曾应明（兼）
　　　　　陈先明（兼）

县文联

主　　席　饶　晗
副 主 席　易术平

其他正科级事业单位

接待办

主　　任　胡孟东（至10月）
副 主 任　胡海艳（女）

移民局

局　　长　裴治宇
副 局 长　王　华

民族宗教事务局

局　　长　唐念群（至10月）
　　　　　饶晓刚（10月始）
副 局 长　周　斌
　　　　　米湘峰

星沙松雅湖商务区管委会

党工委书记
　　　　　杨忠文（至11月）
　　　　　陈小虎（11月始）
局　　长　杨德胜（至11月）
纪委书记　杨　碧（女）
副 局 长　罗卫滋
　　　　　周广积

星沙产业基地

党工委书记
　　　　　刘晓龙（至11月）
　　　　　黄士玮（11月始）
副 书 记　唐艳灵（女）
纪工委书记
　　　　　唐艳灵（女）
委　　员　王　璎（女，挂职，至10月）
　　　　　吴　微
　　　　　何　展
副 主 任　王　璎（女，挂职，至10月）
　　　　　吴　微
　　　　　何　展
主任助理　罗　卫（挂职，至10月）

机关事务管理局

局　　长　陈世峰
党组书记　冯谷山（至11月）
副 局 长　罗达松
　　　　　柳铁祥
　　　　　李秀丽（女）

广播电视台

台　　长　陶自立
党组副书记
　　　　　王蓓高（女）
　　　　　刘　瑞
副 台 长　刘　瑞
　　　　　周　萍（女）
　　　　　李昱磊
纪检书记　马　频（女）

镇·街道

·黄兴镇·

中共黄兴镇委员会

书　　记　唐五一
副 书 记　胡朝钦（至11月）
　　　　　饶逢春（12月始）
　　　　　刘思敏
　　　　　周　创（至11月）
　　　　　张栋材（12月始）
委　　员　易建强（12月始）
　　　　　石超刚（至11月）
　　　　　吴文斗（12月始）
　　　　　曹　剑
　　　　　游　江（12月始）
　　　　　游益龙
　　　　　童　创（2月始）

人大主席团

主　　席　刘思敏
副 主 席　罗志斌（12月始，提名人选）
　　　　　刘镇西

镇人民政府

镇　　长　胡朝钦（至11月）
　　　　　饶逢春（12月始，提名人选）
副 镇 长　石超刚（至11月）
　　　　　吴文斗（12月始，提名人选）
　　　　　曹　剑
　　　　　游　江（12月始，提名人选）
　　　　　余　丰（12月始，提名人选）
　　　　　陈　全
　　　　　禹　玥（女）

政协联络处

主　　任　杨梭权（至11月）
　　　　　易建强（12月始）

·干杉镇·

中共干杉镇委员会

书　　记　王志国（至11月）
副 书 记　饶逢春（至11月）
　　　　　吴文先（至11月）
　　　　　张栋材（至11月）
委　　员　吴文斗（至11月）
　　　　　毛利华（女，至11月）
　　　　　游　江（至11月）
　　　　　张　辉（至11月）

人大主席团

主　　席　吴文先（至11月）
副 主 席　罗志斌（至11月）

镇人民政府

镇　　长　饶逢春（至11月）
副 镇 长　吴文斗（至11月）
　　　　　游　江（至11月）
　　　　　余　丰（至11月）
　　　　　熊哲峰（至11月）

政协联络处

主　　任　易建强（至11月）
（该镇11月并入黄兴镇）

·江背镇·

中共江背镇委员会

书　　记　高新良
副 书 记　张登武
　　　　　罗成利（至11月）
　　　　　彭少波（至11月）
　　　　　商　瑜（11月始）
　　　　　张　韧（11月始）
委　　员　王　军
　　　　　冯典为
　　　　　夏卫书
　　　　　王伟明

人大主席团

主　　席　罗成利（至11月）
　　　　　商　瑜（11月始）
副 主 席　彭　荣

镇人民政府

镇　　长　张登武

副镇长　冯典为
王　军
王　丹（女）
张　莎（女）

政协联络处

主　任　王　丹（代，至11月）
张　韧（11月始）

·黄花镇·

中共黄花镇委员会

书　记　彭正球
副书记　黎文革
彭　刚（至12月）
罗成利（12月始）
屈小青（女，至12月）
委　员　罗征宇
张力强
潘　军

人大主席团

主　席　彭　刚（至12月）
罗成利（12月始）
副主席　刘泽辉

镇人民政府

镇　长　黎文革
副镇长　罗征宇
王　伟
徐立平（女）

政协联络处

主　任　吴立新

·春华镇·

中共春华镇委员会

书　记　魏　检
副书记　张　荣
陈　勇（至12月）
袁　康（12月始）
石碧娟（女，至12月）
唐利坤（12月始）
委　员　郑旭辉
骆高松
李勇军

人大主席团

主　席　陈　勇（至12月）
袁　康（12月始）
副主席　李国栋

镇人民政府

镇　长　张　荣
副镇长　郑旭辉
李　威
肖　坚

政协联络处

主　任　李登奇（至12月）
唐利坤（12月始）

·果园镇·

中共果园镇委员会

书　记　李　勇（至11月）
陈　虎（11月始）
副书记　覃　芳（女）
彭朝溪
伍　晗（女）
委　员　涂开来
粟　光
王　旭
陈群芳（女，至12月）

人大主席团

主　席　彭朝溪
副主席　李　育

镇人民政府

镇　长　覃　芳（女）
副镇长　涂开来
粟　光
周　宾
吴晓芬（女）

政协联络处

主　任　席　剑

·路口镇·

中共路口镇委员会

书　记　胡　闻
副书记　石　争（至12月）
彭　鹏（12月始）
张慧利（女）
商　瑜（至12月）
李祖荫（12月始）
委　员　邓志强
李祖荫（至12月）
唐新明（2月始）

人大主席团

主　席　张慧利（女）
副主席　杨钟浩

镇人民政府

镇　长　石　争（至12月）
彭　鹏（12月始）
副镇长　邓志强
田　涤
隆　晓（女）

政协联络处

主　任　杨再兴

·高桥镇·

中共高桥镇委员会

书　记　粟　柱（2月始）
副书记　粟　柱（至2月）
盛振宇（2月始）
曾建新（至12月）
李志明（12月始）
委　员　李　欢（女）
苏　波
付　窈（女）

人大主席团

主　席　盛振宇（2月始）
副主席　朱会雄

镇人民政府

镇　长　王文凯（2月始）
副镇长　李　欢（女）
苏　波
杨　浩
刘　威

政协联络处

主　任　张瑞祥

·金井镇·

中共金井镇委员会

书　　记　陈卫球（至11月）

　　　　　石　争（11月始）

副书记　廖春红（至12月）

　　　　　宋海晏（女，至11月）

　　　　　黄　轲（12月始）

　　　　　刘智平（至12月）

　　　　　陈　兰（挂职）

　　　　　傅　哲（挂职）

委　　员　周孟龙（12月始）

　　　　　沈建强（12月始）

　　　　　柳　怡（12月始）

　　　　　史学范

　　　　　肖　勇

　　　　　龚海军

　　　　　王　雁（女，12月始）

人大主席团

主　　席　宋　辉

副主席　龙青松(12月始,提名人选)

　　　　　黄向阳

镇人民政府

镇　　长　廖春红（至12月）

　　　　　王乐君(12月始,提名人选)

副镇长　沈建强(12月始,提名人选)

　　　　　柳　怡(12月始,提名人选)

　　　　　史学范

　　　　　肖　勇

　　　　　刘　坤(12月始,提名人选)

　　　　　冯伟桥(12月始,提名人选)

　　　　　陈启钱

　　　　　陈昱烨（女）

政协联络处

主　　任　刘利娟（女，至12月）

　　　　　周孟龙（12月始）

·双江镇·

中共双江镇委员会

书　　记　徐虎踞（至11月）

副书记　王乐君（至10月）

　　　　　何静宜（至10月）

　　　　　黄　轲（至10月）

委　　员　沈建强（至10月）

　　　　　柳　怡（至10月）

　　　　　王　雁（女，至10月）

人大主席团

主　　席　何静宜（至10月）

副主席　龙青松（至10月）

镇人民政府

镇　　长　王乐君（至10月）

副镇长　沈建强（至10月）

　　　　　柳　怡（至10月）

　　　　　刘　坤（至10月）

　　　　　冯伟桥（至10月）

政协联络处

主　　任　周孟龙（至10月）

（该镇11月并入金井镇）

·开慧镇·

中共开慧镇委员会

书　　记　冯赛军

副书记　叶照君（至11月）

　　　　　宋海宴（女，11月始）

　　　　　刘桂良（至11月）

　　　　　李坤明（11月始）

　　　　　祖春峰

委　　员　盛　卓

　　　　　胡一舟（11月始）

　　　　　张　勇

　　　　　彭齐芳（女，11月始）

　　　　　陈　明

　　　　　邹玉屏（女）

人大主席团

主　　席　刘桂良（至11月）

　　　　　李坤明(11月始,提名人选)

副主席　陈　祥（至10月，11月始为提名人选）

　　　　　谢浪波(11月始,提名人选)

镇人民政府

镇　　长　叶照君（至11月）

　　　　　宋海宴（女，11月始为提名人选）

副镇长　盛　卓（至10月，11月始为提名人选）

　　　　　胡一舟(11月始,提名人选)

　　　　　张　勇（至10月，11月始为提名人选）

　　　　　彭齐芳(女,11月始,提名人选)

　　　　　曹　光（至10月，11月始为提名人选）

　　　　　王贺春(11月始,提名人选)

　　　　　向　宽(11月始,提名人选)

　　　　　范家铭（至10月，11月始为提名人选）

　　　　　范　炼

政协联络处

主　　任　陈军跃

·白沙镇·

中共长沙县白沙镇委员会

书　　记　宁　铁（至10月）

副书记　彭万贵（至10月）

　　　　　李坤明（至10月）

　　　　　喻孟华（至10月）

委　　员　胡一舟（至10月）

　　　　　彭齐芳（女，至10月）

　　　　　陈　明（至10月）

人大主席团

主　　席　李坤明（至10月）

副主席　谢浪波（至10月）

镇人民政府

镇　　长　彭万贵（至10月）

副镇长　胡一舟（至10月）

　　　　　彭齐芳（女，至10月）

　　　　　王贺春（至10月）

　　　　　向　宽（至10月）

政协联络处

主　　任　柳建佳（至10月）

（该镇11月并入开慧镇）

·福临镇·

中共福临镇委员会

书　　记　唐　锋（女）

副书记　黄士玮（至11月）

李文杰（11 月始）
李　彪（至 12 月）
喻孟华（12 月始）
李志明（至 12 月）
罗卫滋（12 月始）
委　　员　王宏伟（至 11 月）
罗　芳（女）
张　霞（女）
彭　伟
冯勇波

人大主席团

主　　席　李　彪（至 11 月）
喻孟华（12 月始）
副 主 席　李治宏

镇人民政府

镇　　长　黄士玮（至 11 月）
李文杰（11 月始）
副 镇 长　罗　芳（女）
彭　伟
游　艳（女）
唐　懿

政协联络处

主　　任　王宏伟（至 11 月）
罗卫滋（11 月始）

·青山铺镇·

中共青山铺镇委员会

书　　记　孟立祥（至 11 月）
王志国（11 月始）
副 书 记　李学文
吴延琼（女，至 12 月）
袁　康（至 12 月）
周春林（12 月始）
委　　员　周春林（至 12 月）
童亚祁
彭勇金

人大主席团

主　　席　吴延琼（女，至 12 月）
副 主 席　李良辉

镇人民政府

镇　　长　李学文
副 镇 长　童亚祁
彭勇金
陈　琳
李　娟（女）

政协联络处

主　　任　姜妙华

·安沙镇·

中共安沙镇委员会

书　　记　朱忠良
副 书 记　李　洪
周向阳（至 10 月）
何静宜（12 月始）
戈承武
委　　员　熊　创
杨全党
肖　钢
王　玲（女）
王　浩（挂职）

人大主席团

主　　席　周向阳（至 10 月）
副 主 席　周万清

镇人民政府

镇　　长　李　洪
副 镇 长　熊　创
杨全党
童晓庆（女）
周益巍

政协联络处

主　　任　方建秋

·北山镇·

中共北山镇委员会

书　　记　黄建国（2 月始）
副 书 记　黄建国（至 1 月）
姚　军（2 月始）
郭贺亭（女）
委　　员　范小林（女）
陆　宇
马志文

人大主席团

主　　席　盛振宇（至 2 月）
姚　军（2 月始）
副 主 席　邱赞亮

镇人民政府

镇　　长　黄建国（至 1 月）
郭贺亭（女，3 月始）
副 镇 长　范小林（女）
马志文
胡德彬
钟元太

政协联络处

主　　任　彭少波

·星沙街道·

中共星沙街道工作委员会

书　　记　喻志刚
副 书 记　郭　刚
高　洁（女，至 12 月）
委　　员　杨胜喜（女）
曾　林（至 12 月）
林友祥

人大工作委员会

主　　任　郭　刚
副 主 任　易仲林

街道办事处

主　　任　郭　刚
副 主 任　曾　林
林友祥
陈　恳
张　宇

政协工作联络处

主　　任　汪虎国

·湘龙街道·

中共湘龙街道工作委员会

书　　记　李开兴（至 11 月）
徐虎踞（12 月始）
副 书 记　孙卫国
吴　曲
龙新伟（女，至 12 月）
委　　员　吴　铌

罗　琼（女）
杨　章

人大工作委员会

主　　任　吴　曲

街道办事处

主　　任　孙卫国
副 主 任　吴　铌
　　　　　杨　章
　　　　　胡　杰
　　　　　胡晓明

政协工作联络处

主　　任　粟湘鸿

·泉塘街道·

中共泉塘街道工作委员会

书　　记　陈小虎（至11月）
　　　　　宁　铁（11月始）
副 书 记　李壮宇
　　　　　马国军
　　　　　王立新
委　　员　周国旺
　　　　　袁　惠（女）
　　　　　杨燕芳（女）

人大工作委员会

主　　任　马国军

街道办事处

主　　任　李壮宇
副 主 任　周国旺
　　　　　袁　惠（女）
　　　　　唐炼波
　　　　　李辉浩

政协联络处

主　　任　吴三贵

·㮾梨街道·

中共㮾梨街道工作委员会

书　　记　毛　葵
副 书 记　叶照君（11月始）
　　　　　陈　勇
　　　　　余　米（女）
委　　员　陈魁宇
　　　　　黄　忠
　　　　　刘志伟

人大工作委员会

主　　任　陈　勇
副 主 任　张延灿

街道办事处

主　　任　陈　虎（至11月）
　　　　　叶照君（11月始）
副 主 任　陈魁宇
　　　　　罗　坚
　　　　　柳　建

政协联络处

主　　任　刘腊春（至12月）

·长龙街道·

中共长龙街道工作委员会

书　　记　鄢兴杰
副 书 记　章铭康
　　　　　粟　力
　　　　　袁　雁（女）
委　　员　黄　英（女）
　　　　　周兴武
　　　　　王秋庆
　　　　　杨伟进

人大工作委员会

主　　任　粟　力
副 主 任　邓湘勇

街道办事处

主　　任　章铭康
副 主 任　黄　英（女）
　　　　　周兴武
　　　　　胡孟洪
　　　　　罗　佳

政协工作联络处

主　　任　陈长辉

省、市垂直管理单位

县工商局

局　　长　舒　曲（至10月）
副 局 长　王　彪（至10月）
　　　　　朱尚明（至10月）
　　　　　傅正坤（至10月）
　　　　　曾尚亮（至10月）
纪检组长　陈　庆（至8月）
（该局10月并入市场和质量监督管理局）

县国税局

党组书记　徐向阳（至5月）
　　　　　潘平波（女，5月始）
局　　长　潘平波（女）
副 局 长　易建明（至12月）
　　　　　浦王灿（12月始）
　　　　　熊明干（12月始）
　　　　　喻兴无
　　　　　徐周灿
　　　　　贺　文（女）
纪检组长　缪明扣

县地税局

局　　长　戴　涛（至5月）
　　　　　周万里（5月始）
副 局 长　王　群（至7月）
　　　　　周朝晖（至6月）
　　　　　崔向阳
　　　　　王小曼（女）
　　　　　伍少波（7月始）
　　　　　金湘明（10月始）
　　　　　罗志勇（6月始，至10月）
纪检组长　王小曼（女，至5月）
　　　　　张又能（5月始）

县质量技术监督局

局　　长　李　伟（至10月）
副 局 长　龙　镭（至10月）
　　　　　张　义（至10月）
纪检组长　陈　玲（女，至10月）
（该局10月被撤销）

县供电公司

总 经 理　蒋　锐

党总支书记

周弘明（至8月）

黄先晃（8月始）

副总经理　黄　硕（3月始）

云文兵

许利平

工会主席　张金武（至10月）

陈　倩（10月始）

县烟草专卖局（分公司）

局长（经理）

谭耀奇

副 局 长　龙济岚

副 经 理　廖　文

纪检组长　冯　仆

县气象局

局　　长　李仁鹏

副 局 长　向　懿（至11月）

王健龙（11月始）

县公路管理局

局　　长　周海燕

副 局 长　刘　宝

张朝阳

蒋海山

罗　湘

县电信分公司

副 经 理　陈学问

李复湘

刘　峰

县移动分公司

经　　理　张晓滨

副 经 理　吴　波

李　权

方　印

县联通分公司

总 经 理　盛　钊

副总经理　王晓维

李　超

县人寿保险公司

经　　理　杨　熠（女）

驻县部队（部分）

县武警中队

中 队 长　龙　龙（至2月）

熊　彪（3月始，至9月）

陈祖进（9月始）

指 导 员　全伟宾

副中队长　黄　斌（至2月）

刘中平（3月始）

县消防大队

大 队 长　彭　玲（女，至9月）

郑梅华（10月始）

教 导 员　佘光辉

副大队长　何年平

副教导员　刘可凡

驻县金融机构（部分）

工商银行星沙支行

行　　长　张　毅

副 行 长　李翊平

罗　刚

胡屹坚

庹先平

工会主席　李海奇

农业银行长沙县支行

行　　长　周绍恒（9月始）

副 行 长　曹戈江

李一璋

谈　微（女）

纪委书记　易　虎

建设银行星沙支行

行　　长　刘　星（至6月）

金大明（6月始）

副 行 长　王俊伟

王振军（至10月）

刘传华

廖志刚

申勇健（10月始）

张朝晖

中国银行星沙支行

行　　长　张　智（9月始）

副 行 长　陈英勇

李运红

曹　阳（女）

杨　越（7月始）

邮政储蓄银行股份有限公司长沙县支行

行　　长　童迎华（至10月）

戴　杰（11月始）

副 行 长　姜　权（至11月）

李　峰

刘向忠（11月始）

（各单位　提供）

中国共产党长沙县委员会

责任编辑：张竹清

综 述

【概况】 2015年，县委团结带领全县人民，围绕“三个率先”的目标，攻坚克难，砥砺前行，各项工作在新的起点上实现新的突破。

经济运行稳中前进。全年完成地区生产总值1168亿元，增长10%；完成工业总产值2270亿元，增长10%；完成财政总收入202亿元，增长10.9%；完成社会消费品零售总额370亿元，增长15.5%；完成固定资产投资770亿元，增长17%。项目建设高歌猛进，北山危废、安沙国际建材城、恒广物流等项目建成运行，长沙国际会展中心、空港城片区等项目加快建设，山东商会集团总部基地、奥凯航空长沙基地等项目开工开建。招商引资成绩显著，中南国际医学健康城、千山药机大健康产业等一批重大项目成功落户，有力支撑县域经济持续快速发展。

城乡建设提档提质。融城对接步伐加快，机场联络线、地铁3号线、黄江大道、农村公路提质改造等项目进展顺利。城区品质大幅提升，“海绵城市”、城北新区建设、旧城改造加快推进。新型城镇化建设成效显著，春华镇率先创建全国美丽宜居小镇，浔龙河生态艺术小镇被市委书记易炼红誉为“全国城乡一体化最新模式经典样板”。美丽乡村、农村集中居住点建设深入推进，开慧国际露营基地获评全国十大乡村旅游创客示范基地，长沙县获评全省新农村建设先进县。黄兴、安沙、湘龙、星沙等镇街拆违控违工作扎实有效。

改革创新大力实施。九个专项领域改革稳步推进。全面实施行政审批“流程再造”，创新“清单管理”“并联审批”，打造新的“长沙县速度”。在全省率先实施PPP融资新模式，6个项目成功落地，总投资120亿元。在全省率先完成商事登记制度改革，农村土地确权颁证试点扎实推进。基层社会治理能力不断提升，创新成立6个专业矛盾调处中心，“乐和乡村”、村民议事会、智慧社区建设成效明显。开放型经济发展加快，成功申报国家级跨境电子商务试点县，综合保税区即将获批。长沙经开区、三一集团等在非洲共同投资，启动中国首个国际产能合作样板开发区建设。

民生福祉不断提升。坚持新增财力的80%用于民生，全年民生支出达到89.65亿元，普惠民生项目提标扩面。成功创建湖南省“教育强县”，先后引进北师大、湖南师大附中等优质资源合作办学，泉塘、龙塘等学校建成使用，城区“大班额”问题逐步缓解。基层文化呈现新亮点，安沙文化站获评全国基层文化建设先进集体，福临文化站获评全国优秀文化站。社会公共服务体系不断健全，住房保障、医疗卫生、社会救助等民生事业协调发展，青松老年公寓获评全国先进社会组织。城乡饮水安全达到全面建成小康县标准。全县安全形势持续好转，社会大局和谐稳定。

党的建设全面加强。坚持把党的纪律和规矩挺在前面，“三严三实”专题教育扎实有效。严格落实干部任免票决等制度，选人用人进一步规范。创新实施“党建+”模式，党建引领发展的能力不断提升。严格落实“两个责任”，省委巡视组反馈的整改问题基本整改到位。驰而不息纠正“四风”，扎实推进“为官不为”专项整治，严肃查处一批违法违纪案件，党风廉政建设取得新成效。积极支持人大、政府、政协依法履职，武装、统战、党校、史志档案、工会、共青团、妇联、科协、残联等各项工作开创新局面。

【常委分工】 杨懿文 县委书记、长沙经开区党工委书记，主持县委和长沙经济技术开发区党工委全面工作，主持县人民武装委员会工作。

张庆红 县委副书记、县长，主持县政府全面工作，主持县国防动员委员会工作，主管财政、审计、监察工作。

吴新伟 县委副书记（4月任职），协助书记分管党的建设、处理日常事务，主管县委党校工作，分管农业、农村工作，联系人大、政协、工青妇和群众工作。代管下列工作：教育、科技信息化、文化、卫生、计生、广电事业发展、依法行政监督、综合行政执法改革、机关事务工作；联系分管领域的重点项目建设、征地拆迁及工、青、妇、工商联工作。

郭润葵（女） 县委常委、纪委书记（11 月离任），主管纪检、监察工作，分管政务公开工作。

胡维龙 县委常委、纪委书记（11 月任职），主管纪检、监察工作。

周志远 县委常委、组织部部长、统战部部长（4 月离任），主管组织工作、统战工作，协助书记处理人事编制工作领导小组日常事务。

杨忠文 县委常委、县政府常务副县长（11 月离任），协助县长主持县政府日常工作；主管国土资源管理及拆迁安置工作；分管财税金融工作、综合经济工作、公务员和人事编制管理工作；负责县政府与经开区的协调工作；联系县人大、县政协、武装部、老干工作。

杨　莉（女） 县委常委、县政府常务副县长，协助县长主持县政府日常工作；主管空港城管委会全面工作及综合保税区开发建设申报工作；分管财税金融、综合经济、公务员和人事编制管理、安全生产工作。

彭　勇 县委常委、宣传部部长，主管宣传工作。

常利民 县委常委、政法委书记，主管政法工作；联系拆迁安置工作。

赖坤明 援藏。

李　武 县委常委、县人武部部长（7 月离任），主管县人武部工作；分管民兵预备役工作。

王国良 县委常委、县委办主任，主持县委办全面工作。

邹春林 县委常委（4 月离任）、副县长（6 月离任），分管农村农业发展工作、城乡一体化（含试点镇建设）和农村环境综合治理工作、民政工作、计划生育工作、民兵预备役和人防工作；联系分管领域的重点项目建设、征地拆迁工作；联系高炮团工作。

沈　光 县委常委、组织部部长、统战部部长（4 月任职），主管组织工作、统战工作，协助书记处理人事编制工作领导小组日常事务。

陈晓成 县委常委、县人武部部长（7 月任职），主管县人武部工作；分管民兵预备役工作。

谭浩然 县委常委（11 月任职）、县政府副县长，分管国土资源管理及拆迁安置、规划、建设、重点工程管理、城镇管理、星沙松雅湖商务区、房地产业发展和住房保障工作。

重大事件

1. 县域综合实力不断提升，中国中小城市综合实力、全国县域经济基本竞争力百强排名，分别跃居第 6 位和第 8 位，全面小康社会基本实现。

2. 生态两型建设持续发力，“零碳县”创建工作引发国内外广泛关注，应邀参加法国里昂气候与地区世界峰会、法国巴黎世界气候大会，连续两年蝉联中国十佳“两型”中小城市榜首。

3. 民本民生持续改善，在全国率先启动首个城乡智能公交一体化 PPP 项目，乡镇主要集镇和县内主干道实现公交全覆盖。

4. 重特大项目建设强力推进，上海大众、广菲克项目建成投产，磁悬浮、长沙农产品物流园项目建成试运营。

5. 全国文明城市创建工作扎实推进，获评全国首批县级文明城市提名城市，蝉联“全国县域网络形象十佳县”，星沙文体中心基本建成。

6. 全面深化改革稳步推进，政府机构改革、行政执法体制改革、乡镇区划调整基本完成，五大功能区全面启动运行。

7. 创新创业达到新高度，北部农村创客平台启动建设。

8. 党的建设不断加强，接受省委巡视组全面巡视，基层党建工作经验在全省推介。

9. 星沙城区建设提质提档，智慧城市、松雅湖建设加快推进。

10. 精准扶贫扎实有效，全县 1.8 万多名相对贫困人口全部脱贫。

重要会议

【县委十二届六次会议】 12 月 30 日上午，中国共产党长沙县第十二届代表大会第六次会议召开。来自各条战线的 300 多名党代表、140 余名列席人员和特邀来宾齐聚一堂，共议长沙县 2016 年和“十三五”发展大计。长沙县委书记、长沙经开区党工委书记杨懿文代表长沙县委作题为《瞄准最强县、迈向现代化，为加快打造省会东部高品质新城和产业产城城乡融合发展先行示范区而努力奋斗》的工作报告。

【县委常委会议】 2015 年县委常委会议共召开 19 次。县委常委会议深入贯彻落实中央、省委、市委有关会议精神和工作部署要求，正确研判发展形势，部署重点工作。全年，县委常委会议传达学习习近平总书记在中央政治局第 26 次集体学习会议、省委深入学习贯彻习近平总书记关于扶贫开发工作系列重要讲话精神培训班、省委十届十三次全委（扩大）会议、全省部分县（市、区）委书记信访工作座谈会、市委经济形势分析会、市委关于党风廉政建设主体责任集体约谈会议、省委、市委主要领导关于学习“乐东经验”精神、全市党建督查点评会和全市农村基层党建工作座谈会等中央、省委、市委重要会议、重要讲话、重要文件精神。研究部署功能分区体制机制改革、全面建设小康社会、“十三五”规划编制、全面深化改革、“三严三实”专题教育工作、群众工作、普惠民生等工作。

领导考察与友好往来

【雒树刚调研】 4月26日，文化部部长雒树刚、副部长董伟一行到长沙县，实地调研现代公共文化服务体系建设工作。省委常委、省委宣传部部长许又声，省文化厅厅长李晖，市县领导张湘涛、陈泽珲、张庆红、彭勇、王国良、陈计伟陪同调研。

【徐守盛调研】 4月2日至3日，湖南省委书记、省人大常委会主任徐守盛到长沙、株洲、湘潭三市，深入高新技术企业、研发中心和创新平台考察。期间，徐守盛到长沙县的蓝思科技、长沙创芯集成电路有限公司实地考察。省领导韩永文、易炼红、张文雄，市县区领导陈泽珲、陈献春、杨懿文、张庆红、吴京生、王国良等陪同调研。

【杜家毫调研】 1月4日，省委副书记、省长杜家毫到长沙县蓝思科技榔梨基地、上海大众长沙工厂等企业调研生产经营、项目建设情况。省委常委、长沙市委书记易炼红，副省长黄兰香参加调研，市县区领导胡衡华、陈献春、杨懿文、李科明、张庆红、吴京生、黄瑶、王国良、谭超纲陪同调研。7月30日，省委副书记、省长杜家毫率队到黄兴镇考察调研长沙国际会展中心项目建设情况。省委常委、市委书记易炼红参加调研。省、市、县领导何报翔、向力力、陈献春、黎春秋、廖健、黎勇、杨懿文、谭勇、张庆红、王国良陪同调研。12月4日，湖南省委副书记、省长杜家毫到长沙经开区企业博世汽车部件（长沙）有限公司，调研生产经营情况，了解企业需求。省市区县领导石谋军、胡衡华、杨懿文、李科明、张庆红陪同调研。

【易炼红调研】 3月9日，省委常委、市委书记易炼红到长沙县进行专题调研。市区县领导陈泽珲、陈献春、杨懿文、李科明、张庆红、黄瑶、杨忠文、王国良、谭浩然陪同调研并出席汇报会；县四大家班子全体成员、人武部负责同志、法检“两长”等出席汇报会。6月25日，省委常委、市委书记易炼红，市委副书记、市长胡衡华率各区县（市）、园区和相关市直部门负责人到长沙县，现场观摩“三年造绿”、拆墙透绿等工作。市领导袁观清、范小新、余合泉、张湘涛、陈泽珲、程水泉、文树勋、李军、陈献春、钟钢、夏建平、刘新程、黄佳惠、谭杭生、黎石秋、曹立军、黎春秋、廖健、钟新莲、谢明德、王力力、龚振湘、段安娜、彭继球、石长松、袁志恒、谭勇等参加观摩，区县领导陈新忠、王国良、张文球、谭浩然陪同观摩。7月22日，省委常委、市委书记易炼红率队到长沙县黄兴镇，调研长沙农产品物流中心和标准化仓储建设情况，并召开座谈会研究部署相关工作。市领导范小新、陈献春、黎春秋、廖健、段安娜参加调研。县领导杨懿文、张庆红、杨莉、王国良、谭浩然陪同调研或参加座谈会。11月2日，省委常委、市委书记易炼红率队到长沙县果园镇双河村调研浔龙河新农村规划建设工作情况，他指出，浔龙河生态小镇的建设，是以最新模式打造的城乡一体化建设经典样板。市委副书记徐宏源，市委常委、市委秘书长夏建平参加调研。县委领导杨懿文、张庆红、吴新伟、王国良陪同调研。

【胡衡华调研】 2月13日，市委副书记、市长胡衡华到长沙县青山铺镇，看望慰问困难党员和群众。市委常委、统战部部长文树勋，市人大常委会副主任刘新程，长沙县委书记、长沙经开区党工委书记杨懿文，市政府秘书长谭勇，县委副书记、县长张庆红，县委常委、县委办主任王国良参加慰问。6月5日，市委副书记、市长胡衡华率队到长沙县调研，研究长沙临空经济和黄花综合保税区发展建设有关问题。副市长何寄华、黎春秋，市政府秘书长谭勇，长沙县领导张庆红、杨莉参加会议。9月8日，市委副书记、市长胡衡华率队到长沙县，深入在建工业园区、美丽乡村示范片区、现代农业企业、工业制造车间等地，全面调研长沙县发展建设情况。市政府秘书长谭勇陪同调研，市区县领导杨懿文、李科明、张庆红、吴新伟、王国良、黄粱、李开兴参加调研。

【法国驻武汉总领事馆总领事马天宁考察】 7月16日，法国驻武汉总领事馆总领事马天宁一行专门到长沙县，就“零碳”建设进行实地参观和交流。

杨懿文表示，希望以马天宁总领事此次来访为契机，进一步加强在经验技术方面的交流和探讨，探索开展深入合作，不断巩固和发展友好关系。长沙县委副书记吴新伟，县委常委、县委办主任王国良陪同参观或参加会见。

【湖北省党政代表团考察】4月29日，湖北省委书记、省人大常委会主任李鸿忠，湖北省委副书记、省长王国生率湖北省党政代表团到长沙县考察。湖南省委副书记、省长杜家毫，省市县区领导郭开朗、陈肇雄、易炼红、张文雄、陈献春、杨懿文、李科明、张庆红、王国良陪同考察。

【福建省福州市党政代表团考察】 3月22日，福建省委常委、福州市委书记杨岳，福州市委副书记、市长杨益民率福州市党政代表团到长沙县考察。市区县领导范小新、张迎春、李科明、王国良陪同考察。

【南昌市党政代表团考察】6月17日，江西省委常委、南昌市委书记龚建华，南昌市委副书记、市长郭安率党政代表团到长沙县，就产业布局、园区发展等进行考察。省委常委、市委书记易炼红，市县区领导范小新、陈泽珲、陈献春、谭勇、杨懿文、李科明、吴京生、王国良参加考察。

【萍乡市党政代表团考察】7月17日，江西省萍乡市委书记刘卫平，市委副书记、市长李小豹率党政代表团到长沙经开区考察，学习园区建设理念与管理经验。长沙市委副书记、市长胡衡华，长沙县委书记、长沙经开区党工委书记杨懿文，经开区管委会主任李科明，市政府秘书长谭勇参加考察。

【云南省昆明市党政代表团考察】11月28日，云南省昆明市委副书记、政法委书记拉玛·兴高，昆明市副市长阮凤斌率队到长沙县，考察加快转变现代农业发展方式等工作。长沙县委书记、长沙经开区党工委书记杨懿文介绍长沙县经济社会发展及农业现代化相关工作情况。长沙市副市长陈中，长沙县委副书记吴新伟，副县长李开兴陪同考察。（文越）

组织工作

【概况】 2015年，全县组织工作在县委的坚强领导下，坚持围绕中心、服务大局，认真履职尽责，从严从实推进各项工作任务，形成党建引领发展、干部服务发展、人才支撑发展的生动局面。2015年获评“全市组织工作重大创新奖”。

【干部选拔任用】 把严和实的标准贯穿选人用人始终，牢固树立“四个注重”导向，选人用人公信度测评位居全市第一。多层面、多渠道、多方位熟悉了解干部，听取16个群体意见建议，深入调查，反复研究，严把程序，保证政府机构改革和乡镇合并工作的有序、平稳完成，先后5次调整干部400多人次，交流任职132人，新提拔的16人中有15人来自基层一线，营造注重品行、崇尚实干、重视实绩、群众公认，老实人不吃亏的浓厚氛围。加大干部交流力度，“五八”交流、“南北交流”、县乡交流和对在同一单位工作时间较长且是本土成长起来的干部进行交流等政策得到有效落实，干部队伍活力和干事热情得到激发。严格按照规定程序和要求开展干部选任工作，强化单位党委（党组）的初始提名权，落实县委全委会票决干部制度，构建风清气正的政治生态。积极支持国企改革，制定出台《长沙县县管企业领导人员管理暂行规定》，启动县管国企筹备工作。顺利完成省委巡视组和省委组织部专项选人用人工作检查，稳妥支持保护干部，让有为者有位、为担当者担当。

【干部管理监督】 提请县委出台《关于解决“有错无为、不在状态”问题形成奋发有为新常态的实施意见》，从激励、惩戒两个层面提出治标治本要求和措施，对症解决干部精神状态、内生动力和作风等方面问题，开启为官有为、为官敢为、竞相作为的从政新风。完成19个单位22名领导干部的审计，对66名科级领导干部进行提醒谈话，审核完成2672册干部档案。不断完善绩效考核体系，创新设置“负面清单”，“绿色政绩考核”模式获评全市第五届组织工作“重大创新奖”，中央改革办将其作为湖南省唯一区县经验专文推介。

【干部教育培训】 着力加强干部教育培训力度，举办县委主体班30期，其中异地培训班15期，直接调训干部3105人次，依托党校培训干部11800人次。县委党校被中组部确定为全国十个党员教育示范基地之一。全省率先建成省、市、县、镇、校五级名师工作室体系，连续第四次被评为全省“科技特派员工作先进单位”，率先制定“创客九条”，打造长沙县现代服务业创业孵化中心和长沙县县级创客服务中心，举办“长沙县2015年‘梦想前行’第二届创新创业大赛暨现代服务业产业发展高峰研讨会”和世界创客大会，营造出浓厚的创新创业氛围。

【基层党建工作】 扎实推进“三严三实”专题教育，着力抓好教育实践活动问题后续整改，一大批群众关注的突出问题得到较好解决。提请县委出台《关于实施“党建+”模式引领率先建成全面小康加快实现基本现代化的意见》《关于推进“党建+治理”模式、提升基层治理能力现代化水平的实施意见》两个文件，探索推进“党建+”模式，提高党建对经济社会和生态发展的贡献度。全面推进基层服务型党组织建设，面向大学生村官竞争性选拔30名村（社区）党组织书记和副书记，率先全国从期满解聘的大学生村官中选聘30名党务工作者。不断提升基层保障水平，村、社区运转经费分别提高到35万元、65万元（2012年分别为10万、30万元），全面设立村级惠民项目资金，村级“一站式”办公服务阵地标准化建设做法在全省推介，全县1876个村（社区）党小组基本完成“六有”规范化建设。着力推行“1+（3+X）”组团式结对联系服务群众工作，全县2500多人参与组团服务，为困难群众解决2285个实际问题，赢得基层党员群众的普遍点赞。长沙县基层党建工作在全省农村基层党建工作座谈会作典型推介，在全市基层党建述职考核中被定为一类，省委政研室进行专题调研、推介。

【机关建设】 建立组织部科室联系点制度，推行谈心谈话全覆盖，不断提升服务水平。开展“每季一课”活动，邀请上级领导专题授课，选派25名部机关干部参加县委主体班跟班学习，购置150多册书籍给机关干部阅读，不断提升业务水平。推行调研信息全员参与制度，在中央、省市等刊物发表调研文章、信息150多篇。加强文化体育活动，关心关爱干部身心健康，成功承办长沙市第六届“组工杯”篮球赛并获得冠军。（王凯艳）

宣传工作

【概况】 2015年，全县宣传思想文化工作按照中央、省、市“加强宣传文化工作基层基础建设”的要求，着力“三个多出”，紧扣县委政府中心工作，按照“项目化推动、社会化发展、网络化服务”的工作思路，强基固本，开拓创新，全面增强意识形态工作能力。

加强科学理论武装，思想基础得到新提升。以“星沙讲堂”为平台，认真组织“党的十八届五中全会精神解读”“在突围中持续领先”等7次县委中心组专题学习。县委书记杨懿文对宣传思想工作开展实地调研，并撰写《抢占网络舆论制高点掌握意识形态主动权》调研报告。积极推动基层理论普及，开展“微理论·微宣讲”主题系列活动，参加全市比赛获一等奖。组建宣讲队伍深入基层单位开展“微巡讲”400余场，听众超10万人次。开展“新起点·新常态·新跨越”理论征文及广播稿、宣讲稿等征集活动，收到文章410余篇。积极参加全市“双争四推”活动，推荐优秀项目8个，全面推进学习型城市建设。以板仓书院、理论沙龙、星沙读书会为载体，推出“书香星沙”品牌活动，开展“我的书屋我的梦”征文等系列读书兴趣活动140余场，服务人数达7000人次。开展名师百堂课程进社区、市民网上读书交流等特色活动。

把握正确舆论导向，新闻宣传取得新成效。全年在中央、省、市主流媒体发表报道4000余篇，其中央媒报道120篇，湖南卫视《新闻联播》报道170余条，《湖南日报》《长沙晚报》头版专版报道50余篇，互联网上转载关于长沙县的稿件达32000余篇。央视《新闻联播》《新华每日电讯》《人民日报》《经济日报》《湖南卫视》《湖南日报》《长沙晚报》等主流媒体聚焦长沙县生态两型建设、“零碳县”创建、创新社会治理等推出一系列重点报道。长沙县连续两年获评“全国网络形象十佳县”。县域媒体持续发力，县电视台不断升级，《星沙时报》实现从单一平面媒体向全媒体的跨越，星沙新闻网、网络电视台、政务微博、官方微信、掌上星沙“五位一体”新媒体矩阵形成。策划组织重点媒体与名博大V走进长沙县活动，组织开展长沙县“十三五”改革发展“金点子”征集活动，入选“金点子”纳入长沙县“十三五”发展规划。强化“网络问政”，红网问政湖南长沙县委书记窗口群众满意率和关注度保持全省县域前列。舆情应对稳妥有效，县域舆情整体平稳。建立健全新闻发言人和新闻发布制度，开办舆情应对情景模拟培训班，组织召开多次新闻通气会和媒体负责人座谈会。

推进核心价值体系建设，文明创建掀起新高潮。获评首批全国县级文明城市提名城市，率先全国征集创作首个县域文明卡通形象“星星”“沙沙”，编印下发长沙县《市民文明手册》。开通“长沙县文明网”“微文明”官方微信。开展“邻里守望”“三关爱”主题志愿服务活动3000余场，社会主义核心价值观宣传和“讲文明树新风”公益宣传深入人心。深化星级“雷锋号”志愿者工作站创建，新创星级站26家，打造优秀志愿服务品牌6个，优秀民间公益组织4个，志愿服务项目“创客新星”青年创业论坛获评第二届中国青年志愿服务项目大赛银奖。“道德讲堂”、文明餐桌、文明交通、文明旅游、网络文明传播等主题教育活动持续加强，诚信建设制度化。扎实开展群众性精神文明创建活动，常态化开展文化、科技下乡，推进“乐和乡村”和美丽乡村建设，创建和推荐一批各级各类文明单位。范文山、王再德荣登“中国好人榜”，5人入选“身边雷锋·长沙好人”；率先全省开展长沙县首届“新乡贤”评选和表彰活动，评出“新乡贤”代表6名；开展首届长沙县道德模范评选和表彰活动，评出道德模范和提名奖获得者各10名；加强未成年人工作，开展“我们的节日”“向国旗敬礼”“美德少年”等系列主题活动，新建学校少年宫5所，3所学校未成年人工作在全国未成年人网、中央文明网全国少儿春晚展示展播。

坚持为民服务宗旨，文化发展迈上新台阶。公共文化服务标准化建设全省领先。星沙文化中心、辛亥革命人物纪念馆、影珠山抗战遗址公园建成对外开放。安沙镇文化站获评“全省服务农村、服务基层文化建设先进集体”，福临镇文化站获评“2015全国优秀文化站”。坚持一镇一品，打造县级“五彩星沙”广场文化、镇街文化集市、村（社区）文化艺术节等活动品牌。全年开展各级群众文化活动300余场，送电影送戏下乡2800余场，送书下乡3万余册。长沙县“五彩星沙”系列广场文化活动获第五届湖南艺术节项目类“三湘群星奖”。实施文艺创作扶持奖励办法，县文联连续五年获评省文联先进单位，开通“星沙影像网”，率先在全省成立首个村级书法协会。创作器乐节目《微山回响》获得湖南省“三湘群星奖”金奖，《新生代山歌》舞蹈《鸳鸯枕》《新编刘海砍樵》获得市级金奖或银奖。打造《长沙县民俗》《长沙隐珠山》等艺术精品。

优化县域文化环境，文化产业取得新发展。加大文化产业招商引资力度，加强湖南文化城、韩国文化产业园等项目洽谈衔接，加快空港城、松雅湖、黄兴会展中心等项目的整体招商。黄花印刷产业园、鸿发文化产业园等园区企业聚集发展，湖南湘绣科技产业园项目列入省政府重点项目工程，总投资5亿元。湖南联通数字阅读基地、影珠山抗战遗址公园等重大项目建设稳步推进。组织县域内企业申报国家、省、市文化产业引导资金，全县14家企业入选市文化引导资金项目，获得资金405万元。以乡村文化旅游为切入点，重点扶持培育浔龙河小镇、三珍虎园、开慧国际露营基地等文化产业；以创客为平台，举办2015世界创客大会；促进文化产业与新农村建设相融合，培育新的文化产业增长点。

认真落实全面深化改革，乡村治理呈现新气象。“乐和乡村”试点村扩大到48个，成立互助会185个，建立乐和大院24个，组织开展各类活动400余场，村民义务投工投劳近1.2万次，筹集公共资金620余万元，各乐和村呈现出“三事分流、民主议事、义务投劳、互帮互助”的新风尚。同时，推进社会治理成果和文化建设成果逐步转化为经济增长点，通过乐和文化的“耕读居养礼乐”产品，助推乡村文化旅游发展。国家文化部部长雒树刚，省委副书记孙金龙，省委常委、长沙市委书记易炼红等领导先后考察“乐和乡村”建设，并给予高度肯定。新华社内参《国内动态清样》《半月谈》专题报道“乐和乡村”建设经验。

切实加强干部人才队伍建设，干部队伍素质全面提升。配齐配强基层宣传文化队伍，组织举办宣传干部、文艺骨干、新闻发言人、舆情信息员、微博管理员、网络评论员等各类培训班，加强人才培育培训，并引进优秀专业人才充实干部队伍。该县沈俊获第五届湖南艺术节“三湘群文之星”称号，章庭杰获全国诗词作品征文大赛一等奖、陈利辉获全国葫芦丝赛金奖、谭旦获全省民器大赛铜奖等荣誉。

【“连续两年获评全国县域网络形象‘十佳县’”】 长沙县自2012年推行“网络问政”工作，打造“网上信访局”。实行舆情办理“一把手责任制”，限时办结制度确保效率、绩效考核制度确保质量、县委书记联席办公制度确保全面。2015年，红网问政湖南书记窗口累计办理回复网民留言3128条，人气达176万人次，群众满意率和关注度位居全省县域前列。同时，着力构建集星沙新闻网、网络电视台、政务微博、官方微信、掌上星沙五位为一体的“新媒体矩阵”，打造“指尖上的宣传”新模式，实现网络新媒体与传统媒体联动宣传，构建立体、多维的宣传格局，不断扩大网上宣传效应，优化县域网络形象，提升县域知名度。

【率先推出全国首个县域文明卡通形象人物】 为进一步倡导文明新风，提高市民文明素质，提升星沙城市软实力，8月，县委宣传部牵头征集长沙县文明使者卡通形象“星星”“沙沙”，并以“星星”“沙沙”为原型，编印长沙县《市民文明手册》，诠释文明理念、文明出行、文明用餐等 8 大主题，为市民提供说文明话、办文明事、做文明人的准则。10 月，结合第五届少儿广场书画大赛，举办星星沙沙见面会，使得文明星沙的宣传教育更生动和接地气。

【率先全省开展新乡贤评选】 为进一步传递社会核心价值，推动乡村治理，举行长沙县首届“新乡贤”评选，通过“群众推荐”“基层推报”“确定候选人”“联合审核”“实地走访”、“网上公示”“组委会定选”七个环节，从 60 名“新乡贤”提名人中确定 13 名“新乡贤”候选人，最后评选出 6 名长沙县“新乡贤”。评选活动受到近百万网友关注，收到近 24 万有效选票。此外，举办乡贤文化交流活动，并组织乡贤进村宣讲交流，发挥乡贤示范引领作用，重构乡村传统文化，促进乡村和谐，推动乡村发展。

【创新开展“十三五”改革“金点子”征集】 2015 年，面向社会开展长沙县“适应新常态，再创新辉煌”“十三五”改革发展“金点子”征集工作，共征集到社会各界关于长沙县发展改革金点子、意见和建议 2000 余条，经遴选评选出“优秀金点子”50 条。同时，将征集上来的金点交办到相关职能部门予以件件落实，召开座谈会，听取金点子提交者对长沙县改革发展的意见，并将“金点子”有效融入县域“十三五”规划纲要，凝聚发展新动力。此次活动不仅是长沙县践行“三个共同”“三个共享”发展理念，力争实现“三个率先”的生动体现，也彰显县委改革的决心和开门纳谏的虚心，激发社会各届人士支持发展的热情和力量，在社会舆论场产生良好的反响，起到广开言路，广纳民智的作用，塑造长沙县良好形象，促进长沙县的科学发展。

【建成全市首个抗战遗址文化公园】 影珠山抗战遗址群是长沙地区抗战类文物资源较为丰富的重要区域，也是长沙县影珠山抗战遗址文化公园的重要组成。是年，该县加大力度，对影珠山抗战遗址群（含抗战阵亡将士墓群、战壕工事群、杨汉域勒石）和金鼎山中央阵亡将士墓保护修缮。经抢救性修缮，影珠山抗战遗址公园于 9 月 2 日正式开放。据不完全统计，国庆期间单日游客量近七千人次。遗址群修缮还原长沙会战的真实场景，提高影珠山的社会知名度，带动周边农户的第三产业发展。 （曾 征）

统战工作

【概况】 中共长沙县委统一战线工作部是中共长沙县委主管统一战线工作的职能部门，单位核定编制为 9 名（含侨联 2 名），其中行政编制 8 名，事业编制 1 名，内设综合办公室。

2015 年，在上级统战部门的精心指导和县委的正确领导下，全县统战工作实现“六个进一步”，政党、民族、宗教、阶层、海内外同胞“五大关系”和谐发展，为经济社会加速转型升级凝聚力量。

思想政治基础进一步牢固。深入学习贯彻中央、省委、市委统战工作会议精神和《中国共产党统一战线工作条例（试行）》，召开县委党外代表人士专题座谈会、县委统战工作会议等系列会议，开展送中央统战工作会议精神下乡和“书记谈统战”、无党派人士“学理论、提素质、强信念”征文等活动，组织新的社会阶层人士联谊会，举办专题培训，指导党外知识分子联谊会完成换届，积极推进民主法制领域改革，巩固共同思想政治基础。

“四同创建”活动进一步深化。坚持鼓励引导增强主体动力、统筹协调凝聚各方合力、示范引领扩大活动张力，打造“梦工厂”“百川港湾”“创新创业在基层”等一系列特色品牌，星沙街道碧桂园社区评为省级“同心社区”，星工场企业基地、长沙南方钽铌有限责任公司评为市级“同心园区”“同心项目”。争取县财政安排 40 万元专项经费，对已挂牌县级创建单位给予扶持奖励，该项经费从 2016 年起纳入财政预算。

民族宗教关系进一步和谐。大力推动民族工作进机关、进社区、进学校，广泛宣传民族政策，创新开展创业就业培训，扎实开展“民族团结进步行”活动，连续三年深入湘西进行爱心助学。加强少数民族联谊会建设，促成联谊会理事与县内贫困少数民族学生结成帮扶对子。深化“和谐寺观教堂”创建，湖南圣经学校、省基督教“两会”办公场所、九溪古寺、李公庙、松雅禅院等重点建设项目顺利推进。鼓励引导宗教界弘扬优秀宗教文化，松柏寺、陶公庙创新设立慈善功德基金。依法管理宗教事务，健全联合执法抵御渗透联动机制，有效维护正常宗教秩序。

海外统战工作进一步拓展。赴台开展文化教育交流考察，邀请海外有关社团组织参访交流和台湾知名学者开展专题讲座，组织“纪念抗战胜利 70 周年”系列活动和“海峡杯”台商羽毛球邀请赛，配合组织“亲情中华·汉语桥”夏令营文化交流活动和辛亥革命湖南人物业绩陈列展。黄兴故居纪念馆、黄兴中学、星沙街道牛角冲社区创建为全市首批涉台教育基地，湘绣城、黄兴故居纪念馆成为全国首批“中国华侨国际文化交流基地”（全省仅4家）。

非公经济发展进一步加速。引导扶持6家企业挂牌上市。湘丰茶业荣获全国工商联“科技创新企业奖”，众兴新材料、开心农业、县工商联分别获评全国就业与劳动保障先进民营企业，县工商联还成为“万企联村、共同发展”活动省级示范项目和全省“五好”县级工商联建设示范点。在全省首创县工商联（商会）法律服务工作室。举办首届中小企业领军人才复旦大学培训班。非公经济人士累计捐献慈善款物170余万元。

统一战线影响力进一步扩大。信息考核得分39分，完成市对县考核目标分值30分的130%，排全市9县（市、区）第一，撰写的《中美到了“大决断”的时候》的信息被中央统战部采用并呈报全国政协主席俞正声，县委统战部被评为全市统战信息工作特别贡献单位。《社会主义核心价值观引领非公经济人士价值追求问题研究》获评省委统战部、省社会主义学院“2015湖南统战理论与实践创新研讨会论文评选二等奖”，为9县（市、区）在全省统战理论课题研究评选中的最高奖项。在省、市统战内刊内网和省市党报党刊刊发通讯、专文98篇（条），海内外各大网站对长沙县统战工作均有报道。

【贯彻中央统战工作会议精神】 5月18日至20日，新中国成立以来的首次中央统战工作会议在北京召开，中共中央总书记、国家主席、中央军委主席习近平出席会议并发表重要讲话。我党关于统一战线工作的第一部党内法规《中国共产党统一战线工作条列（试行）》颁布施行。中央统战工作会议的召开和《条例》的颁布，充分表明以习近平总书记为核心的党中央对新形势下统战工作的特别重视。之后，省委、市委相继召开统战工作会议，并出台相关《实施意见》。为迅速深入贯彻落实中央、省委、市委统战工作会议精神，及时召开县委中心组学习（扩大）会议、县委统战工作会议、县委党外代表人士专题座谈会等系列会议，确保上级会议精神在第一时间系统学习传达到位。同时，创新开展送中央统战工作会议精神下乡活动，并组织党外知识分子联谊会、新的社会阶层人士联谊会，举办专题培训班，切实提振统战成员发展信心。此外，还积极组织参加“书记谈统战”、无党派人士“学理论、提素质、强信念”征文活动，择优上报征文12篇。

【深化“四同创建”】 立足实际，创新发展，坚持以“三力”全速推进创建工作，打造了“梦工场”“百川港湾”“创新创业在基层”等一系列特色品牌，星沙街道碧桂园社区创建为省级“同心社区”，星工场企业基地、长沙南方钽铌有限责任公司分别创建为市级“同心园区”“同心项目”。“三力”即：积极鼓励，科学引导，着力提高创建主体和统战成员对“四同创建”的认同度，思想观念从“要我创建”向“我要创建”根本转变，深度激发参与创建的动力；建立健全统筹协调机制，着力改变以往“同心工程”实施在某种程度上存在由统战部门一家唱“独角戏”的现象，凝聚各方协同推进“四同创建”的合力；坚持“量上扩张、面上拓展、点上突破、质上提升”的思路，建立健全激励机制，充分发挥创建单位示范引领作用，着力扩大创建活动的张力。随着创建工作的不断深化，广大统战成员参与创建活动的积极性空前高涨，为推动经济社会加速转型升级营造氛围、凝聚力量。

【夯实统战文化阵地】 坚持以文化聚人心，切实加强统战文化阵地建设。湖南辛亥革命人物纪念馆全面建成并正式开馆。黄兴故居纪念馆、黄兴中学、星沙街道牛角冲社区创建为全市首批涉台教育基地。湖南湘绣城、黄兴故居纪念馆创建为全国首批“中国华侨国际文化交流基地”（全省仅4家）。湖南圣经学校、省基督教“两会”办公场所、九溪古寺、李公庙等重点宗教活动场所建管有序，松柏寺、陶公庙创新设立慈善功德基金以用于助困、助学、助残、赈灾等慈善事业。

【加强党外代表人士队伍建设】 积极实施培养选拔党外领导干部工作“五年规划”，提拔1名党外干部担任镇长，向组织推荐党外领导干部拟任人选18名，充实党外干部后备人才库，全县共配备党外领导干部44名。指导支持党外知识分子联谊会完成换届并实现顺利过渡。组织党外代表人士参加培训和上级调训，坚持“党委出题、党派调研、政府采纳、部门落实”的专题调研模式，进一步完善联谊交友、对口联系与特约人员、党外代表人士履职报告等制度，鼓励支持进行民主监督，党外代表人士参政议政能力进一步提高。

【纪念抗战胜利70周年】 在全国上下隆重纪念中国人民抗日战争胜利70

周年之际，全县统战系统组织开展走访慰问、座谈交流、联络联谊、文艺演出等系列活动，广泛凝聚人心。机关全体干部职工走村入户，对30名原国民党抗战老兵、起义投诚人员和黄埔老兵或其遗孀进行慰问，共发放慰问金9.2万元，得到社会和广大统战成员的好评。

【慈善公益活动】 鼓励引导非公企业和非公经济人士积极履行社会责任，全年累计帮扶特困群体430余人，累计捐助款物170余万元，非公经济人士参与的“金秋9·8”助学活动、新的社会阶层人士联谊会组织的“真情接力 让爱传递”大型慈善公益活动、女企业家商会组织的“衣旧情深 让爱暖冬”爱心衣物捐赠活动等慈善活动社会反响良好。特别是5月17日，新的社会阶层人士联谊会创新组织开展大型慈善公益活动，为特殊教育机构和特殊儿童募得善款数万元，并促成40名（家）会员（会员企业）与40名特殊儿童结成帮扶对子，树立新时期“创二代”的新形象。（廖麓山）

机构编制工作

【概况】 长沙县机构编制委员会办公室（简称“县编委办”）是长沙县机构编制委员会常设办事机构，又是县委、县政府的工作机构。2015年底，县编委办领导班子设3名，其中主任、党组书记1名，党组副书记1名，副主任1名，共定编制14名，其中行政编制13名，后勤事业编制1名。2015年县编委办围绕县委、县政府“领跑进军”的战略目标，创造性地开展机构编制工作，使机构编制工作服务于全县的经济工作和社会发展大局。

【政府机构改革】 10月31日，长沙县召开政府职能转变和机构改革动员大会，印发《关于长沙县人民政府职能转变和机构改革的实施意见》等文件，重新组建县卫计局、县农林局、县执法局、县市场监管局等部门。会后，县编委办即刻组织人社、档案等单位召开“三定”、人员移交划转、档案整理移交等工作业务培训班。此次改革，25个政府工作部门和10个直属事业单位均重新制定“三定”规定，印发机构编制调整文件。12月31日正式发文实施。

【事业单位分类改革】 7月底前，县委发文明确长沙县各事业单位分类情况。县行政类事业单位改革有序推进，县畜牧兽医水产局与县农办、县农业局、县林业局整合，重新组建县农林局；县动物卫生监督所承担的行政职能划入县农林局，保留其公益性职能，为县农林局所属事业单位；县渔政监督管理站（县水生动物防疫检疫站）承担的行政职能划入县农林局，其他职能划入县农林局所属事业单位，不再保留县渔政监督管理站（县水生动物防疫检疫站）；县货运管理所承担的行政职能划入县交通局，其他职能划入县交通局所属事业单位，不再保留县货运管理所。

【行政审批制度改革】 1.编制县政府部门责任清单：长沙县责任清单的编制审核工作通过对照“三定”规定，确保部门主要职责梳理清晰；对照部门权力清单，确保职责事项不遗漏；对照法律法规，确保责任事项合法合规开展审核。《长沙县人民政府部门责任清单》于6月30日经县政府常务会议审议通过，并向社会公布实施。2.做好上级下放权限的承接工作，继续加大县级权限精简下放力度：2014年省市下放的经济社会管理权限已经全部承接到位，并已开展相关业务工作。2015年，长沙县对各部门单位需要上级部门下放权力清单进行摸底，形成《长沙县请求下放的上级权限事项目录》上报市审改办。年内，新下放的39项权限逐项承接。梳理整理下放到镇（街）的行政职权有8项，已经以县政府名义发文明确。确定金井镇为长沙县扩权强镇工作的试点镇。3.全面清理非行政许可审批事项：在2014年清理出的《长沙县行政审批项目目录》的基础上，按照“统一标准、分类处理、分步实施”的原则，对长沙县20项非行政许可审批事项进行全面审查，不再保留“非行政许可审批”这一审批类别。经全面清理和审查，县人民政府于6月28日发文：决定取消3项，整合调整为行政许可2项，调整为行政备案3项，调整为行政确认3项，调整为其他行政职权8项，调整为内部管理事项1项。4.中介机构清理工作。经过多次会审，征求意见，形成中介机构清理清单，其中，取消2项，保留52项，对其他11项进行规范。

【机构编制实名制数据库建设】 不断完善实名制数据管理，将工商、质监部门调整下放人员录入实名制数据库系统。实名制数据库中的信息作为编制、人事、工资日常管理中的主要依据，利用年统年报之机对机构、编制、人员进行全面的复核，确保底账清楚，信息实时更新。对于未经机构编制部门办理编制核准使用手续的机关事业单位，不予办理调配、录用、安置等手续，充分发挥实名制数据库的作用，形成控编合力。

【行政执法体制改革】 根据省人民政府的批复，将县卫生局、县教育局等22个部门的行政处罚权，以及原县城管执法局集中行使的工商行政管理、公安交通管理方面的部分行政处罚权整合，组建县行政执法局，为县政府工作部门，制定县行政执法局“三定”规定，规范与涉改单位、镇（街道）的事权划分。

【县功能区建设】 加强与省、市机构编制部门的沟通协调，主动作为，7月17日，长沙市机构编制委员会《关于印发〈长沙县功能分区体制机制和机构设置方案〉的通知》（长编委发〔2015〕23号）明确长沙县设立五大功能区。在全县功能分区建设启动大会上，县委、县政府印发《关于推进功能分区建设有关工作的通知》，按照责任分工，抓紧实施，加快推动功能分区工作迈向实质运转。

【控编减编工作】 根据中央和省市统一部署，2015年，长沙县编委办向县编委汇报控编减编工作有关要求，拟定《长沙县控编减编工作方案》并提交县人事编制工作领导小组审议通过，将各责任单位工作任务进行明确分工，开展工作自查。

【不动产登记制度改革】 根据中央、省、市要求，建立全县不动产统一登记制度，将全县土地登记、房屋登记、土地承包经营权登记、林权登记、水域滩涂养殖权登记职责整合划入县国土资源局。在县国土资源局设立不动产登记科，并将县国土资源交易中心、县房地产交易管理所（县二手房交易管理中心）整合，组建县不动产交易中心。

【乡镇区划调整】 长沙县将跳马镇移交至雨花区，暮云街道、南托街道移交至天心区，开慧镇与白沙镇合并设立开慧镇，金井镇与双江镇合并设立金井镇，黄兴镇与干杉镇合并设立黄兴镇。在乡镇区划调整及合并过程中，及时做好工作对接，将机构、编制、人员进行划转，合并乡镇在上级要求的时间节点完成“三定”规定的拟定，确保区划调整和乡镇合并工作的顺利完成。

【中文域名注册登记】 根据省、市编办要求，长沙县积极推进政务和公益域名注册管理，通过加大宣传力度，开展业务培训；明确专人负责，确保工作连续；统一财政支付，保障注册经费三大举措，有效地保障此项工作的顺利进行。截至2015年，全县完成注册中文域名689个，网站悬挂标识128个，完成中文域名注册和加挂标识两个全覆盖。

【事业单位登记管理】 2015年，县事业单位登记局严格执行《事业单位登记管理暂行条例》的规定，做到工作程序合理、办事效率快速、业务水平过硬、档案资料完善。为提升事业单位对登记管理工作重要性的认识，2015年1月对全县600多家事业单位的法定代表人及政工干部分批进行培训。截至4月1日，事业单位2014年年度报告全部完成，从4月份开始该办开始陆续在县政府门户网站上公示531家事业单位的年度报告书。

（赵 兵）

党校（行政学院）工作

【概况】 2015年，在县委、县政府的坚强领导和各级各部门的关心指导下，县委党校、县行政学院以党的十八大及其全会精神为引领，坚持“党校姓党”的根本原则，围绕“内强素质、外树形象、求实创新、争创一流”的目标，团结依靠全体教职工，立足中心，创新思维，凝心聚力，积极作为，取得干部培训、教学科研、校园建设等各项工作新成效。全年共举办各类会务和培训班107期14000余人次。其中主体班23个27期，培训学员达3800余人次。县内部门班77期，培训10000余人次。异地培训班3期200余人次。学校已连续三届获得全省党校系统先进单位，获全省节能机关示范单位，被市委宣传部确定为“中心组学习示范点”，获市级文明标兵单位称号，“党校练兵讲堂”获市十大先进学习载体，被评为市级基层党建示范点，长沙市“五好”领导班子，连续6年获评全县绩效考核一类单位，被中组部确定为全国十大党性教育培训示范基地。

【干部教育培训】 按照《2015年全县干部教育培训工作要点》，县委党校、县行政学院与相关部门协调配合，积极为建设现代化幸福美丽长沙县培养人才服务。一是突出主体班培训，全年举办包括长沙县中青年干部培训班、科级干部培训班、农村支部书记素质提升班等23个27期主体班，培训班课程按照“党性第一、能力并重、学以致用”的培训原则设置，既强化政治忠诚和责任意识，又突出服务发展服务社会的能力提升。如科干班到井冈山进行革命传统教育，中青班赴国家级贫困县开展“三同”党性锻炼，强化理想信念教育和宗旨教育；农村支部书记培训班，侧重党在农村的政策、法规和实用技术的传授，提高统筹城乡、推进农村改革发展的能力，为全县“乐和乡村”建设培养基层人才；对公务员素质培训侧重创新思维、依法行政以及公务礼仪等知识的普及；对异地培训班，注重利用长沙县的区位优势、发展优势和现场教学优势，宣传长沙县经验。二是建立培训网络，坚持“开门办学”，完善“菜单式”培训模式，灵活运用情景模拟式、案例式、研讨式、互动式教学方法，结合长沙县挺进全国百强县特色和经验，实施互动教学与现场教学相结合，努力让党员干部在最短时间获得最大收获。强化“党校（县级）+分校（镇街）+教学点（村、社区）+农家课堂（农家）”四级培训模式，在原有基础上不断开辟新的教学点拓展培训网络，在开展宣讲需求调研的基础上，扎实研究基层宣讲特点，成立宣讲小分队，分析解群众对理论政策的需求，特别是对理论的“兴奋点”，有针对性地确定宣讲专题和内容，尤其是对《中国共产党廉洁自律准则》《中国共产党纪律处分条例》、十八届四中五中全会、中央一号文件以及省市县相关会议精神结合县域民情宣讲，全年坚持送课102堂次，听众近12000人次。

【学员管理】 严格执行中央和省、市党校“从严治校，从严施教，从严管理”的办学方针。一是贯彻落实学员管理制度。严格按照《学员守则》《考勤纪律》《主体班学员管理办法》等规章制度进行日常管理。干部培训到课率、参考率达到98%以上。二是实行主体班跟踪管理制。明确班主任负责，派专人跟班管理，成立临时党支部；推行培训结业考试考核制度，对学员的笔记、心得体会、结业论文、出勤情况、在校表现等进行全面考核。三是拓宽学员管理的途径。拓展以杨开慧纪念馆、黄兴故居等县内及周边红色资源为主的党性教育基地；以远大科技、三一重工、上海大众等大型企业为主的园区经济发展实践基地；以黄龙新村、“乐和乡村”示范点、浔龙河生态小镇等为主的特色教学基地。四是精心设计主题活动。在培训班举办演讲赛、辩论赛、拔河赛、篮球赛、文艺汇演、拓展训练、体能拉练、学习成果汇报等活动，提高学员学习的兴趣，收到很好的培训效果。五是建立和完善学员学习培训档案。开展优秀学员评选，及时反馈学员培训情况，与送训单位与组织部门全面对接。全年没有出现任何学员违法乱纪的现象，党校学员管理得到中组部督查组领导好评。六是突出规范管理，强化服务保障。年初积极争取县委政府支持，引进物业外包，校园管理服务走上专业化道路。将旧宿舍楼拆除新建停车坪，对客房升级装修，更换教学设备，增加跑步机、自行车等文体设施，在干训楼配置吹风、洗衣机、雨伞等便民工具，注重细节服务；在确保食品安全的前提下，改善口味，种植放心蔬菜，强化餐饮服务管理，精细化各项服务，学员生活更加方便和舒适。

【教学科研】 在教学科研工作方面，校领导和教师们深入基层调研，科研工作又上新台阶。完成省级课题立项4个，结项3个；通过“市情研究会”呈送市委领导阅示课题2个；全年更新《五新解读党的十八届五中全会》《学习贯彻准则和条例》《刘少奇天华调研精神》《让学习成为一种生活方式》等8个教学专题。全年在县级以上刊物发表文章17篇（省级14篇、市级1篇、县级2篇）。全年参加国家、省、市、县各类研讨会和征文活动投稿18篇：其中一等奖3篇、二等奖6篇、三等奖5篇。校长罗静良撰写的《新形势下提高领导艺术要把住“四个字”》获中国管理科学大会二等奖，个人被聘为中国管理科学研究院研究员。《乡村治理中的责任分担机制研究》获全省党校系统理论研讨会一等奖。

【队伍建设】 一是加强班子建设，切实提高领导科学发展的能力。以创建“五好”领导班子为契机，结合党的群众路线教育实践活动、“三严三实”专题教育，落实领导班子基层调查、民主生活会等常态机制，狠刹机关部门“四风”；领导班子率先垂范，以身作则，带头调研，带头宣讲，努力增强学习能力、谋划发展的能力、科学决策的能力以及拒腐防变的能力。二是加强职工队伍建设，提高干部职工自身素质。注重目标引领，树立“创建全省一流，全国有一定影响力的县级党校”目标，树立热爱党校情怀；强化制度规范，继续完善和修订《机关权力运行制度汇编》，坚持以人为本，以制度管人、激励人、发展人，形成规范的干部培训制度、坚持落实中层干部竞争上岗和绩效考核等制度，为党校运转提供有力保障；探索多元人才培养模式，多方搭建有利于人才成长的平台：年初争取县委支持引进两名优秀人才充实教师队伍；继续举办“读书汇报会”“调研成果汇报会”“假如我是党校校长”演讲比赛、每月例会五分钟即兴发言等活动，促使职工快速成长；坚持每月开展“党校讲堂”，对教师引入教学互评机制，实施新课试讲和集体备课制度；实施教学评估制度，印发《教学测评表》，由学员对授课情况进行打分，提高授课质量；争取县委支持，针对不同岗位，全年12批次组织教职工到各级党校参加异地培训、到基层和重点部门进行挂职锻炼，促使教职工能力提升；实行群工站工作轮岗锻炼，增强基层经验与提升群众工作能力。

4月15日，长沙县村（社区）党组织书记培训班开学典礼暨“乐和乡村”建设推进会在县委党校举行（县委党校 提供）

【支部建设】 适应全面从严治党新常态，注重塑造高素质党员队伍，抓好政治学习和理想信念教育，提升全体党员的政治素养，突出党性锻炼，全年进行11次中心组学习活动，尤其是对《准则》《条例》进行多次集中研讨，让党员牢记党章党规党纪，发挥先进性示范作用。同时，抓好党员发展工作，严把入口关，将思想健康、年轻有为的李杜发展为预备党员，为党组织输送新鲜血液；注重发挥堡垒作用，坚持党建带团建，带动工会、青联、关协、妇委会等群团组织建设，利用纪念日等开展有意义的活动，充分体现党建工作的桥头堡作用；注重接受各方监督，继续推行党务、校务、财务公开工作，在重大节点公布举报电话，自觉接受上级及群众的监督。

【校园文化建设】 （1）完善更新报告厅、教室、走廊、学员宿舍、校园绿地等处文明礼仪和名言警句，宣传党的知识、政策，营造文化氛围。加强网站管理建设，宣传学校各项工作，全年刊发新闻稿件100多条，制作新宣传片和新宣传画册，扩大对外宣传影响。（2）举办各类活动凝聚人心，组织庆七一的“八个一”活动、“工间操”锻炼；成立气排球队、篮球队、门球队，丰富职工生活；对“优秀党员”“明星教师”进行总结表彰；积极倡导志愿服务活动，与陶公庙社区结对共建，帮扶困难群众、困难学生。

（李阳岳）

11月18日，中组部党员教育中心领导李其森、长沙市委组织部部长程水泉到县委党校调研，县委党校被评为全国党性教育示范基地（县委党校 提供）

史志工作

【概况】 2015年，县史志档案局扎实履行党史、方志工作职能，继续将史志档案工作纳入全县科级领导班子绩效考核内容。史志编研：编纂《长沙县年鉴（2015）》，出版《抗日烽火中的历史记忆》两书。按照中央党史研究室关于第二批《改革开放实录》撰写课题研究要求，收集、整理长沙县改革开放三十七年史料，着力《改革开放实录》课题研究编写，撰写专文《县域经济的标杆——“长沙县现象”》。完成《长沙市志（1988–2012）·人物传》长沙县部分的撰稿任务；完成地方志年报收集整理工作。积极做好《长沙年鉴》2014年度人物和事件推选工作，罗文智、彭玲姚入选《长沙年鉴》2014年度人物，“长沙县挺进全国县域经济十强县”入选《长沙年鉴》2014年度事件。史志宣教：为纪念中国人民抗日战争暨世界反法西斯战争胜利70周年，该局深入挖掘史料资源，积极参与“抗日战争胜利70周年征文”活动，向上级党史和档案部门报送《长沙县境内的抗战遗址》《躲兵》等文章25篇。编辑《抗战胜利70周年党史知识竞赛试题》并为党史知识竞赛提供指导。精心指导金井镇东山村和高桥镇维汉村编撰《东山村史》和《维汉村史》。在《湖南日报》《长沙晚报》等报刊和网站上刊登各类党史文章70余篇。在《星沙时报》连载《长沙县史话》162期。向各镇街、县直各单位、群众工作联系点干杉镇万龙村以及李中笑图书屋捐赠《中国共产党长沙县历史》《长沙县通史》等党史书籍400余册。

【长沙县历史陈列布展项目】 2014年9月，长沙县启动创建国家一级综合档案馆工作，在新档案馆三楼设立长沙县历史陈列布展，展厅1600平方米，投资总概算1838.5万元。一年多来，县委、县政府主要领导高度重视陈列布展项目，多次主持召开展陈工作推进会议，并将该项目列入全县文化领域的重大项目之一。在设计方、县委党史联络组、县史志档案局以及各级各部门的共同努力下，通过召开专题研究会，确定历史陈列布展规模、运作模式、广泛收集资料和面向社会征集史料，确定陈列重点，深化展陈内容设计等，年底，《璀璨星沙——长沙县历史陈列》内容设计基本定稿。形式设计和施工招标正有序推进。

【《抗日烽火中的历史记忆》出版】 2015年是中国人民抗日战争暨世界反法西斯战争胜利70周年，由中共长沙县委党史联络组、长沙县史志档案局编辑的《抗日烽火中的历史记忆》于9月18日正式出版。该书系统收集、整理各有关单位、抗战老兵、特约撰稿人和《星沙时报》等媒体关于长沙县境内抗日战争的史料或回忆文章，共7章10万余字。该书真实、全面、系统地反映了长沙县境内的抗日战争历史，对激励全县人民，弘扬抗战精神、推进县域经济社会发展具有重要意义。

（朱立辉）

老干部工作

【概况】 2015年，长沙县共有离休干部60人，县处以上退休干部144人。2015年，县委老干部局认真贯彻落实全国、全省、全市离退休干部“双先”表彰大会精神，坚持为党和人民事业增添正能量的价值取向，努力提高老干部管理服务水平，积极引导发挥作用，为实现全县“三个率先”奋斗目标营造良好的发展环境。

【抓好“两项建设”】 一是老干部的思想政治建设。组织老干部集中学习阅文、理论大讲堂和形势报告会，为老干部免费订阅报纸杂志，使他们始终保持思想常新、理想永存。二是加强离退休干部党支部建设。引导老干部牢记党员身份，坚定理想信念，充分发挥党支部战斗堡垒和示范带动作用，2015年创建市级“五好”离退休干部党支部示范点3个。

【落实“两项待遇”】 一是全面落实政治待遇。组织老干部代表参加县党代会、人大政协“两会”“三严三实”座谈会等重大会议和县委春节座谈会、重阳节座谈会等重大节庆活动；组织参观考察北山镇、金井镇、长龙街道、路口镇、安沙镇经济社会发展情况，让老干部亲身感受县域经济社会发展的新变化。春节、重阳节、“七一”“八一”共上门走访慰问老干部550人次，离休干部生日上门祝寿69人，到医院看望住院离退休干部120人次，对9名病故离退休干部进行吊唁并协助家属办理丧葬事宜等后续工作。二是均衡保障生活待遇，增发离退休干部一次性生活补贴2000元／人；落实离退休干部共享改革发展成果费和副县级以上退休干部春节慰问费按地方一般预算收入同比增长机制，2015年分别达到3370元／人和5200元／人；多次组织老干部参加书画、棋牌、钓鱼等休闲活动，丰富老干部业余文化生活。

【搭建老干部活动平台】 进一步加强老干部活动中心和老年大学两个阵地建设，积极引导老干部发挥作用。全年新建老干部“四就近”工作站7个，全县社区建站率50%以上，为离退休干部营造舒适的学习环境和活动场所；在条件成熟的社区建设14个老干部网络课堂示范站点。关工委新建青少年校外活动示范阵地8个。老年大学2015年开设15个专业44个班级，学员人数达2400多人次。“五老四教”工作常态化开展，新建市级“发挥五老作用”示范阵地2个，组织4次“五老”宣讲员经验交流会，深入开展“纪念抗战胜利70周年”宣讲，组织“五老”宣讲员等深入基层，开展形式多样的宣讲活动，县“五老”宣讲团成员共开展宣讲活动145场次，听众约26000人。县老年书画协会出版《纪念抗战胜利70周年特刊》，以字画的形式号召干部群众“勿忘国耻、珍爱和平”，创办《活力星沙》书画专刊两期。老年保健协会积极探索向基层延伸工作，在金井镇、白沙镇、黄兴镇成立老年保健协会分会。

【加强自身建设】以优质服务为宗旨，围绕“提能增效”目标，切实转变机关作风，推动老干部队伍建设上台阶，组织老干部工作者开展业务学习、经验交流，机关干部的工作水平和服务质量得到进一步提高，确保全局年度工作目标任务的顺利完成。（王洪勇）

对台工作

【概况】 长沙县是湖南省对台工作大县之一，工作对象多，1949年前后随国民党去台人员2100余人（不含第二、第三代），其中有原国民党中常委袁守谦，原国民党中将、后任台湾“国防部长”黄杰等；涉及的台属有2000多户，6000余人。截至2015年年底，长沙县台资企业有31家。县域内暂住台胞85人，其中驻厂台商48人（动态），涉台婚姻有94对。2015年，该县去台湾探亲、观光、考察达7034人次，台湾来该县投资、观光、考察达2372人次。3月17日，台湾胖卡改装达人、魔术小巴国际行销有限公司总经理龚修贤一行到该县考察投资环境，与长沙天潮贸易有限公司洽谈合作，双方于11月4日，合作成立湖南灵猫科技有限公司，从事汽车改装等行业。4月4日，邀请国民革命军74师师长张灵甫将军之子、黄埔后代联谊会会长张道宇和丘智贤等台胞参加长沙会战春华山遗址抗战英烈公祭活动，纪念中国人民抗日战争胜利70周年。9月12–18日，长沙县台办副主任曾令红带队与县教育局、县黄兴中学负责人参加市台办组织的文化教育交流考察团，对接涉台教育基地黄兴中学与台北市立龙门中学，推动两岸教育交流。中华湖湘文化发展协会理事长张京育、台湾农业参访团等先后参观黄兴故居纪念馆，详细了解黄兴一生的革命历程。台湾威盛集团多普达分公司向长沙县七中捐赠平板电脑1050台HTC Flyer平板及配套设施和软件，用于威盛智能教育系统平台试点和“翻转课堂”模式对教学改革的研究，9月正式进行“翻转课堂”教学体验，借此机会学习和融合两岸教育理念的精髓，以先进的教育设施设备推动教育改革再创新的特色，推动两岸教育共建同行。11月10日，协助长沙市台商协会星沙分会举行座谈联谊会，与会台胞台商与县公安局、县商务局、招商银行等部门负责人沟通互动、联络联谊。12月11–12日，举办长沙县第三届“海峡杯”羽毛球双打团体邀请赛，邀请县域内台企与职能部门组队参加比赛，推动在湘台资企业群众体育事业的开展，丰富台企业余生活，加强职能部门与台企交流互动，增进海峡两岸之间的团结与交流。邀请台北长沙同乡会和该县相关部门合作举办纪念黄兴诞辰140周年征文活动，台胞踊跃投稿，获奖台胞王晓玲作为获奖代表参加颁奖总结会领奖并发言，台湾杂志《长沙旅讯》刊登《长沙印象》和《长沙县福临镇影珠山风景名胜区》，向岛内宣传推介长沙县与各镇街风采。台企友谊驾校2015年新增教练车25台，增加工作人员20余人，增资约200万元，建成分校并投入使用。2015年，该办上报信息稿件共90余篇，其中70篇被采用，县台办被评为2015年中央台办“两刊”对台宣传工作先进单位。

【台湾台北市长沙同乡会一行到长沙县参访交流】 2015年10月13日，台湾台北市长沙同乡会理事长师明义一行到长沙县参访交流，市县台办等相关负责人随同参访。

参访团一行首先到长沙县金井茶业文化交流中心参观并座谈交流，长沙县金井茶业有限公司总经理周宇详细介绍金井茶业种植、加工、生产、销售等相关情况，并与参访团就两岸茶文化进行深入交流探讨。随后，一行人到金井茶园参观，温润的气候，清新的空气，整齐的茶田，碧绿的茶叶，让远道而来的台湾同胞称赞不已。

随后，参访团参观考察松雅湖生态公园。松雅湖生态公园按照“一心、五轴、八区”的规划建设，即以松雅湖为中心，由湖心散发出五个生态景观轴，形成“香岛”禅悟休闲区、“左岸香堤”企业会所区、“游乐港口”购物休闲区等8个城市功能组团。2014年5月29日，坐落在“香岛”禅悟休闲区的松雅禅院正式奠基，台湾佛光山开山宗长、国际佛光会世界总会会长星云大师出席奠基仪式并寄语祝贺，对深化两岸文化、教育、宗教交流产生深远影响。

师明义表示，长沙县经济社会发展日新月异，生态环境也是美丽怡人，都给此次行程留下美好而深刻的印象，使他们对家乡的未来充满信心和期待。今后，台湾台北市长沙同乡会将进一步深化与家乡的交流交往，为两岸关系的和谐、长远发展做出积极贡献。

（郭小杰）

县直机关党务工作

【概况】 2015年，县直机关工委共辖党总支21个，党支部136个，党员3213名，其中在职党员2396名，退休党员817名。2015年，县直机关各单位在县委、县政府的正确领导下，全面贯彻《中国共产党党国家机关基层组织工作条例》、落实县委《实施细则》，在全县深化改革、全面推进党建规范化管理的关键之年，县直机关工委按照“思想建党、制度治党、作风兴党”的总思路，正确履职，务实开拓，着力于党建工作热起来、党内生活严起来、党内活动活起来，全面升级党建工作。

【机关党组织建设】 完善机关党组织设置。县编委办、县妇联、县文广局等23个党（总）支部进行换届选举或支委会成员的补选或改选。确保基层党组织活动经费按工作人员工资总额的2%、教育经费按每名党员每年100元的标准由县财政拨付，2015活动经费共计1103万元，其中机关单位989万元，镇街114万元；机关党员教育经费共计57万元，其中工委31.7万元，其他党（工）委25.3万元。严把党员入口关，按“双审制”“双票制”等程序从申报的51名对象中择优发展党员22名，培训72名入党积极分子，分三批次共轮训党员496人，对每位党员实行三务积分管理。结对共建方面，县直机关136个支部与共建村（社区）签订协议，县文广局为共建村建农家书屋，并与电视台一同提供电视收视器材；空港城为共建村就拆迁与当地干部一道做村民思想工作，并帮助拆迁；县人社局在共建村进行就业培训并帮助20多人找到工作岗位等。同时，县直机关各单位党员领导干部积极深入基层，开展“一进二访”精准扶贫，共结对困难户950户。继续推进全部在职党员进社区报到，开展义务服务。组织县直机关单位开展《筑梦中国》《爱我中华·放飞梦想》、纪念抗战胜利七十周年等主题的演讲、竞赛、文艺表演活动。

3月26日，在县委党校举行2015年县直机关入党积极分子培训（余浪 摄）

【机关党风廉政建设】 县直机关纪工委聚焦主业，强化监督职责，扎实推进县直机关党风廉政建设和反腐败工作。督促县直机关各单位从严控制“四项费用”；落实重大事项集体决策制度，做到决策透明；按要求完成规范权力运行制度、领导干部重大事项向县纪委报告制度。一方面，注重警示教育。组织观看长沙县制作的录像片《向为官不为亮剑》、电影《禁区》《人生不能重来》等；在重要节点时间，下发关于上班纪律、公车管理、红包礼金等意见、通知等及时提醒。另一方面，大力开展作风整治。会同县纪委共组织明查暗访32次，在县电视台、星沙时报通报情况14起，查处庸懒散拖问题9起16人，对单位问责4个，履职处理问题不力3起，处理违纪党员22人，其中副处级1人，正科级3人。

【机关工会联合会工作】 县直机关工会联合会共辖基层工会61个，工会会员1800余名。2015年共有19个基层工会进行换届选举；组织所属基层工会进行工会社团法人登记，共有52个基层工会办理工会社团法人登记；组织5名基层工会主席面对全体基层工会主席进行口头述职；积极开展工会活动：县直机关联合工会在所属各基层工会中成立羽毛球、篮球、乒乓球、自行车、象棋、音乐艺术6个兴趣小组，共有500余名机关兴趣爱好者参加，其中羽毛球兴趣小组参加人数最多，达到262人。联合工会还以羽毛球、乒乓球兴趣小组为基础组队参加县羽毛球赛、县乒乓球赛并双双取得全县第五名的好成绩。机关联合工会组织653名女性参加2015年度女职工庆“三八”绿色出行徒步松雅湖活动。举办县直机关第四届男子篮球赛，经过20余天的紧张比赛，县电视台队、县法院队分别获得冠、亚军。继续做好所属各基层工会女职工特殊疾病保险工作，女职工参保率达100%。联合工会慰问春华镇30名帮扶对象，送去慰问金6000元。筹资13200元（其中中央财政下拨4200元，自筹资金9000元）对县直单位22名困难职工进行慰问。组织33600元慰问金及物资对56位劳模进行慰问。

【县直关工委工作】 围绕“立德崇法、明史报国”主题教育，开展系列活动。举办抗日战争——长沙保卫战知识讲座，并邀请春华镇金鼎山村义务守护抗战英烈50年的刘金国老人到会场与大家见面；组织485名学生参加纪念抗日战争胜利暨世界反法西斯战争胜利70周年的知识竞赛，评出一等奖3名、二等奖10名、三等奖25名；组织16个单位19个精彩的节目参加纪念抗战胜利70周年文艺汇演，县委组织部的余采奕小朋友表演的诗朗诵《难以忘却的岁月》获一等奖，县文广局的何诗颖小朋友表演的学生舞蹈《采金秋》获二等奖，县电视台李天乐等5个小朋友表演的《抗战家书》获三等奖。围绕社会主义核心价值观的教育，开展系列活动。分2期，72名学生参加国学经典《弟子规》的培训；举办青春励志专题讲座。7月14日上午8：30，邀请第四届全国道德模范提名奖、第四届湖南省孝老爱亲道德模范——湖南科技大学的研究生何平讲述她的成长故事。她的感恩、坚强和乐观，感动县直机关180余名学生和家长。围绕青少年身心健康，开展系列活动。2月4日，23个单位的48名选手参加县直机关小学、初中男、女乒乓球单打比赛。2月27日，县检察院等32个单位的160名幼儿及学生参加迎新春有奖猜灯谜活动；5月30日，在县直机关小学和初中生中开展庆“六一”汉字硬笔书法比赛，

6月1日，举行第四届县直机关联合工会篮球赛 （佘浪 摄）

人大办等31个单位的73名中小学生参赛，经过专家评审，共评出特等奖3名，一等奖3名，二等奖5名，三等奖10名。深入推进帮扶困境少儿。人社局等27个县直单位对本县或外县的112名困境少儿实施帮扶，现金和物资折合人民币金额为18万元左右。（裴航）

信访工作

【概况】 2015年，长沙县信访工作以贯彻习近平总书记系列讲话精神为指导，认真贯彻落实“三严三实”专题教育精神，深入开展信访积案化解，全面推进领导干部公开接访下访，及时解决初信初访问题，严格依法治访，有效维护全县社会和谐稳定。

2015年，长沙县共接待群众来访934批3056人次，同比批次下降28%，人次下降35%。其中进京非访12批24人次，非访量较去年下降54%。赴省上访 157批 377 人次；去市上访135 批417人次；到县上访630批2238人次 。报送不稳定方面紧急信息117条，下降12%，全年未出现特别重大的或社会影响差影响稳定的事件。接收上级交办件14件，办结13件。接收群众来信205件，办结185件，20件正在办理之中。2015年，长沙市委、市政府授予长沙县“信访积案化解工作考核优秀单位”称号。

统筹协调部门力量，强化基层矛盾化解，为强化基层矛盾化解，该县成立交通事故矛盾调处中心、征地拆迁矛盾调处中心、社会矛盾纠纷调处中心、劳动人事矛盾调处中心、医疗事故矛盾调处中心和物业纠纷矛盾调处中心，利用专业手段，实现对矛盾纠纷统一受理、集中梳理、归口管理、依法办理、限期处理。六个矛盾调处中心自成立以来，共受理各类投诉、信访2562件，成功调处1280余件，调解率达50%。赴省、市上访量呈明显下降趋势，9月至12月的上访量只占全县全年的16%，彻底改变过去资源和力量分散、政出多门的状况，实

8月14日，纪念抗日战争胜利70周年文艺汇演现场 （佘浪 摄）

现人民调解、行政调解、司法调解有效对接，化解大量当前反映突出的几类社会矛盾，为全县信访工作顺利开展奠定坚实的基础。

硬性举措合理施压，有效抑制信访量攀升，为有效地推进信访工作，县信访局将信访工作职能职责进一步延伸，向基层一线合理施压。县联席办对全县信访量实行一月一排名、一月一通报，按季对信访量多的村（社区）进行黄牌警告；对于化解信访矛盾不力的镇（街道）或村（社区），坚决实行资金停拨、项目停批、取消评优评先资格，并启动行政约谈机制和行政问责机制。通过硬性举措合理施压，实现责任重心下移，镇村责任上肩，倒逼基层单位及时、有效解决信访问题。

创新工作方法，全面开展信访积案百日行动，为进一步强化信访工作力度，该县从7月底全面开展信访积案化解百日行动，对30件积案均由县级领导包案调处。一是明确化解模式。在充分发挥领导包案的示范作用下，积案化解实行"四个层级""三个环节"的化解模式，即组、村、镇、县级干部逐一上门处理，化解过程充分发挥村民议事会、镇党政办公会、县信访联席会的作用。结合市积案化解"八个一"工作要求，对30件积案全部完成上一次门、见一次面、谈一次话、组织一次情况调查、召开一次会商会、对所反映的问题作出一个明确的处理结论、提出一个合理的方案、出具一份答复意见的工作步骤，二是建立信访听证会制度。针对经过多次处理信访人仍不服的问题，通过召开听证会，从舆论和道德的角度来约束信访人，促进息诉息访。如县委书记杨懿文包案的王首雅信访问题，就通过召开听证会达到利用舆论约束信访人的效果。三是落实工作举措。长沙县信访局对积案化解实行定期调度、定期通报、定期督查。积案化解百日行动，通过县、镇、村、组四级努力，成功化解8件，办结22件，有效减少重信重访和非访"存量"。

严格依法治访，坚持运用法治思维维护信访秩序，为切实加大违法上访行为的打击力度，2015年在全县开展为期三个月的依法治访专项整治行动，针对以谋取非法利益不断非访对象和幕后操纵群体性上访的挑头人员，进行依法打击，如对高桥镇范X和安沙镇陈XX在重要节会期间越级非访行为进行依法处理。坚持用法治思维和法治方式引领改革，加大对依法逐级走访、网上信访、法定途径处理信访投诉请求的宣传、落实力度，进一步提升信访工作法治化和科学化水平。

着力夯实基础，努力将矛盾纠纷化解在初始阶段，一是全面构建工作体系。全面畅通民意诉求表达渠道，形成"信、访、网、电"四位一体的工作体系，借助领导接访、领导包案、现场协调、督查督办、信访救助等手段，综合运用法律、行政、社会等措施，全力化解群众反映的信访问题。二是定期梳理排查。信访局定期对重点群体、重点对象进行全面摸底排查，对上级交办和排查的重点人员，逐一建立台帐，实行"五包一"责任稳控工作。三是加大初信初访和协调会调处力度。2015年，县信访局对全县400余件初信初访进行交办处理并及时回复信访人，交办率达100%。全年共组织召开70余次信访问题协调会。四是增强基层信访调解力量。为全面掌握基层信访信息动态，长沙县通过从各镇（街道）聘用29名知民情、解民意、德高望重的退休老干部、老党员、老教师作为信访调解员，建立覆盖面广、专业性强、权威性高的信访工作调解队伍，强化基层一线矛盾纠纷化解力度。（范 沙）

党的群众工作

【概况】 中共长沙县委群众工作部共有干部8人，设部长1名，副部长1名。县委群工部在21个镇（街道）设立群工办，266个村（社区）设立群工站。贯彻落实市委新一轮三年群众工作的要求，将群众工作作为长沙县实现"三个率先"发展目标的重要举措，经过基层实践，逐渐形成一整套层次清晰、运行有效、有章可循、有规可依的群众工作制度，以群众工作为抓手，全面促进各项工作的平稳有序发展，已经成为一种新常态。2015年长沙县派驻1181名优秀干部入村，走访群众249860户，解决群众诉求7210件，化解各类矛盾纠纷2912起，承诺实事办理702件，与群众交朋友1419户，帮扶慰问2万余人次，投入帮扶资金2100万元，赢得广大群众的信赖和认可。

【推进基层群众工作】 县委高度重视，将群众工作作为全县的大事来抓，纳入县委党务工作统筹部署。县委书记在以"坚持抓基层打基础不动摇，努力做到固本强基促发展"为主题的培训班亲自授课，强调群众工作应从基层抓起，基层组织建设、加强村级治理、建设乐和乡村和做好信访工作是做好群众工作的重点和载体；制定《长沙县"一推行四公开"群众工作实施方案》，新选派35名基层工作经验丰富的群工队员到村（社区）担任第一书记，脱产驻村（社区）开展群众工作；为确保群众工作有效开展，县委群工部组织人员编辑群众工作手册《让群众做主》。镇（街）积极落实，将群众工作作为政府中心工作的助推器，密切联系群众，有效改进作风。县直单位立足群众需求，发挥联点单位职能优势，认真扎实地做好群众工作。

【服务县域经济发展】 把项目建设、农村环境整治、基础设施建设、社会保障事业建设、文化卫生事业建设等作为群众工作的载体，把发展现代农业、促进农民增收与群众工作紧密结合起来，在服务项目建设、服务企业发展、服务城乡治理、服务人民群众等方面开创新格局，干出新成绩。

一是推进重点项目建设。集中力量保证重点工程建设，是国民经济和社会发展的大事，也是经济建设的重大战略决策。2015年全县共安排重点工程建设项目85个，各大项目都有条不紊推进，实现无上访、无事故、无强拆。作为省委、省政府"稳增长、抓项目"一号工程的干杉镇上海大众汽车生产基地项目、磁悬浮轨道项目、黄花机场跑道扩建项目，群众牵涉面广、拆迁任务重，创造征地拆迁"长沙县奇迹"。如黄花镇黄花机场东扩工程是目前在长沙县内单笔投资最大、单次用地最多的省重点工程项目，涉及大路村的兰盘元和陈家垅两个村民小组，征地4公顷。虽然在该村征地较少，但存在的问题却不少。为此，空港城联系大路村的群工队员与镇上的群工办、项目部，本着"以人为本、群众自愿"的原则，多次与相关村民进行协商解决，听取他们的要求，确保他们的切身利益，使拆迁工作顺利完成，实现"零"上访和"零"钉子户。

二是服务企业发展。为帮助企业协调解决实际问题，促进项目早开工、早建设、早投产，群工队员认真解重大项目进展情况，充分发挥服务平台优势，积极协调组织工商、公安、质监、国税、地税等窗口单位，为企业提供全方位、多层次的解难题办实事活动，为企业解决燃眉之急，也为长沙县经济发展再上新水平做出贡献。长龙街道龙井社区作为新型工业社区，辖区主要以工业发展和开发建设为主，社区共有流动人口3644人，其中流入人口近2000人，育龄妇女604人。产业工人忙于工作，无法正常参与各项身体检查，社区结合实际，逐个企业进行联系，争取企业的支持和配合。定期自带医务人员和检查设备，利用企业员工上下班或交接班时间间隙提供检查，实行三班两倒制度的企业每次检查至少需要上门服务三次，对异地务工、本地居住的居民晚间加班进行检查，确保服务全方位、全覆盖。

三是参与城乡治理。为美化城乡环境，各级群工队员积极参与农村畜禽养殖污染治理，开展美丽乡村建设、"三年造绿大行动""拆围透绿增绿"等专项行动。开展生猪退养反弹、养殖密集地区粪污直排、随意处理病死猪大巡查行动，生猪退养反弹得到有效遏制，养殖大户畜禽干粪实行全面清运，随意处理病死猪现象基本杜绝。全年新建社区公园16座，因非法排污被移交公安机关行政拘留16户，非法排污现象得到有效遏制。

【帮基层群众解难题】 认真开展"与群众交朋友，帮基层解难题"活动，全县县直单位班子成员和全体机关干部每人结对一户群众，开展经常性的联系、走访、了解掌握联系户的情况，及时送去关怀和温暖，做到"三知三清楚"。黄兴镇群工队员走村入户与群众促膝谈心。充分了解民情民意，认真研究走访中发现的问题，收集整理群众反映的问题和建议，尽最大的努力将矛盾纠纷化解在基层，把问题解决在当地，把隐患消除在萌芽状态。教育局群工队员采取多种形式开展调查研究：一是"请进来"。将村干部和村民小组长请到驻村工作队，详细听取他们的意见建议，了解当地经济发展情况、村发展计划、村里急需解决的问题等，力求准确掌握该村的基本情况。二是"走出去"。为进一步了解村民所关心的热点、难点问题，听取群众的意见和建议，有选择性地重点访问本村困难群众、特别是困难学生，解群众真正想什么、盼什么，需要他们解决哪些问题，真实地解到农民的现状和实情。

【为百姓谋福祉】 坚持以群众满意为出发点，以服务群众为落脚点，亮身份、作承诺、见行动，量化承诺"清单"，兑现承诺内容，确保群众满意。松雅湖管理局驻灰埠社区群工站组织居民代表召开民情恳谈会，为解决居民反映的灰埠大型货车乱停乱放对出行造成的困扰问题，决定在107国道边建立一个大型货车停车场。松雅河边棚户于5月23日全部完成拆除，灰埠大型货车停车场正在进行土方回填，年底以前竣工投入使用。市人社局驻青山铺镇广福村群工站联合县人社局驻青山铺镇青山村群工队员于4月28日举办以"服务群众，促进就业"为主题的专题招聘会，现场签约186人，有效改善青山铺镇就业环境，拓宽村民就业增收渠道。结合青山村农村合作社经营户比较多的情况，于6月3

日在青山铺镇，有针对性开展符合农村产业化调整的创业小老板培训班，通过老师授课和模拟操作等多种形式，帮助创业者系统学习知识和技能，增强创办企业能力，为农民增收奠定更坚实的基础。通过十天的学习，有8人创办养鸡场、婚丧一条龙服务公司、养蜂场等小微企业。

【创新村级治理】　加强村级治理工作，是长沙县开展群众工作中具有独创性的特色亮点。打开村民自治的通道，提高村民自治的能力，全面增强依法治村和村民自治的能力和水平，架构一个多元参与的治理体系。县委、县政府决定，以依法自治为目标，进一步推行新型村级治理机制，完善村民议事会制度，建立和引领村民自治新常态，以增强“五种能力”（党支部领导核心能力、自治组织自治能力、村级自我发展能力、整合社会资源能力、维护社会和谐稳定能力），真正实现群众工作群众做。2015年，长沙县将村民议事会社会治理模式的改革列为全县十项重要改革项目之一，在全县创建50个村级治理示范村和样板村，重点打造3~5个在全市、全省乃至全国有影响力的样板村。春华镇花园新村江公组村民为做好道路硬化绿化亮化，在村民议事会的发动下，自动筹集资金19万余元。该村的台上组村民，不仅筹集资金为道路安装路灯和监控，还投入400多个义务工，对组上的水塘进行清淤扩容、修建护坡，农田机耕道两旁进行硬化等。这两个组已经形成“自己事，自己管”的良好态势，并对其他组形成影响。北山镇高仓村的村民议事会成立后，所有涉及村民切身利益的事务都是高仓村议事会的议题，议事会上村里大小事村民说算。转变最明显的就是在冬修水利项目上，以前所有项目由村里大包大揽，村民还总怀疑村干部从中受益，不愿投资投劳，现在分到每个组，村民们都抢着要整修水利。现在公开、公平、公正的风气让老百姓很是信服，民心集聚起来，村民们对于义务投工投劳也没有怨言，积极参与村组建设。高仓村实施村民议事会取得实效是长沙县新型村级治理模式创新的一个小小缩影，通过“村民议事会”，村（社区）增强村级党组织的领导核心作用、基层组织的依法自治能力以及村级自我发展能力，维护农村社会的和谐稳定。（吴　让）

4月，县委书记杨懿文（左二）与县直部门主要负责人，各镇（街）、村（社区）代表就村级治理工作进行座谈（县委群工部 提供）

接待工作

【概况】　2015年，长沙县接待办公室共有工作人员11人，内设4个科室，分别为综合科、管理科、接待一科、接待二科。2015年度，长沙县接待办公室完成接待183批次，7306人。其中包括接待资兴市考察团、汨罗市考察团、娄底市娄星区考察团、山东省金乡县考察团、西藏自治区贡嘎县党政代表团、江西省高安市考察团、江西省南昌市党政代表团、平江县考察团、湘潭市岳塘区考察团、江苏省泰兴市考察团等外地团队到县考察，以及法国驻武汉总领事馆总领事马天宁先生、美国理查森市友城代表迈克先生等外宾到县交流，重点参与完成中组部、国家卫计委、省委第八巡视组等领导到县检查（巡视）相关工作，以及《学习与研究》杂志工作暨零碳经济发展经验交流，省、市委办公厅干部职工到县义务植树，长沙市推进现代农业产业项目建设现场会，长沙县农创天地启动仪式等重要节会的后勤保障工作。

2015年，长沙县接待办公室努力做到在接待工作上提质创新。一是接待场所下移。逐步由过去的以在宾馆、酒店接待为主下移到现在的以在镇（街道）和县直机关食堂接待为主。这样做，既强化厉行节约，又符合接待工作简约、规范的新要求。二是发挥管理职能。将开展监督检查作为常态化工作，与县财政局、县审计局组成专项检查组，全年四次在全县范围内开展联合检查，从严从实对相关单位在接待工作中是否严格执行《长沙县党政机关国内公务接待实施办法》进行检查。三是提高接待质量。近年来，长沙县经济快速增长、社会和谐稳定、各项事业全面进步，因此，到县考察学习的外地团队络绎不绝。通过外团接待经验的不断累积、提升，以及对考察点的分析、整理，县接待办从两个方面入手，提高接待质量，首先在接待程序上，包括接受接待任务、制定接待方案、实施接待准备、开展接待工作、注重接待细节、做好接待总结六个方面，进行优化每一个程序又有相应的细化要求，将接待工作程序化、规范化后，既有利于接待高效开展，不出现疏漏，又有利于接待人员在接待中不断提高工作水平。其次制订成熟的考察路线。总结形成10条精品路线，涵盖现代工业、现代农业及新农村建设、城市建设及民生工程、农村环境治理等各个方面。有了这些成熟的考察路线后，在制作外团接待方案时，便能针对不同外团具体要求提供“个性化定制”，再结合相关负责科局、镇（街道）意见，制订出每次接待的最佳方案，确保外团宾客学有所获。（曹 鹏）

长沙县人民代表大会常务委员会

责任编辑：周进银

综述

【概况】 长沙县第十六届人民代表大会常务委员会设主任1人、副主任5人、委员20人。2015年，县人大常委会机关设办公室和财政经济、科教文卫、选举联络、内务司法、农业、城乡建设环境与资源保护6个工作委员会。办公室配正主任1人、副主任2人，城乡建设环境与资源保护工作委员会配正、副主任各1人，其余五个工作委员会各设主任1人，主要为县人大及其常委会履行职权做好服务工作。

是年，县人大常委会举行人大常委会会议9次，主任会议23次，听取和审议“一府两院”及其部门专项工作18次，组织开展专题调研视察8次，发出审议意见书5份，作出决议决定11项，圆满完成县十六届人大四次会议确定的目标任务。

服务全县工作大局。审议批准金井镇和双江镇合并为金井镇、开慧镇和白沙镇合并为开慧镇、黄兴镇和干杉镇合并为黄兴镇的议案，审议批准星沙旧城片区改造工作方案，审议批准县城扩容提质PPP项目、空港城建设及综合开发PPP项目，审议同意长沙县与美国理查森市缔结友好城市关系；听取审议城乡规划实施情况，支持规划建设部门依法编制《长沙县城乡建设导则》和《星沙新城绿地系统规划》；全力支持政府完成职能转变和机构改革工作，着力促进五大功能区、产城融合、零碳基地、乐和乡村建设和政府购买社工服务；持续关注“十二五”规划实施情况，组织开展“适应新常态，再创新辉煌”调研，征集各级代表“金点子”99条；审议2015年计划执行情况，视察松雅湖、空港城、星沙产业基地等地的重大政府投资项目建设情况，专题调研视察生猪退养工作、中小微企业和旅游业发展。在增强依法监督实效上，创新实施“一评二询三问责”（即每年组织代表对3～5个部门单位进行工作评议，针对评议整改不到位的工作，第二年由人大常委会继续进行专题询问，经询问整改仍不满意的，第三年按有关规定对部门负责人进行问责）的监督模式，组织对县卫生局、县水务局、县交通局开展工作评议，对2014年教育、环保评议整改工作开展专题询问，努力拓展人大监督新视角的做法被全国人大、省人大、市人大推介；深化对政府全口径预决算的审查监督，两次审议预算执行情况，审查批准2014年度决算和2015年预算调整方案，首次组织对6家单位15个审计问题的整改落实情况进行满意度测评；组织开展以推进法律职业共同体建设为主题的“司法公正长沙行”活动，听取审议县人民法院执行工作，专题调研县人民检察院民事行政检察工作，组织开展国家宪法日宣传和宪法学会征文活动，组织开展“中小企业促进法”及其实施办法执法检查；在全省率先将环境状况和环境保护目标完成情况提请代表大会审议，继续组织开展“三湘环保世纪行”“三湘农民健康行”“农产品质量安全行”“民族团结进步行”等活动。在发挥代表作用上，以“双联”活动为载体，开展“12345”代表主题活动和代表活动室观摩活动，着力打造环境优、管理优、保障优、服务优、作风优的“五优”代表活动室，依托代表活动室首次将省、市人大代表按照工作性质、职业特长开展分组调研；全面组织代表开展履职情况报告，全年共有5名市代表在县人民代表大会上报告履职情况，107名县代表在选区述职并接受选民测评，长龙街道党工委书记作为职务代表率先向选区选民报告工作；认真督办县十六届人大二次会议所立的《关于强化规划引领、提高城市品味的议案》《关于现代农业示范区干线公路网络建设的议案》和县十六届人大四次会议期间、闭会期间收集的99件代表建议，首次组织代表对20件代表建议办理情况进行电子票决，测评满意率70%以上。在提升履职能力水平上，深入开展“三严三实”专题教育，扎实开展“一推行四公开”“结对联系困难群众”和“一进二访”活动；坚持会前学法制度，举办《中华人民共和国预算法》《中华人民共和国环境保护法》专题讲座，组织常委会全体组成人员、镇（街）人大主席（工委主任）和代表小组长到全国人大深圳培训基地、上海复旦大学学习；加强制度建设，制定《预算审查监督试行办法》《宪法宣誓制度实施办法》，审议修订《工作评议试行办法》和《代表建议、批评和意见提出与办理工作的规定》；开设长沙县人民代表大会常务委员会网站和微信平台公众号，全面启动电子表决系统。

重要会议

【概况】 是年，召开长沙县第十六届人民代表大会第四次会议，举行人大常委会常委会议9次，主任会议23次，听取和审议县人民政府、县法院、县检察院及其部门专项工作18次。

【长沙县第十六届人民代表大会第四次会议】 长沙县第十六届人民代表大会第四次会议于2月3-6日在星沙开源剧院召开。全县254名人大代表参加会议。大会审议批准县人民政府、计划和财政、县人大常委会、县人民法院、县人民检察院的工作报告，明确全县2015年的目标任务和工作重点。会议期间收到代表书面建议、批评和意见99件。

【长沙县第十六届人大常委会第十七次到第二十五次会议综述】 是年，长沙县第十六届人大常委会召开常委会会议9次，其中有关人事任免会议5次，任免国家机关工作人员103人次，其中任免人大系统工作人员12人次、政府系统工作人员35人次、检察院系统工作人员9人次、法院系统工作人员47人次，接受市、县人大代表辞职21人次，补选市、县人大代表19名。其中，第17次常委会会议决定孙晓勇的长沙县第十六届人民代表大会代表职务自行终止，第22次常委会会议决定任命李开兴为县人民政府副县长，决定接受周志远辞去长沙县第十六届人民代表大会代表职务，决定李武的长沙县第十六届人民代表大会代表职务自行终止。

县人大常委会坚持服务全县工作大局，坚持依法按程序办事和集体行使职权，对“一府两院”的工作依法开展监督，有3次常委会会议听取审议全县财政预算执行情况及预算调整情况和全县国民经济和社会发展计划执行情况，第17次常委会会议听取县审计局关于2013年度审计工作报告中指出问题的整改情况的报告及被审计单位整改情况的报告，首次对审计问题整改情况进行满意度测评，第21次常委会会议听取县住房保障局关于2013年度审计工作报告中指出问题的再整改情况；常委会高度重视强化规划引领工作，第24次常委会会议审议批准《长沙县城乡建设导则》，第25次常委会会议审议批准《星沙新城绿地系统规划》；常委会十分关注全县经济运行质量，第20次常委会会议听取审议2015年长沙县投融资工作情况，审议批准长沙县人民政府《关于提请审议空港城PPP项目有关支持事项的议案》，第21次常委会会议审议批准长沙县人民政府《关于提请审议县城扩容提质PPP项目有关事项的议案》；为增强监督实效，第23次常委会会议对2014年教育、环保工作评议整改落实情况进行专题询问；为促进区域发展，第24次常委会会议审议批准将金井镇和双江镇合并为金井镇、开慧镇和白沙镇合并为开慧镇、黄兴镇和干杉镇合并为黄兴镇的议案；另有3次常委会会议分别听取和审议星沙旧城片区改造工作方案、长沙县旅游工作情况、长沙县人民法院执行工作情况。

主要工作

【概况】 县人大常委会强化对政府全口径预决算的审查监督，创新实施“一评二询三问责”，拓展人大监督新视角的经验作法在全国人大常委会举办的县(市)人大主任培训班上得到推介。搭建代表履职平台，提高建议办理实效，建议办理的代表满意率不断提高。

【财政监督】 积极推动新预算法在全县的贯彻落实，深化对政府全口径预决算的审查监督。强化对预算编制、执行、调整、决算和绩效情况的全方位监督，两次审议预算执行情况，审查批准2014年度决算和2015年预算调整方案，建议政府及相关部门依法规范预算编制，加强财政出借资金和结余资金管理，提升专项资金使用绩效。加强对政府性债务的监督，督促政府清理债务存量，严控债务增量，创新融资模式，降低融资成本，转型融资平台，预防债务置换后的偿债风险。强化对资金使用的全过程监督，在审议审计工作报告时，组织对6家单位15个问题的整改落实情况进行满意度测评，督促相关部门抓好审计问题整改，提高财政资金使用效益。政府及相关部门认真研究办理常委会的审议意见，按照全口径要求，及时对预算口径进行调整，对审计发现的问题进行积极整改。

【创新实施“一评二询三问责”】在广泛征求意见的基础上，县人大常委会组织660多名县、镇人大代表评议县卫生局、县水务局、县交通局工作，走访选民20000多人，收集意见建议7853条。通过评议整改，促进部分基层卫生院缺医少药、金井镇青山水库涵洞设计不合理、榔梨街道土高路常年失修等一大批问题及时解决，助推“基层医疗卫生设施提质”“城乡饮水安全保障”“城乡公交一体化”等一系列工作加快推进，政府部门为民服务意识和依法行政水平明显提升。针对2014年教育、环保评议整改工作中实效不明显的问题，开展专题询问，进行深度解剖。在专题询问会上，县人大常委会组成人员和列席代表就如何加强教师周转房管理、规范环评审批工作等10个群众关注的热点问题提出询问，由应询部门负责人分别作答。会后，县人大常委会形成审议意见向政府交办，持续加大跟踪问责力度。该县拓展人大监督新视角的经验作法，经过三年的探索提升，获上级人大常委会的充分肯定，在全国人大常委会举办的县（市）人大主任培训班上作典型发言，并予推介。

【搭建代表履职平台】县人大常委会以“双联”（即人大常委会组成人员联系基层人大代表、人大代表联系人民群众）活动为载体，切实加强常委会组成人员与代表、代表与人民群众的联系。扎实做好联系镇（街）人大和联系代表工作，实行主任会议成员分片联系镇(街),注重增强与各镇(街)人大和代表小组的沟通交流，听取对常委会工作的意见建议。组织开展代表活动室观摩活动，按照环境优、管理优、保障优、服务优、作风优的“五优”标准，着力提质代表联系群众平台建设，基本形成代表履职有平台、联系群众有场所、培训交流有条件的生动局面；各级代表依托代表活动室，及时收集反映社情民意，全年接待群众4000余人次，助推解决路口镇麻林村特困户土砖房年久失修、黄花镇黄花路社区后街污水直排、泉塘街道华天酒店附近流动摊贩占道经营等民生问题。全面组织代表开展履职情况报告，按照每位代表届内向选民报告1次的要求，全年共有5名市代表在县人民代表大会上报告履职情况，107名县代表在选区述职，接受选区选民的测评和监督，代表履职的责任意识进一步增强。长龙街道党工委书记作为职务代表率先向选区选民报告工作，获得好评。

【建议办理】县人大常委会坚持“主任牵头督办、委室分线督办、跟踪回访督办”的工作思路，创新督办模式，增强督办实效。选取“加快果园镇金江坝水库彻底清淤”等12件事关发展和民生的建议作为重点督办建议，由常委会主任、副主任牵头督办，增强示范引领作用。首次组织140名代表对县国土局、公安局、旅游局、水业集团、现代农业示范区管委会承办的20件代表建议办理情况进行电子票决，测评满意率70%以上。各位代表在县十六届人大四次会议期间和闭会后提出的99件建议、批评和意见，均已办理完毕并答复代表，所提问题已解决或列入计划逐步解决的有92件，占办理总数的93%。持续加大跟踪督办力度，县十六届人大三次会议交办而尚未办结的100件建议，已办结62件，建议办理的代表满意率、问题解决率不断提高。

【人大代表视察和调研】7月9日，省、市人大代表长沙县小组（联组）开展小组活动。长沙县委书记、长沙经开区党工委书记杨懿文，县委副书记、县长张庆红，县人大常委会主任李建章,县人大常委会副主任周安伟、柳铁强、曹艳萍、彭军其参加视察。

9月10日，县人大常委会主任(扩大）会议成员围绕全县生猪退养情况开展视察活动。县人大常委会主任李建章、副主任周安伟、柳铁强、曹艳萍、彭军其、唐俊兴参加视察，县人民政府副县长李开兴陪同视察。

10月23日，县人大常委会主任(扩大）会议成员视察县人民检察院民事行政监察监督工作，县人大常委会主任李建章，副主任周安伟、柳铁强、彭军其、唐俊兴参加视察，县人民检察院检察长石华陪同视察。

11月12日，县人大常委会组成人员开展人大议案工程及重点项目建设视察活动。县人大常委会主任李建章，副主任周安伟、柳铁强、曹艳萍、彭军其、唐俊兴参加视察，县人民政府副县长黄梁陪同视察。（卢文杰）

长沙县人民政府

综述

【概况】 2015年，县人民政府主动适应新常态，把握稳中求进总基调，凝心聚力，攻坚克难，全力推动转型升级，大力推进城乡建设，着力深化改革开放，竭力改善社会民生，致力转变政府职能，圆满完成县十六届人大四次会议确定的各项目标任务。全县实现地区生产总值1150亿元，同比（下同）增长10%；完成财政总收入202亿元（暮云街道、南托街道、跳马镇划入长沙市区后），增长10.9%；完成农林牧渔业总产值102亿元，增长5.5%；完成工业总产值2283亿元，增长10%；完成社会消费品零售总额372亿元，增长16%；完成固定资产投资770亿元，增长17.9%；城乡居民人均可支配收入分别达到36400元和25100元，增长8.6%和9.7%。

2015年为“十二五”规划画上了一个圆满的句号。五年间，长沙县地区生产总值由630亿元增加到1150亿元，财政总收入由75亿元增加到202亿元，经济规模接近再造一个长沙县。县域经济基本竞争力全国百强县（市）排名由25位进位至第8位，中国中小城市科学发展全国百强县（市）排名由31位进位至第6位。获评“中国最具幸福感城市（县级）”永久荣誉。成功创建国家生态县，荣登“中国十佳两型中小城市”榜首。提名全国首批县级文明城市，国家卫生县城通过复查验收。 （县年鉴编辑部）

【政府领导分工】 **张庆红** 县长，主持县政府全面工作，主持县国防动员委员会工作，主管财政、审计、监察工作（财政局、审计局、监察局）。

杨忠文 县委常委、常务副县长（至12月），协助县长主持县政府日常工作（政府办、政务中心、招标采购局）；主管空港城管委会全面工作及综合保税区相关工作（空港城、空港城建设投资有限公司、长沙综合保税区）；分管财税金融、综合经济、公务员和人事编制管理、安全生产工作（财政局、发改局、统计局、人社局、编委办、安监局、国资管理中心、国税局、地税局、银行、保险公司、金融办、星城建设投资有限公司、星城鸿源投资管理有限公司）；负责县政府与经开区的协调工作；联系县人大、县政协、武装部、老干工作及分管领域的重点项目建设、征地拆迁工作。

杨　莉 县委常委、副县长（至11月），主管空港城管委会全面工作；分管招商引资、现代服务业和会展工作（商务局、工商局、烟草局、长沙综合保税区）；分管劳动和社会保障工作（人社局）；分管旅游、外事侨务、民族宗教和对台工作（旅游局、外事侨务办、侨联、民宗局、台办）；分管创业富民工作（创业富民办）；联系分管领域的重点项目建设、征地拆迁工作。11月起，任常务副县长，协助县长主持县政府日常工作（政府办、政务中心、招标采购局）；主管空港城管委会全面工作及综合保税区相关工作（空港城、空港城建设投资有限公司、长沙综合保税区）；分管财税金融、综合经济、公务员和人事编制管理、安全生产工作（财政局、发改局、统计局、人社局、编委办、安监局、国资管理中心、国税局、地税局、银行、保险公司、金融办、星城建设投资有限公司、星城鸿源投资管理有限公司）；负责县政府与经开区的协调工作；联系县人大、县政协、武装部、老干工作及分管领域的重点项目建设、征地拆迁工作。

谭浩然 副县长，分管规划、建设和重点工程管理工作（规划局、住建局、工务局、重点工程管理局）；分管城镇管理工作（城管执法局）；分管房地产业发展和住房保障工作（住房保障局、住房公积金中心）；协管城建投；协管国土、拆迁安置工作。11月始，任县委常委、副县长，分管国土资源管理及拆迁安置、规划、建设、重点工程管理、城镇管理、星沙松雅湖商务区、房地产业发展和住房保障工作

（国土局、征地办、规划建设局、重点工程局、城管局、星沙松雅湖商务区、住保局、住房公积金中心）。

黄　梁　副县长，分管工业发展、环境保护和技术监督、安全生产工作（工信局、环保局、质监局、安监局、食药监局、环建投）；分管交通、邮政、通讯、电力发展工作（交通局、公路局、路建投、邮政局、电信公司、供电公司、移动公司、联通公司）；分管星沙产业基地建设工作（星沙产业基地管委会）；分管国有集体企业改革改制及遗留问题处理工作（轻工总公司、商业总公司）；联系分管领域的重点项目建设、征地拆迁工作；联系企业家协会、老年科技者协会。

黄　波　副县长，协管征地拆迁工作；协助县委常委、副县长谭浩然分管星安片区、黄兴片区、黄花片区拆迁建设协调指挥部。

李开兴　副县长（8月始），分管农村农业发展、城乡一体化（含试点镇建设）、农村环境综合治理、民政、民兵预备役和人防工作〔长沙现代农业区、农林局、水务局、民政局、残联、粮食局、供销社、气象局、生态办、城乡一体化办、人防办、防雷办、瑞农现代农业投资开发有限公司、水业（集团）控股有限公司〕；联系分管领域的重点项目建设、征地拆迁和高炮团工作。

曾卫国　副县长（至11月），分管政法维稳工作（公安局、司法局、信访局、维稳办、应急办、消防大队）；联系法院、检察院、国安分局、反邪教办工作。

彭迟平　副县长（11月始），分管政法维稳工作（公安局、司法局、信访局、维稳办、应急办、消防大队）；联系法院、检察院、国安分局、反邪教办工作。

邹春林　副县长（至5月），分管农村农业发展工作（示范区管委会、农办、农业局、林业局、水务局、畜牧水产局、粮食局、供销社、水建投、气象局）；分管城乡一体化（含试点镇建设）和农村环境综合治理工作（生态办、爱卫办、城乡一体化办）；分管民政工作（民政局、残联）；分管计划生育工作（计生局、计生协会）；分管民兵预备役和人防工作（人防办、防雷办）；联系分管领域的重点项目建设、征地拆迁工作；联系高炮团工作。

陈计伟　副县长（至12月），分管教育、科技信息化、文化、卫生、广电事业发展工作（教育局、科技局、文广局、卫生局、广播电视台、科协、电子政务办、红十字会）；分管依法行政监督、综合行政执法改革工作（法制办、执法办）；分管史志档案、机关事务工作（档案局、机关事务局）；分管食品安全工作（食安办）；联系分管领域的重点项目建设、征地拆迁工作；联系工、青、妇、工商联工作（总工会、团委、妇联、工商联）。

杨光荣　副调研员，协助政府领导抓好分管工作。

张敬伟　副调研员，协助政府领导抓好分管工作。

张劲松　副调研员，协助政府领导抓好分管工作。

肖建军　副调研员，协助政府领导抓好分管工作。

高胜利　副调研员，协助政府领导抓好分管工作。

刘宗正　副调研员，协助政府领导抓好分管工作。

丁　文　副调研员，协助政府领导抓好分管工作。

曹伟兴　县政府办主任，协助政府领导抓好分管工作。　　　　（县政府办）

政务纪要

【概况】　2015年，县人民政府召开1次政府全体会议和15次政府常务会议及22次县长办公会议，对需要由县人民政府决策和实施的全县重大问题进行研究，作出相应决议。

【政府全体会议研究事项】　2015年1月16日，县政府召开长沙县第十六届人民政府第五次全体（扩大）会议，讨论和审定下列事项：通报2014年全县党风廉政建设及案件查处情况；通报2014年政府投资项目计划完成情况；通报2014年财政资金使用情况；通报2014年全县依法行政工作情况；通报2014年全县安全生产工作情况；审议通过《2015年政府工作报告（草案）》。

【县政府常务会议研究事项】　2015年1月13日至2015年12月30日，县政府共召开常务会议15次。

1月13日，召开长沙县第十六届人民政府第二十三次常务会议，审议《2015年度政府工作报告（送审稿）》；听取关于长沙县2014年国民经济和社会发展计划执行情况及2015年计划草案的汇报；听取关于2014年财政收支结算及2015年财政收支预算安排的情况汇报；研究长沙县村级工程管理办法补充规定；研究《长沙县政府投资电力工程管理办法（试行）》；听取有关项目变更的情况汇报；听取关于田立新、裴杰明违纪案件的情况汇报；研究长沙县部分行政区划调整工作有关事项。

2月9日，召开长沙县第十六届人民政府第二十四次常务会议，审议《关于进一步加快建设教育强县的若干意见》（送审稿）；审议《关于在全县退役军人中广泛开展“双带双促”活动实施意见》和《长沙县“退役军人之家”建设方案》；听取关于张铁云违纪案件的情况汇报。

3月24日，召开长沙县第十六届人民政府第二十五次常务会议，审议《关于进一步加强生态环境保护工作的意见》；听取关于成立长沙县生态环境保护委员会的情况汇报；研究《长沙县财政性投资水务工程遴选办法》；研究修订《长沙县城乡困难居民医疗救助办法》；听取关于《松雅湖环湖片区控制性规划》调整的情况汇报；审议星沙旧城片区改造工作方案；研究《长沙县PPP咨询中介库建立及管理办法》；研究空港城等5个项目依法依规选取咨询公司相关事宜；研究有关人事任免事项。

4月14日，召开长沙县第十六届人民政府第二十六次常务会议，研究党风廉政建设及财政审计相关工作；审议《长沙县（经开区）再生资源管理办法》；研究项目变更有关事宜；听取长沙空港城建设及综合开发PPP项目工作情况汇报；研究有关人事任免事项。

4月24日，召开长沙县第十六届人民政府第二十七次常务会议，审议《长沙县（经开区）拆违控违工作方案》；审议长沙县国有建设用地监管领导小组会议暨2015年长沙县第一次国土会审会议有关事项；审议《县城扩容提质项目PPP实施方案》；研究将黄兴现代市场群四条道路、G107（安沙至青山铺段）提质改造项目置换洞株公路（长沙县段）有关事项；研究县水建投和环建投整合方案；研究《长沙县县级公立医院综合改革实施方案》；听取党的群众路线教育实践活动整改报告。

5月28日，召开长沙县第十六届人民政府第二十八次常务会议，通报长沙县机构改革方案；简要部署“三严三实”活动；研究示范区管委会PPP项目实施方案；研究长沙县公共信息平台PPP项目实施方案；听取关于贯彻落实国发〔2015〕25号文件精神的情况汇报；听取关于2015年道路命名工作的情况汇报；听取关于黄花国际机场综合配套服务区基础设施建设的情况汇报；研究支持长沙国际会展中心片区用地相关事宜；通报白沙镇乡村旅游工作调研会议、金井古井古寺风景名胜区建设调研会议有关议定事项；听取关于长沙县与美国理查森市建立友好城市关系的情况汇报；听取有关违纪案件的情况通报；研究有关人事任免事项。

6月30日，召开长沙县第十六届人民政府第二十九次常务会议，审议《长沙县人民政府部门责任清单》；审议《关于实施农村因征地导致少地农民基本生活补助的指导意见》。

7月30日，召开长沙县第十六届人民政府第三十次常务会议，研究湖南长沙现代农业成果展示区PPP项目实施方案；审议《长沙县城乡规划委员会章程》；审议《工矿商贸企业申报财政资金项目实施安全联审制度》；听取政府招标采购工作有关情况汇报；听取关于调整政府采购公开招标起点金额的情况汇报；听取关于支持本地优质产品对接政府投资项目的情况汇报；研究项目变更有关事宜；研究租赁星沙商务写字楼有关工作；审议《长沙县人民政府关于〈长沙县人大常委会对全县投融资工作的审议意见〉的复函》；研究有关人事任免事项。

8月25日，召开长沙县第十六届人民政府第三十一次常务会议，审议《长沙县城乡建设导则》；听取关于京广高速沿线农村危房改造整体推进示范项目的情况汇报；听取关于周海林违纪案件的情况汇报。

9月17日，召开长沙县第十六届人民政府第三十二次常务会议，审议长沙县国有建设用地监管领导小组会议暨2015年长沙县第二次国土会审会议有关事项；研究黄花机场综合配套服务项目两宗用地挂牌出让方案；审议《长沙县高标准农田建设（2011—2020）实施方案》；听取关于黄宪违纪案件的情况汇报。

10月21日，召开长沙县第十六届人民政府第三十三次常务会议，研究流程优化工作；听取长沙县第二次全国地名普查工作情况汇报；听取关于县人大审议旅游工作复函的汇报；听取关于《长沙县2014年财政收支决算（草案）和2015年1月至5月财政预算执行情况的报告》审议意见复函的汇报；研究有关工程变更事项；听取关于颜宇辉违纪案件的情况汇报。

11月10日，召开长沙县第十六届人民政府第三十四次常务会议，研究乡镇行政区划调整改革工作；研究长沙县“十三五”规划编制工作；听取关于长沙县2015年1月至9月国民经济和社会发展计划及政府投资项目计划执行与2015年计划调整情况的汇报；听取和审议2015年1月至10月财政预算执行情况和预算调整草案；研究有关人事任免事项；听取关于吴晓、石浩违纪案件的情况汇报。

12月9日，召开长沙县第十六届

人民政府第三十五次常务会议，研究征地拆迁政策文件修订工作；听取关于《星沙新城绿地系统专项规划》编制工作的情况汇报；听取关于东方航标二期项目容积率调整问题的情况汇报；研究干部人事任免事项。

12月22日，召开长沙县第十六届人民政府第三十六次常务会议，审议政府机构改革“三定”工作；研究长沙县“十三五”规划编制工作；审议《2016年度政府工作报告（送审稿）》；听取关于县政府全会筹备工作情况的汇报；审议长沙县国有建设用地监管领导小组会议暨2015年长沙县第三次国土会审会议有关事项；审议《长沙黄花综合保税区（首期）项目PPP实施方案》；听取关于人大审议意见复函的情况汇报；听取关于长沙县千杉墓地有关情况的汇报；研究有关人事任免事项。

12月30日，召开长沙县第十六届人民政府第三十七次常务会议，听取关于现代服务业产业发展政策措施的情况汇报；审议《长沙县整合涉农建设资金支持新农村建设改革(试点)方案》；听取关于白石洞水库建设规模调整批复情况的汇报，研究有关人事任免事项。

【县长办公会议研究事项】 2015年1月6日至2015年12月30日，县政府共召开县长办公会议22次。

1月6日，召开第一次县长办公会，听取关于2015年政府投资项目计划（草案）编制情况的汇报；传达市安居工程和棚户区改造工作领导小组会议精神；听取关于黄花机场限价房项目有关情况的汇报；听取关于2014年长沙县特色小城镇创建工作的情况汇报；听取星沙产业基地有关项目代征的情况汇报；听取关于滨湖路等项目代征的情况汇报；听取关于启动黄兴镇高塘坪小学征地拆迁工作的情况汇报；审议《长沙县党政机关培训费管理办法》《长沙县党政机关差旅费管理办法》《长沙县党政机关会议费管理办法》；研究环湖片区13条道路项目法人招商（标）方案；听取关于春华城建投收购湖南枫林49%股份的情况汇报；听取关于2014年财政决算及2015年财政预算情况的汇报；听取关于划拨老年体育活动中心改扩建工程用地的情况汇报。

1月14日，召开第二次县长办公会，听取关于长永高速星沙段盖板工程项目协调情况的汇报；听取关于城乡结合部环境综合整治107国道提质改造工程的情况汇报；听取关于“凯富南方鑫城”富余限价房处置方案的情况汇报；听取关于黄江大道跨红线三户房屋及黄兴汤阳桥排渍泵站项目四户房屋提前代征的情况汇报；听取关于2013年度长沙县现代服务业优惠政策兑现的情况汇报；听取关于为残疾人购买意外伤害保险相关情况的汇报；听取关于增加湘雅博爱康复医院为医疗保险和工伤保险定点医院的情况汇报；听取关于东方航标缴纳报建费相关问题的汇报。

2月9日，召开第三次县长办公会，审议《智慧城市顶层设计方案》；研究有关项目完善招标手续事项；听取关于德泽苑项目及机场公安局备勤综合楼项目基础设施配套补助的情况汇报；研究国家杂家水稻综合试验基地高标准试验示范区项目有关事项；听取安沙镇关于返还生态补偿基金的情况汇报；听取福临镇关于开物中学闲置资产处置的汇报；听取关于明德服装厂建设用地历史遗留问题的汇报；听取关于提前回购“星沙商务写字楼及市民服务中心”的汇报；审议县城扩容提质项目PPP合作单位及合作方案；听取关于110千伏星沙中变电站10千伏电缆埋管建设的情况汇报；听取关于县乡财政体制结算及镇街转移支付安排情况的汇报；听取关于行政问责案件的情况汇报。

3月28日，召开第四次县长办公会，听取关于加强全县工会经费收支管理的情况汇报；研究设立长沙县基金管理公司及城建基金的相关事宜；听取星城投关于成立新项目子公司的情况汇报；审议万家丽北路地块定向开发框架协议；审议长沙县公交首末站招商方案；审议2015年部门预算方案；审议2014年乡镇财税奖励方案；听取关于长沙农产品精深加工园选址的情况汇报；研究有关项目完善招标手续事项；听取关于湘郡未来实验学校设立高中部的情况汇报；听取关于重点项目部分居民申请代征的情况汇报；听取关于减少“盛地·领航城”限价房面积的情况汇报。

4月21日，召开第五次县长办公会，听取关于长沙县生活垃圾清运改革的情况汇报；听取长沙经开区关于将北京银行8.9亿元融资业务纳入县级预算统一管理的情况汇报；听取空港城部分统征用地先期启动协议搬迁的情况汇报；研究松雅湖区域高压燃气管道改迁事项；听取县人防办购买尚都美寓房产专项预算情况汇报；研究春华镇原茶叶一机砖厂地块非法占地罚款相关问题；听取关于支持鑫广安公司申报国家生猪核心育种场的情况汇报；听取关于“易通新城”公租房项目回购协议的情况汇报；听取关于支付长沙佳辉置业有关费用的情况汇报。

5月15日，召开第六次县长办公会，研究农业投资公司并购乡镇投资公司相关事宜；研究捞刀河南岸风光带建设项目设计方案；听取关于成立基金管理公司的情况汇报；审议金井“茶乡小镇”城镇建设及旅游开发一期PPP实施方案；研究星沙文化公园解约方案；研究龙塘水体公园建设用地置换相关事宜；听取关于建立安全生产奖励机制的情况汇报；听取关于春华公路班用房移交春华镇政府管理的情况汇报；听取关于“两路一站”项目周边13户自愿搬迁的情况汇报；研究长沙恒玺置业有限公司欠缴土地价款滞纳金相关事宜；听取关于免除长沙黄花机场飞行区东扩工程空管工程生态补偿基金及土地开发费用的情况汇报；听取关于星沙商务写字楼食堂运营商的情况汇报；研究县综合治税方案。

6月4日，召开第七次县长办公会，听取关于参股公司股权转让的情况汇报；研究星城投与长沙银行合作成立城市发展基金的相关事宜；听取关于既望园土地置换申请的情况汇报；听取关于建设黄花国际机场加油加气站项目的情况汇报；研究G107调规项目设计相关事宜；听取关于解决黄兴镇部分基础设施建设资金的情况汇报；听取关于2014年应休未休年休假补贴发放的情况汇报。

6月16日，召开第八次县长办公会，审议自来水价格和结构调整方案；听取关于2014年度长沙县现代服务业优惠政策兑现的情况汇报；研究有关项目完善招标手续事项；研究长沙磁浮工程用地划拔供地方案；听取关于新建预拌砂浆生产线的情况汇报；研究“紫华郡”富余限价房转公租房事项；研究宏梦卡通部分用地开发建设有关问题；听取关于S210纳入长沙空港城建设及综合开发PPP项目的情况汇报。

7月10日，召开第九次县长办公会，听取星沙第二水厂建设方案情况汇报；研究长沙县浔龙河PPP项目；听取关于星城投回购星沙商务写字楼及市民服务中心项目的情况汇报；研究审计整改工作；研究李焕炎一案有关事宜；听取关于湖南万物生商业广场有限公司土地拟处理意见的情况汇报；听取关于星沙农商行申请减免长龙支行项目生态补偿基金和土地开发费用相关事宜拟处理意见的情况汇报；听取关于完善佳美房地产开发有限公司国有土地手续拟处理意见的情况汇报。

7月15日，召开第十次县长办公会，听取2015年1-5月县政府会议纪要议定事项落实情况的督查交办；听取关于商业乐园改造项目的情况汇报；关于S210（黄花机场—三环干杉互通）道路工程移交空港城纳入PPP项目后的有关事项汇报；听取中石油长沙输油气分公司长沙输油站事故应急渗漏地、消防站建设用地依法启动协议搬迁情况汇报；听取关于实施乡镇机关事业单位工作人员乡镇工作补贴的情况汇报；听取关于公路局改革下放债务的情况汇报；通报2015年上半年财政预算资金使用情况；传达学习关于党风廉政建设“两个责任主体”相关文件精神。

8月5日，召开第十一次县长办公会，听取关于长沙县拟入股长沙市现代农业投资公司的情况汇报；听取空港城PPP项目合作情况汇报；研究有关项目完善招标手续事项；听取关于明确县城区交通标志牌杆、交通信号灯杆、路灯杆喷涂墨绿色油漆项目单价的情况汇报；听取关于环保染色木屑在星沙城区推广应用的情况汇报；研究长沙县精神病医院和南托街道社区卫生服务中心分离移交有关问题；听取关于星城投参股湖南华星通航公司的情况汇报；听取关于原蔬菜局综合楼公开招租的情况汇报；听取关于滨湖路、特立路二期、星城投20.27公顷用地等项目申请自愿搬迁的情况汇报；研究《长沙县行政机关个人所得税代扣代缴方案》；研究《选择商业银行进驻市民服务中心开设营业网点方案》。

8月25日，召开第十二次县长办公会，研究《长沙县人民政府执行长沙市征地补偿安置条例及实施办法有关事项的通知》；听取全县政府投资项目管理专项检查情况及整改情况汇报；听取关于促进长沙县房地产市场平稳健康发展的情况汇报；听取关于省国安厅项目配套用地有关情况的汇报；听取关于快速消费品仓储配送中心项目有关情况的汇报；听取关于申请办理松雅河变电站无偿划拨土地手续的情况汇报；听取关于都市职院报建费有关问题的汇报；听取关于拨付2015年拆违控违专项资金的情况汇报。

8月31日，召开第十三次县长办公会，研究水务发展投资基金方案；听取关于黄花国际机场输水专线工程资产及管理权移交的情况汇报；听取关于和长沙银行合作设立城市发展基金的情况汇报；研究文体中心后续建设有关问题；研究《关于加强教师队伍建设的实施意见》。

9月17日，召开第十四次县长办公会，听取黄兴集镇污水处理厂二期扩建情况汇报；听取湘龙街道关于部分农户申请纳入荣盛地产项目自愿搬迁的情况汇报；听取“易通新城”公租房项目有关情况的汇报；审议《长沙县拆违控违工作绩效考核办法》。

9月23日，召开第十五次县长办公会，通报县长副县长带队开展安全生产检查情况；研究县精神病医院择址新建方案；听取关于安沙镇析置水渡河街道的情况汇报；研究环城绿带生态圈建设有关工作；听取关于与中国农业银行签订全面战略合作协议的情况汇报；听取关于路建投将持有星通公司部分股份转让给龙骧公司的情况汇报；听取关于“星沙商务写字楼及市民服务中心”BT项目承建单位申请借款的情况汇报。

10月15日，召开第十六次县长办公会，听取关于在县内各行政事业单位开展公益项目建设闭环式私募基金募集的汇报；听取关于转借尚上路桥公司1.1亿元贷款的汇报；听取关于拨付成湖项目建设资金的情况汇报；审议《长沙县2016年重点工程项目计划（初稿）》；听取关于1-8月县政府工作报告及会议纪要落实情况的汇报；听取关于星沙产业基地5亿元融资租赁的汇报；研究机场联络线提质改造PPP项目工作；听取关于依法完善中茂城项目报建手续的情况汇报；研究经开区征地拆迁体制相关工作；研究关于科润置业申请解除地块成交及退还保证金的处理方案；研究生猪退养相关工作。

11月4日，召开第十七次县长办公会，审议《长沙县加油、加气站和充电桩布局规划（2015—2020）》；听取关于临时占用及挖掘城市道路行政审批相关事项；听取关于星沙产业基地12户自愿搬迁的情况汇报；研究空港城PPP项目建设业主变更有关事项；听取关于一次性支付紫华郡限价房购房余款的情况汇报；研究恒凯置业项目有关问题；研究《原第二机械厂重大安全隐患除险方案》；听取关于长沙县2015年1-9月国民经济和社会发展计划及政府投资项目计划执行与2015年计划调整情况的汇报；听取和审议2015年1-10月财政预算执行情况和预算调整草案。

11月16日，召开第十八次县长办公会，研究长沙县水业（集团）组建实施方案；研究瑞农投有关土地契税、交易服务费及土地价款返还事项；研究湘丰茶业、海驿物流、劳动人事职院申请使用国家专项基金的担保回购主体事项；研究长沙县农业三项补贴改革试点工作；听取关于整合不动产登记职责的情况汇报；研究长沙县不动产统一登记工作实施方案；听取关于办理镇街国有土地上自建私房权属登记的情况汇报；听取关于确定县内土石方工程弃土场费用的情况汇报；听取关于市轨道3号线东四线站地下空间开发项目协商情况汇报；听取安沙六个重点项目12户居民自愿搬迁的情况汇报。

11月20，召开第十九次县长办公会，研究走进东盟系列活动具体问题；听取关于兑现厦门航空湖南分公司项目优惠政策的情况汇报；研究“荣盛—花语城”项目建设有关问题；听取关于长沙县与长沙师范合作办园有关工作的汇报；听取关于长沙县机关事业单位养老保险制度改革有关情况汇报；研究《全县行政机关向县监察局移送涉嫌违反行政纪律问题线索的办法（试行）》。

12月10，召开第二十次县长办公会，听取星城投关于申请发行公司债券的情况汇报；听取关于县星城投向建设银行铁银支行申请贷款相关事宜的情况汇报；听取关于县星水投向渤海银行长沙分行申请贷款相关事宜的情况汇报；听取关于政府投资项目使用“金龙”牌表箱和铁艺围栏纳入政府定点采购的情况汇报；审议《关于进一步培育发展和规范管理社会组织的实施意见》《长沙县公益性社会组织培育发展专项资金管理办法》；审议《长沙县农村饮水安全工程管理办法》；听取关于规范政府投资项目招标方式变更事项联审审批制度的情况汇报；听取关于“长沙师范学院第二校区建设项目”报建费的情况汇报；听取关于拨付麻林桥地热资源采矿权价款收益分成的情况汇报；听取关于松雅湖国际公寓1号栋经营情况的汇报。

12月21日，召开第二十一次县长办公会，听取关于2015年经济社会发展指标、政府投资项目计划执行情况及2016年经济社会发展指标、政府投资项目计划安排情况的汇报；听取关于2015年财政收支结算及2016年财政收支预算安排的情况汇报；研究青松老年公寓项目资产整合方案；听取关于注销长沙县房地产综合开发经营公司的情况汇报；听取关于将紫华郡一期、二期限价房置换到建造三期标准公租房的情况汇报；听取关于“盛地领航城”项目限价房处置方案的情况汇报；听取关于代征友阿养猪场及通用航空项目周边相关地块的情况汇报；研究渣土卸土区管理和安全生产工作。

12月30日，召开第二十二次县长办公会，听取关于三一工业职业技术学院扩建报建费减免的情况汇报；听取关于办理小天城项目预售证的情况汇报；听取关于明确全县雇员制注册城市规划师待遇标准的情况汇报；听取关于加快影珠山省级风景名胜区

保护与开发建设的情况汇报；审议《项目立项审批优化办法》。（县政府办）

人事人才工作

【概况】 2015年，县人力资源和社会保障局人事人才工作再上新台阶。一是人才服务更加优质。该局认真贯彻《湖南省人力资源市场条例》，筹划人才市场建设，推行标准化人事代理服务，取消人事档案保管费，建成人才档案数字管理平台。开展“提升依法行政能力”主题培训，首次将公务员培训班开进清华大学。对接“3635”人才计划，申报省市引智项目37个，组织申报中、高级职称132人。二是人事管理更加规范。积极参与政府机构改革人事调整工作，安全高效完成15批次人事考试，考录编内外工作人员671名，妥善安置军转干部，帮助部分军转干部自主择业创业，试用人事业务综合管理信息系统，全面启动镇街岗位设置管理工作，稳慎实施公务员职务与职级并行改革。三是福利制度更加完善。在全市率先出台《县管国有企业负责人薪酬管理暂行办法（试行）》，督促落实职工年休假制度，顺利实施乡镇工作补贴，完成机关事业单位人员调资工作。

【业务素质培训】 为提高基层公务员新时期群众工作能力，6月24−28日，组织50名行政机关科级副职以下在职公务员和参公人员赴清华大学继续教育学院（中组部干部培训基地之一）培训。培训主要采取专家授课的形式，综合运用理论专题讲授、案例互动讨论的方法，提高培训实效。分3期对300名机关事业单位新聘人员进行岗前培训。每期培训3天，培训内容包括心理辅导、才艺、法律法规、经济管理等多个方面。以廉政教育为学习重点，参训人员在课堂上进行廉政勤政宣誓，签订个人廉洁自律承诺书。举办“媒体应对与危机处理”“中层干部综合管理技能提升”两期公务员特色培训班和两期“提升依法行政能力”在职培训班，共有400人参加；另有1200人参加网络在线培训。举办一期新录用教师岗前培训班，共有74名教师参加。

清华大学—长沙县优秀公务员素质提升班学员合影　（县人社局 提供）

【人才引智工作】 加大力度宣传省、市人才引智政策，着力引进海外高层次急需、紧缺人才以及先进技术、品种，积极组织县域内企业做好引智项目申报立项工作。全县共申报省、市级引智项目37个（其中省级15个，市级22个），申报率同比增长54%，经评审，共获省市引智项目经费63万元。组织申报中级职称69人，申报高级职称70人，认定初级职称172人。同时，做好2014年职称扫尾工作，领取并发放中、高级评审通过的89人档案及文件及证书。

【公务员职务与职级并行工作】 该局根据上级文件精神，制定《长沙县建立公务员职务与职级并行制度工作方案》，将范围内无争议的对象先期启动，通过动员部署、初审、考核测评、公示、审批及待遇兑现，确保首次入轨工作完成。积极整改落实省委巡视组反馈意见。省委巡视组关于长沙县2人“吃空饷”、3人违反规定进人未清理及事业单位招聘考试相关问题，除省委组织部认可的特殊情况外，“吃空饷”人员及违规进入人员均已解聘并销编，问题已全部整改到位。

【个人档案移交】 12月，暮云街道、南托街道调整至天心区，跳马镇划入雨花区。根据《长沙市行政区划微调机构编制和人员调整交接书》，清理移交天心区个人档案743本，雨花区个人档案722本，市国土局个人档案15本，市公安局个人档案25本，共计1505本个人档案。

【表彰奖励审批】 对2014年度机关事业单位工作人员年度考核工作进行认真审核，共奖励机关工作人员634人，其中记三等功111人，嘉奖523人；事业单位工作人员考核等次定为优秀的 367 人；市引进人才考核等次定为优秀的 3 人；村官考核等次定为优秀的 76 人；教育系统事业单位工作人员考核等次定为优秀的 908 人；卫生系统事业单位工作人员考核等次定为优秀的 175 人。年内召开 2 次奖金发放联审小组会议，对 79 个申报项目，共计 1325.69 万元奖金进行审核。对 76 个奖金发放项目，共计资金 1139.49 万元予以审批发放。（陈晚霞）

电子政务

【概况】 以贯彻信息化建设“统筹规划、指导协调和监督管理”的工作思路，扎实工作，促进电子政务各项工作的开展。在“第十四届（2015）中国政府网站绩效评估结果发布会”上，中国·长沙县政府门户网站获得“中国政务网站领先奖”第三名，2015 年度中国政务网站外文版国际化程度领先奖第四名。在省政府网站绩效评估中，长沙县政府门户网站获评“湖南省政府优秀网站”。完成长沙县公共信息平台建设，由长沙县星城建设投资有限公司（县政府出资代表）与湖南电子信息产业集团共同投资 5000 万元成立“长沙星城智慧科技有限公司”项目公司，是湖南省首个采用 PPP 模式建设的智慧城市项目。实现长沙县智慧城市“大网络”“大机房”和“大数据”三大基础设施整合、集中和共享，建成“两网”“四库”和“两中心”，将为长沙县城市治理、民生服务和产业升级等信息化应用提供平台支撑，为“互联网＋长沙县”及大数据应用提供数据支撑。

长沙县电子政务“大网络”。全县 100% 的县直单位都建成完善的政务网络，新建乡镇（街道）、行政村（社区）光纤专网，新增 264 个村 / 社区、29 个医院和卫生所以及县林业局 9 个接入点，形成覆盖全县的“县—乡镇（街道）—行政村（社区）”三级电子政务内外网，已有 2 万余台电脑终端接入县政务网络。加强电子政务网络规范化管理，出台《长沙县电子政务建设管理办法》《长沙县政务信息网络管理办法》等。实现县电子防控平台（视频监控平台）、县政务服务事项在线办理系统、县数字城管信息系统、县卫生信息系统、县数字档案管理系统等 100 余套大联网系统在政务网上运行。

长沙县云计算中心“大机房”。新建云计算中心机房，县内各机关单位机房的软硬件设备集中到新建机房内。各机关单位所需 IT 硬件设施均由县政府统一建设、统一维护、统一提供。利用云计算等现代信息技术，新建计算、存储、安全、基础软件等 Saas、Paas 基础资源云平台，整合全县所有电子政务机房、软硬件设备和电子政务应用系统，集中部署、统建共用，避免软硬件重复投资，实现基础设施和业务系统的集中管理维护与全面安全可控。新建 X86 架构服务器集群，充分利用各单位现有硬件设备，构建计算资源池、存储资源池、网络资源池和机房配套设施，为公共信息平台提供基础软硬件资源环境。云计算中心是全县各机关单位现有系统、新建系统和未来建设的系统的计算资源、存储资源唯一提供者。

长沙县“大数据”中心。以政务数据资源开发利用为主题，以数据采集、融合、服务为主线，构建全县统一的 Dass 数据资源平台；大数据打破各部门之间信息独享的壁垒，实现跨部门、跨系统、跨网络和跨平台的数据交换、信息共享和业务协同，形成资源目录、数据采集、数据交换、数据共享、数据安全标准规范体系。建立人口、法人、地理空间和宏观经济四大基础数据库，清理县内各机关的数据资源，促进信息资源整合，解决条块分割、资源分散、重复建设等问题，促进互联互通、资源共享、协同合作。加快推进试点，县民政局、县教育局、县卫计局、县城乡规划建设局被定为第一批数据导入试点单位。

政府网站集群的建设及运维管理。针对长沙县政府门户网站的建设及运维管理，改变以往重建设轻管理、旨在建站而不关注运维管理的误区，突出信息公开、在线办事、政民互动、回应关切四大功能，着重落实网站运行及维护管理工作，彻底解决政府网站“四不”（不及时、不准确、不回应、不实用）问题。引进专业运维公司，在县电子政务办统一指导下，开展网站运行维护等，对网站内容、技术、安全、服务保障等方面全面落实。是年，县政府门户网站上传信息 32294 条（“政府信息公开目录”上传信息 11608 条，“部门信息公开目录”上传信息 11585 条，其他栏目上传信息 9101 条）；上报市政府门户网站信息 4981 条；“领导信箱”收到来信 2346 封，其中有效信件 1974 封（咨询类信件 808 封，投诉类信件 723 封，建议类信件 365 封，其他类信件 78 封），全部办结回复。网站日访问量 1 万余次，实现全县 100% 行政审批项目网上办理，公共服务事项 300 多项。全县各单位子网站建设严格按照上级要求，做到“统一平台、统一管理、统一规划、统一服务、分级负责”，已有 100 余家单位子网站迁移到统一平台进行建设及管理，并制订完善的管理制度及绩效考核方案。

（县电子政务办）

外事侨务

【概况】 2015年，县外事侨务办按照县委、县政府“推动新发展、开创新局面、展示新作为、取得新业绩”要求，不断增强外事侨务工作服务大局的针对性和实效性，助推县域经济和社会创新发展。

外事接待。邀请外国专业技术人员到县考察企业6批11人次，外事侨务接待6批99人次。到县访问的外籍人士3.6万人次。2015年3月和9月，长沙迈科轴承有限公司三次邀请孟加拉国相关人员到企业进行商务考察。4月和5月，长沙广义变流技术有限公司邀请法国巴黎科研人员进行为期一年的业务培训指导，商务咨询和西班牙为期7天的商务洽谈和战略合作探讨工作。7月，湖南云箭集团邀请巴基斯坦相关单位业主代表到县就水电合作事宜进行为期10天的考察。9月，湘丰茶厂邀请阿富汗麦格拉集团代表到县进行为期30天的商务洽谈及签署合作合同协议。外事接待比较重要的和规格较高的有：4月9日，香港“同行万里”国民教育交流团一行40人到访县实验中学，与该校师生开展互动国情教育活动；7月4日，南苏丹人民解放运动干部考察团一行22人参观该县黄花镇黄龙新村新农村建设情况；7月16日，法国驻武汉领事馆总领事马天宇考察该县跳马镇田心桥科技公司的零碳基地；9月8日，英国布鲁姆利市市长及英国代表团一行13人参观考察长沙玮希国际学校、碧桂园威尼斯中英文学校、松雅湖湿地公园建设情况，同日友城美国理查森市一行3人参观涉外企业康宝莱、国科徽；10月14日，韩国客商李京源一行3人到县进行商务考察；11月12日，马来西亚登嘉楼州州长代表团一行14人到松雅湖国际友谊林进行植树活动。

出国（境）手续办理。办理因公出国（境）9批28人次、因私出国（境）备案191批191人次。做到从严把关，优质贴心服务。其中比较重要的团组有：一是县委、县人民政府组团、由县委书记杨懿文带队赴香港澳门参加的港恰周招商引资小分队，于5月31日至6月2日顺利成行，取得预期效果。二是由县委副书记吴新伟为团长的因公出访团一行4人，代表长沙县政府赴法国里昂参加于7月1-2日由国际联盟举办的国际气候大会。为进一步加快创建“零碳县”建设步伐，学习引进国外先进环境保护项目，该代表团赴丹麦拜访哥本哈根相关企业及协会。三是县职中两位教师参加由市教育局组团赴德国进行职业教育企业与院校双元全程全面共同育人模式培训。

侨务工作。处理侨务信访案37件，接受华侨捐赠81.4万元，慰问困难归侨侨眷30人，认定“三侨”考生3人，印发慰问信、贺卡240份寄往全县旅居世界各地的重点侨胞华人港澳同胞。

接待重点侨务对象4批，一是接待旅美华侨周再华、师兴华的来访，与有关部门共同处理他们的老父亲的房屋纠纷问题；二是接待归侨李望思及其女儿的来访，与组织部门联系，解决因暮云街道划归市区管理其女儿的工作变动问题；三是接待春华镇九田村侨属陈承川的上访；协助寻找多年失踪的儿子；四是协助人民法院妥善处理1名韩国人因经济纠纷限制出境的问题。同时，根据湘政办发〔2015〕39号《关于提高老年归侨生活补助费标准的实施意见》，办理长沙县籍老年归侨生活补助提标工作：男满60岁，女满55岁的老年归侨月生活补助从200元提高到260元。

友城往来。2015年9月9-11日，美国理查森市商会会长迈克先生一行到访长沙县，县长张庆红、分管外事的副县长杨莉参与接待，围绕友城建设经贸合作开展深层交流。12月，长沙县与美国理查森市缔结友好城市。

政务督查

【概况】 2015年，政务督查工作始终围绕县委、县政府的重大决策部署，主动作为、认真履职，创造性开展督查工作。全年，组织开展督查活动100余次，形成督查通报8期、专报60期，圆满完成各项工作任务。一是紧扣重大决策，服务全县大局。始终紧扣事关全县发展大局的重要决策、重大问题开展专项督查，确保政令畅通。针对事关全县发展大局、事关市对县绩效考核等重要工作，如项目建设、征地拆迁、拆违控违、城市管理等工作开展多次现场督查，适时提出督查建议和意见，确保各项工作有部署、有反馈，成效明显。在决策督查中，一改过去督查室单打独斗的督查模式，由县政府办牵头抓总，整合全办力量，开展分线督查，分三次对县政府工作报告99项子目标、700多件会议议定事项的落实情况开展全面督查。在督查中，既检查工作开展情况，又帮助解决问题，特别是针对一些未完成事项，采取“回头看，再督查”，紧盯不放，挂账销号，推动各项工作按时保质完成任务，政务督查水平再上新台阶。二是狠抓关键工作，助力经济发展。始终坚持发展是第一要务，做到督查重点与发展同向，着力解决经济社会发展中的突出矛盾和问题。重点督办重大项目建设、征地拆迁、综合治税、打击非法集资、政府融资、主要经济指标等工作落实情况。狠抓项目建设这个“牛鼻子”，实现项目建设督查调度机制常态化。是年，长沙县安排政府投资项目143个，年度计划投资70.1亿元，完成投资76.7亿元，为年度计划的109.4%。三是关注民本民生，维护群众利益。坚持群众利益无小事，把安全生产、食品安全、县城入学难、超限超载、道路亮化、实事工程、防汛、春节慰问、建议议案提案办理情况等群众关心、关注的民生工作纳入全年督查重点，开展专项督办，有效维护全县社会安定和谐。全县32个重点民生实事项目全部完成。在食品安全监管方面，由过去督查食品生产经营单位为主，转变为督查食品安全监管部门履职情况为主，真正实现监督“监督者”的作用。长沙县食品安全监管模式获得群众满意度高、社会影响大、具有推广价值的“2015民生示范工程”称号。四是协助领导督办，解决突出问题。突出抓好领导批示件的查办，切实做到批必查、查必清、清必结。全年，主要针对混泥土场站整治、部分重点项目征地拆迁、超限超载、城区枯死乔木补栽、干线公路环境综合整治等20余件领导批示件开展专项督办，为保障政令畅通，推动工作落实保驾护航。针对荣盛花语城、湖南劳动人事学院等企业和单位提出的合理诉求，督促有关部门解决实际问题，推动项目建设和企业发展。

综合信息

【概况】 2015年，围绕县委、政府中心工作，积极收集、报送了一大批较有价值的政务、调研信息，其中《长沙县春耕备耕情况》被《国办专报》采用、《长沙县双江镇石井村创新土地流转模式的做法及成效》被省政府办公厅《政务专报》采用。全年累计收集各镇街、科局上报信息2388条，其中采用482条，上报省市政务信息377条，市级采用信息61条，省级采用信息12条，目标任务总分221分，区县排名全市第一。长沙县政府被评为2015年市政务信息优秀单位，龙也被评为2016年市政务信息优秀个人。2015年全年编发《政府公报》12期，《信息参阅》44期，《政府要情》3期，刊登政务动态信息及各类文章482条（篇）。继续实行《信息参阅》轮流编辑制度，多次召开编辑交流会议，组织一批原创稿件提升刊物质量。配合经济研究室认真收集部门工作总结，参与了半年度政府工作总结、2015年度政府工作报告的调研起草。

政府招标采购

【概况】 2015年，长沙县招标采购局坚持公开、公平、公正、择优的原则，认真履行工作职责，着力加强作风建设，深化服务管理，确保了招标采购工作顺利开展。全年共监督管理招投标项目288个，上限金额679650.74万元，通过招标节减建设资金48506.22万元，平均中标优惠率为7.14%。全年办结政府采购项目共694项，预算金额87337.97万元，合同金额75796.58万元，通过政府采购节减财政资金11541.39万元，平均节减率13.21%。

【完善招标评标办法】 修订完善2014年版施工招标“合理定价评审抽签法”“综合评估法Ⅰ/Ⅱ”两种评标办法以及设计招标“差额投票排序法”“综合评估法”的全县施工、设计标准招标文件。加强与各行业部门的对接，逐步实现长沙县各类项目评标办法与省市办法接轨，启用水利、交通类项目信用信息平台。试行《湖南省水利工程施工招标文件范本》，交通公路类项目采用省交通厅的“分类资审合理低价法”，缩小“定价抽取法”适用范围，扩大优秀企业中标机率。

【加大标后监管力度】 在开展标后监管专项检查时，对中标项目的人员到位履约、合同签订、日常管理等情况进行检查，查处中标后履约不到位、签订“阴阳合同”、随意更换项目负责人、转包、违法分包、资质挂靠等违法违规行为，签发建设工程标后监管整改通知单26份，促进标后合同的全面履行。

【实行批量集中采购】 从2015年起试行批量集中采购，对县直行政事业单位使用财政性资金购置计算机、打印机、空调等三类产品按规定标准归集采购需求，由县财政局采管科分类汇总后，委托该局统一组织招标采购。截至12月，该局共组织3期批量集中采购，分9次进行上网招标采购。共采购计算机790台、打印机和小型一体机350台、空调670台。基本满足全县行政机关、事业单位需求，采购到物美价廉、国内一线品牌产品。既减少采购频次、进一步降低采购成本，节约采购资金、实现集中监管。又便于统一产品配置标准，解决历年来对计算机、打印机、空调采购无配置标准的现状。

【实行网上申报审批】 长沙县于2015年开始使用政府采购网上申报系统，此系统实现了采购计划网上申报、财政集中审批、招标采购局受理实施、采购人合同备案，全过程信息化管理，以前耗时费力的工作全部实现网上操作。此举使得政府采购工作流程加快、管采人员工作强度降低，通过集中统一的管理强化了财政预算，整个审签流程更加清晰、明确，采购服务工作迈上一个新台阶。

【搬迁新址办公】 长沙县招标采购局于2015年12月28日从东升路49号搬迁至望仙东路598号政务中心三楼办公。办公面积4800平方米，拥有4间开标室、5间监标室、6间评标室，可以同时容纳400人参与投标，实施办公区、开标区和评标区分离，设有评标专家通道、休息室，并装有门禁系统，由专职安保人员把关，工作人员需凭工作牌进入开、评标区域。公共资源交易场地安装有监控视频设备，要求对开、评标过程全程录像，并保存记录。信息平台系统完善，能保障第一时间发布招、投标信息，确保做到公平、公正、公开。交易大厅实行人性化管理，电子显示屏滚动提示开标项目信息，为了让群众办事享受到更舒适的环境，大厅休息区安装有中央空调，并为投标人免费提供热水、茶叶等服务。交易场地引导标识鲜明，电梯、过道、车库都设有引导标识，方便群众精准办事。（余　杰）

机关事务管理

【概况】 根据长县发〔2015〕8号和长县发〔2015〕11号文件精神，长沙县机关事务管理局为县人民政府直属事业单位，主管县机关后勤服务工作。单位内设办公室、安全保卫科、资产和物业管理科（加挂“公共机构节能监督管理科”牌子）。现有在编人员42人，其中党员35人，本科学历12人，专科学历16人。

2015年，长沙县机关事务管理局认真贯彻落实党的十八大和十八届四中、五中全会精神，深入开展“三严三实”专题教育活动，紧扣机关后勤管理和优质服务主题，切实改进工作作风，不断增强服务意识，提高服务质量，积极为机关各单位和干部职工做好服务工作。

【加强后勤队伍建设】 2015年，局领导班子以身作则，充分发挥核心作用，带领全局干部职工扎实工作，加强团结协作。认真制订和完善单位年度各项工作规划和措施，全面开展“五好”领导班子建设和“文明单位”创建活动，严格控制“四项费用”，坚持巩固“八项制度”，增强后勤保障工作的理论指导和责任意识。健全和落实机关管理制度。制订《党风廉政建设责任制实施细则》《财务管理制度》《工作人员绩效考核办法》等制度，形成精细化管理模式。严肃党风政纪推动各项制度落实。领导班子成员认真落实“一岗双责”，坚持抓好职责范围内的党风廉政建设，带头遵守党风廉政建设各项规定，层层签订党风廉政建设工作责任状。全体党员干部职工加强党风廉政学习，严格落实中央八项规定，坚决纠正“四风”问题，切实转变工作作风。

【抓好水电维修维护】水电维修工作，做到使用安全，服务及时。水电设备，设施随时检查维修，保障正常供给。加强供电、供水、电梯、消防、中央空调主机等系统设备的运行管理，平时对线路进行定期和不定期的检修，对发现的问题及时处理。全年对机关大楼电梯进行一次检测，对办公区、宿舍区进行一次全面的防雷检测，发现隐患及时整改到位。对空调主机及管道系统进行两次大的保养、清洗，保证空调制冷、供暖的效果。2015年下半年，对老宿舍的热水，冷水和空调管道进行彻底更换，使宿舍的水电空调的使用更加可靠、安全、高效，减少能源浪费。对老宿舍五栋的电源主线路进行改造，保证住户的正常用电。配合园林局做好县机关大院的拆围透绿工作。配合市政局做好海绵城市建设机关大院管道的改造工作。配合县公安局做好天网工程县机关大院周围的安装工作。完善新办公楼内水电燃气的开通手续。认真履行对原机关大院的国有资产管理，加强对房屋和公用设施的维护维修。

【机关环境建设】 县政府机关大院拆墙透绿后，园林绿化班对绿化地进行提质改造，适时对草坪修剪、施肥和清除杂草，定期对各种观赏类植物浇水、修剪、美化和病虫害防治。全年绿地改造升级达到3000平方米，植树20株，保证绿化的空间有增无减；对植物的生长及时进行补肥，保证植物生长的正常所需，使机关大院和广场相互衬托，成为一个与市民共享的绿色空间。

【物业管理】物业管理科认真学习《物业管理条例》《公共机构节能工作条例》《机关事务管理条例》，提高业务水平工作能力和自身素质。与各单位、各科室部门加强协作，及时、优质、高效为机关干部职工做好各项服务工作。全年为机关所属200多用户购电打卡50余万度。负责抓好县政府机关大院及新老宿舍区，县政务中心、县人民武装部、县教育局培训中心和湘龙家园等处的保洁、除四害、消防安全等工作，通过全面跟踪检查、监督，对物业公司管理进行规范，采取每周小检查、每月大检查、每季进行一次讲评的形式，突出管理服务效果。进一步健全完善安全保卫工作制度，负责督促和协调物业公司做好政府机关大院安全保卫、治安管理、车辆管理、来信来访等方面的工作，协调处理上访问题，确保机关大院正常的办公秩序。

【公共机构节能工作】 制订全县公共机构节能总目标：公共机构人均综合能耗同比下降3.2%以上，单位建筑面积耗能同比下降3.6%以上；认真开展能源资源消费统计信息系统推广工作。一是有序稳步推进节能工作。组织全县61个公共机构单位进行能耗统计培训，按照省市节能处的要求，上报能耗统计数据。结合县零碳机关、零碳学校创建活动，对镇（街道）、村（社区）推广利用太阳能路灯、LED节能灯项目改造，对既有建筑，推广利用太阳能光伏发电、中央空调新风系统、地热源泵建设，对独立机关院子推广雨水收集、雨污分离等节水项目。二是积极开展节能宣传教育，节能办对各公共机构发放节能宣传标语，水、电、气、油等节能标志，制作宣传栏、宣传画、显示屏等通过网站进行节能宣传。各单位各系统及时上报节能信息和工作报道。与县能源服务局、"两型"办、零碳办、县直机关工委等部门共同开展节能机关、两型机关、零碳机关示范单位创建和节能宣传周等活动。

【计生医疗服务】 2015年机关计生工作基础不断夯实，完善全员人口数据库中单独两孩属性的相关数据，宣传转发省卫计委关于实施"单独两孩"政策的补充通知，确保"单独两孩"政策依法稳妥扎实有序实施。组织财政、城管等20余家单位为干部职工子弟购买计生家庭意外伤害险；对2014年度机关300余名评优人员进行计生审核；配合县绩效考核办制订了2015年度机关计生考核细则，年底完成对归口的83家单位年度考核评分工作；配合县计生局、街道计生办对机关极个别计生违规人员进行了取证、调查、核实处理。机关卫生所积极配合上级部门做好了对卫生所药品、卫生、消毒及制度等各项检查，医务人员始终坚持服务第一的原则，上门为患者诊疗，为机关干部职工提供了优质的医疗保健服务。

【集中租赁办公用房】 一是确定入驻商务写字楼的单位名单及办公用房分配方案，统筹确定县直机关单位的办公用房总体调配方案。按照分期分批、成熟一个搬迁一个的思路，科学确定进驻单位搬迁时序。二是确定市民服务中心的食堂运营商，完成食堂的整体装修和厨房设施设备的采购等工作。三是做好商务写字楼连廊会议室的家具采购工作。四是完善了商务写字楼租赁手续，做好物业管理和水电气供应准备以及食堂、办公室窗帘设计采购和各楼层标志、标牌设计安装工作。五是配合做好搬迁的县直单位清产核资、资产处置和移交工作。

【指导联系点开展工作】 严格按照县委、县政府的有关文件精神，认真指导联系点开展工作，积极推进"一进二访"活动、组团式结对联系服务群众工作，帮助星沙街道松雅社区解决实际困难和问题，理顺各种关系，促进社区和谐、健康发展。与星沙街道望仙桥社区党支部签订结对共建协议，建立工作例会、情况通报、监督激励等系列制度。局党支部35名在职党员主动认领服务岗位和服务事项，积极参与居住地社区党组织开展的各项活动。（黄艳娟）

政务公开与政务服务

【概况】 2015年，入驻"中心"34个窗口受理办结各类政务服务事项846180件，资金流47亿元。群众满意度测评率均达到99%。

大力推进简政放权。2015年，在审改办的牵头下，成立流程优化小组，3月至6月的短短4个月时间内，县政务服务中心不仅对省市审改办要求的行政审批事项227项，而且对所有其他行政职权事项553项，共计780项事项，逐事项清理和规范前置条件、办事流程、申报材料，压缩承诺期限，实施流程再造。此次优化工作共减少前置条件5项，取消特别程序14项，减少申报材料262项，减少办理程序45项。办理时限共压缩1594个工作日，压缩率达到51.9%。同时相应制定办事流程和办事指南，向社会公开一切信息。通过优化流程，杜绝各职能部门违规设立行政许可和行政职权的情况，推动各部门审批权力的依法行使。

有序公开政府信息。全县政府信息公开内容更加全面、规范，并形成各单位齐抓共管的工作格局。2015年，信息公开工作的重点放在规范依申请

5月13日，全国政协常委、国家工商总局副局长甘霖（右四）视察长沙县政务中心推进企业投资审批制度改革情况　　（李　超　摄）

公开工作上，全年收到依申请公开申请46件，全部答复。收到因政府信息公开引发的以长沙县人民政府为被告的行政诉讼一件、以长沙市政府为被告的行政诉讼一件，一审均已胜诉。完成2014年度县本级政府信息公开年度报告编制工作，并在县政府门户网站和县政务中心网站上及时进行了上传公开。开展政府网站普查工作，对县门户网站及各单位自建网站的栏目设置、公开内容进行调整，确保政府信息公开渠道畅通。同时，召开长沙县重点领域信息公开工作推进暨业务培训会。

全力打造热线品牌。为加大该县热线工单办理力度，督促各部门按时按量按质把热线工单完成好，根据《长沙市“12345”市民服务热线考核办法》文件精神，结合长沙县实际，制定并印发《长沙县12345市民服务热线考核办法》。同时，针对该县热线工单办理情况，除每月通报具体办理情况之外，还增加了对热线工作的季度情况通报，并计入年底绩效考核。全年累计接收市级派发工单6223件，实际承办有效工单5944件，结案工单数5951件，按时办结率100%，全年热线工单无“四风”类工单。

积极创新大厅管理。中心从完善制度、加强监管、激励鞭策等多方面改进中心的工作作风及效能建设水平。一是修改完善了一系列规章管理制度，如进一步完善“红旗窗口“评选办法、请休假制度、视频考勤等相关制度、启动政务服务评议员工作机制和“服务明星”评选办法，形成一整套完整的行之有效的大厅管理机制。二是监督无处不在。常驻负责人、中心领导和科室长轮流巡视、评议员的有效监督、视频的科学合理监控等措施，随时掌握大厅各项情况。三是采取激励和人文关怀手段。中心除了严厉的管理制度外，也注重对窗口工作人员的关怀和激励，如每月都会评选出一批“红旗窗口”和“服务明星”，并对外进行公示，同时，在中心的QQ工作交流群内对表现好的窗口工作人员及时给予点赞。2015年窗口有效投诉6起，都在第一时间内进行回复、处理和回访，每月电话回访办事群众满意率均达99.96%。

全面谋划中心搬迁。作为星沙商务写字楼及市民服务中心搬迁工作领导小组成员单位之一，认真积极做好搬迁工作的沟通、对接，对施工过程中的项目变更进行协调处置。对新中心的搬迁布置谋定而后动，在办公桌椅、智能化、便民设施、环境美化等方面尽量能为窗口工作人员和办事群众创造舒适、方便的办公环境。确保能按县政府的要求进驻对外办公，没有因搬迁，影响百姓的正常办事。

【甘霖考察县政务服务中心】 2015年5月13日，全国政协常委、国家工商总局副局长甘霖带领全国政协“深

6-3 9月10日，县委常委、常务副县长杨忠文调研长沙县“三个并联”、流程优化、三级平台建设、新中心进驻工作　　（李　超　摄）

化行政审批制度改革”特邀常委视察团一行 15 人实地视察县政务中心推进企业投资审批制度改革情况。

6-5 12 月 28 日，长沙县政务服务中心新办公大厅正式启用，县长张庆红莅临指导工作　（李超　摄）

【杨忠文调研长沙县审改与新中心进驻工作】 9 月 10 日，县委常委、常务副县长杨忠文率领 27 个部门主管领导到县政务中心进行调研，该中心就长沙县“三个并联”（政府投资项目并联审批、社会投资项目并联审批与商事登记并联、关联审批工作）、流程优化、三级平台建设、新中心进驻工作等有关工作进行专题汇报。

【全县镇（街）政务服务中心标准化建设全部完成】 继 2013 年该县 6 个标准化镇（街）、2014 年 9 个标准化镇（街）政务服务中心达标验收之后，2015 年申报黄花镇、果园镇、双江镇、福临镇、青山铺镇、安沙镇、北山镇、㮾梨街道、湘龙街道 9 个镇（街），从标准化软硬件的筹划、经费的列支到各项业务工作的指导，都有条不紊地进行。年底，全县 9 个镇（街）通过市级验收，至此全县 24 个镇（街）全部通过市级验收，并完成 30% 的村（社区）便民服务站的规范化建设。

12 月，市政务服务中心副主任李祥龙（前左一）莅临㮾梨街道政务服务中心指导工作　（李　超　摄）

【县政务服务中心迁至新址办公】 为进一步改善服务环境，方便群众，提高办事效率，县委、县政府决定，县政务服务中心于 12 月 26-27 日从东升路 49 号搬迁至望仙东路 598 号（东五线和东六线之间），28 日正式办公。新的政务服务中心整体布局如下：一楼窗口有不动产登记中心、县人社局；二楼窗口有县规划建设局、县财政局、县气象局、县人防办、县消防大队、县环保局、县发改局、县国土局、县住房保障局、县水务局、县农业和林业局、县城管局、县文广局、县安监局、县市场和质量监督管理局、县交通局、县商务局、县教育局、县卫计局、县民政局、县国税局、县地税局等。县公安局窗口和县司法局窗口暂回各自单位办公、人力资源服务中心仍在原址办公。　（李　超）

中国人民政治协商会议长沙县委员会

责任编辑：张 娜

综 述

【概况】 2015年，县政协认真贯彻县委“瞄准最强县、改革走前列、两型作引领、争当排头兵”的战略目标，主动担当，有效作为。全年召开全体委员会议1次，常委会议5次，主席会议10次，听取全县经济社会发展、提案办理等情况通报，开展加快发展星沙大城北、影珠山建设与开发、浔龙河生态艺术小镇等7个课题视察调研，举办常委会专题协商、专委会对口协商、重点提案办理协商活动9次，开办政协委员集中培训会1次、政协工作者履职能力提升专题班1期，征集立案提案127件，接待群众信访150余件次，反映社情民意信息31条，上报“十三五”改革发展金点子50条，较好地发挥人民政协汇聚力量、建言献策、服务大局的协商民主重要渠道作用。服务发展大局。把围绕中心、服务大局作为政协工作主线。围绕“优化财源结构”开展常委会专题协商，“加强和规范学前教育、加快发展乡村旅游、残疾预防和康复工作”开展专委会对口协商；围绕“影珠山建设与开发”开展常委视察；围绕“加快发展星沙大城北”开展重点课题调研；围绕公共交通、农产品流通体系、城区管理、中小微企业发展等议题作大会发言，全力服务县域经济社会发展。关注民生民意。把关注民生、履职为民作为政协工作的出发点。大力推进民生提案的办理落实，民主集中评议城区公园建设与管理工作；深入开展委派民主监督员工作，围绕机关单位作风建设开展专项监督；畅通社情民意反映渠道，发挥社情民意直通车作用；深入开展“一进二访”精准扶贫活动，走访联点户，了解实际情况，切实解决困难问题。加强自身建设。把强化队伍、提高实效作为政协工作的新要求。突出界别独特优势，活跃有序地开展界别组座谈会，广泛讨论参政议政发言、集体提案。充分发挥政协委员个人工作室服务作用，服务界别、服务委员。充分发挥镇街政协委员工作室履职平台作用，定期组织政协委员开展民情接访工作，累计接待群众来访310余人次。深入开展“委员大走访”活动，认真听取委员的意见建议，热情帮助委员协调解决生产问题。积极开展对外宣传，对外影响进一步增强。同时，深入开展“三严三实”专题教育活动，严格按照要求制定实施方案、召开动员会议、组织集中学习研讨，巩固和拓展党的群众路线教育实践活动成果。

重要会议

【政协长沙县第八届委员会第四次会议】 2月2日至6日，政协长沙县第八届委员会第四次会议在星沙开源剧院举行。县政协主席王益枝作政协长沙县第八届委员会常务委员会工作报告；县政协副主席郭艳红作长沙县第八届委员会第三次会议以来提案工作报告。张再明、曹青、宁霞、唐杨松、阳群5名委员作参政议政发言。法制提案委主任童树国报告政协长沙县第八届委员会第四次会议提案初审情况。委员听取和讨论政协工作报告、提案工作报告、政府工作报告及其他工作报告。县委书记杨懿文致大会闭幕词。

【政协长沙县第八届委员会第十一次至第十五次常委会议】 2月5日，政协长沙县第八届委员会举行第十一次常委会议。会议主要听取各界别组关于常委会工作报告与提案工作报告讨论情况汇报；听取政协八届四次会议提案初审情况汇报；审议通过暮云、南托、跳马三个镇街22名委员辞免工作情况以及大会各项决议（草案）。

3月14日，政协长沙县第八届委员会举行第十二次常委会议。会议主要听取县环建投民主评议集镇污水处理与运营整改工作情况汇报；讨论通过县政协常委会关于《调研、协商、评议、视察工作方案》、镇街政协工作联络处和县直机关委员小组工作考核细则。

7月23日，政协长沙县第八届委员会举行第十三次常委会议。会上主要听取县政府、县政协上半年度工作情况通报；围绕“加快发展现代服务业实现财源结构优化”开展专题协商。

10月16日，政协长沙县第八届委员会举行第十四次常委会议。会议主要听取县政府关于2015年县政协八届四次会议提案办理情况通报、相关部门重点提案办理情况汇报；讨论《关于加快星沙大城北发展的调研与思考》征求意见稿。

12月17日，政协长沙县第八届委员会举行第十五次常委会议。会议主要听取县政府2015年经济社会发展情况通报；审议通过2016年度工作要点，2016年调研、协商、视察工作计划，政协常委会工作报告、提案工作报告，镇(街)政协工作联络处、县直机关委员小组委员履职考评情况，委员辞免、人事任免、委员增补、常委和秘书长的增选及优秀政协委员推荐名单，《关于召开政协长沙县第八届委员会第五次会议的决定》以及议程、日程(草案)。

主要工作

【概况】 2015年，县政协坚持“围绕中心、服务大局、创新履职、强化队伍”的工作思路，大力开展协商、评议、视察、调研、提案办理、反映社情民意以及专项民主监督等履职活动，为推进县域经济社会发展作出积极贡献。

【专题协商】 围绕全面实施“六税一法”财税体制改革时代背景，开展“加快发展现代服务业、优化财源结构”常委会专题协商。组织相关界别60多名政协委员组成7个专题调研组，分别从空铁会展、汽车后市场、电子商务、总部经济、旅游文化创意、城乡商贸、现代物流等方面进行广泛调查研究，深入21个镇街、26个县直部门组织召开调研座谈31场次，深入27家现代服务业企业实地视察、征询意见，组织部分常委、委员到成都双流、广州花都等地考察学习，充分吸收各方智慧。7名政协委员作了协商建议发言，省政协经科委主任吴金明作指导建言，县委、县政府对协商报告予以充分肯定，明确“一基地、一中心、一新城”汽车后市场战略定位；规划部门启动长沙汽车城及汽车后市场规划编制工作。

【对口协商】 各专委会充分发挥专业优势，围绕“加强和规范学前教育、加快发展乡村旅游、残疾预防和康复工作”等课题，与县直相关单位开展对口协商，为助推部门工作提升建言献策。县教育局针对“加强和规范学前教育”的协商报告，探索民办幼儿园“管、办、评”分离形式，促进民办幼儿园依法办园、规范办园。县旅游局围绕“加快发展乡村旅游”的协商报告，启动乡村旅游创客平台建设，盘活农村闲置资源，帮助农民对接市场，实现在家门口就业创业。县委、县政府充分吸纳“残疾预防和康复工作”相关协商建议，明确重新选址建设县精神病医院；县政务服务中心安排专门场地，推行婚姻登记与免费婚检“一站式”服务。

【提案办理协商】 推行提案立案分析会制度，邀请专委会参与提案立案初审，县政协主席会议协商审议重点提案，进一步提升提案立案质量。建立分管副县长领办提案、提案办理纳入绩效考核、县委督查室督办提案办理、政协主席会议成员督办重点提案、提案办复满意度向提案委反馈工作机制，进一步增强提案办理实效。县交通局着力办理“青开线提质改造”重点提案，完成青开线提质改造项目线型走向、建设标准、立项工可等工作。县商务局扎实办理“黄兴大道北延线加油难”重点提案，启动安沙谭坊站、福临金坑桥站建设，迁建白沙金开站、路口麻林站，计划2017年启动浔龙河站、松雅站建设。县住建局大力办理“推进智慧社区建设”重点提案，牵头完成《长沙县“智慧社区”项目建设调研报告》、“智慧停车”PPP项目星沙城区停车设计方案。

【议政建言】 八届四次会议期间，12位政协委员围绕公共交通、农产品流通体系、城区管理、中小微企业发展、乡村旅游等议题作大会参政议政发言；其中，5篇大会口头发言获得县委杨懿文书记批示。县交通局充分吸纳“加快发展公共交通”的发言建议，开通新增的城乡公交线路19条，实现城乡公交一体化全覆盖。县现代农业示范区积极采纳“农产品流通体系”发言建议，开展“国家级出口食品农产品质量安全示范区”创建工作，搭建农产品流通平台。县城管局认真吸收“城区管理”发言建议，探索创建“门前三包”管理示范点，进一步引导社会力量主动参与城市管理。

【视察献策】通过开展政协常委视察、参政议政发言、重点提案办理“组合式”

履职，助力影珠山的开发建设。围绕影珠山省级森林公园、省级名胜区的打造以及总体规划、产业发展、统筹建设，开展政协常委视察、资政建言，视察报告得到县委、县政府主要领导的充分肯定。围绕影珠山抗战遗址的保护修复，作大会参政议政发言、出谋献策，县文广局开展抗战遗址考古调查和清理工作，收集详实的文献资料。围绕影珠山抗战遗址文化公园建设，会同市政协开展重点提案督办，福临镇大力推进主体项目、游道、景点开发建设，实现影珠山抗战遗址文化公园顺利开园。

【调研谏言】 开展“加快发展星沙大城北”政协常委会重点课题调研，组建城北新区、现代农业、民生建设、基础设施建设4个调研组，以大城北的生态人文资源、经济规模和质量、产业发展空间为切入口，深入研判发展大城北的必要性和合理性。调研报告荣获全省政协系统优秀调研报告一等奖；长沙县国民经济社会发展“十三五”规划（草案），充分吸纳“互联网＋融合理念”“创新驱动理念”“体验理念”“创客理念”四大理念，编入发展旅游产业、健康养老产业、城郊型现代都市农业三大产业，突出打造星沙城北产业新区、文化科教新区、创新创业新区、生态宜居新区。

【评议献计】 集中评议城区公园建设与管理工作，通过集中座谈调研、现场视察、入户采访、外出调研等多种形式，广泛听取居民意见和城区公园规划建设等相关专家建议，学习考察沿海城市公园建设与管理经验，召开民主评议大会，客观指出城区公园建设与管理存在的不足，提出整改意见和建议。县行政执法局对松雅湖园内的流动摊贩、自行车出租点进行联合执法，出台《关于松雅湖国家湿地公园管理的通告》，恢复公园正常秩序。县城管局加速提质改造星沙文化公园，进一步丰富周边居民精神文化生活。

【民主监督】 深入推进委派民主监督员工作，结合“委员大走访”活动，认真听取民主监督员、群众关于受派单位的意见，及时向受派单位反映意见、建议45条。充分发挥社情民意直通车作用，聘请特邀社情民意信息员17人，全年共征集社情民意信息99条，省、市政协采用18期，市、县政府主要领导批办7期。按照县委的统一部署，积极开展“十三五”改革发展金点子征集活动，政协委员16条改革发展建议入选县委的50个优秀金点子。深入推进委派民主监督员工作，及时向受派单位反映群众意见、建议45条。

【精准扶贫】 深入开展“一进二访”精准扶贫活动，走访联点户48户，了解实际情况，切实解决困难问题。各镇街政协联络处及广大委员积极开展扶贫帮困活动，真情服务群众，累计捐款捐物230余万元。黄兴镇政协联络处组织委员开展“大爱•结对帮扶”活动，一次性帮扶23人、发放帮扶资金10万余元。杨素文委员的“圣保罗”地板每售1平方米资助“长沙抗战老战士之家”1元，关爱抗战老战士。杨胜伟委员将自己的花卉苗木基地打造成农民公园，为周边群众提供休闲场所。于建佳委员筹集资金40万元，建设村民文化活动中心，丰富村民精神文化生活。罗锡军委员大力弘扬乡风文明，获评长沙县“新乡贤”。杨松青委员致力养老事业，获评全国首届“优秀敬老志愿者”，青松老年公寓获评“全国先进社会组织”称号。

（王行楚）

纪检·监察

综 述

【概况】 2015年，县纪委认真贯彻中央、省、市纪委全会精神，坚守责任担当，聚焦主责主业，突出监督执纪问责，扎实推进全县党风廉政建设和反腐败工作，为促进全县经济社会又好又快发展提供坚强的纪律保障。协助县委办出台《关于落实党风廉政建设党委主体责任纪委监督责任的意见》、《长沙县党风廉政建设主体责任和监督责任追究办法》等文件规定。年中对全县各镇（街）和部分县直单位“两个责任”落实情况开展专项检查，谈话180余人，发现问题82个，督促限期整改。年底由县委常委带队，牵头组织对全县各单位履行党风廉政建设责任制情况进行全面考核。协助县委书记对全县各镇（街）党（工）委书记和部分县直单位党组书记进行集体约谈，会同部分副县长组织分管范围或重点领域负责人进行集体廉政谈话。严格执行《长沙县纪检监察“一案双查”暂行办法》，对屡次发生贪腐案件和严重作风问题的单位实施“责任倒查”，共查处“两个责任”落实不力的问题27起，给予党纪处分3人，诫勉谈话22人，通报批评2个，重点对县农业局、县国土局、县重点工程管理局、黄花镇和湘龙派出所等落实“两个责任”不力的单位，严肃追究党委主体责任和纪委监督责任。联合县公车办、工商、税务、电子政务办等部门，重点开展春节期间违规收送节礼、清明节期间违规公款旅游和吃喝、五一国庆期间违规操办婚丧嫁娶、端午中秋违规收送节礼、“双十一”上班时间网络购物等专项监督检查160余次，检查单位240余家次，共查处作风类违纪违规问题41个，处理党员干部23人，给予党纪政纪处分17人。对“不作为”“乱作为”坚决进行问责，对16名干部履职不到位问题进行严肃追责。每季度召开作风建设讲评会，对典型案件进行通报，全县共通报参赌涉毒、为官不为、“雁过拔毛”等发生在群众身边的“四风”和腐败等典型违规违纪问题15期，典型案件54起。

建立健全纪检监察机关信访举报和约谈问责等制度，定期通报全县纪检信访举报情况。出台线索管理暂行办法，定期召开线索排查会议，严格按照五类标准进行线索处置。全县共立案125件，其中涉及正科级干部5人、副科级干部4人，移送司法机关11人。严查发生在群众身边的“四风”和腐败问题，处分党员干部37人，严肃查处黄花镇龙湖村原村支部副书记、村主任鲍德兴、泉塘街道丁家岭社区原支部书记戴树根、江背镇乌川湖村原村支部书记、村主任李星高等。把握运用“四种形态”，严格执行长沙县领导干部信访监督谈话等“四项谈话”制度，开展诫勉谈话13人次，县纪委负责人与下级党政负责人和纪委负责人谈话52人次。针对查案发现的问题，在全县开展征地拆迁领域廉政风险防控机制建设，督促县国土局、县征地办等单位整改问题18个，建立完善制度15个。严格执行市纪委文件精神，在机关内设机构、行政编制、领导职数总量不变的情况下，将纪检监察室增加到4个，组建县纪委组织部、宣传部，新设党风政风监督室和案件监督管理室，执纪监督部门数量占到总数的72%，执纪监督一线的人员占到总人数60.5%。进一步清理与上级要求不相符的议事协调机构，从2014年保留的33个减至13个，减少60%。建立健全报告备案、抽查巡查、问题线索移送和联络组片区联动协作等四项制度，确保在退出一线监督的同时，加大再监督的力度。针对省委巡视第八组对长沙县巡视反馈的意见，县纪委常委会多次专题研究部署。对县纪委牵头负责的12个主要问题和3件具体事项，按照“一问题一方案、一问题一台帐、一问题一总结、一问题一考核”的工作模式，逐项分解落实；对交办的93件党风廉政类信访问题，按照“本级受理、联络组交叉办理”的原则，全部办结。对巡视交办的重点问题线索依纪依规调查核实，立案审查16件16人，移送公安机关违法犯罪线索13件13人，下发通报2期，通报典型案例4起。开展主题为“守纪律、讲规矩”的第四个“党风廉政宣传教育月”活动，举办重点岗位人员廉政培训班，组织新任和调整岗位的副科级以上领导干部进行党纪条规知识测试，编写《准则》《条例》学习宣传微读本，协调县委中心组组织专题学习等专题教育活动。开展“蒲黍思先贤，清廉过端午”“清风明月·廉洁中秋”主题宣传活动，以及“我的端午·精彩故事”“我们的八小时之外”“我的家风家规家训”为主题开展廉政征文。以“每逢佳节倍思廉”主题，在重要节日前夕向全县党员领导干部发送廉政提醒短信。以忠、孝、诚、信、俭、廉为主题，展播廉政公益广告。拍摄警示教育片《向“雁过拔毛”亮剑》。常委会组织对“把纪律和规矩挺在前面”、新出台的《准则》《条例》等进行专题学习研讨；机关支部组织委局党员干部开展“忠诚、干净、担当”系列主题教育活动；选派25名纪检干部赴上级纪委、高校培训，安排11名基层纪检干部到县纪委跟班学习。按照市纪委精神，要求全县所有纪委书记（纪检组长）、纪委副书记不再分管纪检监察业务之外的工作，同时各单位必须配备一名纪检专干，增强纪检监察力量。在长沙县纪检监察网设立“纪检监察系统网络监督与评议”专栏，全县64个纪检监察组织、127名纪检监察干部，全天候接受网络监督。福临镇纪委等4个基层纪检监察组织和黄花镇纪委书记等6名纪检监察干部接受网上述职述廉评议。

重要会议

【中共长沙县第十二届纪委第四次全会暨全县反腐败工作会议】 2月12日上午，中共长沙县第十二届纪委第四次全会暨全县反腐败工作会议在在星沙开源剧院召开。会上，县委常委、纪委书记郭润葵向大会作题为《全面履职从严治党坚定不移推进党风廉政建设和反腐败斗争》工作报告。参加会议的有全体厅县级干部，部分人大代表、政协委员，县纪委委员，县监察局（预防腐败局）副局长，特邀监察员；各镇（街）党（工）委书记、镇长（主任）、纪（工）委书记；县直机关各单位党政主要负责人；各村（社区）支部书记；部分企业负责人。县委书记、长沙经开区党工委书记杨懿文强调，要深入贯彻落实中央和省、市纪委全会精神，全面安排部署长沙县党风廉政建设和反腐败工作，以新的举措、新的成效，强力推进依法治县、依规治党，在全县营造风清气正的政治生态，为开创全县经济社会发展新局面提供坚强有力的纪律保障。此外，会议还通报2014年度重大违纪违法及行政问责案件，播放作风建设警示教育片，对全县执法监督部门、经济管理和社会发展部门、公共服务行业等三个类别的单位进行作风建设测评；组织部分县纪委委员及基层纪检监察组织负责人向县纪委全会报告履行监督职责和个人廉洁自律情况，并进行民主测评。

【长沙县纪检监察信访工作会议】 12月4日，长沙县纪委召开纪检监察信访工作会议，贯彻落实中央纪委和省市纪委的相关要求，通报分析全县纪检监察信访举报工作当前的形势，研究解决存在问题的措施，进一步加强和改进基层信访举报工作。县委常委、纪委书记胡维龙出席会议，县纪委副书记吴曲主持会议，全县纪检监察信访举报量比较大的镇街及县直部门纪委书记、纪检组长参加会议。胡维龙强调，信访举报工作直接与群众打交道，是“送上门来”的群众工作，即使任务再重、矛盾再多、困难再大，也别无选择、不可懈怠，必须恪尽职守、迎难而上、责任上肩、全力以赴，力争实现“信访总量降下去，群众满意度升上来”的工作目标。

【落实党风廉政建设责任制检查考核大会】 12月16日，长沙县召开2015年度落实党风廉政建设责任制检查考核大会。市委副书记、市长、湘江新区党工委书记胡衡华带领市纪委副书记、市委巡查工作办公室主任周松波、市纪委案件监督管理室主任李三景、市委巡查办常务副主任李茜、市纪委纪检监察六室副主任刘况钟、市委巡查办干部陈泉、党风政风监督员肖文钦等检查考核组成员，对长沙县落实党风廉政责任制工作开展全面检查考核。长沙县委书记、长沙经开区党工委书记杨懿文汇报长沙县委落实党风廉政建设主体责任工作情况，长沙县委常委、纪委书记胡维龙汇报长沙县纪委落实党风廉政建设监督责任工作情况。全体厅县级干部，县法检“两长”，县纪委、监察局班子成员，县直单位主要负责人和纪委书记（纪检组长），镇（街道）党政主要负责人和纪（工）委书记，部分县党代表、人大代表、政协委员、政风行风监督员、特邀监察员和离退休同志代表参加会议。会上，全体参会人员对长沙县委领导班子落实党风廉政建设责任制情况和领导干部执行党风廉政建设责任制情况进行民主测评。

重要工作

【杨懿文调研纪检监察工作】 1月13日，长沙县委书记、长沙经开区党工委书记杨懿文专题调研纪检监察工作。长沙县委常委、县委办主任王国良参加调研。会上，长沙县委常委、纪委书记郭润葵汇报了纪检监察工作。杨懿文充分肯定长沙县纪检监察工作取得的成绩。针对下阶段的工作，杨懿文指出，要严格落实“两个责任”，强化党委的主体责任，充分发挥党委在机制建设方面的核心作用；纪委要全面落实监督责任，采取更加有力的工作举措。杨懿文强调，要持之以恒加强作风建设，在抓常、抓细、抓长上下功夫；加大查办案件的力度，做到“有案必查”“有腐必惩”；进一步加强纪检监察干部队伍建设，打造一支“忠诚、干净、担当”的纪检监察干部队伍。

【开展落实“两个责任”专项监督检查】 从10月19日开始，由县纪委牵头，县委办全程参与，开展党风廉政建设“两个责任”落实情况暨政治纪律和政治规矩执行情况专项监督检查。督查主要内容为：一是党委主体责任落实情况。包括传达贯彻中央和省、市、县关于党风廉政建设有关精神及本单位研究部署情况，党风廉政建设工作任务细化分解、职责分工情况，党委班子落实主体责任采取的具体工作措施及创新亮点，党委主要负责人和领导班子成员履责及支持纪委工作情况，落实“两个为主”的情况，纪委书记分工及纪检监察人员配备的情况。二是纪委监督责任落实情况。包括在监督执纪问责方面的具体工作措施及创新亮点，查办作风建设案件、腐败案件和责任制责任追究案件的情况，专项治理、信访工作、自身建设情况。三是政治纪律和政治规矩执行情况。主要是执行党和国家的方针政策和重大工作部署、决定的情况，传达、贯彻、学习上级关于执行党的政治纪律和政治规矩要求的情况，加强对党员遵守政治纪律和政治规矩的教育情况。督查主要采取谈话问询和随机查阅工作资料两种方式进行。通过集体座谈、个别交流、查阅资料，了解被督查单位“两个责任”等工作的落实情况，听取相关意见和建议。

【纠正各种不正之风】 12月10日，省纪委副书记、省监察厅厅长、省预防腐败局局长周农率领省纪委研究室主任袁美南、第五纪检监察室副主任林彰良、研究室干部王岸兵一行来到长沙县，就惩治群众身边“四风”和腐败问题有关工作进行调研。长沙市纪委副书记、市监察局局长、市预防腐败局局长邱俊杰，长沙县委书记、长沙经开区党工委书记杨懿文陪同调研。座谈会上，长沙县委常委、纪委书记胡维龙汇报了长沙县查处群众身边“四风”和腐败问题工作情况，并对推动解决发生在群众身边的“四风”和腐败问题提出意见和建议。

（李少葵）

长沙县总工会

【概况】 2015 年，新建基层工会 449 家，发展会员 19412 人，新发展农民工会员 16053 人。进一步健全完善经费管理使用制度，联合县财政局制定下发（长县工联发〔2015〕3 号）《长沙县总工会、长沙县财政局关于加强全县工会经费收支管理的通知》，进一步明确工会经费使用标准。全年全县签订工资集体协议和集体合同 556 份，改善职工生产生活条件，构建和谐的劳动关系。全县有 104 个机关单位的干部上门结对帮扶 1403 户困难职工群众，落实帮扶资金 62 万余元；金秋助学项目为 69 名困难职工子女发放助学金 21 万元；完成女职工特殊疾病保险投保金额 14.27 万元，启动临时救助慰问困难职工 15 人，金额 15 万元；参加医疗互助职工人数达 24203 人，发放医疗补助款 140.42 万元。全年全县共帮扶困难职工 8000 多人次、帮扶慰问资金达 276 多万元。广泛开展劳动竞赛，年初组织 100 家企业参加安康杯竞赛；4 月，联合商务局工会联合会举办长沙县商业系统收银员职业技能竞赛，组织全县商贸业及服务业的 28 支队伍 74 名收银员参加比赛。全面搭建劳动展示平台，2015 “最美劳动者” 评选活动，通过新媒体参与投票方式，评选出 10 名 “最美劳动者” 及 10 名 “最美劳动者” 入围奖。4 月 29 日在明城国际大酒店举行了长沙县庆 “五一” 暨 “最美劳动者” 颁奖典礼。自 2011 年开始，在全省范围内率先开展创建“企业社会责任建设示范单位” 活动，四年时间，全县有 29 家企业获评 “长沙县企业社会责任建设示范单位” 称号，2015 年争创企业为 8 家。创新文体活动提升职工身体素质，全年开展女职工趣味运动会、机关职工大众运动会，举办全县乒乓球赛、职工羽毛球团体赛，并有效推广工间操。借助新媒体扩大工会工作影响力，充分运用长沙县工会网、《星沙时报》、长沙县电视台等新闻媒体资源，增强工会宣传工作合力。是年，长沙县总工会获 2014-2015 年度湖南省先进县级工会荣誉称号。

【“庆三八” 女职工趣味运动会】 3 月 9 日，县总工会、县妇联在松雅湖中学联合举行 “庆三八” 女职工趣味运动会，41 支队伍近 500 名队员参加活动。参赛项目分为 “一马当先” “齐心协力” “趣味闯关” “趣味拔河” 四个项目。县教育局工会联合会二队获得一等奖，县商务局工会联合会代表队和㮾梨街道工会联合会代表队获得二等奖，县教育局工会联合会一队、县住建局工会联合会代表队和湘龙街道工会联合会代表队获得三等奖。

【劳动竞赛】 4 月 17 日，长沙县总工会联合商务局工会联合会在长沙通

3 月 9 日，“庆三八” 女职工趣味运动会上女职工们的飒爽英姿（石妮 摄）

程控股股份有限公司星沙店举办2015年商业服务业收银员职业技能竞赛。本次比赛既提升收银员职业技能和服务质量，增进社会各界对收银员职业的认可，有效地促进业务交流，对提高商业服务水平，促进县域经济发展具有十分重要的意义。

【庆“五一”暨“最美劳动者”颁奖典礼】 4月29日，在明城国际大酒店举行2015年长沙县庆“五一”暨“最美劳动者”颁奖典礼。经过评审组初评，《星沙时报》全媒体网络投票、评审组复评三个环节，组委会从近100名申报对象中，评选出2015年“最美劳动者”获奖者10人及“最美劳动者”入围奖获得者10人。其中史浩、缪志辉、罗栋、周伟阳、彭慧、莫德智、童泽霞、吴雅凡、彭肇英、刘金国获得“最美劳动者”奖项；王永成、吴才发、李志强、黄德胜、彭帅、隆团圆、丁雪飞、刘珍辉、唐壮丽、常杏芝获“最美劳动者”入围奖。全国五一劳动奖章获得者、市县劳模代表先后登台为获奖者及入围奖获得者颁奖。

【工会干部培训】 7月12-18日，长沙县总工会在中国劳动关系学院举办为期一个星期优秀工会干部培训班。全县各镇（街道）、企业工会联合会主席、2014年度优秀企业工会主席、优秀工会积极分子和职业化工会工作者共50余人参加此次培训。培训课程既有工会工作理论知识，又有教学实践活动，让工会干部们受益匪浅。

【走访慰问】 7月29日至30日，县委副书记吴新伟带队，县总工会牵头，联合团县委、县妇联、县卫生局赴工地、进企业，慰问高温作业企业、重点工程项目建设者、环卫工人、执勤民警交警等2000余名奋战在高温一线和露天作业职工，为他们送上防暑药品，督促企业落实防暑降温措施和政策，保障一线职工的健康。并组织医护人员进行现场义诊，为工人们免费测量血压、发放健康手册。

【举办“关爱老兵、告慰英烈”公益活动】 8月29日，县总工会、县民政局在长沙电力职业技术学院联合举办“关爱老兵、告慰英烈”公益活动。共有41家爱心企业及其职工捐赠现金9.18万元以及价值3000元的物品。

【举行长沙县机关职工大众运动会】 9月18日，长沙县总工会在星沙中学举行2015年长沙县机关职工大众运动会，37支队伍共1400余名职工参加拔河、集体跳绳、迎面接力和三人四足四个项目的角逐。县人社局以两个项目第一名、一个项目第三名的好成绩斩获第一名，县公安局获得第二名。

（石　妮）

共青团长沙县委

【概况】 2015年，共青团长沙县委根据团县委全会确定的“协同协作年”主题，紧扣中心工作，立足重点项目，加强系统协作，推进全县共青团事业不断向前。

强化青少年思想引领。与文明办共同举办第二届雷锋精神公益论坛，邀请全国道德模范洪战辉和全县星级雷锋号志愿者工作站负责人、优秀志愿者、民间公益团队等6位身边优秀典型做交流发言，全县300余志愿者代表参加论坛，从中感悟“爱国、敬业”的价值精神；全县各中小学中开展“身边的雷锋”征文比赛，收到稿件300余篇。开展县级队课说课比赛。通过比赛，一方面辅导员们业务得到锻炼，提升工作水平，另一方面通过增强与教育部门协作，共同促进长沙县少先队工作的日常化。3月，与市青基会、县教育局共同开展“城乡少年手拉手”和“捐赠零花钱”活动，筹款10.2万元，促进城乡爱心互助。5月，承接举办全市第六届“杜鹃花开·情满星城”爱心公益项目博览会。2000余名少先队员及其家长、志愿者、爱心人士参加活动，为200余名贫困青少年学生发放爱心款10余万，同时活动共募集爱心款近20万元。6-10月，对接西藏贡嘎县和新疆吐鲁番市，对口援助15万元爱心款物。7月，开办由爱心企业承办的“共青团影院”，引导青少年爱党爱国。8月，开展金秋助学项目，帮助300余名青少年学生解决学费50余万元。

打造青少年成长工程。开展交通文明劝导和环保志愿服务，1000余人次参与志愿服务。举办“讲述身边好清廉，争当文明新青年”青年演讲比赛。全县31名大学生村官参加比赛，讲述身边清廉人物，强化青年廉政意识。联合组织部、文广局开展了第三届“村官青春秀，活力中国梦”篮球赛，充分调动全县大学生村官活动参与的积极性。探索形成“团干部与基层青年面对面”的工作谈话和推优制度，向县委推荐一批35岁以下年轻干部。实施“创客新星”创业项目，招募创业青年20名，开办青年创业研习社，提供一对一指导，更细致、精准地帮助创业青年解难题。实施“银团合作”项目，与中国农业银行长沙县分行签订“银团合作”协议，在青年创业小额贷款上给予优惠，扶持青年创业就业，服务县域经济发展。开展青年文明号创建活动，实行优胜劣汰，最终择优推报5家优秀集体申报市级青年文明号。

开展青少年社会组织引导工作。一是主导成立团系青年社会组织，建立制度联系和业务指导。团县委与县民政局指导成立长沙县仁和志愿者发展中心、长沙县树德青少年公益事业发展中心、长沙县楚逸青少年国学公益事业发展中心，并为其中2家社会组织提供办公场地，解决实际困难，有效支持社会组织，拓展共青团对青少年引导的工作渠道。二是以项目支持助推社会组织发展。将“创客新星”青年创业英才培养项目、“毛毛虫”计划重点青少年心理关怀项目、“两型长沙县·走读母亲河”两河流域生态环境变迁记项目和“亲子共读”周末国学诵读班项目，交由遴选4家社会组织承接，项目支持达27万元，单体项目支持最高达10万元。三是搭建资源平台服务社会组织成长。在县青联分列青年社团分会，与10余家社会组织保持密切的联系，不定期召开青年社会组织沙龙，促进相互学习、交流，帮助链接资源。通过县人大、县财政的杠杆效应，增加青年社工与青年社会组织专项工作经费13万元。推荐5个优秀项目参加全市青年社会组织公益项目大赛，其中4个项目进入决赛，2个项目获得二等奖，2个项目获得最具潜力奖。组织足球社团参加市青年足球赛，获评“优秀组织奖”。

加强基层组织队伍建设。一是开展团队干部培训班。开展中央团校基层骨干团干培训班和全国青少年井冈山革命传统教育基地学校战线团队干部培训班。二是加大青少年综合服务平台建设。为县校外青少年活动中心招募青年社工2名，培养团属青少年事务社会工作专业人才；打造契合机关青年、创业青年、青年社会组织、学校青少年和农村青少年五类群体特点、需求的特色亮点青少年综合服务平台10家，其中，着力与财政局协同办好华穗农村青少年户外活动阵地。三是建立学生联合会。结合青年学生一二·九抗日救亡运动80周年，12月30日成立长沙县学生联合会，进一步密切与县内高校和中学团青组织的工作联系，将主要从建立“信仰联盟”“就业创业联盟”“公益联盟”“文体联盟”四个方面开展学联工作和相关主题活动，推进“校校结对、校地合作、校企对接”工作。

【打造青年社会组织培育工程】 团县委与县民政局联合指导成立长沙县仁和志愿者发展中心、长沙县树德青少年公益事业发展中心、长沙县楚逸青少年国学公益事业发展中心。以项目支持助推社会组织发展，将“创客新星”青年创业英才培养项目、“毛毛虫”计划重点青少年心理关怀项目、“两型长沙县·走读母亲河”两河流域生态环境变迁记项目和“亲子共读”周末国学诵读班项目，交由遴选的4家社会组织承接，项目支持27万元。同时，搭建资源平台服务社会组织成长。在县青联分列青年社团分会，与10余家社会组织保持密切的联系，不定期召开青年社会组织沙龙，促进相互学习、交流，帮助链接资源。增加青年社工与青年社会组织专项工作经费13万元。推荐5个优秀项目参加全市青年社会组织公益项目大赛，其中4个项目进入决赛，2个项目获得二等奖，2个项目获得最具潜力奖。长沙县树德青少年公益事业发展中心理事罗锡军获评长沙县首批“新乡贤”。

【开展志愿服务工作】 着力夯实“雷锋号”志愿者工作站发展。全县共创建43家星级“雷锋号”志愿者工作站。着重打造5家“雷锋号”志愿者工作站，从资源整合、经费保障、阵地建设等方面给予支持和指导，建设样板示范工程。2015年年底，“雷锋号”志愿者工作站创建工作遍及全县各行各业，更好地推进长沙县志愿服务工作规范化、制度化、常态化发展；着力推进志愿服务体系建设。指导注册成立长沙县志愿者协会，支持公益性

3月4日，长沙县学雷锋志愿服务经验交流暨星级“雷锋号”志愿者工作站授星仪式举行　（罗维 摄）

志愿服务组织发展，将相关项目交由志愿服务组织承接，以项目支持志愿服务开展；着力服务文明创建、“零碳县”建设等中心工作。开展两河流域生态环境变迁记环保志愿服务活动，宣传生态环保理念，提升居民环境保护意识。组织参与践行文明劝导、“两会”志愿讲解、护河植绿、敬老爱幼、冬衣募捐等公益行动。在第三季度文明创建工作中，首次实现志愿服务专项考核零失误。

【成立长沙县学生联合会】 12月30日在长沙县实验中学致远楼3楼行知厅召开长沙县学生联合会成立大会。与会代表共202人，其中长沙县中等学校、中职学生团体代表、学生代表等正式代表94名；长沙县域内高职院校学生团体代表、学生代表等特邀代表41名；县域内各高校团委书记、中学、中职团委书记、各镇街团（工）委书记等67名列席代表。长沙县委副书记吴新伟，共青团长沙市委副书记周坤，长沙县教育局党委副书记、督导室主任侯建国参加成立大会。

会议通过等额无记名投票方式选举产生长沙县学生联合会第一届委员会和主席团。选举产生40个委员团体，包括高等学校（含高职）学生团体12个，普通中学、中职学生团体28个。长沙县一中学生会、长沙县职业中专学生会、长沙县第三中学学生会、黄兴中学学生会、湖南信息学院兄弟连、湖南交通职业技术学院青年志愿者协会、湖南安全技术职业学院学生团委会、湖南工程职业技术学院社团联合会等8家单位当选为副主席团，长沙县实验中学学生会当选为县学联第一届委员会主席。会议研究新形势下做好学联工作新思路、新举措。（陈　展）

长沙县妇女联合会

【概况】 2015年，长沙县各级妇联组织深入学习贯彻党的十八大、十八届三中、四中全会和习近平总书记系列重要讲话精神，学习贯彻《中共中央关于加强和改进党的群团工作的意见》，牢牢把握联系和服务广大妇女这一妇联组织生命线，不断提高组织妇女、引导妇女、服务妇女和维护妇女儿童合法权益的能力，认清新形势，把握新机遇，树立新目标，展现新作为，推动长沙县妇女事业的新发展。是年，县妇联被湖南省妇联授予宣传工作先进单位，获评长沙市妇女工作考核红旗单位、长沙县领导班子绩效考核一等单位。助推妇女创业，引领妇女参与经济发展。开展“迎新春，庆三八，送岗位”现场招聘活动，组织举办两期婴幼儿护理培训班，牵头实施女红文化传承与创业项目，举办开慧女红文化创客营培训、“纸要你有梦想”女红艺术培训班，协办世界创客大会“创客 让乡村更美好”开慧主题论坛。积极开展“巾帼文明示范岗”创建，其中县妇幼保健院产科被授予“全国巾帼文明示范岗”称号。发挥妇女作用，全面参与家庭建设和社会管理。县妇联举行“立足岗位谋创新，紧跟时代展英姿”的主题庆“三八”座谈会、女职工趣味运动会、妇女节门球赛、“践行四自精神，共建美丽家园”庆祝会等系列“三八”庆祝活动。深入开展寻找“最美家庭”活动，对长沙县2014年度35户“最美家庭”进行通报，路口镇叶立文等8户家庭入选全市最美家庭。组织广大妇女参与城乡环境整洁行动，深入推进两型示范家庭评选，深入开展巾帼志愿活动，组织女企业家与特校困难家庭结对帮扶，组织志愿者赴北山镇敬老院、星沙望仙桥社区等地开展巾帼志愿活动。积极履职履责，切实维护妇女儿童合法权益。做好信访接待工作，积极参与妇女儿童案件陪审，热情接待上访妇女。全年共接待群众来电和来访102件，结处率达100％。开展禁毒宣传活动，在《星沙时报》上刊发《妇女同胞齐行动，不让毒品进我家》倡议书。深入北山、双江等偏远山区及联点社区进行走访慰问，有20多名贫困妇女和50名留守儿童得到县妇联救助，有18位贫困两癌妇女每人得到中央专项彩票公益金1万元的救助，争取市妇联对“尿毒症”特困女性患者和孤残儿童救助10万余元。认真实施两纲，推动妇女儿童事业发展。深入实施“母亲素质工程”，县妇联举办的星沙家长课堂定期开讲，送课下乡26堂，开展“好家风好家训”系列宣传展示活动，在“长沙县妇联”网站开设“好妈好爸好家风”专题栏目。“六一”期间，开展争做美德少年主题实践系列庆祝和走访慰问活动，做好留守流动儿童等处境不利儿童群体的关爱工作，在全省率先完成全县留守儿童信息采集工作。争取资金60万元纳入财政预算，实现“伴随成长”项目政府购买，长沙县成为全国首个实现政府购买家庭教育公益项目县。积极推进国际计划社区儿童保护机制建设项目和七周期青少年健康项目实施。加强自身建设，提升妇联工作水平。全县共配备县妇联兼职副主席2名，配备镇（街）兼职副主席23名。年内有6家单位分别荣获市、县级示范妇女之家，组织13个单位积极参加市妇联开展“妇女儿童之家”赛品牌展示活动，有3家单位分别获二等奖、优

3月7日，湖南省委副书记孙金龙（前排右三）调研长沙县福临镇金坑桥村党建带妇建工作 （阳迎军 摄）

胜奖，县妇联获组织奖。县妇联切实加强作风建设，积极开展“一进二访”活动、结对联系服务群众，践行一线工作法，4名班子成员分别与星沙街道广生塘社区8名困难群众结为帮扶对子，并多次上门入户帮助困难群众解决实际问题。

【孙金龙调研长沙县党建带妇建工作】3月7日，湖南省委副书记孙金龙到长沙县福临镇金坑桥村调研党建带妇建工作，省委常委、市委书记易炼红，市县领导陈献春、夏建平、杨懿文、王国良、陈计伟等参加调研慰问。孙金龙一行考察金坑桥村党建带妇建工作，参观蔬菜基地，并与基层妇女干部、贫困女性、女大学生村干部座谈。孙金龙充分肯定长沙县党建带妇建工作，并对村里困难妇女进行慰问，向广大妇女送上节日的问候和祝福。

【举行“践行四自精神，共建美丽家园”三八节庆祝活动】为庆祝“三八”国际妇女节105周年暨男女平等基本国策提出20周年。3月4日下午，由长沙县妇联、长沙县长龙街道、星沙时报社联合主办的“践行四自精神，共建美丽家园”大型文艺汇演活动在湖南运想科技有限公司厂房内举行。市妇联副主席曾丽、县委宣传部部长彭勇、县人大常委会副主任曹艳萍、县人民政府副县长陈计伟、县政协副主席郭艳红等领导出席活动。县爱卫国办、县文广局、县交通局等部门负责人及全县各镇（街）妇联主席、最美家庭获奖者以及长龙街道各领域的“三八红旗手”、优秀妇女干部等400多人参加此次活动。整个汇演活动以歌曲、舞蹈、小品等多种文艺形式展示，集中展现长沙县女性巾帼风采。此外还对长沙县2014年度35户“最美家庭”及长龙街道50余名“三八红旗手”、“绿色示范家庭”等进行表彰；活动现场来自街道的6位人大代表和政协委员对辖区20名留守儿童、困境儿童、残疾儿童及困难妇女进行爱心捐赠。

【陈晓霞调研长沙县】9月29日，全国妇联儿童部部长陈晓霞一行到长沙县，围绕儿童早期发展社区家庭支持服务项目实施情况以及村（社区）基层家庭教育工作开展情况进行调研。一行人先后对金井镇金龙村儿童工作、星沙街道金茂路社区妇女儿童之家、长沙县外来务工人员家庭教育指导中心进行实地考察。省妇联主席杜亚玲、副主席卢妹香，市妇联主席谭慧慧、副主席赵景丽，长沙县委副书记吴新伟、副县长陈计伟陪同调研。家长学校是长沙县儿童家庭教育特色项目之一。全县公办幼儿园、中小学、中等职业学校家长学校建校率100%，村（社区）家长学校（家庭教育指导机构）建设率100%。工之友服务中心则是湖南省首家工友自发创建的民间公益组织。县妇联依托服务中心创建“家有儿女·周五有约”家长沙龙，每周五晚通过专家讲座、育儿话题龙门阵等灵活多样的形式，为外来务工人员提

35户家庭获长沙县“最美家庭”称号 （阳迎军 摄）

9月29日，全国妇联儿童部部长陈晓霞(右三)调研长沙县　(阳迎军 摄)

供家庭教育指导服务，极大地促进外来务工人员融入城市，流动儿童融入社区。陈晓霞对长沙县的基层家庭教育工作给予充分肯定，指出基层妇联要切实了解儿童及看护人的需要，积极探索儿童发展早期项目服务体系的新思路，切实当好儿童的“启蒙师”。

(阳迎军)

长沙县工商业联合会(商会)

【概况】 2015年，县工商联紧紧围绕全面深化改革，深入调查研究，建言献策，着力推动制约非公企业发展的体制机制改革和政策环境改善。积极组织工商界的人大代表和政协委员提交人大建议21条，提交政协提案49条。召开非公经济人士及新社会阶层代表座谈会，搭建县委政府与企业沟通的桥梁。截至年底，长沙县私营企业10968家，个体工商户41486户，吸纳从业人员18.1万。搭建各类服务平台，促进非公经济创新转型发展

县工商联充分运用现代和传统通讯方式。加强网站、微信群、QQ群、企信通等信息平台建设和管理。编辑《工商联通讯》11期，采用新闻宣传稿件149篇。超200%完成两办下达的信息任务。网站发布各类政策精神和非公经济发展宣传信息293条，并保持每日更新。举办长沙县首届中小企业领军人才专题培训班，组织54名县内中小微企业家赴复旦大学进行为期8天的企业家经营管理培训；举办最新版国际质量管理体系标准培训。配合组织参加省市工商各类培训6场次，提升会员素质和综合能力。搭建融资平台，缓解发展瓶颈。建立会员企业融资信息库。组织企业参加银企对接会。为全县25个小微企业解决1.3亿元贷款，促进中小企业的健康发展。搭建维权平台，优化经济环境。民营企业投诉中心作为企业投诉的主渠道，维护企业合法权益。对会员来电来访12起，全部进行协调解决，为会员共挽回直接经济损失1256万元。开展“法律知识进商会”活动，与湖南兴湘法律集团合作，成立长沙县工商联(商会)法律服务工作室，负责全县非公企业的法律服务工作。被推荐参评长沙市统战工作实践创新奖。完善自身建设，推进工商联工作科学发展。出台《镇街商会工作综合评分细则》和《行业商会指导意见》，组织基层商会会长、秘书长互动交流2次，相互学习、相互借鉴，有效推动基层商会对地方经济发展和社会进步影响。县工商联被授予全省“五好”县级工商联建设示范点。

【杨德品获评全省“最美政协人”】 1月8日，在湘声报社主办的“忠实履职 奉献湖南——最美政协人”颁奖仪式上，长沙县政协委员杨德品获评全省“最美政协人”称号。在十个获奖者中，杨德品是长沙市唯一的县区政协委员。

【长沙众兴新材料科技有限公司推荐为全国就业与劳动保障先进民营企业】 6月12日，省工商联副主席肖翔带队，省工商联、省人力资源与社会保障厅、省总工会三家单位联合到长沙县考察验收全国就业与社会保障先进民营企业推荐单位——长沙众兴新材料科技有限公司。

长沙众兴新材料科技有限公司成立于2002年，注册资金6450万元，是一家专业生产高性能多层铝基复合材料的高新技术企业，是国内最早开始生产钎焊铝基复合材料的民营企业。公司致力于建设三个众兴——激情众兴、实力众兴、幸福众兴，以人为本、和谐共赢。公司成立以来，主动承担社会责任，依法用工；注重人才培养，让员工与公司共成长；健全公司各项制度，创造和谐劳资关系。此次评选湖南省拟推荐三家，其中长沙地区一家，长沙众兴新材料科技有限公司是全市唯一一家被推荐单位。

考察组对长沙众兴新材料科技有限公司的做法给予了高度评价，并希望公司能够一如既往地做好就业和劳动保障工作，将公司打造成员工的幸福之家。

【杨松青获评全国首届“优秀敬老志愿者”】 长沙县工商联执委、湖南青松养老产业投资管理有限公司董事长杨松青，从2009年至今，他一直全身心投入养老事业，服务社会养老事业，弘扬中华孝道，开展敬老志愿服务成绩突出。杨松青悉心照顾公寓里的每一位老人，不仅贴心照顾好老人生活起居，同时还关注着老年人的文化生活，组织老人成立花鼓戏剧团，建立起老年大学，在老年课堂上切磋诗文、画技，每周末“孝”文化课，更是吸引了周边的居民旁听，公寓里时时呈现一派祥和景象。六年来，杨松青先后获得“中国好人”“全国孝亲敬老之星”“中华孝亲敬老楷模提名奖”等荣誉称号，他的事迹曾被中共中央组织部拍摄成案例教育片供党内学习，被中国老龄事业发展基金会评选为全国首届“优秀敬老志愿者”。（胡 彦）

杨松青获评全国首届“优秀敬老志愿者” （胡 彦摄）

"官""民"之间的平衡艺术》为题，对县法院行政审判工作进行专题报道。

【非诉执行】 县法院全年受理非诉执行案件249件，执结216件。紧密配合全县拆迁拆违工作部署，全力服务重点项目建设。结合"法制宣传月"等活动，深入部分重点项目宣讲法律法规，消除"重点户、困难户"的对抗情绪，全年有60余户拆迁户最终主动自行拆迁；加大协调力度，案件进入司法拆迁程序后，加强与拆迁户沟通交流，明法析理，引导其调整利益诉求，支持和谐拆迁；对提出非合理诉求并完成法定程序的拆迁对象，依法裁定司法强拆，保证重点工程项目拆迁依法推进。全年办理司法强拆案件17件，确保国家、省、市重点项目建设进程。

【执行工作】 县法院全年执结各类案件2399件，较上年增长69.42%，执结率87.81%，较上年增长12%，执行到位金额11.77亿元。开展小额民生案件"猎鹰"专项执行行动、清理金融债权"惊雷"专项执行行动，以及最高法院组织的"转变工作作风、规范执行行为"专项执行活动，集中执结了一大批案件。加强执行联动，开通全国法院查控系统，与公安、工商、国土、房产、银行等部门形成执行合力，依法强制查封、扣押、拍卖财产2.86亿元，司法拘留56人，2人因涉嫌拒不执行判决、裁定罪移送公安机关处理，其中广州一被执行人王某被移送公安机关立案侦查后，自动履行了义务，为申请人长沙梅花汽车制造厂挽回经济损失200余万元。加大执行和解力度，全年执行和解案件497件。对涉及群体性矛盾纠纷案件，县法院通过适用"谦抑执行"方法，解决波英车身、和诚彩印公司系列执行案，实现法律效果和社会效果的统一。

【裁判文书改革】 在全国率先推出"分论式"裁判文书样式，改革裁判文书说理方式，针对案件争议焦点加强说理论证，促使简案简写，繁案精写，裁判文书不再晦涩难懂。部分案件当事人在庭审后30分钟即可领取裁判文书，法官也从案牍压力中解放出来，更加注重裁判文书说理论证，实现当事人和法官的"双满意"。7月19日，《人民法院报》头版头条对县法院裁判文书改革的经验做法进行报道，最高人民法院先后两次到县法院专题调研，对裁判文书改革做法予以充分肯定，全国30余家法院先后到县法院学习。

【庭前会议改革】 县法院要求所有民事案件必须召开庭前会议，庭前会议由法官助理主持，将权利义务告知、回避申请等工作前置，要求通过庭前会议必须固定无争议事实，并归纳案件争议焦点，法官开庭直接审理案件争议焦点。改革后庭审效率大幅提高，平均庭审时间缩短了近2/3，庭审定纷止争的功能更加突出，当庭宣判率逐步提高。县法院庭前会议改革在"裁判文书改革与诉讼程序优化"研讨会上得到全国诉讼法学会专家的高度肯定。

【法官助理改革】 以"通过国家司法考试"为任职条件，招聘了一批高素质高学历的法官助理，在院机关庭室实行"1名法官+1名法官助理"、部分法官实行"1名法官+2名法官助理+1名书记员"的人员配置模式，法官助理承担庭前准备、主持庭前会议等工作职责，甚至可以在法官授意下草拟裁判文书。法官因为专司裁判，审判效率和裁判水平大幅提升。县法院聘任制法官助理制度改革得到省人大常委会领导的关注和认同。

【试行刑事速裁改革】 作为最高法院指定的刑事速裁程序改革试点法院，县法院加强与检察机关的沟通与联系，强化刑事庭前准备工作，通过细化量刑意见、简化庭审程序，对事实清楚、证据充分、被告人自愿认罪的轻刑犯罪案件进行集中送达、集中调查、集中审理、集中宣判。一年来，适用速裁程序审结刑事案件104案113人，速裁案件平均结案周期仅6天，当庭宣判率100%。 （方 君）

司法行政

【概况】 2015年为县司法局"质量提升年"，该局坚持"抢抓机遇提升，真抓实干提升，严抓实管提升"，司法行政工作长足发展。

是年，因乡镇区划调整，白沙镇与开慧镇合并，金井镇与双江镇合并，黄兴镇和干杉镇合并。合并后，原有的6个司法所合并成为开慧司法所、金井司法所和黄兴司法所。该局协助"三调联动"成员单位卫生、交警、国土、住保、环保等部门，成立专业性、行业性的矛盾调解中心，并在星沙、新安、湘龙、泉塘、黄兴、黄花6个派出所指导设立专业矛盾调解室。县社会矛盾纠纷调处中心还在长沙经济技术开发区联合综治办设立调解小组，对园区内各类重大纠纷进行调处，保障劳动者权益，维护企业生产秩序。11月，县委办、政府办转发《县委组织部等部门关于进一步完善司法所管

9月9日，以“弘扬法治精神，共建平安家园”为主题的平安建设法治宣传月活动启动仪式在杨开慧纪念馆举行 （县司法局 提供）

理体制的实施意见》，标志着长沙县司法所建设工作在管理体制上实现重大突破，进一步优化全县司法行政系统管理模式，有力促进基层司法行政工作发展。

法治宣传方面，向全县群众发送法治宣传短信120万条，印发各类宣传资料50余万份，制作宣传展板115块，设立流动宣传咨询台52次，聘请普法讲师团开展法治讲座15次。社区矫正方面，接受社会调查评估委托228人，新增社区矫正人员215人，解除社区矫正287人，警告40人次，行政拘留4人，收监执行1人，特赦4人，全年无脱管、漏管现象。法律援助及“148”法律服务方面，办理法律援助案件320件，接待法律咨询1000余起。人民调解方面，主导调解全县重大矛盾纠纷52起，其中县委、政府交办的12起。此外，全县各级调解组织共排查调处各类矛盾纠纷3310起。公证工作方面，全年办证13042件。

【法治宣传】 是年，该局组织开展2014年度“湖南省最具影响力法治人物暨法治事件”评选活动，县法院报送的“长沙县福临镇政府状告生猪养殖户违约”案件被推选为2014年度湖南省最具影响力法治事件；果园镇镇长覃芳获评长沙市首届“十大最具影响力法治人物”荣誉称号。3月12日，以“携手共治，畅享消费”为主题，与县工商局、县卫生局等20余个部门以及湖南警察学院法律协会的20余名普法宣传志愿者，在星沙通程广场开展“3·15”消费者权益日法治宣传活动。期间，发放法治宣传资料、消费维权小手册2000余份，接受咨询100余人次。组织编印《人民读本》，旨在提高人民群众法律意识和法治理念。5月，聘请省未成年人管教所老师蒋维录制青少年法治教育光碟，在全县171所中小学校组织学生观看，法治教育进入学生课堂。与《星沙时报》联合开辟“法治伴我行”专栏，每月两期，通过典型案例解读法律法规，宣传法治观念，弘扬法治理念。开展法治文化建设试点活动。果园镇被定为全县法治文化建设试点单位，该镇于4月启动法治文化建设系列活动，投入经费100余万元。开展平安建设法治宣传月活动。9月9日，县政法委、县司法局在杨开慧纪念馆联合启动“弘扬法治精神，共建平安家园”平安建设法治宣传月活动，至10月10日结束，其间全县各镇、街、单位重点围绕法治建设和创新社会治理的重要决策、为民办事的举措、见义勇为的先进事迹、“六五”普法成果及“法律进校园”活动等方面开展各种普法宣传活动。仪式上，开慧镇40余名普法志愿者积极参与，现场发放宣传资料2000余份。

【社区矫正阵地建设】 9月，完成2015年省“为民办实事”项目的社区矫正中心建设完成，并全面投入使用。6月，“长沙县安置帮教基地”在黄花国华市场挂牌成立，切实为刑释解教人员就业提供帮助，被省市多家媒体报道；9月“长沙县社区矫正公益劳动基地”（干杉）、“长沙县社区矫正培训基地”（安沙）均挂牌成立，为社区矫正人员掌握新技能、适应社会提供崭新平台。

【政府购买服务推进心理矫正建设】 采取政府购买服务的模式与湖南省大本心理咨询有限公司达成战略合作协议，引入专业心理人才和技术，每周星期一、星期三由专业心理咨询师坐班心理咨询室，综合运用心理沙盘治疗与音乐治疗等，完善心理矫正评估机制，促进社区矫正工作科学化、规范化、创新化发展；同时对全县社区矫正专干进行专业心理知识普及和培训，使他们能够在工作中熟悉运用心理咨询技能和方法。全年建立心理咨询个案档案90余份。

【法律援助民生工程】 严格按照《湖南省法律援助条例》以及《办理法律援助案件程序规定》审查案件，保证援助案件办案程序规范，案件归档符合要求；确保案件质量及案卷要求，及时充足发放补贴；对已结案民事案件的回访率不低于50%，主管副局长每两个月听庭1次，中心主任每月听庭1次。全年办理法律援助案件320件，其中民事案件228件，刑事案件92件，涉及农民工案件102件，涉及妇女案件42件，涉及未成年人63件，涉及老年人案件6件，涉及残疾人案件22件，涉及少数民族2件。

【建立律师值班制度】 对接“刑事速裁”，在县法院、县看守所援助工作站建立值班律师制度。5月起，在县人民法院、县看守所援助工作站派驻法律援助值班律师，及时为犯罪嫌疑人、被告人提供法律帮助。

【法律服务队伍建设】 是年，通过改制恢复一家基层法律服务所，拟筹建两家律师事务所。各法律服务机构和执业人员按要求建立个人诚信档案。县司法局以法律服务机构和个人年检注册为契机，依法审查考核4个律师事务所61名律师和7个法律服务所54名法律工作者的年检注册工作。全县各律师事务所共为49家单位担任法律顾问，代理案件411件；各基层法律服务所代理案件155件。为配合充实长沙市基层法律服务志愿者队伍，县司法局推荐6名优秀基层法律服务工作者进入该队伍。

【公证宣传】 8月28日是《中华人民共和国公证法》(以下简称《公证法》)颁布10周年纪念日，县司法局在星沙通程广场开展以“创新公证服务方式，服务保障民生，维护公平正义，建设平安和谐武功”为主题的《公证法》宣传咨询活动。当天上午，县公证处等相关单位在县中心广场悬挂宣传横幅、设置展板、发放宣传资料及惠民宣传物品，设立现场咨询点，让广大群众进一步了解公证制度和公证工作的职能作用。当天发放宣传资料及惠民宣传物品1500余份，接待群众公证咨询及法律咨询35人次。宣传活动的开展，提高了广大群众对公证工作的深刻认识，使《公证法》及公证法律知识的社会知晓率得到进一步提高，推进公证工作更好地为民生提供法律服务。 (谭丽娟)

“司法行政服务为民”暨《中华人民共和国公证法》颁布10周年宣传月活动现场 (县司法局 提供)

地方武装

【概况】 2015年，县人武部围绕正风肃纪、强军兴武目标，改作风、强担当、促发展，各项工作稳步推进。推进教育学习和思想政治建设工作。组织5次集中学习和2次讨论交流，学习习近平总书记的系列讲话和全军政工会精神，在《战士报》发表长篇通讯《铁血将士功勋不朽 无畏雄师英名永辉》和专论《坚持学用相长夯实成事之基》；组织“三严三实”专题教育整顿，召开专题民主生活会，开展批评与自我批评；开展“学习践行强军目标、做新一代革命军人”主题教育活动和“正风肃纪、尽职尽责”教育整顿，强化责任担当。坚持民兵整组与防卫作战完善相结合，结合作战问题研究，梳理作战行动，支援保障行动和社会救援行动任务，适应应急应战任务需要，编实建强民兵应急分队，提升民兵遂行任务的能力，着力创新和改进编组方法，全县基干民兵的编组质量得到了较大提升。并通过警备区联合工作组交叉检查验收。统筹本级“湘江—2015”演习任务，协助开设县国防动员指挥部。落实“一拓三改”要求，整肃训风考风，分期分批组织民兵舟桥、森林防火、应急分队、装备维修等4期407人次训练，民兵遂行多样化军事任务的能力进一步提高。组织专武干部每月以会代训形成常态，选送3名专武干部参加省军区武装部长集训，军事考核中1人勇夺总分第一，2人名列前茅。抓好征兵工作。立足于早准备、早动员、早筹划、早宣传，强化目标管理和绩效评估，坚持集体定兵、择优定兵、公开定兵，完成306名新兵征集任务。深化军民融合，党管武装力度不断加强。41军防空旅驻训黄兴镇、42军装甲旅过境，人武部会同政府办主动对接协调。主持召开“八一”军政座谈会、开展“双带双促”活动，协调落实帮扶基金100万元。

【王忠斌调研县人武部】 4月10日，长沙警备区司令员王忠斌率督导组到长沙县人武部检查调研，召开专武干部座谈会，点验县民兵应连，抽检开慧、果园、福临、湘龙街道3个镇和2个村级民兵营，充分肯定县人武部各项工作成绩。

【黄跃进调研长沙县人武部】 5月7日，省军区司令员黄跃进率工作组，在警备区司令员王忠斌的陪同下，到县人武部就省会城市武装工作创新发展问题进行调研，并与县领导、企业负责同志、专武干部、复退军人等进行座谈。黄司令员就长沙县党管武装、调研的协调组织、提出的意见建议等给予高度评价。

【民兵舟桥分队训练】 5月17日至24日人武部在舟桥84团训练场和武警湖南总队训练基地组织一期123人的民兵舟桥分队训练。主要进行操舟机安装、使用、水上救生、水上编队和轻武器实弹射击等训练，集训实行量化管理，管理正规、训练严格，全程安全顺利，有效提高民兵舟桥分队遂行抗洪抢险任务的能力。

【组织参与“湘江——2015”演习】 11月3日至6日县人武部与全省同步参加“湘江-2015”演习。长沙县开设责任分区指挥所，根据上级导调，按时上报20份文书作业；协调县文广新局、广播电视中心出动2台转播车、4台摄像机；协助山河智能进行战时挖掘机转扩产的实兵演练；开设长沙县国动委指挥部；动员组织县国动委成员单位相关领导全程参演，同步上报相关文书作业。 （禹 丹）

武装警察

【概况】 长沙县中队隶属中国人民武装警察部队湖南省总队长沙市支队，

主要担负长沙县看守所武装看守任务。中队（连级）设有中队长、政治指导员、排长。该中队被武警湖南省总队评为“基层建设先进中队”。

党支部建设。坚持自学与领学相结合，制定个人年度自学计划，共同讨论，集体研究、共同进步。努力提高党员队伍的理论素养、党性修养、政治信仰，主动学习作为，提高党支部“三个能力”。2015年，中队发展党员2人，推荐技术学兵2人，参加预提指挥士官集训4人，2名同志分别考入特警学院和杭州士官学院，真正做到公平、公正、公开。

思想政治建设。组织新兵入队仪式，学习队史，参观中队荣誉室，向他们介绍中队建设发展的历史和官兵艰苦创业的历程，讲述中队先进典型的成长故事。结合授装仪式、老兵退伍告别等时机，使官兵党的意识、军魂意识、奉献意识进一步增强。定期组织官兵到图书馆借阅好书、读书心得交流，引导官兵多读书、读好书，养成爱读书的好习惯。鼓励官兵参加军队自学考试、函授学习。有3名士官取得军队自考本科文凭，全面提高官兵文化水平。投入40余万元打造先进军事文化环境，促进部队安全稳定和官兵健康成长。

执勤能力建设。2015年，中队相继承担全国“两会”“3·14敏感期”及重大节日城市武装巡逻任务、重点犯罪人员看守、武装押解等勤务，积极协调市监管支队、县公安局，提出监门哨建设方案，加快推进建设进程，共争取地方建设资金80余万元用于执勤设施改建。坚持班每周、中队每月分析一次安全工作形势，按照“八个方面安全基本工作规范”、支队《安全工作四级操作法》要求，形成“人人讲安全、人人抓安全、人人保安全”的良好氛围，保证安全稳定。

（全伟宾）

消 防

【概况】 2015年，县消防大队以习近平总书记提出建设一支“听党指挥，能打胜仗，作风优良”的人民军队强军目标总要求，以“法纪消防、科技消防、人文消防”理念先导，以“建官兵满意班子，带人民满意队伍”目标，全面推进部队正规化、监督执法和基层党组织规范化建设。全年，全县发生一般火灾252起，死亡2人，伤3人，直接财产损失1157.95万元，未发生较大以上火灾事故，消防部队接警出动735次，出动车辆1103辆次，出动警力7621人次，抢救被困人员68人，疏散人员132人，抢救财产价值1116万元。消防大队共办理建设工程消防设计审核项目85个，验收项目83个，消防设计备案抽查76个，验收备案抽查69个，公众聚集场所开业前消防安全检查79个。大队以抗战70周年安保、夏季消防安全整治等专项行动契机，针对劳动密集型企业暨居民小区、非法违法建筑、社会福利救助机构、商场市场、公共娱乐场所、人员密集场所等重点领域和单位开展“地毯式”“错时制”火灾隐患排查整治行动，共检查社会单位1996家次，检查发现火灾隐患1815处，督促整改火灾隐患1696处，对88家存在消防安全隐患和违法行为的单位和个人实施行政处罚，罚款153.3万元，责令三停34家，临时查封39处，行政拘留6人，督促两家县政府挂牌督办的重大火灾隐患单位整改销案。

【消防经费】 2015年，消防基础业务经费由2014年的598.7万元上升到623.7万元，追加专项经费81.15万元，应急救援经费15万元，总经费量719.85万元。此外，县财政还专题拨付890万元购置3台消防车和一批灭火救援器材装备。由县政府全额拨款2500万元新建的黄兴镇第二消防站主体和相关附属工程全面完工。

【消防知识宣传教育活动】 开展多种形式的消防宣传“七进”活动，落实消防监督员每周半天宣传培训制度，深入重点单位、街道、社区开展消防宣传培训。组织全县镇长、村支两委和公安派出所民警开展消防监督业务

开展消防知识宣传教育活动　　（县消防大队 提供）

培训。全年，大队共联合省、市及地方主流媒体进行连续报道、曝光隐患40余次；开展消防安全提示、播放消防公益广告800余条次；运用“掌上消防”APP、微信公众号、移动QQ等新型“移动消防信息服务平台”，发布工作信息和火灾隐患整改动态3000余条，发放消防知识宣传手册资料4000余份，对外开放消防站20余次，受训人数有1.2万余人。（陈　扬）

人民防空

【概况】 2015年10月，长沙县政府机构改革，长沙县人防办从原县政府办的挂牌机构，变为县人民政府工作部门，设立长沙县人民防空办公室。县人防办设综合指挥通信科、工程管理科2个内设机构。领导职数4名，其中主任1名，副主任2名，纪检组长1名。行政编制6名，机关后勤服务全额拨款事业编制1名。是年，县人防办组织指挥网络建设基本完善。建立以人防地下指挥所、移动指挥平台、警报网络建设相结合人防指挥网络系统。加强防空警报系统建设，合理布局，新增防空警报器6台，总数达46台，实现统一控制，圆满完成“11·1”防空警报鸣放工作，警报鸣响率、覆盖率实现“双百”动态达标。完成2015年全市人防指挥通信训练任务，实现车载短波电台、海事卫星、3G无线视频系统与市办、区县之间的远程互联互通。加强警报设施的维护管理，对警报器维护管理人员进行培训，建立健全警报器管理档案，确保设备状态良好。人防工程建设稳步推进。依法加强人防工程审批、建设和管理，加强人防工程易地建设费征收工作。通过事前控制和重点监管，加强对在建的人防工程项目质量安全管理，发现问题及时提出整改要求，坚决纠正人防工程施工中的不规范行为，直到通过验收才正式核发《长沙县人民防空工程质量认可书》，办理房产会签手续。并且与建设单位签订《防空地下室集中修建承诺书》。全县人均人防工程使用面积在全省县级城市中领先，并提前5年超过全省2020年城市人均人防工程使用面积，达到1平方米目标。对在建人防工程安全生产和维护管理定期进行全面检查，及时发现问题，下达书面整改通知书，限期整改，督促维护管理责任单位认真做好后期维护管理各项工作，完善工作台账，确保人防工程处于良好运行状态。人防宣传教育扎实开展。以人防宣传教育“五进”活动抓手，多渠道、深层次、宽领域地开展人防宣传教育，公众人防意识和防空防灾基本技能不断提高。星沙、湘龙、泉塘三个街道39个社区采取“十个一”宣传模式，在强化基础、打造平台、经费保障、队伍建设上取得较好成绩。各社区通过文艺节目、展板展出、发放资料、人防演练等方式开展人防知识宣传。全县35所初中、高中学校充分利用宣传橱窗张贴防空防灾知识挂图、举办人防手抄报和黑板报比赛、广播等形式深入开展人防知识教育，发放人防知识教材及光碟，开展人防教学、培训、演练。同时结合“5·12”防灾减灾日、“11·1”防空警报试鸣日开展大型主题宣传活动，重视支持人防建设发展的氛围日益浓厚。（刘　娟）

长沙经济技术开发区

·综述·

【概况】 2015年，长沙经济技术开发区（以下简称长沙经开区）在市委、市政府的坚强领导下，围绕打造省会城市次中心、建设现代城市工业经济综合体的发展定位，按照“稳住、进好、调优”的总要求，全力推进倍增倍升、满园扩园、提标提档战略，充分发挥工业经济“主阵地、主战场、主力军”的引领作用，较好地完成了稳增长、调结构、促转型等主要目标。

转型升级迈出新步伐。全年实现规模工业产值1811.5亿元，同比增长10.13%；完成工业固定资产投资120亿元，同比增长10%；工商税收突破百亿元大关，达106亿元，同比增长10%。工程机械、汽车及零部件、电子信息产业占比调整为0.52∶0.21∶0.12，多点支撑产业格局日趋完善。传统支柱产业转型逆势发力。园区工程机械、汽车产业领域优势企业，主动对接国家战略，精准把握市场需求，从技术、市场、管理、模式等方面探索转型发展方式，水利机械、港口机械、地下装备、风电机械等工程机械产品产销两旺。上汽大众历经两年建设后正式投产，湖南省首款本地制造的高端吉普车型——广汽菲克Jeep自由光正式上市，为园区打造“中国汽车产业集群新版块”注入强劲动力。湖南省首款纯电动轿车——众泰云100投放市场后供不应求，长丰集团、广汽三菱等布局、研发新能源汽车呼之欲出。新兴产业正成为产业转型的新亮点。园区积极培育集成电路、大健康产业、电子商务、住宅产业化、节能环保、现代服务业等战略性新兴产业，新的经济增长极正加快形成。

招商引资再掀新高潮。是年，长沙经开区主动适应招商新常态，发挥园区产业优势，突出招大引强，服务转型升级，重大项目纷至沓来。成功举办了中国（长沙）第三届国际工程机械配套件博览会等系列重大招商活动，引进过亿元项目10个，其中投资过10亿元项目2个，投资过50亿元的项目3个，分别是福田汽车环境装备产业园与新能源汽车项目、千山慢病精准管理与服务中心项目和长丰集团整车扩产及新能源汽车项目。特别是三一集团、铁建重工、北汽福田、千山药机、中车时代、博世汽车等一批本土骨干企业，抢抓新一轮改革机遇，不断扩大投资，实现裂变成长，开展“再次创业”，显示出本土企业转型创新发展的强大动力，掀起园区“二次招商”新高潮。

项目建设激活新动力。是年，园区坚持重大项目“领导联点、部门参与、专员督办”“学习与服务”、全程代办、督查考核等机制，领导干部践行“一线工作法”，及时破解项目建设难题，为重大项目开建、竣工提供有力保障。园区54个在建项目、45个待建项目，9个列入“六个走在前列”重大项目全面铺开，全年完成新开建项目21个，竣工投产项目23个。全年重大项目开工率、投资完成率均达100%。长沙科技新城、工程机械交易展示中心、北汽福田环境装备产业园等重大项目全面推进。上汽大众、广汽菲克、蓝思科技（二期）、远大“小天城”、住友橡胶（一期扩建）等重大项目相继竣工达产。特别是在全市项目建设流动观摩考核中，长沙经开区赢得“单个项目第一、国家级开发区第一、县域项目第一”的佳绩。

品质园区焕发新光彩。坚持高起点规划、高标准建设、高品质配套，完成园区商业中心、公共设施、公共道路、人行天桥等专项规划。按照“五优”（规划优、设计优、标准优、建设优、管理优）建设理念，加快绿化亮化、道路改造、公租房建设、路标路牌导向、交通设施优化等工程建设。完成基础设施投入5.65亿元，平整场地65公顷，提质改造道路25.1千米，亮化道路6.5千米。持续推进生态园区建设，顺利通过环保部等三部委评审，成为全省首家“国家生态工业示

4月3日，省委书记、省人大常委会主任徐守盛（前右二）到长沙经开区考察园区企业蓝思科技、创芯集成电路　（长沙经开区志办 提供）

范园区”。启动新一轮“三年造绿行动”，重点推进道路绿化、公园绿化、小区绿化，全年新增绿化面积51公顷。加快推进星沙污水处理厂、城北污水处理厂等扩容提质项目，不断完善雨污管网路网建设。依法从严抓实环保责任，强化对重点企业废水排放、空气质量、地表水质及放射源的实时监控，保持天蓝水清地绿的生态环境。

社会管理谱写新篇章。加大社会管理创新投入，41个公共服务项目有序推进。加强和创新了蓝色置业、板桥公租房、创业乐园等企业员工集中居住小区的服务和管理。试点建设并逐步推广园区公共信息导向系统。着力清查规范园区门牌号码。坚持产业工人需求导向，重点优化园区公共交通网，切实解决企业员工出行难题。坚持依法拆迁、和谐拆迁、阳光拆迁，确保补偿资金“点对点”支付，全年完成拆迁腾地152.6公顷，保障重点项目顺利推进。稳步推进泉塘三期、龙华二期、龙峰等安置区建设，保障拆迁群众权益。加快公租房建设，建成公租房1678套。加大安全生产监管，对企业安全生产问题不讲情面、不讲大小、不搞变通，探索试行安全生产网格化管理，对企业开展地毯式梳理，重点对危险化学品行业、劳动密集型企业开展专项整治行动，确保安全生产零事故。加强综治维稳工作和信访接待工作，及时化解群体性事件，维护社会稳定。

机制改革激发新活力。加大简政放权力度，依托“全程代办”服务，不断优化、精简审批流程，积极推进商事登记改革，开辟初步设计评审、常年施工队伍捆绑招标、临时施工许可等“绿色通道”，实现行政审批再精简、再提速。探索开展土地短期出让制度试点、储备土地管护和临时利用新模式。首次发布《企业发展概况（2014）》，长沙经开区管委会由过去总结“自身做了什么”的传统思维向总结“企业做了什么”的创新思维转变，不单纯以产值、税收等经济贡献论英雄，倡导企业创新发展、绿色发展、可持续发展、和谐发展、诚信发展。调整配备工管委班子成员，组织实施“新三定”方案，开展新一轮竞争上岗，完成机关雇员招聘工作，全面激发干部职工干事创业活力。坚持政企分离、市场化运作，全面推进公司化改造，建立健全公司法人治理结构，完善公司内部管理，加大投融资改革力度，全年通过金融机构融资近50亿元，归属集团公司净利润同比增长16%，为园区开发建设提供了坚实的保障。持续推进“以区带园”，助推星沙产业基地积极承接产业辐射，全年实现工业总产值50亿元。加快推进“飞地园区”建设，汨罗产业园建设全面铺开，新疆鄯善工业园已完成控制性详细规划编制。

作风建设打造新形象。进一步巩固党的群众路线教育实践活动成果，深入开展“三严三实”专题教育，认真抓好问题整改和立规执纪，不断推动制度建设和作风建设。以联系企业、项目、拆迁、安全、群众为载体，扎

1月4日，省委副书记、省长杜家毫（前左三）到长沙经开区园区企业蓝思科技调研　（长沙经开区志办 提供）

实开展学习“乐东”经验的主题活动。实行领导干部“股份零持有、投标零参与、工程零干预”公开承诺机制，从源头上保障风清气正的投资创业环境。制定党风廉政“三张责任清单”，严格执行问责追究，持续开展廉政警示教育，严肃查处典型案例。培育《产经周刊》、微党建微信公众号、电子阅报屏等自有媒体品牌，唱响主旋律，弘扬真善美。广泛开展“四型三星”评比活动，推出“正能量随手拍”等主题活动，培育、挖掘和宣传身边的先进典型，为园区发展集聚正能量。

3月9日，省委常委、市委书记易炼红（前左二）一行到长沙经开区园区企业万容科技调研　（长沙经开区志办 提供）

【贾庆林视察长沙经开区】11月6日，中央政治局原常委、全国政协原主席贾庆林到长沙经开区视察园区企业蓝思科技、铁建重工、三一集团。省委书记徐守盛，省委副书记孙金龙，省委常委、市委书记易炼红，长沙经开区党工委书记、县委书记杨懿文，管委会主任李科明等陪同视察。

【徐守盛到长沙经开区考察】 4月3日，省委书记、省人大常委会主任徐守盛到长沙经开区考察园区企业蓝思科技、创芯集成电路。省委常委、市委书记易炼红，长沙经开区党工委书记、县委书记杨懿文等陪同考察。

【杜家毫到长沙经开区调研】 1月4日，省委副书记、省长杜家毫到长沙经开区园区企业蓝思科技调研生产经营和项目建设情况。他强调，适应经济发展新常态，要积极对接国家发展战略，充分发挥“一带一部”区位优势，精准施策、精准发力，加快推进传统优势产业转型升级，加快培育壮大新兴产业，加快创新招商引资方式，努力培育新的增长点。省委常委、市委书记易炼红，副省长黄兰香，市长胡衡华，长沙经开区党工委书记、县委书记杨懿文，管委会主任李科明等陪同调研。

【陈向群到长沙经开区调研】 12月11日，省委常委、常务副省长陈向群一行到长沙经开区园区企业上汽大众、三一集团调研。省政府副秘书长陈仲伯、省发改委主任谢建辉、省国土资源厅厅长方先知，长沙经开区党工委书记、县委书记杨懿文，管委会主任李科明，管委会副主任、县长张庆红等陪同调研。

【易炼红到长沙经开区调研】 3月9日，省委常委、市委书记易炼红一行到长沙经开区园区企业万容科技调研。市委常委、常务副市长陈泽珲，市委常委、市委秘书长陈献春，市委副秘书长彭治华及相关部门负责人，长沙经开区党工委书记、县委书记杨懿文，管委会主任李科明等陪同调研。

【陈求发到长沙经开区考察】 3月18日，省政协主席陈求发，副主席武吉海率队考察长沙经开区园区企业万容科技、创芯集成电路和国科微电子，了解新兴产业发展情况。陈求发指出，长沙经开区在加快培育和发展新兴产

3月18日，省政协主席陈求发（前左二）考察长沙经开区园区企业万容科技、创芯集成电路和国科微电子　（长沙经开区志办 提供）

3 月 31 日，副省长戴道晋（中）到长沙经开区园区企业千山药机调研
（长沙经开区志办 提供）

业方面，有思路、有举措、有成效，新兴产业在经济总量中的比重呈上升态势，增速比较快，来势比较好。相关部门要认真总结经验和成绩，继续发挥长沙经开区在全省新兴产业发展中的龙头作用。要进一步抓住机遇，高起点科学编制发展规划，优化布局，突出重点，力争取得更好的成绩。市政协主席范小新，长沙经开区党工委书记、县委书记杨懿文，管委会主任李科明，长沙县政府县长张庆红等陪同调研。

【戴道晋到长沙经开区调研】 3 月 31 日，副省长戴道晋率省安监、经信委、科技厅等部门负责人到长沙经开区园区企业千山药机考察，调研该公司推出的全自动化组合烟花生产线。市委常委、副市长张迎春，副市长、浏阳市市委书记曹立军，长沙经开区管委会常务副主任吴京生，副主任黄瑶等陪同调研。

【张剑飞到长沙经开区调研】 12 月 30 日，副省长张剑飞到长沙经开区调研汽车产业情况，考察园区企业上汽大众、广汽菲克、众泰汽车、中上汽车。长沙经开区党工委书记、县委书记杨懿文，管委会主任李科明，党工委委员张湘鸿陪同调研。

【胡衡华到长沙经开区调研】 6 月 25 日，市委副书记、市长胡衡华到长沙经开区园区企业铁建重工、远大集团、耐普恩、国科微电子、众泰汽车调研经济稳增长情况。长沙经开区党工委书记、县委书记杨懿文，管委会主任李科明，副主任黄瑶及市工信委、发改委等单位主要负责人参加调研。

【于广洲到长沙经开区督查】 6 月 6 日，海关总署署长于广洲率国务院第十督导组一行到长沙经开区园区企业三一重工、蓝思科技就稳增长、调结构、惠民生政策落实情况进行督查。副省长何报翔，市委常委夏建平，长沙经开区党工委书记、县委书记杨懿文，管委会主任李科明等陪同督查。

【三一集团获 2014 年度国家科技发明奖二等奖】 1 月 9 日，国家科技奖励大会在北京召开。三一集团“高速重载工程机械大流量液压系统核心部件”获 2014 年度国家科技发明奖二等奖，成为 2014 年唯一获此奖项的工程机械企业，总工程师易小刚作为项目第一完成人上台领奖。

【园区公共信息导向系统投入使用】 3 月 15 日，园区公共信息导向系统投入使用。该工程共安装导向牌 72 块。导向牌按园区、街区、道路三级分类分层进行导引，结合导览图等载体，能轻松准确定位目的地。

【蓝思科技股票挂牌上市】 3 月 18 日，长沙经开区园区企业蓝思科技股票在深圳交易所创业板挂牌上市，总市值一度超过 900 亿元。蓝思科技董事长周群飞被《2015 胡润女富豪榜》评为中国新晋女首富。

【上海大众长沙工厂建成投产】 5 月 24 日，长沙经开区园区企业上海大众汽车有限公司长沙工厂建成投产，首辆新朗逸轿车同时下线。省委书记、省人大常委会主任徐守盛宣布长沙工厂建成与新车下线，省委副书记、省长杜家毫致辞。省委常委、省委秘书长、省直属机关工作委员会书记、省人大常委会副主任韩永文，省委常委、市委书记易炼红，副省长黄兰香，市委副书记、市长胡衡华，市政协主席范小新，长沙经开区党工委书记、县委书记杨懿文，管委会主任李科明等出席。上海大众汽车长沙工厂于 2013 年 5 月奠基开工，占地面积 167 万平方米，一期投资 121 亿元，规划年产能 30 万辆。上海汽车集团股份有限公司总裁陈志鑫、大众汽车集团（中国）总裁海兹曼教授致辞。

【省集成电路发展战略发布暨产业对接会在长沙经开区召开】 6 月 28 日，

5月24日，上海大众汽车有限公司长沙工厂建成投产（长沙经开区 提供）

湖南省集成电路发展战略发布暨产业对接会在长沙经开区召开。会上授牌成立湖南省集成电路产业联盟，国科微电子当选联盟理事长单位，并获得国家集成电路产业投资基金4亿元。国家集成电路产业投资基金会总经理丁文武，省政府副秘书长陈仲伯出席会议，长沙经开区管委会主任李科明介绍园区投资环境和相关产业政策。长沙市、株洲市有关单位和产业园区负责人，国防科大、湖南大学、湘潭大学等高校代表，以及TCL通力电子、日本富士通电子等多家国内外知名企业代表参加会议。

【召开庆祝中国共产党成立94周年暨“四型三星”先进典型表彰大会】7月1日，长沙经开区召开庆祝中国共产党成立94周年暨“四型三星”先进典型表彰大会。20家“四型”基层党组织（包括“学习型”4家，“创新型”5家，“服务型”7家，“活力型”4家）和62名“三星”共产党员（包括“创业之星”3人，“技术之星”33人，“服务之星”26人）受到大会表彰。管委会副主任、企业党工委书记黄瑶主持会议，长沙经开区党工委书记、县委书记杨懿文，管委会主任李科明出席会议并讲话。全体工管委班子成员，机关各支部全体党员，企业党组织负责人及特邀代表400人参加会议。

【刘祥华位列2015年中国上市公司最佳CEO榜单第三名】7月21日，福布斯中文版发布2015年中国上市公司最佳CEO榜单，长沙经开区园区企业千山药机董事长刘祥华位列榜单第三，医药行业第一。

【国家生态工业示范园区创建工作通过验收】7月24日，长沙经开区国家生态工业示范园区建设通过国家考核验收，成为湖南省首家、中部第二家国家生态工业示范园区。国家、省、市级环保、商务、科技部门领导，长沙经开区管委会主任李科明，副主任巩固、刘逢春等出席会议。2008年11月，园区启动国家生态工业示范园区

6月28日，湖南省集成电路发展战略发布暨产业对接会在长沙经开区召开（长沙经开区志办 提供）

7月24日，长沙经开区国家生态工业示范园区建设通过国家考核验收（长沙经开区 提供）

的规划建设工作。2011年4月，创建工作获环保部、商务部、科技部批准。2014年11月通过省级验收，2015年4月通过技术核查。

【承办“2015中国长沙经济绿色城市发展高峰论坛”】 7月29日，2015中国长沙经济绿色城市发展高峰论坛在长沙举行，本次论坛由《中国经济导报》、中国发展网主办，长沙经开区管委会和福田汽车集团承办。市委常委、市委统战部部长文树勋和福田汽车集团党委书记、总经理王金玉分别在会上作专题演讲。本次高峰论坛由长沙经开区管委会主任李科明主持。市经信委、长沙经开区管委会和北汽福田汽车股份有限公司签署《建设长沙环境装备产业园战略合作协议书》，标志着总投资50亿元的北汽福田环境装备产业项目落户长沙经开区。

【承办湖南省与华盛顿州专场商贸对接会】 9月23日，省商务厅和长沙经开区共同承办的湖南省与华盛顿州专场商贸对接会在西雅图举行。省商务厅美大处处长龙吟主持会议，省商务厅副厅长彭雁峰作湖南省情推介，长沙经开区党工委书记、县委书记杨懿文致辞，管委会主任助理张湘鸿作项目推介。华盛顿州副州长布拉德欧文率州商务厅官员一行出席会议。波音、微软、亚马逊、星巴克等美国知名企业参会并从科技、经济、产业、文化等几方面进行推介。三一重工、中联重科、千山药机、远大集团等园区企业代表发言，阐述湘企在美长远战略和规划布局。

【国产Jeep自由光下线】 10月19日，国产Jeep自由光在长沙经开区园区企业广汽菲克下线。省委书记、省人大常委会主任徐守盛宣布新车下线，省委副书记、省长杜家毫，意大利驻华大使谢国谊分别致辞。广汽集团董事长张房有、总经理曾庆洪，菲克集团Jeep品牌全球总裁兼菲克集团亚太区首席运营官麦明凯，广汽菲克总经理柏恩翰，市委副书记、市长胡衡华，市委常委、统战部部长文树勋，长沙经开区党工委、管委会班子成员等出席相关活动。

10月19日，国产Jeep自由光在长沙经开区园区企业广汽菲克下线
（长沙经开区志办 提供）

【举办“2015中国（长沙）国际工程机械配套件博览交易会”】 11月9日，由中国工业机械联合会、省经信委、省商务厅、省贸促会、长沙市人民政府联合主办，长沙经开区、长沙市经信委、长沙市商务局、长沙市会展办、长沙市贸促会联合承办的“2015中国（长沙）国际工程机械配套件博览交易会”在湖南国际会展中心开幕。出席开幕式的有国家有关部委相关领导、塔吉克斯坦驻华商务参赞、军队相关部门的领导、专家、学者和省直有关部门的领导及参展参会嘉宾500人，开幕式由市委常委、副市长张迎春主持，长沙经开区党工委书记、县委书记杨懿文、塔吉克斯坦驻华商务参赞达姆多罗夫·卡龙、中国机械工业联合会副会长张克林分别致辞，副省长何报翔宣布博览交易会开幕。本届配博会为期3天，以十大主题活动为助推，更注重交易，为保障企业成交提供全链条保姆式服务，总交易额11亿元。

【福田汽车纯电动卡车与环境装备产业园开工】 11月11日，总投资50亿元的福田汽车纯电动卡车与环境装备产业园在长沙经开区开工。省委常委、市委书记易炼红，福田汽车集团党委书记、总经理王金玉等出席开工仪式。落户长沙经开区的福田纯电动卡车与环境装备产业园项目，在维持现有汽车整车业务的基础上，打造覆盖汽车底盘、环卫汽车、环卫装备、其它专用车等多种业务为一体的综合性多功能纯电动卡车环境装备产业园区。市委常委、副市长张迎春，市委常委、统战部部长文树勋，长沙经开区党工委书记、县委书记杨懿文，管委会主任李科明等出席开工仪式。

【首台国产铁路大直径盾构机下线】 11月14日，长沙经开区园区企业铁

11 月 14 日，铁建重工自主研发的国产铁路大直径盾构机下线

（长沙经开区志办 提供）

建重工自主研发的首台国产铁路大直径盾构机下线。该装备拥有完全自主知识产权，填补大直径盾构机自主研制的空白，标志着国产大直径全断面掘进机关键技术研究与应用取得新突破。

【举办“2015 中美先进制造业合作交流会”】 12 月 17 日，“2015 中美先进制造业合作交流会”由长沙市政府外事侨务办公室、美国驻广州总领事馆商务处和长沙经开区管委会共同主办，是长沙市外事侨务办举办的“美国知名企业进园区系列活动”的重头戏。美国贸易代表团 6 家企业包括爱德普机器贸易有限公司、艾默生网络能源有限公司、美国 ExOne 公司、霍尼韦尔（中国）有限公司、美国赫克集团公司、罗克韦尔自动化（中国）有限公司，代表美国工业 4.0 的先进水平，产业涵盖 3D 打印、智能机器人、工业自动化等领域。参会中美企业进行自由交流和商贸对接。

（长沙经开区志办）

·基础设施建设·

【概况】 2015 年，长沙经开区坚持高起点规划、高标准建设、高品质配套，完成园区商业中心、公共设施、公共道路、人行天桥等专项规划。按照“工优”建设理念，加快绿化亮化、道路改造、公租房建设、路标路牌导向、交通设施优化等工程建设。全年完成基础设施投入 5.65 亿元，平整场地 65 公顷，完成道路提质改造 25.1 千米，完成道路亮化 6.5 千米。园区 54 个在建项目、45 个待建项目，9 个列入“六个走在前列”重大项目全面铺开，全年共完成新开建项目 21 个，竣工投产项目 23 个。全年重大项目开工率、投资完成率均达 100%。

【供水】 2015 年，长沙星沙供水工程有限公司以安全优质供水为基础，立足区、县发展大局，着力抓好深度处理改造等工程建设，完成既定目标。

是年，完成供水 6662 万吨，同比增长 7.35%（包括引水公司供水量）；收回水费（含税）8937 万元，同比增长 21.8%，水费回收率 97.03%；经营收入首次突破亿元大关，达 1.024 亿元，同比增长 23.2%，净利润 728.3 万元，同比增长 9.72%，上缴税金 400 万元。

加快推进深度处理改造各项工作。经过对改造方案反复认证、调整，9 月底完成项目施工招标工作，10 月底进入全面施工，通过精心组织、积极协调，在保证正常供水的情况下，项目建设推进顺利，年内完成投资总额的 40%。根据区、县道路提质改造的进程，有计划地对城区老化、易爆的供水主管进行改造：全年完成板仓路 DN300 水泥管、东二路 DN400PE 管、东一路 DN300 PE 管和特立路 DN300 PE 管的球墨铸铁管改造任务，增强管道抗压性和耐用性，有效避免爆管事故发生，增加了供水可靠性。推广使用新型水表电子流量计，完成新进单位用户 31 块电子流量计的安装，更新

12 月 17 日，“2015 中美先进制造业合作交流会”举行

（长沙经开区志办 提供）

原用户机械水表45块，使供水计量更精确、数据传送更便捷。

规范管理，安全生产得以保证。强化员工安全意识、加强安全责任，进一步完善企业安全生产体系，建立安全生产自查自纠制度，规范安全生产管理，消除安全隐患，通过国家生产企业安全标准化体系三级企业的复查。加强生产设备的巡视、维护和保养，及时更换老化、故障设备，保证生产设备正常运行。严格水质管理，实行“三级”水质管理机制，加强对水源水、出厂水、管网水的监测。做好水源水质预警，及时掌握原水及上游水质动态，适当调整水处理工艺，保证供水水质。水质监测站再次通过省质监局复查换证工作，具备对地表水、生活饮用水49个水质指标的检测能力。加强管网巡查和维护工作，完善管网维护制度，定期巡视管网运行情况；抢修维护人员24小时值班待命，一旦爆管，立马组织抢修，确保尽快恢复供水。做好供水事故应急处理工作。12月初，由于廖家祠堂水厂原水管隧道渗漏，需停产10天检修，星沙城区日供水量缺口超过4万吨，同时检修恰逢冬天低温枯水季节，公司面临供水水质和水量的双重压力。为此，启动松雅湖水源置换，做好与各水厂的供水调度，严控市政环卫、绿化用水；通过县电视台、《星沙时报》等媒体和街道、社区等政府部门做好宣传、解释工作；合理调度一二三期的制水生产，加强外河水、原水、出厂水、管网水的水质检测，确保供水安全。全年未发生任何安全事故。

狠抓质量，管网建设扎实推进。2015年，根据区、县发展和供水管网建设的要求，按计划完成市政给水管道建设和改造任务：完成单位进户安装54户，工程总价492万元；临时用水34户，工程费15万元；居民进户423户，工程费56万元。完成市政给水新建项目11项，管道总长度9.37千米，投资概算879万元。完成市政供水管网改造项目6项，管道总长度3.3千米，投资302万元。

【排水】 是年，长沙经开区水质净化工程有限公司认真抓好安全生产，加大节能减排力度，提升环境质量，加速扩容提质改造项目建设。

重视安全生产。年内，公司城北、城南、星沙三个污水处理厂处理污水9348万吨，COD减排17542吨，NH_3-N减排875.5吨，纳污范围内污水全部截流处理，达标排放，设备完好率99%以上；其中星沙污水处理厂率先在全省“两供两治”行动计划中达到一级A的排放标准，为长沙经开区生态工业示范园区建设打下坚实基础，节能减排工作成绩得到省市政府、人大、住建、环保等上级部门肯定。落实上级部门安全生产工作部署，积极参加“安全生产月”等活动，推行安全生产检查通报制度，排除安全隐患100余处，并进行通报；定期检查污泥运输车辆，污泥系统操作规范、存泥安全；公司常设安全生产领导小组，配备安全生产专员，实行安全生产部门责任制，各厂长为安全生产第一责任人；全面配备安全帽、工作服、护具、救生圈、警示标志、护栏、灭火器等，制定完备的应急预案机制，夯实安全基础；制定《设备终生使用手册》，收录设备身份信息、保养说明及维护计划、维修记录、审批程序、佐证照片等信息，确保设备安全；加大宣传教育力度，安全生产责任人及安全生产专员参加管委会组织的安全生产专项培训，公司全体干部职工参加2次以上消防安全及演练活动，公司每周例会和部门月度生产会落实安全生产工作具体要求。

环境质量提升。该公司星沙污水处理厂承担长沙经开区及县城核心区的污水处理任务，克服处理量大、污染物成分复杂、工业企业多、处理难度大、污水排口直通浏阳河等困难，受到中央、省、市各级部门的重点关注。厌缺氧池项目是星沙污水处理厂扩容提质项目中的重要项目，省、市政府多次到现场检查督办。该项目建设需在不影响生产运行的条件下对20多根管道进行同步施工，甚至涉及多个标段的土建和设备交错施工，协调难度极大。为确保项目如期推进，公司主要负责人亲自督查项目建设，严格把关控制节点，多次召开工程例会，从施工顺序、工序搭接、相互配合等方面多次进行协调，并就重点难点深入调研、决策。全体项目组成员严格保证手机24小时不关机，实行“5+2”“白＋黑”工作制，仅用3个多月时间完成主体工程建设；星沙污水处理厂扩容提质改造项目完成中间阶段环评验收，顺利通过市环保学院采样和检测；制定星沙污水处理厂应急预案，提高应对处理突发事件能力；配合环保部门处理多起厂外突发事件，提供相应设施，有效控制污染；完成星沙厂二标、三标及绿化工程验收；加强污泥综合利用，实现污泥无害化、减量化、资源化，节约大量成本。城北污水处理厂扩容提质项目PPP招标工作完成，确定北京市政为项目合作单位；完成拆迁工作，确保城北污水处理厂扩容提质项目如期开工开建，年内该项目完成2000多万元投资；完成污泥项目环评可研工作及施工现场临时用电工作；完成城北厂办公楼配电间防水工程。城南污水处理厂完成双桥子港尾水排放工程，已正常运行；完成提质工程环评、可研、设计、上限价编制等工作；启动扩容项目前期工作，开展环评可研等工作；维修二沉池及倒伞曝气机等关键设备。城西污水处理厂前期招标工作完成，确定项目可研和环评报告编制单位。

财务管理规范。全年污水处理费收入4109万元，每吨污水处理成本0.34元；完成项目建设融资8000万元，通过政府债券置换存量债务800万元，结清招商银行贷款；从7月1日起，污水处理劳务开征增值税，公司完成一般纳税人登记，理顺征缴和退税等环节手续；参与污水处理费调增工作，8月正式实行新的污水处理费收费标准，吨平均污水处理费价格调增为0.9元；积极配合集团公司以公司为贷款主体向华融金融租赁股份有限公司融资贷款2亿元。

队伍建设加强。推进公司标准化建设，按照《全国城镇污水处理厂节能减排绩效考核达标竞赛标准》，印发公司标准化运营管理手册（《污水处理运行标准与评估手册》《污水处理运行管理手册——城北污水处理厂》《污水处理运行管理手册——城南污水处理厂》《污水处理运行管理手册——星沙污水处理厂》），组织干部职工系统学习，并于6月、11月、12月分别进行三次技术能力考试和管理制度考试；推进项目建设，提升污水处理规模和水质标准，完善道路标牌设置、工艺管道色标、构筑物修漏补缺、设备清洁保养等工作，完善硬件设施；公司化验室通过实验室CMA资质认定。全年公司参加“中国城镇水务发展国际研讨会”“城市污水处理厂工艺设计与节能降耗管理技术培训”“企业主要负责人和安全生产管理人员培训”等上级机构组织的培训活动10余次；开展内部技术交流活动，发动员工自主“讲课”“听课”“评课”，在生产技术和化验检测人员中相互讲授“水质分析中的误差及数据处理”“水样的采集、运输、保存及质量保证”“技术考试试题解析”“电气自控知识”“仪表技术”等内容。

【道路桥梁】 是年，长沙经开区狠抓道路工程建设，续建东十一线二标远大路－机场高速（全长2千米，规划路幅红线宽52米）、中轴东路二标（长1.3千米，宽30米，映霞路至大元路）、漓湘路东延线道路工程（全长760米，路幅宽60米，机动车道24米）、秋江路一标（长1020米，宽46米）、秋江路二标（长2280米，宽46米）、龙峰大道一期道路排水及交通标线工程一标（全长888.74米）、大众西路等上汽大众周边配套道路路面工程（主要包括以下三条道路：大众西路（秋江路—梨江大道），明月路（八青线—大众配套园支路），龙峰大道（大众配套园支路—秋江路）、梨江港污水管道W51~W66工程（全长1414.8米，采用1.8米主管）、人民东路沿线围墙（全长5460米）、东六线沿线围墙（全长3190米）、漓湘路、东八线沿线围墙（全长1940米）、创业乐园小区提质工程（全长约730米，改造为加铺沥青）、上汽大众长沙工厂污水干管一标段（施工范围(K0+830~K1+207)，主要包括含DN1200顶管共长377米，支管长75米、京珠西辅道道路工程（全长283.757米）、楠竹园路路面工程（全长1128.86米，车道采用沥青砼路面）、东十一线一标（人民路—远大路，全长2160米，规划路幅红线宽52米）、大元路（东四线—黄兴大道）道路及排水工程（全长2853米，规划路幅为36米）、大元路（东八线—东十线—长株高速）道路及排水工程（全长2200米，路幅宽36米）、华湘路（远大路—楠竹园路）道路及排水工程（全长946.90米，路幅宽26米）、映霞路（中轴路—东十一线）道路及排水工程（全长550米，路幅36米）。新建秋江路（大众西路－杉岭路）道路路面工程（长3.3千米，宽46米）、梨江大道提质改造工程（全长2.5千米，宽38米）、上汽大众汽车厂区外停车场工程（全长约1.2千米，宽约80米）、长桥路（螺丝塘路－长永高速）道路工程（路幅宽度为30米，排水220米，路面、人行道完成180米）、东十一线下穿机场高速信道工程（桥长55米，桥宽27米）、双桥子港箱涵一标段（东六线—大元路，全长800米）、国防科技大学规划支路一新建道路路基及排水工程（东十一线—东十二线，道路全长720米）、东升路堵水排渍工程、沃霖排水（全长418.7米，管道直径为1.2米和1.0米）、梨江大道－大众西路接线工程（龙腾路－大众西路，全长270米，宽42米）、大众长沙工厂污水干管二标段（施工范围K1+207~K2+888，含DN1200顶管长355米，主排水管DN1000钢筋混凝土长1326米）、青园路改扩建路基、排水工程（北起机场高速北，南到梨江大道，总长920米，路幅宽30米）、长湘路（漓湘路—长株辅道）路基及排水工程（全长1.013千米，路幅宽度30米）、大众西路与长株高速榔梨东收费站连接工程—桥涵工程（主要包括A匝道桥，全长219.88米；NI匝道桥，全长17.78米；B匝道桥，全长17.78米）、大众西路与长株高速榔梨东收费站连接工程—道路工程（包括A匝道长432.97米，宽10.5米；B匝道长453.06米，宽10.5米；C匝道长118.47米，宽21米；NH匝道长406.12米，宽8.5米；NI匝道长415.34米，宽8.5米；ND匝道是在原有道路上加宽，长305.75米）、国防科技大学规划支路二新建道路路基及排水工程（东十一线—东十二线，道路全长626.66米）。完成投资额19494万元。

【安居工程】 是年，长沙经开区稳步推进安置区建设工作。60号令安置区建设工作顺利推进，泉塘三期安置区39栋房屋完成验收，前后街建设基本完成。龙华二期安置区35栋房屋除1栋因特殊原因外，其余34栋全部封顶。上汽大众龙峰安置区总占地面积16.65公顷，可安置1800人左右，完成场地平整工作，查实认定非货币安置纯农业人口1614人。安置区内部道路、排水工程项目提前完成招标。

【电力】 是年，长沙经开区电力部门启动运营110千伏长龙变电站、蝴蝶谷变电站，完成大修技改31项；完成黄花变电站10千伏负荷转供及长龙变配套出线建设，完成蝴蝶谷变电站10千伏通道建设，完成城区补点7处，改造重载线路2条。负责管理维护城区180条道路的路灯亮化设施，其中路灯箱变163台，电缆1698千米，灯杆16697基，总灯数25126盏；新增漓湘东路，东升路、人民东路等9条道路共计1162基2210盏光源；改造开元中路、新安路、板仓南路等8处道路，增加光源892盏，维护量增加15%，亮灯率98%以上。

【燃气】 是年，长沙星沙新奥燃气有限公司以安全运营和优质服务为基本点，以用户满意、政府放心、社会认同、企业发展、员工自豪为目标，圆满完成2015年经营指标。

全年指标完成情况：完成民用户签约24619户，完成工商户签约36716立方米/日，截至2015年年底，公司累计在用民用户163721户，在用工商户1193家，累计管网投资2.13亿元，累计敷设中压干管330.3千米，累计上缴利税14507万元，2011年起连续五年荣获税收总额过千万企业。2015年，销售天然气11073万立方米，日最大供气量45万立方米。

狠抓安全，确保公司安全、平稳运营。公司认真贯彻“安全第一、预防为主、综合治理”的方针，以“三个零”（零伤害、零事故、零损失）目标为主线，持续开展“预控式安全管理”工作；宣讲安全管理流程和制度，落实安全责任；开展各级安全检查，发现、控制和消除安全隐患；严查习惯性违章，提高全员安全意识；积极开展各类作业培训，规范生产操作行为；梳理和把控流程风险点，变被动稽查为主动预防；强化安全管理队伍建设，确保公司安全、平稳运营。是年，公司通过省建设厅安全评价。安全检查方面，公司各层级开展“反三违”（违章指挥，违章操作，违反劳动纪律）监察活动，对管网、客服、工程、基础安全管理、抢修碰接现场、办公场所与车辆安全六个方面现场安全检查257次；安全宣传和培训方面，加强物业、社区和有埋地管的工商户的安全宣传，悬挂安全横幅300余条；在燃气隐患排查进社区专项活动中，对农大滨湖小区、城东安置小区、中南汽车世界、东岸锦城等小区开展安全宣传，进一步提高居民燃气用户的安全防范意识；组织星沙区域20余家工商用户安全宣传培训，针对工商户安全用气规范及事故应急处置进行宣传。

优化服务，逐步提高客户满意度。围绕新奥能源“洞察客户需求、变革运营模式、打造交互平台”的服务主题，依托网格化服务平台建设，开展系列服务活动，提高客户满意度。全年接到用户意见469条，均及时处理，解决及时率100%，解决满意率98%。

【环保建设】 是年，长沙经开区环保工作紧紧围绕改善环境质量、杜绝污染事故的目标任务，以创建国家生态工业示范园区为抓手，创造性地开展各项工作，确保园区经济持续健康发展。

国家生态工业示范园区创建工作顺利通过国家验收。长沙经开区2008年启动生态园创建工作，历经7年时间，在积极推进传统产业升级和企业节能减排、大力发展循环经济和低碳产业等方面开展大量卓有成效的工作。环保部《关于长沙经济技术开发区拟批复为国家生态工业示范园区的公示》结束，长沙经开区由此成为湖南省第一家、中西部20个省、自治区、直辖市中第二家国家生态工业示范园区，初步建成经济高效型、资源节约型、环境友好型的生态工业园，在全省乃至整个中西部地区树立一面崭新旗帜。

各项工作任务圆满完成。三座污水处理厂COD（化学需氧量）削减量16625吨，氨氮削减量826.6吨，减排重点项目运行稳定。圆满完成大气污染防治、水污染防治、生态环境保护及环保产值统计等9个项目，共投资2.43亿元。新一轮“环保三年行动计

划”成效明显。“清霾”“碧水”“环保百日攻坚”主题活动有效开展，各项污染防治专项行动稳步推进。全年完成建设项目环评审批127项，项目规划及初步设计阶段环保审查89次，“三同时”（同时设计、同时施工、同时投产）现场检查150余次；完成40个项目的竣工环保验收。建设项目审批和监管进一步规范。

基础设施日趋完善。长沙经开区投资1.5亿元的星沙污水处理厂扩容提质改造工程全部竣工投入运营，使星沙污水处理厂出水水质达到一级A标准，总处理规模18万吨/日。年末，全区污水总处理能力32万吨/日。率先在湖南省工业园区启动建设集重点污染源、饮用水源水质、地表水水质、空气质量自动在线监控系统、环境信息管理系统和放射源管理信息系统于一体的环境在线监控系统项目。该项目实现对22家重点涉水污染源企业和3家涉放射源企业的实时监测，对空气质量、地表水水质的在线监测。

【绿化工程】 是年，长沙经开区按照市对区“三年造绿”及“绿色城市”建设要求，对园区绿化进行提标提档。续建楠竹园路（东十线—东十一线）绿化及人行道工程、螺丝塘路绿化及人行道工程、螺丝塘路（映霞路－机场高速）绿化及人行道工程、东十线二标（大元路—机场高速桥）绿化及人行道工程、中轴路（漓湘路—大元路）绿化及人行道工程、梨梨公租房一期园林景观工程绿化及人行道工程、大元路（东八线—东十一线）绿化及人行道工程等7项道路绿化工程；新建红树坡路（东八线—东十线）绿化及人行道工程、东十一线（K0+300～K1+571.42）绿化及人行道工程、上汽大众片区道路绿化—宾塘路及明月路和百祥路、西冲线（东十线—东十二线）道路绿化与人行道工程、南三线（东十线—华湘路）道路绿化工程、板桥公租房绿化景观工程、梨江大道绿化提质工程、上汽大众片区道路绿化秋江路景观工程、长沙经开区大众西路绿化工程、东七线（远大路—人民路）道路景观工程、楠竹园路二标（东十一线—东十二线）绿化及人行道工程等11项道路绿化工程。全年完成投资额4536万元。

（长沙经开区志办）

·招商引资·

【概况】 2015年，招商系统按照“招大引强选优”的总要求，不断创新招商方式，拓宽招商领域，提高招商质量，确保全年主要指标全面完成，掀起园区“二次招商”新高潮。

主要经济指标逆势增长。受国际贸易市场萎缩、国内供给侧改革调整等影响，招商系统贯彻区工管委“稳增长”目标，精准发力、定向服务，招商工作呈现整体提升、增速平稳的良好局面。全年完成省外境内到位资金23亿元，比上年增长4.51%；完成市外境内固定资产投资51亿元，比上年增长4.08%；完成到位外资4.42亿美元，比上年增长0.45%；完成进出口总额30亿美元，比上年增长14.12%；完成加工贸易11.2亿美元，比上年下降2.6%。

招大引强增强发展后劲。立足园区产业优势，突出招大引强，创新招商方式，服务转型升级，呈现出重大项目纷至沓来的喜人局面。全年引进过1亿元项目10个，其中投资过10亿元项目2个，投资过50亿元的项目3个，分别是福田汽车环境装备产业园与新能源汽车项目、千山慢病精准管理与服务中心项目和长丰集团整车扩产及新能源汽车项目。特别是精准助推三一集团、铁建重工、北汽福田、千山药机、中车时代、博世汽车等本土骨干企业“裂变成长”，为园区未来发展注入强劲动力。

优化平台精准服务企业。依托并优化全程代办平台，力推园区待建项目开建，全年共有21个项目开工开建。牵头成立园区外贸综合服务平台，为本土外贸企业免费提供全流程指导服务。设立工业园企业服务站平台，初步形成1个综合性公共创业服务平台辐射N个服务工作站的网格化服务体系。主动对接上级政策，协助蓝思科技、千山药机、万容科技等企业申报省市各项扶持资金，赢得企业一致好评。

“双创”战略激发新活力。围绕推进“大众创业、万众创新”战略，坚持“抓大不放小”，主动对接“135”工程，推进三一众智新城、中部智谷等一批有影响力的工业地产项目建设，为园区创新创业激发新活力。引进入驻工业地产项目117个，新建标准厂房13.18万平米，为打造创新创业创客高地奠定基础。（长沙经开区志办）

·管理与服务·

【规划管理】 2015年，长沙经开区规划分局稳步推进规划编制工作、积极服务重大项目、加大规划宣传力度，对内加强队伍建设，对外提升服务品质，圆满完成全年工作目标。

完善规划依据、科学谋划园区蓝图。以完善法定依据为基础。《星马分区长沙经济技术开发区（F05、F06、X09）控制性详细规划》《长沙经济技术开发区星沙产业基地西片区控制性详细规划》和《空港分区长沙经济技术开发区黄花片单元（K01）控制性详细规划》三片控规得到市政府的正式批复，控规成果的入库工作已经完成，为规划审批和规划管理工作提供法律依据，完善了园区的规划编制体系。以优化园区环境为亮点。由市规划局委托江苏省规划设计院，对园区道路交通系统、居住区公共服务设施、绿地与公共开敞空间、重要节点等进行系统优化，重点打造沿黄兴大道、漓湘路和人民路景观轴，结合片区商业中心的建设，在黄兴大道至盼盼路、人民东路至东十一线交叉口等区域打造景观节点。同时完善街道和居住区级公共服务设施，增加幼儿园4所、健身广场6处、停车场14处。以搭建决策平台为支撑。充分发挥规划引领作用，经开分局牵头研发创建多规合一决策支持系统，委托市信息服务中心进行系统开发建设。该系统将长沙经开区的规划、国土、招商、建设及拆迁等部门的相关资料整合到一张图上，实现便捷查询、统计及冲突分析等功能，为长沙经开区管委会在招商引资、推进项目建设、安排全年工作和统筹全局工作时发挥决策支持作用，同时为长沙经开区开展各项业务工作提供辅助支持、统筹协调作用。该系统是全省首创、全国领先的具有创新性的多规合一系统。

主动服务企业、助力园区快速发展。依法高效完成项目审批。全年接待建设单位及个人1400余人次。下达选址意见书20个，批准面积710927.5平方米；办理规划要点151个；办理建设用地规划许可证71本，批准面积3851430.139平方米；办理建设工程规划许可证110份，批准建筑面积3994747.14平方米，其中办理市政工程证11本，批准管线长度9.033千米；办理建设工程规划竣工验收合格证正本61本，验收面积3396113.75平方米。办卷正点率、合格率达到100%。主动服务园区重点项目。为推进重大项目的落地，经开分局开辟绿色通道，主动对接企业，为铁建重工、长丰集团、三一众创等重大项目提供规划咨询和前置技术审查。完成中国通号、蓝思科技、科技新城等项目的规划要点，山河工业城（一期工程）续建等项目规划用地许可，远大“小天城”、千山药机、凯天环保等项目的建设工程规划许可，国科微电子、福邦汽配等项目的竣工测量等工作。协助国土局完成53.33公顷新征用地和34宗闲置用地的规划手续办理，为推进企业项目落地和园区发展提供优质服务。深化行政审批制度改革。简化审批流程。取消工业项目总图指标复核和建筑面积复核，以设计单位出具的数据为依据进行审批和许可。优化项目申报材料。实行资料容缺预审，规划审批事项的资料分为核心资料和非核心资料，在核心资料齐全的情况下，其他非核心资料允许在最后出窗阶段补齐，为企业节约报建时间，提高工作效率。做好一次性告知服务。将规划报建流程和必备的资料清单一次性主动告知报建单位，并通过建立报建群、设置意见箱、及时更新网站信息等多种方式，加强与企业的沟通。全面整理历史档案。规范案卷审批资料，对本局历史档案进行清理、整理、归档后移交市城建档案局。市规划局经过公开招投标，确定长沙市勘测院为档案整理单位，长沙经开区规划分局对十余年的规划审批档案进行规范整理，并录入电子档案系统，定期移交长沙市城建档案馆保存。

加大宣传力度，全力配合区县拆违控违。多方位配合拆违控违行动。按照区县拆违控违行动的统一部署，长沙经开区规划分局对园区各单位临时建筑进行摸底清查，并分类形成台账，及时认定园区内违法建筑，积极配合县城管拆除芙蓉区武装部等违法建筑1万余平方米。针对清查后的企业名单，该局下发《关于开展违法建筑整治的通知》，并附上办理规划手续的相关资料清单，将《城乡规划法》在园区范围内进行广泛宣传。多渠道解决企业实际困难。因大部分企业建设临时建筑属于无意识违法行为，且很多企业存在实际困难。为此，该局对园区范围内的临时建筑，采取发放通知、上门服务、电话通知等多种方式，在依法依规的前提下，督促园区范围内符合相关要求的临时建筑办理手续，不符合的责令其整改或拆除。同时，加强与县城管部门联系，加大园区企业违法的查处力度。多途径加大规划宣传力度。为提高规划工作的透明度，持续推进规划进社区工作，定期更新泉塘街道的12个社区规划宣传栏。开展规划宣传日活动，举办规划知识讲座，发放长沙城市宣传画册。

【国土资源管理】 是年，长沙经开区国土分局紧扣工作重心，团结干事，开拓创新，较好地完成各项目标任务。

用地报批。根据管委会用地需求及省市国土部门要求，向市国土资源局申报9个项目、共115公顷用地。因用地计划指标紧缺，经省市国土部门核减后，长沙经开区最后被允许上报的用地仅66.53公顷，截至2015年12月8日，该批66.53公顷用地全部批回。全年共批回用地75.67公顷。

联系购买“旱改水”指标。长沙经开区2014—2015年申报用地通过长沙县人民政府出具旱地改造水田承诺函的方式，解决了“占水田补水田”问题。为解决今后用地报批中“占水田补水田或补改结合”问题，防止耕地占补平衡政策一旦严格执行，园区用地无法上报的情况产生，年初，联系购买水田指标和旱改水指标相关事宜，先后与怀化市麻阳县、岳阳市华容县及沅江市面对面地沟通、商洽。针对与岳阳市华容县的合作，以管委会名义专题请示省国土资源厅（长经开区管字〔2015〕21号）。年内，初步拟定与沅江市国土资源局进行旱改水项目合作。

土地供应工作。供地率完成情况：按供地率考核要求，2011～2014年供地率分别需达到90%、80%、60%、40%。经统计，至2015年10月，园区供地率仅为54.56%，55.04%，63.89%，32.77%，离考核要求尚有较大差距。为解决这一问题，从两个方面着手，一是将已拆迁完毕的104.29公顷项目用地挂牌出让，二是将公园、停车场、中小学幼儿园用地61.12公顷依法办理划拨手续，并将部分用地办理临时利用手续。至12月底，全区供地率大幅提高，其中2011年65.92%，提高11.36个百分点；2012年77.81%，提高22.77个百分点；2014年38.66%，提高5.89个百分点。供地情况：供应66宗294.756公顷用地，价款32.28亿元。其中：（1）已供地23宗计119.07公顷，出让价款13.94亿元；（2）正在挂牌20宗计1044.29公顷，起始价17.81亿元，待协议出让3宗6.96公顷，协议出让价款0.53亿元；（3）另正在办理18宗61.12公顷划拨用地，临时利用用地2宗3.31公顷的用地手续。供地创新工作：本着有利于园区产业配套，有利于土地节约集约利用，有利于盘活闲置土地资源的原则，将园区储备土地以短期出租的方式进行临时利用。根据《节约集约利用土地规定》（中华人民共和国国土资源部令第61号）：“市、县国土资源主管部门可以采取先出租后出让、在法定最高年期内实行缩短出让年期等方式出让土地”，2015年对园区两宗工业用地进行短期出让（15年）及两宗土地出租临时利用的新尝试。

土地批后管理工作。节约集约考核工作。完成国土资源部要求上报的2014年度节约集约用地评价数据更新；上报2014年度湖南省节约集约用地先进单位申报的资料、2014年度长沙市集约节约用地考核的资料。园区被评为2014年度湖南省节约集约用地先进单位，市级考核结果为优秀，为全市园区的第一名。批后管理工作。建立建设用地批后管理台账，绘制批后监管图，建立涉嫌闲置土地台账。2015年涉嫌闲置的10宗土地，均为政府原因造成的闲置，分局及时交有关单位完成征地拆迁、道路及其他基础设施完善，同时协调长沙县国土资源局完成延期动工开发补充协议。此外，协助长沙县国土资源局开展国有土地批后动态巡查。

【建设工程管理】 2015年，长沙经开区工程公司紧紧围绕经济社会发展的目标，抓好重点项目、基础设施建设，扩大项目经营，加快投资经营步伐。

攻坚克难，基础设施建设有序推进。2015年，工程公司累计铺排项目96个，完成基础设施投资总额5.65亿元（其中市政基础设施2.71亿元，房建项目2.94亿元）。具体建设情况：房建项目，建成泉塘中学、㮾梨公租房四标、七标以及㮾梨消防站等项目共计建筑面积11.8万平方米，其中建成公租房共计9栋，1678套；在建㮾梨公租房二期八标、干杉公租房、职工之家、华湘社区服务中心及农贸市场等项目共计建筑面积16.8万平方米。市政道路：截至12月底，硬化秋江路（大众西路—杉岭路）、大众西路（秋江路—梨江大道）、东十一线（人民路—机场高速）等11条道路14.67千米；完成梨江大道、八青路、创业乐园道路、东二线、东七线等8条道路提质改造共计10.45千米；铺设大众长沙工厂污水干管、双桥子港箱涵、国防科大支路等道路排水管道18.99千米。场地平整：按照园区企业交地时间节点要求，及时交地。完成上海大众九标、戴乐物流、吉美高新千亩场地、蓝思科技东区东侧场地、通畅巴士、华夏实验学校、龙峰安置小区等场地平整65公顷。绿化及人行道工程：按照市对区“三年造绿”及“绿色城市”建设要求，新增大众片区秋江路、大众西路等5条道路、东十一线（远大路—东十二线）、东七线（远大路—人民东路）、漓湘东路（东十一线—远大路）、梨江大道提质改造等道路绿化及人行道共计23.18万平方米。电力、路灯安装等工程：主动接手园区电力管线、临时用电安装任务，成立电力项目小组，专人专职负责。累计铺排路灯管线、杆线迁移等电力项目21个，累计亮灯里程6.5千米，安装变压器9台，及时保障园区电力供应需求。

扩大经营，投资指标稳步增长。对内经营：截至12月，该公司总计收入为7845.6万元；营业成本支出1226.3万元，管理费用支出1362.5万元；实现净利润总额4507.3万元，较2014年增长155%，公司总资产11.76亿元，较2014年增长70%。对外投资：加强对子公司的管理，出台《工程建设公司子公司管理办法》，安排专人参与管控，四家子公司中有两家实现盈利。截至12月，四家子公司实现净利润3096.7万元，实现投资利润928.47万元。加快对外经营步伐，通过市场竞争成功参与汨罗项目开发投资经营，公司经营范围进一步扩大。

狠抓落实，内部管理逐步强化。加强项目前期管理。与职能部门多次沟通，组织召开协调会，理顺项目报建历史遗留问题，简化项目报批程序，项目报建工作实现表格化管理，部分报批工作可平行开展，报批时限从289天缩短为189天。加强工程管理。深刻吸取“1·31”安全事故教训，召开一系列质量安全生产会议，建立健全质量安全管理制度，不定期组织开展质量安全生产检查，将各项隐患排除在源头。加大项目拆迁协调领导力度，专门安排一名副总牵头协调项目拆迁工作，实现与拆迁部门及当地政府的无缝对接，及时配合拆迁部门打通长湘路、梨江大道、青园路、大元路等项目拆迁症结，保障项目建设进度。加强内部管理。重点完善公司人员岗责体系，定岗定责，政企彻底分离，财务、人事管理进一步优化。

注重实效，园区服务工作有条不紊。全程代办服务，2015年为深化行政审批改革年，做实企业服务，全年委托代办17家企业前期手续，完成4家企业全程代办工作，其中长丰新能源项目在不到三个月的时间内完成各项报建工作，是项目全程代办工作开展以来的一项重大突破。加强数字化城市管理，为提高案件处置效率和能力，争取到每年30万元的案件处理专项经费，专人专款管理。办结各种数字化城管案件296个，月结案率85%以上。

创新管理，亮点工作精彩纷呈。首次成功应用住宅产业化建设模式。根据《湖南省人民政府办公厅关于印发〈湖南省推进住宅产业化实施细则〉的通知》精神，为加快产业转型升级，推广住宅产业化建设模式，新建的㮾梨公租房三期探索采用设计、施工、设备一体化的住宅产业化建设模式，通过混凝土预制件技术，将经三一工厂严格按标准生产的墙体、楼板、门窗等“零部件”在现场像“搭积木”一样一一拼装，大大缩短工期，减少人力成本，降低建筑施工对环境的影响。规范公租房管理。为搭建公租房管理平台，实现公租房建管分离，公司于5月全资成立长沙经开区永康物业有限公司，负责公租房运营及小区物业管理相关工作，公租房资产管理更加清晰，小区环境更加整洁宜居。9月23日，公司通过与市、县、区、集团公司等多方协调沟通，所申报的园区公共租赁住房专业运营机构资质获批。梨江大道提质改造工程创造两个园区之“最”，即“白改黑”项目一次性投资金额最大、项目建设效率最高的项目。尤其是在自然天气不佳，周边关系、环境、地下综合管线复杂、交通流量大、交通分流组织压力大等不利情况下，合理组织、科学规划，历时1个多月，在上海大众5月24日正式投产之前顺利完成全部工程并正式通车，未出现任何问题。

【安全生产管理】 是年，长沙经开区安监局紧紧围绕国家和省市安全生产工作部署，认真贯彻落实新《安全生产法》，强化组织领导、强化安全监管、强化基层基础，各项工作有序推进，工贸和危险化学品行业保持安全生产零事故。

强化安全生产工作组织领导。在认真吸取“7·19”“8·12”事故教训的基础上，把捍卫安全生产红线作为工作新常态，以优于一切、先于一切的思维与举措，强化对安全生产工作的组织领导和支撑保障建设。管委会多次召开安全生产专题会议，各部门严格落实安全生产“一岗双责”制度，开展与部门负责人、重点企业负责人的谈心对话活动，督促企业落实安全生产组织机构。

探索安全生产监管新模式。探索建立隐患排查服务外包工作机制，在高危行业和企业开展 “专家查隐患、部门下整改”的模式，由安全专家对高危企业、涉粉尘企业、涉氨制冷企业以及新创建标准化企业（含复评企业）进行逐一会诊，排查隐患500余处。

围绕重点加强监管。按照“有计划、全覆盖、规范化”的要求，严格计划执法。检查危险化学品、冶金机械等行业领域企业210家次，下达整改指令66份，排查各类事故隐患300处，督促完成整改256处。组织开展危险化学品清剿行动、有限空间作业、职业卫生、劳动密集型企业消防安全专项整治等行动。强化部门“打非”和企业“治违”主体责任，坚持每季度组织一次集中执法行动，对安全生产非法违法行为做到“露头就打”。吸取“8·12”事故教训，深化“九打九治”和危险化学品易燃易爆物品安全专项整治，检查危险化学品企业4家、生产经营单位150家，排查整治隐患422处，实施经济处罚6万元，非法违法现象得到有效遏制。

紧盯安全生产基层基础工作。积极推进企业安全生产达标，将安全达标由规模以上企业向规模以下企业延伸。完成标准化企业复评53家，新创建达标6家。推进安全责任“双五”落实（指“五落实”“五到位”，“五落实”即必须落实“党政同责”要求、安全生产“一岗双责”、安全生产组织领导机构、安全管理力量、安全生产报告制度；“五到位”即安全责任到位、安全投入到位、安全培训到位、安全管理到位、应急救援到位）。发放《五落实五到位》挂图1000份，督促企业落实“双五”规定，并将“双五”落实纳入执法检查内容。积极推进安全宣传教育培训，举办新《安全生产法》等各类专题和专业培训班6期。开展安全生产月活动，并在活动月中开展“专家送训进企业”，完成入企培训120家2万多人次，培植住友橡胶、博世汽车等安全文化示范企业。广泛开展安全生产谈心对话活动。推进职业病防治工作。开展职业病危害治理专项行动，下达限期整改指令31份，整改到位26家。培育湘江关西示范创建典型，完成职业卫生基础建设企业100家。开展新、改、扩建项目的职业卫生“三同时”（指建设项目职业病防护设施必须与主体工程同时设计、同时施工、同时投入使用）工作，开展职业病危害预评价5家，控制效果评价3家，现状评价6家。积极推行企业安全隐患自查自录自改工作。实现对企业安全生产事故隐患“分类排查、评审挂账、整改销账”的动态监管，园区134家企业按要求录入数据，实际上报率、网上核查率均为100%，动态整改率95%以上。

【能源管理】 是年，长沙经开区加强节能管理，创建低碳产业园区，节能增效。规模以上工业企业以404384万吨（不包括大众汽车）标准煤的能源消耗总量支撑1811.52亿元（包括大众汽车）的工业总产值。综合能耗总量同比增加0.79%，其中电力增加31.46%、天然气增加28.96%。全区规模以上工业企业工业耗能37.6万吨标准煤，增长0.8%；工业总产值综合能源单耗0.0213吨标准煤/万元，同比下降6.3%。主要能源中，电力消耗18.7亿千瓦时，增长31.5%，万元产值耗电0.0106万千瓦时，增长22.2%。

项目申报成果丰硕。申报国家级的有：众泰云100纯电动汽车生产技术和博世起—停系统申报的国家重点推广的低碳技术；远大低品位余热回收利用设备及产业化项目申报2015年中央预算内环资项目，该项目通过市发改委牵头组织的现场勘察及专家评审，并按专家意见进行调整，省发改委已将项目资金分配文件上报国家发改委。申报省级的有：天合太阳能分布式光伏屋顶电站等4个项目申报湖南省清洁低碳技术推广项目；万容科技、凯天环保和远大3个项目申报2015年省培育新兴产业（节能环保）重点项目；山河智能ES系列能量回收型液压混合动力挖掘机等5项产品（技术）申报省节能新技术、新产品，已录入《长沙市节能技术和产品导向目录（第二批）》。申报市级的有：凯天环保、万容科技等5个企业申报长沙市环保产业重点项目；南方搏云碳碳复合材料加热器技术成果转化项目等7个项目申报市节能技术成果转化扶持项目。完成52个工业项目的节能评估备案和审查，召开专家评审会，通过节能审查的项目有：博世汽车的扩建车用电机和雨刮器生产项目、可口可乐的新增一条集吹瓶、灌注于一体的PET880生产线项目、三一学院的扩建实习训练车间及办公楼项目、金科亿达的长沙科技新城建设项目、星为置业的星为创芯园建设项目等。

【工程安全监理与监督】 是年，长沙经开区结合园区工作实际，加强监督能力建设、创新监督工作方法、组织系统监督检查、加强监督执法力度，有效发挥建设工程质量安全监督的职能作用，切实提高区内建设工程质量安全水平，较好地完成各项工作任务。全年监督项目68个，其中房建工程45个，总建筑面积105万平方米，市政工程23个，总投资约2亿元。办理起重机械设备使用登记备案72台；办理项目安全文明施工措施费四方监管64个；办理项目开工条件审查64个；办理项目竣工备案48个；办理档案合格证30份，成功调解劳资纠纷2起。工程竣工合格率100%。

优化监督组织机构，规范监督工作程序和制度。强化组织管理，提拔两位责任心强、业务水平突出的监督工程师为副站长，分别负责管理质量和政府投资项目、安全和社会投资项目，管理更加深入和全面。优化项目报建程序和监督管理方式，依据市住建〔2014〕57号文件，对建设工期十分紧迫，需要提前开工的特殊项目，通过技术审查，经过批准后，开展质量安全监督和服务工作，优化园区投资环境，促进项目建设尽快落地；依据管理能力、业务素质，结合项目特点，灵活设置监督小组和组长，实行项目组长负责制，既充分调动监督工程师积极性，又落实监管责任。进一步规范监督工作，严格执行省建设工程质量安全监督规范化工作要求，并按《湖南省建设工程质量安全监督工作规范化绩效考核暂行规定》，每月邀请县建设局考核组对各质量安全监督工程师进行工作规范化考核，2015年考核优良率100%，进一步提高执法水平和工作效能，基本做到制度健全、分工合理、工作规范。

创新监督工作方法，提升监督工作效能。为解决施工和监理项目部关键岗位人员不到岗不履职监督难的问题，对政府投资项目引入智能考勤管理办法，通过在施工现场设置脸谱识别考勤设备，对关键岗位人员到岗情况实行全天监督，并出台相关管理办法，提高监督效果，促使责任主体规范履职。为严格控制混凝土质量，通过积极协调市住建委相关部门，将全区建设工程纳入市混凝土质量追踪系统，对所有在建项目实行试块芯片植入；为加强钢筋质量监督，引入实施钢筋（含接头）见证取样送检二维码信息技术和检测过程视频监控。这些举措对治理混凝土强度等级不达标、试块留置不规范、钢筋取样送检流于形式等不规范行为取得立竿见影的效果。为解决工程质量检测不规范甚至弄虚作假的问题，委托长沙县建设局所属百年检测试验室对园区建设项目实行比对检测，对政府投资项目由建设发展局代表管委会直接进行委托。通过加强工程质量检测监督，极大提升对建设工程质量的管控效果。年内，全区15个项目获评长沙市优质结构工程。

组织系统的监督检查，以检查促进提高园区建设质量安全水平。对建筑工地关键岗位人员到岗情况实行月度检查，每月定期联合纪检监察审计室和政府采购与投标办对建设、施工、监理单位项目关键岗位人员到岗履职情况进行全面检查，并根据检查情况对到岗履职不到位的主体单位进行约谈并建立诚信档案。联合长沙县质监站、长沙县安监站进行四次季度检查，由局长、站长带队对全区41个项目落实“工程质量治理两年行动”工作情况、施工现场质量管理、安全生产和文明施工情况、建筑市场执法情况、新型墙体材料和预拌砂浆使用情况五个方面进行全面检查，并分别对质量安全管理好和质量安全隐患较多的项目进行通报批评和通报表扬。成立由局长任组长的建筑施工现场质量安全标准化达标验收小组，对在建项目的施工现场安全质量标准化工作严格按基础、主体、装修三个阶段进行检查验收，全面推进建筑工程质量安全标准化建设。年内，有2个项目获评湖南省建筑施工安全质量标准化示范工地，1个项目获评长沙市建筑施工绿色工地。

加强监督执法力度，打击违法违规建设行为。为进一步规范建设市场，加大对建设责任主体不规范行为的打击力度，对园区所有建设过程中违法违规的项目，采取下发停工通知、上报不良行为记录、移送执法机关处罚等多种措施对相关责任主体进行严格监督执法，监督人员下工地检查1000余次，针对现场质量安全情况下发隐患整改通知书163份、机械设备限制使用通知书18份；对违规企业下达不良行为告知书36份，对存在重大安全隐患项目下发工程停工函51份；联合县执法机构对9家建设违法单位进行行政处罚。

【工商行政管理】 是年，长沙经开区工商分局立足工商职能，以服务园区经济发展为目标，以深化商事制度改革、加强行政执法、抓好消费维权等工作为抓手，严密部署，扎实推进，较好地完成全年各项工作。

推行商事制度改革。不断跟进国家最新政策和试点省市的前沿做法，对前置许可审批、经营住所、经营范围等多项登记事项取消或放宽准入，为企业营造更加宽松便捷的准入环境，在试行“三证合一”“多证合一、一证一码”等商事登记改革后，商事主体数量快速增长，新增企业528户（含外资16户），同比增长36%；新增注册资本899021万元，同比增长163%；办理股权出质登记35件，办理动产抵押登记13件，担保债权数额70006万元。

加强市场监管。落实企业年报制。2013年度应报年报企业1058户，实报994户，年报率93.9%。2014年度应报年报企业1466户，实报1388户，年报率94.55%。该局在市工商局6次年报率排名通报中，4次名列第一，两年度综合排名位列全市系统第一名。落实监管抽查任务。改巡查监管为分类抽查，重点监管前置、后置许可审批项目经营情况，抽查企业114户，纠正违法、违规行为6起。落实商事主体电子地理监管。实行商事主体“一周内回访，一月内电子标注，两月内动态跟踪”，全年应回访企业893户，实际回访824户，回访率92.27%；电子地理应标注企业2079户，实际标注1926户，标注率92.64%，录入监管信息1100条。落实经营异常名录管理。对未按期年报的136户企业和在抽查中无法联系的9户企业列入异常经营名录。

加强商标管理。重点开展对企业申报驰名商标和马德里国际商标的帮助指导工作，对有需求的企业上门指导12次，其中湖南星沙物流投资有限公司的商标“星沙物流 + 拼音 + 图”被国家商标局认定为中国驰名商标。湘联、万容等4家企业申报马德里国际商标注册并取得国家商标局的受理通知书。众泰汽车、湖南伟达文化传播有限公司新申报著名商标。

坚持依法行政。组织开展业务培训，分析筛选案源，会商审核案件，提高办案技巧，执法办案人员的业务水平明显提升。全年立案10起，结案9起，罚没入库16.15万元，涉及食品安全、虚假宣传、商标侵权、有奖销售等领域，既净化园区经营环境，又教育了涉案企业。

加大消费维权力度。坚持“有诉必接、有假必打”，受理各类投诉举报155件，处理152件，为消费者挽回经济损失32万多元。

加强企业信用建设。制定长沙经开区企业信用评估指标及体系，并组织专家和各成员单位召开信用体系评估会，获一致通过。通过考察筛选，选定2家信用评级机构对中国铁建等30家企业进行信用评估。

【质量技术监督】 是年，长沙经开区质监分局以“保质量安全、促园区发展、抓自身建设”为工作主线，主动适应改革、发展的新常态，积极发挥部门职能作用。

认真履职，服务园区发展。组织全区26家企业学习《湖南名牌评价实施细则（2015）》，切实增强广大企业的品牌意识。制定“申报一批、储备一批、发展一批”的培育规划，分类指导，有计划、有重点地帮助企业推进品牌创建，提升企业品牌建设能力。指导京广线缆、新宇金属等11家企业申报湖南名牌。帮助恒天九五等3家公司申报新技术规范和标准化试点，完成11项企业标准备案。推进代码登记制度改革，简化代码窗口办事流程。工作时限从5个工作日减为3个工作日，激发市场主体活力。自4月1日推行“三证合一”（指将企业登记时依次申请，分别由工商行政管理部门核发工商营业执照、质量技术监督部门核发组织机构代码证、税务部门核发税务登记证，改为一次申请）业务以来，共为428家企业办理组织机构代码赋码业务，办证率同比增长28%，切实提高质监行政效率。立足部门职能优势，提供检验检测技术支撑。积极协调湖南省特种设备检验检测研究院星沙事业部，对全区特种设备使用单位开展巡查，督促711台未检违规使用的特种设备通过检验，另有479台申请报检，降低园区安全生产风险。培训特种设备操作人员200余人。全年检测长沙经开区企业的计量器具1.7万余台（套），为娃哈哈、百事可乐等大型企业开展计量器具强检工作。

严格执法，保障质量安全。在全省首推电梯安全监督抽查机制，下发专项方案，并将抽查中发现的问题以书面形式反馈相关单位。全年对1779台电梯清理普查建档，抽查30余家单位，发现“三无”（无物管、无维保、无维修资金）电梯18台，老旧失修电梯29台，下达监察指令书11份，封停电梯17台。重点现场督办“东门尚苑”小区电梯“关人”事件，停用电梯7台，其余19台电梯整改安全隐患。全年接到电梯投诉42起，都及时处置，予以回复。加大食品违法行为打击力度。开展执法检查64家（次），向企业下达整改意见394条，查处取缔黑窝点33处，查获非法生产的食品10余吨。开展特种设备安全生产大检查系列活动。清理出属于长沙经开区质监分局监管的承压管道275千米，查明14家压力管道使用单位存在未办使用登记证违规投用等涉安问题33个。督促喜瑞来食品、新奥燃气等10家涉危、涉安企业整改安全隐患36处。对4家液化气充装站、6家天然气充装站、4家工业气体充装站开展安全监察16次，严格要求企业落实相关安全管理制度和操作规程，建立健全应急救援预案。大力推进“质检利剑”专项执法打假行动。检查生产企业265家，抽查产品315批次，查处制售假冒伪劣产品案件6起，有力规范区域经济秩序。

【财政】 是年，长沙经开区财政局进一步强化各项财政管理职能，积极应对较为复杂的经济局面，较好地完成财政各项工作任务。全年工商税收106亿元，同比增长10%，公共预算收入13.7亿元。公共预算收入结构逐步优化，可用财力进一步增强。

完善预算管理，提高预算执行力。年内，经多轮商议，及时编制预算，并将国土收入纳入预算管理范围。与税务部门保持密切联系，分析收入动态，加强对重点税源和三一集团、蓝思科技、上汽大众、广汽三菱等重点企业的调研，确保全年财政收入平稳入库。核实享受税收优惠政策企业名单，重启区县企业认定工作。行政支出方面，全年安排的部门经费预算同比下降17%，对“三公经费”采取适当从紧的预算，完善部门预算经费审核程序，加强预算执行情况监控，部门行政经费得到较好控制。

加大财政投入，支持园区产业发展。财政部门继续贯彻落实工管委加快产业发展的战略，多举措支持园区企业发展，全年拨付工业发展资金、人才奖励资金、生态园补助等2.76亿元。年初，印发扶持企业上市（挂牌）办法，鼓励企业资本运作，对符合条件的上市（挂牌）企业给予财政补助，向5家企业拨付补助630万元。继续实施财政贴息政策，向中小微企业发放贷款贴息143万元，专门设立专项资金预算，用于支持集成电路等行业发展。加强与上级财政等部门的联系，协助企业争取财政资金2亿元。特别是中央财政贴息方面，贴息金额8696万余元，再次名列前茅，有力支持园区基础设施建设。

强化财政管理，不断提高资金效益。进一步加强投资评审和招标及政府采购工作。投资评审中心评审金额16.46亿元，其中结算项目94个，送审金额5.07亿元，审定金额4.29亿元，核减0.78亿元，核减率15.38%；预算项目173个，预算金额11.39亿元。评审金额比2014年的11.01亿元增加5.45亿元，增长49.50%。招投标办秉承“三公”（公开、公平、公正），营造诚信交易环境，不断创新交易规则，开标78批次，累计94个标段，开标金额10.57亿元，中标金额9.62亿元，节约资金9508.25万元，平均节约率8.99%。长沙经开区是省内第一家开展财政绩效评价的园区。年内，加大财政专项资金的绩效评价工作力度，将50万元以上财政专项资金全部纳入绩效评价范围，涉及资金19.8亿元。根据评价结果召开专门点评会，指出资金使用中存在的问题和漏洞，提出整改意见。实施财政绩效评价，加强财政监督，完善财政管理，发挥财政专项资金的使用效益。加强财政监督，对10家独立核算单位及下属企事业单位进行财政财务检查。联合机关服务中心对机关固定资产进行全面清理，对招商合同进行清理并完善台账管理。

【国税】 是年，长沙经开区国税分局围绕税收中心工作，进一步提高税收管理和组织收入工作质量，规范税收执法，优化纳税服务，着力推进干部队伍建设和反腐倡廉建设，充分发挥税收对促发展、调结构、推改革、惠民生的保障作用。

立足应收尽收，积极作为，全力确保税收任务。面对重点行业、重点企业收入严重下滑等诸多不利因素，积极化解不利因素，增强征管质量和效率，牢牢把握组织收入主动权。完成税收收入324596万元，同比增加4820万元，增长1.51%。加大重点税源管理监控。年初，对辖区内327户（不含暮云、跳马18户）100万元以上税源企业实行联系人负责制，跟踪管理，做到重点税源重点管，及时掌握企业变化情况。实行领导包片、包户制度，成立督查领导小组，由局长挂帅、分管局领导负责，带领收入核算、征管、各税源管理部门负责人，走访调研重点企业，蹲点督导，加强征管、堵漏增收。做好重点税源摸底工作，及时了解税源变化情况，全面提高对重点税源的管理力度。加强基础税源管理。分局加大基础税源和行业的管理，调整管理一、二科管理职责，将重点税源集中在一科管理，集中管理工程机械业、汽车制造业、食品制造业、房地产业、出口退税、软件退税企业；将管理二科由调查科改为基础管理科，集中管理交通运输、批发零售业（含汽车批零）等行业企业。相应行业和企业明确专人负责管理、联系，优化服务，加强监管。强化税收分析评估稽查。分局成立税收分析领导小组和税收分析专业团队，认真开展税收分析工作，制定月初小分析、季初大分析的收入分析会议制度，加强对零负申报、汇算清缴、出口退税、物流业、专票管理等事项风险防范；针对函调任务重、注销户数多的情况，合理调配人员，建立电线电缆制造业和饮料制造业评估模型。至10月，评估入库5394万元，冲减留抵230万元，核减亏损109万元；充实稽查力量，积极开展打击虚开、出口骗税以及专项核查等行动，至10月，稽查53户，补税4202万元。强化个体税收评税定税。开展综合治税，联合乡镇、街道办事处、地税、工商等成立评税机构，开展民主评税，效果明显。星沙分局对湘龙街道的中南汽配市场和星沙汽配市场开展“阳光征管，民主评税”活动，全面摸底排查。各乡镇、街道均召开评税委员会议，落实综合治税工作要求。重点对星沙建材市场、通程广场、卜蜂莲花超市等1650户重点监控，对黄花工业园及超市、建材、药店等行业进行清理；对榔梨外区迁入户清理。清理漏征漏管户304户，补税564万元，起征点以上个体户由2014年10月的26户增至2015年10月的1097户，个体双定额由2014年10月的3万元增至2015年10月的118万元。积极落实税收优惠政策。全面落实“营改增”小微企业税收优惠政策，营造良好的税收环境。成立税收政策咨询团队，将小微企业政策作为宣传重点，通过实地走访、税企QQ群、电话等方式开展纳税服务，确保宣传到位。对享受优惠政策的小微企业实施动态管理，实时掌握企业的从业人员、资产和经营情况，对超出优惠政策标准的，及时停止享受优惠。至10月底，落实各类税收优惠16.4亿元，其中符合条件股息红利减免税收1.2亿元，研发费减免税收5.9亿元，高新技术企业减免税收1.9亿元，小微企业减免税收228万元，征前减免5.4亿元，退税减免0.46亿元。

立足改革创新，依法行政，提高税收执法水平。开展“依法行政、文明服务”主题实践活动，促进法治税务建设。开展“一案双查”、跟进式执法监察、稽查案件复查等，认真落实重大案件审理，加强税收执法过程监督，实现执法过错责任追究。加强与公安、地税等部门的配合协作，严厉打击偷逃税行为。在《星沙时报》开辟税收法治专栏对纳税信用等级A类企业进行宣传。税收宣传月期间，联合地税部门在《星沙时报》上对欠税企业进行公示。利用“营改增”的机会，积极联系其他部门，拓宽信息渠道，加大信息管税力度。在黄兴镇、江背镇、春华镇、路口镇、金井镇设立委托代征点，设立“家门口的税务窗口”。对辖区内个体及零散税收推行委托代征，实现网格化管理。各村组（社区）为代征点，大学生村官或主任为代征税款联系人，及时更新税源台账。推行纳税服务、税收征管、出口退税、国地税合作、税务稽查“五大规范”，进一步明晰岗位职责，精简业务流程，优化纳税服务，推进税收征管和纳税服务标准化、规范化。

【地税】是年，长沙经开区地税分局积极发挥税收职能作用，促进征纳和谐，征管工作实现新跨越，入库各项税费收入15.5亿元。

积极组织收入。坚持把重点税源监控作为税收管理和组织收入的重要手段，进一步扩大重点税源监控面，把年纳税30万元以上的企业作为重点税源户，此类企业总数从2014年的60户增加到255户，均实行分专业对口管理，健全“税收管理员基础分析、重点税源组概括分析、分局全面分析”三个层面的重点税源监控月度分析报告机制，实时跟进、及时预警、提早介入，确保税款及时足额入库。255户重点监控税源企业入库税款13.8亿元，占长沙经开区地税分局全部税费收入的86.7%。进一步树立“从管理存量税源到掌握增量税源”的组织收入观，切实加强与长沙经开区各部门的横向沟通联系，及时把握新增项目、重点引进企业的开办进度，对新办企业动态跟踪管理，提前介入纳税服务，及时上门走访和政策辅导，实施收入分析预测，挖掘增收空间。确保潜在增长税源心中有数。健全各部门信息交流机制，与国土部门建立土籍资料共享制度，加强房产税、土地增值税征管底册资料比对，全年经比对补缴土地增值税4500万元，与国税部门完善增值税、消费税、企业所得税工资费用支出等信息数据比对，与工商部门联系，做好股权转让行为纳税情况审核把关，全年办理股权转让入库税费921万元。

发挥职能作用。做好对各项税收优惠政策的宣传、解释、落实工作，充分运用政策杠杆，帮扶企业解困，促进产业结构转型升级。深入走访企业362户，组织税企座谈8次，及时了解纳税人反映的热点难点问题，针对企业技术改造、资金紧张等方面的困难，提出建设性意见，给予税收扶持。持续优化纳税服务平台，促进征纳和谐。建立起“办税服务厅—地税网站—上门走访”三位一体的纳税服务体系。办税服务厅服务更优，增强一线工作人员处理疑难问题、突发事件的工作能力。注重网络服务便捷化，发布纳税人办税指南10余种，回复纳税人政策咨询200余条。结合纳税人具体情况和个性化办税需求，组织分局班子走访、分局长走访、管理员走访三个层面的分级走访活动，引导纳税自觉。

加强征管工作。根据市地税分局税收征管质量考核通报的问题，通过完善征管质量考核办法，强化岗位责任追究，狠抓存在问题整改，加强征管质量指标监控，税费征管质量快速提升。以“金三”系统上线为契机，全面清理征管垃圾数据和异常数据。“金三”系统上线准备期间，清理垃圾数据1万余条，确保导入数据准确无误，逐户进行税费种登记复核检查，重点检查国库、级次等，核实排查税费种登记12000余户次。“金三”系统上线期间，补录房产、土地信息1200余户次；补录财务会计制度备案、银行账号备案等备案信息3500余户次，补录企业所得税预缴台账、企业所得税弥补亏损台账等信息数100余条。以“金三”上线为契机，全面规范征管流程。

依法治税进程。以税收宣传月活动为契机，逐步建立“重在四月、贯穿全年”的税收宣传工作机制。在税收宣传月，组织分行业（即电子信息行业、工程机械制造行业、汽车及零部件制造行业）纳税辅导会、税收现场答疑会等一系列主题活动，通过集中宣传强化依法纳税意识。在重点企业开辟税法宣传栏，开展“便民手册送千户纳税人、税收信息进所有企业”等延伸活动，做到宣传服务全年不间断。通过建立模型、指标比对、实地核查、分类约谈等手段，实施纳税评估260户，经评估补缴税费380万元。

其中，在全区255户重点税源企业中筛选出37户企业进行实地核查、重点约谈，丰富纳税评估经验。全年编发各类辅导材料2000余份，采取分期培训、现场政策答疑等方式对1000余户纳税人进行政策辅导，持续开展企业所得税、个人所得税汇算清缴工作。落实土地增值税清算要求，动态监控房地产项目，实施清算项目3个，完成2个，补税46万余元。组织年所得12万元以上个人所得税自行申报、所得税征收方式认定，严格落实税收政策，规范税收管理。11月，组织缴纳土地使用税的纳税人进行土地使用税培训，重点阐述本次土地等级调整的背景以及土地等级调整后土地使用税税额的变化，落实税收政策。逐步完善以自查为先导的税收专项检查工作模式，既帮助企业规避税收风险，也集中力量共同规范税收秩序。组织12场税收自查辅导活动，安排企业自查216户，补税782万元。

【投资评审】 是年，长沙经开区投资评审中心审计项目267个，评审金额16.46亿元，其中结算项目94个，送审金额5.07亿元，审定金额4.29亿元，核减0.78亿元，核减率15.38%；预算项目173个，预算金额11.39亿元。评审金额比2014年的11.01亿元增加5.45亿元，增长49.50%。增长的主要原因是预算项目有所增加，如职工之家房建工程3.6亿元，黄花片区道路市政工程1.28亿元，核减率比2014年有所减少，降低的主要原因是上海大众近2亿元的土石方工程进入结算阶段。土石方工程核减率一般较低，绝大部分项目核减率在10%以下。

调整思路，加大投入。按照市政府三年造绿行动计划，绿化标准大幅提高。2015年，取消询价，严格按照《长沙造价》规定执行，绿化项目造价提高20%～30%，能够完全保证苗木要求。

【政府采购与招投标】 是年，长沙经开区政府采购与招投标办公室秉承“三公”原则，以围绕构建“公平、公正、公开和诚实信用”的招投标交易市场为基本目标，努力打造“监管平台、交易平台、信用平台、服务平台”，充分发挥招投标监管与服务职能作用，探索长效监管机制，进一步推动招投标工作科学发展。

坚持效率优先，招标提速增效。按照法定规则和操作程序，努力营造执行快速、管理到位、服务高效、保障有力的公共资源交易服务平台。制定科学的招投标方案，合理安排时间，创新项目“倒排制”“并联式”“加减法”等做法，做到目标、重点、措施、进度、责任“五明确”，保证按节点完成进场项目招投标工作。全年开标78批次，累计94个标段，开标金额10.57亿元，中标金额9.62亿元，节约资金9508.25万元，平均节约率8.99%。

创新交易规则，完善运作体系。扩大中标公示内容，加大社会监督力度。中标候选人公示范围除公布中标信息公示表外，再增加关键岗位人员配备公示表和主要工程业绩汇总公示表等公示内容。创新评标办法。制定科学合理的评标办法，保证评标质量。经三轮抽签，在基准价计算中增设A值，现场随机抽取的下浮点β值和A值，防止恶意竞价，打击围标串标。创新招标方式，探索运用PPP项目招标模式。

发挥监管职能，探索长效监管机制。提高标前质量。积极探索标前管理新办法，会同有关部门加强对招标代理机构工程量清单、招标文件编制的监督，防止招标人排斥潜在投标人等不合法律法规的行为发生。抓好现场监督。以完善招投标项目开标评标程序为重点，抓好招标项目现场监督，严格监督各代理机构按规定程序组织开标、评标活动，严肃开评标纪律，保障各招投标当事人依法履行各自职责并及时解决开标、评标中的问题，探索建立资深专家复评制度，接受纪检监察部门和社会各界的监督。加强标后监管。实行合同备案，督促中标单位全面履行合同；实行项目经理押证管理；落实施工管理业主负责制，对中标企业的合同签订、关键岗位人员到位到岗，是否存在转包、挂靠现象等进行跟踪，探索评价结果运用制度；查询其资金拨付有无委托转付行为；健全工程建设领域诚信体系，推行企业不良违规记录管理制度。配合纪检监察部门，通过不定期巡查，及时发现标后违法违规行为，开展招投标领域突出问题专项治理工作。改造交易场所监控系统。加大资金投入，在开标区域、评标区域、专家抽取办公场所、过道等招投标当事人活动场所安装先进监控设备和手机屏蔽设备，实现招投标交易过程全方位监控，有效预防和制约招投标当事人串标、违规接触等行为发生。着力在服务效率上有新突破。在严格按规办事的前提下，着力求“效”，继续对重大项目实施全程“保姆式”服务，坚持特事特办、并联作业等行之有效的工作方法；加强招投标工作的软硬件建设，着力打造“学习型、精细型、操作型、效率型、廉洁型”队伍，实现项目“进得来、办的快、效果好”的目标，努力打造“统一开放、竞争有序、服务到位、监管有力”的公共资源交易平台。

服务与效能并行，着力强化平台功能。提升服务意识。严格执行首问负责制、一次性告知制度和限时办结制度，优化招投标环境，提高行政效率和服务水平。倡导“热心、耐心、用心、细心、贴心、公心”的“六心”服务。锤炼团队素质。组织开展平台全体从业人员的政治理论学习，招投标法律常识、业务知识的培训。推进行风监督，加强社会监管。

【人才交流服务】 是年，长沙经开区人才工作围绕“搭建平台，落实政策，优化服务”的基本思路，外引内培集聚资源，引智招商同频共振，大力提升人才与经济“黏合度”，为园区发展提供智力支撑和人才保障。

以“载体平台建设”为依托，频繁开展人才招聘与培训。办好经开区人才市场，坚持每月8日、18日、28日举办招聘活动，全年举办招聘活动38场，组织“长沙经开区企业校园行”活动21场，组织园区用工“大户”分赴岳阳和湘西、怀化、常德等地开展普工招聘，年内协助企业招揽一线工人近8000人。依托“星沙大讲堂”培训平台，面向园区企业经营管理人员、专业技术人员与一线技工开展公益培训。培训内容涵括行业形势分析、市场营销、绩效考核、人力资源管理、财务管理、职业技能提升等。年内，“星沙大讲堂”举办各类培训18场次，培训4090人，其中分别在上汽大众、广汽三菱、广汽菲克举办三期汽车行业个性化培训。“星沙大讲堂”被市委宣传部评为“长沙市优秀学习载体”。

密切校企对接，缓解用工需求。实施“技能型人才计划”，激发职业院校与园区企业合作、对口培养和输送技能型人才的积极性。紧扣园区企业人才储备需求，力推校企对接。5月22日，举行2015年度全省校企合作会议，79家学校和园区124家规模以上企业参会，发放2014年度人才引进补贴109.27万元，56家企业与23所院校建立校企合作关系；组织园区企业参加省、市“职校联盟”活动3场。组织园区496家企业赴湘西、常德等9个地州市，组织校园招聘35场，引进优秀毕业生1670余人。紧扣企业人才流动需求，合理推动人才区内流动。召开行业人力资源负责人座谈会5次，先后引导三一重工、山河智能、铁建重工、上汽联合大众等企业之间人才交流合作。是年，省内职业院校共为园区输送技能型毕业生2800人，5所技职院校获评“校企合作人才培养优秀院校”。

落实政策，抓实“一个服务”。举办职称继续教育等相关培训4期，参训420人，为636名园区专业技术人员评定相应职称；接收新调入人事档案625份，办理户口挂靠91人；完成园区市级技能大师工作室和技能大师的项目申报，1125名技工参加操作技能提升培训，湖南机电职院获评市级“高技能人才培训基地”，三一集团等单位获评市级“技能大师工作室”，上汽大众的沈群龙等3人当选长沙市“技能大师”。17所技职院校、46家园区企业获长沙经开区财政资金奖励；举办人力资源管理师培训，园区有64名人力资源骨干参加培训考试。

【创业服务】 是年，长沙经开区内开建的工业地产项目13个，建成标准厂房面积80.7万平方米，出售厂房面积26.4万平方米，出租厂房面积37.6万平方米。其中新开建标准厂房面积13.18万平方米。建成的12家工业地产共引进企业455家，其中生产型企业120家；新引进企业177家，其中生产型企业32家。

服务小微企业。长沙经开区创业服务中心组织园区企业开展小微工业企业专项发展资金项目申报工作。组织区产业环保局、区财政局、区工商分局等部门对申报项目进行严格审查和实地考察等，经筛选，并报主任会议通过，27家企业获得102.4万元小微工业企业专项发展资金扶持。先后在和祥科技园、蓝色机械配套产业园、中部智谷和德普企业公元4个工业园设立企业服务站，初步形成1个综合性公共创业服务平台辐射N个服务工作站的网格服务体系。引进律师事务所、银行、担保公司等14家服务机构，以月活动计划安排表的方式，对所有服务机构进驻园区开展服务活动进行监督管理。推动“服务进园区”工作受到园区企业一致好评。组织召开区金融服务中心以及全省12家银行、10个产业园等合作机构负责人参加的中小微企业金融服务座谈会，交流中小微企业服务经验，共谋解决中小微企业融资难、融资贵的难题。组织园区30余家小微工业企业参加2015中国（长沙）国际工程机械配套件博览交易会，与参会主机企业对接，多家小微企业与主机企业达成初步合作意向。

留学人员创业园工作。组织并协助园区8家留学人员企业进行2015年度中国留学人员回国创业启动支持计划和留学人员科技活动项目择优资助申报，获人力资源和社会保障部、省人力资源和社会保障厅资金支持30多万元。与省人力资源和社会保障厅举办湖南留学人员回国服务联盟第一次工作会议暨留学回国创新创业主题座谈研讨会，全省各地州市人社局、留学人员回国服务联盟成员单位及留学人员创新创业企业共计100多人参加活动。园区获授全省首批湖南留学人员回国服务联盟成员单位，并对以安普诺环保科技有限公司为代表的6个留学创业项目进行重点奖励，支持创业引导专项资金60万元。进一步完善《产业园入园项目招商管理工作规范》《消防安全生产工作规范》《出租工业厂房入驻企业租金管理工作规范》等工作规范，上墙公布。与区内各工业地产项目签订《工业地产补充协议》，强化各工业地产项目方的项目准入管理和安全生产主体责任。

（长沙经开区志办）

12月30日，副省长张剑飞（中）到长沙经开区园区企业上汽大众、广汽菲克、众泰汽车、中上汽车调研（长沙经开区志办 提供）

·主导产业发展·

【工程机械】 是年，以三一集团、山河智能、中联工起、铁建重工、恒天九五等为代表的工程机械制造业，实现产值903.55亿元，占规模工业总产值的49.88%。三一集团、铁建重工等重点工程机械企业依托自身技术创新、模式创新、管理创新等措施，主动顺应大势，谋求“裂变发展”，不断衍生出新产品、新业态，三一众智新城、铁建高端装备制造基地等优势项目应势而生，彰显园区转型创新发展的勃勃生机和强大动力。

【汽车制造及零部件】 是年，长沙经开区园区汽车制造及零部件产业继续保持高速发展。上汽大众正式投产，至年底生产整车4.05万辆，产值60亿元；广汽菲亚特克莱斯勒JEEP自由光正式上市，成为首款湖南制造的高端SUV。这两大汽车项目的投产，为园区打造“中国汽车产业集群新板块”注入强劲动力。全区汽车制造产业实现产值413.03亿元，同比增长26.77，占22.80%。

6月6日，海关总署署长于广洲（前左三）到长沙经开区园区企业三一重工、蓝思科技督查（长沙经开区志办 提供）

【电子信息】 2015年，长沙经开区园区电子信息产业在蓝思科技、维胜科技、国科微电子、纽曼数码、长城信息等龙头企业的带动下获得空前发展，全区电子信息产业实现产值222.39亿元，同比增长34.86%，占12.28%。

【新材料】 是年，长沙经开区园区新材料产业企业在国家政策扶持的大背景下，产业发展稳中求进。以瑞翔新材料、长沙飞尔特为代表的园区新材料产业实现规模工业总产值42.39亿元，同比增长16.69%，占2.34%。

【食品饮料】 是年，以中粮可口可乐、娃哈哈、百事可乐为代表的园区食品饮料企业实现规模工业总产值42.16亿元，同比增长32.30%，占2.33%。

（长沙经开区志办）

市、县级开发（园）区

·星沙产业基地·

【概况】 星沙产业基地成立于2009年7月，规划总面积为40.7平方千米，其中一期控制性详细规划面积19.87平方千米。截至2015年年底，园区累计引进单独供地项目67个，其中世界500强3家，世界行业50强2家，上市公司6家，项目总投资超过200亿元。园区已基本形成以住友轮胎、大众汽车配套园、广汽三菱配套园为龙头的汽车零部件产业，以山河智能、云箭集团等为核心的装备制造业，以康宝莱、赛隆药业为代表的医药类新兴产业以及生产、生活性现代服务业等相辅相成的产业体系，正逐步成为长沙县、长沙经济技术开发区新的经济增长极。2015年，园区实现工业总产值55亿元，其中规模以上工业产值36亿元。

招商引资成效显著。新引进单独供地工业项目10家，新入驻标准工业厂房项目36家，到位市外境内资金10.05亿元，同比增长74.6%，到位外资3860万美元，同比增长11.9%。园区在谈项目20多个，其中包括广汽集团总投资21亿元的广汽配套园项目、北京百利威仓储物流有限公司总投资10亿元的国际电子商务产业园项目。

产城融合持续推进。完成基础设施投资8272万元，完成年度目标任务的103.4%。新建、续建或改造6条道路，其中雷鸣路、金塘路、龙井路实现通车。场地平整完成40公顷，综合管线敷设超过52千米。鸽子湖公园建成开园，长龙公园一期基本完成，正在进行绿化苗木栽种，龙井公园、雷鸣公园前期准备工作完成。蓝田路等园区主要干道全部实现绿化亮化。长龙湾小区一期主体建设完成，龙井社区公共服务中心顺利开工，省劳动人事学院建成开学。

发展要素实现突破。全年批回土地26.67公顷，完成磐吉奥等9宗项目用地摘牌，出让土地20.68公顷。完成3.04平方千米调规范围图。完成茶塘路、长龙路、湘丰茶机、农贸市场、大众配套园、D12地块等11宗地块拆迁工作，完成房屋对证37户，拆除房屋34栋，腾地15.53公顷，点对点支付拆迁资金1.7亿元。在抵押物短缺的形势下到位融资11.4亿元，确保资金良性运转。

【“长龙湾”小区开盘销售】1月17日，星沙产业基地首个商业楼盘“长龙湾”小区盛大开盘，销售价格3480元/平方米起。该小区位于开元路与蓝田路交汇处西北角，由长龙建设开发有限公司开发。小区建设用地4.73公顷，总投资5.6亿元，拟建6栋高层商住楼、1栋5层商务楼，总建筑面积17.3万平方米。其中一期开发3栋，544套，所配套的部分限价房限价定向销售给当地失地农民。该项目地处星沙产业基地商业起步区的核心区域，对推动园区产城融合，促进现代服务业发展具有重要意义。

【张迎春调研星沙产业基地】 3月30日，长沙市委常委、副市长张迎春到星沙产业基地调研并主持召开座谈会。会上，星沙产业基地及园区企业分别就发展形势、需协调问题进行汇报。张迎春指出，当前实体经济面临下行的压力较大，特别是工程机械行业近两年来不容乐观，大家要齐心协力，共克时艰。她强调，面对经济下行压力，政府、园区要创造性推动经济转型升级，切实做好产业服务，全力助推企业发展。政府与企业一起努力做好“三抓”工作（转型升级、融合发展、问题破解），并将在用地问题、资金扶持方面出台相应政策。长沙经济技术开发区领导吴京生、黄瑶及市政府办公厅、市经信委、市规划局等单位负责人参加调研。

3月30日，市委常委、副市长张迎春（左三）在山河工业城调研

（星沙产业基地 提供）

【文树勋调研星沙产业基地】 5月21日，市委常委、统战部部长文树勋到星沙产业基地调研。文树勋对园区工作给予高度肯定，要求园区进一步加

5月21日，市委常委、统战部部长文树勋（右三）到星沙产业基地调研（星沙产业基地 提供）

公园开园。该项目位于蓝田路以东、凉塘东路以南，东抵住友橡胶，南至中缆电缆，总面积30058平方米，总投资1360万元，2014年9月开工，由长龙建设投资有限公司开发建设，鸽子塘公园已成为园区重要的生态景观游憩廊道。该公园建设基于现状、尊重自然，利用原有水系进行改造，营造湿地环境，公园建设有观赏亭、公共厕所、绿色走廊、休憩椅凳等，成为园区产业工人和辖区群众的重要休闲娱乐场所。

大招大引强力度，围绕产业发展规划和长沙的主导产业，引进优质配套商，努力做大存量，壮大增量。他强调要做好做实企业服务，制定有效的帮扶措施，破除制约瓶颈，为企业创造良好的发展环境。调研期间，文树勋一行考察山河智能、云箭集团及上海大众配套园等园区企业。区县领导李科明、黄瑶、黄梁、张湘鸿及市发改委、市经信委、市国土局、市规划局等市直单位负责人陪同。

【长龙变电站正式投运】 6月25日，星沙产业基地110千伏长龙变电站正式通电投入运营。园区电网供电薄弱的情况将彻底改变，住友橡胶、云箭科技、山河智能等重大项目及辖区居民的供电可靠性得到进一步提升，同时有效缓解黄花变电站迎峰度夏期间的过载情况。长龙变电站总投资1.2亿元，是长沙县电网首座110千伏智能化变电站，项目一期工程将安装1台容量63000千伏安的变压器，年内已有四条10千伏线路投入运行。该变电站实现全站信息数字化、通信平台网络化、信息共享标准化，能自动完成信息采集、测量、控制、计量和检验等，同时具备支持电网实时智能控制、智能调节等高级功能，集保护和测控于一体，极大地保障电力安全。

【湖南同舟汽车零部件有限公司竣工投产】 7月10日，位于上海大众配套园的湖南同舟汽车零部件有限公司竣工投产。该项目占地2公顷，总投资8600万元，总建筑面积20534平方米，包括2栋厂房、1栋办公楼，主要为上海大众长沙基地提供汽车保险杠、前围等，设计年产能30万套，预计年产值1.5亿元。

【鸽子塘公园开园】 7月22日，星沙产业基地首个湿地公园——鸽子塘

【长沙金鸿顺汽车零部件公司开建】 8月16日，长沙金鸿顺汽车零部件公司开工建设。该项目位于星沙产业基地上海大众配套园内，占地2.67公顷，建成后可形成年产50万套汽车车身件及10万套汽车底盘件的规模，项目总投资1.27亿元。该公司所产汽车零部件主要为大众途安配套，2016年7月将与上海大众（长沙）工厂的新车型——途安实现同步投产。星沙产业基地为此加大项目服务力度，专人联点，定期调度，为项目方顺利开工解决系列困难和问题。该项目将于2016年7月竣工投产，年产值2.1亿元。

（田春雷）

7月22日，星沙产业基地首个湿地公园——鸽子塘公园开园（星沙产业基地 提供）

·长沙空港城·

【概况】长沙空港城围绕“知识型现代服务业生态城”和“空港都市核心区”战略定位，坚持航空特色、现代服务、绿色环保产业发展理念，将重点引进和发展航空运输保障业、航空物流业、临空高新技术产业、高端商贸休闲业、总部经济、通用航空产业、旅游业、文化体育产业和特色会议业等。致力打造东部开放型经济走廊，充分发挥东部现代立体交通优势，在基础设施建设、项目推进、招商引资、征地拆迁等方面取得良好成效。2015年，市外境内资金形成固定资产投资51097万元，完成年计划103%，实际到位外资1150万美元，为年计划100%。

规划建设工作。黄金大道（S207南延线漓湘路至机场高速段）于年底正式通车。黄金大道（S207南延线黄江大道至机场高速段）完成投资15250万元。空港城片区道路(PPP项目），完成投资27600万元。S210黄花机场－三环干杉互通(机场联络线)，完成投资11000万元。连接机场与武广片区S207南延线从机场高速至黄江公路启动拆迁并动工建设，完成投资2.3亿元，预计2017年6月建成通车。机场配套服务区15公顷完成近一半的征拆任务，建成一期临空1号和住宅及配套设施建筑面积30.69万平方米。

招商引资工作。联通数字阅读基地项目办公主体楼于2015年9月份封顶，机房部分预计2016年一季度投入使用，配套住宅部分用地拆迁完成，预计所有住宅楼于2016年年底全部峻工。奥凯航空长沙运营基地后勤用地项目建设正在进行报建工作，办公用地正在进行拆迁腾地工作。普洛斯长沙空港物流中心项目另行选址方案报县项目建设领导小组会审定通过，项目方在长沙县注册外资公司，项目招商引资补充协议正在拟定。全年引进内资87702.1万元，完成年计划123%，引进外资1290万美元，完成年计划100%。

财务融资工作。2015年，8月与中铁中南投资公司、北京湘通投资管理中心（有限合伙）签署PPP合作协议，以PPP模式解决10平方千米的合作范围内的征地、拆迁、场地平整和道路等公用市政设施建设工作所需约54亿元的资金，该PPP项目完成成立公司的全部相关事宜，公司运行良好。为筹集PPP项目合作区以外区域建设所需资金，本年的融资工作储备三个重点融资项目，分别是华夏银行5亿元片区开发项目贷款、长沙银行5亿元项目贷款。是年12月，成功置换债务7.02亿元，减轻空港城负债负担。

拆迁和用地报批工作。是年，共上报各类项目用地134.53公顷，涉及农用地转用计划128.6公顷，其中，黄金大道（S207）南延线、大元路、合心路、天祥路、盛祥路、小康路、鹏盛路等基础设施项目用地81087公顷、经营性用地52.67公顷，其中，空港城统征地一、黄金大道（S207）南延线、大元路等六条路（中心城区范围）、大元路等五条路（中心城区外）由省人民政府审批，批准总用地面积117.93公顷。空港城规划范围共批准各类建设用地278.27公顷，其中：基础设施项目用地147.2公顷、各类经营性用地131.07公顷。是年，共实施征地拆迁总面积208.87公顷，拆迁351户，其中，奥凯厦航黄花运营基地总征地面积7.87公顷，拆迁房屋23户，84人。黄金大道（S207）南延线总征地面积32.87公顷，完成拆迁房屋58户，工程建设全面施工，路基全线拉通。空港城片区（人民东路以南、龙峰大道以东）区域征拆总面积144.4公顷，其中，黄花镇完成拆迁房屋161户，拨付各类补偿费用2.2亿元；黄兴镇完成拆迁房屋58户，拨付各类补偿费用5000万元。机场联络线南延线总征地面积23.73公顷，签订房屋补偿协议51户、完成青苗调查补偿，拨付青苗补偿费用4100万元，项目进入施工阶段。

【县政府组织考察衡阳、湘潭综合保税区】4月7日至8日，经县政府批准，由长沙县空港城管委会和长沙黄花综合保税区管委会共同组成12人考察团在空港城管委会副主任曾利满、李靓熹的带领下一行赴衡阳、湘潭两市综合保税区进行学习借鉴外地综合保税区管理运营模式。主要学习综保区申报、机构设置、征地拆迁、规划设计、融资、项目招商等方面的成功经验和教训，尤其湘潭综保区的建设模式和经验值得借鉴。通过本次考察和学习，对临空综合保税区开发建设，对综保区产业定位、征地拆迁、设计、建设、招商等方面有初步设想和模式，为确保综保区下一步顺利开发建设积累经验。

【何寄华带队考察重庆、广州综合保税区】4月8日至9日，市政府副市长何寄华带队组成12人学习考察团，前往重庆、广州综合保税区学习考察。通过考察理清黄花综合保税区发展思路、借鉴外地综合保税区申报、建设及运营管理、优惠政策支持的先进经验和成功做法。通过实地观摩、座谈

4月8日，市政府副市长何寄华（右三）带队学习考察重庆、广州综合保税区
（长沙空港城 提供）

交流的形式、对重庆、广州综合保税区的申报、设立、运营模式、产业结构、发展方向等方面进行详细了解，为黄花综合保税区的发展定位、产业布局、运营模式等提供宝贵经验。王体泽、李哲、汪东华、杨莉、黄立斌、李俊开、冯卫民、兰伟强、曹江辉、龙赛斌、陈科参加考察。

【蒋红波一行专题调研长沙空港城】5月14，市委副秘书长、政研室主任蒋红波率调研组到空港城，就“加快打造东部开放型经济走廊”进行调研。调研组首先赴空港城项目建设现场，对空港城人民路东延线、S207南延线、机场综合配套服务中心、空港物流园等项目建设情况进行考察。调研组在县委七楼会议室召开专题座谈，调研组成员一致认为，空港城在打造东部开放型经济走廊方面的工作抓得实、推进力度大，将进一步收集意见，围绕市委、市政府的中心工作做好调研当好参谋。县委副书记吴新伟，县委常委、副县长杨莉，县委常委、县委办主任王国良参加座谈会。

【胡衡华一行调研长沙空港城】6月5日，长沙市委副书记、市长胡衡华率队到空港城调研，研究长沙临空经济和黄花综合保税区发展建设有关问题。会上，长沙县各相关部门汇报了工作进展情况，并就当前阶段存在困难和问题提出相关请求。胡衡华强调，要提高认识，抢抓机遇，加快临空经济区建设，培育长沙经济发展新增长点。临空经济区建设在机构设置、统筹规划、土地申报、基础设施配套、招商引资、创新融资等方面取得较大进展，下一步将力争黄花综合保税区在年内获批并动工建设。胡衡华对长沙县前期所做的工作予以充分肯定。胡衡华强调，临空经济区是长沙发展开放型经济重要组成部分，是长沙今后抓经济工作主战场和主阵地，各级各部门要高度认识临空经济区地位，努力将其培育成长沙经济新增长点。同时要求，临空经济区后续开发要准确定位，分清轻重缓急逐步展开，突出加快基础设施建设，完善服务配套；各项工作流程要抓紧时间推进，加快整体建设进度。针对相关部门提出请求，胡衡华现场和大家研究对策，同时要求市直相关部门加强统筹协调，对临空经济区建设予以大力支持。副市长何寄华、黎春秋，市政府秘书长谭勇，长沙县区领导杨懿文、张庆红、杨忠文、杨莉参加会议。

【长沙空港城建设及综合开发PPP项目正式签约】8月12日，长沙县人民政府与中铁投资集团有限公司、中国民生银行就长沙空港城建设及综合开发PPP项目正式签约。以“投资+融资+城市设计+施工总承包+产业招商”为合作内容，共同开发建设空港城首期1000公顷核心区。长沙空港城建设及综合开发PPP项目合作首期总投资约54亿元，将采用政府购买服

6月5日，长沙市委副书记、市长胡衡华（左四）一行到长沙空港城调研
（长沙空港城 提供）

8月12日，长沙空港城建设综合开发PPP项目签约 （长沙空港城 提供）

务、收益限高等方式向投资人支付投资回报，预计8年内，完成项目首期合作范围617.87公顷土地基础设施建设和片区开发所有工作。合作方将严格按照现代公司治理结构，成立专门PPP项目公司运营、管理该项目，按照高起点规划、高质量建设、高水平管理的要求，坚持规划先行、基础设施先行、引领性项目先行，全力建设长沙东部开放型经济走廊战略高地和产城融合示范区、知识型现代服务业新城，把长沙县建成实力强、活力足、品质高、现代化的省会次中心增添新动力。

【省、市人大代表视察长沙空港城】11月20日，省、市人大代表到空港城，就“加大临空经济区支持力度”进行专题调研，对中国联通长沙基地项目、PPP项目S207和大元东路、合心东路、临空综合服务区、机场联络道（S210）南延线机场高速至南三环南延线干杉互通段项目建设情况进行视察。代表们在黄花镇政府会议室召开专题座谈，县委常委、县人民政府副县长杨莉对临空经济区建设情况和有关问题建议进行汇报。省、市人大代表李建章、钟银承、刘飞香、刘志红、李曦、汤宇、常格亮、何海英、李旭，县人大常委会副主任彭军共参加。

（龙赛斌 杨蕙伊）

功能区

·星沙松雅湖商务区·

【概况】2014年3月，市编委办印发文件（长编办发〔2014〕20号）同意在长沙县松雅湖管理局加挂星沙松雅湖商务区管理委员会牌子。星沙松雅湖商务区范围包括湘龙街道、星沙街道，黄花镇的回龙村、梁坪村、龙湖村、崩坳村、银龙村、新江村、大兴村，安沙镇的龙华新村、杨梓冲村、谭坊新村、白塔村、毛塘社区、水塘垸村、三合村、梅塘村。此区块总人口258794人，占全县总人口的25.9%；总面积166.21平方千米，占全县总面积的8.3%；人口密度1557人/平方千米，地区生产总值193亿元，是全县第三产业的龙头区，占全县第三产业的65%以上，建筑业占到全县的2/3。

星沙松雅湖商务区定位为以松雅湖片区的总部经济、现代服务业、创投产业和毛塘片区的现代物流业为支柱，以现有建成区的生活服务业和毛塘铺片区、东八线以东的教育科研产业为主导，同时加强文化、体育、公共服务、公共政策等软环境培育，加快提速松雅湖和毛塘铺片区开发，着力打造现代城市、气息浓厚、文化底蕴深厚、宜居、环保的新型城区。

作为星沙松雅湖商务区的核心区域，松雅湖片区位于长沙县中心城区东北部，紧邻京珠高速，距长沙火车站、长沙高铁站、黄花国际机场约10千米，规划总面积1697公顷。松雅湖项目是集防洪调蓄、城市安全饮水、改善城市生态环境、完善城市功能配套布局、提升城市生活品位于一体的综合性工程，由松雅湖生态公园和松雅新都市两大板块组成，水域面积400公顷，总投资约300亿元，由长沙县人民政府和北大青鸟集团共同投资建设，通过高端品牌的引进，将致力于打造享誉国内外的顶级城市湿地生态湖泊，形成集商业金融中心、旅游休闲中心、居住中心等于一体的核心经济区域。松雅湖生态公园总占地面积490公顷，2011年获批国家湿地公园试点建设单位，规划建设八大功能区，其中游乐港口区、家庭探索冒险区、健康体验区率先发力，依次打造水系环绕的风情购物休闲街、大型综合性户外游乐基地及高端生态酒店。松雅新都市位于松雅湖生态公园的东边，一期总用地面积469公顷，将打造一个集写字楼、住宅、酒店、零售四大功能于一体的生态新城。

坚持打造城乡品质倍升标杆，项目建设在保质的基础上再提速。作为松雅湖首个竣工项目，“环湖四路一桥一隧道”（“四路”即香堤路、捞刀河路、万明路、环湖支路，“一桥”即松雅湖大桥，“一隧道”即松雅湖隧道）工程相继获得“省优质工程奖”、国家市政工程“金杯奖”。总投资1.6亿元的南部园林景观工程进入扫尾阶段。总投资2.4亿元的北部园林景观工程已完成投资额约6500万元。香岛松雅书院项目完成主体结构建设。

坚持打造公园物业管理典范，湖区管理在完善的基础上再提升。联合县公安、城管等部门面向社会公开发布《松雅湖国家湿地公园管理通告》，首次明确公园活动许可范围。4月，联合县城管局成立松雅湖城管中队，配备7名队员，专门负责湖区市政管理。6月，成立松雅湖综合管理办公室，县公安、城管等14个部门为成员单位，新招录40名特勤保安，由综管办统一进行调配，湖区逐步实现了多部门既分工明确，又协同配合的日常管理新模式。

坚持打造生态宜居宜商样板，生态与发展的关系在实践过程中再深化。成立由县委书记、县长分别担任顾问和组长的松雅湖国家湿地公园迎检验收工作领导小组，聘请以中南大学客座教授、国家湿地公园（湖南）验收标准起草成员郑刚强教授为首的专家团队，开展迎检的策划设计、科研监测、专项验收物料及管理服务咨询工作，各项迎检验收工作稳步推进。深入推进湿地保护与恢复工作，委托专业队伍对湖内外来危害水草进行集中清理，完成松雅湖水生态修复工程可行性分析报告；与世界自然基金协会、中南林业科技大学、县水利局合作开展水资源、水质、动植物、鸟类等各类监测项目；组织主题为“湿地——我们的未来”的松雅湖湿地保护与可持续发展论坛、松雅湖湿地摄影大赛、环湖自行车比赛、松雅湖汉服美人节等一系列丰富多彩的湿地宣教活动，推动湿地保护观念深入人心。

【“环湖四路一桥一隧道”工程获国家市政工程“金杯奖”】作为松雅湖首个竣工项目，“环湖四路一桥一隧道”工程继2014年12月获得“长沙市结构优良工程奖”后，于2015年6月获得“省优质工程奖”，同年12月再获中国市政工程建设行业的最高奖项——国家市政工程“金杯奖”，这是长沙县市政工程项目首次夺得此奖，标志着该项目工程建设管理、施工组织、新技术应用及质量安全达到国内一流水平。

【《松雅湖国家湿地公园管理通告》公布】8月6日，松雅湖国家湿地公园管理局、长沙县公安局、长沙县城市管理和行政执法局联合印发《关于松雅湖国家湿地公园管理的通告》，经长沙县人民政府法制办审核备案后，正式对外公布。

【松雅湖城管中队成立】 4月，松雅湖城管中队成立，配备7名队员，专门负责湖区城市管理。

【松雅湖综合管理办公室成立】6月，松雅湖综合管理办公室成立，县公安（交警大队、星沙派出所）、城管、水务、林业、环保、文广、交通、工商、海事等部门以及松雅湖管理局、星沙街道、城乡建设执法大队、社会事务执法大队、农业执法大队等单位为综合管理办公室成员单位。

【松雅湖国家湿地公园迎检验收工作领导小组成立】 8月，由县政府领导，成立松雅湖国家湿地公园管理局（以下简称湿地局）、林业、宣传、财政、发改、国土、规划、住建、招标采购、交通、城管、公安、环保、统计、档案、旅游、畜牧水产、文广、气象、星沙时报、县电视台、水务、法制办、文联、星沙街道等相关单位为成员的松雅湖国家湿地公园试点验收工作领导小组。

【“湿地——我们的未来”松雅湖湿地保护与可持续发展论坛召开】6月27日，“湿地——我们的未来”松雅湖湿地保护与可持续发展论坛在长沙县召开，来自林业主管部门、学术机构、高校的湿地保护专家学者等150位嘉宾齐聚论坛现场，就湿地保护现状和问题、湿地可持续发展问题、松雅湖湿地建设等问题展开交流。（谭　涛）

·现代农业创新示范区建设·

【概况】 2014年6月9日，县编办根据市编办〔2014〕20号文件精神，同意长沙县现代农业创新示范区管理委员会加挂长沙现代农业区管理委员会。2015年11月3日，县委决定中共长沙县现代农业创新示范区工作委员会更名为中共长沙现代农业区工作委员会，内设办公室、招商项目部、园区管理部（加挂“现代农庄管理部”），下设二级机构1个——长沙县土地流转管理服务中心。

是年，长沙县现代农业创新示范区管委会认真履职，积极探索农业现代化和城乡一体化创新发展的体制机制，助推全县农业增效、农民增收和城乡共同繁荣。

制定出台政策性指导文件。承担县委、县政府关于三农政策及模式探索等方面的决策参考职能，就统筹推进城乡融合发展、农村创客发展等提出指导性意见和举措，出台《关于统筹推进城乡融合发展的实施意见》（长县发〔2015〕1号）、《关于支持北部农村创客发展推进创新创业的意见（试行）》（长县发〔2015〕14号）等政策文件。

着力完善涉农资金制度建设。先后制定《长沙县城乡一体化建设引导资金拨付办法》《长沙县美丽乡村建设资金管理实施细则》《长沙县农业产业化专项资金管理暂行办法》《长沙县农业科技专项资金管理暂行办法》等规范性制度文件，对专项资金申报流程、部门联审工作机制、项目申报条件、项目管理程序等环节进行细化明确，对项目完成进度、阶段性目标、项目效益与预期目标等进行实时管理和监督检查，规范项目建设流程和资金管理规程，有效杜绝制度漏洞，切实提高财政资金使用效益。

增强农业招商引资力度。根据投资环境新常态重新编制招商手册及推介资料，统一编制策划及包装农业招商项目9个，考察接待浙江杭州园林等招商客商6批次；组建2个招商小分队分别赴广东、深圳、北京等地招商，对接深圳翰博公司、深圳招商局集团、苗木电商“爱淘苗”等一批企业，考察学习深圳华侨城、深圳蛇口网谷、广州科技创新基地、北京中关村等一批“互联网＋农业”产业发展模式；引进广电影视后勤基地、春华“健康城”、北山园林基地、福临杜仲产业化项目等农业投资项目32个，增资续建项目106个，累计总投资239亿元，累计到位资金33.8亿元。年末，江背镇天合红豆杉、铁皮石斛基地和长沙（台湾）多彩生态农业产业园等竣工投产，其他续建项目均有序推进。

农业产业项目持续发力。争取中央专项支持，重大农业产业项目推进顺利。长沙县10万亩（6666.67公顷）现代粮食产业标准化示范基地、高桥食用菌加工产业园、金井镇茶产业园区、白沙镇水果产业园区、湖南（长沙）现代农业成果展示园、长沙国家现代农业示范区农产品精深加工园等6个项目顺利入围国家现代农业示范区中央财政以奖代补政策支持范畴，每年可获得1000万元中央财政资金支持，从2015年至2017年连续实施三年。同时，全市2015年度现代农业重大项目建设现场观摩会及重大农业项目铺排会在江背镇召开。全县12个市级现代农业产业化重大项目目标投资额5.16亿元，完成投资5.59亿元，完成率108.4%；19个县级项目目标任务2.59亿元，完成投资2.78亿元，完成率107.3%，“六个走在前列”目标任务2.52亿元，实际投资2.88亿元，完成率114.2%。所有项目开工率100%，项目建设按照既定计划有序开展，未发生重大质量安全责任事故和因服务不到位严重影响项目进展情况。

推进现代农业投融资平台有效运营。做强现代农业实体化运营平台，依托长沙县瑞农现代农业投资开发有限公司积极探索县域内农村可经营性资产有效整合和综合开发的新途径、新模式；尝试通过“改拨为投”的方式，使市场前景好、创新能力强、影响带动大的项目及时获得政府财政支持；以融资服务者身份，拟探索组建现代农业和城乡融合发展基金，为现代农业市场主体提供“组合式”的金融服务。公司承担重大现代农业及园区项目建设任务，与深圳铁汉集团成功开展湖南现代农业成功展示园PPP模式战略合作；为全县各镇城乡一体化建设通过融资运作提供资金支持，年内融资2亿元；入股长沙市现代农业投资有限公司，积极参与、推动湖南湘江城乡融合发展产业投资基金运行；支持湘丰集团等龙头企业申报中国农发基金1.2亿元。

着力推进产业集群发展。结合全县经济功能分区发展战略，规划建设国家现代农业示范区“一区八园”，即春华现代农业成果展示园、路口农产品精深加工园、金井茶叶产业园、高桥食用菌加工产业园、双江生态有机产业园、白沙小水果产业园、青山铺葡萄产业园、开慧休闲度假养生

12月24日，长沙县农创天地启动式在浔龙河举行，县委副书记吴新伟（左二）为长沙县北部农村创客孵化基地授牌 （张瑞波 摄）

老产业园。年末，春华现代农业成果展示园作为全县首批签约PPP项目正式实施；路口农产品精深加工园选址方案通过县长办公会议审议，正在进行用地调规和编制概念性规划、详细规划及可行性研究报告书。

推进北部农村创客发展。主动顺应经济发展新常态，把“大众创业、万众创新”作为推动北部农业转型升级的重要抓手，出台《关于支持北部农村创客发展推进创新创业的意见（试行）》，在全国率先启动农村创客平台建设。12月24日，长沙县农村创客天地启动仪式在浔龙河举行，发布一系列支持措施和优惠政策，计划5年内招募1万名创客进农村，通过重点培育100个以“零资金”启动快速成长、100个以新型产业带动村集体经济发展、100个以解决就业带动精准扶贫的“三个一百”创新创业典型，打造S207线、黄兴大道、G107线“三条创客大道”，加快推动一、三产业深度融合，全面带动农民群众就业增收，着力建设创新活跃、就业充分、富足安居的农村创客洼地。农村创客平台建设工作被县委评为“2015年十件大事”。

全面铺开城乡一体化试点。率先将试点范围扩展为“14+2”试点镇格局，共铺排项目138个，完成投资19.78亿元。市级试点镇中开慧镇重点抓好“一港、两街、三区、四大产业、五条道路”（一港：京港澳高速客运接驳站板仓港；二街：板仓民俗商业街、斯洛特水街；三区：高山片区、露营基地片区、板仓湖片区；四大产业：汉硕文化教育产业园、华星直升机起降点、铁皮石斛种植基地、慧润乡村旅游项目；五条道路：许方路、黄兴大道北延线开慧段连接线、开毛大道、

长沙县“14+2”城乡一体化试点镇项目建设亮点工程——青山铺镇青洪湖 （李杭江 摄）

绿道一二期景观提质、绿道三期）建设；金井镇“茶乡小镇”城镇及旅游基础设施建设基本完善；路口新集镇开发一期道路、文化广场等基础设施配套基本完工。其余试点区域结合镇域实情，铺排一批规模大、形象好，具有区域影响力的项目。浔龙河生态小镇农民集中居住、绿业童真项目建设完工，10月1日启动麦咭音乐节；青山铺青洪湖文化公园、北山文化广场、黄花中心集镇改造、双江镇文化公园等项目进展顺利。

推进美丽乡村建设和农民集中居住。按照“全面推进、重点培育、典型引路”的要求，通过安排专项资金1000万元、整合部门资金4亿元、吸引社会资本共同投入、发动群众筹资筹劳等方式，集中力量整治农村环境、美化庭院菜园、挖掘特色文化、加强宣传引导等，全县追比赶超态势明显。举办“零碳长沙县，美丽乡村行”大型系列活动，以“行美途、赏美景、看美女、尝美食和著美文”为主题分别举办专场活动，在主流媒体报纸开辟专栏报道，评选出摄影类、美文类、口号类三类奖励项目，吸纳一定人流，扩大美丽乡村影响力；“30+2”美丽乡村示范村行动迅速、效果良好，各镇均通过试点村的先行先试，形成各具特色的美丽乡村建设模式。是年，长沙县获评2015年省级新农村建设先进县，金井镇惠农村被评为省级美丽乡村示范村。县政府首批确定的30个集中居住点，均全部完成规划设计，动工开建22个，正在进行土建施工和基础设施建设，农户正在有序建房，可安置农户1462户。其中金井镇金龙村、西山村、干杉镇干杉社区、春华镇春华山村、北山镇荣合桥社区、安沙镇白塔村和开慧镇飘峰山村等一批集居点全面竣工，农户陆续开始入住。

切实抓好镇村帮扶共建工作。安排1名班子成员和2名党员干部，在高桥镇桐仁桥村开展“一推行四公开”联点工作，在高桥镇金桥村开展党支部结对帮扶工作，在高桥镇百录村开展整治软弱涣散基层党组织“第一书记”工作。全年2名联点队员走访群众100余户次，记录群众反映问题70多个，为桐仁桥村争取水利建设资金10万元。帮助做好桐仁桥村生态移民的调查摸底、意向登记和集中居住点选址、集中安置方案的研讨等工作。桐仁桥村移民工作顺利推进，集中居住点选址高桥镇高桥村周家湾组，建设具体方案正在修订完善中，2016年

有望取得较明显成效。通过机关党支部结对共建，将金桥村纳入了全县首批30个美丽乡村建设示范点范畴，指导金桥村在美丽乡村创建上融合乡村旅游和传统文化、廉政文化建设，该村在全县考核评比中荣获一类村，安排并拨付到位专项资金40万元。

（杨 响）

6月28日，由现代农业创新示范区管委会三办的“零碳长沙县·美丽乡村行”大型系列活动在开慧镇白沙片双冲村开幕　（唐寒冰 摄）

经济管理与监督

发展规划管理

【概况】2015 年，县发改局围绕县委、县政府的“瞄准最强县、改革走前列、两型作引领、争当排头兵”战略目标，改革创新，主动适应经济发展新常态，编制 2015 年国民经济和社会发展计划，按计划目标予以责任分解，认真组织实施。实现地区生产总值增速 9%，实现财政总收入 202 亿元，完成固定资产投资 770 亿元。全年争取上级投资 1.77 亿元，超额完成县定（9000 万）任务，包括保障性住房小区外配套资金 6364 万元，新增粮食产能 1200 万元，重大水利投资 2306 万元等。牵头开展专项建设基金申报工作，下达专项建设项目 9 个，下达专项建设基金 2.9 亿元。编制印发 2015 年全县重点工程、政府投资项目计划，共安排政府投资项目 143 个，项目年度计划投资 70.1 亿元（调整后），全年共完成投资 76.8 亿元，为年度计划 110%。54 个市对县考核重大项目完成投资 94.9 亿元，为年度计划 103%，17 个新建项目全部开工，开工率 100%。尽职尽责管理项目。深入贯彻分线项目月调度机制和重大项目季度讲评制度，召开全县重大项目调度会 5 次，县委、人大及政府领导现场督查、巡视项目 4 次。加强政府投资项目可研编制、评估和估（概）算评审中介机构库管理，有效规范中介机构从业行为，提高政府投资项目可研编制、评估和估（概）算编制、评审质量。全年可研评审、概算审查优化投资约 2 亿元。

新思维开展两型建设。将两型社会建设作为科学发展主要任务和改善民生重要责任，重点突出综合配套改革，扎实推进节能减排，实现“加快建成两型引领之市”发展目标。在 18 家单位和 33 户家庭中开展县级两型示范创建工作，创建市级两型示范单位 2 个，市级两型创建单位（家庭）10 个，创建省级两型村庄开慧镇葛家山村，获得省市两型社会建设专项资金 100 余万元，此外，金井镇湘丰集团获评全省首个两型示范基地，获得省两型社会建设专项资金 300 万元。深化两型生活方式建设，组织协调落实两型生活方式构建整体实施方案相关要求，进一步在多个社区推广杨梅冲社区垃圾分类模式。

【“十三五”规划编制工作】组织有关部门、研究机构和相关专家，对“十三五”期间经济社会发展面临的重大问题开展前期研究，为编制《纲要（草案）》夯实基础。组织重点区域和行业实地调研，建立起规划编制的基础数据和资料库；开展多种形式的建言献策活动，构建规划编制的智慧库。在县区范围内进行多次全方位对接、反复论证，邀请省内外专家进行评审论证，党代表、人大代表、政协委员和社会各界代表都提出许多好的意见和建议。“十三五”规划纲要最终经县人民代表大会第五次会议审议通过。

【PPP 模式】 2015 年，长沙县率先启动 PPP 合作模式，年内实现 7 个项

PPP 项目签约仪式　　（县发改局　提供）

目签约，总投资约170亿元。其中，城乡公交一体化项目入选国家财政部PPP示范项目；空港城建设及综合开发PPP项目、浔龙河生态示范区PPP项目、城乡公交一体化PPP项目和健康产业集团医疗建设开发PPP项目入选湖南省首批PPP示范项目。

【经济体制改革】 组织梳理经济体制改革事项（2014—2020年）115项，全面实施工商登记制度改革，积极推进“三证合一”“多证合一、一照一码”登记制度改革。开展功能分区体制改革工作，组织起草《长沙县功能分区体制机制和机构设置方案》，获得市政府批准。

【出台长沙县村级工程建设管理办法补充规定】 根据《长沙县村级工程建设管理办法》（长县政法〔2013〕19号）并根据长沙县实际情况，出台《长沙县村级工程建设管理办法补充规定》，进一步规范县、村级工程建设行为。

【出台长沙县2015项目建设管理考核实施细则】制定《长沙县2015年项目建设管理考核实施细则》，分别对项目建设情况进行季度、年度考核，加强对项目建设管理的考核，加快项目建设进度。 （黄　薇）

国有资产管理

【概况】 2015年，国有资产管理主要围绕全县公务用车管理、固定资产管理、基金管理、产权界定等方面展开。

国有集体资产管理。对全县行政事业单位（包括学校、医院、公安、检察、法院及其下属单位）的国有集体资产实行统一管理。为135家机关事业单位的原价2830.68万元的汽车、电脑、空调等资产办理处置手续，资产处置收入全额上缴县非税收入管理局的资产处置专户。对长沙县市民服务中心整体招租，收入2975.4万元；对松雅湖景区3个迷你商店租赁权公开拍卖，收入115.6万元，确保国有资产保值与升值。

推进公务用车改革。按照中央、省、市统一部署，在出台全县公务用车管理办法、下达公务用车车辆编制等工作的基础上，相继清查超编、超标一般公务用车。率先实现公车“数量减少、费用降低、管理规范”的工作目标，1月完成公务用车统计工作。督促各单位建立公务用车车辆管理制度，在车辆安全管理、统一调度、公车私用等方面作出详细规定。在全县范围内开展公务用车监督专项检查，县纪委联合县公车办等部门开展9次“公车定点停放、封存”的集中大检查，无违规现象。

开展事业单位及其所办企业国有资产产权登记工作；针对机构改革、搬迁涉及的部门（单位）及区域调整的镇（街）开展专项审计资产清查工作；全面铺开资产管理信息化建设，7月，签订新资产系统实施合同，国有资产管理信息化、精细化水平提升。

规范基金管理。县政府成立长沙县基金监督管理领导小组，所有基金管理征收单位都与基金监管领导小组签订长沙县基金管理目标责任书，量化管理指标，进一步规范基金（专款）使用管理。年末，全县有各类基金（专款）34项，总收入90.63亿元，总支出60.40亿元，累计结余118.73亿元，银行存款99.29亿元（定期存款89.40亿元）。 （丑　娟）

市场和质量监督管理

【概况】 长沙县市场和质量监督管理局坚持深化改革，强化市场监管职责，维护地方经济发展，为跨越体制改革在新历史起点上开拓市场监管工作奠定坚实基础。2015年，共查处各类案件249件，罚没入库228.5万元，查获各类不合格商品价值200多万元。查处广告案件5起，罚没金额38.9万元；商标案件25起，罚没金额58.17万元；产品质量案件10起，罚没金额15.3万元；不当竞争案件9起，罚没金额14万元；无照经营案件27起，罚没金额27万元；食品安全案件156起，罚没金额61万元；合同案件8起，罚没金额4.2万元；其他案件4起，罚没金额9.9万元。开展烟草专项行动4次，查处烟草案件180起，罚没62832.8元。通过抽检立案查处不合格商品大、要案件共12件。同时，捣毁传销窝点709个，清查涉传人员2921人次；侦破组织领导传销案件3起，刑拘30人，直诉16人，宣判3人。是年，县工商局被评为“全省工商系统打击农村假冒伪劣专项整治工作先进单位”。

药品不良反应监测。2015年，共受理新开办零售企业资料28家，验收24家，发证24家。受理地址、法人、质量负责人及其他事项变更16家，办结15家。受理单体零售企业换证、核发申请资料86家，受理连锁零售企业门店换证、核发申请资料13家，受理保健食品备案登记15家，核发办结率100%。全年共完成上报药品不良反应（ADR）报告811份；上报医疗器械不良事件（MDR）报告154份。注册在该局名下ADR申报账号的单位35家。上报药品不良反应报告699份，其中严重反应报告120份，新药品不良反应一般111份，严重20份。长沙市八医院（长沙市中医院），全年共上报药品不良反应报告112份。开展用药咨询200余场，悬挂横幅100幅，印制海报300张，发放宣传资料5万余份，接受执业药师提供的健康咨询8429人次。

食药品安全监管。2015年，全县完成食品药品主体“四查”行动，共录入信息16500余条；完成食品安全监督抽检2707批次，合格率90.6%，药品监督抽样562批，合格率85.8%，保健食品监督抽检31批次，化妆品监督抽检3批次，完成食品快速检测37591批次，合格率99.9%，药品快速检验200批次；查处食品安全违法违规案件416起，刑事案件6起，刑拘28人。没收一大批假冒保健产品、化妆品，收缴各类问题食品19种、638千克，问题肉品800余千克；公布示范创建先进单位24家，曝光违法违规企业408家；开展食品安全专项督查40项，督查食品生产经营单位2187家次，提出整改意见7627条，下发督查交办函131件，在《星沙时报》公开交办督办116件，约谈企业负责人50人次，妥善处理群众食药品投诉举报投诉167起。

特种设备安全监察。2015年，按照“全覆盖、零容忍、严执法、重实效”总体要求，开展“电梯安全大会战”“电梯安全监督抽查”“压力管道隐患排查”“未检设备督查督检”“气站、危化品企业大巡查”等6个专项整治行动，共检查特种设备使用单位1100多家，排查压力管道275千米，发现安全问题隐患92个，对部分小区使用“三无”、超期未检电梯等违法违规的情况，下达《特种设备安全监察指令书》12份，隐患整改率达84.3%。督促503台未检特种设备申请报检，35台违规电梯办理报停手续，查处违规在用设备60余台。推进96366电梯应急救援平台建设工作中，完成2210台电梯的信息录入工作并张贴96366编号，特种设备投诉处置回复率和群众满意度均达100%。

服务发展。认真履行商事制度改革牵头单位职责，引领全县各级各部门以实施商事制度改革抢占发展制高点，率先在全市完成“三证合一、一照三码”“多证合一、一照一码”改革步曲。2015年，全县新增商事主体10528户，其中，企业3218户，个体工商户7130户，农民专业合作180户。全县登记注册各类市场主体56357户，同比增长24.5%，其中：企业12242户，同比增长39.9%；个体户42738户，同比增长21%；农民专业合作社1377户，同比增长16.5%。商事主体总数占全市10.23%，其中企业占全市6.46%。个体户占全市11.68%，农民专业合作社占全市16.55%。期中，该县“口口香”“星沙物流”品牌被评为“中国驰名商标”。全县共有注册商标4015件，中国驰名商标12个，著名商标62个，马德里注册商标3个（含经开区为：中国驰名商标21个，著名商标83个，马德里注册商标22个）。指导创建“守合同重信用”企业，省级59户，市级42户；办理动产抵押67件，为企业融资8.87亿元（帮助农产品种养殖、加工企业办理动产抵押6户，抵押值10724.9万元，实现动产抵押贷款8376.9万元）。

消费维权。建立和完善“12315”信息平台、长沙县微工商（微信、微博）公众平台“掌上工商”，及时发布有关法律法规知识、消费维权典型案例和消费警示等信息，快捷受理消费投诉；健全城乡消费维权组织，建立消费者分会20个，投诉站、“12315”联络站281个，覆盖全县228个行政村、43个社区、10个超市，形成一个空间上城乡全覆盖、时间上全天候受理，快调快处的立体维权体系。2015年，共接待来访、咨询4750人次，受理消费者申、投诉1617起，为消费者挽回经济损失578万元。同时，及时处理“12345”市民热线工单和来信来访256件，对各类民生问题快办快结，有效化解消费领域的矛盾和纠纷。

【成立长沙县市场和质量监督管理局】 根据《中共长沙县委长沙县人民政府关于长沙县人民政府职能转变和机构改革的实施意见》（长县发〔2015〕8号）和《中共长沙县委长沙县人民政府关于长沙县人民政府机构设置的通知》（长县发〔2015〕11号）精神，设立长沙县市场和质量监督管理局(以下简称长沙县市场监管局)，为长沙县人民政府工作部门，挂长沙县食品药品监督管理局、长沙县食品安全委员会办公室牌子。长沙县市场监管局的主要职能：负责涉及工商行政管理、质量技术监督、食品药品监督管理各类行政审批和行政许可并监督管理；依法承担对各类市场经营秩序监管责任；依法承担消费者权益保护责任；依法承担食品安全综合协调工作；拟订并组织实施市场监督管理事业发展规划和技术机构建设规划；组织推进质量发展工作等。

【甘霖带队视察长沙县市场和质量监督局政务中心窗口】 5月13日下午，国家工商总局副局长甘霖率全国政协“深化行政审批制度改革”特邀常委视察团在省、市、县相关领导的陪同下，到长沙县市场和质量监督管理局驻县政务中心窗口视察，调查了解长沙县商事登记制度改革工作情况。随后，视察团在县政务中心召开座谈会，听取县委主要领导关于长沙县推进企业投资审批制度改革工作情况汇报。此次视察团主要目的是实地视察湖南省经济社会发展基本情况、推进企业投资审批制度改革的基本情况、了解企业投资审批制度改革在推动经济社会发展、激发市场活力、保障改善民生中的重要作用等7项工作。

【开展“四小”整规行动】 5月8日，县食安办组织县工商、县质监、县卫生、县食药监、县商卫大队和21个镇街分管负责人和县食安办主任召开动员会议，并印发《长沙县食品药品“四小”整规行动方案》，成立整治工作领导小组。县食品安全专项督查组共开展专项督查35次，督查食品生产经营单位2236家次，督查部门履职情况15家次。各镇街巡查食品药品生产经营单位13233家次，各职能部门检查食品药品生产经营单位22230家次，查处食品药品案件378起。该局与辖区所有农贸市场开办方签订了食品安全责任书，检查食品经营户12676户，查处违法违规经营行为143起，检查食品生产加工企业132家次，查处违法违规企业22家，关停诊所3家，收缴各类问题食品19种，共638千克，受理消费者申投诉137起，检查食药药品单位710家次，立案8件，结案5件，检查餐饮服务单位3689，查处违法违规餐饮单位94家。

【“百日利剑”行动】 7月30日，该局组织召开“百日利剑”专项整治工作部署会议，成立整治工作领导小组，并下发《长沙县食品安全百日利剑专项整治工作方案》。组织21个镇街组织食品安全信息员、协管员和相关职能部门对辖区内以肉制品生产企业、经营性冷库、食品生产加工作坊以及城区农贸市场为重点，进行地毯式摸排，建立相关台账。据统计：全县有肉制品生产企业22家，经营性冷库93家，城区农贸市场17家。冻肉经营户134家。县工商局与辖区所有农贸市场开办方签订食品安全责任书，市场开办方与场内食品经营者、冷库承租单位和委托贮存单位签订食品安全承诺书。“百日利剑”行动中，全县共查处食品安全违法违规案件346起，罚没款89万余元，下发责令整改通知书287份，关停食品生产经营单位11家，公开曝光340起，查处食品安全刑事案件3起。

【打击传销活动】 2015年，捣毁传销窝点709个，清查涉传人员2921人次；侦破组织领导传销案件3起，刑拘4人，直诉16人；破获因传销衍生侵害人身权利犯罪的刑事案件4起，刑事拘留犯罪嫌疑人26人；长沙县法院审理传销案件3起，宣判3人。同时，各打传成员单位帮助外省群众成功解救被骗陷入传销团伙亲人27名，进行“反洗脑”教育后交亲属带回原籍，救助假“天狮”传销人员29人，收到获救人员家属送来锦旗19面。有效制止传销活动，较好地维护县域经济和社会秩序稳定。

【“清理无照经营”专项行动】 9月15日至11月22日，开展清理无照经营专项行动，即“寄卖行业规范整治行动”“无照无证茶楼、牌场整治行动”等无照无证经营联合整治行动。共疏导办照2455户，立案查处133户，罚没40.7万元。其中被查出后办照有40户，查处后抄告其他部门14户。

（黄　珍）

安全生产监督管理

【概况】 2015年，长沙县实行党政“一把手”负总责，由县委常委、常务副县长主管安全生产工作，各镇（街）均由排名第一行政副职主管，44个安委会成员单位设立安全生产专门监管机构，并由专人承担安全生产监管职责，全县安全生产工作形成“职责清晰，齐抓共管”良好局面，同事将安全生产工作纳入镇（街）和县直部门年度绩效考核内容。县安监局按照“有计划、全覆盖、规范化”要求，制定执法计划并严格组织实施，高危行业企业监管覆盖率达100%，并严格安全准入条件，不引进、不审批“三高”企业。开展6次安全生产大检查大督查活动，检查危险化学品企业260家次、非煤矿山企业150家次、工贸企业240家次，下达检查文书290份，下达责令整改指令162份。督促企业制定应急救援演练方案并组织演练150场次，提高企业组织应急救援和员工应急能力。5月4日上午，参与京珠高速北往南方向5轴货车追尾原油泄漏应急救援工作。6月15日，组织全县危化运输交通事故应急演练。督促中石化兰郑长长沙输油站事故应急池建设。举办镇（街）安监员、安委会成员单位安全业务科（室）长和联络员、村（社区）安监员三期安全生产专题培训班，邀请省、市、县各级领导专家授课，累计426人参加此次培训，其中203人经考核合格获得相关证书。开展“百人送训进千企”活动，经开区300余家规模以上企业由经开区安监局通过购买服务形式，由专业机构组织培训。黄兴、江背、㮾梨、干杉等镇街通过政府购买服务形式，邀请专职讲师对辖区内200多家企业3000多从业人员开展大培训活动。开展职业病危害治理专项行动，下达限期整改指令31份，整改到位28家。开展职业卫生基础建设工作，培育湘江关西作为示范创建典型，完成职业卫生基础建设企业100家。举办职业卫生业务培训班，组织第三届健康知识进企业巡讲暨职业卫生医生进企业活动。4月28日，在蓝思科技（长沙）有限公司（㮾梨生产厂区）举行2015年《职业病防治法宣传周》活动启动仪式暨职业卫生基础建设和示范创建经验交流会。11月，《中国安全生产报》第四版以《巧用加减乘除，展现恒心韧劲——看湖南省长沙县如何打造安全发展“升级版”》报道长沙县安全生产工作。

是年，全县立案11起，到位罚款46.44万元。其中：事故立案2起，到位罚款35.04万元；烟花爆竹立案3起，到位罚款2.4万元；非煤矿山立案4起，到位罚没款6万元；工贸企业立案2起，到位罚没款3万元。对不符合安全条件的金井加油站执行关闭行政强制措施。办理危险化学品行政许可22件、易制毒备案2件、危险化学品建设项目“三同时”审查2件、烟花爆竹零售许可证14本、8家非煤矿山延期、变更资料的初审、1家扩界设施设计审查、注销安全生产许可证1家。全年全县发生各类生产经营性事故32起、死亡8人（其中建筑施工事故死亡3人、生产经营性道路交通事故死亡4人、工商贸生产安全事故死亡1人），事故指标严格控制在

国务院督查长沙县安全生产工作　（黄　坤　摄）

市安委下达范围内。全县安全生产形势总体稳定，被湖南省安全生产委员会办公室表彰为“活动创新奖单位”。该县13个镇街道安监站被市安监局命名为“标准化安监站”。

【安全监管执法】 开展“春雷行动”“飓风行动”“霹雳行动”“清剿行动”，对存在安全隐患3家矿山企业立案处罚，对1家事故砖厂下达强制措施决定书，责令停产整顿；对危险化学品经营许可证到期的金井加油站提请县人民政府予以关闭；取缔非法储存甲醇场所3处，收缴甲醇4.6吨。

【排查油气管线隐患】 长沙县境内铺设长输油气管道现有4条，总长度181.8千米，途经14个镇街。县域内燃气管道企业3家，城镇燃气管网共700多千米，其中，次高压管道约50千米，中压管道约280千米，庭院管网约400千米。排查出全县管道占压重大隐患5个、较大隐患5个、一般隐患10个，管道安全距离不足重大隐患1个，管道交叉、穿跨越重大隐患1个、一般隐患2个。由县安委办牵头检查长沙市天然气利用工程储配站、中石油长沙输油气分公司长沙输油站的安全生产工作。对果园镇浔龙河生态示范园项目管道占压、开元东路次高压燃气管道栽种深根植物等5处重点隐患进行督查督办。对存在未批先建的湖南天然气公司长浏天然气管道支线工程项目负责人进行约谈。聘请专家，对县域内4家长输油气管道企业进行检查，排查安全隐患32处，将32处隐患集中向管道企业实施整改交办，并通报长输管道企业安全生产工作情况。

【安全基础建设】 2015年，长沙县通过创建评的企业121家，以奖代投248万元。其中创建二级标准化企业3家，超额完成市局下达任务。采取服务外包方式，政府出资110万元，聘请第三方评价机构对137家需要复评企业进行安全隐患排查。落实“三自系统”建设任务，制定下发《对乡镇、街道、园区考核的扣分标准》，培育湘江关西、中国铁建、恒意建材3家典型范示，推动高危行业企业电子监控监测系统建设任务。该县有17家采石场、31家砖厂、1家烟花爆竹批发企业、147家危化生产经营储存企业安装视频监控系统。是年，路口、开慧等镇（街）申报创建市级安全生产

示范镇。春华镇通过省级安全生产示范乡镇验收。13个镇街道安监站被市安监局命名为“标准化安监站”。企业安全达标。（黄 坤）

价费管理

【概况】 落实各项改革措施，贯彻相关价费政策，围绕民本核心，稳定市场秩序，履行县属权限内定价职能，积极促进县域经济和谐、稳定、健康发展。

价格管理。落实上级各项收费清理政策文件，及时电话通知相关收费单位，同步更新长沙县收费项目清单，公布《湖南省定价目录》。推行县级公立医院医药价格改革，取消县级医院药品价格加成，实现进销零差率销售。重新制定全县自来水价格标准，取消二次供水时加收的损耗费用。积极推进教育收费改革，全面放开民办教育收费审批管理，出台全县校车服务收费标准。开展各项日常收费管理工作，保障价格和收费管理工作有序推进。

价格监测。围绕城市居民食品零售价格、工农业生产资料价格、城乡服务价格所涉及六大类188种监测品种和报告制度规定以外监测品种开展监测。做好涉案、涉纪、涉税及服务政府大局价格认定工作，全年共出具各类价格鉴证报告364件，鉴证总金额5300万元。

价格监督检查。组织开展执法、监管、公共服务等窗口行业和领域的收费专项检查，乱收费乱罚款乱摊派问题专项检查，教育收费专项治理。全年共检查单位150个，没收违法所得10.48亿元，罚款金额3.3万元。受理各类价格举报52起、咨询65起。

【县级公立医院医药价格改革】 根据《湖南省发改委关于印发 <关于进一步推进县级公立医院医药价格改革的实施意见> 的通知》（湘发改价医〔2015〕16号），会同县卫生局推行县级公立医院医药价格改革，取消县级医院药品价格加成，实现进销零差率销售，打破一直以来县级医院全省统一定价模式，自主制定全县县级公立医院医疗服务价格标准，一定程度上有效降低民众医疗负担。

【重新制定全县自来水价格标准】 按政策要求下限标准，在城区自来水价中开征生活垃圾处理费，调整污水处理费，并适当上调全县自来水企业供水价格，同时突破性地取消以前二次供水时加收损耗费用。本次调价落实随水价征收环境治理费用政策性要求，适当维护自来水企业保障正常经营运转合理利润，更重要是将长沙县自来水价格仍控制在远低于长沙市及周边县（市）价格水平，维护民众和企业的切身利益。

【教育收费改革】 全面放开民办教育收费审批管理，改由民办学校按市场需求自主制定收费标准；放开民办幼儿园收费备案管理，普通民办幼儿园实行自主定价，普惠制民办幼儿园，按不高于公办幼儿园的收费标准，根据普惠补助等情况，与县教育部门合同约定收费标准。公办学校及幼儿园仍按政策收费，在每学期教育收费文件中明确标准及收费管理要求。

【出台校车服务收费标准（试行）】 根据《长沙市校车安全管理办法》（长政办发〔2015〕16号）及《长沙市物价局关于做好中小学幼儿园学生用车（暂）运行服务收费管理工作的实施意见》（长价费〔2013〕99号），出台校车服务收费标准（试行），进一步规范长沙县校车服务公司收费行为。

【出台《关于规范政府投资养老机构自愿寄养服务收费管理的通知》】 联同县民政局、县财政局出台《关于规范政府投资养老机构自愿寄养服务收费管理的通知》，填补长沙县在该领域收费管理的空白，同时规范了全县政府投资养老机构自愿寄养服务收费。（黄 薇）

审 计

【概况】 长沙县审计局是长沙县人民政府主管全县审计工作职能部门，内设办公室、经济责任审计、财政审计、行政企事业审计、固定资产投资审计、法规综合六个科室和一个二级事业单位——审计监督局，另设长沙县领导干部经济责任审计局，与经济责任审计科合署办公。肩负全县近700个单位（包括村居委会）审计任务。该局定编30名（其中：行政编23名，后勤服务事业编2名，参照公务员管理事业编5名），截至2015年年底，实有干部职工43人（其中：行政编22人，后勤服务事业编2人，参照公务员管理事业编5人，政府雇员8人，劳务派遣5人，县纪委派驻纪检组长1名），空编1人。

财政“同级审”。2014年度县本级财政预算执行和其他财政收支审计工作，围绕县级财政预算执行、税收征管、蔬菜产业涉农扶持资金、为政府提供服务的社会中介机构管理等方面开展。2012年至2014年长沙县蔬菜产业涉农扶持资金绩效情况专项审计调查中，查出相关企业虚报面积涉嫌骗取财政资金、专项资金分配不科学等问题。县委常委会两次召开会议听取专题汇报，要求相关单位采取措施整改。司法机关立案2起，县纪委对相关主管部门有关责任人员进行追责，全县新制订出台44项专项资金管理办法，进一步细化、规范了专项资金管理。

领导干部经济责任审计。2015年，对17个单位22名领导干部开展经济责任审计，所有经济责任审计项目首次实行统一进点，同时，加大任中审计，突出审计重点，进一步改进审计工作方式、拓展审计范围。局机关经验类信息《五项措施强化领导干部经济责任审计》被市纪检监察网站采用。

固定资产投资审计。按照“全面审计，突出重点”原则，对500万元以下审计项目采取简易审计，对重大项目实施审计提前介入，参与隐蔽工程验收和工程变更签证，实施事中监督，并逐年加强审计监督关口前移力度，逐步加大事前和事中审计监督力度，建立完善跟踪审计台账，确保跟踪审计质量。同时，部分项目还采取与县投评联合审计模式，提高工作效率，促进评审质量大幅提升。

政府委托审计。政府委托审计，按照“两年一审、一审两年”工作目标，基本实现审计全覆盖。2015年，进行村（社）干部经济责任审计试点，重点选取10个资金量较大村作为试点对象，加强对村干部履行经济责任审计监督，进一步建立健全对村社干部监督约束机制。另外，结合信访举报内容，配合县纪委工作，全年共移送相关部门案件线索10件。

审计整改。一是促进整改。通过健全政府全会通报审计工作情况和典型案例、县人大常委会审议审计工作报告中指出问题整改情况等常态化机制，推动被审计单位对审计查出问题及建议落实。2015年，相关部门采纳审计建议，出台《长沙县预算绩效目标管理办法》等制度13项。二是强化问责。县纪委、组织部运用经责审计结果对问题严重单位和主要负责人进行责令辞职、通报批评和诫勉谈话等行政问责。三是加强督查。对审计发现问题整改情况进行现场督查，建立整改台账，详细记录被审计单位整改动态。四是公示结果。将2014年财政“同级审”、县直机关工委财务收支审计、长龙街道经济责任审计等3个项目的审计结果在局门户网站进行审计公告，增强审计工作透明度。

2015年，全年审计项目计划数281个，实际完成360个（包括临时项目23个和投资审计项目增加数56个），查处违纪违规和管理不规范资金2亿余元，决定收缴财政1494万元，核减工程造价3480万元，移送案件线索12起，5篇计算机审计成果被湖南省审计厅评为优秀奖，全市审计系统目标考核中，2004年至2015年连续十二年被评为先进单位，2014年至2015年连续两年被评为县绩效考核一等奖，较好地发挥审计促进国家重大决策部署落实保障作用和监督作用。

【经济责任审计改革】 2015年，经济责任审计进点工作会议，改变以往被审计单位单个审计项目分别召开进点会的惯例，打破常规，化分散为集中，在同一时间对19个单位被审计责任人统一召开审计进点会议，提升审计工作效率和影响力：一是精简了会议，不再每个被审计单位单独召开进点会，节约工作时间、简化工作程序；二是减轻基层负担，不硬性规定被审计单位班子成员和中层干部都要参会，减少陪同，避免影响被审计单位正常工作的开展；三是减小工作协调难度，统一召开一次进点会，缩短了以往单个进点会需要协调各个部门进点时间和不断调整进点会议的时间；四是提高了审计影响力，县委组织部领导到会，强调经济责任审计工作重要性，对被审计单位和参审人员提出具体要求，审计工作得到领导高度重视和被审计单位积极支持。

【农资金审计整改】 3月至4月，对2012年至2014年长沙县蔬菜产业涉农扶持资金绩效情况进行专项审计调

7月10日，长沙县领导干部经济责任审计统一进点会在县委六楼会议室召开（长沙县审计局 摄）

查。审计调查结果表明，县农业部门为该县蔬菜产业发展发挥积极作用，特色蔬菜产业格局基本形成、基地基础设施建设不断完善、蔬菜生产目标任务全面完成。但审计调查也发现存在资金管理制度有待建立健全、企业财务管理有待加强、专项资金使用效益不高等问题，并提出要规范立项申报、规范财务会计核算、农业企业要运作等审计建议。县政府高度重视，要求农业部门开展整改工作：一是整章建制，出台《长沙县涉农资金审计整改实施方案》，全面开展自查自纠；二是加强培训，召集全县所有农业企业负责人和财务人员约300人，召开涉农企业审计整改工作动员培训会议，明确责任，确保将整改任务落实到位；三是实地检查，相关部门组成检查小组，深入农业企业进行现场检查，以加强监督、规范管理。

【试行《长沙县村干部经济责任审计评价操作规则》】 5月，长沙县审计局探索、制定并试行《长沙县村干部经济责任审计评价操作规则》（以下简称＜规则＞）。该《规则》共分为总体要求、评价程序、评价内容、定性评价的重点及标准、定量评价指标与分值等五部分，采用定性评价和定量打分相结合方式得出综合性评价结论，以确保村干部经济责任审计评价结果客观公正。《规则》实行进一步强化村干部经济责任审计，将村干部权力关进制度笼子，对促进村级组织发挥自我监督、自我管理作用，建立责权明晰、衔接配套、运转高效村级民主监督机制产生积极作用，为农村基层社会良性运行和发展进步提供有力保障。

【《长沙县预算绩效目标管理办法》出台】 6月，长沙县审计局提交《关于2014年度财政预算执行和其他财政收支的审计工作报告》，县人大常委会提出“完善专项资金的分配和绩效评价办法”，建立“一种专项一个管理办法”，实现“谁主管、谁负责、谁违规、追究谁”审议意见。县人民政府对此高度重视，并出台《长沙县预算绩效目标管理办法》，针对不同专项资金性质，督促相关部门单位新出台《长沙县工业和信息化发展专项资金管理办法》《长沙县城乡一体化专项引导资金管理办法》等44项专项资金管理办法，规范资金申报、审核、管理、使用等管理程序，有效提高财政资金使用效益。12月，县人大常委会审议2014年“同级审”工作报告指出问题整改情况，通过电子表决系统对各单位整改成效进行单独表决，除个别单位需继续整改外，其他单位整改工作均获得表决通过。促进被审单位采取得力措施切实解决存在的问题，彻底改变“屡审屡犯”状况，建立健全审计成果运用的长效机制。

（单　婵）

统 计 管 理

【概况】 2015年，长沙县统计局以提高数据质量、提升服务水平、加强统计管理为重心，进一步提高工作效能，切实改进机关工作作风，加强经济社会运行监测，为全县经济社会平稳较快发展提供服务保障。

统计日常报表。严格执行国家各项统计报表制度，不断规范工作流程，完善工作标准，健全质量控制和评估办法，做到横向互动对照比较和上下共同把关，保证统计数据质量，全面、准确、及时地完成2014年的统计年报工作及2015年定期报表任务，按时发布2014年全县国民经济和社会发展情况统计公报。

统计服务工作。组织人员对全县工业、农业、投资、消费等情况进行调研，撰写20余个专题分析材料报送相关县领导；组织召开每季度经济分析调度会，向县委、县政府主要领导汇报全县经济运行情况，与相关重点部门共研经济发展形势。围绕全县中心工作及县委的重大决策对县域经济影响进行调研，积极开展乡镇街道、为民办实事、节能降耗等考核以及全面小康、精准扶贫、妇儿两纲、新型工业化监测工作，积极参与绩效考核、文明创建等中心工作。

统计改革工作。完成固定资产投资统计、重点服务业和核算制度等统计改革，切实加强统计“四大工程”建设。建立统计联网直报调度中心，启动联网直报调度中心建设，对统计网络进行升级改造，添置防火墙等安全设备。加大督查巡查指导力度，努力确保上报率、直报率和直验率保持100%水平。将基本单位名录库建设作为“四大工程”建设的立足点加以高度重视，加强与工商、税务、质监等部门实行协调沟通，资源共享，即时更新，确保基本单位名录库全面一致。

统计基层基础建设。坚持工作重心下沉，明确将统计工作镇（街）绩效考核“负面清单指标”，建立班子联点制度，强化统计工作的规范性指导，及时解决统计部门在机构、人员、经费等方面实际困难和问题。实行统计业务月培训制度，组织镇（街）、社区（村）、企业统计人员开展系统集中培训，把集中培训和分散培训相结合。2015年，该局共组织统计业务培训20余次，有效地提升基础统计队伍职业素养和专业水平。

统计专项调查。开展城乡住户一体化调查，城乡调查点全部正常开展记帐工作，如实、准确地反映生活收支情况。开展粮食产量抽样调查，为该县“粮食生产红旗县”创建工作夯实坚实基础。开展畜禽监测调查，通过定期开展直接入户调查把控工作主动权。相继开展劳动力、1%人口抽样、投入产出、高新人才资源状况、境外来中国大陆工作专家等调查工作。受县纪委委托，开展群众反映强烈的官僚主义突出问题调查；受县委组织部、绩效办的委托，开展绩效考核社会公认评估调查。

统计法制建设。落实《统计上严重失信企业信息公示暂行办法》，依托长沙县统计信息外网建成失信企业信息公示平台，对违法案件进行处罚和曝光。同时，聘请局机关、镇（街）统计员、辖区企业领导等4位同志为统计局政风行风监督员，对政风行风问题进行跟踪监督。

统计宣传教育。利用“9·20”统计开放日，开展系列统计宣传活动，逐渐形成企事业单位自觉履行统计、自觉开展日常报表工作氛围。组织新从业人员进行从业资格考试、老从业人员进行继续教育，全县参加考证和继续教育的人数分别达167人和128人。9月，依托市局提供的平台，组织业务骨干2人到厦门大学进行培训。与湖南农业大学建立校外实习基地合作关系，进一步增强统计合作交流。

【开展统计基本单位名录库建设】 2015年，继续实施名录维护镇街延伸，共组织两次更新维护，共新增单位三千多家、变更单位一千多家、注销单位一千余家，修改各类差错四万余条，同时开展统计数据质量隐患排查及整治工作，对全县的在库单位进行清理清查。组织镇街统计站开展新增四上单位申报，全年共申报各类四上单位73家，其中工业31家，房地产业12家，批零住餐业13家，重点服务业17家。

【1%人口抽样调查】 1%人口抽样调查每10年进行一次，逢“5”年份开展，此次是继2010年全国第六次人口普查之后又一次重要大规模人口调查，主要用于全面掌握长沙县当前人口发展变化情况。调查抽中长沙县15个镇（街）27个调查小区，经历成立调查工作小组、申请工作经费、抽样框整理、绘制社区（村）边界图、调查小区边界图和建筑物图、选聘调查调查人员、业务培训、宣传、摸底、入户登记、数据审核、行职业编码等阶段，共登记2360户，7400人，出生人数93人，死亡人数37人，出生率为12.56%，死亡率为5%。

【全面小康社会建设统计监测】 围绕全面小康建设中心工作，加强与相关部门之间沟通交流，建立数据共享、部门联动、核查指导、齐抓共管统计监测机制，形成全面小康监测大统计格局，确保全面小康统计监测及时准确、科学客观，为各级领导决策、推进全面小康工作充分发挥参谋作用。是年，长沙县全面小康实现程度为96%，位列全省第二，成功实现全面建成小康社会目标。

【长沙县联网直报指挥调度中心投入运行】 长沙县联网直报指挥调度中心是一个集经济形势分析、统计信息发布、人员集中办公、现场视频调度、工作视频会议、业务技能培训、应用扩展需求和信息安全保障为一体工作调度平台，能实现省、市、县各级统计机构上下联动、实时监控和及时响应，提升统计工作效率。该项目从2015年上半启动，历时近一年，经过方案设计、政府采购、运营商招标、现场施工、设备安装、现场调试与试运行等工作环节，11月正式投入运行。

（刘姿君）

综　述

【概况】 10月，县委农村工作部（县政府农村工作办公室）与县农业局、县林业局、县畜牧水产局除行政处罚权以外的职能部门、县商务局牲畜屠宰监管职能部门整合，组建县农业和林业局，加挂县委农村办公室牌子。原县委农村工作部（县政府农村工作办公室）、县农业局、县林业局、县畜牧兽医水产局随之撤销。

2015年，长沙县实现农林牧渔业总产值107.8亿元（其中农业63.9亿元、林业3.7亿元、牧业36.4亿元、渔业2.6亿元、服务业1.2亿元），同比增长5.5%；农村居民人均可支配收入25207元，同比增长8.4%。传统产业稳步发展。全县粮食播种面积80666.67公顷，总产量55万吨；油料播种面积8333.33公顷，产量1.3万吨；蔬菜播种面积3.07万公顷（含复种），产量110万吨；干茶总产量4.57万吨，总产值9.3亿元；时鲜瓜果6373.33公顷，总产值3.8亿元；花木种植面积8666.67公顷，年销售收入超过16亿元；发展生态健康养殖，推动地方优良品种发展，罗代黑猪成功挂牌国家核心育种场，全县新增畜禽标准化养殖示范场5个，水产健康养殖场3个；农机化经营总收入30.1亿元，农业综合机械化率79.3%。农产品加工业蓬勃发展。全县农产品加工企业231农，主营业收入2000万元以上的50家，过亿元企业16家，拥有中国驰名商标6个，湖南省著名商标33个，2015年全县农产品加工企业完成总产值133.7亿元，同比增长16.4%，实现利润5.7亿美元，同比增长5.3%，上交税金2.6亿元，同比增长4.8%，劳动者报酬5.2亿元，同比增长4.63%，出口创汇1.58亿元，完成固定资产投资5.2亿元。休闲农业快速发展。全县休闲农业企业106家，获批星级休闲农庄33家，其中国家5星级农庄3家，从业人员2万余人，接待人数510万人次，营业收入15.56亿元，增长31%。规范新型农业经营主体。全县规范发展各类农村专业合作社组织1447家，新增145家，成功创建17家市级示范社、2家省级示范社。推进农村能源建设。开展可再生能源服务网络示范镇创建，黄兴、金井、高桥等7镇获评市级示范镇称号；完成中央项目农村户用沼气池建设300户，联户20处100户，市级能源服务网络示范网点建设7处；指导、监督乡镇服务合作社完成2014年度环境连片整治工作畜禽污染治理类项目沼气池、净化池建设工作，10月通过现场验收。落实库区移民和精准扶贫工作。库区移民签订搬迁协议的有613户1887人，分散安置的移民基本安置到位，集中安置的移民启动住房建设；精准扶贫力度加大，清退“四类人员”和拆迁户629户1655人，建档立卡农村贫困人口6197户18476人；继续推动生态扶贫移民工程。完成高桥桐仁桥村移民安置166户505人，发放贫困户危房改造补助资金1088万元，惠及农户336户。做好村级公益事业。2015年“一事一议”财政奖补工作实行“以县为主，乡镇组织，村级实施”的工作机制，全年安排奖补资金1792万元，由128个村（社区）共同承担实施128个项目。加强农村土地承包管理与服务。全面完成北山镇明月村、开慧镇清泰桥村农村土地承包经营权确权颁证试点工作；全县资料收集完成90%，40%的村进入实地指界，10%的村完成第一次公示；健全完善全县二调土地面积数据系统，化解承包经营权遗留纠纷，为推动土地流转打下坚实基础。加强农村基层党风廉政建设。组成联合督查组，对全县村务公开、村级财务、村级工程建设和村级三资管理工作的四大项十九小项的工作不定期开展督查，推进村级民主管理，规范村级工程建设管理；加强阳光“三农”网建设，阳光“三农”网上传信息总量位于全市之首，全省前列；20个村（社区）开展党风廉政建设示范村创建工作。

农村经济发展仍然存在以下主要

问题：从产业布局上来看，全而不优。全县农业经过多年的快速发展，布局已经比较合理全面，产业也有基础，但优势不够明显，亮点不够突出，品牌效应还不够强劲。从经营主体上来看，多而不强。全县有家庭农场、合作社、大户等3000多家，但影响大、实力强、后劲足的较少，主体培育工作还任重道远。从农业效益上来看，弱而不高。当前全县农业比较效益和农产品附加值低，农民在农业增收上的路径还比较窄，农业增效、农民增收的空间还有待进一步拓宽。从基层体系上来看，青黄不接。一方面，工作人员偏少，年龄结构不合理，部分站所人员被镇（街）抽调从事其他工作；另一方面，基层站所的职能职责还有待进一步优化整合。从基础设施上来看，畸轻畸重。主要干道两厢、大陇口田的基础设施建设进展快，更新频率高，而山冲旮旯就相对滞后。机耕道路还不完善、小微水利还不顺畅、设施用地审批较难，对农业机械化、规模化经营形成制约。

【长沙县农业和林业局组建】 2015年10月，中共长沙县委、长沙县人民政府《关于长沙县人民政府职能转变和机构改革的实施意见》（长县发〔2015〕8号）明确组建县农业和林业局。将县委农村工作部（县政府农村工作办公室）的职能，县农业局、县林业局、县畜牧水产局除行政处罚权以外的职能、县商务局牲畜屠宰监管职责整合，组建县农业和林业局，为县政府工作部门，挂县委农村办公室牌子。不再保留县委农村工作部（县政府农村工作办公室）、县农业局、县林业局、县畜牧兽医水产局。12月，长沙县人民政府办公室《关于印发〔长沙县农业和林业局主要职责内设机构和人员编制规定〕的通知》（长县政办发〔2015〕22号）明确：县农业和林业局设15个内设机构，1个正科级行政机构（森林公安局），11个二级事业单位。

【阳光三农网建设】 根据长沙市委关于“做实阳光三农网、建立农村党务、政务、村务和办事公开监管平台”要求，长沙县从2013年7月起开始“长沙县阳光三农网”的建设工作，全县所有镇（街）、村（社区）阳光三农网网站全部开通，通过阳光三农网网站实时上传农村党务、财务、政务（事务）、三资等“四公开”信息。2015年，该县阳光三农网上传信息总量位于全市之首和全省前列。2015年1月，全省农村党风廉政建设工作会议推广该县“运用阳光三农网、推进四公开工作”经验。

【精准扶贫】 狠抓精准识贫。2015年8月，进一步强化贫困对象识别和建档立卡工作，重点解决好扶贫对象识别信息不全、不准、不实的问题，对已甄别界定的贫困户按照“四个一批”“五个突出”实行分类管理。同时，按照省扶贫办统一部署，积极开展“四类人员”和拆迁户清理，共计清退千余人。年底，仍有18000多人享受低保政策兜底帮扶，对人均可支配收入低于市定脱贫标准（人均可支配收入4000元）的家庭，按照平均3000～5000元/户的标准派发红包，共对1340户建档立卡农村贫困户派发红包455.2万元。推进精准扶贫。加大扶贫投入力度，从2013年起，每个贫困村安排专项经费400万元，县级领导联点的建设扶持村调整到省定贫困村。同时，整合县内产业发展和民生事业资金，以建档立卡贫困户“六个一批”和贫困村基础设施建设和产业发展项目为抓手，通过造血式扶贫和输血式扶贫有机结合的方式，扎实开展精准扶贫。谋划精准脱贫。县反复研究完善可支配收入调查方案，全面开展以村为主体的可支配收入调查。拟经过村级评定—镇（街）审核—县级审批流程，完善相关脱贫手续。同时，对贫困村人均可支配收入1万元/年，且村级集体经济收入5万元/年以上的，及时予以脱贫摘帽。2015年，长沙县率先全省申报整县脱贫。（杨　华）

种植业

【概况】 2015年，全县完成种植业总产值47.3亿元，增长7.5%；农业综合机械化率79.3%，提高1个百分点。

以产业建设为根本，夯实现代农业发展基础。一是抓高产创建，粮食产业稳定发展。认真落实“三个严禁”措施，粮食生产持续恢复性增长。全年共落实粮食播种面积80.75千公顷，总产55万吨，其中水稻72.2千公顷，旱粮8.55千公顷；水稻平均单产472.3千克，增加4.8千克，总产量51.6万吨。二是抓新扩基地，蔬菜产业稳步推进。常年蔬菜基地面积达6670公顷；蔬菜播种总面积30700公顷（含复种），总产量110万吨，增产6.5万吨。大力发展食用菌产业，生产面积扩大到235万平方米，新增25万平方米。三是抓规模经营，茶叶产业做大做强。全县茶园面积6100公顷，县外订单面积15800公顷，新增5100公顷，全县干茶总产量4.57万吨，增加0.6万吨，产值9.3亿元，增加1.55亿元。建成茶园核心示范区666.7公顷；

完成老茶园品改167公顷。四是抓特色发展，新兴产业提质增效。全县瓜果总面积6370公顷，新增150公顷，总产量9.38万吨，增加0.18万吨。白沙小水果之乡建成标准化基地580公顷。突出抓好中草药材等特种经济作物发展，共建设示范基地46公顷。其中开慧铁皮石斛高标准示范基地6公顷，白沙、榔梨迷迭香基地13.3公顷，白沙、双江金银花基地26.7公顷。

以安全生产为核心，确保农产品质量。扎实抓好农产品质量安全管理，全年无农产品质量安全和农业生产安全事故发生。一是强化农产品产地安全。创建标准化示范基地120个，其中国家级基地4个、市级43个。重点重金属污染耕地修复治理试点项目，涉及面积3.26万公顷，占全省总任务的18.17%，施用生石灰、增施有机肥、实施优化水分管理、推广低镉水稻品种等工作全部按省要求落实到位。二是强化农产品市场安全。建成18个镇（街）农业综合服务中心、37个蔬菜基地、星沙城区6个超市和13个农贸市场的农残速测室建设。加强“三品一标”认证，全县“三品”认证177个，新增55个。三是加强农业投入品安全。重点加强农资市场监管，推进放心农资下乡进村。加强源头监管，在18个大型农资门店建立农业投入品追溯体系；同时，切实抓好种子、肥料经营备案，种子生产许可，高毒农药定点经营审批等制度的实行，确保农资市场秩序良好。

以科学技术为支撑，提升现代农业发展水平。良种良法得到广泛应用。全县农作物良种覆盖率90%以上，重点推广测土配方施肥、水稻病虫害统防统治和绿色防控等新技术和温控大棚、频振式杀虫灯等新设施。其中完成病虫害统防统治面积1.78万公顷，绿色防控1万公顷；测土配方施肥技术年推广93333.33公顷次，推广专业配方肥5万公顷次，农作物设施栽培面积4.33万公顷。先进农机具得到大力推广。全年核发补贴资金1352.3万元，办理机具数量1269台，全县水稻机耕、机收实现全普及，机种率25.7%。三是农民培训得到不断加强。开展生产技能培训，举办各类培训班700多期次，培训农民5万多人次，并依托阳光工程等培训新型职业农民8210名。

以产品加工为重点，提高农业农村发展效益。全县农产品加工企业231家，其中规模以上企业50家，有国家级龙头企业1家，省级龙头企业25家，拥有中国驰名商标6个，湖南省著名商标33个，全年完成总产值133.7亿元，增长16.4%，其中规模以上农产品加工企业（种植业）完成总产值87.8亿元，增长18.4%。完成固定资产投资8.46亿元；龙头企业带动农户数16.91万户。

以休闲农业为载体，拓展现代农业发展空间。通过挖掘优势资源、加强政策扶持、完善管理制度、提升服务水平，有力助推休闲农业发展。全县已有休闲农业企业、乡村旅游景点（不含农家乐）106家，其中星级休闲农庄21家，已注册九道湾、华穗等五星级休闲农庄10家。休闲农业企业共流转土地3500公顷，其中超过66.67公顷(1000亩)以上的有13家。完成固定资产投资13.7亿元，全年接待游客503万人次，营业收入突破15亿元。

【粮食生产】 严格落实“三个严禁”（严禁抛荒、严禁“双改单”、严禁直播）措施，促进粮食生产稳定发展。全年全县落实粮食播种面积80753.33公顷（跳马、暮云、南托区划调整耕地面积4980公顷），其中水稻面积72220公顷，玉米等旱杂粮8346.67公顷，稻谷总产51.3万吨。

【长沙县获评2015年度中国茶业十大转型升级示范县、全国重点产茶县】 全县茶园面积6180公顷，其中按绿色和有机标准组织生产的3666.67公顷，全县茶叶总产量2.56万吨，产值5.2亿元，分别增长6.2%、8%。是年，长沙县获评2015年度中国茶业十大转型升级示范县，在2015年度全国重点产茶县调查中排名全国重点产茶县第五。

【“三品”认证】 2015年，新增“三品”（无公害农产品、绿色食品、有机农产品）认证55个，全县“三品”认证总数达177个，其中无公害76个，绿色93个、有机8个，认证总面积3466.67公顷，认证数量和认证面积均居湖南省县级首位。湘丰、金井等28家企业的72个农产品实现贴标上市。

【重金属污染耕地修复治理】 2015年项目涉及全县17个镇（街），196个村（社区），试点面积32600公顷。其中施用生石灰面积29393.33公顷；增施商品有机肥面积12506.66公顷；喷施叶面阻控剂面积27380公顷次；实施优化水分管理50366.67公顷次；施用土壤调理剂2093.33公顷；种植绿肥9546.67公顷；完成深翻耕面积6066.67公顷；发放低镉水稻种子1173吨，完成低镉水稻品种种植24520公顷；完成种植结构调整129.47公顷；“一对一”检测采样上，完成水、土、农产品取样15738个；

完成 VIP 及 VIP+n 技术双季稻试点 5 个、一季稻试点 3 个，面积 53.33 公顷，完成取样 1386 个；新产品、新技术展示平台在春华镇开展，面积 34.2 公顷，其中早稻完成 58 个、晚稻完成 66 个产品试验和示范展示；管控专产区稻草移除试点已建成 1 个收储站，正在选点增加站点网络。根据监测数据显示，全县稻田镉污染程度大幅度减低。

（徐 泽）

林木花卉业

【概况】 2015 年，全县林地总面积 77730.9 公顷，森林总蓄积 402 万立方米，森林覆盖率 43.44%，林木绿化率 49.6%。全县 8666.67 公顷面积的花木产业年销售收入超过 16 亿元。

三年造绿行动扎实推进。全年完成黄兴大道北延线绿化和荒山造林 760.27 公顷，“三边”“四旁”植树 1426 公顷，新建金井石壁、果园田汉、北山长山坳等 6 个乡村公园，启动环城林带建设；共创建市级绿色示范集镇 3 个、示范村庄 7 个、示范社区 2 个、示范庭院 1000 户，县级绿色示范集镇 3 个、示范村庄、社区 40 个、绿色庭院 1000 户，鹿芝岭村被中国生态文化协会授予“全国生态文化村”称号；建立 21 处义务植树基地并面向社会开放，义务植树尽责率 95.8% 以上。《湖南省全面建成小康社会推进工作简报》（2015 年第 3 期）专题推介长沙县林业绿色生态经验做法。

森林资源保护全面加强。严格森林资源保护，构建马尾松毛虫预测模型以及思茅松毛虫预测模型，在全国县级站中率先实现松毛虫测报由经验预测到模型定量预测根本性转变，工作经验被《中国绿色时报》报道。强化征占用林地管理，主动服务重大项目建设，办理征占用林地 292 公顷。完善林权纠纷协调机制，做到项目推进到哪里，协调服务跟进到哪里。三是认真抓好森林防火。全县未发生大的森林火灾，人员零伤亡，财产零损失。全年投资 120 余万元，采购 15 台进口水泵、7000 多米水带和其他防火装备；组建武警长沙县森林灭火救援队。四是铁腕查处涉林案件。全年侦破刑事案件 14 起，刑事拘留 12 人、提请逮捕 5 人、取保候审 10 人，移送起诉 12 人；查处林业行政案件 12 起。

制度机制体系日臻完善。按照国家和省里要求，完成大山冲国有林场改革，建立健全相关管理制度机制。率先全省将各级生态公益林每年每亩补偿提高到 30 元，且纳入财政预算，已补偿的各级生态公益林面积 30400 公顷。全县除公益设施建设外所有土地出让，每亩提标到 6 万元，引导、带动全县绿色生态建设。通过建立生态补偿制度，将政府花钱买生态与制度机制建设相结合，全面落实封山育林政策。自 2012 年来，全县除重大项目建设征占用林地外，全面冻结商品林砍伐指标。建立村级护林员队伍和农村公共绿化常态养护机制，确保山有人护、树有人管，为保护全县森林资源提供有力支撑。

干部作风建设效果明显。认真践行“三严三实”要求，建立以制度和绩效考核为核心的管理体制，实行摄像打卡上班，倡导阳光心态，规范机关管理。坚决执行县委、县政府机构改革要求，各项工作有序过渡。与《星沙时报》、县电视台携手，加强林业宣传，激发全社会生态自觉。以加强思想作风建设为重点，以提高工作主动性、形成工作常态化为核心，结合省、市、县绩效考核，打造“过硬队伍”，发挥“表率作用”，力争“工作一流”。中国林业出版社《森防人与森防事》一书，以《先人一步，踏实干事的毛虫‘博士’》为题，报道县森保野保站涂新华先进事迹。

存在的主要困难和问题：项目建设用地与森林资源保护的矛盾；全面封山育林与林农增产增收的矛盾；体制机制建设与林权纠纷调解的矛盾。服务大局探索还不够；创新意识还不够；工作推进力度还不够。

3 月 13 日，县委书记、长沙经开区党工委书记杨懿文（右三），县长张庆红（右二）等四大家领导在福临镇影珠山省级森林公园参加义务植树活动

（县林业局 提供）

【杨懿文等县领导参加春季义务植树

大山冲国家战略储备林基地杉木林改培红豆杉，提高林分质量

（县林业局 提供）

活动】 3月13日，县委书记、长沙经开区党工委书记杨懿文等四大家领导，县人武部部长、县法院院长、县检察院检察长，县委正县级领导等赴福临镇影珠山省级森林公园参加春季义务植树活动，用实际行动号召全县人民积极植树造林。是年，全县计划完成义务植树150万株，通过植树造林带动创建市、县级绿色示范集镇6个、绿化示范村庄（社区）40个、绿色示范庭院2000户。

【义务植树基地向市民开放】 2月，全县21个镇（街）义务植树基地全面启动春季义务植树活动，面向社会开放，可栽种桂花、香樟、杜英、玉兰、樱花等树种。按照《长沙县三年造绿大行动2015年度工作方案》，通过大力开展三年造绿、义务植树和绿色创建活动，至2015年年末，全县实现林地面积净增2000公顷，森林覆盖率由48.07%提升到49%以上，城市建成区绿化覆盖率由43.5%提升到45%（含湿地），人均公共绿化面积由12.7平方米提升到15平方米，活立木蓄积390万平方米，全面提升城乡绿化水平。

【“中国花木之乡网”花木电子信息平台建成】 3月，经前期规划设计及试运营，长沙县“中国花木之乡网”花木电子信息平台(www.hmzxw.com)正式投入使用，有400余家商家入驻。长沙县花木产业基地规模较大，经历近40年的市场洗礼，已成为中南地区面积最大花木集散地之一。从2014年起，全县花木产业销售收入超过20亿元，占全国苗木总销售的1/25。从业人员约12万人，主产区人均纯收入超2万元，成为南部乡镇大部分农民致富奔小康的主要途径。

【长沙县古树名木保护每株每年200元】 为进一步掌握全县古树名木资源情况和加强古树名木的保护管理，长沙县将于今年6月底前完成开展古树名木数据资料校审工作，逐一登记造册，建立档案，实行网格化管理，完善保护管护措施，在建设中采取保护性开发、保护性移栽，同时做好防病治虫及救治工作。全县明确登记造册的古树名木保护每株每年200元。

【“以菌治虫”生物防治森林病虫害】 年底，长沙县共有松林6万公顷，占总林木面积的70%，其中专门吸食松叶的松毛虫是全县发生量最大、危害面最广的森林害虫，主要品种有马尾松毛虫和思茅松毛虫。白僵菌是松毛虫幼虫的“天敌”之一。在病虫害易发的安沙、高桥、金井等10个北部乡镇人工喷粉施放真菌类杀虫剂白僵菌3吨，同时安置杀虫灯，对其成虫进行灯光诱杀。由于防治措施得力，全县未出现虫灾。

【武警长沙县森林灭火救援队成立】 根据湖南省森林防火指挥部、武警湖南省总队司令部、湖南省财政厅《关于建设武警森林灭火救援队的意见》（湘森指〔2014〕17号）的文件精神，经过积极筹备，武警长沙县森林灭火救援队于10月14日挂牌成立，人员和装备全部到位。该灭火救援队20名队员均来自县武警中队。（刘德峰）

养殖业

【概况】 2015年，全县出栏肉猪203.72万头，比上年减少4.46%；存栏94.5万头，比上年减少18%。继续保持全国生猪调出大县殊荣。

是年，生猪价格上涨，养猪效益提升。自繁自养每出栏一头肥猪，能获利500～600元，同比提高20%以上，是自2012年以来，养猪效益最好的一年。

草食动物 全县牛存栏2.85万头，出栏2.15万头，同比增长2.54%，其中奶牛存栏760头；产奶2480吨，同比增长22%。羊存栏2.82万只，出栏2.48万只，同比增长1.6%。肉牛养殖户稳定发展，常年存栏100头以上的养殖户稳定在40户以上。

家禽养殖 全县家禽存笼290万

羽，家禽出笼265.7万羽，同比增长2.54%，产蛋9165吨，同比增长2.99%。

水产养殖　全县放养面积4140公顷，其中，池塘2940公顷，水库1200公顷，总放养量2700吨，产量1.35万吨。全县有水产苗种场3家，市级以上健康养殖场10家，省级休闲渔业示范场2家，有嫩仔鱼、黄鳝、泥鳅、翘嘴白、鲟鱼、甲鱼、青蛙、黄尾鱼、大闸蟹、水蛭、龙虾、淡水白鲳等特种水产养殖场15家；水产品质量安全监测站2个，鱼情信息测报点5个。

【畜禽养殖污染治理】　由各镇政府主导、县畜牧局、能源办、环保局等单位共同参与的畜禽养殖污染治理整县推进项目于2014年9月启动，共涉及全县12个镇1488户养殖户，建设生态湿地167759平方米，净化池90639.5立方米，沼气池21505立方米。项目于2015年11月完工。利用广播、电视、横幅、信息平台等手段，宣传养殖业污染的危害，宣传养殖污染治理的相关法律法规，提高广大群众特别是畜禽养殖户的环保意识和参与治理的积极性。加强日常监管、巩固前期成果。确保治理设施运行正常，巩固前期治理成果，同时鼓励养殖户减量转产，提高养殖业综合生产能力与效率，增加农民收入。

【标准化规模养殖场建设】　到2015年年底，全县有各类畜禽标准化养殖示范场17个。其中国家级标准化示范场6个，市级标准化示范场11个。按照创建要求，从栏舍改造、饲养管理、粪污治理等方面着手，提高畜禽养殖水平，确保畜产品质量安全，完善畜禽养殖、投入品、畜产品卫生安全、产地环境等标准，建立健全养殖档案，加强畜禽标准化技术规范的宣传推广应用，提高养殖户质量标准意识和应用能力。大力开展品牌建设，年底，全县有市级农业龙头企业4个，省级农业龙头企业3个，8个养殖场通过无公害农产品认证。4个畜禽品种和产品被评为湖南省著名商标。

【动物检疫防疫】推行规模养殖场(大户)程序化免疫、散养农户春秋季集中免疫和平时申报免疫相结合的新型动物免疫制度。对高致病性禽流感、口蹄疫、高致病性猪蓝耳病、猪瘟等4种动物疫病实行免费强制免疫。常年免疫密度95%以上，免疫抗体合格率70%以上，通过农业部和省、市检查并获好评，全年未发生重大动物疫情。

【动物食品质量安全监管】　强化养殖投入品监管，对兽药店、饲料店和兽药、饲料生产企业及大中型规模畜禽水产养殖场，进行了四次检查。向规模养殖场，发放监管公示牌，规范生猪检疫和“瘦肉精”同步检测，配合相关部门严厉打击违法销售不合格产品和贩运病死猪等违法行为，有效防止问题肉品流入市场。推进诚信档案建设，按“一户一档，分类管理”的原则，督促畜禽水产养殖户和经营户建立诚信档案。设置动物检疫申报点23个，安排检疫人员进驻生猪定点屠宰场开展检疫，不定期对冷冻产品经营场所、屠宰场、养殖场等开展巡查，完善病死动物无害化处理机制，建成路口、高桥、福临等三个病死动物收集点，县无害化处理中心，全年处理病死动物11669头。　（龙立成）

农业机械化

【概况】　2015年，全县农机总动力22.75万台/150.55万千瓦。其中拖拉机4114台，拖拉机配套农具1301台套，水田耕整机3.67万台，机耕船16111艘，旋耕机1375台，水稻插秧机513台，其中乘坐式85台，联合收割机3107台，机动脱粒机6.65万台，排灌机械5.6万台，设施农业(温室大棚)2195公顷，农副产品加工机械1.9万台，农用植保无人飞机14台，粮食烘干设备75台，农用基本建设机械（农用挖掘机、推土机）934台，农用运输机械5290台。农业机械原值9.3亿元，净值7.6亿元。

是年，全县完成水稻机耕面积70666.67公顷（106万亩），机耕率99.9%，机械收割面积70666.67公顷（106万亩），机收率99%，机插面积16666.67公顷（25万亩），机插率23%，水稻生产耕、种、收机械化作业综合水平79.3%，全县农机作业总收入29.56亿元。

全县农机户有5万户，农机从业人员10.2万人，经工商注册登记的农机合作社58家，入社成员840人，2014年有农增、同展、三明等7家纳入全省“百千万”农机合作社建设范畴，2015年有联丰、春阳、长平、建陆等14家现代农机合作社纳入全省“百千万”农机合作社建设范畴。全县建立了农机管理、教育培训、科技推广、安全监理、农机供应等比较完善、齐全的农机服务体系。

是年，长沙县被省农机局评为全省农机工作先进单位、全省农机购置补贴工作先进单位、全省油菜生产机械化工作先进单位、全省农机目标管理先进单位、全省农机科教质量工作先进单位、全省农机行风政风建设先进单位、全省农业机械化技术推广先进站等先进称号。

【农机购置补贴】 全县办理补贴受理1383.2万元，较2014年增加184.04万元，增长15.35%。带动农民农机投入4800万元。补贴机具1316台，其中联合收割机245台，插秧机22台，拖拉机101台，粮食烘干机53台，履带式旋耕机110台，受益农户922户。

【机插秧推广】 全县完成水稻机插秧推广面积16666.67公顷，其中早稻8666.67公顷，中稻、晚稻8000公顷。在开慧、福临、金井、高桥、路口、春华、黄花等北部乡镇为重点建立16个机插秧核心示范片。推广水稻插秧机22台，其中高速乘坐式插秧机21台（7寸高速插秧机21台）。

【农机推广和科教培训】 新推广稻麦联合收割机239台，大马力轮式拖拉机85台，水稻高速乘坐式插秧机21台，粮食烘干机53台，粮食烘干机较2014年新增推广37台。水稻生产全程机械化稳步推进。对购买7英寸（25厘米）乘坐式高速插秧机的农户除享受国家购机补贴政策外，县财政支出52.5万元按2.5万元/台实行累加补贴；对用于机械化插秧的育秧基地和机插秧示范基地进行补助，全年财政安排85万元按集中育秧30元/亩，作业面积10元/亩标准进行补贴。全年举办农机维修技术培训班1期，培训学员50人；举办植保飞机操作员培训班1期，培训学员50人；举办机插秧培训3次，培训400余人；举办拖拉机、联合收割机技术培训班4期，培训并考核合格驾驶员254人；举办旋耕机技术培训班2期，培训并考核合格驾驶员101人。是年，湖南省“秸秆还田技术”现场演示会和长沙市秸秆还田技术培训及现场演示会分别在该县举办。

【农机合作组织建设】 全县现有工商注册登记的农机合作社58家，入社成员840人，服务全县19600户农户；共流转耕地2333.33公顷，外包服务面积19200公顷（早晚两季）；拥有收割机、大拖、履带式旋耕机、高速插秧机、烘干机、植保飞机等大中型农机具922台套；已建机棚机库、粮食储存和加工等经营场地面积21500平方米；合作社总资产6580万元，农业机械原值6000万元；2014年总收入7595万元，纯收入2800万元。2013年，有谷丰、建陆、双盛3家获批国家级示范性合作社；2014年有农增、同展、三明等7家纳入全省“百千万”农机合作社建设范畴，2015年有联丰、春阳、长平、建陆等14家现代农机合作社符合湖南省的政策《关于实施两个“百千万”工程，加快现代农业建设的意见》。依据政策，中央财政在购机补贴中已安排30%的补贴资金；另省级补贴15%，约15万元；市县两级配套15%补贴，市级补贴7万元、县级补贴8万元；除中央补贴资金外，每家入围单位可享受省、市、县三级总计30万元的补贴扶持资金。农机合作社不断壮大，生产经营范畴不断扩大，服务项目从原来的水稻机耕机收拓展到机械育秧、机插、机防、机烘全程机械化生产，已成为全县稳定发展粮食生产的中坚力量。青山铺镇联丰农机合作社获得中华农业科教基金会2015年度神内基金农技推广奖，10月23日，全国农机推广总站站长刘恒新、副站长李可心、中华农业科教基金会副理事长潘学峰一行到长沙县为获奖农户陈立颁奖。

【机耕道建设试点】针对原有机耕道存在的建设标准较低、规划设计欠科学、田间机耕道基本无人管护、机耕道建设滞后带来农机作业安全隐患等问题，该县积极开展机耕道建设试点工作，2014～2015年，投入60万元在北山镇和青山铺镇新修机耕道9.5千米，取得成功经验，并制订《长沙县2015年农村机耕道建设项目实施方案》。县政府计划安排1500万元分三年投入全县机耕道建设和维护。

【农机维修网点建设】 推进5个镇农机维修示范服务站建设。全县有从事农机维修经营服务的三级维修网点40个，二级农机维修网点——镇农机维修服务站6个、一级维修网点——县农机维修服务中心1个。初步形成以县农机维修服务中心为龙头、以镇维修服务站为骨干、以其他维修经营服务网点为基础的农机维修服务的网络体系。 （廖全波）

水 务

【概况】 2015年，完成水利建设投资15亿元，水利基础设施条件进一步改善，为全县经济社会又好又快发展提共有力保障。湘江综合枢纽库区水利项目建设全面完成，累计完成堤防护岸36千米，改造穿堤涵闸61处，新建和改造灌排泵站26座118台1.2万千瓦；治理病险水库36座；水渡河闸坝改造工程按目标要求已完成一期主体及闸门拼接吊装，完成二期一半工程量，累计完成投资8500万元，超

12月，总投资达1.42亿元的水渡河闸坝开始进行闸门吊装　（张江　摄）

额完成原计划工程量；县级山洪灾害防治非工程措施、红花垸大堤灌浆、高沙垸浸没治理等项目全面完成，其它堤垸安全隐患均得到有效处理，该县防洪保安能力大幅提升。全年投入小农水建设资金1亿元，完成山塘清淤666.67公顷、整修山塘1200口，疏浚和衬砌沟渠150千米，更新改造机台100座，改造和整修小型河坝60座，加固改造病险渡槽17座，建设管灌等高效节水灌溉面积1333.33公顷。小水利工程蓄水能力、节水效果、农田灌排条件均得到极大改善，深受群众肯定。完成星沙二水厂选址前期工作，实施青山铺至唐田供水工程、黄兴大道北延线苍马线、高白线供水工程及江背果园高桥等镇管网延伸工程，累计完成投资3500万元，解决饮水不安全人口3.62万人，年末，项目均已完工并通水入户，新增自来水通村数38个，农村饮用水达标率达到全面建成小康县标准。

【水务改革】 长沙县水务局积极探索水利工程运行管理新模式，多措并举保实效。桐仁桥水库灌区远程智能控制系统建成运行，实现了灌区水资源精准计量、实时调度，水资源利用率不断提高；基层站所能力建设基本完成，安沙、高桥、春华、开慧等7个镇水利工程社会化管理试点效果明显，水利工程管理水平再上新台阶；农民用水者协会更加务实，民主议事、民主干事、民主理财更加到位，效果更好，得到各级领导、媒体和群众的好评。水务管理改革工作先后3次在全国性水利会议上作典型发言：8月，全国创新管护机制试点县工作在水利部经验交流会上作了典型发言；9月，小型水利工程管理体制改革试点县在山东作典型发言；11月，作为唯一的县级单位，在北京召开的水利部农业水价改革工作会议上作典型发言，农业水价改革“长沙模式”得到水利部和与会兄弟省市水利部门肯定。

【防汛抗旱】 长沙县四大家主要领导在4月份集中调研防汛抗旱工作，该县上下思想高度统一，明确了防汛工作目标和工作措施；下达《关于扎实做好2015年汛前准备工作的通知》，对全县21个镇街所有水利设施进行地毯式督查，对发现的问题提出整改意见，限时整改落实；强化应急管理制度建设，各级责任落实到位，成立或调整了防汛抗旱指挥机构，明确了相关责任，修订了各类防洪预案，足额储备防汛物资；加强防汛值班，确保信息畅通，按照防汛责任制和防汛值班制度要求，汛期实行24小时值班，县防指共发布预警和值班短信3万余条；特别是2015年出现了特殊的冬汛，县水务局及时调整工作部署，下发《关于做好当前水库防洪保安工作的通知》，加强水库科学调度，特殊之年全面夺取防汛工作全面胜利。

【水生态文明】 积极推进流域综合治理，完成麻林河、金脱河、双江口河、金井河果园段生态河流综合治理，共治理河长120千米，取得“水清、流畅、岸绿、景美”的效果；青山铺清洁小

2015年，该县基层站所能力建设全面完成，图为果园镇水管站（何　林　摄）

2015 年 6 月，路口镇白马桥湿地全面建设并投入使用 （王满林 摄）

流域治理全面完成，开慧河清洁型小流域治理经验全国领先，被水利部推广；福临镇白马桥、同心湿地和路口镇洪河桥湿地建成投入运行，水质净化效果明显；捞刀河县城以上 266.67 公顷河滩地全面退出耕种，有效防止农业生产对河道的污染。切实抓好河道保洁工作，全县安排河道保洁专项资金 500 万元，水务局新购置清漂船 2 艘，县抗旱服务队和各镇街对主要河道进行常年性保洁，生猪退养工作常抓不懈，县政府组织对河道保洁进行不定期巡查，每季度对各镇街进行考核，河道岸坡及水面基本看不到垃圾等漂浮物，水质基本保持在三类以内，鱼虾等水生物在各河道随处可见。

【党风廉政】 县水务局党委高度重视党风廉政建设主体责任落实，把这项工作，纳入党政领导班子、领导干部目标管理，成立以党委书记为组长的领导小组，并与下属党组织签订《党风廉政目标管理责任书》22 份，形成了“一把手”负总责、一级抓一级、层层抓落实的工作格局。对照《廉政准则》要求，以关键科室、关键岗位职工为重点，开展岗位廉政教育，加强履职监督、廉政监督和效能监督。开展党员进社区和支部结对共建工作，对口联系果园镇花果、田汉两个整建扶持村、荆江新村贫困村、春华镇官塘村和江背镇乌川湖村两个“软弱涣散村”，每村给予 15 万元的小农水项目支持。6 月 30 日，局机关支部与果园镇大河社区开展结对共建活动，进行道路砍青除杂 3 千米，慰问贫困户 20 户，标准 600 元 / 户，共 1.2 万元；局党委带头开展“三联三问三解”活动，从 8 月开始，该局副科职以上领导干部共 10 人联系了果园镇金江新村和大河社区两个单位的贫困人口家庭和重点工作对象家庭共 30 户，按照六个精准要求，建立相应的台账和扶贫脱贫措施，给困难家庭送去慰问金 5000 元，捐资助学 8900 元，资助 5 名学生。

【金井镇西山用水户协会获评“全国农民用水合作示范组织”】 1 月，该县金井镇西山用水户协会被农业部、国家发展和改革委员会、财政部、水利部、国家税务总局、国家工商行政管理总局、国家林业局、中国银行业监督管理委员会、中华全国供销社合作总社组成的全国农民合作社发展部际联席会议评为“全国农民用水合作示范组织”。近年来，该县强力推进农村水利建设和运行管理，推行农民用水户协会“星级”管理模式，规范和保障农民用水户协会健康运行和发展，切实发挥小型水利工程的效益，促进节约用水、高效用水和用水民主管理，有效保证小农水工程建好一处、管好一处、长久发挥效益一处。该县引导用水户组建农民用水户协会 122 家，规范注册 24 家，协会管理的区域和覆盖的耕地面积超过全县面积的 1/3。

【桐仁桥水库管理所获评国家一级水利工程管理单位】 11 月，受水利部委托，中国水利工程协会组织专家对长沙县桐仁桥水库管理所进行水利工程管理实地考核验收，对工程建筑、设施设备、防汛仓库、管理区及创建工作等进行检查，认为桐仁桥水库在组织管理、安全管理、运行管理和经济管理方面基本达到水利部水利工程管理考核标准的要求。专家组在此基础上严格按照水利部工程管理考核标准逐项计分，并形成验收报告，最终通过水利部水利工程管理考核验收。全国共有中型水库 3 万多座，湖南省有 250 多座，长沙县桐仁桥水库管理所通过水利部水利工程管理考核验收，是湖南水利系统首家通过验收单位，也是全国第六家成功创建国家一级水利工程管理的中型水库管理所。此举标志着长沙县在成功创立国家级水利工程管理示范单位方面实现新突破。

（李 栋）

气象服务

【概况】 2015 年，长沙县气象局共有干部职工 12 人，其中在职职工 5 人，临聘人员 7 人。内设综合管理办公室和防灾减灾科，直属业务单位为气象台、防雷中心。

完善体制机制，夯实设施建设。是年，办理好施工许可证和挡土墙的招投标手续，完成挡土墙施工、气象观测站和观测场地建设工程以及仪器设备安装，4月试运行，气象综合业务用房和后勤辅助用房实现封顶，绿化设计方案编制完成。科普基地业务用房装修及装饰工程基本完成，年底竣工验收；弱电项目通过招投标并于年底完工；2015年长沙县人民政府印发《关于做好“十三五”规划编制相关工作的通知》，县气象局被列入长沙县“十三五”规划编制成员单位，气象防灾减灾和公共气象服务体系建设规划列入长沙县“十三五”总体规划的目录清单中。该局印发《气象事业发展“十三五”规划编制工作方案》，成立编制工作领导机构，并多次组织召开规划编制领导小组会议，商讨编制工作。主动与县政府及有关部门沟通，将气象事业“十三五”规划编制作为工作重点。年底通过县发展和改革局审核，并形成初稿；针对现以进行的业务、服务等方面的能力提升继续制定并实施好相应的建设计划。加强国突平台及省级突发事件预警信息发布平台和市县级平台应用能力，贯彻落实中国气象局关于改革的各项工作。积极与省市气象主管部门对接，得到上级气象部门大力支持。将考核工作任务中的“加大对空气质量的监测，建立空气质量预警机制，提出合理化建议”和“建立灾害性天气预警机制，减少因灾害性天气对农业生产、居民生活等的影响，提出合理化建议”融入长沙县基本实现气象现代化建设实施方案中，为顺利完成考核任务奠定基础；配合长沙县审改办完成长沙县气象部门权利清单编制任务，并顺利通过审查。长沙县安全生产委员会办公室印发《长沙县2015年安全生产目标管理考核评价办法》，将气象部门防雷、施放升空气球等安全监管职责纳入全县12个重点行业（部门）对镇（街）安全生产考核管理之中，为全县气象工作法制化、政府化迈出重要一步。

优化气象服务。发送重大气象信息专报6期，专题天气18期，春播育秧期天气趋势预测5期，一周天气服务60期，农业气象灾害预警18期，雨情消息15次，强降水消息12次，暴雨消息6期，低温雨雪天气消息3期，城市气象预警5期。春播育秧趋势2期，春播育秧气象服务专报2期，地质灾害风险提示3期；林业气象服务20期，森林火险预警5期，节日专题8期；预警短信56856条；开具气象证明15份。根据县域内粮、菜、茶、果、瓜、菌六大产业等播种和生长情况，制订相应的气象服务跟踪措施，主动用心服务，精心做好春耕生产、夏收夏种、秋收秋种、水稻、茶叶、蔬菜气象服务工作。并与县农办等部门加强联系，深入农户田间走访，与农技专家加强会商，把握天气关键期，发送气象短信、专题气象服务材料，做好“直通式”为农气象服务工作；汛期服务责任落实到人。安排专人加强区域自动气象站的维护，确保汛期正常运行。完善预报流程预报会商制度和灾害性天气预警发布制度，建立气象灾害应急机制，着手突发性气象预警系统建设，提高灾害性天气预报服务水平。加大公众气象服务力度，加强重大灾害性天气跟踪监测和现场服务，成立汛期气象服务小组，做到目标明确、思想到位、认识到位、人员到位、执行到位。坚持24小时值班，重大天气过程领导值守等制度，极大地减轻暴雨、山洪、雷电、冰雹、大风以及森林火险等气象灾害带来的损失；为元旦、春节、清明、“五一”、高考、端午等节假日和重大活动提供专题天气预报；为转折性和极端性天气过程提供天气预报服务。加强和电视、网络、报纸等新闻媒体的联系，气象服务在县人民政府网站常态化开展。手机气象预警信息发布正常化。每周发布天气周报两次，对需要特别服务的个别用户，及时提供高质量的气象产品；利用“3·23”世界气象日、防灾减灾日和科技活动周等重大节日及活动，进行气象宣传，帮助广大农民了解气象科普知识，指导农民进行气象灾害自救、紧急避险和森林防火。向群众免费发放气象科普小册，集中解答疑难问题。继续推进气象业务内涵，完成气象灾害应急认证，开展气象灾害防御规划及山洪地质灾害暴雨洪涝普查工作；城市气象防灾减灾社区建设任务基本完成。完成板仓社区、惠龙社区、长龙社区的气象防灾减灾社区建设任务，基本硬件配套设施到位；高标准打造的龙华山气象服务示范点确定为湖南分院体验式教学基地。

（常　炬）

附录：

长沙县2015年度气候影响评价

一、综述

在全球气候异常的背景下，2015年长沙县整体气候较为平稳，虽经历了多种的灾害性天气过程，但整体未造成重大灾害，全年自然灾害直接经济损失合计共21,176.4万元，较上年度（53,228.8万元）显著下降。本年主要天气事件有：轻度冰冻和结冰（1月29日～2月1日），倒春寒（4月7日～9日），强对流天气（4月2日、5月1日），暴雨天气（4月6日～8日、5月1日～2日、5月10日～11日、5月27日～28日、6月7日～9日、6月13日～15日、6月21日～22日、12月4日～5日），洪涝（6月），轻度高温热害（6月24日～30日、8月1日～8日），连阴雨天气（11月15日～25日），寒潮天气（11月23日～25日）。另外，秋季降水及雨日偏多，雾、霾天数显著减少，全年空气优良率70.4%，全年空气质量优于上年。

二、基本气候概况

2015年平均气温为18.7℃，属异常偏高年份；其中冬季异常偏高、春季偏高，夏季正常略偏低，秋季显著偏高；夏季异常偏长，冬、春、秋季偏短，入春、入夏提前，入秋、入冬偏迟，气候年比天文年短。年降水总量为1534.1毫米，属正常年份；冬季偏少，春季正常略少，夏季正常略多，秋季偏多；雨季开始早，结束不明显；雨日偏多。年平均日照偏少，日照总时数为1308.5小时。

1. 气温

2015年气温异常偏高。其中冬季异常偏高、春季偏高，夏季正常、秋季显著偏高。年内无严寒期，有轻度高温热害。

2015年平均气温为18.7℃，较常年异常偏高1.1℃，比上年高0.2℃。长沙县站年平均气温及距平值均高于宁乡站、浏阳站，城市热岛效应明显。从季节年（上年12月到当年11月）来看，同样为年平均气温异常偏高年份，较常年偏高1.2℃、比上年偏高0.1℃。图2-2所示，进入21世纪，年平均气温在剧烈波动中明显上升，除2012年低于历年均值以外，各年份均高于历年均值，2015年平均气温为有气象记录以来第三高值年。

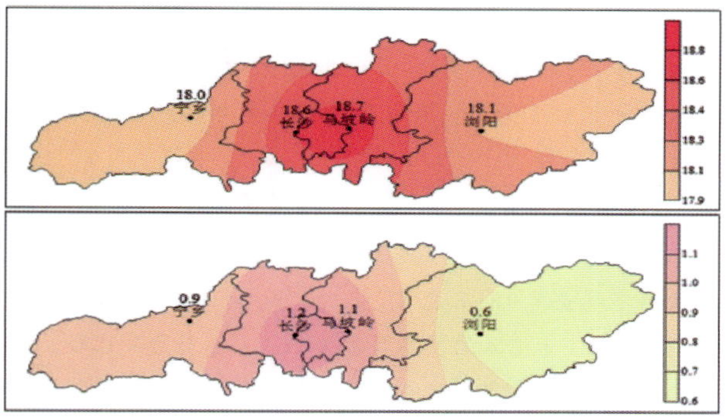

长沙县2015年气温空间分布与距平（单位：℃）

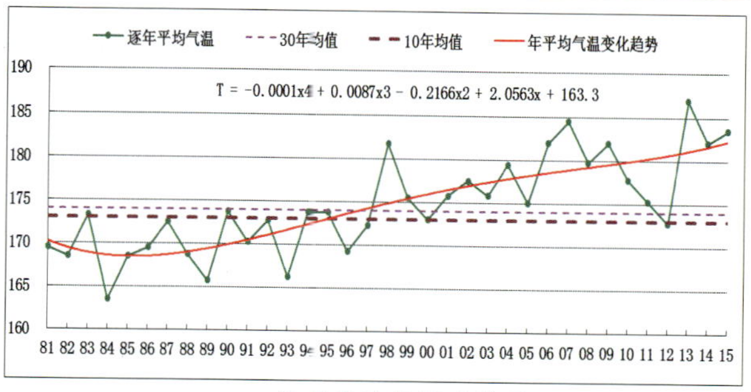

历年平均气温曲线图

冬季平均气温为8.3℃，较常年偏高2.0℃，比上年高1.1℃，属异常偏高年份。2014年入冬时间为12月9日，入冬时间较常年偏晚18天（长沙县）。

春季平均气温为18.2℃，较常年偏高1.0℃，较上年高0.2℃，属偏高年份。2015年入春时间为为3月13日，入春时间较常年提前10天。

夏季平均气温为27.9℃，较常年偏低0.1℃，较上年偏高0.6℃，属正常年份。2015年入夏时间为5月13日，较常年提前14天（长沙）。

秋季平均气温为20.0℃，较常年偏高1.1℃，较上年偏低0.2℃，属显著偏高年份。2015年入秋时间为10月27日，入秋时间较常年偏晚37天。

2015年进入各季时间、各季天数分布情况表（单位：天）

项目	2014年入冬	入春	入夏	入秋	2015年入冬	冬长	春长	夏长	秋长	2015年	2014年
时间	12月9日	3月13日	5月13日	10月27日	11月24日	94	61	167	28	350	364
偏差	-18	10	14	-37	-3	-30	-3	50	-35	-18	-4

2015年除7月偏低外，其余月份均偏高（图2-3a）。月平均气温在8.5℃（1月）～28.6℃（8月）之间，1月最低，8月最高。1月、2月、3月、6月、10月均偏高1℃以上，其中1月偏高3℃以上，10月偏高2℃以上。7月偏低1℃以上。1月平均气温8.5℃，为有气象记录以来第一高值。

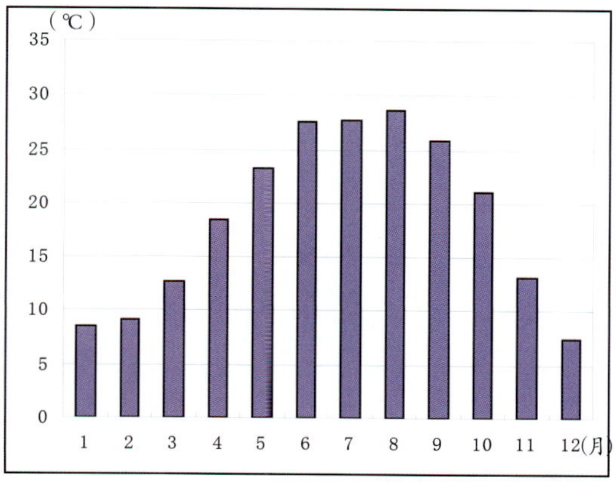

月平均气温图

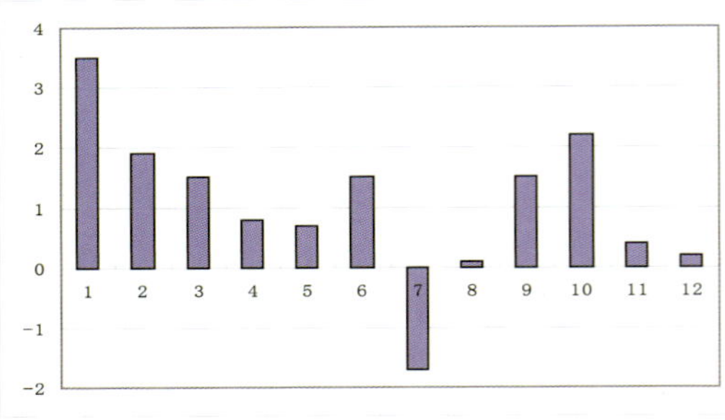

月平均气温距平图

轻度高温热害 年内高于35℃的日数为22天，较常年偏少8天。6月24—30日、8月1—8日日最高气温≥35℃，均达到轻度高温热害标准。

年内无日平均气温低于0℃的严寒期，1月28日～2月3日连续7天出现日平均气温低于5℃的寒冷期。年内无霜期长达313天，较常年偏多53天。初霜日出现在2015年12月13日，较常年偏晚23天。终霜日在2月6日，较常年偏早27天。

极端最低气温：极端最低气温 -1.1℃，出现在12月17日。极端最高气温：极端最高气温为38.2℃，出现在7月14日。

2. 降水

2015年平均降水总量为1534.1毫米，略多4%。冬季降水偏少，春季、夏季降水正常，秋季降水偏多。11月、12月异常偏多，5月、6月、9月偏多；1月显著偏少，4月、8月偏少。全县共出4次暴雨过程，6月13～22日为全县雨水集中期。年内雨日偏多。

2015年平均降水总量（表2-2）为1534.1毫米，较历年偏多4%，比上年少13.7毫米，属正常年份。从年总降水的变化趋势上看（图2-5），1981年以来，长沙县平均年降水总量经历了“单峰双谷”的变化，20世纪90年代中期处于波峰，80年代中期、21世纪10年代末期分别为两个波谷，2015年降水总量正常略多，接近30年平均值。

表2-2 长沙县2015年降水总量与历年、上年对比情况 （单位：毫米）

站名	2015年	距平	距平%	比较	年较差	1-6月	距平%	7-12月	距平%
长沙县	1534.1	61.2	4%	正常	2.2	851	-10%	683.1	22.3%

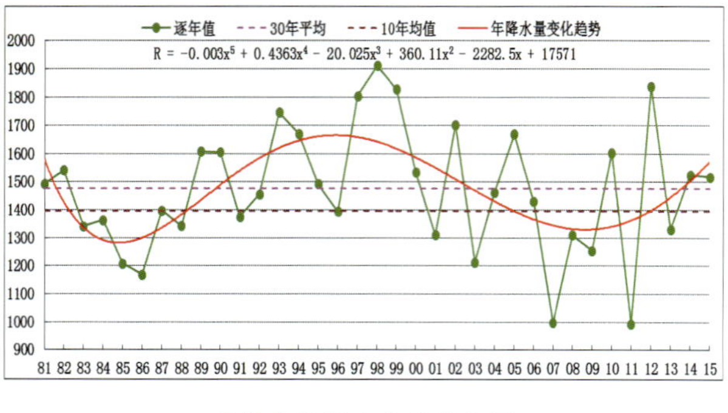

历年平均降水总量曲线图

2014～2015年冬季降水量为184.0毫米，较常年偏少19.0%。春季降水量为343.7毫米，较常年偏少36.2%。夏季降水量为510.1毫米，较常年偏多7.5%。秋季降水量为348.5毫米，较常年偏多52.4%。

表　长沙县四季降雨与历年对比　（单位：毫米）

站点	冬季	距%	比较	春季	距平%	比较	夏季	距平%	比较
长沙县	184.0	-19.0%	正常	343.7	-36.2%	偏少	510.1	7.5%	正常

从月降水量来看，月降水量在16.8毫米（1月）～273.7毫米（6月）之间，5月、6月、11月为降水峰值月份，占全年降水总量的44%,1月降水最，其余月份降水比较均匀。从月降水量距平百分率的逐月分布来看，与历年同期均值比较12月显著偏多，9月、11月偏多，1月、4月异常偏少，8月显著偏少，2月偏少，3月、5月、6月、7月、10月正常。

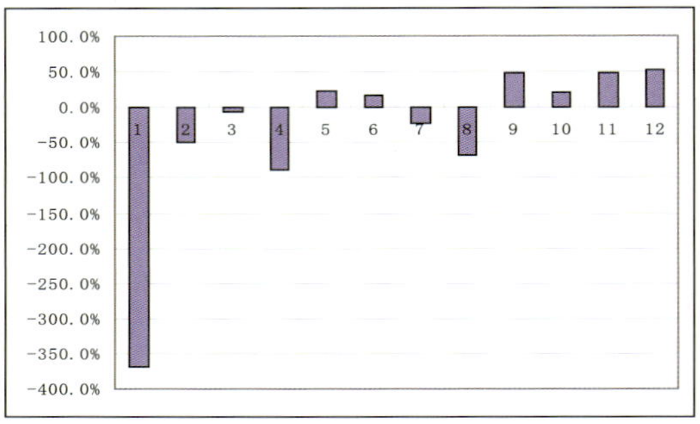

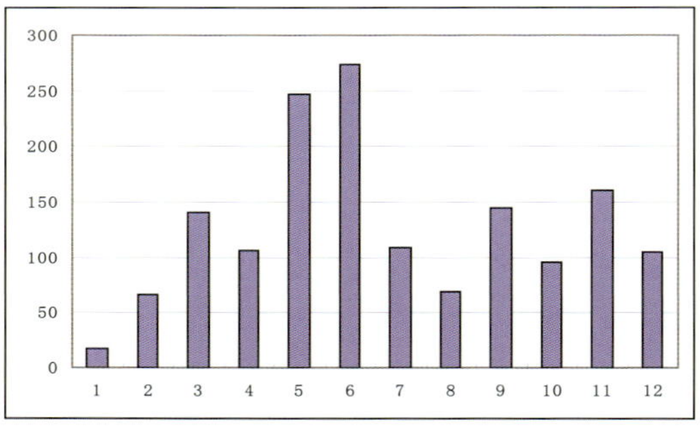

月降水总量与距平图（单位：毫米）

2015年长沙县地区共出现5次暴雨过程，发生在汛期（4—9月）的有5次，分别是：4月7日、5月1—2日、5月11日、6月8日、6月21日。汛期降水总量为939.3毫米，降水距平为11.4毫米，降水距平百分率为1.2%，与历年相比均属正常年份。

依据湖南地方气候标准，2015年雨季开始时间为5月8日，雨季结束时间不明显。6月13—22日为雨水集中期，10天降水总量为181.5毫米。

全年≥0.1毫米的降水日数为163天、与历年比较，长沙站、宁乡站、浏阳站、长沙县站分别7.8天；从季节分布来看，2014～2015年冬季降水日数31天，距平为−7.3；春季降水日数为46天，距平为−7.2天；夏季降水日数为41天长沙县，距平为−5.6天；秋季降水日数39天，距平为8.0天。从平均降水日数距平来看，11月异常偏多8天以上，7月、12月偏多3天以上，1月异常偏少6天以上，4月偏少3天以上，其余月份正常。全年≥25毫米的降水日数分别为：长沙县站分别为18天，与历年比较，偏多1.9天。全年≥50毫米的降水日数分别：4天，与历年比较，偏少1.1天。

综上可见，2015年降水日数较常年偏多7.8天，夏秋季节偏多，冬春季节偏少，11月异常偏多，1月异常偏少；大雨日数偏多，暴雨日数接近常年。

表　长沙县2015年雨日与历年对比（单位：天）

站点	降水日数			大雨日数			暴雨日数		
	2015年	距平	年差	2015年	距平	年差	2015年	距平	年差
长沙县	163	7.7	9	18	1.9	3	4	−1.1	2

3. 日照

2015年日照偏少。除冬季偏多外，其它各季偏少。

2015年平均日照总时数为1308.5小时，与历年同期异常偏少242.9小时，比上年少234.4小时，属偏少年份；日照百分率为30.7%，比历年略偏少4.5%。从长沙县逐年日照变化趋势图中可以看出（图2-5），1981年以来，长沙年日照总时数呈“单峰单谷”型变化，20世纪90年代末为波谷，2010年末为波峰，2013年突增到最高值后，2014年开始下降，2015年平均日照总时数为历年最低值。

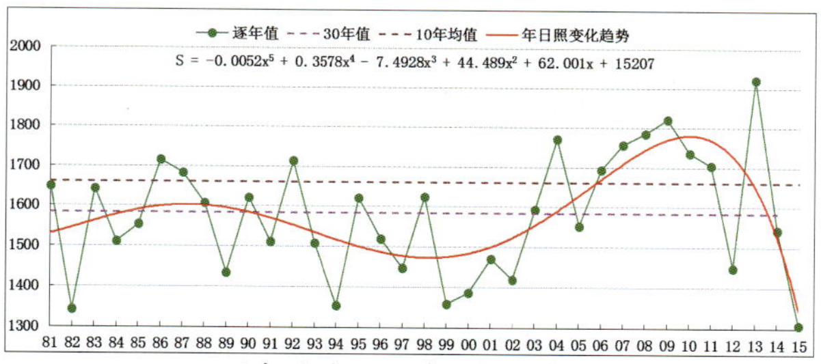

历年平均日照总时数曲线图

2014—2015年冬季日照时数为326.8小时，与历年同期比值偏多96.2小时。春季日照时数为261.9小时，偏多。夏季日照总时数为458.8小时偏少。秋季日照时数为285.4小时（宁乡），偏少。

表　长沙县四季日照与历年对比（单位：小时）

站点	冬季	距平	比较	春季	距平	比较	夏季	距平	比较	秋季	距平	比较
长沙县	326.8	96.2	偏多	261.9	-48.8	偏少	458.8	-117.3	偏少	285.4	-108.1	偏少

2015年长沙县各月日照时数除1月、2月、4月、10月偏多，6月正常外，其余各月较常年偏少。从月日照时数距平百分率的逐月分布来看，1月、2月、10月偏多20%以上，3月、5月、7月、9月、11月、12月偏少20%以上，其中11月、12月偏少50%以上。各站11月日照时数均创造历史同期最低值。12月，长沙县站日照时数为历史同期最低值。

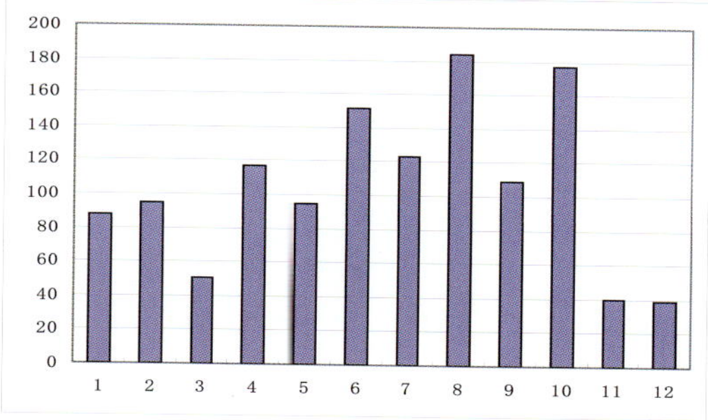

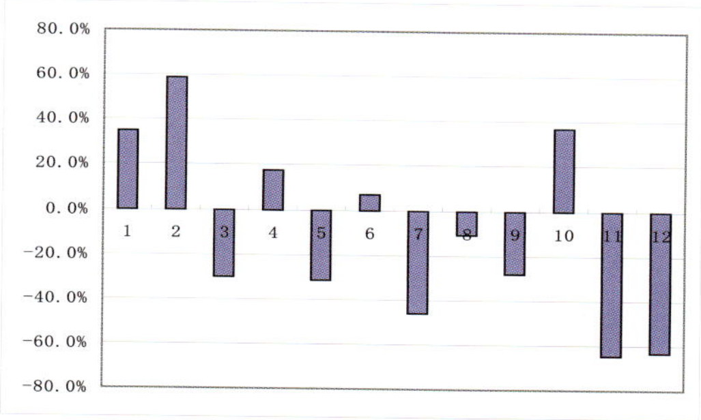

各站月日照总时数与历年同期比与距平图

4. 风

2015年长沙县主导风为NW风，平均风速为2.33米每秒。

统计长沙县2015年平均风向风速，从图2-10中可知，长沙县2015年主导风向为NW风，出现的频率为16.1%，WNW风向出现的频率次之，为13.1%。风向频率超过7.0%的有NW（16.1%）、WNW（13.1%）、NNW（9.4%）、W(7.4%)、E（7.1%），5个风向的频次共占53.1%，其中静风频率为6.7%。从风速情况上看，主导风向NW风风速也为最大，达到2.33米每秒，超过1.8米每秒的风向有NW（2.33米/秒）、NNW（2.15米/秒）、N（1.89米/秒）和WNW（1.87米/秒）。

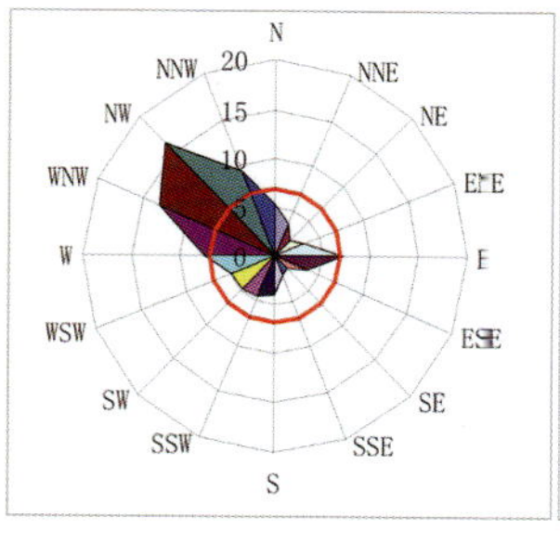

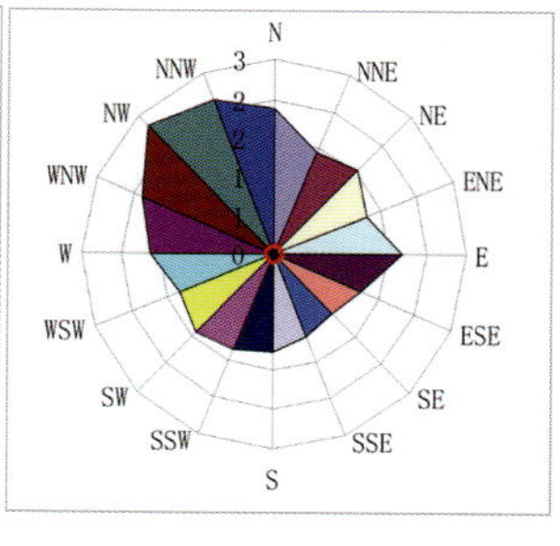

2015年长沙县年平均风向频率图（红色线为静风）
2015年长沙县年平均风速玫瑰图（红色线为静风）

长沙县2014—2015年冬季NW、WNW、NNW和W风向出现的频率最高（图2-11），分别为20.1%、14.8%、12.0%和8.1%，共占55.0%，NW风为冬季主导风，静风频率为5.0%；其中以主导NW风的风速为最大，达到2.39米/秒，其次是NNW风2.28米/秒。

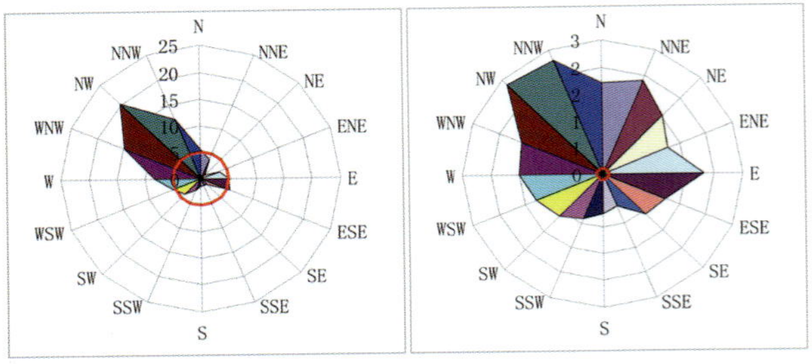

2015年长沙县冬季平均风向频率（红色线为静风）

2015年长沙县冬季平均风速玫瑰图（红色线为静风）

春季NW、WNW、NNW和ESE风出现的频率最高，分别为12.8%、9.5%、9.2%和9.0%，共占40.5%，NW风为春季主导风，静风频率为7.9%；其中以N风的风速为最大，达到2.39米／秒，其次是NNW风(2.25米／秒)。主导风NW风的风速为1.89米／秒。

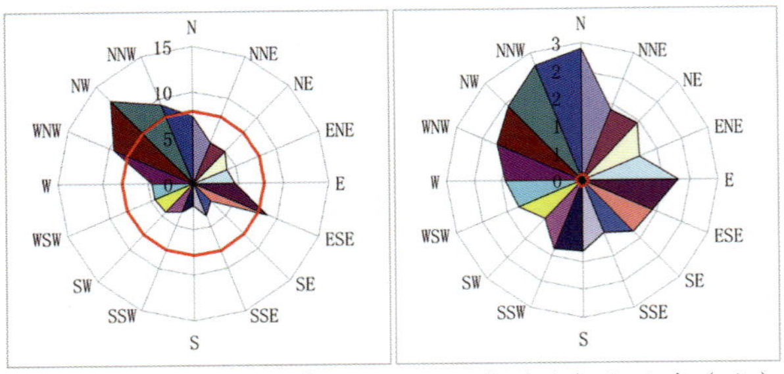

2015年长沙县春季平均风向频率（左）和风速（右）玫瑰图（图中红色线为静风）

夏季NNW、NW、SSW和N风出现的频率最高，分别为11.1%、10.1%、8.7%和8.2%，共占38.1%，NNW风为夏季主导风，静风频率为2.4%；其中以N风的风速为最大，达到2.26米／秒，平均风速超过2米／秒的还有：NW(2.19米／秒)、NNW（2.06米／秒）、WNW(2.04米／秒)。

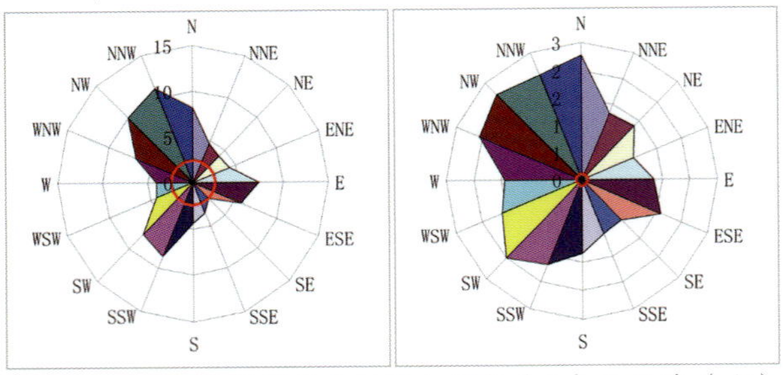

2015年长沙县夏季平均风向频率（左）和风速（右）玫瑰图（图中红色线为静风）

秋季NNW、NW、N、WNW和ESE风出现的频率最高，分别为14.3%、14.0%、11.5%、10.2%和9.1%，共占59.1%，NNW风为秋季主导风，静风频率为6.0%；其中以主导风NNW风的风速为最大，达到2.34米／秒，平均风速超过2米／秒的还有：NW(2.26米／秒)、N（2.19米／秒）。

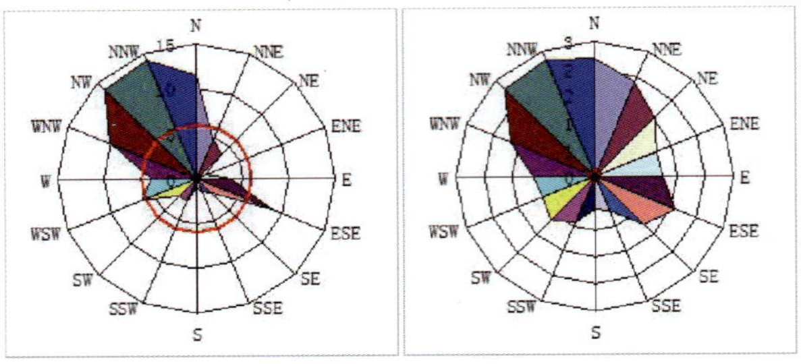

2015年长沙县秋季平均风向频率（左）和风速（右）玫瑰图（图中红色线为静风）

三、主要天气气候事件及其影响

2015年天气变化较为平缓，灾害性天气主要有冬旱、雾、倒春寒、暴雨、洪涝和局部强对流、大风、连阴雨天气等，但整体未造成重大灾害。

1. 气温偏高，出现暖冬

全年除夏季平均气温正常略低外，冬、春、秋季平均气温均比常年偏高1.0℃以上，2014—2015年冬季平均气温为8.5℃，较常年异常偏高2.0℃，比上年高1.1℃。长沙县较历年同期平均值异常偏高2.0℃，达到暖冬气候标准。冬季平均气温城区高于郊区，西部高于东部，平原高于山区，冬季城市热岛效应明显。

2. 降水冬少秋多 发生冬旱

2015年春季长沙县降水量为343.7毫米，较常年偏少36.2%。秋季降水量为348.5毫米，较常年偏多52.4%。秋季平均降水量占全年降水总量比重达23.0%，较历年同期偏多7.1%。

经过计算，2015年长沙县Zi指数如表3-1所示，经与旱涝等级标准对照可以得出：各地均属于4类，为正常年份。

表　　2015年长沙县Zi值

	长沙县	宁乡县	浏阳市	全地区
Zi值	0.045	0.199	0.643	0.273
等级	正常	正常	正常	正常

3. 暴雨集中 过程频繁

2015年4月7日、5月1—2日、5月11日、6月8日、6月21日全县先后出现了4次暴雨过程。受暴雨影响，全县受灾人口7030人，转移人口22人，倒塌房屋125间；农作物受灾面积48.5公顷，成灾面积26.64公顷，绝收面积9.86公顷，农林牧渔业直接经济损失1315万元，其中基础设施损失54.5万元。因洪涝灾害造成的直接经济损失1315万元。

暴雨强度指暴雨降水总量与暴雨总次之比，暴雨集中率指暴雨总降水量占年度或汛期降水总量百分率，两个指标均反映暴雨强度和集中的程度，暴雨强度越强，暴雨降水越集中，暴雨洪涝造成的损失就可能越严重。2015年各地暴雨强度在76毫米之间，暴雨强度均大于70毫米。因强降水过程主要出现在汛期，故暴雨集中率取暴雨降水总量占汛期降水总量百分率。长沙县各地暴雨集中率28.7。

4月7日暴雨

4月7日，受高空槽、西南急流及地面冷空气的共同影响，长沙县迎来2015年首轮暴雨过程。6日20时～7日20时降水量74.4毫米。强降水覆盖长沙全县，最大24小时累积雨量达81.3毫米（水塘垅），最大1小时雨量达13.7毫米（黄龙小学）。

5月1—2日暴雨、局地大暴雨

5月1日～2日受高空低槽、中低层低涡切变和地面低压倒槽的共同影响，长沙县出现一次大到暴雨，局地大暴雨过程及雷雨大风等强对流天气。1日08时～2日08时降水雨量54.8毫米。降水主要集中在长沙县中部，最大24小时累积降水量为116.2毫米（长沙县㮾梨镇），最大1小时雨量达81.3毫米（长沙县㮾梨镇）。此次降水特点是降水强度大，并伴有强雷暴，降水空间分布不均。受暴雨影响，长沙县出现严重内涝，多个路段实行交通管制，城市交通受到重大影响。黄花和果园突发大风，有320户村民家的房屋受损较严重，屋顶被掀，大量电杆被刮倒和树木被折断。

5月11日暴雨、局地大暴雨

5月11日受高空低槽、中低层切变和地面冷空气的共同影响，全县出现大到暴雨，局地大暴雨。10日20时～11日20时降水量73.0毫米。降水主要集中在长沙县南部，最大24小时累积降水量为76.7毫米（和平村），最大1小时降水量为35.4毫米（和平村）。此次降雨的特点是降水时段集中，并伴有明显降温及偏北大风（7级），气象部门未收到灾情报送。

6月8日暴雨、部分大暴雨

6月8日受高空低槽、中低层切变配合西南急流影响，全市出现暴雨，部分大暴雨。7日20时～8日20时降水量81.7毫米。降水主要集中在中部、北部，最大24小时累积降水量为133.9毫米（红旗水库），最大1小时降水量为36.3毫米（回龙垅）。此次暴雨过程的特点是降水强度大、持续时间长，分布面广。

6月21日暴雨、部分大暴雨

6月21日受高空槽、配合副高边缘西南急流的共同影响，全县暴雨，部分大暴雨过程。20日20时～21日20时24小时降水量103.0毫米。此次暴雨过程为全县性暴雨过程，24小时累积降水量大于100毫米的站数有12个，占所有站点30%，大于50毫米的站数有37个，占所有站点45%，24小时累积降水量达135.5毫米（斗塘新村）。此次降水的特点是强度大，强降水持续时间长，分布范围广。

4.6月降水偏多 出现雨水相对集中期

6月全县月总降水量为273.7m，略多17.7%，6月13—22日为雨水相对集中期，10天降水总量为181.5毫米。

5.冷空气、寒潮、倒春寒

2015年1月5—7日、1月24—26日、1月27—29日、2月18—20日、3月4—6日、4月6—8日、4月18—20日、5月10—11日、6月2—4日、8月18—20日、9月12—13日、9月24—25日、10月3—5日、10月26—27日、10月28—31日、11月7—8日、11月23—25日、12月3—6日、12月15—17日、12月27—28日全县共有20次冷空气过程，比上年度17次偏多3次，其中强冷空气过程有4次，寒潮1次。强冷空气过程出现在冬季的1月5—7日、2月18—20日、12月3—6日、12月15—17日。11月23—25日，冷空气自西路入侵长沙市，全县出现一次明显的降温及北风加大天气过程，并伴有小雨，过程升压8—9小时Pa，最低气温下降9℃—12℃，最低温度降至3℃以下，达到寒潮标准。

4月3日开始，地面冷空气开始入侵，长沙县气温一路下降，7—9日全县三天平均气温低于10℃，较历年平均气温偏低了7.1℃，出现倒春寒。

6.冰冻、霜冻、结冰及降雪

2015年冰冻、霜冻、结冰及降雪现象均少于历年同期平均值，其中冰冻日数为2天，较常年偏少1.4天；结冰日数分别为3天，较常年异常偏少16.2天；霜冻日数为4天，较常年异常偏少16天；降雪日数无，较常年异常偏少7.8天。

表　2015年长沙县冰冻、结冰、霜冻日数及与历年对比情况表（单位：天）

站点	冰冻		结冰		霜冻		降雪	
	2015年	距平	2015年	距平	2015年	距平	2015年	距平
长沙县	2	-1.4	3	-16.2	4	-16.0	0	-12.5

7.11月连阴雨 多项要素突破历史极值

11月全县降水及雨日偏多。15～25日全县持续阴雨天气，阴雨期间降水偏多，日照异常偏少，影响作物生长发育，部分作物出现烂根、死苗现象。长沙县连续降水日数10天，达轻度连阴雨标准。总降水量为160.3毫米；总日照时数为40.0，突破历史最低值；雨日19天，较常年偏多10.0天。

8.大风

2015年5月1日，黄花和果园突发大风，有320户村民家的房屋受损较严重，屋顶被掀，大量电杆被刮倒和树木被折断。

9.雾、霾

2015年长沙县雾日分别为18天，比历年平均值偏少8.2天。霾日为35天，偏多16天。

大雾、灰霾天气的出现使民航、公路等受到很大影响，黄花机场、高速公路多次关闭，给人们的生产生活带来诸多不便；同时造成城市环境污染，直接影响人们的身心健康。

4.气候影响专题评价

2015年的气象灾害较轻，强度和次数少于上年度，天气气候条件整体属于正常年景，见表4-1。对农业的灾害主要体现在干旱、暴雨、强对流天气、寒潮、连阴雨等，整体成灾较轻，农业气候条件属于正常年景。其他方面气候利弊不一，如气候对旅游、水利建设、电力供应、空气质量等影响利多弊少，对交通弊多利少。

表　长沙县气候年景情况表（2008—2015年）

年份	气象灾害评估	分级	农业灾害评估	分级	电力灾害评估	分级	灾害次数评估	分级	成灾次数评估	分级	综合得分
2008	差	5	偏差	5	差	5	一般	3	一般	3	4.4
2009	偏好	2	平略好	3	子	1	一般	3	偏好	2	2.2
2010	偏好	2	平略好	3	子	1	好	1	好	1	1.5
2011	好	1	丰产	1	子	1	偏好	2	偏好	2	1.4
2012	略差	3	略差	4	子	1	一般	3	一般	3	2.7
2013	差	5	差	5	差	5	偏差	4	偏差	4	4.6
2014	偏好	2	平略好	3	子	1	一般	3	一般	3	2.4
2015	偏好	2	平略好	3	子	1	偏好	2	偏好	2	2.0

工 业

·综述·

【概况】 2015年，长沙县围绕县委、县政府“三个率先”目标，结合市“六个走在前列”的活动要求，工业经济努力克服外部及自身制约因素，积极调结构、转方式、提效益，推动工业经济平稳增长。全年实现工业总产值2286.2亿元，同比增长9.8%。全县规模工业企业325家，实现规模工业总产值2061.9亿元，同比增长9.5%，产销率95.3%，规模工业增加值503.9亿元，增长8%，规模工业增加值能耗下降8.6%。长沙经开区实现规模工业总产值1711.2亿元，镇（街道）规模工业总产值350.7亿元。

全县工业经济运行特点：一是效益不断提高。规模工业企业累计实现主营业务收入1777.4亿元，规模工业企业实现利润总额50.7亿元，工业企业实缴税金50.4亿元。二是贡献不断加大。工业占GDP的比重62%；工业对全县经济增长的贡献率63.9%。三是结构不断优化。规模工业企业高新技术产业实现增加值468.1亿元，同比增长9.7%。6家企业技术中心为国家级技术中心，28家企业技术中心被评为省级技术中心，40家企业技术中心评为市级技术中心，长沙磐吉奥拉线工业有限公司实验室为国家级实验室。四是亿元企业支撑作用明显。全县142家亿元企业全年累计完成工业总产值1970.4亿元，同比增长10.2%，占全县规模工业总产值的95.6%；实现销售收入1878.1亿元，同比增长9.2%，占全县规模工业销售收入的97.7%。全县销售收入前10位工业企业累计完成产值1378.5亿元，占全县工业的60.3%，对全县的支撑作用突出。

【“一区七园”建设】 年末，入园规模企业265家，博世等30家世界500强企业先后落户园区。是年，“一区七园”累计完成工业总产值1868.2亿元，占全县规模工业总产值的90.6%。其中，长沙经开区入园企业140家，实现工业总产值1711.2亿元，占全县规模工业的83%。七个（镇街）工业园合计实现工业总产值282亿元，其中，年产值过40亿元的园区有榔梨产业基地、江背工业园。

【三大产业发展】 是年，先进装备制造、汽车及零部件、电子信息三大产业共有规模以上企业155家，完成工业总产值1517.2亿元，同比增长7.4%；实现营业收入1464.3亿元；实现利润32.1亿元。产值、营业收入、利润3项指标分别占全县规模以上工业的73.6%、81.7%、63.3%。

【工业项目建设】 紧抓项目签约、审批、推进、建设达产等项目关键节点，切实抓好项目推进工作。是年，全县开工建设500万元以上工业项目235个。完成工业投资337亿元，技术改造投资328.1亿元，分别增长19.7%和12.2%。其中镇、街（不含长沙经开区）工业投资215亿元，增长27.3%，长沙经开区工业投资121.9亿元，增长8.4%。

【节能降耗】持续推进工业节能降耗，突出抓好电机能效提升，加快建设两型工业体系。全年完成清洁生产审核企业16家，参与县级“两型”企业创建3家，其中金佰胜厨具获评市级两型企业。根据《长沙县电机能效提升计划（2014—2016年）》出台《长沙县电机能效提升补贴实施细则》，重点选择5家企业作为电机能效提升示范点，全年合计淘汰低效电机706台，总功率14652.1千瓦，该项工作在全省电机能效提升工作推进会上作为经验典型进行推广。

【驰名商标和名牌产品】 年底，长沙县325家规模企业中，三一、山河智能等21家企业获授中国驰名商标；金茶、口口香等114家企业获评湖南省著名商标；开元仪器、友文食品等59家企业获评湖南省名牌。

·工程机械·

【概况】长沙县工程机械产业以三一重工、山河智能、中联起重机等规模企业为龙头。2015年，全县工程机械产业规模以上企业70家，全行业完成产值843.7亿元；实现主营业务收入769.8亿元；实现利润27.9亿元；全年生产挖掘铲土运输机17839台，同比下降18.4%；生产混凝土机械24565台，同比下降5.2%。年末从业人员53830人。

·汽车及零部件·

【概况】2015年，汽车及零部件产业发展迅速，梅花汽车智能校车研发及产业化项目、磐吉奥集团（湖南）汽车零部件产业基地建设项目以及上海大众汽车有限公司（长沙基地项目）等重大项目有序推进。全县汽车零部件产业规模以上企业70家，完成产值460.4亿元，同比增长14.3%；实现主营业务收入392.2亿元，实现利润1.8亿元。年整车总产量24.1万辆，同比下降13.2%；年末从业人员32932人。

【上海大众长沙厂区项目】计划总投资120.8亿元，规划年产能60万辆。2015年完成项目投资66亿元，建有冲压车间、车身车间、油漆车间、总装车间以及相关配套的办公生活楼、技术中心、冷冻站、废水处理站等先进设施。

【梅花汽车各类客车及专用车技术改造项目】项目总投资10亿元，对现有厂房、道路等进行全面翻新改造，同时填平补齐关键工装设备，形成和完善各类客车、校车、医疗服务车、环卫车、物流车、清障车等适销对路新产品年产万辆的产能，并逐步更新换代为城市节能减排提供优质服务的各类新能源汽车。年内，该项目完成投资1.04亿元，多功能清障车系列产品试制12种样车，年产能1000辆的生产线正在添置相关设备设施。新能源汽车生产资质已落实，检测设备基本到位。

【磐吉奥集团（湖南）汽车零部件产业基地建设项目】项目一期占地6.67公顷，总投资2.72亿元，建设装配车间、冲压/注塑车间、模具车间、研发中心等总建筑面积70750平方米。主要产品为变速箱零件、脚踏机构零部件、各类金属组合锁系列等，投产后年销售收入可达5亿元。年内，该项目主要完成一期用地摘牌，并签订土建、总包合同。

·电子信息·

【概况】2015年，电子信息产业对全县经济增长的贡献率稳步提升，成为该县新的经济增长点。是年，全县电子信息产业规模以上企业15家。全行业产业完成产值213.1亿元，同比增长36.1%；实现主营业务收入188.4亿元，同比增长33.6%；实现利润2.4亿元；年末从业人员38250人。

·新材料·

【概况】2015年，长沙县新材料产业发展迅速，代表企业有顶立科技、众兴新材料、南方坦坭等。全县新材料产业规模以上企业65家，全行业产业完成产值108.7亿元；实现主营业务收入96.9亿元，同比增长3.4%；实现利润3.1亿元；年末从业人员8933人。

·食品加工·

【概况】长沙县食品产业以茶叶及饮料加工、湘味食品两大特色为主，其中湘丰茶叶集团、金井茶叶、口口香实业、亚林食品等为主要代表。随着食品产业发展不断壮大，致力打造工业企业旅游文化，实现企业多元化发展。津之源等3家企业开展工业旅游示范企业创建。

是年，全县食品产业规模以上企业41家。全行业完成工业总产值115亿元，同比增长17.3%；实现主营业务收入105.1亿元，同比增长9.1%；实现利润6.2亿元，同比下降1.6%；全年精制茶总产量3.6万吨，同比下降4.4%；年末从业人员10410人。

·信息化建设·

信息基础设施不断完善。网络基础设施，电话业务网，数据传输业务网，和广播电视业务网等四大网络发展迅速。

年末，全县移动本地网线路12724支长千米，通信光缆线路99307千米，光网端口38.527万个，本地固定电话交换机容量290064门，固定电话175839户；手机用户138万个，网络用户243839户，互联网出口带宽电信300 G，联通60G，全县城区宽带接入率70%。有2G基站2062个，3G基站2221个，4G基站1922个。4G基站建设实现主城区的深度覆盖和所有乡镇的连续覆盖。

广播电视业务网光缆干线网覆盖全县各个乡镇，形成以星沙城区为中心辐射至全县各乡镇的干线网络，广播电视节目信号覆盖到全县大部分区域，实现全县数字化、全覆盖，农村用户同样可以收看到图像清晰、内容丰富的数字电视节目，城区有线电视用户62858户，网络覆盖用户20万余户，数字电视节目增至189套。

城市及社会信息化工程建设全面展开。城市管理、交通指挥、劳动就业、医疗卫生等信息系统应用成效显著。公安“天网工程”、数字城管启动运行，各县直机关、公共场所领域wifi均实现全覆盖。 （易 统 邓灿斌）

建筑业

【概况】 2015年，建筑企业方面：全县实现建安产值206.8亿元，同比增长13%；建筑业合同额547.8亿元，同比增长5.4%；外省产值66亿元，同比增长26.9%；房屋建筑施工面积及2138.9万平方米，同比增长8.5%；税收8.6亿元，同比下降38.5%；房地产企业方面：累计施工面积1489.45万平方米，新开工面积254.33万平方米，竣工面积340.83万平方米，销售262.94万平方米。望新建设等14家企业被评为长沙市建设系统AAA企业，春花建筑等10家企业被评为长沙市建设系统AA企业。20家房地产开发企业获评长沙市年度诚信经营金牌企业，11家建筑企业获得总承包十强等26个项目的奖项，18人次被评为先进管理工作者等称号。共17家企业通过省级安全认证，11家二级企业通过市级安全认证。4家一级企业通过省级安全认证延期，2家三级企业通过市级安全认证。开展技能鉴定工作，完成67家建筑企业3491人次的技能鉴定。2家企业成功申报建筑工人职业培训考核机构。2014—2015年，长沙广大建设公司获评住建部鲁班奖4个。

完成施工合同备案141个，建筑面积4468956平方米，合同价766017万元；完成监理合同备案100个。完成60个项目招标控制价的审查备案，建筑面积358.92万平方米，招标控制价合计59.38亿元。完成88个项目的竣工结算备案，建筑面积398.72万平方米，结算备案价67.55亿元。

【建筑市场管理】 全年新型墙体材料生产量为折合7.74亿标块，新型墙体材料产量占墙材产量的比例为70%，新报建项目192个，收取新型墙体材料专项基金2898万元，完成返退墙改基金项目53个，建筑面积368万平方米，返退墙改基金2839万元，县城区新墙材应用比例为90%以上。全年参与新型墙体材料应用项目主体验收工程65个，建筑面积172余万平方米，全县散装水泥产量103.26万吨，散装率61%，收取散装水泥专项资金636万元。扶持19家新墙材专项基金生产企业项目补贴480万元，扶持1家新墙材企业新产品开发、科研、推广应用40万元，扶持2家散装水泥专项资金生产企业项目补贴40万元，共计扶持560万元。

【建设工程质量检测监督】 建设工程质量监督覆盖率100%，共监督房建工程项目343个，总建筑面积1803.45万平方米，市政工程28个，工程总造价40.724亿元；全年共有120个房屋建筑工程竣工验收，建筑面积520.15万平方米，10个市政基础设施工程竣工验收，工程总造价9.68亿元，竣工面积与去年同期相比增长16%；全年共办理建筑节能备案项目101个，备案面积512万平方米；合格率100%，同比增长24.5%；全年荣获市优良工程（结构优良或质量优良）共96个，建筑面积446.4万平方米，优良率73%，同比增长8%；全年创省质量标准化示范工程项目21个（省标准化示范工程于2015年7月开始实施），全县有14个项目获评2013—2014年度第二批湖南省优质工程，芙蓉奖工程4项，工程质量控制保持稳定，全年无质量责任事故。

【建设工程安全执法检查】 全县监督

2015年，县区建设工程质量、安全及燃气管理工作讲评会召开（余向阳 摄）

县住房和城乡建设局局长谢德求（前排左一）率全局干部职工在松雅书院开展“工地种一片绿，城市蓝一片天”种草籽活动 （余向阳 摄）

工程项目260个（其中房建工程246个，市政工程14个），总建筑面积1413.50万平方米，总合同造价253.38亿元。办理安全合格证123份，安全受监率100%、工程竣工安全合格率100%；安监人员下工地检查3652次，组织达标验收510次，对检查发现的安全隐患和违法违规行为，共签发整改通知书384份、设备限制使用通知书69份、停工整改通知书30份、不良行为告知书38份，督办函35份，催办函22份、停工函21份；办理农民工学校备案32家；起重机械设备使用登记533台，对42台建筑起重机械设备进行比对检测。创建安全质量标准化工地95个，创建绿色工地27个。

（余向阳）

城乡建设与管理

责任编辑：张　娜

城乡建设

【概况】 2015年，全县村镇规划事业补助资金及小城镇建设补助资金项目共计完成123个，年度乡镇基础设施建设项目资金投入累计18亿元。其中白沙镇双冲村成功申报全国特色景观旅游名村、春华镇为全国宜居小镇，白沙镇成为省、市级危房改造整体推进示范点。“以奖代投”“特色小城镇创建”全年总投入资金2000万元，其中“以奖代投”建设资金500万元，乡镇申报项目16个；“特色小城镇创建”资金1500万元，年底评选出一等奖、二等奖、三等奖各1名并给予奖励。是年，长沙县成功申报省级农村生活垃圾整县推进示范点项目，并依托该项目，着力打造“一镇五村”的农村生活垃圾治理示范点。同时，完成全县182个行政村的人居环境信息录入工作。积极申报各类污水管网项目，助力长沙县获评全国集镇污水处理示范县。成立新型城镇化工作领导小组，制订《长沙县新型城镇化工作实施方案》，争取省、市各项资金支持674万元。

危房改造整体推进示范点——白沙镇双冲村　（余向阳　摄）

【危房改造】 是年，长沙县危房改造（以下简称危改）超额完成省、市任务指标（省市任务2200户）。其中配套第一批危改援建户合计1190户（一般援建861户，重点援建329户），第二批危改援建户合计915户（一般援建618户，重点援建297户），第三批危改援建户合计147户（一般援建65户，重点援建82户），全年解决2252户（一般援建1544户，重点援建708户）危改户住房问题，涉及各级财政补助资金总额5920万元。确定青山铺镇、白沙镇为危改整体推进镇，江背镇特立村、金井镇金龙村、白沙镇曾家坊村、春华镇九木村为危改整体推进村落。在京广高铁沿线北山、安沙两镇开展农村危房改造整体推进示范项目建设，完成沿线危房改造361户，风貌改造1498户。

板仓小镇新风貌　（余向阳　摄）

城乡规划

【概况】 2015年，城乡规划面积140平方千米（县城控规约116平方千米，乡镇总规约24平方千米）；启动19个规划设计项目，其中县城控规项目9个，乡镇总规项目2个，专项规划2个，城市设计3个，概念规划3个；批准实施项目1个，正在报批的项目8个。核发规划用地许可36项，批准城镇规划用地面积170公顷，核发建设工程规划许可89项，批准建筑工程规划面积389万平方米，竣工验收项目103个；核发市政工程规划许可22项；核发乡村建设规划许可18项，批准乡村规划总建筑面积16万平方米。出台《长沙县城乡建设导则》《星沙新城绿地系统专项规划》《老行政办公区提质改造规划》《星沙海绵城市规划设计》《停车设施专项规划》《星沙城市风貌规划》及《通则》等多项文件，完成滨湖路和开元路两厢城市设计方案，松雅湖环湖片控规已于2013年由县政府批准，榔梨片、南厦片、开元西路片、黄兴故居片控制性详细规划已形成送审成果。开元中路、茶塘片、工程兵片控制性详细规划经公示后正在进行修改完善，即将上报市规划局。加强业务指导，配合乡镇及功能区编制规划。完成《长沙黄花综合保税区控制性详细规划》《长沙县路口镇总体规划（2015修订）》《开慧镇总体规划（2007—2020）（2014修改）》、黄花镇黄龙新村“美丽乡村”规划，引导乡镇政府及各大功能区按“三规合一”的理念进行规划编制，组织对规划方案和成果进行审查，保证乡镇、功能区规划的质量。组织鹏基深业喜汇、长沙师范新校区、星城春晓等9个项目修规调整及磁浮配套工程等项目的的修规审查；依法批复大信置业、鹏基深业喜汇、兴隆丽景、荣盛花语城等项目的修建性详细规划。在修规审批中，保证“四到位”，即保证规划强制性内容以及公共服务设施落实到位、项目的日照标准等技术指标到位、机场周边及国防科大三号院周边项目的控高到位、《星沙城市总体风貌规划》落实到位。

【重点地段城市规划设计】 启动并完成汽车后市场概念规划方案，将打造集“产城融合、智慧城市、生态城市”为一体的长沙汽车城及汽车后市场；启动并制订老行政办公区改造规划初步方案，将老行政区规划为星沙公共服务设施聚集区；完成星沙旧城改造规划初步成果，下步将纳入开元中路片控制性详细规划方案中。开展星沙海绵城市设计的前期研究，编制星沙建设海绵城市规划建议方案。

【服务重点工程】 协调忠武燃气管道轨道3号线段改线工程，基本确定改迁路线，设计单位正在制订具体方案；参与地铁5号线选址论证，争取5号线北延至安沙城北新区；协调中国石化新疆煤制气管道工程线路再核实工作，并在北部乡镇增设阀室，为今后北部乡镇供气提供支持。协调家禽市场、马王堆市场一期和二期、特易购、山东商会、黄花机场二跑道、浔龙河生态农庄、汽车后市场、长沙市轨道交通3号线等重大民生项目选址和方案设计工作，协调完成长沙国际会展中心等重大项目用地许可及融资用地申报工作，特别是生产安置用地招商引资中相关问题的协调解决工作。

（余向阳）

国土资源管理

【概况】 2015年，长沙县国土资源局攻坚克难谋发展，恪尽职守促提升。全年共获批123宗地，总面积1180.05公顷，其中基础设施59宗，面积476.36公顷；工业项目38宗，面积254.56公顷；经营性项目26宗，面积448.528公顷。全年出让土地75宗，面积323.556公顷，其中商业、住宅用地42宗，面积162.039公顷，工业用地33宗，面积161.51公顷。办理国有建设用地使用权转让3640宗，面积74.13公顷；抵押135宗，面积559.92公顷。完成土地收入63.72亿元，缴纳各项税费15.43亿元。全年（不含长沙经开区）在拆项目127个，拆除房屋2204户、8112人，完成腾地约800公顷（白石洞水库移民除外），支付拆迁补偿资金20.94亿元。土地整治出成果，金井镇涧山村生态保护型土地整治项目建设项目建设经验在国土资源部《中国土地》（2015总第351期）头版头条刊登，并入选国土资源部《土地整治蓝皮书·中国土地整治发展研究报告》。

国土资源知识宣传。2015年是县国土资源局文化宣传年，该局重点宣传国土生态文明建设、执法控违、征地拆迁、节约集约用地。全年在星沙时报办专版5期，专栏7期，各类新闻47条，在长沙县电视台专题宣传3期，公益广告宣传3条，专栏宣传6期。开展多种形式宣传。利用土地相关的纪念节日及各个特定节日为契机进行宣传。4月22日是第46个世界地球日，县国土资源局在星沙文化广场开展“世界地球日”宣传，并将“珍惜地球资源、转变发展方式——提高资源利用效益”这一主题融入宣传活动当中。“6·25”第25个全国土地日，开展主题为“土地宣传二十五年，用心保护每一天”和“节约集约利用土地，推动土地利用方式根本转变”的土地日活动。制作专题展板；呼吁全社会牢固树立节约集约用地意识，提升土地节约集约利用水平，转变土地利用方式；制作宣传画册和宣传片，“8·29”测绘法宣传日，悬挂宣传条幅5条，制作4块测绘宣传板，在“12·4”全国法制宣传日宣传《土地管理法》《矿产资源法》《测绘法》等国土资源管理法律法规等；宣传国土资源国情、国策、国法。多渠道开展国土宣传活动，让国土资源法律法规宣传进乡镇、进基层。其中县国土资源局果园国土资源所在“6·25”国土日制作国土宣传横幅30余幅，张贴宣传标语200余张，在金井国土资源所大厅设立防灾咨询台，发放防雷减灾等相关宣传手册1000份，向村民宣传灾害预防和自救办法。福临国土资源所利用平时动态巡查和村民建房办证时间，到村民家中讲解国土资源法律法规，宣传国土管理法律知识。黄花国土资源所在长沙市政府门户网、《星沙时报》、黄花镇人民政府门户网站上发表文章10余篇，内容包含拆违控违、“6·25”国土宣传、地质灾害、矿山企业安全生产等方面。县国土资源局通过放映宣传片、发放宣传资料，现场宣讲等多种宣传方式，普及国土知识，营造良好舆论氛围。

国土民生工程。农村宅基地方面，出台《关于规范和改进农村宅基地管理的实施意见（试行）》，对农村宅基地的管理办法进一步改进和规范，提高审批效率，切实维护广大农村村民利益，农村村民建房实行国土联合会审制度，全年落实农村私人建房1579户，其中新建357户，原有基础上改建1222户。由于《不动产登记暂行条例》的颁布，农村居民物权意识增强，申请办理农村集体建设用地使用权证增多。为服务群众、提高办事效率，县国土资源局安排专人，快速完成外业测量和内业成图，完成农村宅基地测量113宗，面积31219.96平方米。同时，完成磁悬浮补征用地、完成S323(福临段)、春华养老公寓及配套设施等项目约88公顷土地规划调整工作。土地登记档案资料利用方面，严格执行《土地登记资料公开查询办法》，土地登记档案资料查询派专人负责，严格执行土地登记档案资料保密制度，依法查询，保护土地权利人的合法权益，设立土地登记档案查询窗口，全年查询利用土地登记档案资料者1934人次。拆迁民生方面，及时妥善安置货币安置区拆迁户住房货币补贴、转户、纳入社保工作，全年转户1109户3655人，纳入社保5669人，办理住房货币补贴1452户、5209人，缴纳社保资金4.93亿元，请款住房货

8月20日，长沙县征地拆迁矛盾调处中心授牌

（县国土资源局 提供）

币补贴8.1亿元。6月17日，县委召开长沙县信访维稳工作会议，由县国土资源局牵头负责成立长沙县征地拆迁矛盾调处中心，信访室、拆迁中心、办公室参与，并共同制定工作方案，调解拆迁工作中的矛盾。信访件逐件落实，重视投诉人权益。对群众通过“12336”“12345”热线进行的举报、上级转交的信访件安排专人负责，及时调查、及时回复。全年受理信访386件，接待来访150批500人次。

国土资源执法监察。由于长沙市区的一些出租厂房、仓库被大面积拆除，受利益驱使和市场需求的影响，违章厂房、仓库建设较多，县国土资源局开展执法动态巡查，实施国土执法快速反应机制，严厉打击违法用地。变被动执法为主动执法，全年执法动态巡查出车1760余台次，及时发现、制止新增违章建筑1157处，面积446910.3平方米，配合镇街开展拆违行动97次，现场拆除487处，面积163195.5平方米。落实重大违法案件报告备案制度，土地违法新增立案查处77宗（含卫片检查），总面积62.88公顷，耕地面积30.77公顷。结案71宗，收缴罚没款513.779万元，没收建（构）筑物移交财政34宗，没收建（构）筑物87118平方米；落实犯罪案件移送制度，移送法院强制执行35宗，拆除55438平方米；移送纪检监察、追究党纪政纪责任的1宗。

耕地保护管理。强化耕地特别是基本农田的保护，继续实行耕地保护目标管理，构建耕地保护共同责任体系。与各镇（街道）政府签订耕地和基本农田保护目标责任书，保证上级下达的44695公顷的基本农田、51406公顷的耕地保有量保护目标有效落实（扣除暮云镇、跳马镇目标）。利用

土地开发整理和土地复垦补充耕地。在白沙镇、干杉镇实施土地开发补充耕地项目，总建设规模232.8951公顷。2015年经湖南省国土资源厅确认，共新增耕地200.6844公顷。积极引导建设用地项目合理选址，尽量不占耕地或少占耕地，合法占用耕地的用地项目，及时编制耕地补充方案，利用异地购买耕地指标397.13公顷，达到耕地占补平衡。注重生态理念，建设耕地保护长效机制。为减少农村宅基地占用耕地，在路口镇麻园屋场农民集中居住用地、白沙镇桃源村高山移民集中安置区试点。通过农民宅基地选址的新模式，农民宅基地占用耕地减少。针对渣土车在县城周围乡镇占用耕地倾倒渣土现象，县国土资源局执法中队配合安沙镇以万家丽路为主控点，通过电子监控系统，加大巡防力度，错时巡查，夜蹲晚守，有效遏制各类渣土在耕地上乱堆乱弃，切实保护耕地不受破坏。

3月5日，2014年度国土资源工作点评暨2015年党风廉政建设会议召开（县国土资源局 提供）

【国土资源工作会议召开】 3月5日，国土资源工作点评暨2015年度党风廉政建设工作会议在开源鑫城四楼会议室召开。县国土资源局党组书记、局长范新国作2014年度工作点评：县国土资源局主动作为保发展，服务县域经济作贡献，耕地占补平衡压力缓解，卫片执法检查通过率100%，实现零约谈、零问责。在矿山生态环境治理、征地拆迁、节约集约用地方面创新模式，取得满意成绩。落实信息公开制度，2015年，在长沙县国土资源局网站公开信息1518条，在长沙县政府网站公开信息1938条，以公开为常态、不公开为例外，保障人民群众知情权。会议由县国土资源局党组第一副书记、副局长龙征兵主持。党组副书记、副局长石朝佩宣读2014年度先进单位、个人表彰决定。其中先进单位有暮云国土资源所、安沙国土资源所、计财科、办公室、法规科等13个，长沙市国土局表彰的先进个人有石朝佩、吴宇红、蒋卫民3人，长沙县政府表彰的先进个人24人、县国土资源局先进个人120人。县国土资源局纪检组长陈娟就依法行政、政令畅通、主动配合国家审计署土地出让金的专项审计、落实两个责任、严明党的纪律，纠正“四风”等方面作2015年党风廉政建设报告。

【跳马等三镇（街道）国土资源档案资料移交完成】 1月14日，长沙市政府下发通知，明确暮云街道、南托街道划入长沙市天心区，跳马乡划入长沙市雨花区。涉及土地总面积24103.96公顷，耕地面积4968.26公顷。2月6日，县国土资源局召开局党政办公会，3月18日印发〔2015〕3号文件，区划调整涉及到暮云、南托、跳马47宗土地的挂牌事宜，涉及到每一宗土地的地价评估，委托欣源评估公司评估。原长沙县暮云国土资源所和长沙县跳马国土资源所人员成建制整体移交至长沙市国土资源局。4月8日，暮云、跳马两个国土资源所的档案资料移交工作开始，移交内容涉及村民建房、地籍、土地利用规划、土地监察和矿产资源档案资料。历时1月完成档案整理工作，4月29日，天心区国土分局接收需移交的暮云建设用地档案（包括纸质档案和电子文档），雨花区国土分局接收需移交的跳马建设用地档案（包括纸质文档和电子文档）。共移交档案资料48033卷（包括移交至长沙市国土资源局），圆满完成档案移交任务。

【闲置土地清查验收】 利用国土资源部的土地市场动态监测与监管系统，长沙县国土资源局闲置土地清查工作严格实施，因拆迁未完成的土地11宗，总面积49.47公顷，与8宗土地的用地单位签订补充协议。因长沙县政府在土地出让合同中承诺建设的基础设施未到位、场地未平整而造成8宗地闲置，已与该8宗土地的用地单位签订补充协议，同时函告榔梨街道工业园和长沙经济技术开发区管理委员会加快场地平整。因城市规划调整造成5宗地闲置：已与4宗地的用地单位签订补充协议，剩余1宗土地正在协商闲置土地处置方案。同时已函告用地单位，提请规划部门调整完善规划手续，争取项目尽早动工开发。因基础设施配套不完善造成闲置的3宗地：与3宗土地的使用单位签订补充协议，以函告之，并报请县政府批准加快基础设施建设。因交地延迟造成闲置的5宗地：与5宗土地的用地单位签订补充协议，同时函告督促用地单位尽早动工建设。因其他原因造成闲置的1宗地，对用地单位继续跟进，督促加快资产清算，尽早开工建设。企业自身原因造成土地闲置的2宗。根据《中华人民共和国土地管理法》《中华人民共和国城市房地产管理法》《闲置土地处置办法》，包括闲置1年以上2年以下的土地1宗，面积0.848公顷。12月7日送达《征缴土地闲置费决定书》，按土地总价款的20%征收土地闲置费63.6万元。闲置2年以上的土地1宗，面积1.174公顷。12月10日送达《收回国有建设用地使用权决定书》，无偿收回该宗国有建设用地使用权。12月23日，国家土地监察武汉局副局长石一连、国家土地督查武汉局督查二室主任科员李振斌、湖南省国土资源厅土地执法监察处处长佘建华到县督查闲置土地清查情况。对照督查内容，全面自查，对督查组提出的问题进行整改，顺利通过土地例行督查。

【矿产资源专项整治】 根据省、市和县国土资源局《关于开展2014年度矿产资源开发利用年度检查工作的通知》的文件精神，3月1日—5月15日，开展矿产资源开发情况年度检查工作，重点审查矿山企业矿产资源开发年度报告书及其他书面材料、开发利用情况、年检注册登记等。应参加年检的矿山企业64家（跳马8家、暮云2家），其中，完成长沙县江背镇力强新型材料厂、金马机砖厂等9家矿山企业延续换证，完成阔辉石材有限公司、江背镇旺发采石场等2家企业的扩大产能变更手续，办理长沙河田白石建材有限公司坐标扩界手续。通过检查，年检率100%。同时，紧抓矿产安全生产这根绳，7月，针对全县55家非煤矿山企业的法人、安全生产负责人及县国土资源局中层以上干部组织安全生产培训，邀请长沙市安监局调研员冯卫讲课，学习新修订的《中华人民共和国安全生产法》及长沙县安全生产诚信建设制度。1—9月，组织矿山动态巡查52次，取缔非法开采6起，打击超深越界开采1起，立案查处1起，没收非法所得和罚款4.32万元。10月22日，根据《矿产资源登记管理办法》有关规定，在《星沙时报》公告长沙县2家非煤矿山企业限期办理采矿权注销登记事项，对未按期办理延续换证手续的矿山企业进行注销。通过矿产卫片检查，确认1个矿产图斑为违法图斑，立案查处该采矿权利人越界开采行为，5月29日对当事人的违法行为处罚到位，责令该单位在本矿区范围内开采，收缴罚没款4.32万元。

【土地出让收支审计整改】 县国土资源局高度重视土地审计问题整改工作，深挖问题根源，找准用力方向，抓好整改工作。根据国务院《关于清理规范税收等优惠政策的通知》（国发〔2014〕62号）和湖南省财政厅《关于清理规范税收等优惠政策有关问题的通知》（湘财预〔2014〕178号）两个文件精神，清理全县优惠政策，停止执行违反国家法律法规的优惠政策。切实整改地价款清欠工作，累计下发催缴通知书91份，下达律师函7份，收回欠款45942万元，收回因征地拆迁未完成欠缴项目8个，收回土地价款35116万元；收回因乡镇原因欠缴项目6个，收回土地价款4657万元，其他地价款6169万元。另长沙经开区收回欠款68623.37万元，收回滞纳金356.69万元。此外，长沙县土地收入通过国土资金专户和非税收入管理结算户进行专户储存、专户核算、专户管理，实行“收支两条线”管理。严格按照《关于规范国有土地使用权出让收支管理通知》（国办发〔2006〕100号）和《关于纠正地方自行制定税收先征后返政策的通知》（国发〔2000〕2号）文件精神，规范安排使用国有土地出让收入及税费。严格土地出让收支预算管理和土地出让支出管理，确保土地出让收支政策落到实处。3月12日，组织召开长沙县拆迁工作会议，全面推进征地拆迁，确保已供地项目尽快交地，坚决实行“熟地”供应，杜绝生地挂牌。合理合规支付项目用地的报批税费和拆迁费用。审计之后，共注销长沙经济技术开发集团有限公司等三家平台公司不合规土地使用证68本。7家公司违规发证问题整改到位。

（周　湘）

城镇管理

【概况】 10月，因机构改革，长沙县城市管理和行政执法局撤销，长沙县城市管理局成立。是年，县城市管理和执法部门围绕加快建成省会次中心的要求，以实现城乡品质倍升为目标，开展最严城管，加强精细化管理，抓好城市提质提档，城市管理工作实现新提升。

强化组织领导。县委、县政府多次专题研究城区提质提标、整治乱停车、拆违控违、旧城区改造、街道和社区考核等重大城市管理工作；坚持每季度召开一次城管委例会，及时研究和决定城市管理措施；县政府分管副县长每月进行一次专项调度，城管委办公室加强指导、协调、督促，力促城市管理工作落实。

加强精细管理。强化城管日常考评，坚持每天督查，每月考核、排名、通报，并在星沙时报公布月考评结果，严格兑现奖惩。完善数字化考核机制，范围覆盖5个街道及黄花、黄兴、安沙镇，案件处置实施“首派责任制”，各单位配备专人、安排专项经费，全年处置数字化案件65166件，结案率98%以上。加大城市维护物业标后监管力度，每季度召开一次讲评会议，督促环卫保洁物业公司落实“五无五净”（“五无”即道路无垃圾、无杂物、无积泥、无积水、无污迹；“五净”即路面干净，绿地和树池干净，边角侧石干净，雨水井沟畅通干净，果壳箱等环卫设施及交通隔离栏干净）、“六面保洁”等作业标准和制度，督促园林维护物业公司提高维护标准，每月进行考核排名，严格奖惩措施，全年对物业公司奖励320万元，对履行合同不到位的共扣款120万元，力促城市维护工作落实。加强道路维修，人行道实行专项集中维护，修复面积6万平方米，及时做好下水管道疏通，排水井盖采取定点采购及工厂化、标准化模式作业维护。完善道路照明管理和设施维护考核办法及细则，开展5次专项督查，有效提升各镇照明管理水平。生活垃圾清运实施市场化运作，推进背街小巷市政设施维护、户外广告设置管理职能下移至街道，渣土运输车辆引入专业代管公司管理，建筑垃圾消纳场设置和管理工作进一步规范。

开展城市提质。安排城市基础设施及配套建设项目23个，投资4.6216亿元。通过开展道路景观提质、公园绿地建设和改造、拆围透绿覆绿以及节点美化等，新建和提质社区公园5个，充分利用政府闲置地块新增绿地面积18.24万平方米，造绿透绿及景观提质工作受到省委常委、市委书记易炼红肯定，城区公共绿地面积增加至300余公顷，绿化覆盖率40%，人均公园绿地面积9平方米。开展户外广告示范路建设，对三一大道入城口进行美化亮化，对锦绣路、灰埠路、东二路、东三路等道路进行“白改黑”，全面清理城区人行道不规范隔离设施，安装隔离柱800个、非机动车停车架280套；硬化社会道路出入口42处；在城区安装果皮桶5020个，启动城区10个站厕新改建、60个垃圾站改造。

注重宣传引导。定期邀请县人大代表、政协委员、企业和市民代表座谈，配合县政协做好对公园建设的民主评议，继续在县电视台和《星沙时报》开辟城管专栏，曝光城市管理典型案例，每周平均5次以上；加强城管局微信公众号和政务微博的维护，指导和配合社区加强城市管理，通过网站、城管服务热线、问卷调查、印制发放宣传品等多种途径，鼓励和引导市民直接广泛参与城市管理。

【城区拆墙透绿覆绿】 根据长沙市推进“绿色城市”建设领导小组办公室《关于城区围墙设施统计摸底的通知》（长推绿办〔2015〕1号）和中共长沙市委办公厅、长沙市人民政府办公厅《关于印发〈长沙市拆墙透绿增绿工作实施方案〉的通知》（长办〔2015〕5号）要求，长沙县委常委会议于4月7日专题研究城区拆墙透绿覆绿工作。按照会议精神，县城管执法局从4月7日起开始实施拆墙透绿增绿工作，到10月底第一阶段拆墙透绿、覆绿工程全部完成，累计新增绿地18.24公顷。4月7日至5月7日，拆除县政府大院800米围墙及东、南两个门楼，铺植草皮1.2万平方米，修复绿化300平方米；拆除天华公园靠南山路一侧围墙125米。6—8月，对滨湖路南侧（东二路至东六路段）、特立路北侧（东二路至东六路段）、东三路东侧（特立路至望仙路段）、东六路东侧（棠

绿化景观提质后的滨湖路　　（饶国威　摄）

坡路至望仙路段）、东七路东侧（望仙路至特立路段）等围而未建地块进行拆墙、清渣、填土、整土、铺草皮，累计拆除围墙9512米，覆绿15.44万平方米。9～10月，对滨湖路（东六路至东八路段）和特立路（东六路至东八路段）围而未建用地，拆除围墙3500余米，铺植草皮覆绿16100平方米。

【出入城口美化亮化整治】 根据长沙市城市管理委员会关于印发《2015年全市出入城口美化亮化整治工作实施方案》的通知（长城管委〔2015〕8号），从8月14日开始，长沙县实施三一大道长永高速出入城口实施美化亮化整治，总投资690万元，具体由县城管执法局负责。整治工作分为三部分：绿化提质工程投资260万元，由长沙县园林绿化工程队施工，主要对三一大道中南汽车世界一侧渠化岛和绿地进行绿化美化，面积5000多平方米，栽植银杏、桂花等乔木80余株，红枫、红叶石楠球等精品灌木110余株，时令花卉6万盆，铺植冷暖两季型草皮4200平方米，完善高标准人行道400米；立体绿化工程投资210万元，由湖南芝兰园林绿化公司施工，主要对三一大道锦绣路跨线桥（1130米）进行立体绿化，安装两个40米长造型优美的绿色雕塑，安置花箱1690个，油麻藤2.6万株，石竹12520株，三色瑾2万株；景观亮化工程投资220万元，由湖南创业电力安装公司施工，主要对三一大道锦绣路跨线桥及两旁绿化带进行景观亮化，安装500个投光灯，6000个点光源，600套数码灯具。

【生活垃圾清运外包】 8月7日，长沙县通过公开招投标的方式，开始生活垃圾清运外包，长沙玉诚环境景观工程有限公司中标，期限3年，2018年8月6日截止，总金额37812086.22元，承包合同一年一签。清运外包范围为城区范围内（星沙街道、湘龙街道、泉塘街道、长龙街道、榔梨街道行政区域）公共垃圾站、企事业单位和居民小区，以及长沙县各镇（安沙、北山、青山铺、福临、金井、路口、春华、果园、干杉、高桥、开慧、白沙、黄花、黄兴、江背、双江）公共垃圾站生活垃圾运输。

【市对县城市管理考核】 4月30日，长沙市人民政府办公厅下发《2015年长沙市城市管理工作考核办法》（长政办发〔2015〕17号），把长沙县城区星沙、湘龙、泉塘街道全面纳入市对县城市管理考核范围，与望城区在同一梯队进行考核排名。考核成绩由街道（镇）考核、业务部门考核和重大事件扣分三个部分构成，满分100分，其中街道（镇）考核占60分，业务部门考核占40分，重大事件扣分不超过5分，考核方式分为数字化城管考核、现场考核和重大事件三部分。市对县城市管理考核工作由县城管执法局牵头，组织各街道和部门联合实施，通过加强组织培训、强化责任和部门联动、加大督查力度、充实基层力量等措施，推进市对县城市管理考核工作落实，促进城市管理水平提升。

【通过"国家卫生县城"复查】 按照《国家卫生乡镇（县城）考核命名和监督管理办法》，国家卫生镇（县城）每满3年需复审一次，由该镇（县城）所在省爱卫会办公室于当年6月底前组织复查，复查方式分材料检查和实地检查，长沙县"国家卫生县城"称号已到复审期，于2015年5—6月接受复审考核。通过加强组织领导、细化责任分工、强化督查落实，组织开展爱卫组织管理，健康教育，环境卫生及设施，环境保护，食品安全，公共场所卫生，饮用水卫生，病媒生物防治，疾病预防与控制，单位、社区、镇、村卫生等十大专项整治，在6月27日的国家卫生县城省级复审汇报通报会上，长沙县正式通过"国家卫生县城"省级复审。

【组建长沙县城市管理局】 10月10日，县委、县政府印发《关于长沙县人民政府职能转变和机构改革的实施

出入城口夜景亮化提质　　（孙　坚　摄）

意见》（长县发〔2015〕8号），正式组建长沙县城市管理局（县政府工作部门），履行原长沙县城市管理和行政执法局有关市政管理、园林绿化管理、环境卫生管理职责。12月31日，长沙县人民政府办公室印发《长沙县城市管理局主要职责内设机构和人员编制规定》，明确县城管局设立办公室、财务科、综合督查科（行政审批科）、城镇管理科4个内设机构，下属长沙县园林管理局、长沙县公用设施管理局、长沙县市容环境卫生管理局、长沙县城市渣土管理办公室、长沙县数字化城市管理指挥中心、长沙县户外广告和照明亮化管理办公室、长沙县城市服务中心8个二级机构，核定编制83名。

【首届环卫作业技能比武大赛举行】 10月24日，长沙县首届环卫作业技能比武大赛在滨湖路举行，大赛由县城市管理和行政执法局主办，星沙、泉塘、湘龙、㮾梨、长龙5个街道协办。长沙县宏宇物业管理有限公司、长沙县星沙美洁物业管理有限公司、长沙县强盛物业管理有限公司、广州市开物物业管理有限公司(以下简称开物)、湖南六建兴发物业管理有限责任公司（以下简称六建兴发）、湖南金驰园林绿化有限公司、重庆新安洁景观园林环保股份有限公司（以下简称新安洁）等负责长沙县城区保洁的7家物业公司分别组队，各派5名环卫工人参赛。新安洁、六建兴发、开物三家物业公司分获一、二、三名。环卫工人李要梅、陈富云、林文革、刘进宜、张志国分获道路精扫、机扫车作业、立面保洁、水车作业和管理调度单项技术能手。

【城区生活垃圾处理费纳入自来水价】 7月27日，长沙县发展和改革局下发《关于调整自来水价格及有关事项的通知》（长县发〔2015〕74号），从8月1日起，长沙县对自来水价格和结构进行调整，分为城区水价和乡镇水价两套价格标准，在城区水价范围内开征生活垃圾处理费，乡镇水价暂不开征；随水价征收的生活垃圾处理费按用水性质和行业分为五类，标准为：居民生活用水0.02元/立方米、工业用水0.02元/立方米、行政事业用水0.04元/立方米、经营服务用水0.04元/立方米、特种行业用水0.04元/立方米。街道、广场等公共环卫服务费用由政府承担，城区临街（路）商住户物业费中已包含环卫服务费用，相关环卫职责由物业公司承担，各街道及社区不得再自行收取或委托第三方收取环卫有偿服务费。特殊行业环卫和垃圾处理收费另按相关文件执行。

（朱世朝）

房地产业

【概况】 是年，全县新建商品房网签28885套，同比增长15.59%；294.09万平方米，同比增长16.1%；金额148.58亿元，同比增长15.84%；其中新建商品住宅网签26016套，同比增长11.40%；面积260.03万平方米，同比增长12.39%；金额120.99亿元，同比增长11.58%。住宅均价4652元/平方米。房地产市场维持平稳发展态势。2014年12月25日至2015年6月24日，执行半年的购房财政补贴政策，补贴12268户，9453.5万元。

房地产交易管理。依法依规办理各项业务，严格按照收费文件执行收费标准，按办结时限及时办理各项业务，按时办结率保持在100%。全年受理商品房预售备案26436套，备案面积265.64万平方米，备案金额133.27亿元；办理商品房按揭20287宗，按揭面积203.81万平方米，按揭贷款金额64.31亿元；办理期转现房抵押10211宗；办理产权分户19900宗；办理在建工程抵押196宗；办理退房1790套；办理按揭注销1011宗；办理现房抵押注销8087宗。二手房交易中心受理房屋登记业务10029件，收费684.78万元。其中完成房地产抵押登记4797件，抵押面积203.47万平方米，价值58.58亿元；完成二手房转移登记4711件，转让面积90.73万平方米，二手房网上签约4303件，监管交易资金2.39亿元；完成商品房现房转移登记1001宗，转让面积11.2万平方米。

房屋权属登记管理。全年发放产权证书25325本，发证面积429.11万平方米；办理测绘成果备案1076笔，测绘面积875.27万平方米；档案整理扫描23341本；本部档案室和中心窗口出具证明43987份，接待查询人数46796人次，内部调档925次；为房产登记数据清理调档出库147009卷，入库151414卷。完成登记收费1200万元。清理房产登记信息，使系统信息、档案准确、完整、清晰，且相互关联、对应，为各项业务开展提供准确数据依据。完成房产GIS空间数据库的建库、GIS系统搭建，实现房屋产权产籍数据与房屋地理空间位置信息关联，实现房产综合业务系统与房产GIS系统的数据互联互查，规范房产基础测绘、项目测绘工作流程，实现房屋产权产籍图、文、档的数据关联。

完善房产市场监管制度，落实《长沙县房地产市场监管巡查实施办法》，加强在售房地产项目的日常巡查，联合县住建、国土、规划、公安、工商等部门，对全县在建在售项目进行检查，严查违规行为，确保消费者合法权益。优化市场服务，编制《长沙县房地产月报》，权威发布信息；定期召开房地产开发企业、物业服务企业、业主委员会座谈会，搭建沟通交流平台；优质服务，优化流程，让群众办事更加方便快捷；开展区域价值推广，10 月 26 日承办长沙县区域价值推广暨乐居星沙购房节，投入资金 400 万元。推进职能移交。配合市住房保障局做好暮云街道、南托街道、跳马镇房产系统工作交接。9 月 16 日，市住建委和县人民政府召开专题会议并形成会议纪要，明确后续移交事项。

12 月 13 日，2015 长沙县购房抽汽车大奖活动举行（刘 芳 摄）

【物业监管】 严格把关每个项目前期物业招投标备案，办理项目前期物业招投标备案 10 个；强化物业管理用房监管，完成长沙金科时代中心、锦绣兰亭等 36 个项目 219 栋住宅物管用房备案。组织物业服务企业“一对一”结对帮扶活动；联合县文明办在全县各街道（镇）物业服务企业中开展学雷锋志愿服务活动，并在全县创建 7 个物业服务小区学雷锋志愿服务示范站点；研发建设长沙县物业综合监管平台，该系统与数字化城管指挥系统对接，形成县直部门、街道、社区物业管理联合监管机制。8 月 20 日，长沙县物业矛盾纠纷调处中心揭牌成立以后，全年接到物业类投诉 281 宗，组织人员疏导和化解；接到数字化城管系统案卷 552 宗，其中县级平台 438 宗、市级平台 114 宗，现场查勘每宗案件，督促物业服务企业及时处理。全年归集维修资金 3.71 亿元，累计归集维修资金 19.43 亿元；拨付维修资金 522 万元，累计拨付维修资金 1640 万余元；派发利息 3438 万元。清理 2011 年实施维修资金自缴之前的老项目维修资金，追缴维修资金 6880589 元。规范维修资金存储管理，印发《关于物业专项维修资金存储管理规定》，确立维修资金存储联审会议制度，建立维修资金双向对账制度，确维修资金安全。（刘 芳）

【长沙县物业矛盾纠纷调处中心成立】 20 日上午，长沙县物业矛盾纠纷调处中心在县住房保障局揭牌。县领导常利民、柳铁强、曾卫国、郭艳红、黄卫新出席揭牌仪式。该中心由县住房保障局负责开展日常工作，中心调解室设住保局物业管理办公室。纠纷调处中心成员单位涵盖县法院、司法局、发改局、法制办等职能部门和县域各镇街，以及供电公司、新奥燃气公司等相关企业。为此，县住房保障局抽调专业工作人员，邀请法律专家担任调解员，并设置固定的办公场所，建立物业矛盾纠纷调处相关工作制度。县住房保障局局长唐铁钧表示，中心将联合相关单位，齐抓共管，积极支持物业纠纷调处工作，确保依法、调解，进一步增强调处工作的协作性，确保取得实效。（王兆丰）

8 月 20 日，长沙县物业矛盾纠纷调处中心在县住房保障局揭牌（王兆丰 摄）

9月7日，房产GIS信息系统建设验收会议召开　（刘　芳摄）

【房产基础测绘数据库及GIS信息系统建设通过验收】 9月7日，长沙县房产基础测绘数据库及GIS信息系统项目验收会议在县住房保障局召开，现场演示GIS系统应用及操作，并接受专家现场质询。与会专家一致同意通过验收。历时15个月，县住房保障局完成长沙县房产基础测绘空间数据库建设。空间数据覆盖原星沙全境68.79平方千米，涉及外业调查68.79平方千米，完成1274幅50×50标准图幅；对15.19平方千米、129个图幅进行新区测绘和修补测；编制确定885个丘界限，确定房屋属性和编码25737栋；结合数据清理进行图档核对，确定14597栋建筑物的房屋编码，关联272829宗产权产籍；实现房屋产权产籍数据与房屋地理空间位置信息的关联，实现房产综合业务系统与房产GIS系统的数据互联互查，规范房查基础测绘、项目测绘的工作流程，实现房屋产权产籍图、文、档的数据关联，有效防范登记风险。（刘　芳）

住房保障

【概况】 是年，县住房保障工作部门以制度规范为基础，以作风建设为抓手，以群众满意为目标，不断提升管理服务水平，引导和促进全县房地产业平稳、健康发展，推进住房保障工作，狠抓党风廉政建设，各项工作顺利开展。保障性住房项目建设有序推进。全县新开工保障性住房和棚户区改造7358套（户），发放廉租住房货币补贴金额506880元。新建商品房网签28885套，2014年12月25日至2015年6月24日，发放购房财政补贴9453.5万元，全年发放产权证书25325本，发证面积429.11万平方米。加强全县物业管理，8月20日物业矛盾纠纷调处中心揭牌成立。

是年，上级下达长沙县新开工保障性住房和棚户区改造目标总任务7358套（户），其中保障性住房项目31个，3987套（间）；棚户区改造项目8个，3371套（户）。年内，上述项目均全面开工。廉租住房货币补贴发放完成，累计发放523户1055人，发放金额506880元。根据县情，年内新建教师和卫生系统公租房项目，住房保障覆盖全县，共计24个项目，700套（间）。其中：乡镇教师公租房项目18个，507套（间）；卫生系统公租房项目6个，193套（间）。项目的实施，有效解决全县乡村教师以及乡镇卫生医务系统工作人员居住偏远、环境差、配套设施不全等问题。根据《2015年长沙市公共租赁住房分配入住考核目标责任书》要求，全县公共租赁住房新增分配入住目标套数4046套（间），截至11月底，全县公共租赁住房实际入住套数4066套（间），完成率100%。在保障性住房和棚户区改造住房分配中，始终坚持公平、公正、公开原则，在申请、配租（配售）等各环节严格落实“三级审核、两级公示”制度，主动接受群众和媒体监督。筹建和试运行住房保障在线公示系统，民众足不出户便可通过互联网在家远程了解全县保障性住房和棚户区改造建设成果，符合条件的居民可以在家中进行预申请。

（刘　芳）

【水渡坪社区棚户区改造项目封顶】 6月17日，水渡坪社区棚户区改造项目封顶，现场3栋32层的高楼建设完成。水渡坪社区为原跃进氮肥厂生活区，其住房系20世纪70年代建设的筒子楼和简易棚房，因年久失修，开裂渗水现象严重，经专家鉴定，大部分房屋属于D级危房。为彻底改善原跃进氮肥厂849名居民的居住环境，提升城市品位，2013年2月县第十六届人大二次会议审议通过水渡坪社区棚户区改造工程，且将该工程列入长沙县2013年国民经济和社会发展计划。水渡坪棚户区改造工程拆除原跃氮生活区内15栋危旧房屋约1.67万平方米，在原址土地上新建3栋32层的高楼，户型面积84.6平方米，计768套住宅，加上配套设施，总建筑面积7.45万平方米，总投资2.4亿元。

（陈　坚）

6月17日，水渡坪社区棚户区改造项目封顶　（陈　坚摄）

供　气

【概况】2015年，全县液化石油气销量11586.9吨，管道天然气销量6614.26万立方米，加气站销量2938.16万立方米。新建管网长度28.83千米，新增管输天然气用户16737户。

【专项整治】联合执法，整治违规经营网点。与星沙街道安监中心联合查处冰宇燃气灰埠社区2号服务点，暂扣其14.5千克实瓶40个、14.5千克空瓶34个、50千克实瓶6个、50千克空瓶8个、报废螺丝瓶46个；聘请省市三位燃气专家对县内生产经营12家燃气企业进行燃气安全大检查，检查现场发现隐患33处；组织专家对长沙县28个机关单位食堂进行燃气安全大检查，查出安全隐患15处，下发燃气设施安全隐患整改通知书3份；消除三润门站前管道被占压、湘投燃气采用LNG槽车直连气化器重大安全隐患。督促企业开展油气管道安全占压隐患排查工作，查处燃气管道占压隐患23处，整改责任划分后，隐患整改20处，剩余3处在积极整改中；重点治理长沙师范二校区扩建项目等6处油气管道隐患，其中4处隐患销号。

【安全宣传】根据《湖南省燃气经营许可管理办法》要求，按照《湖南省燃气企业经营许可标准》规定，2015年我，局完成长沙星沙新奥燃气有限公司等4家企业经营许申报材料初审工作。2015年年底，有10家企业取得燃气经营许可证或申报许可资料，制作时长约22分钟燃气安全电视宣传片，在长沙县电视台、广场电子屏等媒体播出；积极参加“5·12”防灾减灾宣传活动，通过设立宣传点、发放宣传资料等多种方式向群众宣传燃气方面防灾减灾知识。　（刘　思）

供　电

【概况】长沙县供电公司现有主网职工191人、农电员工477人，下设办公室、安全运检部、发展建设部、客户服务中心、调度控制中心，10个班组、8个中心供电所。2015年，该公司负责维护110千伏变电站14座、35千伏变电站9座，110千伏线路232千米，35千伏线路230千米，10千伏线路3349千米，服务客户46.2万余户。2015年，公司完成供电量42.22亿千瓦时，同比增长16.38%；售电量40.16亿千瓦时，同比增长17.06%；综合线损率4.88%，下降0.56个百分点；最高负荷78.1兆瓦。获评“长沙市工人先锋号单位”称号。

【再获“全国文明单位”】4月27日，县供电公司收到由中央精神文明建设指导委员会办公室颁发的“全国文明单位复查合格证书”，继2011年后再获“全国文明单位”称号。近年来，该公司以文明创建为抓手，严格按照全国文明单位创建工作标准，健全机制，立足实践，以建设社会主义核心

燃气电视宣传片　（刘　思摄）

价值体系为根本，加强企业精神文明建设，打造多个道德传播平台，开办“道德讲堂”，开展志愿者服务活动，致力提高员工文明素质和企业文明程度。

【长沙县供电公司被列入国网大型县级供电企业】 7月29日，国网湖南省电力公司（湘电公司人事〔2015〕281号）和中共国网湖南省电力公司党组（湘电党〔2015〕7号）公布长沙县供电公司为国家电网公司大型县级供电企业，县供电公司成为湖南省7个大型县级供电企业之一，并升格为副处级单位。

【电网建设】 主网方面：投运110千伏长龙变电站、蝴蝶谷变电站，完成110千伏惠农变电站、35千伏仙人变电站扩建，启动35千伏青山铺变电站建设。完成大修技改31项。城网方面：完成黄花变电站10千伏负荷转供及长龙变配套出线建设，完成蝴蝶谷变电站10千伏通道建设，完成城区补点7处，改造重载线路2条。农网方面：全面完成2014年第六批网改工程，启动2015年增补工程和低电压整治，新建、改造10千伏线路79.72千米，台区207个、36560千伏安，低压线路373千米，解决低电压用户4535户。

【路灯管理】 路灯管理所负责管理维护城区180条道路的路灯亮化设施，其中路灯箱变163台，电缆1698千米，灯杆16697基，总灯数25126盏。年内，新增漓湘东路，东升路、人民东路等9条道路共计1162基2210盏光源；改造开元中路、新安路、板仓南路等8处道路，增加光源892盏，维护量增加15%，亮灯率98%以上，重大节日99%以上。（邓　倩）

重点工程建设

【概况】 2015年，县重点工程管理局紧紧围绕县委、县政府工作大局，以高效推进全县重点工程项目建设、工程代建与监督为目标，切实履行职能，积极克服难题，确保县域内各重点项目顺利推进。

全县共铺排重点项目85个，其中在建项目66个：续建40个、新建26个，筹建项目19个，年度计划总投资1105746万元，比2014年提高8个百分点。全县66个在建项目累计完成投资1112062万元，为年计划的101%，比2014年提高8个百分点。其中，政府投资类42个，完成投资566175万元，完成年计划的109%；社会投资类24个，全年完成投资545887万元，完成年计划的93%。66个在建项目中，共有65个项目已发生投资，投资实现率98%；26个新建项目中，共有22个项目已实际开工建设，开工率85%。全年完成投资407834万元，为年计划的89%。续建项目40个，全年完成投资704228万元，为年计划的109%。筹建项目19个，全年完成投资41100万元。2015年列入市对县考核重大项目53个，计划年内投资930810万元，全年完成投资977376万元，为年计划的105%。其中17个新建市级重大项目中，16个项目已开工。

致力抓好调度协调。该局树立唯项目建设为大的意识，全力以赴推动重点项目建设。将全县85个重点项目分类别、分片区逐一落实责任到各党组成员和科室负责人，每名领导和干部均联系到具体项目，实时跟踪项目进度，协调解决项目推进过程中存在的问题和困难。注重协作配合。重点项目建设形成日常工作镇街定期调度，重大问题由县重点工程管理局牵头组织相关县直部门会商解决的机制。各镇街履行征地拆迁主体责任，县国土、规建、征地等职能部门严把政策关、质量安全关，加快前期手续办理，加快征拆进度，及时解决矛盾和问题。

致力抓好监督检查。严格按照市对县考核方案所设定的“项目开工率”“项目季度投资完成率”“项目建设管理”等硬性考核指标，定期、不定期督查重点项目建设，及时通报督查情况。强化责任意识，狠抓责任追究。会同县委督查室、县政府督查室、县发改局等，针对全县征地拆迁和重点项目建设开展专项督查，同时根据县政府常务会、县长办公会、专题调研会议纪要的要求进行督查。

【杨懿文调研长沙磁浮线两厢风貌整治工作】 12月1日，长沙县委书记、长沙经开区党工委书记杨懿文，长沙县委副书记、县长张庆红一行乘坐磁浮列车，实地调研磁浮线两厢风貌整治工作。长沙中低速磁浮线是国内首条具有自主知识产权的中低速磁浮线路，连接长沙高铁南站与黄花国际机场，全长18.54千米，其中长沙县境内约16.59千米，途经黄兴镇、㮾梨街道、黄花镇的12个村（社区）。项目总投资估算46亿元，是长沙县近年来单体投资最大的基础设施建设工程。杨懿文、张庆红边查看两侧环境整治情况，边就违章建筑物拆除、水体美化、黄土覆绿、植物种植等工作与相关部门负责人交流探讨。

12月3日，杨懿文（右一）乘坐长沙磁悬浮列车，调研磁悬浮沿线两厢风貌整治工作　　（县工务局　提供）

在随后召开的座谈会上，县重点工程局、县规划建设局、县城管局、县水务局等部门及黄兴镇、㮾梨街道、黄花镇主要负责人就进一步做好相关工作发言。张庆红指出，对长沙磁浮线两厢风貌进行整治，是为了向乘坐磁浮列车的游客展示长沙县形象，彰显长沙县自然村落的整洁、清洁之美。要在做好清理建筑垃圾、整理裸露黄土、拆除违章建筑等工作的基础上，结合播撒草籽、铺种草皮、种植蔬菜等绿化配套设施，全力打造一条绿色的自然景观带。

【地铁5号线一期工程开工建设】 11月29日，长沙地铁5号线一期工程在湘府路地铁站启动开工建设，总投资169.57亿元。长沙地铁5号线呈南北走向，主要沿万家丽路行进，过湘龙路、开元西路。线路全长35千米，共设26个车站，其中一期设车站18座。一期站点起于时代阳光大道站，途经雨花区、芙蓉区、开福区和长沙县，在长沙县境内经开元西路站、湘龙路站后到达蟠龙路站。二期站点建设涉及长沙县内的沙安路站与安沙路站。

【长沙县机场联络线改造等三大工程开建】 11月30日，长沙县机场联络线改造、金阳大道、G107调规三大重点项目同时开工。三大项目总里程27千米，总投资23.9亿元。其中，机场联络线改造项目起于黄花收费站，止于机场T2航站楼南侧厦航路，全长4.5千米，总投资15.3亿元，是连接长（沙）永（安）高速、人民东路、机场航站楼、机场高速的南北向重要通道。随着黄花国际机场旅客吞吐量持续增长，机场联络线成为城区交通组织的瓶颈路段。提质改造后，机场联络线将成为机场T1、T2航站楼部分客货运输疏散的快速通道，将与人民路、长永高速组成展示省会形象的景观大道。

【重点工程安全生产督查】 7月17日，县重点工程管理局重点工程安全生产督查小组到长沙地铁三号线、长沙中低速磁浮线项目、500千伏鼎功变电站等重大项目工地开展安全生产工作督查。督察组一行先后深入地铁三号线松雅湖南站项目部、磁浮线项目中铁二十三局项目部、500千伏鼎功变电站，听取项目施工单位安全生产工作汇报，并就建设、监理、施工、设计、勘察等单位安全生产管理制度建立及落实情况、应急救援预案制订及演练情况、建立专（兼）职应急救援队伍、应急救援物资、设备配备及维护等情况进行排查。随后，督查组赴项目施工现场督察。

【长沙地铁3号线松雅湖南站主体封顶】 6月29日，长沙地铁3号线一期工程松雅湖南站（原名东四线站）主体封顶，是该线一期工程开工以来首座主体封顶的车站。松雅湖南站位于星沙开元东路与东四路交叉路口东侧，沿开元东路东西向布设，为地下二层车站，长210米，宽21米，地面设3个出入口，并有2个出口与北侧地下商业空间对接。松雅湖南站于2014年5月2日开工建设，比原计划提前半年完成主体结构。施工方首次

6月29日，长沙地铁3号线松雅湖南站主体封顶　　（县工务局　提供）

应用BIM技术，通过施工动画漫游、三维动画交底、施工方案模拟等技术手段，大大减少建筑质量问题、安全问题，减少返工和整改，确保项目高效优质完成。主体封顶后，松雅湖南站将进行施工交通转换和南侧附属结构的施工。

【长沙空港城建设及综合开发等两个PPP项目签约】 8月12日，长沙县与中铁投资集团有限公司、中国民生银行就长沙空港城建设及综合开发PPP项目正式签约，共同开发建设空港城首期10平方千米核心区。长沙县还与中国建筑股份有限公司就长沙县城区扩容提质基础设施PPP项目签约。两个PPP合作项目投资近100亿元，将助推长沙县建设东部开放型经济高地，打造实力强、活力足、品质高、现代化的省会次中心。当天，同时签约的长沙县城区扩容提质基础设施PPP项目包含市政道路、公园、桥梁等29个子项目，投资约40.77亿元。年内计划开工星沙联络线（长沙县段）建设、望仙东路建设、东一路提质改造、板仓路提质改造等12个子项目，全部子项目计划于2015—2025年完工。

8月28日，易炼红（前排中）到北山镇调研长沙危险废物处置中心项目建设工作 （县工务局 提供）

【易炼红调研长沙危险废物处置中心项目建设】 8月28日，省委常委、市委书记易炼红率队赴北山镇专题调研长沙危险废物处置中心项目运行准备工作，看望慰问工程建设者。易炼红强调，要以对人民群众高度负责的态度，确保处置中心安全、高效运行，全力服务长沙两型社会建设。长沙危险废物处置中心是国家规划建设的省级主要工程项目，2013年12月动工建设。项目占地20公顷，总投资3亿元，主要处理工艺包括焚烧、物化、安全填埋，不处理任何放射性（辐射性）废物、爆炸性废物等高危废物。年底，主体建设全部完成，并于28日实现点火试运行。建成后，该中心将承担湖南十个市州的危废处置任务，基本解决湘中、湘西和湘北等地的危废处置难题。

8月12日，长沙空港城建设及综合开发PPP项目签约 （县工务局 提供）

【磁悬浮道岔上线试车】 10月6日，长沙磁悬浮列车在磁浮工程浏阳河以西段上线试车。磁浮列车通过由铁建重工研制的国内首条中低速磁悬浮道岔时运行平稳，无振动、噪声等异常情况，得到试车业主及其他参建单位好评。长沙磁浮工程是中国第一条具有自主知识产权的中低速磁浮交通线，正线全长18.5千米，均为高架线，设计时速100千米，全线包含磁浮道岔7组，全部由铁建重工提供。铁建重工在磁浮道岔设计工程中充分应用虚拟设计方法、优化设计、可靠性设计以及有限元分析等方法，确定合理的道岔线型，在图纸设计阶段；虚拟样机技术建立的道岔虚拟样机模型，对极端气候条件下道岔运转过程中各联接部件的受力情况进行分析，结合有限元分析方法，确保道岔梁具有很好的强度、刚度以及高可靠性。对零部件边角倒圆并采用先进的喷铝防腐涂装工艺，保证道岔具有较高防腐性能。

在加工制造方面积累盾构机铆焊、机加工经验，针对磁浮道岔，确定焊接和机加工艺，采用先进的喷铝涂装防腐工艺，严格控制零部件质量。

（盛政敏）

工程代建与监督

【概况】 2015年，县工务局紧紧围绕县委县政府加快转型升级、狠抓改革攻坚的工作重点，以“促进度、优管理、保廉洁、树形象”为工作重点，积极参与民生和城区建设，加大专业项目管理建设力度，力推全县经济社会发展。

是年，该局代建市政项目41个（后新增5个），其中续建9个、新建21个、筹备9个、规划2个，项目总投资50.8亿元，年内计划投资10.6亿元，实际完成投资10.88亿元；房建项目21个，其中续建项目12个、新建项目4个、筹备项目5个，项目总投资约22.45亿元，年内计划投资7.34亿元，实际投资7.48亿元；全年累计完成投资18.22亿元，占计划投资的102%。县妇幼保健院整体搬迁项目先后获评“全国AAA级安全文明标准化工地”“全国建筑业绿色施工示范工程”“湖南省第二批省级工程质量常见问题专项治理观摩示范工程”。

重点工程、民生工程等项目取得新进展。公务局代建的项目中呈现重点项目多、管理模式新（26个项目采用新的PPP管理模式）、投资额度大（其中星沙联络线总投资9.35亿元，盖板工程、万佳丽北路与绕城高速互通、黄金大道S207黄花段、干杉段等项目总投资均在3亿元以上）等特点。全年开工或完工的工程主要有市政工程：9个续建项目均已复工；新建项目中万家丽路与绕城高速互通已开工，板仓路提质改造、东一路提质改造、宁化南路、望仙东路、物流大道二期、星沙联络线6个PPP模式项目已投资建设；土建工程：商务写字楼市民服务中心完成交付、星沙文化中心如期交付，春建小学、中南小学二期、长沙县体育中心室外工程已推进新增项目招投标工作，县第二消防站、龙塘小学等项目均顺利推进。

检测试验工作取得新成效。代建中心严格按照国家标准、行业标准和实验室操作规程进行建筑工程材料检测，年内出台《土建和市政项目技术交底会要求》，建立《工作安排部署及落实情况台账》《工作督办台账》等，各项目进场前将《工作流程制度与操作规程汇编》和《技术交底要求》分发给施工单位与监理单位，加大对项目检测的有效管理，工作效率提高。全年代建服务中心完成检测工程项目33个，开展各项检测试验150余次，发现并要求及时整改的存在隐患部位22处，整改率100%。

细化管理，加强工程造价与预算工作。全年完成工程预算项目28个，预算金额4.57亿元，服务费预算项目31个，预算金额5325.64万元；结算项目34个，结算金额4.27亿元；专业工程以及零星工程预算代结算27个，金额1371.91万元；上会变更审核项目11个，结算审减率6.03%。

主动对接，强化项目前期工作管理。是年，前期项目进展较为顺利，完成工程建设21个项目的招标，32个项目的采购，办理41个项目的非标，签订合同180份，办理9个项目报建手续，为项目顺利列入建设计划和开工建设奠定基础。

【推广工程新技术、新工艺、新材料的应用】 县工务局代建的桥梁、箱涵项目主要是：星沙联络线有桥梁13座（单幅）；万家丽北路与绕城高速互通有桥梁5座，双孔盖板通道1座；盖板工程需在长永高速上修建隧道长1.66千米等，这些桥梁、箱涵项目结构与技术十分复杂，质量、安全监控责任重大，为确保项目工程的质量和安全，推广桥梁预应力智能掌控、智能压浆控制技术等新技术、新工艺，全面引进第三方安全监控等安全措施，同时在开元西路提质改造项目中采用双组份标线和彩色立体人行斑马线。此外，代建中心测量的GPS由南方两星仪器升级为三星，外业测量基本采用与省CORS基站连接的网络模式，既减少外业测量所带工具量，方便GPS使用，又便于测量工作快速开展。

【建立工作考核机制】 该局重点建立四项工作考核机制，增强机关管理实效。一是责任机制。党组负“龙头”责任，一把手负“第一责任”，职能科室负“协管责任”，各科室负责人负“直接责任”，做到各负其责，齐抓共管。二是目标机制。根据工程代建任务，按照“细化、量化、科学化”的要求，合理确定工作目标，推行目标管理，层层签订“责任状”，把“软任务”变成“硬指标”。三是考核机制。建立定性与定量相结合的考核制度，定期考核，加强督办，使考核成为指导和监督各项工作任务落实的基本工作方式。每月由机关支部和纪检组长对内进行至少4次抽查，对外每月至少3次工地廉政建设检查，并将抽查情况在干部职工大会上进行通报和绩效考核扣分。四是奖惩机制。表彰先进，鞭策落后，严格奖惩，形

8 月 18 日，城区扩容提质基础设施 PPP 项目望仙东路项目开工仪式举行
（县工务局 提供）

成“争先创优”的生动局面。

【县工务局代建长沙县首个 PPP 项目】 8 月 18 日，由县工务局代建的望仙东路项目开工仪式在长沙县望仙路与东八路交会处东侧举行，此项目是长沙县城区扩容提质基础设施 PPP 项目首个子项目，望仙东路全长 1434 米，全线为直线，双向四车道，外加两侧辅道，设计行车速度 40 千米 / 小时。沿线将设置完整的雨水、污水、照明、电力设施，并预留给水、通信等管道位置，整体项目于 12 月底前完工。

【长沙县妇幼保健院项目建设】 长沙县妇幼保健院新院参照综合医院二级甲等标准和卫计委新的妇幼保健院建设标准，围绕“儿童保健、围产保健、妇女保健”三大中心进行设计，主要包括门急诊、住院、医技、行政后勤和三大部（含婚登婚检）。新院设计可再生能源——地源热泵空调系统、太阳能光伏发电照明系统和太阳能热水工程，利用土壤吸热和放热原理，通过循环水及相应的地源热泵机组，进行能量转换，满足夏冬季室内温度调节，采用雨水收集等多项绿色环保节能技术，并申报绿色二星建筑，可为老百姓提供一所环境优美的园林式绿色生态医院，同时将致力打造成中南地区施工质量最好、功能设施最齐、就医环境最优的示范性妇幼保健医院。

【黄金路（S207 南延线）采用新工艺】 检查井的施工是道路施工的薄弱环节，检查井与路面顺接不平顺而导致跳车和路面不平整，给行人及机动车带来不便，甚至出现事故。据此，县工务局代建项目黄金路（S207 南延线）借鉴日本经验，采用分离式防沉降检查井井盖施工工艺，能在很大程度上解决检查井出现沉陷及检查井与路面顺接不平顺等常见问题，大大提升工程质量，且施工的检查井井盖更加美观，有利于车辆和行人的交通出行安全。

【万家丽北路安沙联接线竣工】 2 月 5 日，县工务局召开万家丽北路安沙连接线竣工验收会。安沙连接线（物流大道）是安沙物流园的一条东西向主干道，连接万家丽北路与 107 国道，对于完善捞刀河以北安沙片区的路网结构，加强星沙北城区与 107 国道及京港澳高速的连接有着重要作用。安沙连接线（物流大道）是工务局市政项目中的一个 BT 项目，由中铁集团施工，在各相关部门支持下，项目建设年内完成并正式通车。

【东一路提质改造】 东一路为县城扩容提质 PPP 项目 29 个子项目之一，由长沙县星城投资有限公司投资与中国建筑股份有限公司共同投资建设，长沙县重点工程管理局代建，中建股份组织施工。9 月 11 日项目开工，11 月 27 日竣工通车，比计划工期提前 30 天完工。本次改造采用行车更舒适，噪音更小的沥青路面，完善人行道、交安设施、人行隔离设施等。针对东一路华润小学门口路段人流量较大的实际，对华润小学门口及对面 38 个树池进行优化，降低树围石高度，加装环保树围篦，提高此路段人行道的通行能力和安全性。通过优化，在东一路（东升路—望仙路）人行道加装物理隔离柱和隔离 U 形杆，有效遏制机动车碾压人行道的违法行为。 （盛政敏）

生态县建设

【概况】 2015年，长沙县以成功创建国家生态县步入生态文明县为抓手，继续狠抓全县生态环境建设工作，促进城乡品质倍升。5月8—18日经环保部网站公示无异议后，2016年1月22号环保部网站发布公告〔2016〕第6号，宣布长沙县为国家级生态县，长沙县由此成为湖南省第一个成功创建的国家生态县（区）。

创新垃圾处理新模式，即“三·三”模式（“三为主”保洁方针：户为主分类处置、村为主组织保洁、镇为主监督考核。“三转化”保洁目标：减量化处置有机垃圾转化有机肥料；无害化处置有毒有害垃圾，消除隐性危害；资源化利用可回收垃圾，实现资源循环利用。“三点子”保洁办法：交一点子；埋一点子；烧一点子）。选择黄花镇大兴村、福临镇双起桥村、春华镇松元村为“三·三”模式垃圾处理试点村，坚持户为主分类处理，村为主组织保洁，镇为主监督考核的总体方针，探索农村生活垃圾无害化、减量化、资源化处理新模式。制定与下发2015年各镇街生活垃圾填埋量与有毒有害垃圾分类收集目标任务，并逐步推进农村垃圾处置收费。继续聘请专业公司实行全县有毒有害垃圾“统一收集、统一清运、统一处置”。全年集中回收处置废弃玻璃1818吨，专库储存电池4.24万节、灯泡灯管9.99万个，废旧衣服587吨，橡胶塑料制品32吨，解决居民不可降解垃圾和有害垃圾回收、处理、利用难的问题。2015年，全县18个涉农镇街转运卫生填埋垃圾62964吨，垃圾分类减量率78%，逐步探索出了一条农村环境保洁、垃圾分类处置的常态化之路。

印发《长沙县生态环境治理考核办法》《长沙县2015年乡村保洁经费补助方案》《长沙县生态示范点建设标准》《生态建设环境治理集中考核细则》等，实行社会评估机构暗访考核与部门考核相结合，镇街每季度考核综合成绩排名前三位的分别奖励8万元、6万元、4万元，排名后三位的每季分别扣拨专项经费3万元、2万元、1万元。每季度考核结果在《星沙时报》进行公示。11月，国家卫计委副主任王国强率全国城乡环境卫生整洁行动督察组到县督查，现场考察果园镇、白沙镇等地示范点，并充分肯定长沙县在城乡环境卫生整洁行动工作成绩。

组织召开全县生态文明建设重点工作推进会，就养殖减量具体工作进行部署安排，通过全面摸底，理清养殖底数，经统计全县200平方米以上养殖总户数4723户，养殖栏舍面积约150万平方米。由专业测量公司对申请自愿拆除对象进行面积丈量，并签订丈测协议，各镇街完成自验收后报我办申请复核验收，12月1—2日组织对全县拆除规模生猪养殖栏舍督查考评行动，12月10日开始组织县农林、县财政、县环保部门核查验收。全年拆除规模生猪养殖栏舍5599户，共计140.46万平方米，补助误工覆绿资金1.52亿元。

继续对捞刀河（黄花镇）段69.47公顷退耕与湘江长沙综合枢纽工程捞刀河流域回水影响土地70.97公顷退耕进行生态补偿，发放生态补偿金近170万元。全年受理群众举报投诉事项76起，经查证属实68起，全部及时有效解决。

制定《2015年长沙县农村卫生改厕实施方案》，在市补资金基础上，县财政预算安排改厕配套经费200万元，按照示范点和美丽乡村示范村优先、镇街新建房屋、危房改造户整体推进的思路，共在17个镇30个项目村安排改厕任务2600座，年底实际完成2598座。新建6座大型三格化粪池，解决6处村委会或集居点粪污乱排的问题。年末，全县卫生厕所普及率99.7%，无害化卫生厕所普及率75.02%。

按照全市推行的市场化运作管理模式，2015年，通过公开招投标，县财政安排专项经费61万元，由PCO公司承担城乡病媒生物防制服务，全面落实城乡春秋两季灭鼠和城区灭蚊蝇灭蟑消杀活动。完善防鼠设施建设，新建毒饵站2000座。6月12日，长沙县城区顺利通过国家卫生县城复审的病媒生物防制检查。（黄 宇）

【生态环境示范点建设】 按照每镇一个生态示范点（片区），每个点连续三年以上打造的思路推进，创建达标后由县财政分期向每个点扶助资金10万元，所在镇（街）、村委会按不少于县级的资金扶助标准进行配套。2015年，通过广泛发动群众捐资筹劳等力推生态建设，打造30个县级生态示范点。其中，黄兴镇鹿芝岭四顺塘杨梅湖片、果园镇红花村新大屋小区、白沙镇双冲村木鱼神片区、金井镇西山村神山嘴组、安沙镇白塔村白塔峰和青鸭塘组等一系列精品示范点（片区）较好地发挥点亮一盏灯照亮一大片的示范效应。

【拆除规模生猪养殖栏舍】 养殖污染是全县农村环境污染的主要源头。县委、县政府决定，在巩固2010年退养（划定禁养、限养）与2014年拆除农田养殖栏舍的基础上，按照以拆促治的思路，从源头上解决养殖粪污直排问题。2015年4月14日，县人民政府办公室印发《关于拆除规模生猪养殖栏舍的通知》，县生态办牵头带领各镇街打响拆违控污攻坚战。县生态办印发《打赢生猪养殖控规、拆违、控污攻坚战》画报6000份到各镇街、通过宣传发动，两家专业公司上户测量，全县测绘养殖栏舍面积148.6万多平方米，年底县生态办组织环保、农林、财政等四部门联合验收，全县拆除200平方米以上规模养殖栏舍面积140.46万平方米，涉及18个镇街187个行政村，5599户养殖农户，县财政投入拆除养殖栏舍误工覆绿补助资金1.52亿元，全县生猪饲养量控制在70万头左右，浏阳河、捞刀河等河流水质显著改善。（黄金雨）

农村环境综合整治

【概况】 2015年，围绕农村环境保护中心工作，改善农村生活环境，提升村民生活品质，落实省、市相关文件精神及《长沙县农村环境综合整治整县推进项目2015工作方案》具体要求，在5个镇31个村开展，从饮用水源地、生活垃圾、生活污水等方面着手，建设分散式饮用水源保护65处，配套宣传设施界碑8座、标志牌130个、隔离栅0.2千米；福临镇开物村影珠山畔一处设集中式饮用水源保护地，并完成验收；38418个户用垃圾桶下发至镇村；垃圾池245个、沤肥池1444个、处理池10996个、垃圾资源回收站27座安排至镇村；散户四池净化系统在各项目村安装完毕；集中式生活污染处理系统（人工湿地）14座开工建设。开展畜禽养殖退出工作。按照长沙县生态文明建设动员会部署和长县办函〔2015〕32号文件精神，组织畜禽养殖以拆促治养殖减量行动，全县200平方米以上养殖户数共4723户，养殖栏舍面积约150万平方米，拆除122.05万平方米，拘留非法排污养殖户16户。（黄 宇）

白沙镇双冲村坝上组—木鱼神组生态环境示范片区 （双冲村 提供）

环境监管

【概况】 2015年，长沙县环保局开展专项执法行动30次、联合执法行动6次；检查单位1671家，出动执法人员2388人次，执法车辆1343台次；下达《责令改正违法行为通知书》27份、《责令停止排污决定书》58份、《查封（暂扣）决定书》8份、《责令停产整治决定书》2份，移送公安行政拘留14人。立案117起，办结104起，到位罚没款1239.89万元；共征收排污费526万元；受理"12345"市民热线和"12369"环保热线及网络信访投诉1140起，限时办结率100%。

开展环境污染隐患大排查工作。落实2015年省、市相关文件精神及《长沙市环境污染隐患大排查工作方案》的具体要求，长沙县从2014年12月底集中开展贯穿全年环境隐患大排查工作。该项行动共出动执法人员500余人次；排查企业280家，对存在环境隐患的企业，下达现场检查文书312分，责令停产整治企业2家，行政处罚 11 家。

开展规模化养殖场环境整治联合执法行动。联合开展针对捞刀河流域畜禽养殖场环境整治为重点执法行动。针对 21 家生猪养殖户和非法小作坊因违反法律规定，未取得排污许可证排放污染物，被责令停止排污，拒不执行违法行为，移送公安机关实施行政拘留，现场拘留 14 人。通过多次行动，极大震慑散养户养殖废水直排违法行为，加快其自行拆除进度，确保水环境质量安全。

开展大气污染防治联合执法行动。组织召开长沙县 28 家煤矸石砖厂法定代表人约谈会，城乡建设行政执法大队组织现场执法行动。出动执法人员 105 人次，检查范围主要集中在水泥、化工、餐饮单位、建筑工地等领域企业 35 家，下达现场监察文书 37 份。实施大气污染防治特别防护期工作方案，对重点废气排放企业和建筑工地进行不定期抽查，监察人员对所有被检查 16 家单位下达现场监察文书，加强现场管理，保证清洁生产。

开展配合新环保法实施联合执法行动。组织县工信局、县公安局、县安监局、县城管局、县环保局、县工商局和农业等部门，分批次在全县开展贯彻新环保法联合执法行动，依法对污染企业采取取缔关闭、限期治理、查封扣押、限期搬迁等执法行为。共扣押生产设施、设备 16 台（件）；关闭非法生产作坊 7 家。同时，联合工信、电力公司对其停止供应生产用电。通过查封、扣押、停电等强制手段，迫使其立即停止生产，纠正违法排污行为。

开展秸秆焚烧专项行动。采取禁烧巡查方式，组织巡察队安排专车开展日巡查工作，共组织专项行动 47 次，出动执法人员 169 人次，当场查处焚烧秸秆行为 123 次，其中当场劝止 9 起；同时为秸秆综合利用寻找新出路，结合省重金属污染耕地防治工作设置 5 个秸秆基质化、肥料化、能源化、工艺品化等方向收储点，春华镇大鱼塘收储点建成投入使用，另 4 个收储点实施单位、选址和设计规模基本完成。

淘汰燃煤小锅炉，改烧清洁能源。根据《长沙县应对霾天气全社会联动方案》和《长沙县燃煤锅炉改烧清洁能源实施方案》，成立长沙县大气污染防治工作领导小组，共出动大气污染执法 125 人次，专项执法检查县内重点 55 家企业单位，执法人员到场下达现场监察文书 47 份。2015 年，长沙县完成清洁能源改烧单位有 44 家，折合改烧 153.4 蒸吨。

环境监测

【概况】 2015 年，环境监测工作围绕环境保护中心工作，以水环境、空气环境监测为重点，不断增强创新意识，提升监测能力。

1. 完成两河流常规监测。对榔梨、星沙、黄花三个水厂取水口上游地表水进行了 12 次常规监测，从监测结果分析得出集中式饮用水源地水质达标率为 100%，区域内河流出境断面水质达标率 100%。

2. 加强城市环境空气质量监测。加强县环境空气自动监测站日常管理，确保空气自动监测站正常运行，并将结果及时发布到县委、政府及环保局电子显示屏上，截至 12 月 27 日县域环境空气质量优良率为 75.3%，与 2015 年同期相比增长了 10.7 个百分点，为政府和有关部门及时掌握星沙空气质量变化情况、开展扬尘综合治理提供可靠数据保障。

3. 完善减排监测体系。根据省政府《“十二五”主要污染物总量减排考核办法》要求，长沙县不断完善污染源自动监测系统建设等工作。截至 2015 年，完成污染源自动监控数据传输有效率达 75%、自行监测结果公布率达 80%、监督性监测结果公布率达 95%。 （黄　宇）

节能减排

【概况】 长沙县围绕“在加快两型社会建设中走在前列”目标，坚持“节约与开发并举，把节约放在首位”能源发展战略，深入落实节能法律法规，强化节能监督管理，努力提高全社会节能意识。

节能监督管理。组织开展节能执法行动，强化对重点耗能企业日常监督检查和综合监察。完善固定资产投资项目节能评估和审查工作流程，完成 24 个项目节能评审和 75 个项目节能备案登记。推进重点用能单位节能低碳行动，实施能源利用状况报告和能源管理负责人备案制度，开展重点用能单位节能目标责任评价考核。

强化节能改造。实施长沙河田白石建材股份有限公司电机能效提升项目试点，对该公司 6450 千瓦低效低压运行电机分三期进行改造，改造后年节电量 144 万千瓦小时；制定出台《长沙县电机能效提升补贴实施细则》，湖南印山实业集团印山台水泥有限公司等 6 家重点企业作为电机能效提升示范企业，淘汰电机 603 台，总功率 12381.3 千瓦；引导企业开展清洁生产审核，纳入省市清洁生产审核企业有 16 家，共产生中 / 高费方案 46 个，完成32个，实施率完成率70%。

项目资金管理。紧抓项目争资。金井等绿色小城镇项目通过专家评审，预计争资2000余万元；申报长沙市2016年节能项目33个，共400余万元。推进项目实施。加强项目跟踪调度，强化协调服务，做足项目包装策划、研究论证等前期工作，落实39个项目节能专项资金拨付。

【推进“零碳”县示范创建】 选择县委政府机关大院等八个单位“零碳“示范创建单位，编制《“零碳县”示范创建单位碳盘查报告》和《长沙县零碳县示范单位创建实施方案》，安排示范创建单位减碳项目35项，安排资金1251.92万元，预计减碳2834.52吨；开拓创新，推进生物质电厂建设。积极开展生物质电厂建设前期筹备工作，多次开展调研定址路口镇，并确定由瑞农现代农业投资公司开展前期建设工作，待合作单位确定后，再有偿移交给合作单位或者以PPP模式进行合作。应邀参加法国里昂气候与地区世界峰会和巴黎世界气候大会，传播长沙县零碳创建理念。

【“零碳”与节能宣传】 普及“零碳”知识，编印《长沙县零碳宣传手册》，摄制《先行先试建“零碳” 两型建设谱新篇》零碳宣传片。开展节能宣传周活动，与长沙县交通局客管所、公交客运公司协调配合，选取2路、808路各5台车进行车身广告宣传；在《星沙时报》上，开辟节能两型宣传专栏，宣传节能低碳生活小知识，推广节能减排相关技术，每期文字内容不超过800字；与县城管局广告亮化办、县政务中心联系，利用开源酒店前电子屏、博爱医院前电子屏和政务中心电子屏（免费）滚动节能减排宣传标语，并发放节能手册，扩大节能减排社会影响力；与县民政局合作，选择牛角冲社区、丁家岭社区与湘滨社区等节能基础条件好社区，依托社区实际和社区年度宣传计划，合作开展形式多样、群众互动的社区节能宣传活动，并给予资金补助。 （刘 思）

星沙通程广场电子屏宣传“零碳”知识 （刘 思 摄）

交 通

·交通建设·

【概况】 2015年，县交通局坚持“以大项目促大交通，以大投入促大发展”建设思路，科学编制规划。投入5.2亿元对县内国省干道G107、S207、S103和秋江线、金向线、瞿麻线等重要县道进行全面提质改造；加快推进县人大议案工程，全面启动北部三条干线公路（S323福临段、S319开慧段、S319金井段）建设，完成投资1.3亿元，路基建设形象进度完成70%，计划2016年全线建成通车；创新交通投融资模式，采取BT、融资+施工总承包和PPP模式高标准完成黄兴大道南北延线、人民东路东延线、万家丽北路北延线等项目，顺利推进岳汝联络线、机场联络线南延线、S207南延线、黄兴市场群五条道路的建设，黄江公路市场群段12月全面建成，启动机场联络线提质改造、金阳大道和G107调规的建设，初步形成内联外通、功能完善从南至北二级标准以上干线公路网络。规范农村公路建设程序，全年共投入4602万元新建农村公路230.1千米，实施桥梁改造1162延米，投入1000万元实施农村公路连接工程50千米，投入2169万元实施农村公路安保工程，投入600万元修建生态路120千米，投入2666万元实施农村公路提质改造119.8千米；创新推行路基、路面“两次验收”资金“两次拨付”制度，提高路基、路面质量，确保监管到位。严把工程质量关，创新村民自主质监制度，充分发挥了群众监督作用；加大农村公路养护力度，投入2579万元实施农村公路养护3822.151千米；建立健全农村公路养护“月检查、季评比、年度考核”体系，每年两次对全县的公路养护质量情况进行全面考评，并开展群众满意度测评。该县农村公路建管养运工作得到省、市交通部门高度认可。

全县公路总里程4435千米，其中高速公路90千米，国、省道116千米，农村公路4229千米。全县国省道、县道、乡道硬化率均100%，村道硬化率95%，公路路网密度为253千米/百平方千米和49.4千米/万人。100%乡镇和建制村通油（水泥）路，100%建制村通客车。并获得“长沙市干线公路建设目标考核优胜单位”“长沙市农村公路养护管理考核一等奖”“长沙市农村公路建设质量管理一等奖”。

【干线公路建设】 2015年，全县干线公路建设规模744.1千米，其中新建项目506千米，改建项目238.1千米，完成总投资69.39亿元。黄兴大道南北延线、人民东路东延线、万家丽北路北延线建成通车，黄江公路东延拓改于2015年12月全面建成，岳汝联络线、机场联络线南延线、S207南延线、S319金井—双江、S323开慧—白沙、S323福临段、黄兴市场群五条道路等全面铺开建设，机场联络线提质改造、金阳大道长沙县段11月份将正式开工建设。（胡 欣）

【创新融资方式】组建交通投资公司，采用BOT、代建制和施工总承包等模式吸引民间资本，采取融资+施工总承包的模式引入央企合作等新型融资方式。2015年，该县同中铁投资集团商议合作，采取PPP模式进行机场联络线提质改造、金阳大道长沙县段、湘府东路及湘府东路浏阳河大桥、万家丽北路至北横线、万家丽北路安沙连接线（G107至黄兴大道北延线段）、盼盼路东延线工程等6条道路、桥梁交通工程的投融资、建设工作，预计项目总投资44.8亿元，其中工程建安费约33亿，项目整体合作期限20年。（李建松）

【农村公路提质改造】 投资600万元实施农村公路生态路计划120千米；投资2400万元实施农村公路县计划120千米；投资1000万元实施村级公路连接工程计划50千米；投资1600万元实施农村公路1000千米提质改

造三年行动计划400千米；投资600万元实施农村公路生态路计划120千米；投资2640万元对全县农村公路进行日常养护工作，共清理边沟985千米，整理路肩1584千米，栽植行道树2325余棵；改造桥梁20座。

【文明示范路建设】 开展农村公路文明示范路和文明示范乡镇创建活动，重点完善标牌、标线、减速带，整理路肩水沟，提升道路绿化率。明确开慧镇、白沙镇、金井镇为2015年农村公路管养示范乡镇，投资500万元创建文明示范路里程23.115千米（金井镇6.857千米、白沙镇7.007千米、开慧镇9.251千米）。（杨浪浪）

·交通运输·

【概况】 2015，长沙县率先在全省采用PPP模式成立第一个PPP项目公司——长沙星通公交发展有限公司，解决资金筹措难题；全面完成农村客运车辆公车公营改造，对485台农村客运车辆进行下线处置，化解诸多隐性矛盾甚至是群体性突发事件，确保社会大局和谐问题；开通24条城乡公交线路和1条红色旅游公交专线及区间线，投入高等级空调公交车284台，实行2元制城乡票价，如期实现县内主干道和乡镇主要集镇公交全覆盖目标，满足全县90余万城乡居民出行需求。推广清洁能源公交车，同时，要求公交企业对在线营运的常规柴油动力公交车实行达标控制，加强对车辆的维护保养，定期更换化油器和燃油空滤系统配件，对排放不达标车辆加装催化转换器（DBAF），做到确保车辆排放达标后才能上路。年底，该县在线营运公交车688台，新增（含更新）公交车辆391台，其中新能源公交车286台，新型节能公交车辆约占公交总运力73%。（吴旭、郑梁）

【成立星通公交发展有限公司】 4月18日PPP一级项目公司——长沙星通公交发展有限公司（以下简称星通公司）正式挂牌成立。星通公司组织形式为有限责任公司，注册资本1亿元，由长沙县通途公路建设投资有限公司代表政府出资（持有44%的股权）与社会资本（长沙通畅客运有限公司，占股32%，长沙县鑫沙道路客运有限公司占股24%）共同组建，主营公交站场的建设与开发、城乡公交线路运营等业务，主要承担长沙县城乡公交一体化的整体推进和具体实施。

【出租车融城】 2015年，全县486台出租车与市区出租车融城对接，实行出租车资源共享，实现市、县出租车"同城同价"和"六统一"（统一市场管理、统一考核标准、统一执法尺度、统一服务规范、统一投诉受理、统一设施标准）行业管理，从根本上解决打的难的问题，净化市场秩序，使老百姓出行更加方便。

【站场基础设施建设】 启动城区公交首末站建设，其中灰埠和松雅公交首末站采用PPP模式进行建设，通过公开招投标程序完成招商工作。全年建成公交候车亭86个，独立式站牌700块。（郑梁）

·交通行业管理·

【概况】 建立治超指挥中心，规范两站（唐田、黄花治超站）十点（青山铺、江背等治超点）使用；强化科技治超，在唐田、黄花治超站建立不停车检测系统，黄江公路、S207不停车检测系统以及全县治超信息监控平台即将启动建设；实现治超执法常态化，多次开展集中整治行动和联合执法。全年对县域内货物运输企业及车辆、公共客运企业及车辆、物流企业、驾培企业、维修企业、客运站场、公路、桥梁、隧道、在建交通工程开展全范围、无死角、零容忍的安全生产隐患大排查。对县域内校车行径路线开展安全隐患排查，并按照一车一档的要求建立安全隐患台账。对全县7个渡口、1个水上旅游区（白鹭湖）以及3个水上水下施工项目进行全面检查，加强对通航水域安全监管，对存在重大安全隐患安排人员进行交通管制，开展水上交通安全培训。全年交通领域未发生大的安全生产事故。（吴旭）投入资金32.1万元对全县所有渡船进行标准化改造，其中10客位（机动）2艘、10客位（非机动）2艘、20客位4艘、30客位（后驾驶带跳板）9艘，新改造渡船全部到位。引进浙江模式，推行维修企业配件质量保证和追溯系统，对二级维护企业建立24小时监控平台，通过"电子身份证"（防伪条形码）对汽车配件和二维作业实行信息化管理和实名追踪。2015年，全县共出动执法人员36350人次，检查车辆23673台，对非法违法、违规违章行为警告472次，责令整改472起，查获超限超载车辆1696台，罚款281.9022元，查获非法营运车辆共计329台，罚款64.75万元。（喻婷 刘艳菊）

【规范货运市场】 2015年，办理行政许可事项1320余件，其中办理道路货物运输经营许可1300余件，二、三类机动车维修许可15家，设立机动车驾驶员培训机构经营许可3家，物流备案46家，受理事项办结率达100%；

全年完成营运货车年度审验4550辆，开展营运车辆二级维护15095台次。严把货运市场准入关、人员资质关、车辆技术关，对重型载货汽车（12吨以上）强制安装北斗兼容车载终端。

【驾培市场管理】 坚持“标本兼治、疏堵结合、综合治理、依法监管”原则，全面清理规范普通机动车驾驶员培训和道路运输从业资格驾驶员培训各个环节，确保教学安全，进一步提高培训质量，促进全市驾培市场健康稳定发展，实行驾培计时计程培训系统，对驾校的教学和管理情况进行全过程的、实时监控，依法取缔非法训练场所5家。

【开展质量信誉考核】 对辖区内各货运、维修企业和驾培机构安全生产、经营行为、服务质量、管理水平和履行社会责任等情况开展质量信誉考核，维修企业评出AAA企业7家，AA企业84家，A企业15家，还有2家企业达不到考核标准要求其整改；道路货物运输企业考核164家，达标率90%以上。 （刘艳菊）

【建立水上安全固定执勤点】 2015年，长沙县投入286万元在安沙水塘垸砂石厂和黄兴镇荣江村砂石厂分别设立“水上交通安全执勤点”，在卸砂区段内建设2个趸船码头，完善砂石卸载基地视频监控，并配备执法巡逻艇。加强了该县安沙、黄兴两个砂石基地水上交通安全监管，彻底消除水上交通重大安全隐患。 （喻 婷）

·公路管理·

【概况】 2015年，长沙县公路管理局全面履行公路建、养、管职能，完成各项工作任务。全年路况优良率85.11%，其中国道优良率100%，省道优良率95.3%，支线优良率81.14%。是年，县公路局公路养护工作在市公路局每季度考核评比中均排名第一，获评市公路局路政管理红旗单位、目标考核优秀单位等荣誉称号。

公路提质改造。完成G107线青山铺至安沙段提质改造，S103线株桥集镇段33+000~34+360路面大修，X027线、X031线路面大修，X021线、X022线、X024线、X053线路面提质改造等工程项目，改建公路总里程51.456千米，总投资16854.92万元，项目工程合格率100%。

公路养护工作。加强路面巡查力度，完善日常养护管理，同时不断提升养护机械化水平，并加强日常养护督查考核，推广“四新”技术应用，确保全县人民群众安全出行。全年完成：清理路基边坡1500千米；修复公路边沟0.38千米；修复防护工程2429平方米；路面局部修补24690平方米；水泥路面清灌缝43.69万延米；行道树刷白14万棵；修复千米碑、百米桩、示警桩等1605块；修复波形护栏0.82千米；修补路面标线11203平方米；桥面局部维修4800平方米。

桥梁和路政管理工作。县公路局对管辖范围内桥梁落实桥梁“三个一”责任制，择优选取正规检测单位对管养桥梁进行一次定期检查。对检查中发现存病害桥梁，特别是三、四类桥梁、危窄桥涵，指定专人进行重点监控，掌握桥梁病害发展动态，并组织人员对桥梁病害进行处治，如修复破损栏杆，清理、更换伸缩缝，疏通泄水孔等，确保安全畅通。加大了对病危桥改造力度，完成麻林桥和水渡河大桥维修工程，月形山桥完成桥面系及支座维修。2015年，共上交县财政公路赔补偿费79095元；清除公路用地范围内临时摊贩128处；清除路面及公路用地堆积物351处；拆除非公路标志牌235处；发出违法通知书714份；办理公路赔补偿案件10起；办理路政行政审批案件6起。

公路治超工作。完成两站十点的治超站点建设，全县形成完善治超网络；组建交通、公路、公安交警、城管参加联合治超队伍；对全县治超站、点和主要路段安装视频监控，建成监控中心，安装两套不停车预检系统，工作效率得到有效提升。开展对非法加高栏板等改型货车专项整治，推动源头治超工作。是年，共检测车辆3200台次，处罚超限车辆1580台次，收取罚款300万元，卸载货物4100吨。通过强力治理，该县货运车辆超载率控制在0.5%以下。 （肖 睿）

·民用航空·

【概况】 2015年，长沙黄花国际机场完成旅客吞吐量18715278人次，保障运输飞行起降152761架次，完成货邮吞吐量110,641.1吨。中南地区排名第四位，全国排名第十四位。年度公司主营业务收入62451万元，同比增长6.03%，营业成本65738万元，同比下降4.78%，全年实现盈利3933万元，比上年同期减亏6728万元。

安全管理。全面落实“党政同责、一岗双责”安全生产责任制和责任追究制度。全年实施不停航施工项目12个，控制区围界新开道口4个，未发生不停航施工不安全事件。确保抗战胜利70周年纪念活动期间机场平安稳定，顺利通过航空安保后续审计。多手段强化机坪监察，确保实现连续三年机坪“零”事故。开展“金鹏 2015”航空器应急救援综合演练、“猎鹰 15”应急救援综合演练、“航延 2015”大面积航班延误桌面演练，提高应急管理和指挥系统水平与突发事件应对处置能力。创新考核方式推进班组建设，涌现出机场运行控制室神鹰班组、设备管理室机电一分队、旅检一大队锐鹰班组等集团优秀班组，航站楼管理部机电维修班组被评为“全国优秀质量信的过班组”，分公司被评为“湖南省质量管理小组活动优秀企业”。

运输生产。2015 年，长沙机场国际旅客吞吐量首次突破 150 万人次，同比增长 35%，增长人数 39 万，位居中部地区航空口岸前列。E 类机型增长迅速，保障完成起降 3840 架次，同比增长 64%。积极推进节能减排，完成 T2 航站楼照明系统节能改造项目，改造完成后预计可节约电费 70 万元 / 年，节约照明维修费用约 12 万元 / 年，预计两年即可收回项目投资成本。积极跟进长沙机场污水站项目后续 BOT 招商工作，已进入公开招标阶段。

服务提质。通过建立航班地面保障时间标准、加强长效航班运行管控、强化信息沟通等举措，长沙机场航班平均放行正常率 75.20%，连续 6 个月位列中南地区千万级机场放行正常率第一。积极推动全国首家智慧机场集群落地，全新改版长沙机场微信公众号(96777),旅客足不出户便可享受“互联网 + 机场”带来种种便利”。“96777”业绩再创新高，人工接通率 99.12%，客户满意率持续保持在 99.1% 以上。开展 “口岸服务提升年” 活动，全年发放口岸服务提升调查问卷 400 份，全年督查整改问题 59 起，基本完成整改。开展患病旅客“一条龙”服务、航站楼 WiFi 体验提升、完善特殊旅客安检服务等，推出“让失物早日回家”体验式服务，提高失物认领率 8 个百分点。创新举措发挥旅促会平台功能，收集服务质量改进建议 200 余份，主动征集、有效解决航站楼服务质量问题 31 起，问题整改率达 90%。长沙黄花国际机场安全检查站旅检大队被评为“全国青年文明号”。

航班保障。按照行业标准对长沙机场消防和应急救护人员队伍进行合理调整配备，成立消防战训室，正式向中南地区管理局提交升级申请。完成 AOCC 功能设置、办公用品需求、办公用房相关区域以及席位初步设置，制定转场搬迁方案。启动停机位改造项目，将长沙机场原 11#、12#、14# 停机位改造为临时性过渡 E 类停机位，10#、15# 改造为长期性 E 类飞机停机位，完成可行性分析和施工图纸评审，初步落实改造方案。启用综合协同办公系统，提升自动化行政办公效率。初步完成中心数据库建设，搭建大数据平台汇总集团人事数据、航班数据和航班结算数据，有效整合信息资源，为分析决策提供有利数据支撑。

队伍建设。持续推进人事管理改革，选定消防护卫部作为长沙机场人力资源管理试点单位；试运行区域监护，登机口监护岗位及廊桥操作岗位整合运行。合理开展机构调整，完成公司下设 18 个二级机构（含机关职能部门）部门职责修订明确，实施培训中心餐饮部业务职责及人员成建制交由公共区管理部代为管理以及分公司监控系统资源的整合工作。开展目标管理考核细则修订和优化工作，制定各个部门个性化绩效考核方案。加强队伍建设，在分公司范围内择优选拔 11 名基层管理人员及 2 名中级专业技术人员，并选派 5 名人员到集团公司驻村帮扶队开展驻村帮扶工作以及 1 名人员到衡阳机场任职。加强安检职业技能建设，安检站持证率由 2014 年年底 95% 提高到 99.3%, 中级（含）以上持证率由 50 % 提高到 66.8%。稳步推动依法治企，修订规章制度 35 项，新增规章制度 10 项，着手建立现行有效规章制度目录，定期评估规章制度有效性。（寇冠乔）

邮 政

【概况】 2015 年 5 月，湖南省邮政公司县级分支机构长沙县邮政局正式更名为中国邮政集团公司湖南省长沙县分公司。长沙县邮政分公司下辖 51 个支局网点，3 个邮件处理中心。全年完成邮政业务收入 12814 万元，同期绝对值增长 2077 万元，增幅 19.35%，其中邮务类和速递物流类业务分别完成业务收入 1966.13 万元和 2694.1 万元，完成年计划任务 94.64% 和 106.74%。截至年底，金融类板块全年净增余额 62940 万元，排名全省县局第一，点均净增 1258 万元，活期比 32.3%，余额规模 512441 万元，在五区四县中首个突破 50 亿元大关。是年，该公司被长沙市邮政分公司评为“先进单位”。

【搭建综合服务平台】 建立邮政综合便民服务站 160 个，其中叠加综合业务功能网点有 111 个。2015 年，购酷连锁超市在长沙县各行政村和县域社区、小区开通超市 73 个，长沙县邮政分公司与购酷连锁超市达成合作意向，所有网点将叠加代投、代收、助农取款业务。县域内社区、小区网点安装智能包裹机，缓解投递压力，让社区居民享受邮政更方便、快捷服务、金融服务。

【湖南省首本村志发行】 11月25日，由中国邮政集团公司湖南省长沙县分公司及长沙县果园镇浔龙河村支部委员会、村民委员会共同编著的湖南省首部村志《浔龙河村志》在浔龙河村民广场正式交付。中国邮政集团公司湖南省长沙市分公司总经理刘力、长沙县分公司总经理周建军出席交付仪式。此举传承立传修志优良传统，以激励当代，惠及后人，更让长沙县邮政分公司在弘扬优秀传统文化、服务地方经济社会发展方面发挥更加积极和重要的作用。 （曹 雯）

通 信

·中国电信长沙县分公司·

【概况】中国电信股份有限公司长沙县分公司(以下简称“县电信分公司”)是中国电信在长沙县的县级分支机构，下辖综合部、网络部、销售部及泉塘、路口、金井、安沙等16个支局和星沙、城东、湘龙等5个营业部。2015年年末，该公司在职员工312人，获评2014年度中国电信集团（湖南）最佳经营单元和2015年度全省强县工程之“天翼先锋双提升”优秀单位。

经营业绩增长较快。该公司认真贯彻落实集团公司、省市公司相关经营工作思路，坚持围绕企业规模发展、价值提升，立足市场、依托市场全面扎实推进生产经营，并通过一系列措施，业务发展、基础管理等成效显著，市场份额稳步提升，通过全体干部员工的共同努力，2015年实现企业收入2.3亿元，同比2014年增长12%，实现“强县工程”之“天翼先锋双提升”目标值。

发展举措科学有效。根据长沙县实际，以市场份额的提升为指引，因地制宜推出各项科学有效的举措，并在员工中达成共识，形成合力，效果明显，实现“四高”，即高质量推进、重点产品高效率拓展、行业应用高速度突破、渠道体系高标准打造，累计拓展有效网点216家。

网络能力优化升级。该分公司坚持以提升全网维护服务高质量为目的，以支撑市场经营发展为崇旨，进一步加强基础维护力度，加大通信建设投资，克难攻坚，科学发展，较好地优化网运质量和服务质量，为企业发展提供有力保障。是年，共投入工程建设资金6070万元，投资主要集中在C网建设和FTTH光缆建设，其中FTTH光网建设投资1500万元、C网投资3200万元。新建4G基站420个，全网共建基站数662个，4G全部覆盖星沙城区，覆盖率100%,农村集镇覆盖率95%,农村村组信号覆盖率90%，网络能力再上新台阶，主要维护指标有较大改善。

5月6日，长沙县信息化镇村推进工作布置会召开 （谢晓琳 摄）

扎实开展党建工作。在抓经营和服务的同时，加强企业党群等各项工作的综合管理，促进企业稳健和谐发展，坚持务实开展党群工作，真抓实干、杜绝弄虚作假，坚持聚焦“三严三实”，从严治企，对严重危害企业风气的恶性行为一律严加考核、防范，要求全体员工自觉遵守党风、党纪和企业的相关规定，巩固工作作风，坚决杜绝“节日腐败”，严格执行《中国电信廉洁手册》等各项廉洁规定，切实抓好党风建设。

积极推进幸福工程。该分公司组织人员分片、分区、分重点，在夏季为基层一线员工送上一份“清凉”，在冬季送上一份“温暖”，使员工感到大集体的温暖。为更好地凝聚员工力量，让员工更加安心、踏实地工作，用正能量团结、凝聚、激励员工，通过努力，2015年有4位四级单元小“CEO”走上领导岗位，让基层员工真实感受到自身价值的充分体现，员工幸福指数不断攀升，企业凝聚力和员工战斗力全面增强。 （谢晓琳）

·中国移动长沙县分公司·

【概况】 中国移动湖南公司长沙市长沙县分公司，地处长沙县星沙镇开元东路154号，隶属于长沙市移动公司领导。现有员工206人（上市员工164人，劳务派遣制员工42人），中共党员30人，共青团员30人。下辖

“5·17”世界电信日，县移动分公司在星沙中心营业厅旁举行促销活动
（县移动分公司 提供）

星沙、黄花、槼梨、暮云、路口、金井、安沙7个营业部。2015年，该公司被评为“全国模范职工小家”单位。

业务发展。大力发展4G业务，中国移动率先抢占发展高地。2015年年底，长沙县移动通信服务收入达7亿元，4G客户达34.11万户，县内移动4G客户以月均增长2万户速度增长。新建端口数4.1万个，累计建设端口8.9万个，全年累计净增有线宽带用户12325户。借助长沙县政府创建“智慧城市”试点县契机，开展信息化重大项目拓展工作，先后完成长沙县天网二期工程、无线星沙WLAN覆盖、电子政务网出口、教育城域网出口等项目建设。

网络建设。2015年，该公司基站累计数达2562个。全网线路总长由2014年5240千米增加到5261千米。做好各项重大活动、重大突发事件通信保障工作。通过应急站点建设，重要客户解决，网络优化调整，日常投诉服务，多方式并举，积极应对解决重点、难点网络投诉问题。完成重要客户、重复投诉客户上门测试700余次，解决用户投诉问题190个。是年，客户满意度调查，全区排名领先。

社会公益。该公司推动“信息扶贫、信息下乡、信息进村”工作；联合对口社区、街道积极组织扶贫帮困、在职党员进社区献爱心活动；组织在职青年志愿者下乡慰问，开展减霾从我做起公益活动等。（胡 穗）

·中国联通长沙县分公司·

【概况】 中国联通长沙县分公司是中国联通在长沙的县级分支机构，负责经营长沙县行政区域内的基础电信业务（2G业务、3G业务、4G业务、固定电话业务、互联网宽带业务、国际国内长途、IP业务、数据通信业务）和增值电信业务。现有遍及城乡、村镇的实体营业网点200余家，形成服务更到位、可持续性发展的渠道服务网络。

2015年，公司新增和开通基站33个，完成电信、移动基站设备的安装，开通站点44个。完成固网建设项目102个，总立项金额592.03万元，新增语音端口2210个，新增FTTH端口12944个，完成23个小区的电缆覆盖FTTH改造。全年业务收入突破2.3亿元，综合绩效评比和各项业务完成比例名列长沙市前茅。

是年，全网维系工作紧抓存量用户保有率、存量收入保有率、新增续费率、客户关怀系统操作路径准确率、到期用户续约率几大指标，全面推进“存量用户保有”工程。

同时，公司重点规范政策、明晰流程、落实责任、强化执行，有力提升基础管理水平：根据全业务经营要求，不断完善现有制度和流程，确保公司整体运转顺畅，适应市场竞争的需要；狠抓财务及内控管理，夯实财务基础管理，有效降低经营风险；加强安全生产工作，全年无重大安全事故发生；物资管理、施工建设管理、客户服务管理等工作不断进步。

注重企业文化建设。围绕团队建设，在“二次创业”思想的引导下，有效落实降本增效，不断优化工作流程，实现营销模式、服务模式、管理模式、网络支撑模式的转型，合力开创长沙县联通发展新局面。围绕二次创业及创新转型的思路和理念，以互联网思维开拓工作思路，全面完成市公司下达的任务。重视管理层和一线员工的信息畅通，推进公司民主管理，实行岗位公开竞聘。

是年，该公司获评全国“模范职工小家”以及长沙联通2015年度“先进销售基层单元”“先进销售基层单元”、集客创业杯“优秀基层业务单元”“先进基层党组织”、纪检监察“先进单位”等荣誉。（彭 晶）

商贸·旅游

责任编辑：张　娜

商贸流通

【概况】 2015年，长沙县实现社会消费品零售总额373.67亿元，同比增长16.5%。第六届星沙商圈购物消费节活动期间共产生社会消费品零售总额约31.4亿元，同比增长25%，拉动社零增长约3百分点。农贸市场三年行动计划稳步推进，全年新建农贸市场7个，取缔马路市场20个、入场规范经营4个。加强成品油行业管理，全年销售成品油75.36吨，同比增长5.95%；《加油、加气站和充电桩布局规划（2015—2020年）》通过县长办公会议审定；对全县53家现状加油站进行年检审。制定《长沙县再生资源体系建设试点工作方案》，在全县9个社区开展再生资源回收管理试点工作，完成6家再生资源企业现场查勘，网点备案，再生资源分拣中心项目通过项目建设领导小组会议审定。正式启动开展肉菜流通追溯体系建设试点工作，完成20余个追溯节点企业设备安装调试、人员培训工作，建设进度走在全市前列。全县农村商务信息平台共发布交易信息20余万条，成交额5.6亿元，超额完成年初设定目标，综合排名全省第三。中、小商贸流通企业服务稳步推进，帮助200余家企业及个人获得1.5亿元贷款，协助9家企业申报长沙市第二批最具成长性和自创·知名品牌商贸流通企业。

【最大“农＋超”商业综合体开业】 1月8日，长沙县北部乡镇最大“农＋超”商业综合体福临镇农贸市场开业。农贸市场按照“政府主导、社区主责”方针运行，经营户可享受摊位一年内免租金优惠政策，根据“政府建管”农贸市场要求，市场门面、摊位实行实名制管理，禁止转租。收费实行政府指导价管理，按保本微利原则，由县发改局核定收费标准。农贸市场总投资420万元，总面积2074平方米，分为两层框架式结构，第一层设有蔬菜、水产、肉类等8个农贸产品经营区，第二层为小商品、日杂等生活用品。

【再生资源智能回收试点】 1月19日，长沙县召开再生资源体系建设和管理会议，会议专题研究循环经济产业园建设。会议审议《长沙县（经开区）再生资源管理办法》，并明确在泉塘街道进行再生资源智能回收项目试点。长沙县还将设立再生资源体系建设引导资金500万元，连续三年用于回收网点、回收处理、回收技术研发和引进等补贴及街道、社区奖励等。

【举办商业服务业收银员职业技能竞赛】 4月17日，由长沙县商务局、长沙县总工会、长沙通程控股股份有限公司共同举办长沙县2015年商业服务业收银员职业技能竞赛在星沙通城商业广场举行。来自全县商贸业及服务业28支队伍74名收银员参加此次竞赛。预赛成绩前8名选手进入到决赛。经过激烈角逐，评选出优秀个人奖8名，优秀团队奖3名，优秀收银员奖12名。

【第六届“星沙商圈”购物消费节】 12月18日，由长沙县商务局主办、星沙时报社承办第六届“星沙商圈”购物消费节在星沙华润万象汇开幕。活动从2015年12月18日开始持续到2016年1月8日，历时22天，主要包括乐购星沙·欢乐开幕、乐购星沙·红包在握（我）、乐购星沙·以一抵百、乐购星沙·全民团GO（购）、乐购星沙·免费菜单、乐购星沙·万店同庆等六大主题活动。消费节期间，全县产生社会消费品零售总额约31.4亿元，同比增长25%。

招商引资

【概况】 2015年，长沙县完成到位外资6.06亿美元，同比增长7.63%；引进市外境内资金形成固定资产投资140.7亿元，同比增长15.16%。全年共接待客商200余批，客商资源得到有效充实。修订和完善《长沙县招商引资项目操作规程》，项目准入、管理、建设动态良性机制形成。组织召开2次项目建设领导小组会议，过会项目29个。举办2015长沙县（香港）现代服务业招商推介会，签约项目10个，签约金额305亿元。项目建设进展顺利，包括长沙空港城、长沙汽车城及汽车后市场、长沙黄花综合保税区、松雅湖宜居新城、星沙城北新区、星沙行政区、黄兴现代市场群、星沙产业基地等。上海大众实现首辆轿车下线，恒广物流园、长沙农产品物流中心等项目建成运行，山东商会集团总部基地、奥凯航空长沙基地等项目开工开建，长沙国际会展中心、厦门航空、海驿物流、安沙国际建材城等项目加快建设，顺丰电商、湘台中小企业中心、民生电商金融产业园、百利威（长沙）国际电子商务产业园、长沙百联奥特莱斯综合体、太平洋人寿保险等一批重大项目落户。

【中部最大建材城落户安沙镇】 5月9日，由湖南省福建总商会多家会员企业共同投资开发湖南安沙国际建材城启动奠基。安沙国际建材城总规划面积100公顷，总建筑面积50万平方米，总投资30亿元，将打造成专业石材水暖交易中心，定位为中国最专业最高端的建材市场，打造一站式批发零售、展示交易平台。该项目竣工成熟运营后，预计将实现年产值100亿元以上，成为长沙北城顶级高端国际化集中专业建材交易仓储物流中心。

【18亿元项目落户星沙产业基地】 11月，湘籍企业九九慢城与星沙产业基地达成协议，并正式签约落户星沙产业基地。该公司计划投资18亿元，建设占地126.67公顷杜仲资源精深加工产业化项目。该项目预计2016年开工，预计建成后年产值41亿元。

【湖南环通国际物流园投入运营】 11月6日，湖南省最大综合性物流园湖南环通国际物流园投入运营。该园位于长沙县干杉镇，项目占地100公顷，投资总额10亿元。分两期建成，一期启动土地20公顷，建成高标准专业仓储11万平米；二期正启动用地80公顷，拟建80万平米智能、环保专业仓库，是一家集物流信息中心、配送集中仓储区、货运专线区、配套生活区、停车场于一体综合智能物流园。该园建成后，可容纳企业入驻800家以上，年货载吞吐量达3000万吨，总营业收入达90亿元，年纳税额突破10亿元。同时，覆盖全国智能配送物流实体网络，每年能为公路运输物流行业节约成本10亿元。

现代服务业

【概况】 2015年，长沙县实现第三产增加值279.24亿元，同比增长12%，连续第6年保持两位数增长，服务业对县域GDP贡献率达23%。截至2015年，全县通过会审并正在实施服务业项目达79个，服务业项目投资达703亿元，占总投资82%。全年共有16个项目成功跻身长沙市第四批现代服务业综合试点，获批奖补资金4190万元。《关于现代服务业发展的若干政策和措施》通过县政府常务会议，政策驱动效应继续发酵。仓储物流、服务外包等生产性服务业加快发展，共完成仓储建设10.11万平方米，离岸服务外包2812万美元，在岸服务外包2.2亿美元。重大服务业平台建设稳步推进，空港城、松雅湖、黄兴现代市场群、安沙现代物流园等重点服务业平台稳步推进，东部融城步伐进一步加快。万象汇、家润多及大润发等大型零售商场正式开业，浔龙河生态艺术小镇、开慧板仓小镇、金井茶香小镇、㮾梨绿色水乡古镇等特色小镇融合发展，区域产业集聚能力和示范辐射能力进一步提升。

【长沙县26个项目入围长沙市服务业试点】 长沙县抢抓长沙市获批为全国第二批现代服务业综合试点城市的契机，重点支持市场交易升级、现代物流升级、电子商务建设、终端消费促进、农产品冷链物流等五大工程。截至2015年12月，长沙县共有长株潭广联生猪交易市场建设项目等26个项目入围长沙市现代服务业综合试点项目，试点项目数位列全市第一，共计获得奖励补助1.46亿元，其中以奖代补资金9955万元，股权投资4660万元。

【星沙华润万象汇开业】 11月28日，长沙星沙华润万象汇购物中心盛大开业，全场逾百家国内外知名品牌同步齐齐亮相。湖南卫视汪涵主持、超国际范韩国演出《涂鸦秀：HERO》，各种优惠活动，吸引近20万人流。华润万象汇作为星沙第一个一站式购物中心，给星沙市民带来全新一站式购物体验的同时，也给城东商圈带来整体升级与星沙市民品质生活提升。

【审议通过《现代服务业政策》】 12月30日，《关于支持现代服务业发展的若干政策和措施》（以下简称《现代服务业政策》）通过长沙县政府常务会议审议，拟于2016年3月正式出台。政策专项资金5000万元，主要支持电子商务、现代物流、汽车后市场、总部经济、航空服务、现代金融、服务外包、健康养老、文化旅游、其他新兴服务业十大产业发展。（陆 林）

对外贸易与经济合作

【概况】2015年，长沙县实现外贸进出口总额34.7亿美元，同比增长11.19%，外贸总量占全省12%，全市27%，增长速度分别高于全市、全省、全国11.02、10.82、23.62个百分点。全县首次实现贸易顺差，外贸依存度为18.7%，分别高于全省、全市12.4 、9.2个百分点。实现对外投资中方合同投资额6843.25万美元，同比增长45.42%，实现对外承包工程和劳务合作完成营业额5207.2万美元，同比增长62.19%。进出口破零倍增企业达66家，外贸备案企业达480家。全县与150个国家和地区建立经贸往来关系，产品出口到世界上148个国家和地区，进口来源地拓展至55个国家和地区。北汽福田进入亿美元方阵，蓝思科技进出口总额突破8亿美元，广汽菲亚特、博世汽车等企业进出口额均过亿美元，香蕈科技率先在全省打开生鲜食用菌泰国等国际市场。山河智能、福田科技、湘丰茶业等10家企业获得“湖南省国际知名品牌”称号，金霞湘绣、明和光电等4家企业获“国家文化出口重点企业”称号。长沙海关和长沙县政府成功签署共同推进开放型经济合作备忘录，开全省关县合作共推开放型经济发展之先河。黄花综合保税区获国家10部委同意，国家临空经济示范区正积极申报。星沙邮件监管中心进出口邮件居中部海关第一，广联公用进口保税仓投入运行。国家级出口农产品示范区建设稳步推进，顺利通过复检。长沙经开区、三一集团等在非洲共同投资建设中国首个国际产能合作样板开发区。黄花航空口岸执飞的国际航线达到42条，覆盖世界各大洲。长沙航空口岸首条“长沙－香港”航线全货机定期航班正式开通，结束湖南没有一条国际全货机定期航线航班历史。

【越南—东盟湖南商贸物流园签约】3月3日，湖南境外商会国际合作项目对接会在长沙举办，共有300余客商参加此次活动。对接会上，长沙县斯博泰、奥凯泵业、亚太实业、顶力科技、德伊木业等近10家企业参加本次活动。斯博泰还与越南—湖南企业联合会代表现场签约越南—东盟湖南商贸物流工业园建设项目，签约金额约7000万美元。园区建成后，以斯博泰为龙头环保设备企业将通过园区平台走向东盟，并带动国内设备、材料、零部件、技术、服务、人员“走出去”。

【10家外贸企业亮相“广交会”】第117届“广交会”于4月15日至5月5日在广州中国进出口商品交易会展馆举办。易通科技、葆寅进出口、鸿大茶叶等10家长沙县外贸企业参加本次广交会。其中湖南怡清源有机茶业有限公司达成意向交易金额280余万美元，产品涉及怡清源牌黑茶、红茶、绿茶及多种散装茶。

【举办外经贸政策业务培训班】6月11日和26日，长沙县举办2期外经贸政策业务培训班，15个镇街和园区，以及98家外经贸企业共182人参加培训。此次培训旨在增进各相关部门和企业之间交流了解，尤其是将一些促进外经贸发展相关政策进行推广介绍，方便企业开展对外贸易和“走出去”。培训共有十个方面的内容，都与各企业日常工作息息相关。课堂上，不少企业负责人向授课老师提问并进行交流，培训效果受到一致好评。

【5家外经贸企业参加国际口岸贸易博览会】8月8日，第三届中国国际口岸贸易博览会在“百年口岸”绥芬河拉开帷幕，博览会以“加强口岸合作，促进贸易发展”主题，为期4天。本届博览会总展出面积达6万平方米，湖南展团展出面积600平方米。长沙县国际商会组织金井茶业、凯利制冷、奥凯泵业、葆寅进出口、凯达亿中医药5家企业参加该展会，参展企业与前来参观的国内外专家和企业代表进行交流、沟通、洽谈，进一步提升公司品牌知名度。期间，凯利制冷与俄罗斯RUSIMPORT公司达成合作意向，就建设3500平方米－18℃冷库进行方案讨论，预算金额约300万元人民币。

【签署全省首个关县合作备忘录】9月16日，长沙县与长沙海关联合召开外贸工作座谈会，并签署全省首个关县合作备忘录，这标志着长沙县打造长沙东部开放型经济走廊战略进一步提速。座谈会上，三一重工、上海大众长沙工厂、山河智能、千山药机、蓝思科技等十家外贸企业代表结合公司外贸发展需要进行发言。长沙海关相关业务处室当场对企业提出的部分问题进行解答，并表示将进一步优化监管与服务，全力为长沙县企业提供优质通关服务。

【国家级出口食品农产品质量安全示范区通过年度审核】9月22日，国家质量技术监督检验检疫总局专家考核组到长沙县，对国家级出口食品农产品质量安全示范区进行2015年度考核。经过专家组的现场考核和资料会审，长沙县顺利通过年度审核。一年多来，长沙县按照“一个标准、两个市场，以外促内、统筹发展”总体要求，着力提高农产品质量安全水平和国际市场竞争力，推动涉农外贸企业转型升级，率先在全省建立县级农产品质量安全监管平台，县内44个市级标准化农业基地与县级平台联网，4家茶叶公司、4家食用菌公司和2个蔬菜基地建立农产品监管和追溯系统。茶叶和食用菌，在农业部的监测中，合格率均为100%。

【举办泰国湖南工业园项目对接推介会】 12月底，泰国湖南工业园项目对接推介会在长沙县举办。湖南省商务厅驻泰国、印尼商务代表以及区县40余家企业代表出席推介会。会上，山河智能与泰国湖南工业园签订意向协议书，预计首期投资3200万元。截至2015年年底长沙县有65家企业在东盟进行投资和贸易，东盟成为仅次于亚太经合组织(APEC)第二大出口贸易伙伴。 （陆 林）

粮油购销

【概况】 2015年，全县收购原粮7.5万吨，其中收购最低保护价粮6.4万吨（早稻“四专一封闭”粮食2.4万吨），较去年同期增加12.3%；全县销售原粮7.34万吨（未含金山公司），基本与上年持平；全县粮食加工量为43.1万吨，总产值达25亿元，实现利税总额5600万元；全县粮食产量约48万吨，粮食收购量约10万吨；对粮食收储企业、粮食加工企业、粮食零售店和放心粮油店开展检查，及时处理群众投诉举报，累计检查粮食1000多吨、粮食收购点库11个、粮食经纪人50人次；检查11家粮食企业13个储粮点政策性粮食和国有商品粮库存情况，共检查粮食170984吨，其中最低收购价粮和国家临储粮153588吨，各级储备粮94101吨，商品粮17396吨；全县累计核发“粮食收购许可证”34家，通过核查32家，注销粮食收购资格2家；加大涉粮案件处罚力度，累计组织开展粮食行政执法检查36次，其中联合工商、公路部门开展早、晚稻联合执法行动各1次，出动粮食行政执法人员143人次，检查粮食收购网点和粮食经营户320处次，注销粮食收购资格2家，责令整改1家；抓好项目建设工作，引导19家企业提交申报材料，联合财政局对项目进行检查验收后拨付项目资金，全年共获得上级扶持资金278.9万元。

【开展“四专一封闭”粮食检测收购储存工作】 7月17日，长沙县召开开展耕地修复管控转产区“四专一封闭”粮食检测收购储存工作会议，安排部署全县管控专产区粮食检测、收购、储存等工作。主管副县长李开兴主持召开会议。“四专一封闭”就是要全面推广临田检测，根据检测结果，对不达标稻谷，选择定点粮食收储企业转企收购、专仓储存，实行封闭运行，确保重金属超标稻谷不流入口粮市场。成立相关工作机构并制定《长沙县耕地修复管控专产区“四专一封闭”粮食检测收购储存工作实施方案》。按照《长沙县耕地修复管控专产区“四专一封闭”粮食检测收购储存工作实施方案》，根据县农业局提供治理耕地面积分布情况，由县粮食、农业部门和镇（街）组织村组干部上户，登记粮食实际播种面积、预计产量、估计意向售粮数量，充分掌握情况。由县粮食局运送样品到省粮油产品质量检测中心检测。指定收购企业要认真执行本年度早稻最低价收购预案及管控专产区“四专一封闭”工作各项规定，按照农民自愿售粮原则，收购管控专产区种粮农民粮食，确保管控专产区粮食质量检测到位，分仓储存实施到位，封闭运行监管到位。

全县临田检测采样送检1388个（其中：早稻1029份、晚稻359份，A类占比46%、B类占比38%、C类占比10%、D类占比6%）；发放管控专产区《售粮卡》6万多份；委托金山公司开慧粮库定点收储全县“四专一封闭”粮食。全县早稻收储“四专一封闭”粮2.39万吨，其中A类5900吨、B类12018吨、C类6013吨。

【举行粮食收购业务培训班】 7月24日，长沙县召开2015年粮食收购业务培训班开班。县域内10家粮食收储企业负责人及30余名粮食经纪人参加会议。县粮食局购储统计监督科工作人员领学《长沙县耕地修复管控专产区“四专一封闭”粮食检测收购储存工作实施方案》《长沙县粮食局关于做好2015年早稻收购工作的通知》及《2015年小麦稻谷最低收购价执行预案》等文件，要求全县早稻收购工作严格按照制度来、紧紧跟着政策走。针对收购工作面临新形势，县粮食局相关业务负责人还对粮食经纪人进行收购业务知识培训，现场讲授有关稻谷质量鉴别简易办法，解答稻谷收购

县粮食局收购业务知识讲座　　（县粮食局 提供）

过程中其他细节问题等，确保粮食经纪人及收储企业能收到高品质粮、放心粮。

【夏粮收购监督联合行政执法检查】8月10日至19日，县粮食局联合县工商局、县公路局在新粮入库期间进行为期10天联合行政执法检查。根据国务院《粮食流通管理条例》有关规定：县粮食局负责对粮食收购者收购资格、收购活动中收购政策执行情况、“四专一封闭”粮食检测收购储存工作等情况进行监督检查；县工商局依照有关法律、行政法规的规定，负责对粮食经营活动中的无照经营，超范围经营以及囤积居奇、欺行霸市、强买强卖、掺杂使假、以次充好等扰乱市场秩序和违法违规交易行为进行监督检查；县公路管理局依照有关法律，行政法规的规定，对粮食运输超载等不安全行为进行监督检查。

通过行政执法，全县粮食收购市场总体平稳有序。

【长沙县粮食行业协会第二届理事会换届】7月7日，长沙县粮食行业协会第二届理事会换届选举工作会议在长沙县金山粮油有限公司丁家岭储备库会议室顺利召开。会议由长沙县金山粮油有限公司总经理李军主持，长沙县粮食局党组书记、局长周海林，长沙县粮食局党组副书记吴斌珂出席会议。

本次会议的主要议程是协会理事会换届选举，会上通过举手表决方式推选出长沙县粮食行业协会第二届理事会理事、常务理事以及会长、副会长、秘书长等职务，湖南粮食集团副总裁、长沙县金山粮油有限公司董事长周全红以全票通过成功当选为新一届理事会会长。

长沙县粮食行业协会围绕粮食收购、储存、加工、销售、粮食安全和粮油食品安全，配合粮食主管部门，为行业发展服务，为粮食企业服务，促进行业的发展、推动企业经营管理水平提高做出巨大贡献。（孙启翔）

烟草专卖

【概况】2015年，长沙县烟草局（分公司）完成卷烟销售4.42万箱；重点品牌覆盖率达92.21%，同比上升0.88%；单箱含税均价31033元，同比增加2239元，增幅7.78%。累计上缴各项税费1.70亿元。全年共查获各类涉烟违法案件803起，同比增长22.41%；查获违法违规卷烟6621.53万支，同比增长11.19%；上缴财政罚没款829.64万元，同比增长43.77%。破获国标售假网络案2起，涉案金额达245余万元，刑拘9人，批捕7人。

【专卖管理】以市场规范重心，通过经营户座谈会、3.15宣传、专项整治行动等措施，重拳治理真品卷烟非法流通，不断强化市场基础。联合工商、公安大力开展集中整治行动，严厉打击整治摆卖假烟、走私烟、回流烟和高价烟的行为，清理无证经营户，取缔无证经营198户。规范许可证管理，全年新办卷烟零售许可证542本，注销271本，歇业59本，撤回287本。

【卷烟营销】学习总结京津冀市场化取向改革经验，结合长沙县实际情况，打造泉塘利群商圈和星沙双喜商圈2个区域特色品牌商圈；建设现代零售终端213家；开展18场客户培训会，培训人次1900人，培训面达50.6%；借力网络、微信、QQ等平台，开展品牌推介、有奖征文等活动，强化与零售户和消费者的互动，效果明显，市场客户满意度达91.64分。（徐　靓）

供销合作

【概况】2015年，长沙县供销系统下辖长沙路口物资供销有限公司、长沙美丰农资连锁有限公司、湖南中天凯顺农业连锁有限公司、湖南和通超市有限公司。全年实现商品总销售5.5亿元，其中生活资料销售37714万元、农资销售17286万元，实现利润1759万元，上缴各种税费924万。坚持“为农服务”宗旨，促进农民专业合作社建设。6月，在路口集镇租用路口政府农贸市场组建1400平方米和通农贸城，经营各类农副产品达300多个。投资4500多万元在黄花镇购买7000多平方米商铺资产，建设日用消费品超市和农产品销售及日用消费品配送中心。10月1日，开慧和通超市正式营业，打破开慧镇无一家品牌连锁超市局面，成为辐射长沙县北部乡镇及平江、汨罗地区的购物超市，为开慧镇及周边居民购物带来极大便利。11月，举行农资、日用品消费行业从业人员培训班，共7期720人。

【王侠到长沙县供销合作社路口供销物资有限公司调研】 4月22日下午，中华全国供销合作总社党组书记、理事会主任王侠到长沙县供销合作社路口供销物资有限公司调研。湖南省供销合作总社党组书记、理事会主任曾振亚，长沙市副市长黎春秋，长沙市供销合作总社党委书记、理事会主任杜强、长沙县常务副县长邹春林、长沙县供销社主任刘秋良陪同。在路口镇和通超市，王侠听取企业相关情况汇报，并与工作人员展开深入交流。王侠高度肯定路口供销社工作成绩，勉励相关部门和企业要进一步深化改革，增强为农服务综合实力，使供销合作社真正成为党和政府以合作经济组织形式推动“三农”工作重要载体，成为推动农村经济社会发展不可替代、不可或缺的重要力量。（安　慧）

旅　游

【概况】 长沙县历史悠久，人文荟萃，旅游资源丰富，是湖南省旅游强县，中国旅游竞争力百强县。截至2015年，全县有国家AAAA级旅游景区1个；有国家AAA级景点1个；“国家级乡村旅游创客示范基地”1个；“国家级特色景观旅游名村”1个；省级特色旅游名镇2个，省级特色旅游名村3个；星级乡村旅游点52家（其中五星级乡村旅游点15家）；省级旅游示范点8个；省级旅游购物点1个；星级旅游饭店3家；星级餐馆1家；旅行社5家。全年接待旅游总人数624.8万人次，实现旅游综合收入73.6亿元。2015年，国家旅游局公布首批20个“中国乡村旅游创客示范基地”，长沙慧润板仓成为湖南省唯一上榜景区，被评为全国休闲农业与乡村旅游示范点；双冲村被列入第三批“全国特色景观旅游名村”；锦绣江南生态农庄被评为“国家五星级休闲农庄” 和国家AAA级旅游景区；天艺园林农庄被评为“国家五星级休闲农庄”。

【“三湘首善、乐游骑行”全国山地自行车越野赛】 9月12日，2015长沙“龙头井”杯“三湘首善、乐游骑行”全国山地自行车越野赛在长沙县江背镇龙头井现代农庄举行。该赛事由长沙市旅游局、长沙县人民政府主办，长沙县旅游局、江背镇人民政府、龙头井现代生态农庄、长沙市自行车旅游协会共同承办。此次活动不仅宣传推介长沙县观光农业、休闲农业和生态旅游，而且将着力打造湖南省首个“庄园式山地自行车越野骑行”乡村旅游新名片。

【举办长沙县旅游安全及业务知识培训班】 12月29—31日，长沙县旅游局举办为期3天全县旅游行安全及业务知识培训班，培训班主要培训内容为旅游及安全生产相关法律法规、旅游市场规范、旅游企业形象与企业管理、旅游安全与投诉处理、食品安全、市场营销与品牌战略等。此次培训方式和内容在以前基础上增添创新元素，各旅游企业借助这次培训机会，实现整体素质提升和合作共赢。（罗　莎）

“三湘首善、乐游骑行”全国山地自行车越野赛举行　（县旅游局 提供）

财政

【概况】2015年，全县财政总收入完成202亿元（其中：国土收入63.72亿元），同比上年同口径增收19.85亿元，增长10.9%。其中：公共财政预算收入完成75.91亿元，同比上年同口径增收12.94亿元，增长20.55%；上划中央、省、市收入完成62.37亿元，同比上年同口径增收0.77亿元，增长1.25%。地方财政收入完成138.30亿元，同比上年同口径增收13.72亿元，增长11.02%。全县公共财政预算支出完成118.81亿元，同比上年增支16.89亿元，增长16.57%。全县公共财政预算收入75.91亿元，上级返还性收入、一般性转移支付收入、专项转移支付收入、债券转贷收入及上年结余等48.78亿元，区划调整长沙县入库收入0.18亿元，收入合计124.87亿元；公共财政预算支出为118.81亿元，上解支出3.19亿元，支出合计122亿元，收支相抵，年终滚存结余结转2.72亿元，净结余0.15亿元。

【社会民生支出】 全年公共财政预算支出118.81亿元，同比上年增加16.89亿元，增长16.57%。其中，全年医疗、教育、文化、社会保障等各项民生支出89.65亿元。县级教育总投入12.49亿，其中投入3.2亿元用于龙塘中学、泉塘中学等项目建设。获评"全省教育强县"称号。全年拨付养老资金3.43亿元，拨付低保资金9125万元、特困医疗救助资金3951万元。企业职工养老金人均提高185元，人均养老金达到每月1765元，城乡居民养老金每人每月提高到135元。全年医疗卫生支出达7.19亿元，同比增长7.23%。投入1500万元全面启动县级公立医院医改，有效解决"看病难，看病贵"问题。全年发放耕地地力保护补贴、低保、生态林等惠农补贴资金51项，累计发放37万户次，发放补贴资金3.2亿元；实施"一事一议"财政奖补项目168个，安排资金2164万元；争取农业综合开发各类项目134个，总投入资金6366万元。落实2014年底出台七项惠民政策，列支4960万元用于普惠民生。又增加财政投入525万元，新增四项普惠民生项目。投入1.4亿元用于文体中心、文化馆、体育馆、主题文化公园和移动足球场建设；投入4000万元用于农村危房改造；投入4200万元推进保障性安居工程建设；投入2083万元进行乡镇污水处理，改善居民基本生存环境。

【非税收入管理】全县非税收入总量完成54.26亿元，同比上年91.03亿元减收36.77亿元，下降40.39%，其中：行政事业性收费收入完成6.47亿元；专项收入完成4.93亿元；罚没收入完成1.35亿元；国有资产有偿使用收入完成5180万元；其它收入完成4326万元；服务性收费收入完成8010万元；政府性基金收入完成39.02亿元；纳入专户管理的非税收入完成472万元。共办理退付法院、公安保证金等1444笔，退付金额1.49亿元；从市非税局购领手工票据1.85万本、电脑票据320万份，向用票单位发放手工票据2.17万本、电脑票据332.7万份，核销手工票据2.58万本、电脑票据325万份，核实遗失票据12.7万份（5072本），新增用票单位5家，减少用票单位2家，现用票单位368家；国土全年成交66宗地，成交金额35.5亿元，收地价款37.9亿元，缴入国库49.9亿元，办理结算项目49宗，提出返还核实建议33次；兑付房产局货币补贴126批次，共兑付金额8.3亿元。完成对县属7所高中POS机收缴学杂费工作全覆盖。签定新建便民服务中心非税执收业务代理协议。选定的农行、长沙银行签订合作协议。7月30日、8月5日进行了两场长沙县财政罚没物资专场拍卖，每件物品经多轮竞价后以最高价成交，确保国有资产不流失。

【农业综合开发项目】 全县农业综合开发共争取各类项目132个，总投入财政资金6091万元，其中：土地治理项目52个，争取资金2856万元；产业化经营项目77个，财政资金1961万元；部门项目3个，财政资金1274万元。按资金来源分类：国家级项目9个，4363万元；省市级3个，48万元；县级120个，1680万元。建立2016年滚动计划项目库。现有22个项目单位通过县办专家评审，入围2016年项目库。

【投资评审】全年中心累计完成1253个财政性基本建设项目预（结）算的评审，全年财政评审项目金额突破77亿元，核减金额9.66亿元，核减率12.48%。完成的项目有：商务写字楼BT项目、松雅湖东六线北延线道路工程、松雅湖环湖基础设施前期费用、金山大道道路工程、暮云输砂带设备安装工程等。16个污水厂项目及黄金大道S207道路工程项目经过多次评审定案会，也已进入二、三审评审流程，其他重点项目安沙砂场、黄兴砂场、湘绣苑公租房、幸福家园一期等项目也都在有序推进。加强跟踪管理，全年共对105个500万以上项目派驻跟踪评审员，涉及总投资额29.89亿元，对项目实施全过程进行跟踪。召开七次监管领导小组会审会，共对45个项目进行变更会审，变更项目总中标金额为17.14亿元，申请变更金额1.33亿元，经会审同意变更金额8889.21万元，审减1435万元。

【工资统发】 2015年长沙县直机关一级机构86个，乡镇机构21个，年内统发工资职工人数9390人，年度发放工资总额3.64亿元；共办理新纳入统发工资人员423人；办理县内调动1331人次；调资11078人次；办理退休238人；停发工资10人；办理在职死亡8人；办理调离、辞职人员39人。全年审核工资支付3746笔，退回错误工资支付57笔；个人所得税缴库金额23.32亿元，加紧开展机关事业单位工资标准调整工作，全县涉调人员近1万人次。积极配合长沙市政府对跳马镇、暮云街道、南托街道、暮云经开区直属划分及转接工作，顺利完成了直属划分及转接工作。此次区域划分及转接工作涉及680多人次。

【政府采购】 2015年，共审批下达1966批次采购计划，备案合同1720个，采购预算15.34亿元，签定合同金额13.7亿元，节约资金1.64亿元，节约率11.97%（含经开区）。取消政府采购协议供货方式，试行批量集中采购,对一些通用性强、技术规格统一、便于归集的政府采购品目，由采购人按规定标准归集采购需求后交由集中采购机构统一组织采购，形成批量规模效益。大力开展政府购买服务工作，有序开展政府与社会资本合作(PPP)项目政府采购活动。完成PPP项目政府采购9个，总投资额约为154亿元。建立分管副县长为领导核心，县政府办分管副主任为召集人，由县政府办、财政局、招标采购局、审计局、发改局、法制办等单位组成的政府采购工作联席会议制度，定期召开会议，集体研究处理特殊或重大事项。 （丑 娟）

国家税务

【概况】2015年，税收形势在经济新常态背景下面临更大挑战，在辖区存量税源增长乏力、新增税源仍未形成有力支撑等重重压力下，县国税局领导班子攻坚克难，带领全体干部职工变压力为动力，坚持组织收入原则，重点税源掌握清楚、收入进度均衡有序、各项政策落实到位，努力化解收入目标任务与税源相对不足的矛盾，圆满完成市、县下达的收入任务。全年组织税收收入569951万元，同比增长1.61%，增收9040万元；完成县级收入564864万元，同比增长1.45%，增收8056万元。

民主评税，阳光征管。通过综合治税 联合乡镇、街道办事处、地税、工商等成立评税机构，开展民主评税，效果明显。3月起，星沙分局对湘龙街道境内的中南汽配市场和星沙汽配市场开展“阳光征管，民主评税”活动，全面摸底排查，吹响市场税收清理号角。年内，各镇（街道）均召开评税委员会议，落实综合治税工作要求。县国税局对星沙建材市场、通程广场、卜峰莲花超市等1650户进行重点监控，对黄花工业园及超市、建材、药店等行业进行清理；对梨外区迁入户清理。全局清理漏征漏管户304户，补税564万元，起征点以上个体户由2014年10月的26户增至2015年10月的1097户，个体双定额由2014年10月的3万元增至2015年10月的118万元。

办税服务厅分类管理试点。该局采取分流、扩容、提效、优化流程等措施，分类管理试点成效明显，前台业务办理时间每户次缩短15%，确保纳税人办税厅拿号后候时不超过两分钟。该局三季度实现纳税人零投诉，在全市纳税人满意度测评中排名第三。10月18日，湖南卫视栏目《新闻联播》报道该局最大限度方便纳税人的做法。在11月初全省国税系统纳税服务培训班上，局长缪明扣作题为《多措并举、分流提效，积极推进分类管理试点工作》的经验发言。

金税三期上线工作。金税工程是经国务院批准的国家电子政务“十二金”工程之一，是税收管理信息系统工程的总称。金税三期的上线运行将为纳税人、税收工作、社会经济发展三个层面带来纳税服务更加到位、办税程序更加简化、更加有利于信息共享等九大利好。上线期间，该局按照上级要求制定《关于推广金税三期工程省级应用集中优化版工作方案》和《长沙县国家税务局金税三期优化版双轨试运行工作实施方案》，成立金税三期试运行工作领导小组，由“一把手”任组长，班子成员任副组长，各部门负责人为领导小组成员，统筹试运行工作的指导、协调和督办，预测和分析可能出现的问题，编制应急预案，做好各项工作承接，为金税三期工程双轨运行工作提供保障。采取全员奋战、“五加二、白加黑”工作模式，金三上线前期，录入近2.5万笔业务，向上级提交问题近40笔，累计加班2100余人次。系列举措，确保“金税三期”上线各项工作有序开展，赢得省税务局领导一致好评。

“三证合一、一照一码”登记制度改革。根据国家地税总局、省地税局、市地税局以及县委县政府关于“三证合一”登记制度改革的总体部署，该局组织召开关于“三证合一、一照一码”的改革工作会议，成立“三证合一”改革工作领导小组及领导小组办公室，由“一把手”任领导小组组长，制定《长沙县国家税务局“三证合一”登记改革工作实施方案》，紧扣重点环节，突出问题导向，注重督导检查。对改革工作的启动、宣传、实施步骤、部分职责分解落实、情况反馈等全面安排部署。向省、市地税局和县委、县政府请示汇报，积极与县工商局、县地税局等协商，争取支持，确保改革各项工作顺利推进。（欧琦岚）

地方税务

【概况】 2015年，长沙县地方税务局克服宏观经济形势不利、县域支柱产业疲软、政策性减税等多种不利因素的影响，主动作为，精准发力，挖潜堵漏，勤征细管，逆势中实现全县地税收入稳健增长。全年入库各项收入69.28亿元，同比增收8.99亿元、增长14.91%。其中完成省政府计划口径收入66.91亿元，同比增收8.79亿元、增长15.12%；完成县政府计划口径收入68.36亿元，同比增收9.11亿元、增长15.37%。通过加强对重点行业、重点环节的税源监控，开展税源普查专项工作，与多家大企业签订纳税服务与税收遵从协议。对2014年生产经营情况和纳税情况进行初步梳理和评估，重新认定242户企业为2015年新的大企业一级管理对象、191户为二级管理对象。认真做好重点税源的数据统计和分析，配合国家税务总局定点企业风险排查工作。始终把收入分析作为挖潜增收和服务决策的重要抓手，紧盯税源抓收入，通过召开税收分析会，突出抓好收入调度；坚持按月考核通报，每月累计收入进度超过8.33%。全年完成各类税收分析报告38篇，及时对组织收入工作提出针对性措施和建议，为领导决策当好参谋。

长沙县行政事业单位个人所得税代扣代缴工作部署会召开　（余远翔 摄）

【税收征管】 全面规范征管秩序。切实做好非正常户管理、申报管理、入库管理、个体税收管理、发票管理、数据管理；推进行政事业单位个税代扣代缴工作，全年入库税款1082.3万元；依托综合治税平台，运用信息平台共享涉税信息19192条，管控税款近1.5亿元；与21个街道、乡镇签订《委托代征协议书》，入库委托代征税款3639万元；委托国税和邮政代征税款、税费817.6万元；推动“三证合一”登记制度改革工作，办理单位纳税人2583户；全面开展契税清理和存量房交易纳税评估工作，新增估价小区36个，新增标准房42个，更新标准房367个；做好年所得12万元以上个人所得税自行纳税申报工作，全年自行申报3878人，应纳税额19605.82万元，补税金额296.85万元；对辖区1574

户企业进行企业所得税汇算清缴；规范土地增值税清算程序，举办各类土地增值税清算业务培训班，全年完成土地增值税清算项目14个，补缴土地增值税2614万元。组织营业税“清零”和土地增值税、房地产税收等多项欠税清理，全额入库各类政府投融资平台稽查税款13.6亿元；通过下达限缴通知书、严控税务发票、加强税务约谈、发布欠税公告等，全年查补、追缴各类欠税17亿元。

【纳税服务】 落实优惠政策，全年实际享受优惠政策的营业税纳税人减免税金额1937万元；助力小微企业发展，全年减免小微企业税收190.69万元；减免房产税、土地使用税79笔，减免税款977.03万元；上报省、市税务局审批权限的房产税和土地使用税困难减免29笔，减免税款4793.53万元；重点部署“金税三期”上线工作，成立“金三”领导小组和指挥部，在经费安排、环境配置、力量调配等方面优先保障，确保“金三”顺利上线；国税、地税实现联合办税，启动交互式办税模式，与县国税局开展个体工商户联合定税委托乡镇代征工作，召开国税、地税联席会议6次。举办“税收带来星沙美”第二季税收宣传活动，发送税务宣传短信3.4万余条；利用《星沙时报》刊登小微企业税收优惠政策热点问答等，全年印制和发放宣传资料5000余份，利用微信平台推送信息16条，培训纳税人5500人次。全面落实纳税服务规范，组建专家工作室，开通“税收直通车”，推行局长值班制等。公布48户A级纳税人名单，县地税局办税大厅迁至新址办公，新增办税窗口20个，全年受理来人咨询、电话热线、县长信箱和上级交办事项1000余次。 （方艺惟）

长沙县地税一分局纳税人课堂新办企业培训班举行 （余远翔 摄）

金融

综述

【概况】 2015年，长沙县金融证券工作不断创新工作思路，完善金融服务，创新金融产品，县域信贷投放大幅增加，投融资体制机制逐步理顺健全。年末，驻县银行有建设银行、中国银行、农业银行、工商银行、农发行、交通银行、农商行、长沙银行、中信银行、兴业银行、招商银行、光大银行、邮储银行、民生银行、浦发银行、沪农商村镇银行、华融湘江银行、广发银行、南粤银行等21家，营业网点180个，小额贷款公司5家，融资性担保公司1家，证券公司营业部7家，各类保险公司营业网点80个。全县各项存款余额842.61亿元，比年初增加91.51亿元，增长12.18%。其中：居民储蓄余额383.38亿元，比年初增加35.18亿元，增长10.1%。贷款余额681.98亿元，比年初增加136.68亿元，增长25.07%。金融业上缴税收3.4亿元。

【金融服务】 在国家抑制通货膨胀，实行稳健货币政策的背景下，驻县各银行推进金融创新，完善金融服务，服务县域经济，有力支持“三农”和中小企业发展以及重大项目建设。

2015年，县农发行争取中国农发行重点建设基金资金1亿元支持长沙县水利建设。县农业银行促成省市分行与长沙县人民政府签订战略合作协议100亿元。县农商行主动对接农户、商户和中小微企业，创新开办农家乐经营权贷款等50余个信贷产品，累计投放各类贷款123.7亿元。长沙银行先后实现城市发展基金、产业发展基金、海外并购融资等多项业务的创新突破，并通过“表内＋表外”“融资＋融智”“商行＋投行”的综合服务模式，陆续支持一大批优质政务客户及公共类平台群体，累计投放各类资金40多亿元。该行先后获评全国银行业协会“千佳示范单位”“中国五星营业网点”等10余项荣誉。浦发银行加大对政府平台信贷资金投放力度，对区域实体经济提供金融服务支撑。对长沙县政府平台（含经开区）授信总额达到64.55亿元，信贷投放45.05亿元。县内其他银行服务县域经济社会发展大局，主动与企业对接，实现跨越发展。

【防范金融风险】 严厉打击非法集资行为。调整充实长沙县打击和处置非法集资工作领导小组，由常务副县长任组长，印发《关于进一步健全打击和处置非法集资工作领导机构和工作机制的通知》《投融资理财信息咨询类中介机构非法集资专项整治联合行动方案》《关于进一步开展非法集资问题专项整治活动工作方案》等文件，定期召开工作会议，开展打非工作的宣传和教育。对全县170余家投资公司和非融资性担保公司专项整治，对涉嫌非法集资广告行为进行清理排查，对涉嫌非法集资的湖南万川资产管理有限公司案、湖南六合鑫众投资理财有限责任公司案等非法集资案件从严打击，顶格惩罚处置。

【资本市场建设】 通过推出一批、储备一批、培养一批的方式，积极支持中小企业上市或在股转系统挂牌。贯彻《关于进一步发展资本市场的若干意见》，鼓励引导企业上市（挂牌）。是年，全县有博能科技、金霞湘绣等11家企业进入长沙市拟上市后备企业。顶立科技实现并购上市，浏阳河农业、博能科技在新三版挂牌。开心农业、望达农业、青松老年公寓在省股转系统挂牌。通过对中小企业的上市支持，拓宽企业直接融资渠道，为企业发展创造金融条件。

【推进县属国有企业改革】 出台《长沙县人民政府关于明确县管国有企业的通知》《长沙县县管国有及国有控股企业负责人薪酬管理暂行办法》等

规章制度，推进国有企业改革。将国有独资的星城投、路建投等7家公司定位为县属国有功能型企业（公司），将环建投和水建投合并组建水业集团，定位为公共服务类企业（公司）。

（邹　霞）

银行

·中国工商银行星沙支行·

【概况】 2015年，工商银行星沙支行积极应对复杂多变的内外经济金融形势，各项业务发展势头良好，总体完成年度各项工作任务。实现拨备前利润19968万元，完成任务90%；实现净利润10982万元，完成任务的69%。存贷业务稳步增长。人民币储蓄存款时点增量21992万元，完成全年任务的104%；人民币储蓄存款日均增量20595万元，完成全年任务的149%；对公及同业存款时点增量55604万元，完成全年任务的238%；对公及同业存款时期增量6899万元，完成全年任务的59%。大中型信贷客户贷款净增80740万元，完成全年任务的254%，小企业贷款净增4955万元，完成全年任务的248%。个人贷款累计发放56294万元，完成全年任务的148%。

中间业务指标完成较好。是年，实收中间业务收入7365万元，完成任务的96%。国际业务稳步攀升。国际结算量87079万美元，完成任务的134%；跨境人民币结算量150230万元，完成任务的300.5%；结售汇业务量27458万美元，完成任务的137.3%；国际贸易融资累放量5181万美元，完成任务的129.5%；国际业务新增客户拓户9户，完成任务的112.5%。大个金业务势头良好。全年累计销售个人理财类产品6.8亿元，较2014年同期增加1.4亿元，借记卡发卡46830张，超额完成全年任务目标的156%，增幅53%；代发工资单位净增9户，任务12户，完成率75%，代发工资客户净增764户，任务4400户，完成率17%。年末，个人金融资产5万元以上中高端客户10443户，较年初增加942户；800万元以上达标私人银行客户增至15户，较2014年年末增加6户，增幅150%，私银管理的资产总额1.6亿元，较2014年年末增加1.4亿元，全年增幅700%。个人贷款余额13.5亿元，累计投放5.6亿元，净增4.2亿元，累计投放在各营业部中排名第六，净增在各营业部中排名第三。

小企业任务完成率稳居营业部前列。年末，该行小企业融资余额12865万元，较年初增长4975万元，任务完成率226%，贷款净增额名列营业部前列；小企业融资客户19户，户均贷款余额677.05万元，较年初增加5户，任务完成率为125%，客户净增数名列营业部前列。新营销小企业融资客户8户，主动退出风险类客户3户。小企业融资客户数和贷款余额出现“双升”，超额完成营业部下达的2015年拓户、贷款净增任务。继续保持清收处置不良贷款成果。该行法人不良贷款余额307.7万元，不良贷款较年初减少1782.3万元，法人不良贷款占对公贷款总额的0.08%。内控安防不断加强，全年实现安全经营无案件、无事故。

（蒋兰萍）

·中国农业银行股份有限公司长沙县支行·

【概况】 中国农业银行股份有限公司长沙县支行是农总行优先发展重点百强县域支行，省分行营业部的六大区域支行之一。截至2015年年底，全行各项存款余额57.09亿元，余额市场份额占比24.7%，四大行中排名第二；人民币各项贷款余额71.86亿元，较年初增长3.65亿元。作为县域经济服务合作单位，长沙县支行独家代理长沙县国库，通过不断产品创新和服务提升，重点客户市场份额稳步提升。2015年，长沙县支行营业部获评“2015年度湖南地区中国银行业文明规范服务百佳示范单位创建优秀奖”。

【产品创新】 立足县域，拓展大优集团性客户、个人高价值客户为核心；工程机械、汽车制造、电子信息、物流园区等产业为重点，充分挖掘客户潜力，加大产品创新力度。9月，该行促成省、市分行与长沙县人民政府签订战略合作协议100亿元；持续跟踪隆平高科30.6亿元定向增发资金先期全部落户该行；省、市、县三级联动最终与马王堆农产品股份有限公司高层建立密切联系，初步达成二期项目贷款意向。

【网点建设】 通过对低效网点迁址、原址装修、新建自助银行和惠农服务站等，逐步调整辖内网点布局，分批进行装修整改，提升整体形象。支行11个网点中有10个网点完成装修改造，其中包括黄花、泉塘、㮾梨、路口等农村网点。新建星沙惠农综合服务站、中南汽车世界自助银行，提升长沙县农行的县域金融服务能力。

【“三农”服务】借助现代化科技手段，推动农村金融服务渠道电子化，完善农村金融“硬”环境。在农村建设惠农服务站，合理分布ATM、POS、转帐电话等自助机具，优化农村、农民用卡环境。惠农卡发卡、贷款受理、业务咨询、金融知识宣讲等服务功能前移到镇（村），为广大农户提供贴身、高效、全方位金融支持。重点推广“合作社＋农户”授信模式，重点支持县域内规模较大，效益较好，农民信誉度高，农产品市场前景好农户。以社保卡为载体，全面开发和推进社保卡金融应用，将48426张社保卡发放到黄花镇、路口镇共21个行政村和5个社区居民手中，发卡率高达88.5%，卡片激活率达100%。（刘姿君）

·中国建设银行长沙星沙支行·

【概况】2015年，新增长沙经济技术开发区支行。内设部门6个，营销团队2个，员工188人。全口径时点余额、日均余额分别为87.4亿元、80.26亿元，较年初分别新增10.87亿元、3.56亿元。不良贷款额1330万元，低于省行年末关键债务指标（KPI）控制数7850万元，不良贷款率0.21%，比年初减少0.09个百分点。逾期贷款额3207万元，完成省行年末KPI控制数（8700万元）的271%。实现中间业务收入（含信用卡分期）9499万元，同比新增1754万元，增长22.64%。账面利润23715万元，较上年同期新增986万元，同比增幅4.34%。制定《星沙支行三年发展规划》，切实提高服务县域经济能力，服务园区企业能力。全年在主流媒体发稿206篇，处理潜在舆情3起，处理各类法律纠纷9起，共确权和减少损失金额5617万元；修订下发《星沙支行优质服务考核实施方案》，服务质量稳步提高，网点综合服务能力不断加强。是年，被评为长沙市文明标兵单位。

【客户拓展】对公方面，重大项目营销取得重要进展。一是与长沙经济技术开发区管理委员会签订全面战略合作备忘录和基金合作框架协议，与长沙县水利投签订基金合作框架协议。二是营销长沙县星城投、长沙县通途路建投、浏阳市水利投、浏阳市工业新城8.5亿元政府一类债务置换业务。三是实施“上海大众长沙供应商园区（核心区）一卡通项目”，巩固与上海大众及其存量配套企业战略合作关系。四是营销上市公司千山药机3.4亿元股权收益权理财业务。对私方面，全年个人全量客户新增73600户，人均资产管理规模（AUM）值增加0.08万元；个人有效客户新增63765户，完成省行计划145.98%。私行客户新增10户，完成省行计划125%。全年新增金融IC卡12.58万张，社保卡5592张，ETC业务累计发卡7199张。

网络金融业务方面。移动金融柜面替代率66.21%，比年初增长18.16%。其中，手机银行活跃客户新增2.99万户，完成省行计划167%；个人网银活跃客户净增5.51万户，完成省行计划369%；微信银行活跃客户新增2.13万户，完成省行计划149%；短信客户新增6.46万户，计划完成率142%；善融商务活跃客户新增12户，善融商务个人商城交易额完成计划137.93%。信用卡业务方面。信用卡中间业务收入2140.24万元，完成省行计划130.66%；信用卡客户净增1.14万户，完成省行计划138.43%；信用卡活跃客户新增0.42万户，完成省行计划136.22%；消费信贷新增2.51亿元，完成省行计划162.06%；信用卡消费交易额（不含分期）21.11亿元，完成省行计划152.40%。国际业务方面。国际结算量新增、结售汇新增、跨境人民币结算量新增、贸易融资额新增均超额完成省行计划，其中国际业务客户拓展和国际结算市场占比系统排名在长沙地区均名列前三。

【风险管理】全年共审批各类信贷业务84笔，金额93399万元；其中贷款34笔，金额69554万元；表外业务50笔，金额23845万元；客户信用评级审定54笔。积极推进信贷结构调整，重点压缩退出烟花和房地产行业，全年共压缩退出4亿元，完成省行下达退出计划198.54%。全年回收核销资产129万元，完成省行计划181.7%；共处置烟花企业不良贷款6117万元。

【服务渠道】推进网点转型，全面提升网点营销和服务能力。加快智慧柜员机、离行自助银行（多功能离行自助银行）建设推进，以及电话银行、网上银行、手机银行等电子渠道宣传力度，尤其对于县域，要把离行自助、助农取款、电话POS、E动终端等作为扩大服务覆盖面的重要手段；加大银行卡（金融IC卡、结算通卡、信用卡等）营销力度及商户POS拓展布放，切实提升客户体验感及多渠道综合服务能力，抢占县域、农村、富裕乡镇客户市场。加强自助渠道和设备管理及考核，提高人机替代率和设备使用效益。（张校银）

中国银行星沙支行

【概况】中国银行星沙支行坐落于长沙经济技术开发区内设4个部门，管辖7家营业网点。ATM42台，中银自助通5台，离行式自助银行10家，在职员工147名。截至2015年年底，星沙支行本外币各项存款余额63.09亿元，本外币各项贷款余额48.25亿元。2015年，中国银行星沙支行积极转变发展方式，全面拓展大、中、小各类型客户，重点支持中小企业和实体经济发展。充分发掘县内优质中小企业，运用“中银信贷工厂”新模式“商圈通”“结算通”“供应通”“园区通”“速押通”“速保通”6款中小企业信贷产品，为中小企业发展提供优质金融服务，解决中小企业融资难问题，促进企业发展。狠抓产品创新发展。推广全球现金管理平台，通过“物管通”产品归集县域物业维修资金，创新运用“定活通”产品让客户灵活运用账户资金的同时不损失存款收益；抓住个人金融业务的发展机遇，以优质开发商、优质楼盘、优质客户为重点，发挥支行零售贷款业务的优势，发展房地产按揭贷款、汽车消费贷款、个人投资经营贷款，出国留学贷款等，促进消费产业的健康发展；加大电子渠道推广，促进电子银行业务稳步增长；加强信用卡宣传营销力度，强化部门条线联动，信用卡业务实现速度、质量协调发展。依靠“一带一路”“自贸区”“走出去”等国家战略，帮助企业与外管部门沟通和协调，保证外商投资企业结汇业务和后续工作的顺利开展，赢得客户的信赖。跨境人民币结算业务的结算量占据市场绝对优势，推广“出口融信达”“融货达”“代付达”“出口双保理”等贸易融资产品，为客户提供全球化、一体化金融服务。推进网点服务改革，固化网点大堂经理、理财经理、客户经理及相应账户经理；统一员工着装，保持网点的整洁规范，合理布置功能分区，为客户提供优质、整齐、统一银行服务；加强一线柜员服务意识，逐步提升柜面人员业务素质和业务处理能力。（谢俊荣）

4月2日，中国邮政集团公司董事长李国华（右二）在支行营业部调研

（县邮储银行 唐 姣）

·中国邮政储蓄银行股份有限公司长沙县支行·

【概况】 2015年，中国邮政储蓄银行股份有限公司长沙县支行实现收入1.1亿元，超产1174万元，完成计划进度111%，同比增长4186万元；实现利润7200万元，完成计划进度120%，利润率达65%；支行人均创收117万元，人均创利77万元，实现了总量、质量、均量的“三量齐升”。全年贷款投放14.24亿元，贷款规模达43.08亿元。其中消费贷款投放额度9亿元，对县域内企事业单位员工发放个人信用消费贷6000万元；投放小额贷款3700万元。收回不良贷款561万元，贷款不良率由年初0.39%下降到0.19%。是年，获评2015年度长沙市分行先进部门工会一等奖。

【打造特色服务金融样本】 2015年，中国邮政储蓄银行股份有限公司长沙县支行依据省分行李晓良行长对特色支行建设提出组建团队、优化流程、综合服务方案，一方面对后台人员进行优化，强大信贷队伍，并进一步强化信贷客户经理团队、零售客户经理团队建设，推进支行综合营销及服务力度；另一方面精心建设特色支行，与三一集团、徐工集团等大型企业进行深度合作，打造出为特大型网络企业客户提供特色服务金融样本。4月2日和8月21日，分别接受集团公司董事长李国华、集团公司董事杨松堂考察及调研工作。（唐 姣）

保 险

·中国人寿保险股份有限公司长沙支公司·

【概况】 中国人寿保险股份有限公司长沙支公司（以下简称长沙支公司）坐落于星沙经济技术开发区星沙大道31号。2015年，完成总保费2.49亿元，新单保费总收入1.27亿元，其中短险保费1953万元，上缴税收超过364万元；给付支出总计6812万元。

中国人寿集团（以下称中国人寿）

以近872.5亿美元的年营业收入位列第94位，连续13年入选《财富》“世界500强”，较2014年上升4位，排名中国保险企业第一。此前，在世界品牌实验室发布的2015年“中国500最具价值品牌”排行榜中，中国人寿连续第九年位列第五位，品牌价值1822.72亿元，排名中国保险企业第一。凭借这两项殊荣，中国人寿再次成为所有入选中国保险企业中唯一“双冠王”。该公司利用《星沙时报》、长沙县电视台等当地主流媒体进行正面宣传，创造了良好的舆论氛围。

是年，该公司荣获全国人寿保险系统“双百强支公司”（“实力100强”和“成长100强”），荣获全省人寿保险系统“30强县支公司”。长沙县黄花、沙坪、跳马、江背镇等站点荣获全省系统农网建设一二三等奖，长沙支公司银保部荣获全市人寿保险系统“先进集体”荣誉称号。

该公司个险渠道结构持续优化，业务实现较快增长。个险渠道完成新单期缴4465万元，同比增长115.97%，持续推进扩量提质队伍建设策略，成效明显。全年保险营销员1348人，比2014年年底增长57%。继续强化渠道专业化建设，可持续发展能力显著增强。

团险渠道积极服务经济社会发展，有效推进小额保险、大学生村干部保险、计划生育保险、老年意外险等业务发展，全年团险渠道销售人员30人。其中：全县近10万名中小学生在该公司参保并获得安全保障，受理学生理赔申请2608件并提供理赔资金441余万元；为10万余名妇女提供妇康保险服务，向121名妇科癌症患者及家庭提供保险理赔182万元；1510个家庭因购买计生家庭意外险获得理赔金188余万元，为县域内城乡居民支付养老保险金700余万元。

银保渠道积极应对市场竞争新挑战，快速扩张销售队伍，深化渠道合作，强化销售支持，加强基础管理，加快业务发展。规模人力突破100人，规划师队伍突破发展，在保持规模业务、期交业务稳定增长的基础上，大力发展中长期期交业务，尤其是发展十年期及以上期交业务，渠道转型发展成效显著。

为迎接互联网和移动互联网的挑战，顺应网络化服务及保险行业的竞争，该公司提供“国寿e家”便捷投保服务项目，通过互联网平台实现电子投保，仅需20分钟就可以完成电子投保、实时代扣保险费等投保流程。客户购买保险可极大缩减签单、交单、录单、核保、划账等流程耗时，并尽快生效，此举满足了客户对服务高素质的要求。以电子投保形式取代传统的单一业务模式，开启寿险营销新的“E时代”。中国人寿更推出了一项惠及广大新老客户的全自助电子化服务的应用系统——“国寿e宝账”，客户可体验产品销售、基础服务、增值服务等内容，实现“以客户为中心”的保险服务。“国寿e宝账”提供的服务功能包括公共服务、查询服务、交费服务、保全服务、理赔服务、柜面e服务六大类49项服务，基本实现电子化。

全面推出柜面立等可取服务：在公司服务网点柜面，客户均可尊享“免填单”服务，包括客户资料变更、生存金领取、满期金领取等36项针对个人客户的日常人身保险服务，实现立等可取。该公司为此专项添置身份证识别仪、高拍仪等快速信息采集设备，以及涵盖数十项人身保险服务风险模型和理赔风险模型的自动化作业系统。同时，推行后台实时人工审核以及服务结果短信通知等措施，使客户享受更简洁、更快速的柜面服务。

长沙县委、县政府大力推进保险业发展，积极搭建平台，与该公司开展多个民生保险项目合作。为进一步深化推动险资入县项目合作，支持长沙县经济社会及金融行业发展，更好地发挥保险业在经济补偿、资本融通、社会管理方面的建设作用，该公司积极落实中组部办公厅与中国人寿集团公司党委联合下发的《关于为大学生村官办理重大疾病和人身意外伤害综合保险的通知》（以下简称《通知》）的精神，大力推广大学生村官保险，切实扎实做好保险服务工作。是年，在长沙县开展此项工作，通过县委组织部为省招、县招村官265人投保大学生村官保险，为白沙1名罹患重大疾病的女性村官理赔30万元。

通过试点意外伤害保险、女性安康等小额保险险种，逐步满足低收入农民的风险保障需求，扩大农村地区保险覆盖面。产品兼具保障适度、保费低廉、保单通俗、核保理赔手续简便等特色，是为低收入农民量身定做的产品，具有保障性、惠农性、通俗性等显著特点。截至年底，该公司作为唯一一家承保80岁以上老年人意外伤害保险的保险公司，在不断拓展农村小额保险的同时，及时总结经验，让业务更加贴近市场，服务好客户，逐步形成创新重点。

以风险防控为底线，全面优化发展环境，持续强化依法合规经营，2015年重点开展“两个加强两个遏制”工作，从“加强内部管理，加强外部监督、遏制违规经营，遏制违法犯罪”四个层面在公司销售队伍中开展宣导、培训、自查、抽查等各项工作，让各位销售人员真正认识到诚信合规的重要意义。严格管理空单证的领用、作废、超量、回销，杜绝单证领用中的漏洞，强化合规经营理念，防范销售风险，杜绝销售误导，严肃追究道德风险责任责任。业务受理上，注重对客户身份识别及资料的保存；业务管控上，注重在销售人员中树立合规经营意识，杜绝业务风险问题；业务监督上，执行100%电话回访制度，加强对销售行为的监督；人员培训上，要求代理人持证率100%，代理人均需签订代理人承诺书。（舒 洁）

·中国人民财产保险股份有限公司长沙支公司·

【概况】 2015年，中国人民财产保险股份有限公司长沙支公司继续狠抓“发展能力”“盈利能力”“服务能力”三种能力，继续实现“效益优先、依法合规”的经营理念，继续坚持“算着干”的经营方法，继续强化“底线意识、问题意识和对标意识”，采用“缺口＋项目”的方法，制定2015年分险种的业务发展目标。建立和完善符合该公司实际的销售模式，继续推进以“抢占农村市场，拓展新型渠道，稳定存量业务，加强团队建设”为重点的工作思路，实现实收保费13057万元，同比增长3.68%，其中传统业务保费11156万元，同比增长12.39%；农险业务保费1901万元，同比负增长28.8%。全年赔款支出7400万元，实现报表利润1567万元，未决赔款准备金净额为5111万元，准备金计提充足，偿付能力大幅提升。

全面规划，紧盯市场，加快业务发展。车险方面，全年车险完成实收保费9667万元，同比增长8.98%。稳定存量业务，拓展新型渠道。加大原有中介渠道的合作力度的同时，积极寻找新的合作机构，新增中介专业代理机构2家，新增车险保费450万元。转变销售模式，成立呼出及落地服务团队，扎实做好省管和市管单位的四进工作。同时要求三农部把社区作为四进单位，逐个突破。加大营销管理系统使用力度，全面提升车险续保率，稳定存量业务。拓展车险团单业务。非农非车险方面，全年非农非车险完成1488万元，完成任务计划的109.04%，同比增长39.85%。加强非车险团队建设，为非车险团队配备5人，全面做好安责险、治安责任险、民生保险、食安责任险维护工作。1月9日，由长沙支公司向县政府递交的《关于在长沙县开办民生保险的请示》获县委、县政府、民政局、县招标采购局的同意和批复，当月签单收费，为全年80万人口成功投保民生保险，实现保费收入148万元。根据非车险业务发展的需要，做好长沙县政府相关部门的宣传和公关，协调好政府新项目，有选择地推进相应险种的发展，抓好展业地图的推进工作。把小险种销售纳入团队和个人考核方案促进管理日常化，形成销售习惯。

公司始终把依法合规作为农险工作的底线，紧密配合各乡镇做好农险宣传工作，提高农民对农业保险的知晓率和农险覆盖面。完成农险保费收入1901万元公司，三农营销服务部2015年各方面的工作都得以快速发展。农险工作逐步落地，各三农部紧密配合农险部做好农险承保和理赔的落地工作，6个“三农”部的非农险业务快速发展，截至12月底同比增长超过200%，净增保费1200万元。2月，新成立的安沙三农营销服务部实现产能684万元，超额完成全年任务。通过加强“三农”部内部管理，协调乡镇关系，引导他们通过农业保险、治安保险、民生保险、食安险等政策性保险及公司资源业务，分层级、分板块加强落地服务，与乡镇全面地接触和沟通，全方位抢占农村市场。

以人为本，努力抓好队伍建设。公司把打造高绩效团队、提升员工公关展业能力作为工作的重点。首先按点、线、面建立不同类型的销售团队，严格分工、层级管理，年末该公司有“三农”营销服务部团队6个，专业团队6个，营销团队4个。其次公司从业务能力、管理能力、领导能力、执行能力等方面多次组织培训和学习，以晨夕会、交流会、拓展训练等方式增强团队凝聚力，提高团队成员的个人能力，明确职责定位、强化岗位意识和工作责任心，使人人认清方向，各司其职，提升团队效能。

以客户满意度为标准，全面提升客户服务能力。推进客户服务标准化建设，强化服务界面员工“客户导向”原则，促使微笑服务、优质服务成为习惯性动作；营造优良服务环境，与客户实行零距离沟通；履行服务承诺，为客户排忧解难；重点推进VIP客户服务工作，为销售前端提供强有力的支持；加强理赔服务管理，打造一流服务品牌。是年，长沙支公司营业大厅继续保持总公司“金牌服务示范窗口”的荣誉。（张 敏）

科学技术

【概况】 2015年，围绕县域经济发展趋势和产业发展导向，全县确定先进制造技术、新材料、电子与信息、节能环保、农业新技术等产业为支持重点，全力培育工程机械、汽车及零部件等高新技术产业，着力推进新型工业化、新农村建设。是年，全县转化科技成果300余项，其中承担实施2014年县科技计划项目新增产值62974.82万元，新增销售收入58343.45万元，利税9747.29万元，创汇1024.32万元，发表论文21篇，培养人才5260人，安排就业3000余人。引导企业提前介入高等院校、共有200余家企业先后与国内80多家高等院校、科研院所建立合作关系。组织湖南丹尼尔森节能环保科技有限公司与韩国明知大学签订“养殖废水快速氧化处理技术开发”项目，完成签约项目6个，签约金额9695万元，技术需求6项、融资需求3项、中高级人才需求6名。全县高新技术企业中90%拥有核心知识产权，专利战略成为企业发展核心动力。全县确定长沙星沙机床有限公司等40家企业作为重点培育企业，新增湖南云箭科技有限公司等21家高新技术企业。全年完成高新技术总产值1589.3亿元，同期增长9.9%；高新技术增加值470.9亿元，同期增长9.7%，高新技术产业增加值占地区生产总值比重达39%以上。支持长沙迈科轴承有限公司、长沙汽电汽车零部件有限公司和长沙广义变流有限公司等3家企业建设市级工程技术研究中心，全县拥有国家级工程研究（技术）中心6家、省级工程研究（技术）中心企业技术中心31家、市级工程研究（技术）中心17家、行业协同技术创新服务平台3个。新增湖南怡清源有机茶业有限公司、湖南锦绣江南农林科技发展有限公司、湖南首善红种植专业合作社、长沙露天农业开发有限公司等4家市级特色产业科技示范基地。

【科技奖励】 全县加强科技成果管理，努力营造科技人员创新创业良好氛围。共评定湖南帝亿生物科技有限公司等5家企业为长沙县产学研合作与科技成果转化奖。湖南山河智能装备股份有限公司“伸缩臂叉装车关键技术及产业化”等17项为长沙县科学技术进步奖、湖南千山制药机械股份有限公司董事长刘祥华获得2015年长沙市科学技术创新贡献奖、长沙湘丰茶业机械制造有限公司和中国铁建重工集团有限公司等2家单位获得2015年度长沙市产学研合作与科技成果转化奖、长城信息产业股份有限公司和湖南万容科技股份有限公司2家单位获得2015年度长沙市企业科技创新市长奖、长沙众泰汽车工业有限公司的“纯电动乘用车整车集成开发及产业化”项目等10家单位获得2015年度长沙市科学技术进步奖。

【科技特派员派驻经济实体】 2015年，全县共安排83名科技特派员派驻到生态环境治理、蚕桑、小水果种植、农业深加工企业、工业企业等12个领域进行服务，为农村经济发展提供科技支持，引导地方走农业生产规模化、特色化、优质化和标准化路子。科技特派员驻点村农民收入平均增幅达11.8%，推广新技术185项，引进新品种255个。

【专项行动计划工程】 由湖南湘丰茶业有限公司、长沙县金井茶厂、长沙县金湘园农业科技有限公司、湖南百里茶廊有限公司、湖南开心慧明茶业有限公司、长沙湘丰茶叶机械制造有限公司等6家公司共同承担国家科技富民强县专项行动计划工程“百里茶廊基地建设及产业创新发展”项目经过三年实施，顺利通过湖南省科学技术厅的验收。项目实施累计申请专利16项，授权10项，专利实审1项，发表标准茶园创建技术连载5篇。引进国家级和省级茶树新品种5个，推广应用包括良种茶苗繁育技术、茶园生态管理技术、茶园高产栽培技术、茶叶高质低耗加工关键技术、茶叶拼配技术等新技术 12 项。

知识产权管理

【概况】 全县认真执行《长沙县知识产权战略实施意见》及《长沙县专利专项资金管理办法》要求，全年共投入专利专项资金 620 万元，确立 38 家知识产权试点示范优势培育（专利导航）单位、3 个长沙县专利实施资助项目，评选出长沙县专利奖 3 个，对全县新申请或授权 1988 件专利进行资助。全县申请专利 3155 件，同比增长 20.24%，其中发明专利 1025 件，同比增长 40.22%，占专利申请总量的 32.49%；全县专利授权总量 2479 件，同比增长 22.66%，其中发明专利 597 件，同比增长 91.96%。鼓励专利质押融资，提升核心竞争力提供保障。长沙广义变流技术有限公司“用于桥式整流电路中的二极管吸收电路”等 9 件专利获得质押贷款 350 万元。成立中国长沙知识产权维权援助长沙县分中心，收集区域内知识产权维权需求线索，及时将相关需求信息移送到中国（长沙）知识产权维权援助中心，做好市、县两级联合执法工作，全年共出动执法人员 60 人次，查处假冒专利案件 45 件，调处专利纠纷案件 2 起。2015 年，被评为湖南省知识产权工作先进县。（王飞跃）

科学普及

【概况】 2015 年，县科协充分发挥“学术交流主渠道、科学普及主力军、科技咨询的主网络”作用，开展丰富多彩科普活动，提高全民科学文化素质。开展科技下乡活动、科普进社区活动、校园科技节活动、科普大篷车进校园等系列科普活动 30 余场次。全县基本实现“三农网络科普书屋”村级全覆盖。是年，受中国科协、财政部表彰科普示范基地 1 个，向中国科协推荐农技协 1 家，另成功向省科协推荐科普示范基地 1 个。市委、市政府表彰 17 个院士专家工作站。设立县级基层科普行动计划专项，进一步完善科普设施、广泛开展科普活动。向社区赠送各种科普书籍和宣传资料 8000 多册。开展“书香满门·健康随行”科普主题活动，结合捐赠（发放）科普书籍、举办科普报告会、举办学术交流活动、举办征文比赛、“科普大篷车”进校园等具体活动，向泉塘街道阳高社区、青山铺镇、星沙百熙实验小学等单位赠送科普书籍一万余册。职业中学组队参加 DI 大赛获得全国金奖，参加美国举行全球 DI 大赛、金鹰小学参加机器人国赛，获得全国一等奖。大元小学和黄龙小学模型赛国赛继续优良势头，获得多个全国一等奖。各镇（街道）科协分会广泛开展科普集市、送科技下乡、农村实用技术培训等科普活动。共组织专家学者、科技人员和科普志愿者 420 多人次，向农民群众赠送近 17 个类别 9500 余份科普书籍和宣传资料，展出科普挂图、展板 62 块，设科技咨询台 15 个，接待咨询 3840 人次。

【“全国科普日”活动】 9 月 22 日，长沙县科协和青山铺镇联合主办 2015·长沙县“全国科普日”活动启动仪式，省、市科协与县委政府领导、县直有关部门负责人、县级学会（协会）和镇（街道）科协负责人以及科普志愿者代表与青山铺中学师生等近 1000 人参加活动，市科协副主席王勇、长沙县人民政府副县长陈计伟现场致辞。通过科普展览、科技咨询、健康义诊、标语宣传、科普报告、科技体验等一系列活动，使长沙县人民群众了解科技创新多年来产生巨大影响，提高科技创新意识。集中宣传活动还设置机器人、创客社团等新型科技为主要内容展览区和健康保健义诊区等多个区域。这次广场科普活动，激发社会公众万众创新、智慧生活热情。

【开展“学雷锋 送科技下乡科普志愿者活动”】 3 月，县科协科协结合“送科技下乡活动”，组织科普志愿者，到北部镇、村，开展“学雷锋、送科技下乡”科普志愿服务活动，免费给农户送优质种子、送各类实用技术资料及科普书籍，进行实用技术培训、科普讲座提高农民种植水平，并征集当地农户和村委会实用技术培训意向，准备后续组织“科普惠农讲师团”专家、教授到当地开展实用技术培训、科普讲座等活动。为当地农民科学种植、科学养殖、科学生产、科学生活等提供帮助，普及科学知识，推动农民科学素质提升。

【“科普进校园”系列活动】 6 月 2 日，长沙市科协、县科协联合组织开展“科普大篷车”进校园活动。以“科普大篷车”契机，开展丰富多彩、形式多样的进校园活动。活动现场，学生们争先恐后，并主动向科普志愿者询问科技知识，一边听老师讲解，一边自己动手。通过开展科普活动亲身感受到科学的魅力和神奇，学生们学到了很多以前从未接触过的知识。

国家督查组实地调研长沙县沃园香薯科普示范基地　（县科协 提供）

【李晓亮带队到长沙县督查科普示范基地建设】 9月16日，国家督查组副组长、中国科协科普部副部长、科普活动中心主任李晓亮带领科技部、中国科协、全国总工会等单位领导一行5人到长沙县金井镇，实地检查长沙县沃园香薯、金井有机生态茶叶科普示范基地建设情况。省科协副主席廖自强、长沙市科协副主席易芳、长沙县委副书记吴新伟陪同调研。国家级科普教育基地，长沙县沃园香薯、金井有机生态茶叶科普示范基地发挥集科普示范、展览、培训、推广、参观、咨询、服务等为一体农业科普示范基地作用，围绕“科普惠农”，利用金井特有生态环境、自然资源和人文资源优势，形成科普区域特色，普及科学知识。督查组对长沙县科普示范基地在科普示范带动、科技创新等方面取得成绩给予充分肯定，并希望进一步做好实用技术培训、带领周围农民依靠科技致富，更好地回馈社会。

（邓玲芝）

教 育

责任编辑：张 娜

综 述

【概况】 深入推进教育强县建设，建设成效显著，2015 年获国家、省、市级荣誉 28 项，国家、省、市级媒体深度报道 18 次，以五项全优、总评优秀、全省总分第一成绩获得“湖南省县级教育工作优秀单位”和“湖南省教育强县”荣誉。

全县小学适龄儿童入学率 100%，小学年辍学率为零；初中入学率为 100%，年辍学率为零；初中毕业会考一次性合格率为 86.8%；高中学业水平考试合格率 91.03%；升入高中阶段毛入学率 98.3%。

全县有公办学校（不含幼儿园）176 所，其中普通高中 7 所、县职专 1 所、乡镇职校 4 所、初级中学 26 所、小学 137 所、特殊教育学校 1 所；另有教育系统外乡镇农校 13 所。全县公办教师 5474 人、公民办学校在校中小学生 105987 人。

公民办幼儿园 248 所（公办幼儿园 34 所，民办幼儿园 214 所）、在园幼儿 37153 人。全日制民办学校 8 所、学生 6828 人；共有培训学校 94 所、参训学生 28539 人。

学前教育普惠发展。投入普惠性民办幼儿园补助经费 1319 万元，公办幼儿园和普惠性民办幼儿园占本地区幼儿园总数 69%；学前三年教育毛入园率 98.2%。

基础教育优质发展。“成长体验式教育”德育项目在市级评估中获高度好评，长沙县教育局获评教育部第十八届全国青少年五好小公民“少年向上，真善美伴我行”主题教育活动先进集体。深入推进教研联合体建设，积极打造高效课堂，有市级课改样板校 3 所，县级课改样板校 5 所。组织“一师一优课，一课一名师”活动，全县推出新课改教研课 600 多堂，共获评市级优课 57 件、省级优课 32 件、教育部优课 4 件；有 506 名师生获国家级奖励，3786 名师生获省市奖励。长沙县被认定为湖南省实施国家校园武术段位制试点县，江背镇成为全国首个“武术进校园”试点镇；长沙县教育局获评市大课间活动评比优秀组织奖；松雅湖中学、中南小学等获评“全国足球特色学校”，华润小学获评“全国国际象棋特色学校”，春华中学、县一中被认定为市级区域教育特色发展建设学校。高考一、二本上线率稳步上升，其中一本上线率 20.06%，二本上线率 49.95%。

职业教育创新发展。成功入围第二批国家级农村职业教育与成人教育示范县创建名单。县职专参加 2014-2015 全球 DI 大赛，总成绩获中国区第三名；出席全国教育管理信息化工作会，并作题为《拥抱互联网 +，打造精彩数字校园》典型发言；张庆红县长代表长沙县在长沙市职业教育工作大会上作题为《支持打造大职教，服务提升大产业》的经验介绍。

民办教育稳步发展。获评长沙市民办教育综合管理优秀单位一等奖；在全市民办教育工作大会上，长沙县教育局党委书记、局长陈卫球代表长沙县作民办教育工作典型发言。

终身教育纵深发展。获评全国全民终身学习活动周先进单位、“长沙终身教育学习网”网上学习优秀组织奖；㮾梨街道社区教育工作摘桂“全国农村优秀学习型组织学习型乡镇（街道）”称号。

合作办学深入推进。相继与长沙师范、芙蓉区签订区域性、系统性合作办学协议，开慧小学与湖南第一师范学院实现合作办学，优质教育资源得到进一步拓展。

办学设施不断改善。投资 3.5 亿元实施基础设施建设和改扩建工程，全县中小学办学条件明显改善。星沙实习实训基地、湘龙中学、世景小学等工程按计划进度推进顺利，金鹰小学扩建、东塘中学、龙塘小学续建全面完成，有效缓解城区大班额问题。重视实验教学，11 所中小学迎接市标准化实验室建设合格学校验收。建成长沙县教育城域网，实现各中小学与教育局千兆光纤互连；长沙县职业中

泉塘中学校园　　（县教育局 提供）

专学校《拥抱“互联网+”，打造精彩数字校园》经验在2015年全国教育管理信息化工作会上获得推荐。

健全队伍建设机制。以县委办、政府办两办名义出台《关于加强教师队伍建设的实施意见》《长沙县教育局关于切实加强师德师风建设的若干意见》等文件，建立和健全教师队伍建设机制。面向省内外公开选聘优秀教师和优秀应届毕业生233名；安排教师培训4351人次，交流教师（校长）308人。实施名优骨干教师金字塔工程，共评选市级骨干教师146人、县级骨干教师291人，率先在全省建成四级名师工作室。开展“做党和人民满意的教师”评选等活动；肖正根、张扬、彭慧琴被评为湖南省特级教师。

【长沙县获评“湖南省教育强县”】 5月，湖南省教育督导委员会对长沙县创建教育强县相关资料进行核查，对部分学校进行实地考察，并走访教师、学生和教育管理人员。9月1日，公布督导评估结果，长沙县在综合性指标、学前教育工作、义务教育工作、普通高中教育工作、职业教育工作五项指标得分中均获得“优秀”等级，并在全省21个受检县市区中，以486分高分获得总分第一好成绩。湖南省教育督导委员会对于长沙县优化教育基础设施、坚持教育公平、加快职业教育发展等方面给予高度评价，并认为长沙县高起点、重谋划，始终把教育作为一项提升县域经济未来竞争力基础性工作来抓，区域教育发展达到教育强县标准，总体水平处于全省领先行列。

【与长沙师范学院、芙蓉区教育局合作办学】 9月9日，长沙县分别与长沙师范学院、芙蓉区教育局签订区域性合作办学框架协议，并与湖南师大附中进行合作交流。长沙县委副书记、县长张庆红，县人大常委会副主任曹艳萍，副县长陈计伟，县政协副主席陈沃辉出席签约仪式。县长张庆红表示，合作办学可以有效发挥优质教育资源的辐射和带动作用，满足百姓对教育事业发展的需求。

【长沙县家庭教育“十二五”规划课题结题】 12月21日，长沙县家庭教育省教育学会“十二五”规划课题结题鉴定会在六艺天骄幼儿园召开。来自全县各中小学校和幼儿园的课题主持人、参与者，以及专家学者40多人汇聚一堂，就《运用信息技术加强家校互动，培养孩子良好德行的实效性研究》《办好家长学校，优化家庭教育的研究》等10个课题研究报告和成果进行现场答辩和鉴定，并全部通过专家鉴定并成功结题。参加此次结题会的专家有湖南省教育学会学术委员会主任刘先捍和长沙市教科院党委书记龙迪辉。

【长沙县首批数字化专用教室投入使用】 11月，分别投入建设资金

长沙县实验中学学生在数字化历史教室上课　　（县教育局 提供）

590330 元、478470 元，数字化数学探究教室和数字化历史教室在长沙县第一中学和长沙县实验中学投入使用。数字化专用教室有异于常规教室统一风格，从学科中提取出相关元素，利用现代化新型教学设备，进行融合，增加课堂趣味性，更有利于学生抽象思维培养，激发学生学习积极性。数字化专用教室建成投入使用，拉开长沙县数字化教育序幕。

【全国儿童青少年计算机表演赛连续五年获第一】 8 月 7 日至 10 日，第二十四届中国儿童青少年计算机表演赛总决赛在北京举行。长沙县共有 24 名选手在湖南省复赛中胜出，晋级网络基础赛和多媒体作品类全国总决赛，共获得 3 个全国第一、8 个全国第二。其中多媒体作品类获 2 个全国第一、4 个全国第二；现场网络基础赛获 1 个全国第一、4 个全国第二，实现五年蝉联全国第一。长沙县碧桂园中英文学校被授予“最佳组织奖”“最佳辅导学校奖”称号。全国人大常委会原副委员长李铁映亲自给长沙县获奖选手戴晟颁奖并合影。

【校车监控实现信息化】 2 月 1 日，教育局为甲方、校车公司为乙方、交通局为监管方，与万众校车服务公司和通畅公司分别签订《校车安全管理合同》，校车管理进入制度化、规范化、常态化、无缝化轨道。县校车办牵头，教育、交通和交警等部门联合出台《非标准校车退出方案》，7 月 30 日，全县 65 台非标准校车全部退出，率先实现全县中小学校幼儿园国标校车全覆盖目标。财政投入 20 万元，将全县所有校车都纳入到长沙市校车监控平台，合格率达 100%，居全市首位。同时将校车公司监控室纳入实时监控系统，对校车公司进行实时远程监控。年底，全县共有 223 台标准校车（其中幼儿园 116 台，中小学校 107 台），覆盖义务教育阶段 74 所中小学校和 117 所幼儿园，乘车学生和幼儿共 14410 人（中小学生 6355 人，幼儿 8055 人），20 个行政镇（街）通校车率为 100%，受到社会好评。

【长沙县成为湖南省“武术进校园”试点县】 9 月，长沙县被省体育局、省教育厅正式命名为湖南省第二批实施国家校园武术段位制 8 个试点县之一，全县 38 所中小学校被确定为全省武术进校园试点校。江背镇被命名为全省唯一试点镇，全镇中小学均开设每周两节文武兼修课程，成立专门组织机构，课题研究与教学实践紧密结合，教师培训与学生培训同步推进，武术进校园工作走在省市前列。

（黄伊利）

学前教育

【概况】 2015 年，全县有公民办幼儿园共 248 所，其中公办 34 所，民办 214 所；在园幼儿 37153 人，其中公办在园幼儿 6018 人，民办在园幼儿 29094 人；小学学前班 50 个，幼儿人数为 1676 人；星沙城区在园幼儿 18416 人，占全县幼儿总人数 49.6%。全县公民办幼儿园幼师共 2111 人，保育员 1217 人。全县普惠性民办幼儿园 134 所，公办幼儿园和普惠性民办园占全县幼儿园总数 69%。9 月，长沙师范学院附属第二幼儿园郑岚老师在长沙市首届“幼儿园教育能手”竞赛中获评一等奖；11 月，在湖南省首届“幼儿园教育能手”竞赛中荣获一等奖。

【国培（2015）长沙师范学院组织“送培到县”示范性培训】 10 月 16 日，湖南省国培办、长沙县教育局、长沙师范学院承办国培（2015）长沙师范学院“送培到县”示范性培训在长沙县湘龙幼儿园开班，省特级教师、市名师工作室首席名师等多名专家与全县 300 余名幼儿园园长、教师分享理论与实践的心得。送培送教活动以大教研形式开展，有看图讲述、音乐歌唱两大类型同课异构活动。

【第二届幼儿园保育员技能比武】 10 月 30 日，长沙县第二届幼儿园保育员技能竞赛在长沙县湘龙幼儿园举行。

国培（2015）长沙师范学院“送培到县”示范性培训现场（县教育局 提供）

来自全县公民办幼儿园30名选手参加角逐，150余名幼儿教师参加。比赛分为保育专业知识笔试、教玩具制作、讲述幼儿故事、安全现场救护及讲解、保育专业知识答辩五项内容。30名选手均经层层遴选，其中17名来自公办园、13名来自民办园。经过激烈竞技，长沙师范附属第二幼儿园匡清华等四人获特等奖。

【长沙县六艺天骄幼儿园受邀代表中国参加世界啦啦操联赛】 12月，六艺天骄幼儿园三支队伍49人参加全国啦啦操比赛，获得“双冠一亚”好成绩：六艺天骄旋风队获得幼儿组集体舞蹈自由啦啦操项目组冠军、六艺天骄机关队获得幼儿组集体舞蹈花球项目组冠军、六艺天骄星城队获得幼儿组集体舞蹈花球项目组亚军，并受邀代表中国参加世界联赛。（黄伊利）

义务教育

【概况】 全县有初级中学30所（含4所民办学校），小学140所（含3所民办学校），特殊教育学校1所；在校中小学生88816人，初中25087人（含民办1614人），小学63511人（含民办4452人），特殊教育学校109人。2015年，小学和初中阶段入学率分别为100%和100%，小学和初中年巩固率分别为100%和100%，小学、初中毕业率分别为100%和100 %；三类残疾儿童入学率为100%。全县初级中学在职在岗教职工1826人，具有研究生学历33人，本科学历1756人，专科学历23人，中专（含高中）学历14人；小学在职在岗教职工2231人，研究生学历21人，本科学历1208人，专科学历865人，中专（含高中）学历137人。出台《长沙县进城务工就业农民子女接受义务教育实施办法》和《长沙县城区义务教育阶段入学招生办法》。加快城区配套学校建设，增加城区义务教育学位，符合条件进城务工农民随迁子女就地入学人数为9278人，入学率为100%。进城务工农民随迁子女在城区公办学校就读，全部享受“一费制”全免教育。

长沙县盼盼小学“和乐天使舞团”舞台造型（县教育局 提供）

【金鹰小学获湖南省青少年机器人竞赛冠军】 5月15至17日，第八届湖南省青少年机器人竞赛在湖南省衡阳市成章实验中学举办。竞赛以“探索创新，快乐成长”主题，有人形表演、教育机器人即兴擂台、VEX机器人工程挑战、综合技能赛、FLL机器人工程挑战赛、机器人足球赛、创意比赛等七项竞赛内容。来自湖南14个市州350支队伍，1300多名中小学生、教师、评委裁判员及观摩代表参加为期三天竞赛。长沙县金鹰小学秦子毅、孙益邦、向子轩、伍天杰四位同学，在指导老师曹国斌带领下参加小学组综合技能竞赛项目，秦子毅、孙益邦一组获得冠军，向子轩、伍天杰一组获得亚军。冠军队伍获得参加中国地区总决赛的资格。

【盼盼小学学生获中央电视台少儿频道“快乐大巴”栏目冠军】 5月1日，长沙县盼盼小学“和乐天使舞团”在学校辅导老师陈瑶带领下登上中央电视台少儿频道“快乐大巴”栏目并荣获冠军。比赛第一个环节为个人才艺展示，长沙县盼盼小学学生刘乐乐演唱《梨花又开放》和彝族歌曲《不要怕》获得现场观众最高分。第二轮为“帮帮团”助演环节，由盼盼小学学生刘乐乐、卢旭、张晨子怡、尹舒韬、高镘蓉、徐思语联袂出演湘西土家族茅古斯舞蹈《祈雨》获高分，最终夺得冠军。

【获评全国青少年“五好小公民”主题活动先进集体】 2015年，长沙县教育局关工委组织近11万名中小学生广泛开展“少年向上，真善美伴我行”读书、征文、绘画、演讲比赛等活动，全县中小学生全员参与读书，个个动手作文、绘画，校校组织演讲赛。全县三年级以上中小学生、青年教师撰写征文78600篇，其中黄兴镇太平小学罗晶晶、县六中杨天、指导老师郭珍华、田荣华获教育部征文特等奖；全县组织演讲比赛267场，盼盼小学胡彬晟同学、指导老师陈瑶荣获长沙市教育局演讲视频一等奖。组织近11万中小学生开展“铭记历史，振兴中华”为题纪念抗战胜利暨世界反法西斯战争胜利70周年“征文、讲故事比赛”活动，7.7万名中小学生参加征文比赛；学校、中心学校单位组织讲故事比赛289场，常胜戈、唐智鹏、周雯分别以第一名成绩荣获全市比赛中学组、小学组一等奖。

（黄伊利）

普通高中教育

【概况】 全县有普通高中7所，其中两所省级示范性高中、5所市级示范性高中。在校学生14076人，4754人参加高中学业水平考试，一次性合格率86.81%，最终合格人数为4648人，最终合格率达97.77%。两所省示范高中县一中一次性合格率96.59%，实验中学一次性合格率98.1%。长沙县一中84届高38班校友、北京大学张平文教授入选2015年中科院院士。全县普高参考人数4348人，一本及提前批上线872人，上线率为20.06%；二本上线2172人，上线率为49.95%。在全省600分以上人数比去年减少1187人的情况下，长沙县600分以上113人，比2014年增加6人。音体美等特长生合计一本上线115人，二本上线284人。

【学生发展指导高端论坛】 12月17日—18日，2015年学生发展指导高端论坛在长沙县一中举办，海峡两岸近400名教育界人士，共同研讨如何对学生进行生涯发展教育。国内一流学者和有经验高中学校实践工作者，解析国家高考改革政策，传递国际先进经验、交流分享各地高中生涯教育先进经验，构建面向未来、具备中国本土文化特色与时代发展要求的中小学生涯教育体系。全国生涯教育学校联盟副理事长、长沙县第一中学校长柳国强作题为《开展生涯发展指导，促进学生主动成长》讲座。出席本次高端论坛领导和嘉宾有湖南师范大学研究生院党委书记、湖南省心理学会理事长彭运石，东北师范大学教育学部副部长、心理学院院长盖笑松，上海学生职业生涯发展教育研究所副所长范为桥，全国生涯教育学校联盟副理事长、特级教师郭建民等专家。长沙县教育局党委书记、局长陈卫球致欢迎辞。

2015年全国学生发展指导高端论坛在长沙县第一中学 （县教育局 提供）

【长沙县实验中学获评湖南省首届"魅力校园"称号】 7月6日，由三湘都市报、华声在线新闻网站、湖南日报社新闻影像中心、湖南图库中心共同主办湖南省“魅力校园”活动落下帷幕。经网络、微信投票及专家评审会评审，长沙县实验中学获得高中组“最具魅力校园”称号第二名。2015年，长沙县实验中学基本形成“一二三四五为主题”校园特色文化建设，即一个现代图书馆，两个馆(校史馆、党史馆)，三个园（百果园、地理园、纪念园），四个广场（维汉广场、树人广场、春华秋实广场、日新广场），“五个一”主题建设（一张集体照、一个宣传片、一本论文集、一本宣传册、一系列道路楼馆的命名）。

【香港“同行万里”国民教育交流团参观访问长沙县实验中学】 4月9日上午，由香港特区政府教育局组织“同行万里”国民教育交流团成员一行40人参观访问长沙县实验中学。在国学课堂上，大家用普通话、长沙方言和粤语分别朗诵《论语》。此次活动为“同行万里”香港高中学生内地交流计划的一部分，该计划是香港教育局国民教育支援计划之一，属于香港高中生一门实践课程，旨在通过香港学生的亲身体验交流，提升香港学生对民族文化认知度，加强两地师生的交流与互动。

（黄伊利）

职业教育

【概况】 全县有国家级重点、省示范性公办职业中专学校1所，民办职业中专1所，县内两所学校共有在校学生3952人，教师236人，本科教师占97%以上，双师型教师占65%。县域内其他中职学校（包括高职院校中职部）12所，在校学生1.7万余人。5月，长沙县职业中专学校“空白世界”DI团队赴美国田纳西州立大学参加全球总决赛，获得全球第37名，中心挑战环节中国区第一名，总成绩为中国区第三名，并获得“探索精神奖”。6月，胡宁同学获评2015年全国职业院校技能大赛中职组蔬菜嫁接赛三等奖；11月，在2015—2016年度湖南省DI比赛中，由张勇军、马兰花老师指导“密语倾城”学生团队获评C组一等奖，并获即时挑战环节第一名；“开拓者，集结号”学生团队获评E组一等奖，并获得“达芬奇”单项奖；机械专业学生刘星、彭稳分获“中望杯”全国机械职业院校“零部件测绘、三维数字建模与制图”技能大赛”二、三等奖。11月，在2015年长沙市中职机械专业学生技能比武中，囊括5个项目全部的第一名；在2015年长沙市中职机械专业学生技能抽考中，有20名学生参考，优秀率95%，居全市第一。11月，教师涂敏参加2015年全国中职学校“创新杯”素质教育课程教师信息化教学设计和说课比赛获评一等奖；曾文参加第五届“外研社杯”全国中等职业学校英语教师教学技能大赛获评一等奖。

【李浩出席全国教育管理信息化工作会并作典型发言】 10月23日至24日，全国教育管理信息化工作会暨第十五届中国教育信息化创新与发展论坛在浙江杭州召开。经省教育厅推荐，长沙县职业中专学校校长李浩作为全国职业院校唯一代表出席大会，并作题为《拥抱互联网+，打造精彩数字校园》典型发言。长沙县职业中专学校积极探索现代信息技术与职业教育深度融合发展道路，大胆改革创新，学校信息化建设卓有成效，实现“学生管理数字化，‘3+1’让学生成长出彩；教学应用云平台，海量资源让教师课堂出彩；产学研交流信息化，优势互补让校企合作出彩”，育人质量不断提高，服务社会经济发展的能力持续增强。

【长沙县职业中专智能制造技术专业群入围湖南省示范性特色专业群】 8月，长沙县职业中专智能制造技术专业群成功入围湖南省示范性特色专业群，且在全省入围十个专业群中名列第一。长沙县职业中专高度重视内涵发展，视质量为学校发展生命线，重点加强专业建设，逐渐形成专业品牌。在智能制造技术专业群建设方面，学校不遗余力，从师资、设施设备、课程设置、实习实训等各方面，重点投入，全面提升，专业群建设水平迅速达到地区一流、全省领先水平。

【“3+1”学生综合素质评价系统申报为国家级课题】 2015年，职业中专学校继续全面推进“3+1”学生综合素质评价系统应用。“3+1”评价模式即“三个维度”加“一个特长”。“三个维度”是指思想道德水平、文化知识水平、专业技能水平；“一个特长”是指尊重学生个体差异，对学生特长发展实施鼓励性评价，促进学生个性发展，让每一个学生都有成就感，从而让学生坚定成才信心。这一创新成果获评2015年湖南省首届职业技术教育科学研究成果奖一等奖，且是一等奖中唯一中职学校课题，并申报为国家级课题。

【四川兴文县职业教育考察团到长沙县职业中专参观交流】 9月17日，四川兴文县职业教育考察团莅临长沙县职业中专学校参观。考察团由四川兴文县教体文广局副局长何明强、兴文县职业技术学校校长许奇、副校长朱潇、汽修专业部部长刘绍君、天坤国际湖南分公司总经理苗良俊组成。考察团一行先后参观县职业中专园林实训基地和机械实训工场及教学环境、现代化教学设备等。

驻县高校

【概况】 2015年，县委、县政府高度重视教育事业发展。对入驻的各类院校积极提供政策支持，加强服务协调，营造良好的教学环境。9月18日，位于星沙产业基地的湖南省劳动人事学校新校区正式开学。截至2015年年底，长沙县共有湖南信息科学职业学院、湖南交通职业技术学院、湖南警察学院、湖南水利水电职业技术学院、长沙电力职业技术学院、湖南大众传媒职业技术学院、长沙市贺龙体育运动学校、长沙师范学院、长沙卫生职业学院、湖南都市职业技术学院、湖南艺术职业学院、湖南劳动人事职业学院等18所大中专院校，在校大中专学生14.6万余人，在职在岗教职工1.2万余人，已形成完善的国民教育体系和终身教育体系。

表 1

驻县高校情况一览表

学校名称	教职工数	学生总数	专业个数	主要专业	占地面积（公顷）	校址
湖南信息科学职业学院	651	1 万	32	电子信息工程应用电子技术计算机网络技术等	61.8	安沙镇毛塘铺社区
湖南交通职业技术学院	1035	13600	29	汽车、机械、机电、建工、路桥、物流、商贸、模具、电商	70.6	黄兴镇黄江路
湖南警察学院	504	6000	13	侦查、治安、刑事技术等	46.67	泉塘远大三路 9 号
湖南水利水电职业技术学院	312	5800	19	水利工程、水利水电、建筑工程	13.6	泉塘远大二路 1575−7 号
长沙电力职业技术学院	400	3500	12	发电厂及电力系统、供用电技术等	30.67	泉塘盼盼路
湖南三一工业职业技术学院	201	2812	10	工程机械与维护、焊接技术及自动化、数控技术等	53.33	榔梨工业园
湖南现代物流职院	390	5700	19	现代物流管理、信息、经贸、工程等	20	泉塘远大二路新安路
湖南安全职业技术学院	281	4500	27	安全、烟花爆竹	18	星沙万家丽北路土桥 304 号
湖南工程职业技术学院	459	9200	26	区域地质调查与矿产普查工程测量技术、建筑工程技术	25.67	万家丽路北水渡河路 100 号
湖南机电职业技术学院	584	11200	26	机械、电气、汽车等	25.67	万家丽北路一段 359 号
湖南大众传媒职业技术学院	593	9300	32	传媒艺术、传媒技术类	39.6	星沙特立路 5 号
长沙师范学院	620	10200	37	学前教育、初等教育、动漫、玩具类	60	星沙特立路 9 号
长沙卫生职业学院	288	600	7	医学、护理、医学相关专业、药学	9.69	星沙灰埠路 87 号
湖南都市职业学院	576	9112	30	航空服务、印刷技术、建筑工程技术	23.47	远大三路黄花国际空港工业园
湖南艺术职业学院	246	3320	25	戏剧、音乐、舞蹈、影视、美术、社文	7.87	松雅湖
湖南司法警官职业学院	300	3000	14	刑侦、刑事执行、法律事务、司法鉴定、戒毒康复、社区矫正等	11.2	星沙远大二路 1069 号
长沙市贺龙体育运动学校	122	883	3	运动训练、体育服务与管理、体育经济与营销	13.33	湘龙路 28 号
湖南劳动人事职业学院	167	3000	10	劳动和社会保障、人力资源管理等	26.67	长沙经开区开元东路 1319 号

教师队伍建设

【概况】全县共有教职工5474人，其中县属高中978人，县职专169人，镇（街）义务教育学校4176人，特校30人，幼儿园65人，二级机构56人。其中研究生学历175人，大学本科学历3839人，大学专科学历1217人，中专及以下学历243人。具有初级职称2015人，中级职称2470人，高级职称733人，未定职称256人。

【教师队伍建设】2015年，加大骨干教师培养培训，评选500名市、县级骨干教师。利用暑假组织县级骨干教师培训班8个，培训骨干教师近400人；组织50名数学骨干教师和50名骨干班主任到外地高校研修培训。开展中小学教师信息技术提升工程全员培训，举办薄弱学科专任教师培训班，重点办好小学综合实践课教师培训班。抓好校本研训全员培训，评选县级示范校10所；开展县外培训，拓宽教育视野，选送参加各级各类学习培训人数达专任教师（校长）总人数40%，连续5年选送100多位中小学校长赴北京、上海等省外名校挂职培训。实验中学教师马如龙和长沙师范学院附属第二幼儿园园长罗晓红被聘为长沙市首席名师。

【第二届中小学教师师徒结对成果展示竞赛】4月25日，长沙县举办第二届中小学教师师徒结对成果展示竞赛，教学系统100余对师徒经过初赛选拔，参加了“师徒结对档案”和包括15分钟片段教学、师傅5分钟点评及30分钟内师徒共同撰写教学反思“师徒结对成果”两大项目比拼，赛出师徒一等奖5对、二等奖12对、优秀奖37对。长沙县劳动模范、长沙县一中德育名师工作室首席名师李众来带着徒弟参加竞赛。全县教育系统开展师徒结对活动十年来，有1500余名刚毕业就走入教师岗位青年教师拜师成功，与骨干教师、优秀教师一对一结成师徒对子。

【莫德智获评长沙县2015年“最美劳动者”】4月29日，由长沙县委、县政府主办，县总工会、县文明办承办长沙县“庆五一”暨“最美劳动者”颁奖典礼在长沙县星沙明城国际酒店凯旋宫举行。县一中教师莫德智通过专家评审和网络投票形式，获“最美劳动者”荣誉。本次共评选10名最美劳动者奖和10名最美劳动者入围奖。湖南省总工会组织部部长邓建中，长沙市总工会党组成员、副主席鲁承钢，长沙县委副书记、县人民政府县长张庆红，长沙县人大常委会主任李建章，长沙县政协主席王益枝，长沙县委常委、宣传部部长彭勇，长沙县委常委、县委办主任王国良，长沙经开区党工委委员、总工会主席丁仁义等领导出席表彰大会并为获奖者颁奖。

【第五届教职工大众运动会】5月30日，由长沙县教育工会举办长沙县第五届教职工大众运动会羽毛球决赛项目在长沙贺龙体校乒羽馆开幕。来自长沙县教育系统十二支队伍展开激烈角逐。11月15日至17日，第五届教职工大众运动会篮球决赛项目在长沙县松雅湖中学、贺龙体校及中南小学的体育馆举行。全县有16支男队、9支女队共25支队伍参赛，300余名教师同场竞技。12月6日上午，长沙县第五届大众运动会太极拳项目决赛落幕，全县28支队伍共1100余名教职工参加太极拳决赛。（黄伊利）

长沙县星沙盼盼小学太极拳代表队决赛风采　（县教育局 提供）

文化·体育

责任编辑：张 娜

文 化

·文化建设与管理·

【概况】 2015年，长沙县文化工作坚持以文惠民，不断加强文化市场管理，传承非物质文化遗产保护，推进文化发展繁荣，县营造良好人文环境。重点工程稳步推进。星沙文化中心基本建成，长沙会战影珠山抗战遗址文化公园成功开园，湖南辛亥革命人物纪念馆正式对外开放。基层文化阵地全覆盖，县、镇（街道）、村（社区）三级公共文化服务网络基本形成。开展“五彩星沙”广场文化、镇街文化集市、村（社区）文化艺术节等三大公共文化活动。新建与提质改造镇（街道）综合文化站7个，建设村级示范性文体活动室10个，新建村级文化广场34个；全年共开展文化活动257场，完成送戏下乡105场，免费放映电影2744场，送书下乡2.95万册，成立并注册群众文艺团队42家，免费艺术培训外来务工人员子弟3000余名，开展各项文艺业务辅导和培训近万人次。10月28日至29日湖南省现代公共文化服务体系建设现场推进会在长沙召开，长沙县公共文化服务建设经验向全省推广。联合公安、工商、消防、社会事务执法大队、镇街等开展文化市场安全生产大检查十余次，无重大安全事故发生。召开网吧管理和技术人员法规（安全生产）培训班、迎接全国文明城市测评会议、国家卫生县城复查迎检会议、安全生产会议、游泳场馆业务安全培训等，免费发放创建公益广告，与业主签订《文明创建责任状》，利用信息平台发送创建通知3000余条。传承非物质文化遗产。长沙山歌”“长沙绿茶制作技艺”申报为省级非遗项目名录，5位传承人成为第二批市级非遗项目代表性传承人。结合抗战胜利70周年，在影珠山抗战文化遗址公园、徐特立故居、李维汉故居等广泛宣传。出版《纪念黄兴书画集》，开展流动博物馆进校园活动。黄兴故居被授予首批“中国华侨国际文化交流基地”“长沙市市级涉台教育基地”。制定文物安全巡查制度，落实乡镇文物保护职责，被评为湖南省十年（2006—2015年）优秀文物保护工程三等奖。

【长沙县四家农家书屋成为长沙市示范性农家书屋】 3月20日，在长沙市第六届“三湘读书月”开幕式上，长沙县4家农家书屋荣获长沙市第一批“示范性农家书屋”荣誉称号，分别为长沙县金井镇蒲塘村寻民强农家书屋、北山镇蒿塘社区陈雄农家书屋、福临镇综合文化站农家书屋以及江背镇综合文化站农家书屋。这4家书屋全部为四星级农家书屋，共同特点是：免费开放，贴心服务，以读者为中心开展读书活动，是当地老百姓求知的精神乐园。

【第二届村（社区）文化艺术节启动】 4月2日，“我们的中国梦 文化进万家”长沙县第二届村（社区）文化艺术节启动式在㮾梨街道金托村文化广场举行。出席活动的领导有长沙市文广新局副局长俞小玲，长沙县委常委、宣传部部长彭勇，长沙市文广新局公文处处长胡满生等。

【雒树刚到长沙县实地调研】 4月26日，文化部部长雒树刚、副部长董伟一行到长沙县，实地调研现代公共文化服务体系建设工作。省、市、县领导许又声、张湘涛、陈泽珲、李晖、张庆红、彭勇、王国良、陈计伟等陪同调研。雒树刚给予高度评价。雒树刚强调，要认真贯彻落实中央《关于加快构建现代公共文化服务体系的意见》，按照党的十八大报告中关于文化建设新要求，以及习近平总书记在文艺工作座谈会上重要讲话精神，再加一把劲，再上一层楼。

【中宣部、文化部专项调研组到长沙县调研文化市场综合执法改革工作】 2月1日至3日，由中宣部、文化部组成专项调研组到长沙县调研文化市场综合执法改革工作，湖南省文化厅、长沙市文广新局、长沙市文化市场综合执法局领导参加调研活动，长沙县委宣传部部长彭勇、副县长陈计伟陪同调研。调研组与省文化厅、市委宣传部、市文广新局、市文化市场综合执法局及县文广局、县法制办、县执法办等单位进行座谈交流。县文广局负责人对长沙县深化文化市场综合执法改革及文化市场综合执法立法情况进行汇报，文化部领导对长沙县文化市场综合执法队伍建设及文化市场管理工作表示充分肯定。会上，各级领导就如何推进行政执法改革、综合执法等问题进行认真讨论。文化部领导讲话指出，各级文化部门要继续深化文化体制改革，加强执法队伍建设，依法、科学、合理整合执法力量，完善执法机构制度设计，以适应文化市场及意识形态领域工作要求。同时，要进一步优化文化市场发展环境，促进文化市场健康、繁荣发展，这样才能既沉淀文化底蕴，又丰富当地群众的精神文化生活。

【举办“文化遗产日”暨长沙山歌传承人展演评比活动】 6月13日上午，由长沙县人民政府主办，县委宣传部、县文化体育广播电视局承办，长沙市非遗协会、湖南金井茶业有限公司、长沙县广播电视台协办2015年全国“文化遗产日”暨长沙山歌传承人展演评比活动在星沙中心广场隆重举行，2000余名群众现场观看。县文化馆非物质文化遗产保护中心精心策划宣传内容，包括“长沙县非物质文化遗产展示基地”——《长沙绿茶制作技艺》《腊八豆制作技艺》授牌仪式，以“保护成果，全民共享”主题非遗项目名录展览也在现场展出，以15块展牌和100余幅图片反映长沙县在非物质文化遗产保护成果。长沙山歌传承人展演评比是此次活动中一个亮点，5位来自春华、青山铺、双江、北山、长龙等镇（街道）的长沙山歌代表性传承人分别带领他们弟子、团队近100人参赛。

【纪念中国人民抗日战争暨世界反法西斯战争胜利70周年歌咏比赛】 8月28日下午，由中共长沙县委、县人民政府主办，县委宣传部、县直机关工委、县文明办、县文化体育广播电视局、县总工会共同承办的“爱我中华·放飞梦想”长沙县纪念中国人民抗日战争暨世界反法西斯战争胜利70周年歌咏比赛总决赛在星沙开源大剧院隆重举行。比赛共有来自全县各镇街、县直机关、企事业单位43支队伍参加，近4000人次登上舞台。经过3场预赛，共选拔出12支优秀队伍晋级总决赛。通过激烈比拼，县教育局、泉塘街道获总决赛一等奖，县财政局、青山铺镇、果园镇、县国土局获二等奖，黄兴镇、县卫生局、县公安局、㮾梨街道、县住建局、黄花镇获三等奖。此外，比赛还评选出优胜奖10名、最佳风采奖1名。

【辛亥革命湖南人物业绩陈列正式开展】 10月10日上午，辛亥革命湖南人物业绩陈列开展仪式在湖南辛亥革命人物纪念馆隆重举行，民革中央常委、省政协副主席刘晓，省委常委、原统战部副部长彭军良，省委统战部副巡视员王和平，省财政厅巡视员刘克邦，中共长沙市委常委、市委统战部部长文树勋等省市县领导以及辛亥革命后裔代表出席开展仪式。仪式由民革省委副主委、民革长沙市委主委朱建军主持，长沙县人民政府县长张庆红，辛亥革命后裔代表黄兴长孙黄伟民、省政协副主席刘晓先后致辞。仪式完毕，相关领导及嘉宾参观了辛亥革命湖南人物业绩展。 （陈宇平）

·新闻出版·

【概况】 全县新闻出版工作根据《出版物市场管理规定》和长沙市文化广电新闻出版局《关于开展2015年出版物发行单位年度核验工作的通知》要求，积极开展工作。开展出版物零售市场检查。成立对出版物零售经营单位检查小组，4月13日至14日，联合文化市场综合执法大队对全县二十家出版物零售经营场所进行检查，主要检查出版物零售场所是否有出售侵犯他人著作权或者专有出版权出版物，是否出售新闻出版行政部门明令禁止出售出版物等违规现象。规范出版物管理。组织管理人员采取集中时间定点办公形式，收取审查年度核验材料。经审核，2015年共有出版物（书刊、音像）零售店105家，全部通过核验。开展印刷企业年检工作。3月9日至3月19日完成注册资金500万元以下（黄花工业园除外）包装装潢印刷企业、其他印刷品印刷企业共计34家印刷企业年检资料审查，与企业签订《责任状》，要求各印刷企业做到建立、健全承印验证制度、承印登记制度、印刷品保管制度、印刷品交付制度、印刷活动残次品销毁制度等“五项制度”；不印刷含有反动、淫秽、迷信内容和国家明令禁止印刷其他内容出版物、包装装潢印刷品和其他印刷品；不假冒或者盗用他人名义印刷；不盗印他人出版、包装装潢、其他印刷品；

不非法加印或者销售受委托印刷的印刷品；不将委托印刷的印刷品的纸型及印刷底片出售、出租、出借或者以其它形式转让；不超范围经营。确保合法经营，文明经营；建立健全内部安全生产责任制，及时开展自查自纠，消除安全隐患，落实安全措施，确保企业安全生产。3月23至27日完成印刷企业新版“印刷经营许可证”打印与发放工作，发放新证34本。

（陈宇平）

·文艺创作·

【概况】 2015年，全面落实省委、省政府文化强省战略，紧扣县委、县政府中心工作，推进文化强县建设，繁荣文艺创作。聘请的书法家黄文泉、篆刻家魏晓伟为长沙县艺术导师。举办高研班，对县书画骨干进行专业培训。开设《星沙理论沙龙——文艺创作专题讲座》。组织文艺家到春华镇、路口镇、福临镇等进行采风创作，慰问参加过抗战老兵，举行“重返抗战遗址，缅怀先烈前辈”仪式。举办“勿忘国耻，爱我中华——纪念抗战胜利70周年”征文活动。开展“欢乐潇湘，品质长沙”群众美术、书法、摄影活动。活动得到各单位、各乡镇、街道大力支持，全县广大美术、书法、摄影爱好者积极参与。成立文艺志愿者协会，通过打造多种艺术平台、组合多种文艺资源、策划多种文艺活动，积极将文学艺术送到基层千家万户，丰富人民群众精神文化生活。如春华镇金鼎山村全兴组策划“乡村文化艺术节”，涵盖书画摄影展览、文艺节目表演、民间工艺展示、广场舞比赛等多项内容，有600人参加艺术节。打造特色地域文化。编撰《长沙县民俗》《点亮艺术人生——老艺术家作品集》《长沙影珠山》系列丛书、《高桥行知书》，并协助有关单位策划出版湖南省第一批村志、村史如《浔龙河村志》《金鼎山史话》等著作。邀请省市油画家到福临镇、江背镇、开慧镇等乡镇开展“走进长沙县最美乡镇” 系列油画创作。7月，组织作家、诗人到金井镇开展送文艺进乡村活动；9月，组织美术家协会骨干会员到醴陵陶瓷城进行一次画瓷培训活动；9月，组织书法、美术家协会骨干会员赴武汉进行交流学习活动并回访《书法报》编辑部，进一步加强与书法报联络，使之能够更多更广地推荐长沙县书法艺术作品和书法艺术人才。期间，还拜访著名湘籍画家陈立言老师，恳请陈立言老师为家乡的美术事业发展推波助澜，使长沙县文学艺术的整体实力得到升华。

（曾 征）

·广播电视电影·

【概况】 2015年，长沙县广播电视台围绕广播电视新闻报道宣传、专题、广告的制作播出，广播电视事业建设、有线电视网络、数据传输业务的社会文化服务工作任务，发挥新闻媒体舆论导向作用。开辟《政协好声音》《人大代表风采》专栏，对2015年县委县政府重大战略部署进行全面详实报道。在《星沙新闻》栏目中开辟《适应新常态 再创新辉煌》金点子专题报道和《今春农业》《残疾人创业风采》《园区绿动力》《百日攻坚》《美丽乡村》《名师工作室》《名医访谈》《暑假去哪儿》《水稻种植经》《关爱脑瘫儿童》《创业在基层》等系列报道，深入到乡村、企业、社区，把镜头对准基层，播出稿件近五百余条。全年共采、编、播出新闻稿件3400余条，专题100余期，各类节目855期。稿件数量和节目的质量较去年同期有较大幅度增长和提升，共有8个作品在湖南省和长沙市获奖。全年播出《美丽乡村》节目52期，《政务连连看》节目26期，《领跑先锋》节目26期，播出时间达1100分钟。播出编辑性电视节目《前沿讲座》《天籁村》《中国旅游》《希望的田野》《动画片》1000余集，丰富多彩电视节目很好满足长沙县老中青少各类收视群体收视需求。围绕积极培育社会主义核心价值观、纪念抗战胜利70周年、规范社会道德行为、建设生态文明以及与人民群众关切交通安全、食品安全、健康知识等内容，制作展播一系列内容丰富多彩的公益广告外，适时推出《中国社会主义核心价值观之梦娃系列》《文明旅游公约》《书香湖南》《学雷锋》《义务植树》《打击非法集资》《卫生健康公益宣传》等一系列公益宣传片，为倡导公民文明意识，提升公民素质，促进经济增长发挥电视媒体的积极作用。全年该台共播出各类公益广告19345条次，公益广告条数占该台播出广告总条数的95%。每天在黄金时段播出92条公益广告，让团结、和谐、友爱、诚信、互助精神得到不断传播，通过电视荧屏为社会输送了满满的正能量。是年，步天公司利用县级电视台的平台优势，保持与该县多家单位紧密联系，先后与中国邮政储蓄、星沙农商银行、长沙县邮政局等多家单位签下合作协议。5月，承办长沙县庆“五一”暨“最美劳动者”颁奖典礼，受到社会各界的一致好评；8月，组织开展“熊孩子假期”活动；特色栏目《政法在线》播出二十九期，其中关于长沙县法院连续五期报道取得较好的社会反响。截至2015年年底，公司总收入195.73万元，其中电视广告收入130.49万元，广告代理收入26.21万元，活动策划收入18.4万元，节目制作收入20.63万元。

【开通微信公众号】 2015年，长沙县广播电视台开通微信公众平台，自办节目实现在网络和微信的同步播出，网络和微信点击量每期节目在1000次以上，节目影响力得到有效提升，群众反响良好。

【有线电视事业发展】 2015年，长沙县广播电视台继续坚持面向市场、面向用户，围绕“做大做强、优化网络、提升服务、深化管理”工作方针，推进各项增值业务发展，持续优化城乡网络，全面完成各乡镇联网，较好地完成各项经营指标。全年经营创收完成3803万元。全网累计新增有效用户8900多户，完成预定目标137.1%。城区有线电视新建小区签约总用户数7000多户，新建楼盘签约小区10个，工程建设费、安装费收入达530万元。完成城区双向网络改造小区32个，开通双向光节点397个，覆盖用户27000余户。

【继续推进“三网融合”】 在三网融合政策大背景下，继续稳步推进基础建设，不断进行技术研究、创新，进行技术设备升级改造、拓展电视多功能业务。新增开机大图片、开机视频、定时关机、EPG换台广告等功能。2015年，共办理高清数字电视用户3000多户，办理宽带业务用户4000多户。

【广播电视老发射塔亮化工程】 9月20日，长沙县广播电视老发射塔择址

长沙县广播电视发射塔　　（县广播电视台 提供）

亮化项目立项，11月23日，开始动工，年底基本完工，正在进行最后调试。老发射塔始建于1999年，经历16年，发射源不再适合设立在高速发展的星沙中央。但经过亮化工程处理，现成为长沙县城区夜空一道亮丽风光。

（罗若琦）

【数字影院建设】 2015年，长沙县数字影院由2014年4家增加至8家，总营业面积11400平方米，影厅38个，座位数5064个，较上一年，数字影院总量翻一番，4家新设立数字影院，总面积7142平方米，影厅共20个，座位数共2840个，均建成并投入使用，运营状况良好。希界维（长沙）影城有限公司长沙县分公司，是一家韩资企业，位于华润万象汇3层，该电影院总投资4000万元，采用数字电影放映，国内外大片与北京、上海等大城市同时放映。该影院为长沙市一流影院，也是该县顶尖级影院。（陈宇平）

·档案工作·

【概况】 县史志档案局认真履行“为党管档、为国守史、为民服务”的职责，围绕服务全县工作大局，扎实开展全县档案工作。一是档案业务工作。法制建设工作。优化职权职能，编制档案行政审批和有关行政职权事项办事指南和部门责任清单，规范行政罚款项目内容，减免所有职权的特别程序，办理流程更加合理，时效性更强。指导与培训。业务工作人员深入县财政局等40余单位上门开展档案移交指导和培训。重点对县政府机构改革档案处置工作进行业务培训。继续开展村（社区）示范档案室建设。宣传教育工作：以“6·9”国际档案日为契机，发动各镇街、县直各单位开展档案宣传活动；举办“铭记历史珍爱和平——长沙纪念抗日战争胜利70周年档案展”。全年在《档案时空》《长沙晚报》等刊物和中国档案网、长沙县史志档案网等刊发文章100余篇。所撰论文《提升档案服务能力方法浅议》获省档案学会学术论文三等奖。该局获评2015年全省档案宣传工作先进集体。二是档案馆基础业务建设。以创建国家一级档案馆为目标，开展有偿征集活动，全年共征集《革命烈士日记》手稿1本，《定王台志》和《贾太傅祠志》各1套。热情接待来馆查档人员，配合县委办清理规范性文件，全年接待查档利用800人次，调阅档

案2500卷。三是数字档案馆建设。数字档案馆建设一期工程全部完成并运行良好，二期建设工程将档案管理系统纳入长沙县公共信息平台建设内容，投资概算570万元，与县电子政务办对接，硬件采购项目公开招标完成，软件项目正在采购中。馆藏档案缩微和数字化。完成馆藏档案缩微数字化一期项目中期验收。全年馆藏数字化4万余卷，缩微4860卷。四是新档案馆建设。4月，总建筑面积1.34万平方米的新档案馆主体工程完工，二次装修于6月进场施工。根据《档案馆建筑设计规范》（JGJ25−2010）和《国家档案馆建设标准》，对新档案馆智能化系统、用电负荷、消防系统、精密空调及风淋净化系统等设计方案进行变更。同时对二次装修设计方案进行优化，库房四至七楼智能无轨道密集架、精密空调和风淋净化系统全部完成公开招标，部分设施完成采购，正在安装之中。

【创建国家一级综合档案馆】 自2014年年底全面启动创建国家一级综合档案馆工作以来，长沙县创建工作稳步推进。一是召开国家一级综合档案馆创建工作推进会，将创建任务分解落实到全县各相关单位。二是聘请省市档案部门资深专家指导创建，省档案局局长胡振荣等领导三次专题调研和现场办公，为创建工作会诊把脉，排忧解难。三是扎实做好档案业务基础工作。制定《长沙县到期档案移交接收方案和标准》，对全县各单位1995−2005年的到期档案进行摸底调查，全年接收民政、水务、财政等26个县直单位和镇街的到期档案4719卷104114件。印发《关于有偿征集档案资料的通告》，广泛征集有价值、有特色的档案和史料。

【“手机查档”定为省级科研课题】 4月，长沙县申报的《基于移动互联网的档案信息利用》课题被定为省级科研课题，这是该局依托数字档案馆建设，争创国家一级综合档案馆，服务“智慧城市”创建的一大举措。该课题研究将采取实地调研、系统开发、总结完善等步骤，建设内容包括三个方面，一是互联网档案信息资源建设。根据国家对档案资源利用鉴定开放的有关规则和标准，将经过数字化处理后的利用需求较高的民生档案（婚姻档案、林权登记档案、土地承包档案等）、馆藏档案信息编研成果、馆藏多媒体档案等档案资源，通过移动互联网，为社会公众通过手机终端查阅有关档案信息做好准备工作。二是建立互联网门户网站和手机APP软件平台，向社会公众和各机关单位提供档案信息的在线查档和档案信息资源浏览模式。三是改进查档服务方式。实现档案在线借阅登记、档案信息推送、档案信息订阅，改善档案服务模式，提高档案利用水平，将传统、被动的进馆查档模式改为网上查档模式，建设长沙县移动互联网档案利用平台。该课题预计2016年年底基本完成，将提供一系列研究成果（开发一套移动互联网的档案利用平台软件、形成一份项目研究报告、一个县域典型应用等），系统平台的建设对社会公众、各机关和企事业单位、档案馆都具有非常重要的意义。（朱立辉）

·杨开慧纪念馆·

【概况】 杨开慧纪念馆成立于1966年，占地约8.4公顷，建筑面积9600平方米。由杨开慧故居、杨开慧烈士陵园、杨开慧生平业绩陈列馆、杨公庙四部分组成，是全国百家红色旅游经典景区、国家AAAA级旅游景区、湖南省爱国主义教育基地。内有故居、陵园、杨公庙三处省级重点文物保护单位。对外开放以来，共接待包括英、日、美、韩、朝等30多个国家的国内外游客4000余万人次。有100多所大中专院校、中小学校和机关企事业单位在此设立德育教育基地。馆区内各景点连成一片、参观内容丰富，是进行爱国主义教育、革命传统教育、廉政教育和红色旅游的理想场所。

2015年，杨开慧纪念馆启动互联网+信息平台建设工作。向长沙县和长沙市科技局申报“红色景区，智慧旅游”科技项目。运用“互联网+”延展扩大红色教育方式。建设高标准党性教育基地网上展馆。网上展馆360度全景展示主要方式，将杨开慧烈士陵园、杨开慧生平业绩陈列馆、杨开慧故居全景展示视频植入网上展馆，拓展杨开慧纪念馆教育展示方式，也进一步扩大开慧精神影响力。现杨开慧纪念馆党性教育基地网上展馆被推荐为省级党性教育基地网上展馆。3月，馆长彭春华到河南三门峡市中国梅花豫西研究所，现场商洽梅树捐赠与现场选株等专项事宜。4月，争取省水利厅投资80万元对故居周边进行环境整治。包括后山水土保持、三口山塘清淤加固、崩岗治理、山林护坡麦冬草种植、杜鹃园绿化提质等内容。修整后故居山塘既保持故居历史风貌又增加其景观性，同时还与故居周边民居和商业步行街协调统一。

【获评全国文明优抚事业单位】 2月25日，在民政部网站上公布杨开慧纪念馆为全国文明优抚事业单位，6月25日省民政厅优抚处到馆举行授牌仪式。纪念馆进一步完善设施，规范管理，提高技能，强化服务，努力把烈士纪念设施建设成为承载民族情感、弘扬烈士精神的重要阵地。同时为对接全国重点烈士纪念设施保护单位申报工作，按民政部门要求，经县委县政府同意，根据湘编办复字〔2015〕26号文件精神，同意加挂“杨开慧烈士纪念园”牌子。

【文物征集工作】 全年收集故居复原陈列蚊帐、蓑衣、斗笠等布展文物18件。其中包括中国国画大师刘宇一捐赠的油画《路漫漫》，该作品气势磅礴，再现毛泽东主席和杨开慧志同道合革命情操和必胜革命信念。8月，找到杨开慧1921年发表在《福湘杂志》三篇文章《致某公书》《随感录》《先父事略》并将其刊载在《长沙晚报》2015年10月12日A9版上。这些珍贵资料为研究杨开慧及其父亲杨昌济提供了新史料。

【创新宣讲模式】 2015年，创新宣讲模式，开展分散讲解与集中宣讲相结合、日常讲解与专题讲解相结合、专业讲解与志愿讲解相结合方式为前来参观游客进行爱国主义教育。重点接待文化部部长雒树刚、云南省委原书记秦光荣、蔡和森女儿蔡转、任弼时女儿任远芳以及毛泽东长孙毛新宇等20余位重要嘉宾。同时，还接待专题讲解团体1200批次，参观游客110万人次，推荐前来参观团队开展“献一束花、鞠一个躬、听一次讲解、重温一次入党誓词和观看一次爱教影片”的“五个一”活动。使来馆游客能够得到爱国主义教育、红色文化教育，廉政文化教育体验，努力把开慧烈士精神和板仓日新月异发展与变化传播，实现了游客“零”投诉。

（李　路）

体　育

【概况】 2015年，长沙县体育工作围绕开展全民健身活动、建设体育运动场地、培训社会体育指导员等重点工作，推动体育事业、产业全面发展，取得长沙县体育工作新局面。星沙体育主题公园建设稳步推进，新建、改扩建6处乡镇全民健身中心。出台《长沙县全民健身器材管理办法》，对30个村级文化广场、乐和乡村、美丽乡村等场地进行配套，报废、更新场地器材5处。3月，市体育局组织人员对长沙县进行全民健身活动入户调查工作。金井、江背、开慧三个镇参与这次入户调查，组织受调查人员400余人，填写有效问卷300余份。支持和引导各个体育社团提高组织和办赛水平，协会工作正常有序推进。贯彻落实《全民健身条例》，按照“服务有指导，健康有标准”工作要求，加大社会体育指导员培训力度，共培训社会体育指导员500余人次，通过对他们的集中培训和分类指导，使舞龙、自行车、乒乓球、篮球、太极拳、羽毛球、气排球等传统项目和群众基础好大众运动项目得到推广和提升，通过对社会体育指导员考试，提高技术传授能力，并成功承办湖南省第六届太极拳锦标赛。开展全民健身活动。除县级外，镇街分别开展不少于10场选拔赛，直接参与活动超1万人，其中千人规模比赛有职工乒乓球赛、职工篮球赛和自行车比赛、骑行活动等。该县继续推进大中院校场馆免费开放工作，增加开放星沙中学、金鹰小学两个学校体育场地，全县节假日免费开放大中院校9所。组织人员到各场地、场馆进行现场勘查，立足长沙县实际情况，合理有效扩大开放力度丰富开放方式，为全县中小学生打造一个安全、健康、愉快体育锻炼乐园。暑期开办足球夏令营特色培训，培训学员256人，全年共投入免费开放经费125万元，受益人群10万余人。

【举办长沙县第十一届舞龙比赛】 3月5日下午，由长沙县委宣传部、县文广局主办，县文化体育服务中心、县文化馆承办的长沙县第十一届舞龙比赛在县城星沙松雅湖中学体育馆成功举行，数千名市民现场观看比赛，共庆元宵佳节。本次比赛主题为“龙腾盛世 活力星沙”，特邀湖南农业大学专业女子舞龙队进行开场表演，来自全县各镇街21个参赛队伍，共计600余人民间舞龙高手参与角逐。经过激烈比拼，双江镇、泉塘街道龙狮队荣获一等奖。

【第四届环松雅湖自行车比赛】 4月30日，由长沙县人民政府主办的长沙县全民健身月活动启动式暨第四届环松雅湖自行车比赛在长沙县松雅湖畔举行。此次全民健身月活动是以“活动星沙 运动精彩”为主题，旨在倡导全民健身、绿色出行、团结奋进、构建和谐社会。自行车比赛分为比赛组和健康骑行活动组两个组别，均从捞刀河路与万明路交汇处出发，围绕松雅湖沿岸，最后回到出发点。比赛组在环湖内道竞赛五圈，健康骑行活动组在环湖外道骑行一圈。自行车比赛组经过激烈角逐最终37号选手曾文波、135号选手袁薇分别获得男子组、女子组第一名。

【湖南省第六届太极拳锦标赛在长沙县正式开赛】 5月23日，由湖南省体育局主办，湖南省太极拳运动协会、长沙县文化体育广播电视局承办湖南省第六届太极拳锦标赛暨湖南省中国武术段位制（太极拳）考试在长沙县松雅湖中学体育馆正式开赛。比赛共设2天赛程，450名来自全省各地州市太极高手同台竞技，27名运动员代表长沙县参赛，千余名太极爱好者现场观看。省政协副主席、省太极拳协会名誉主席欧阳斌；省体育局副局长、省太极拳协会主席杨再辉，县领导王益枝、彭勇、陈计伟、陈沃辉等出席开幕仪式。竞赛项目为“三式”（陈式、杨式、吴式太极拳）、“两拳”（24式、42式太极拳）、“两剑”（42式、32式太极剑）。经过激烈角逐，42名竞赛套路个人单项冠军被授予“湖湘太极精英奖”，该奖项为湖南省太极拳项目个人赛事最高荣誉奖。

【暑假青少年足球夏令营正式开营】 7月17日，由县文广局、县教育局联合举办2015年长沙县暑假青少年足球夏令营在长沙师范学院足球场正式开营，251名爱好足球的中小学生免费参加。本次夏令营按照“政府购买服务、体育惠民、快乐健身”原则进行，为期20天，课程包括基本训练和对抗教学等，所有学生均按年级分班进行管理，6名来自长沙师范学院足球教练担纲教学。活动坚持“体教结合”，在政府、社会、学校之间建立起良性互动交流机制，以足球运动桥梁，为青少年打造一个集健身娱乐、竞技培训于一体的学习交流平台。

【举办“全民健身日”太极拳团体赛暨“三湘农民健康行”活动】 8月8日，由县文广局、县卫生局主办、县文化体育服务中心、长沙县太极拳协会承办的“2015年长沙县‘全民健身日’太极拳团体比赛暨‘三湘农民健康行’活动”在松雅湖中学开幕。此次活动分为展演、团体比赛以及应急救护演练、健康义诊和咨询四个部分。经过激烈角逐，最终星沙街道代表队、青山铺镇代表队、开慧镇代表队获得比赛一等奖。（陈宇平）

综 述

【概况】 截至2015年年底，辖区内有二级机构长沙县疾病预防控制中心、长沙县卫生监督所、长沙县妇幼保健院、长沙县计划生育技术服务站，非长沙县卫生局发证卫生医疗机构有：市级医院1所（长沙市第八医院），县级医院6所（长沙县第一人民医院、长沙县第二人民医院、长沙县中医院、长沙县星沙医院、长沙县妇幼保健院、长沙县精神病医院），湖南省荣军医院、长沙融城医院、长沙星沙年轮骨科医院、长沙手外科医院、湘雅博爱康复医院等；长沙县卫计局发证各级各类医疗机构共423个，其中：综合医院6个，精神病医院1家，计划生育技术服务站1所，街道社区卫生服务中心4所（星沙、湘龙、泉塘、榔梨），街道社区卫生服务站2所，镇（中心）卫生院16所；村卫生室215所，医务室25个，门诊部22个，个体诊所（卫生室）131所。全县卫生专业技术人员2294人，其中全额拨款117人，差额拨款1221人，编外聘用956人，副高以上职称94人，中级职称578人，执业医师653人，本科以上学历925人，研究生以上学历30人。

（欧阳艳辉）

医药卫生体制改革

【概况】 2015年，全县卫生系统围绕健全基层医疗服务体系、促进基本公共服务均等化及贯彻执行国家基本药物制度等重点改革任务， 积极开展工作，取得初步成果。自6月26日起全县6家县级公立医院严格执行药品“零差率”销售，同时按文件规定调整诊疗服务收费诊查项目和护理费、检查费等。县政府补助其药品加成收入减少部分和差额编制人员财政补助1477万元。深化应用软件系统，利用信息系统客观数据下拨经费与进行绩效考核，促进医院工作积极性。投入239万元用于全县卫生专网、县级医院机房维保，区域平台备份存储等建设；是年，完成6家县级医院，17家乡镇卫生院，2家社区服务中心居民住院报销、门诊统筹报销系统切换工作；举办软件技能提升培训1次；完成全县所有医疗机构居民健康卡发行前的环境造调研工作，完成区域平台服务器硬件搬迁至新县电子政务中心机房。

（夏 宇）

【执行国家基本药物制度】 县财政安排4832.53万元专项补助资金，确保基本药物制度顺利实施和基层医疗卫生机构正常运转。与实施前同期相比，居民医药费用负担明显减轻。全县基层医疗卫生机构药品年销售总额由实施前7396.0万元降至5595.52万元，下降24.34%，基层医疗卫生机构门诊次均费用由实施前129.22元降至90.58元，下降29.90%，住院次均费用由实施前2074.11元降至1164.85元，下降43.84%。实施基本药物制度后，基层医疗卫生机构业务普遍上升，尤其门诊量增幅较大。全县基层医疗卫生机构门诊人次由实施前的467682人次上升至749951人次，上升了60.35%。

（彭龙杰）

【健全医疗卫生服务体系】 实施基层医疗卫生机构能力建设。重点抓好县级医院、镇卫生院（分院）、社区卫生服务中心和村卫生室等基层医疗卫生服务体系建设项目。一是完成县妇幼保健院整体搬迁建设项目主体工程，县中医院门诊、住院综合楼基本竣工、开慧镇卫生院整体搬迁项目竣工开业、县一医院业务用房和白沙镇卫生院门诊楼改扩建顺利竣工；干杉、春华、白沙、金井卫生院职工周转公租房均按建设程序在进行主体和基础施工。二是2015年县财政投入6650万元建设资金，推进妇幼院整体搬迁建设项目、县中医院、开慧、黄兴、白沙、干杉、春华、金井等镇卫生院项目，基层医疗卫生机构硬件条件得到明显改善。

（龙勇波）

【卫生人才队伍建设】 举办2期干部管理培训班，有135人参加培训；多渠道引进专业技术人才：面向全省引进副高以上卫技人才5人、编内公开选调17人、编内公开招聘62人、编外招聘126人；本土化培养乡村医生50人；与2名长沙县应届高中毕业生签订《农村订单定向医学生免费培养定向就业协议书》，成立7个“名医工作室”。完成省市培训713人次，县级培训1084人次，培训对象包括行政管理、预防保健、妇幼、临床、医技、护理、药剂、财务人员等；举办村卫生室乡村医生培训班2期，共496人次。是年，有4人晋升高级职称、74人晋升中级职称，基层医疗卫生机构有40人考取执业医师。（欧阳艳辉）

疾病预防控制

【概况】 根据新医改政策及国家基本公共卫生服务职能要求，贯彻落实“预防为主”工作方针，实行“重点疾病、重点地区、重点时段、重点人群”防治策略，开展县级疾控机构等级达标建设工作，通过慢性病综合防治示范区省级达标验收，健全突发公共卫生事件应急机制，做好禽流感等重点传染病防控，持续推进免疫规划工作、加快消除麻疹步伐，增加公共健康危害因素监测频率。建立联防联控防控体系，完善突发公共卫生事件应急预案，落实24h值班制度，开展卫生应急演练。重点传染病监测到位，制定15种重点传染病防控技术预案和监测方案，加强监测、管理、分析、预警，守住传染病不暴发流行底线。全县6个自愿咨询检测门诊（VCT）共接待咨询者644人次；7个初筛实验室完成54098人次初筛检测；对国家哨点吸毒人群完成400人次问卷调查与HIV、HCV及梅毒检测；对辖区内监管场所新进羁押人员4988人进行HIV抗体筛查；协同社会组织“天空同蓝”，对男男同性恋完成200多人次HIV初筛检测；落实“四免一关怀”政策，全年给艾滋病病人发放电话补助、CD4检测交通补助、住院治疗补助及大病救助共计约30万元。全县共接诊疑似肺结核1985例，登记活动性的肺结核497例，发现涂阳患者154例（包括复治涂阳20例）、耐多药患者3例；结核患者管理率达100%、规则服药率达95%以上、追踪率100%。完成国家结核病12.5终极评估工作，接受国家对结核病防治三位一体模式调研工作。

【免疫规划工作】 2015年，全县以“免疫规划年”契机，加强全县免疫规划工作。通过疫苗常规接种、查漏补种、预防接种证查验、接种率入户调查、流动儿童主动搜索等多种途径，全县基础疫苗接种率95%以上，继续维持无脊灰状态，麻疹病例较往年明显下降；疫苗针对性传染病监测到位，报告73例AEFI（疑似预防接种异常反应）、4例AFP病例、1例乙脑病例，所有病例均得到规范科学处置，无预防接种事故发生，无二代病例发生；率先完成免疫规划信息系统、数字化门诊、APP等信息化工作，进入“互联网+预防接种”工作模式。

【居民健康档案管理及慢性病管理】 经过一年努力，12月中旬顺利通过慢性病综合防控示范区建设省级达标验收；通过年度体检、门诊筛查、慢病发病信息登记和慢病患者自我管理等工作，全县管理高血压患者69024人，管理率52.12%，规范管理率69.70%，血压控制率62.86%；管理糖尿病患者19148人，管理率28.02%，规范管理率68.03%，血糖控制率60.02%；重性精神疾病患者系统在册3534人，在册率4.01‰，管理患者3384人，管理率95.76%，抽查规范管理率66.22%。

【饮用水、食品风险监测】 全年启动两次饮用水应急监测，应急监测各类水质共159份，其中水源水47份、出厂水50份、末梢水62份；同时提升饮用水常规监测频率，对全县7家集中式供水单位共常规监测540份出厂水、管网末梢水和水源水，监测413份农户井水、学校井水、二次供水等

12月15日，省、市、县慢病综合防控示范区专家组一行到长沙县慢病综合防控示范点——星沙医院进行检查
（县卫生局 提供）

非集中式供水，通过规范监测，全年未发生水污染事故。开展食源性致病菌、食品化学污染物及有害因素、食源性疾病监测，完成40份大米样与744份餐具样检测，5889人次乡村厨师免费健康检查；以长沙市第八医院作为哨点，构建疑似食源性异常病例/异常健康事件、食源性疾病（食物中毒）事件报告系统，全年共报告食源性病例监测病例181例，完成率100%。

（杨　觋）

附录

长沙县2015年传染病与突发公共卫生事件监测年报

一、总疫情

2015年度通过《中国疾病预防控制信息系统》报告统计，现住址为长沙县的甲乙类传染病共14种1430例，死亡病例3例，无甲类传染病病例报告，甲乙类传染病报告发病率为141.41 / 10万，丙类传染病6种5791例。

甲乙类传染病报告病例数居前三位的分别是肺结核（593例）、肝炎（316例）、梅毒（235例），占本年度报告甲乙类传染病总数的80.00%。与2014年相比，总发病率下降17.24%。发病率较2014年上升的病种只有出血热和淋病；其他病种发病率均有不同程度的下降。死亡3例均为艾滋病。

经分类统计，甲乙类传染病中报告肠道传染病25例、呼吸道传染病783例、血源及性传播疾病608例、自然疫源及虫媒病14例，无新生儿破伤风病例，各类传染病分别占病例总数的1.75%、54.75%、42.52%、0.98%（见图1）；与2014年比较，不同类的传染病均下降，肠道传染病下降60.94%、血源及性传播疾病下降22.25%、自然疫情及虫媒病传染病下降22.22%、呼吸道传染病下降9.37%。

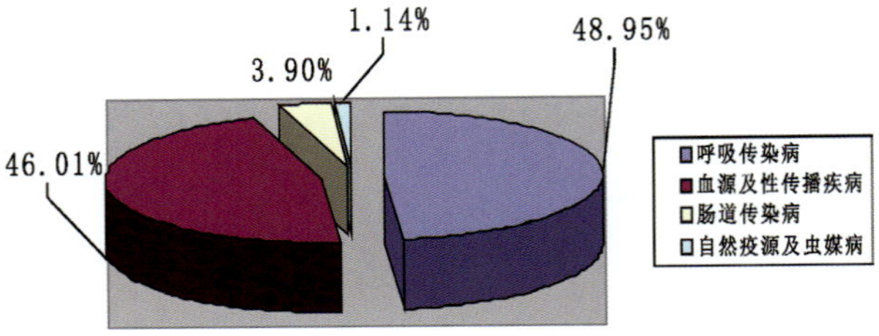

图1　长沙县2015年甲乙类传染病报告总数比例图

报告丙类传染病6种5791例，发病率572.67/10万。其中手足口病4081例，流行性腮腺炎855例、其他感染性腹泻665例、流行性感冒125例、急性出血性结膜炎62例、风疹3例，2015年发生1例重症手足口病，无死亡病例。总发病率较2014年下降28.73%，其中手足口病下降29.63%、流行性腮腺炎下降34.13、急性出血性结膜炎下降32.61%，流行性感冒、风疹及其他感染性腹泻发病率均有所下降。

二、辖区疫情报告

2015年长沙县辖区内共有医疗网络直报单位27家，通过疾病监测信息报告系统报告：传染病及相关病例6305例，全县报卡数较2014年下降20.62%，其中乙类1056例、丙类3756例、其他传染病1047例、其他疾病446例；27家网络直报单位中10家报告卡数较上年有所下降，新增中国国际旅行卫生保健中心；本年度共报告突发公共卫生事件3起，分别为：2015年8月长沙县春华镇一起家庭误食毒蕈中毒的事件、10月长沙县黄兴镇黄兴中学一起流行性腮腺炎暴发疫情 和11月长沙县星沙街道金鹰小学一起水痘暴发疫情 。

表1：长沙县网络直报单位报卡数对比表

医疗机构名称	2015年报卡数	乙类报告数	2014年报卡数	乙类报告数	趋势
长沙市中医院（市八医院）	2668	367	3942	483	↓
长沙县第一人民医院	353	99	369	104	↓
长沙县妇幼保健院	717	50	730	82	↓
长沙县第二人民医院	167	57	147	69	↑

医疗机构名称	2015 年 报卡数	乙类 报告数	2014 年 报卡数	乙类 报告数	趋势
星沙街道社区卫生服务中心	839	76	894	83	↓
长沙县疾病预防控制中心	164	152	205	153	↓
果园镇卫生院	66	4	38	7	↑
长沙县中医院	79	24	79	30	--
干杉乡卫生院	82	2	35	1	↑
春华镇医院	158	10	35	9	↑
黄兴镇医院	89	4	60	6	↑
安沙镇卫生院	74	4	60	2	↑
湘龙街道社区卫生服务中心	56	76	65	4	↓
江背中心卫生院	34	8	33	1	↑
福临镇中心卫生院	26	2	32	3	↓
高桥镇医院	27	4	24	7	↑
金井镇中心卫生院	57	11	118	35	↓
开慧乡卫生院	26	2	39	4	↓
㮾梨镇卫生院	105	1	32	2	↑
北山中心卫生院	43	7	97	7	↓
路口镇卫生院	45	0	39	1	↑
黄花镇卫生院	68	6	39	7	↑
白沙乡卫生院	61	1	55	1	↑
青山铺镇卫生院	51	2	22	0	↑
双江镇卫生院	33	4	39	2	↓
泉塘街道社区卫生服务中心	66	2	51	2	↑
中国国际旅行卫生保健中心	151	145	—	—	—
合计	6305	1056	7602	1204	↓

三、甲乙类传染病流行病学分析

1. 地区分布：报告病例数居前三位为星沙街道 389 例、黄花镇 116 例、江背镇 96 例（见图 2）。

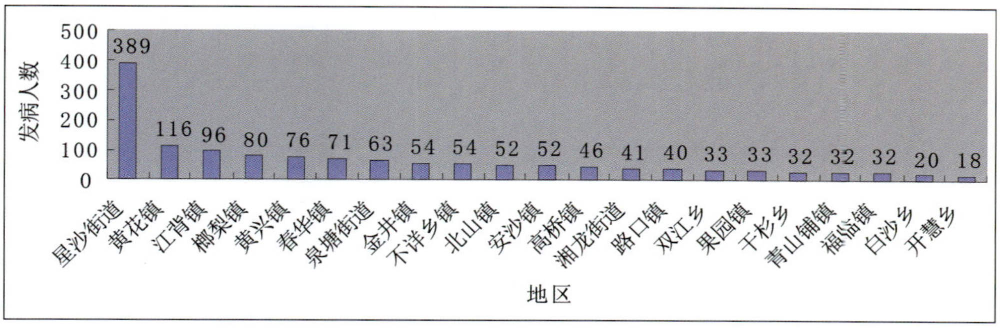

图 2 长沙县 2015 年甲乙类传染病分地区统计图

2. 人群分布：①性别：1430 例甲乙类传染病病例中，男性 902 例，女性 528 例，男女比例为 1.71 ： 1。除梅毒、麻疹、痢疾、伤寒、淋病女性病例多于男性病例外，其余病种男性病例均多于女性病例。

②年龄：2015 年“0 ～ 9 岁”年龄组报告病例数 211 例，“0~ 岁”及“3~7 岁”组为发病高峰。“10~ 岁”以上年龄组分布曲线，以“25~ 岁”组为发病最高峰（见图 3、图 4），在发病前五位病种中，肺结核以中老年发病为主，肝炎、梅毒以青壮年发病为主，猩红热、麻疹以低年龄组发病为主。

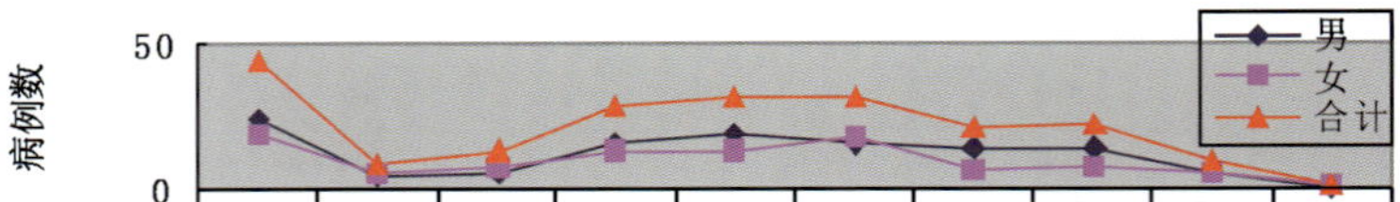

	0-	1-	2-	3-	4-	5-	6-	7-	8-	9-
男	24	4	5	15	19	15	14	14	5	0
女	19	5	8	13	13	17	7	8	5	1
合计	43	9	13	28	32	32	21	22	10	1

年龄

图 3　长沙县 2015 年甲乙类传染病 “0 ～ 9 岁” 年龄组发病曲线图

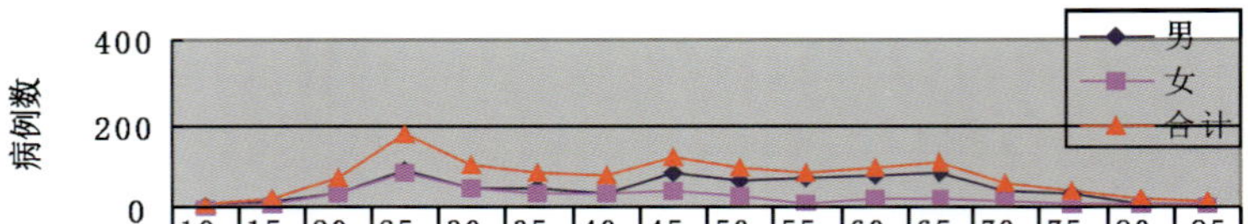

	10-	15-	20-	25-	30-	35-	40-	45-	50-	55-	60-	65-	70-	75_	80-	85
男	4	17	40	94	52	51	38	85	65	75	77	84	43	35	15	12
女	2	9	35	86	51	34	40	41	33	11	24	26	18	9	9	6
合计	6	26	75	180	103	85	78	126	98	86	101	110	61	44	24	16

年龄

图 4　长沙县 2015 年甲乙类传染病“10~ 岁”及以上年龄组发病曲线图

③职业：发病数居首位为农民 611 例（见图 5)，占报告病例数 72.73%，其次为家务及待业、散居儿童、学生、托幼儿童共发病 372 例，占报告总数的 26.01%。职业不详 194 人（主要是梅毒、淋病、乙肝）。

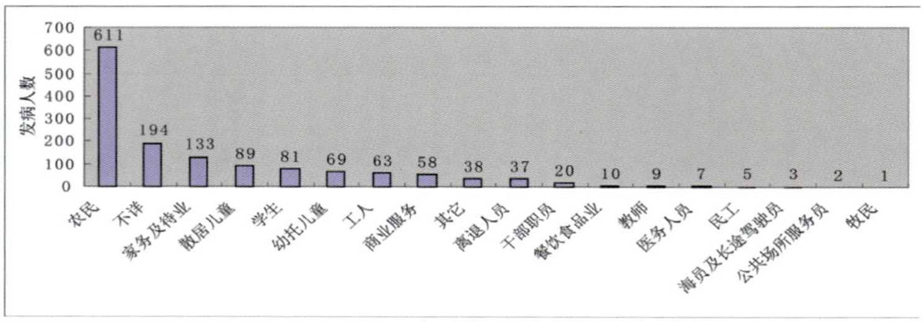

图 5 长沙县 2015 年甲乙类传染病职业分布图

3. 时间分布：从 1—12 月疫情分布图看发病曲线无剧烈波动变化，发病最高为 12 月，最低为 2 月（见图 6)。

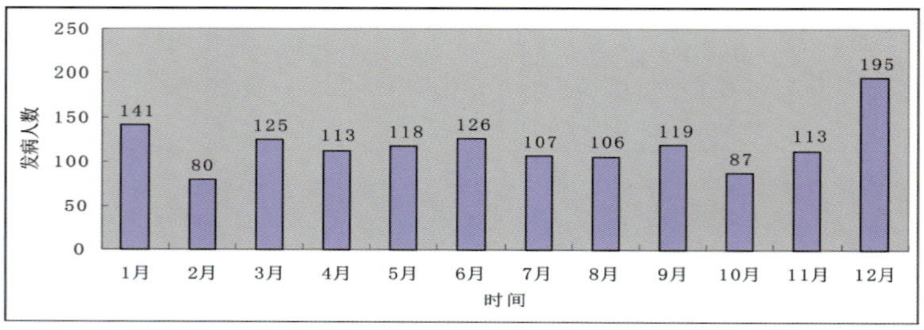

图 6 长沙县 2015 年甲乙类传染病时间分布图

四、重点疫情动态

1. 肺结核：现住址为本县的报告病例数 593 例，其中涂（+）157 例、菌（-）357 例、未痰检 75 例、仅培阳 4 例，发病率较 2014 年下降 9.05%。地区分布居前三位为星沙街道 81 例、黄花镇 54 例、江背镇 54 例；职业以农民（390 例）为主，占报告总数的 65.77%；发病集中分布在 15~70 岁年龄段；男女发病性别比为 2.31 ： 1。

2. 肝炎：现住址为本县的报告病例数 316 例，其中甲肝 5 例、乙肝 232 例、丙肝 68 例、戊肝 6 例、未分型 5 例，发病率较 2014 年下降 16.62%。地区分布居首位为星沙街道 88 例，其次是江背镇 27 例，黄花镇 22 例；职业以农民（143 例）为主，占报告总数的 45.25%；发病集中在 20~60 岁年龄段；男女发病性别比为 1.78 ： 1。

3.麻疹：现住址为本县的报告病例数33例，较2014年下降9.05%。病例散在分布在多个乡镇，以星沙街道（10例）居首位；发病年龄主要集中在“0~岁”和“1~岁”年龄组，20~30岁亦有病例分布；女性发病数是男性的1.20倍。未报告麻疹暴发疫情。

4.猩红热：近2年我县猩红热病例发病率较高，2015年报告现住址为本县的报告病例数156例，较2014年下降9.30%。地区分布以星沙街道（104例）为首，占66.67%；职业分布幼托儿童67例、学生56例、散居儿童32例；1~10岁均有病例分布，发病高峰集中在3~7岁年龄段；男女发病性别比为1.23 ∶ 1。未报告猩红热暴发疫情。

5.痢疾、伤寒：2015年共报告细菌性痢疾5例、伤寒3例、副伤寒1例，呈散发，分布在多个乡镇；职业分布散居儿童6例、农民2例，男女比例1 ∶ 8。2015年分离和送检了2例细菌性痢疾菌株

6.淋病、梅毒、艾滋病：2015年报告法定性传播疾病370例，其中梅毒235例、淋病50例、艾滋病23例、HIV62例。梅毒发病率较上年度下降35.61%，淋病发病率较上年度升高6.38%，HIV和艾滋病与上年度持平。性病地区分布以星沙街道、黄花镇、黄兴镇居多；年龄分布集中在20~65岁年龄段；发病男女比例1.28 ∶ 1。

7.出血热、乙脑、疟疾：该病种为我县本年度主要的自然疫源性疾病，共报告13例，其中出血热11例、疟疾1例、乙脑1例。总体上自然疫源性疾病发病率与2014年一致，无暴发疫情发生。疟疾病例为国际输入性病例。

8.丙类传染病：2015年共报告现住址为本县丙类传染病5791例，发病率572.67/10万：其中手足口病4081例，发病率403.57/10万，较2014年下降30.14%（2014年为高发年），共发生4起托幼机构聚集性疫情，重症病例1例，无死亡病例。病例主要为散居儿童（3264例），占报告病例总数的79.98%；幼托儿童（747例）占报告病例总数18.30%；3岁及以下年龄组发病（2150例）占报告病例总数的52.68%，城区发病率明显高于农村。报告流行性腮腺炎855例，发病率84.01/10万，较2014年下降34.13%，报告1起学校流行性腮腺炎突发公共卫生事件，4起聚集性疫情；流行性感冒发病率较2014年下降1.57%，报告2起聚集性流行性感冒疫情；急性出血性结膜炎发病率较上年度下降32.61%；其他感染性腹泻发病率较上年度下降16.56%，报告1起学校聚集性其他感染性腹泻突发公共卫生事件。

9.其他传染病：2015年报告为本县的其他传染病1409例，发病率139.33/10万。重点是水痘病例，共报告1157例，报告发病率114.41/10万，较去年上升57.41%，占其他传染病总数的82.11%。职业分布主要为学生467例、托幼儿童392例、散居儿童238例，占总发病人数的94.81%。年龄主要集中在3~10岁的儿童，男女比例1.32 ∶ 1。2015年共报告1起学校水痘突发公共卫生事件，处置调查6起托幼机构和小学水痘聚集性疫情。

五、突发公共卫生事件

2015年长沙县共报告突发公共卫生事件3起：8月春华镇一起家庭误食毒草中毒事件，5人中毒，2人死亡；10月黄兴镇黄兴中学一起流行性腮腺炎疫情，波及1620人，发病41人；10月星沙街道金鹰小学一起水痘疫情，波及2523人，发病50人。县疾病预防控制中心对每起突发公共卫生事件及时调查和跟踪处置，采取了有效的针对性措施，及时有效控制了疫情的扩散和蔓延，目前事件均已结案。

六、报告质量分析与风险趋势

全年网络直报单位未及时报告卡2张，迟审1例，预警判断不及时2次，无零报告现象。

1.2015年甲乙类传染病发病率与2014年略有下降，大部分直报单位报卡数有所下降，特别是乡镇医疗机构传染病报告数较少，少部分医疗机构仍查出有漏报情况。

2.由于加强了传染病监测，及早发现病例，无不明原因病例或重症病例报告，但长沙县交通便利、人员流动性强，外出务工人员增多，且本年度发现输入性登革热、疟疾病例，布病、埃博拉出血热、西尼罗热等境外或外地疫情进入我县的风险较高。

3.由于生活方式越来越开放，同时检测力度加大，血源及性传播疫情呈现出从高危人群向一般人群扩散趋势，艾滋病、梅毒等血源及性传播疾病有明显上升趋势。

4.由于农村地区卫生条件相对较差、卫生知识匮乏、自我保健意识弱，自然疫源性传染病农村发病率高于城区，狂犬病的发病和死亡的风险仍较大。

卫生监督

【概况】2015年，贯彻党的十八届三中、四中、五中全会精神，严格落实省、市、县卫生计生行政部门及业务指导部门各项工作任务，全面抓好餐饮服务食品安全、公共卫生监督、医疗执业及传染病防治监督等工作，维护广大人民群众生命健康权益，为全县经济社会发展做出应有贡献。全所卫生监督员参加省、市、县三级培训24期113人次，国家卫计委卫生监督信息系统在线业务培训通过率100%，完成长沙市“法宣在线”每人500学分的网络学习。培训卫生监督协管员43人。全年共办结行政许可2805件（含不予许可30件），其中餐饮服务1990件，公共场所775件，供水单位8件，放射诊疗2件。

开展大型宣传5次，出动宣传车12台次，宣传人员54人次，讲座10期，设立宣传咨询点5个，悬挂横幅25条，张贴标语136条，发放宣传资料16种3万余份，受益人数1万余人。全年立案72起，其中简易程序5起，一般程序67起，结案68起，4起未结案案件正在办理中。其中食品安全43起，公共场所2起，医疗执业（含传染病防治）27起，罚款到位168600元，依法移送公安追究刑事责任2人。是年，行政执法案卷进入全县优秀行列。在全县2015年度行政执法案卷评查工作中，选送案卷被评为优秀案卷。

【苏志、宫国强一行到长沙调研食品安全工作】 6月18日下午，国家卫计委食品安全司司长苏志、标准处处长宫国强一行到长沙县调研食品安全工作。省卫计委副主任张义昌、综合监督处处长王兵、长沙市卫计委主任周敏、长沙县卫生局局长周月明等陪同调研工作。

【公共卫生监督工作】 对住宿业、游泳场所、美容美发场所、沐浴场所等四类场所实施量化分级管理率100%；公共场所监督抽检样品172份，合格155份，合格率90.11%。稳步推进饮用水卫生监督工作。全县共有集中式供水单位7家，二次供水单位13家，乡镇自建集中式供水单位共48家，部分学校安装直饮水机。县CDC共检测水质776份，其中集中式供水单位水源水合格率57.78%，出厂水合格率98.26%，末梢水合格率93.79%，二次供水合格率93.18%，直饮水合格率86.03%，井水合格率40.24%。逐步加大学校卫生监督力度。全县共有各级各类学校415所，其中：高校15所、中小学199所、幼儿园201所。全年卫生监督覆盖率100%，加强学校传染病防治、饮用水和教学环境的监督工作，并对12所学校开展学校卫生工作综合评估。

【专项行动】 对全县451家医疗机构进行专项检查，结合单位实际，重点检查医疗执业、母婴保健、临床用血等工作。全年共出动执法车辆50余台次，执法人员160余人次。共取缔无证行医“黑诊所”43家次，没收药品、器械价值约8万余元。针对典型的违法行为均进行立案查处。针对行政处罚两次仍继续非法行医的罗明峰、吴伟青，已移送长沙县公安局，并报送检察院备案。

【商事登记制度改革】 建立一套完整的处置流程：窗口从平台导出信息并筛选出县辖区商事主体并即时短信告知办证事宜；7日后，由卫生监督员（卫生监督协管员）分片包干上门催告仍未申请办证业主；1月后，对于未办证者移交县商务卫生和食品药品行政执法大队处理。2015年，共接收商事主体1573家，其中无需办理或未营业等394家，催告2546家次，办理证照998家。

（曹淑元）

6月18日下午，国家卫计委食品安全司司长苏志（左一）、标准处处长宫国强一行到长沙县调研食品安全工作（县卫生局 提供）

妇幼保健

【概况】 长沙县妇幼保健院业务规模逾9260万元，荣获县卫计局综合目标考核一等奖、国家级巾帼文明岗、长沙市青年文明号等荣誉。6月15日，新院医疗保健综合楼主体结构封顶，室外玻璃幕墙施工接近尾声，食堂及值班公寓楼完成外墙砖铺贴，正在拆除外架。配套工程方面，二次装修工程、净化工程完成图纸设计，正在施工图审图及消防审核。智能化工程正在造价审核阶段，医疗设备带完成设计。直饮水工程进场施工。整体推进顺利。全年分娩总数8423人，流动产妇1990人，孕产妇健康建档人数8423人，建档率100%，孕产妇健康管理8085人，健康管理率95.99%，产后访视8262人，产后访视率98.09%；0~6岁儿童56591人，0~6岁儿童建档人数54808人，0~6岁儿童健康建档率96.85%，0~6岁儿童健康管理49807人，0~6岁儿童健康管理率88.01%；全年免费婚检12672人，婚检率85.47%；增补叶酸5776人，叶酸服用率99.76%；两癌项目中完成宫颈癌初筛人数24699人，确诊宫颈癌11例，阴道癌1例，完成乳腺癌初筛人数2029人，确诊乳腺癌4例；全年共对7554名农村孕妇进行补助，补助率为107.84%，共计补助228.18万元。强化高危孕产妇动态管理，贫困高危孕产妇救助基金救助25名贫困高危孕产妇共132787.48万人。

【妇幼保健公共卫生服务】 开展基层卫技人员新生儿复苏、“两癌”检查以及艾滋病、梅毒和乙肝母婴阻断等专项培训共（两癌培训86人次/艾梅乙培训76人次/新生儿窒息复苏培训70人次），提高产科质量。实现集体儿童年度体检工作前移，0~6岁儿童重点人群管理进一步规范。新生儿疾病筛查形成长效管理机制，按时完成农村妇女“两癌”检查，升级TCT检查项目，确保检查质量，对查出15名宫颈癌、乳腺癌患者进行补助共3万元。

【早产儿项目试点运行】 7月初，长沙县被确定为国家早产儿项目试点县。7月13日，成立长沙县早产儿保健工作领导小组和技术指导小组，制定并下发《长沙县早产儿保健工作规范实施细则（试行）》，启动项目培训并全面试点运行早产专案管理与登记工作，将早产儿保健管理纳入妇幼保健日常工作。 （颜 桢）

医政管理

【概况】 2015年，继续加强医疗机构管理工作。组织医务人员三基考试和职业技能竞赛、夜查房、医疗行为督查、病历检查等活动，落实责任、真抓实干，提高医疗质量和服务水平。开展打击非法行医活动。按照《医疗机构校验管理办法（试行）》，开展医疗机构校验工作。是年，长沙县卫生局依法注销9所医疗机构，规范医疗执业行为。

推进对口支援工作，共安排70名市级医务人员支援乡镇卫生院工作，派遣16名科技特派员驻点。参加长沙市卫生局举办2015年农村（社区）卫生适宜技术推广培训班22人，参加基层医疗全科医生转岗培训18名，3名全科医生规范化学员仍培训中，全县各级医院积极推进创建优质护理示范工程活动。强化医疗事故报告制度，继续施行第三方医患纠纷调处机制，加强对患者投诉处理的规范和监管工作，力建和谐医疗关系。 （缪立斌）

长沙县红十字会

【概况】 2015年11月，按照长沙县政府职能转变和机构改革的精神，将县红十字会调整为县政府领导联系，其办事机构独立设置，参照公务员法管理，列入群团组织序列管理；县红十字会会长由县政府主管领导兼任，核定常务副会长1名（乡科级正职）；核定县红十字会全额拨款事业编制3名。全年共为全县57户特困家庭申请到救助款13.2万元，接受社会各界爱心人士捐款、衣物共1.5万余元；春节“博爱送万家”活动共发放棉衣、棉被、衣物等各类慰问物资11.16万元，受益人数400余人。广泛开展应急救护知识普及培训，全年共普及培训2900余人次。组织团体预约无偿献血3824人次，采血量130万毫升，超额完成上级下达任务指标，为缓解长沙市临床用血紧张局面。开展造血干捐献、遗体、器官捐献宣传、登记工作，新增登记遗体、器官捐献自愿者10例，协调一例遗体、眼角膜捐献志愿者实现成功捐献。是年，县红十字会工作被评为全市先进。 （徐 婷）

人口与计划生育

【概况】 2015年，长沙县共出生人口12161人，符合政策生育率91.84%，政策外多孩率0.95%，人口自然增长率7.07‰，出生人口性别比109.74。低生育水平持续稳定，人口计生主要指标位居省、市前列，工作推进平稳有序，创建全省卫生计生户外宣传示范单位，目标管理绩效考核长、望、浏、宁农村四（区）县第一。果园镇、湘龙街道成功创建市级依法行政示范单位，泉塘街道成功创建省级依法行政示范单位。是年，获湖南省计划生育工作优秀单位称号。

【计生卫生机构改革】 根据《中共长沙县委长沙县人民政府关于长沙县人民政府职能转变和机构改革的实施意见》（长县发〔2015〕8号）和《中共长沙县委长沙县人民政府关于长沙县人民政府机构设置的通知》（长县发〔2015〕11号），撤销县人口和计划生育局和县卫生局，设立长沙县卫生和计划生育局。2015年12月31日，《长沙县卫生和计划生育局主要职责内设机构和人员编制规定》（长县政办发〔2015〕25号）经县人民政府同意印发，实现卫生计生职能整合。

【创建全省卫生计生户外宣传示范单位】 2015年，全县对1150条有不符合时代要求宣传标语、破损的宣传版面进行更新，将430条用语不当、生硬拗口、影响观瞻宣传标语进行及时清理，将320条断句、影响整体美观标语刷新，新增卫生计生户外宣传标语、口号1500余条。将全县266个村居的计划生育宣传橱窗统一拓展为卫生计生宣传橱窗，建立标准化卫生计生户外宣传栏、宣传板1800余块。城区街道在交通要道、集贸市场、车站站台、居住小区等公共场所设置规范醒目、美观大方公益宣传牌120余块。加强阵地宣传，确保县乡两级医疗机构和计划生育服务场所，车站、码头以及城镇社区群众文体活动场所、乡村集市、村（居）群众聚集场所，卫生计生行政机关办公场所、服务场所，初中及以上学校，县属重点企业都有卫生计生户外宣传品有卫生计生户外宣传品。创新宣传载体，以公益广告或标语口号，以宣传栏、宣传橱窗、宣传廊，以黑板报、展板、条幅、电子显示屏，以车体广告、灯箱广告形式，以标志性建筑的形式开展户外宣传，建成健康主题公园1个，人口文化主题公园1个，人口文化主题小区5个、健康步道2个，人口文化大院10个、人口文化广场22个、文化活动中心35个、文化一条街（路）28处、新家庭文化书屋165个、健康小屋12个，生育文明画廊4处、生育文明新风墙5个，村（社区）健康教育活动室260个，无烟单位51个。12月，通过全省评估验收并成功创建湖南省全省卫生计生户外宣传示范单位。

【计划生育特殊困难家庭扶助工作】 10月19日，长沙县人民政府出台《关于进一步加强计划生育特殊困难家庭扶助关怀工作的实施意见》（长县政发〔2015〕75号），再次提升经济扶助标准，扶助标准居全省前列。即女方年满49周岁独生子女伤残、死亡家庭夫妻特别扶助金标准分别提高到每人每年8000元和10000元；设立计划生育家庭特别扶助专项救助资金（每年50万元），用于对当年度独生子女死亡且女方年满49周岁的家庭一次性扶助20000元。为特殊困难家庭遭遇突发事件、重大自然灾害等意外事故或生活出现重大困难时，进行紧急救助，对符合条件对象每户救助2000~5000元。同时加强社会保障服务和社会关怀。加强健康管理、医疗服务，建立护理补贴制度，强化养老保障。提供生活照料，落实教育培训，提升生育服务等方面，建立长效扶助机制。赠送伤害保险，进行精神慰藉。实施临终关怀，加强对口联系等多方面提升人文关怀关爱。

【完善防控“两非”机制】 7月28日，长沙县人民政府办公室制定出台《关于加强出生人口性别综合治理建立健全防控“两非”机制的实施方案》（长县政办函〔2015〕56号），建立健全群众参与和社会监督制约机制，加大对“两非”举报行为奖励力度，一经查实给予举报人5000元奖励金。完善区域协作机制，每办理一例“两非”案件给予配合单位50000元办案奖励经费。建立健全孕妇全程服务管理、B超使用管理，终止妊娠手术管理、促排卵和终止妊娠药品管理、全员人口信息交换共享等系列工作机制，把控孕情消失调查关、B超检查关、妊娠手术审批查验关、药品销售使用关、出生人口信息统计检测关等关口。2015年，查获7起“两非”典型案件，为历年之最，其中查获全省首例利用血液进行胎儿性别鉴定“两非”典型案例，被评为2015年度全省打击“两非”工作先进单位。（周秒全）

劳动就业

【概况】2015年，长沙县继续强力实施民生为本、就业优先战略，完善公共就业服务体系，健全公共就业信息平台，加大就业创业扶持政策落实力度，创新建立与产业转型升级匹配的技能培训机制，开展以高校毕业生、城镇失业人员、失地农民等重点群体系列就业服务行动，鼓励以创业促进就业，开展创建创业型县、镇街道工作，打造创业项目品牌特色，就业规模实现稳中有升。全年城镇新增就业17272人，新增农村劳动力转移就业9635人，新增创业主体7292个，扶持大学生创业556人，通过创业带动城乡就业18319人，城镇登记失业率为3%；发放《就业失业登记》4389本，发放社会保险补贴990万元，发放小额担保贷款1250万元。培训各类人员9076人，其中创业培训1560人，农村劳动力转移就业技能培训1620人。

2015年大型人才交流会暨公共就业创业服务进校园活动举行

（县人社局 提供）

【公共就业创业服务平台建设】 建立完善四级联动的就业创业工作机制，进一步规范基层公共就业创业服务平台，形成覆盖城乡、层级清晰、功能互补的公共就业创业服务体系；组织开展全县基层公共服务平台工作人员业务培训班，增强和提升工作人员综合素质和业务能力。基层公共就业创业服务平台成为政府联系群众、服务群众的重要载体，全年有4个镇街、26个村社区的公共服务平台被评为全市优秀基层平台。

【充分就业社区创建】 充分就业社区创建工作卓有成效。为充分发挥社区在促进就业创业的积极作用，市委、市政府从2013年起连续三年在全市开展创建充分就业社区活动。长沙县在此项工作中成效显著，全县有45个城市社区被认定为全市充分就业社区，连续三年创建率位居全市前列；2015年，有5个社区创建为全省充分就业星级社区，创建率居四区县之首。

【创业带动就业】 推进“大众创业、万众创新”战略，健全政策扶持、创业培训、小额贷款、创业服务等一体化的创业扶持体系。制定并实施全民创业带动就业五年行动计划，健全推动创业创新工作联动机制；加强职业技能和创业培训，协调解决创新创业担保贷款，鼓励以创业促进就业；开展创业型县、镇街道、村社区的创建工作，健全大学生创业孵化基地，建立长沙县现代服务业创业孵化中心，推进农村创客工作，举办“长沙县2015年‘梦想前行’第二届创新创业大赛暨现代服务业产业发展高峰研讨会”，打造创业项目品牌特色。发放小额担保贷款1250万元，新增创业主体7292户，带动就业18319人，扶持556名大学生实现创业。因工作突出，长沙市小额贷款工作经验交流会在长沙县召开，长沙县大学生创业大厦被认定为湖南省级创业孵化基地。

【劳动监察“两网化”】 将全县划分为21个网格，由专人负责网格内用人单位用工信息采集，形成全县用人单位劳动用工基本信息数据库，发挥网络监察效能。劳动监察年检实现网上办理，从3月15日起，有707家企业通过网上申报及现场参检的方式参与劳动保障监察年检。将案件录入“两网化”系统，上下联动联合办案。加强与基层人力资源和社会服务站的协作、建立联动机制、创新办案举措，提高劳动保障监察案件的办案效率。

（陈晓霞）

社会保障

【概况】 2015年，长沙县社会保险基本实现全覆盖，五项保险累计参保人数182万人次，为90.9万名参保者发放社会保障待遇。累计结余84.2亿元。各险种参保缴费如期完成任务。其中城乡居民养老保险参保48.35万人、居民医保参保72.2万人。10月，启动2016年度居民医保参保缴费，年底全面完成缴费任务。10月13日启动社保卡发放，年底完成发卡46.5万张，进度领先全市。与工资改革同步推进机关事业单位养老保险制度改革，工作进展顺利。社保待遇持续提高。提高企业退休人员养老金、城乡居民基础养老金和失业保险金，继续发放“民生红包”，对城乡居民养老保险和城乡居民医保缴费进行补贴，使城乡退休居民基础养老金每月达到135元，为全省最高标准。帮助企业应对用工压力，为166家企业发放失业保险稳岗补贴1658.2万元。过渡费率新政及城乡居民大病医保政策正在全面铺开。经办服务持续优化。成立社会保险费征缴管理中心，实现失业、工伤、医疗、生育“四险”统一征缴，从根本上改变参保缴费方式。创新职工养老保险关系转移接续，便捷办理省内外、职工养老与居民养老互转业务。开展社区化“视频认证”，在全省首推城市居保经办“示范社区”创建。开展工伤事故预防培训和宣传，施行“小工伤”即报即批。对接市医保信息系统，加强对定点医疗机构的监管，建立淘汰退出机制。积极跟进项目征地拆迁，为98批次项目5900人办理社保手续。基金监管持续强化。坚持内外协力，筑牢社保基金“防火墙”，受理群众举报案件34例，避免社保基金损失7.2万元。经多方协调，争取到基金存款利率上浮30%的利好政策，预计每年增加利息4800万元。

【实行视频认证签到和稳岗补贴】 10月起，为进一步方便失业人员办理失业保险金领取手续，县失业保险服务中心对享受失业金人员实行人脸视频认证签到。在受理失业人员申领失业金手续时，对符合条件的失业人员进行人脸建模采取人脸信息。失业人员在享受失业金期间，每月7日至14日的正常工作日只需携带二代身份证或社会保障卡到全县所有镇（街）以及城区街道的社区，即可在自助签到机上进行人脸视频认证签到，较以往每月到政务中心手工签到的模式更为方便、省时、规范。为有效防范失业风险，激励用人单位积极稳定职工队伍，县失业保险服务中心对采取有效措施不裁员或少裁员的用人单位，按照该用人单位及其职工上年度实际缴纳失业保险费用总额的40%给予稳岗补贴。共有199家参保企业提交申报资料，经系统核对，县人社、财政部门共同审核，网上公示等环节，符合享受稳岗补贴条件的企业166家，补贴金额1656万元。

【城乡居民医疗保险】 制定医保新政，拓宽医保支付范畴。2015年长沙县制定并实施“关于对部分脑瘫儿童康复项目实行‘总额控制，按天包干’医保结算的试行方案”，在全市率先突破原脑瘫患儿纳入医保报销人次总额限制的制约，将全县符合包干治疗条件的参保脑瘫患儿门诊治疗纳入医保单病种报销，有效减轻患儿家庭的医疗负担。取消居民医保现金支付。为进一步规范基金财务管理，10月全面取消居民医保现金报账，同时上收各镇（街）医保经办机构医保待遇支付业务权限，改为中心财务集中支付，有效保障基金支出安全。统一市县医保信息系统，实现参保信息网络查询。9月，该县医保信息系统与市医保全面整合，实现与市医保政策和信息基本统一，职工、居民个人参保信息实现网络查询，个人市、县医保参保年限畅通衔接。

【社会保险改革】 全面开展机关事业单位养老保险改革，涉改单位300多家、人员1万多名。发行社保卡，2个月时间发卡40万张，标志着长沙县正式迈入社会保障“一卡通”时代。9月1日，成立统一的社会保险费征缴中心，整合医疗、工伤、生育、失业四险的经办、征收，实现社保费征缴工作的顺利转型。“四险”统一征缴简化办事程序，有效防止用人单位选择性参保、维护职工参保权益。3月1日起，失业保险费率统一由3%降至2%，其中用人单位缴费比例由原来的2%降至1.3%，个人缴费比例由原来的1%降至0.7%。启动园区、基地企业养老保险过渡费率政策，减轻企业

11 月，长沙县召开机关事业单位养老保险制度改革和工资制度改革工作动员会 （陈晚霞 摄）

负担。3 月中旬起，湖南省职工与居民养老保险转移经办正式启动，系统实现无缝对接，创新职工养老保险关系转移接续，便捷办理省内外、职工养老与居民养老保险互转业务，工作经验得到人社部的肯定。

【机关养老保险改革】 11 月 25 日，长沙县召开县机关事业单位养老保险制度改革动员会议，全面安排布署基础数据的采集工作，正式启动长沙县的机关事业单位养老保险改革；县委常委、副县长谭浩然出席会议并作重要讲话。下午，对养老保险制度改革进行政策解读和基础数据采集软件培训；下发《关于做好长沙县机关事业单位工作人员基本养老保险参保数据采集工作的通知》（长县人社发〔2015〕20 号）、机关事业单位养老保险制度改革文件汇编、政策解读、数据采集的指标解释、数据采集的通知等文件。

（陈晚霞）

创业富民工作

【概况】 2015 年，全县新增创业主体 7292 个，带动城乡就业 18319 人，扶持大学生创业 556 人，分别超出年度任务指标 1292 个、3319 人、56 人，完成任务 121.54%、122.13% 和 111.2%；新增小微企业 3504 户，申请专利授权 2623 项，拥有专利授权 2264 项；新增高新技术企业 21 家。市、县两级扶持无偿资助项目 299 个，落实政策资金 1162.5 万元。其中，三产业、工业项目 166 个，占比 56%；扶持大学生创业主体 112 个；扶持项目安置就业人员近 2000 人、大学生就业 208 人。继续服务、建设、提升建成六大创业基地：椤梨工程机械及汽配产业创业基地，2015 年工业产值 86.82 亿元，纳税总额 3.8 亿元，孵化企业 353 家，就业数达 16530 人；高桥镇食用菌产业创业基地入驻企业 25 户，年产值达 8000 万元，安置就业 500 人；白沙时鲜小水果创业基地自种植户数 52 户，规模 533.33 公顷，年产值 700 万元；福临生态水产养殖创业基地入驻企业 41 户，年销售额 230 万元，安置就业人员 300 人；长沙县大学生创业大厦已滚动孵化企业 45 家、就业数 618 人，2015 年被评为省级创业孵化示范基地。长沙县创业银信支持体系不断创新融资服务方式，全年发放创业小额贷款 3600 万元。

【长沙县现代服务业产业转型高峰研讨会】 8 月 7 日上午，“华润置地杯”2015 长沙县现代服务业产业转型发展高峰研讨会在开源大剧院举行。新浪副总裁葛景栋，教育部新世纪优秀人才支持计划项目获得者何维达等嘉宾出席活动，共同探讨长沙县第三产业发展之路。湖南人民广播电台首席主持人、湖南交通频道“国生开讲”栏目主持人董国生为嘉宾主持。长沙县委常委、副县长杨莉全程与会交流。研讨会以“创新创业 产业转型”主题，由中共长沙县委、县人民政府、长沙晚报报业集团主办，长沙县推进创业富民工作领导小组办公室、星沙时报

高峰研讨会现场 （章帝 摄）

社承办，新浪湖南、长沙县人力资源和社会保障局、长沙县商务局、长沙县广播电视台、长沙县创业者协会、华润置地（湖南）有限公司协办。此次研讨会吸引长沙县相关单位负责人、民营企业家、创业者代表近千人参加，研讨会设置了嘉宾演讲和对话、互动提问等环节，到场企业家与嘉宾充分互动。

【徐宏源调研大学生创业大厦】 8月11日上午，市委副书记徐宏源一行到长沙县大学生创业大厦调研。县委书记杨懿文、副书记吴新伟、县委办主任王国良等陪同考察。徐宏源一行先后到长沙仟象文化传播有限公司、长沙领安农产品物流有限公司、长沙麦都网络科技有限公司参观考察。考察中，徐宏源对长沙县大学生创业大厦“政府指导、政策支持、校企联合、市场运作”运营模式及浓厚创业氛围表示充分肯定。

【徐明华实地考察长沙县农业创业公司】 11月11日，省人大常委会副主任徐明华到长沙县调研农业产业化生产企业，实地察看湖南开心农业股份有限公司、长沙沃园生态农业科技有限公司、长沙湘丰茶叶有限公司。省人大常委会办公厅巡视员、联工委副主任姚伟、省人大农业与农村委员会委员刘慧雄、省人大法制委员会委员、长沙县创业富民专家服务团团长张早平陪同参加调研。徐明华充分肯定长沙县和三家企业取得成绩，并提出要利用国家良好政策机遇，大力培育和发展新型农业经营主体，积极探索农业产业化经营机制创新、体制创新，大胆先行先试，为湖南省现代农业发展提供示范、打造样本、创造经验。

【长沙县大学生创业大厦获评省级创业孵化基地】 2015年，湖南省人力资源社会保障厅发文公布长沙县大学生创业大厦成功入选2015年省级创业孵化基地。作为全市唯一提供“三年零租金”大学生创业孵化器，创业大厦在2013年被长沙市政府授予“长沙市创业示范楼宇”称号。启动至今，大厦成功孵化22家大学生创业企业，实现营业收入7071.9万元，纳税483.1万元，安置就业人数1266人，成为长沙县促进大学生创业就业、培养创新创业人才重要平台。 （汤 庆）

徐明华实地考察湖南开心农业股份有限公司现场。 （县创业办 提供）

民政

【概况】 2015年，民政部门以保障和改善民生为出发点和落脚点，全县民政事业创新发展，民生大为改善。是年，星沙街道封刀岭社区获评“全国综合减灾示范社区”，果园镇月新山社区、金井镇东山村和双江镇龙华村获评“湖南省综合减灾示范社区”，长沙县光荣院获评“全国文明优抚事业单位”，长沙县青松老年公寓获评“全国先进社会组织”。

社会救助和慈善助学。开展2015年春节慰问活动，全县共筹集资金2900万元，其中该局组织810万元。2月6日至12日，按照每户600～4000元的标准逐户上门慰问。3月8日起，开展为期1个月的五保供养对象集中走访，对全县5090户五保供养对象（“三无”人员）家庭逐一走访。8月27日，长沙县“福彩有爱•孤老不独”关爱帮扶半失能老人公益活动在北山镇人民政府启动，活动为30名60岁以上的贫困“半失能”老人分别赠送轮椅。根据市里统一安排，自10月1日起，长沙县实行殡葬基本服务费用由殡仪馆直接减免。11月1日起，在青山铺镇试点实施城乡居民最低生活保障一体化，对符合条件的低保对象全部按照城市标准450元每人每月进行补差。城乡困难居民医疗救助方面，全年救助对象11654人，救助金额3396.5万元；7月，修订实施《长沙县困难居民医疗救助办法》，医疗救助实现城乡统筹，彰显“分类分段、共建共享”特色。特困供养人员个人自负基本医疗费用予以全额救助，低保对象住院个人自负基本医疗费用最高可救助27万元，其他对象最高可救助25万元。11月，应民政部邀请，长沙县在“全国重特大疾病医疗救助政策培训班”就全县重特大疾病医疗救助先行先试工作作经验介绍。加大城乡困难居民临时救助力度，该局提高对镇街临时救济资金比例，增加镇街救助自主权；同时，要求各镇（街道）对因病因灾因事故致贫困难家庭加大救助力度，提高救助标准，全年救助困难群众4807户、750万元。认真组织勘灾救灾、倒房重建工作，救灾资金全部通过民主评议、登记造册、张榜公示、公开发放（“一卡通”发放），并通过县政府门户网及三农网公示，在全市率先对救灾资金实行社会化发放；5月1日下午3时至6时，该县中北部部分镇（街道）突降暴雨并遭龙卷风袭击，果园镇花果村、田汉村，黄花镇龙湖村、回龙村、大兴村等地损失严重，全县1500余栋房屋受损，受灾人口5500余人次。该局迅速派员深入指导勘灾救灾和救助。是年，长沙县生活无着人员救助管理站救助1807人次。在全省率先拓展慈善助学范围并大幅提高助学标准，将考取三本和高职专科及在校低保大学生纳入资助范围，同时将低保家庭大一新生资助标准由3000元提高到8000元，其他困难家庭大一新生由2000元提高到3000元，新增低保家庭在校大学生资助项目，每人每年4000元，全年资助学生1205人、422.8万元。

基层组织建设和管理。是年，长沙县建成碧桂园社区、湘郡社区2家日间照料中心。碧桂园日间照料中心建筑面积700平方米，建设床位15张，投入建设资金20万元；湘郡社区日间照料中心建筑面积1800平方米，建设床位10张，投入建设资金17万元。率先在全省制定促进公益性社会组织扶持政策，扶持公益性社会组织发展。从2016年起，县财政每年安排800万元专项资金扶持公益性社会组织。主要用于建设县级社会组织孵化基地、支持镇（街）和群团组织建设公益性社会组织孵化基地、开展公益创投、公益项目补贴、引进人才补贴、专职从业人员技术职称奖励和补助、等级评估奖励和支持村（社区）社会组织开展公益活动。全县安排资金720万元，用于83个社区建设项目建设，其中规范化4个，精品4个，“一站式”6个，社会管理创新23个，农村社区建设36个，活动场地建设10个。11月底，全部完成验收。根据《中华人民共和国城市居民委员会组织法》等，结合榔梨街道和安沙镇的实际情况，经向市、县主管部门汇报，并经过专题论证会等一系列前期准备工作，报县政府审批，8月24日，县人民政府批准榔梨街道新设立高峰和檀木桥两个社区社区居委会， 9月6日，批准安沙镇增设梅塘、水塘垅、三合三个社区居委会。年内新建居家养老中心28个、农村幸福院35个。年末，全县有居家养老服务中心73个、农村幸福院127个。在全省率先全面推广农村幸福院建设，农村幸福院建设覆盖率62.79%。8月18日，民政部副部长邹铭一行到长沙县调研，高度肯定该县农村幸福院建设工作。加强“雷锋超市”的建设与管理，对全县53家“雷锋超市”进行一次全面检查，确定保留16个，整改提高18个，取消19个，年内新增雷锋超市14个，验收合格。星沙街道金牛湾社区雷锋超市被市民政局评为“示范性雷锋超市”。

社会体制改革。根据《中共长沙县委全面深化改革领导小组2015年工作要点》，该局牵头社会体制改革中社会管理创新工作。通过抓实社会组织党建工作，稳妥推进登记体制改革，起草《关于加快和培育发展社会组织意见》《长沙县促进公益性社会组织发展财政资金扶持办法》，大力扶持和促进社会组织发展，全面完成改革各项目标任务。年内，全县新增加登记注册社会组织44家（新注册社会团体及其分支机构15家，新注册民办非企业单立29家）。社团办理变更登记8项，民办非企业单位变更登记27项，撤销2项。统一受理率、按时办结率、群众满意率均为100%。登记社会组织567家，社会团体134家，民办非企业单位433家），备案社会组织2家。推进社会组织登记体制改革，根据省民政厅《关于对“四类”社会组织实行直接登记管理的暂行办法》，县民政局对行业协会商会类、科技类、公益慈善类、城乡社区服务类四类社会组织实行直接登记。降低公益慈善类社会组织登记门槛，注册资金由3万元降到2000元。注重培育发展社区社会组织，已登记社会组织49个。通过政府购买服务这种形式，培育一批组织健全、制度规范、功能完善、作用突出的社区社会组织。重点培育和发展包括社区公共服务中心、农村环保合作社、农村可再生能源合作社等社会组织。8月，星辰社工发起的“松雅益站”项目获批成为长沙市社会工作示范项目。是年，新登记十多家商会，分布在各镇（街道），长沙县双江生态有机产业协会、长沙县生态循环水产养殖产业协会、长沙县食品科研行业协会等的成立成长，有力促进县域农村经济发展。全面推进社区减负增效工作，根据上级部署，结合县情实际，多措并举，明确社区工作职责，村（社区）工作事项由原来90项减少为村49项，社区65项，标识标牌减少到大门外悬挂4块标牌、机构栏标牌8块、服务窗口吊牌8块，并制定相关6个目录附件。在社区管理工作中，推行“1+3”选题模式，即1项“自选动作”，3项“规定动作”（村民自治、公共事务清理、民政文化或廉政文化），不断深化社区管理创新。试点政府购买社会服务，引入广州大同社工服务理念，在星沙街道星城社区和泉塘街道长桥社区开展社工服务工作试点，以436万元的总服务费用，采取“1+3”服务模式，由长沙县大同服务中心提供3年社工服务。

社会事务管理。自1月起，在全县全面推行免费婚姻登记服务。全年办理结婚登记6877对、离婚1935对，补领结婚证967对，补领离婚证94本，出具无婚姻登记证明3055份。1月1日起，为全县所有户籍人口购买民生保险，按全县现有户籍人数每人2元标准，投入民生保险专项资金148万元。根据民政部《关于进一步规范（无）婚姻登记记录证明相关工作的通知》（民函〔2015〕266号）的规定和省、市民政部门要求，长沙县自9月23日起，除对涉台公证事项和哈萨克斯坦等9个国家的公证事项仍可继续出具证明外，不再向任何单位和个人出具（无）婚姻登记记录证明。3月，该局联合县残联对全县福利企业进行年度检查，经年检审核，合格福利企业为湖南华欣印务有限公司、湖南精诚特种陶瓷有限公司和长沙双江包装有限公司。7月，该局委托长沙仁与公益组织发展与研究中心，通过政府购买服务方式，首次启动全县公益慈善类社会组织（不含基金会）评估工作。此次评估对象主要为在县民政局登记成立的、无不良记录并提交评估申请的公益慈善类社会组织，通过采用独立第三方考评方式，对包括基础条件、内部治理、工作绩效、社会评价四个方面内容，以自评、评估、复核、总结四个阶段展开。实施困境儿童生活补贴，出台困境儿童生活补贴政策，对包含事实无人抚养儿童、重病儿童、重残儿童的困境儿童实施分类管理。事实无人抚养儿童每月补助420～480元，重残、重病儿童每月补助200元。是年，全县福利彩票销售总量2.34亿元，位居全省县级市场居首，单机销量、人均购彩等各项指标在全省95个县级单位中继续领先。

【行政区划调整】 1月14日，根据省民政厅批复，市人民政府正式发文，将长沙县暮云街道、南托街道划入长沙市天心区、跳马镇划入长沙市雨花区。根据行政区划管理职能，县民政局积极与省市民政部门衔接，如期如质上报资料，确保行政区划调整过程顺应民意，程序合法，社会稳定。区划调整后，全县辖星沙等5个街道和江背等16个镇。

【“国际社工日”宣传周活动】 3月17日是第九个国际社工日，县民政局联合星沙街道举办长沙县“国际社工日”宣传周活动，内容包括启动仪式和公益机构、项目展以及宣传、体验环节三个方面，其中宣传体验活动安排有骑行、“感同身受”盲人体验活动、居民需求调查、居民微心愿、社会工作职业水平考试咨询台等十大内容。

【民政信息化建设】 总投资620万元的民政信息化建设于2013年7月启动，2015年6月全面投入运行。项目分信息化基础平台建设、敬老院监控联网建设、民政综合业务管理平台建设三个阶段进行。通过敬老院监控联网建设，实现对县光荣院和13个镇敬老院实时视频监控。通过综合业务管理平台建设，实现民政综合业务平台框架、社会救助管理子系统、高龄补贴管理子系统、惠民殡葬管理子系统等9个系统间数据实现共享、综合业务查询和综合业务决策分析等功能。

【纪念抗战胜利70周年系列活动】 9月2日，长沙县在福临镇开展纪念中国人民抗日战争暨世界反法西斯战争胜利70周年及影珠山抗战遗址文化公园开园活动。长沙县委书记、长沙经

县委书记杨懿文（前右一）慰问抗战老兵代表　　（县民政局　提供）

开区党工委书记杨懿文出席会议并讲话，县领导吴新伟、李建章、王益枝、杨忠文、彭勇、王国良、沈光、陈晓成、陈计伟、李开兴及长沙县10名抗战老兵代表出席开园仪式或参加座谈会。在中央财政发放抗战老兵一次性生活补助5000元/人的基础上，县财政再次补助5000元/人。湘龙街道居民杨忠民代表长沙县参加全国纪念抗战胜利70周年阅兵仪式。

9月30日，长沙县举行烈士纪念日公祭活动 （县民政局 提供）

【烈士纪念日公祭活动】 9月30日上午，长沙县在星沙生态公园双拥园举行烈士纪念日公祭活动。县委书记、长沙经开区党工委书记杨懿文率县委、县人大、县政府、县政协、县人武部全体班子成员及县人民法院院长、县人民检察院检察长，县直各单位和各镇街主要负责人，烈属、老战士、群众、学生代表，驻县解放军和武警官兵代表等400余人参加公祭活动。

【新一轮乡镇区划调整改革】 为贯彻落实省委、市委乡镇区划调整改革工作会议精神，以加快推进功能分区发展、推进产业建设，重点支持中心镇、特色镇发展，长沙县在新一轮乡镇区划调整改革中撤并3个镇：将金井镇和双江镇合并为金井镇，镇政府驻地为现金井镇政府机关；开慧镇和白沙镇合并为开慧镇，镇政府驻地为现开慧镇政府机关；黄兴镇和干杉镇合并为黄兴镇，镇政府驻地为现黄兴镇政府机关。11月19日，省民政厅批复同意长沙县乡镇区划调整方案（湘民行发〔2015〕43号），11月20日，市政府批复同意调整长沙县部分乡镇行政区划（长政函〔2015〕157号）。区划调整后，全县辖星沙等5个街道和江背等13个镇。

民政部副部长邹铭（左一）到长沙县现场调研 （县民政局 提供）

【城乡居民最低生活保障】 是年，全县享受城市居民最低生活保障对象1100户，1986人，发放保障金1085.87万元；享受农村居民最低生活保障对象8040户，19291人，发放保障金4894.33万元；享受特困供养保障对象4851人，其中集中居住对象915人，分散供养对象3936人，发放保障金3078.57万元。严格坚持入户调查、民主评议、张榜公示等基本工作制度，救助制度、救助对象、救助标准、救助程序实现“四公开”，申请人家庭情况、民主评议意见、审核审批意见、实际救助结果实行“四公示”。

（熊 彬）

老龄事业

【概况】 2015年，长沙县老龄工作贯彻实施《中华人民共和国老年人权益保障法》和《湖南省实施〈老年人权益保障法〉办法》及长沙市委、市政府《关于加强老龄工作的决定》，结合全县实际，稳步推进老龄工作和老龄事业创新发展。

1月起，长沙县实施80周岁以上老人高龄津贴普惠制度，按照80～89周岁老人每月50元，90～99周岁每月100元，100周岁以上每月400元的标准发放。1月1日起，推行特殊老年群体意外伤害保险，按每人27元标准为特殊困难老人（农村“五保”老人、城市“三无”老人、重点优抚对象、城乡低保老人、失独老人）购买意外伤害保险，按每人30元标准为80周岁以上老年人购买意外伤害保险，健全多层次、多元化和多项目的老年保障体系，提高老年人抵御意外风险的能力。开展“惠老工程”项目，根据上级文件精神，4月，组织湘龙街道湘郡社区、北山镇新云村和蒿塘社区创建市级养老服务示范点，组织泉塘街道丁家岭社区、白沙镇李家山社区和双冲村、安沙镇太兴村、开慧镇枫林市村、北山镇蒿塘社区创建省级养老服务示范点，11月全部验收合格。

“敬老月”期间，由县民政局领导带队，以贫困、百岁、孤寡、空巢、失能和半失能老年人及养老服务机构为重点走访慰问，慰问贫困、孤寡、空巢、失能和半失能老年30人，标准为每人800元。年末，全县有百岁老人32人。9月，主办“健康长寿老人”评选活动，凡长沙县户籍90岁以上的老年人（1925年9月30日前出生）均可报名参加，采取老人自愿、基层推荐、组织审查的办法，填写“长沙县健康长寿老人评选推荐表”，10月下旬评选出长沙县最具代表性的“健康长寿老人”40名。10月21日，县老龄工作委员会在全县开展“庆祝老年节”系列活动。组织“健康长寿老人”评选活动，评选出 “健康长寿老人”40名。10月22日，联合县文广局举办长沙县第三届柔力球比赛，在参赛的30支队伍中决出一等奖10个，二等奖20个。做好老年优待证办理工作，自2014年7月15日起将老年优待证的办理权限下放至全县各镇，2015年办理老年人优待证15629本。开展农村居家养老服务试点，年内新增31个农村居家养老服务试点村，居家养老试点村达到60个，推行“以老管老”居家养老模式。按照失能150人/月、半失能100人/月的标准，及时做好养老服务补贴资金发放工作，全年补贴对象787人，其中失能对象366人，半失能对象406人。（熊　彬）

残疾人事业

【概况】2015年，核发残疾人证15746本，新办证986本，合法注销1023本。慰问全县3000多户残疾人家庭，发放慰问金及物资328.2万元，共帮扶残疾儿童200余名、签订企业三年对口帮扶残疾人家庭合同10户、募集残疾人帮扶基金9.8万元。开展10次“办证下村”活动，服务重度残疾人200余人，上门办理残疾证150余本。发放2015年度182人次残疾人机动车燃油补贴4.7万元。并获评“全国无障碍建设示范县”的殊荣。

深入开展参加人康复、培训教育、就业、生活救助等工作。送训56名“0~7”岁残疾儿童参加康复训练，94名“0~14”岁残疾儿童参加市级项目的康复训练，联合爱尔眼科医院走访263个村（社区），完成白内障、胬肉、泪道和低、弱视力配镜等项目手术1000例。投入资金14万元为全县35名听力残疾人验配助听器。全年新装配假肢30例。免费发放轮椅100台，为黄花、白沙和春华三个镇66名贫困残疾人免费配备199件辅助器具。举办4期200余名残疾儿童及其家长参加启智培训班。投入40万元发放800张“康复医疗卡”。投入40万元加强城乡残疾人辅助器具站点建设，免费享受辅助器具咨询、适配、使用和维修等优质服务。指导北山镇蒿塘社区站点服务残疾人56人次，把康复服务从城市延伸到农村。投入培训经费90余万元，开办10期残疾人职业技能和实用技术培训班，培训残疾人300人，超任务数80%。对残疾人大学、高中和义务教育阶的165名学生给予生活补贴，省、市政策补助309名残疾人及残疾人贫困家庭大学生、高中生，116万元教育专项资金全部落到实处。投入34万元奖励340名个体从业残疾人，投入9万元奖励133名稳定就业残疾职工，投入40万元奖励吸纳240名残疾人及其家属就业10家就业、扶贫基地，配套投入17.5万元补贴14名省、市扶持的创业对象。征收残保金654万元，辐射带动残疾人就业135名。为5家企业申报货款贴息项目资金28.8万元，为14名符合条件残疾人创业对象申请省创业扶持项目资金15.9万元，为5名对象申请市创业扶持项目资金1.68万元。6名残疾人个体工商户享受养老保险补贴资金6000元；重度残疾人特殊生活补助金标准提标至110元/人/月，全县5309名享受重残补助人员发放特殊生活补贴675万元，护理补贴资金436万元。进一步完善“1+X”托养体系建设，做到机构托养和居家托养两方发力、齐头并进，为235名居家托养对象发放补助资金32.9万元，星沙、白沙两家托养机构共托养60多名残疾人，农村托养体系建设与运行成为全省榜样。投入83.6万元做好全县残疾人家庭危房改造补贴工作。连续坚持三年，每年投入25万元在6个村开展“连千村帮万户”和基层党组织助残扶贫工程，使63户残疾人家庭改善现状，得到省、市残联和社会各界的一致肯定。

【创建省级残疾人法律援助中心】 2015年，聘请专业法律顾问为残疾人提供服务，全年有效协调处理好突出信访事件13件，处理残疾人信访维权工作，化解基层残疾人群体矛盾，通过两年不懈努力成功创建省级残疾人法律援助中心。

【第二十五个助残日】 5月17日是全国第二十五个助残日，以“关注特殊儿童，走向美好未来”为主题，开展一系列助残活动，县残工委，慰问，30户贫困特殊儿童家庭，长沙县特殊教育学校和三家民办康复机构。各镇（街）在助残日期间自主慰问了，所属镇（街）5户贫困特殊儿童家庭，承担村级党组织助残扶贫项目的村对所在村的特殊儿童家庭做到全部慰问到位。 （刘 英）

归侨侨眷工作

【概况】 2015年，长沙县侨联积极开展联络联谊工作，春节期间向海外华人华侨发出书面和电子慰问信、贺卡200余件，介绍长沙县发展情况，并致以春节祝福；走访慰问重点归侨侨眷20多人次；接待“亲情中华·汉语桥”夏令营文化交流活动，营员涉及美国、泰国、老挝、澳大利亚、新西兰等华侨子女，约70人；接待海内外抗战（黄埔）老兵、黄埔后裔联谊会等近70人，并参观黄兴故居。在《湖南日报》专栏先后刊载《发出“最后的吼声”——〈义勇军进行曲〉中“湖南元素”》（6月24日）、《四代情：向家砖屋与板仓老屋》（11月13日）；联系、推荐英国华侨陈惠敏《在洋娃心灵播种中国》等相关文章，在《长沙统一战线》（2015年第4期）登载；动员侨属学生撰写稿件《仰望大树》《泰国之旅见闻》《我心目中的“中国好声音”——异国他乡听中国国歌》。为侨企果利种植专业合作社和新引进枣利农业科技有限公司积极服务，衔接农业、林业、创业、工商、科技、农业示范区等部门，争取派驻科技特派员等相关政策；落实李微微、文树勋关于原螺丝塘中学处置批示，由县国土局调查，并将情况及时通报原螺丝塘中学买受方钟武雄先生委托人。

【侨法宣传周活动】 11月26日，省、市侨联领导到革命老区双江镇龙华村调研侨联工作，并对侨法宣传周活动进行指导、验收。省、市侨联领导参观龙华村侨联工作宣传栏、农家书屋和泰国泰玺集团总裁、华人王鸿宾捐建文化广场，观看侨联工作PPT，听取龙华村工作汇报，并先后发表意见和建议，希望争创省级乃至全国侨联工作示范村。

【中国华侨国际文化交流基地】 11月26日，省侨联受中国侨联委托为“中国华侨国际文化交流基地”——湘绣城和黄兴故居纪念馆举办授牌仪式。省侨联副主席兼秘书长孙民生，省侨联副主席、市侨联主席翁少兰，省侨联宣联处处长郭剑虹，市侨联副主席刘斌，县委常委、组织部部长、统战部部长沈光等领导出席。 （陈合宴）

民族宗教事务

【概况】 全县主要有土家族、苗族、侗族、壮族等37个少数民族12000余人，占全县总人口0.07%，流动少数民族人口近1000人（不含经开区企业内部少数民族流动人员）。作为湖南省宗教工作重点县之一，现有佛教、道教、基督教三大教派，有佛教协会、道教协会、基督教三自爱委会等三大爱国宗教团体。有依法开放的教活动场所43处（其中佛教18处、道教8处，基督教17处），宗教教职人员137人。现有民间信仰活动场所62处（开放29处）。

【《道学、孝文化》系列活动】 4月25日，长沙县举行“霞灵圣母”入庙庆典暨《道学·孝文化》讲座系列活动，探讨和发掘孝文化新时代内涵。特邀湖南民族文化促进会客座教授刘德兴作为主讲嘉宾作“孝文化”主题讲座，1000余名来自社会各界人士听取讲座。活动中还特邀湖南省道教协

“霞灵圣母”入庙庆典暨《道学·孝文化》讲座系列活动举行

（县民宗局 提供）

会常务理事、长沙县道教协会会长胡永玄就道文化做专题讲座。活动为期三天，活动仪式上，主办方邀请湖南省京剧团表演《五福临门》《财神献宝》等节目。

【开展“宗教慈善周”暨爱心助学捐助活动】 8月20日，在松柏寺举行长沙县宗教界“宗教慈善周”暨爱心助学善款发放仪式，县内三大教派（佛教、道教、基督教）在此次金秋助学共捐款6万元，帮助22名困难学子实现升学梦展示宗教界慈善济世、造福社会文明风尚和高度社会责任感，为推动长沙县和谐发展做出贡献。

【九溪古寺举办改扩建工程启动暨万佛塔奠基法会】 11月11日，九溪古寺改扩建工程启动暨万佛塔奠基法会奠基典礼，在长沙县金井镇九溪古寺隆重举行。项目结合金井镇传统特色文化，将九溪古寺和金井古井纳入长沙县北部乡镇旅游整体规划项目中，并落实寺院改扩建用地问题。湖南省佛教协会会长圣辉大和尚、省民宗委宗教一处处长柏桓、市民宗局副局长王自书和县委常委、副县长杨莉等领导及省内外高僧大德出席奠基法会并讲话。 （张　伟）

移民开发

【概况】 2015年，长沙县移民工作改善移民生产生活条件、促进移民库区经济发展，移民开发取得新成效。被评为全市移民工作绩效考评获评优良单位称号。实行移民动态管理常规化。全县取消直补资格移民64人，为发放2015年度移民直补资金提供依据。

加强移民项目管理。编制上报移民后期扶持年度计划（600元以内）项目12个88.32万元，库区后扶计划项目33个190万元。严格按照省、市移民局批复的项目计划和《长沙市大中型水库库区和移民安置区移民后期扶持项目管理实施细则》要求组织实施，库区和移民安置区基础设施不断完善。全年共拨付项目资金472.64万元，实施项目75个，其中交通建设项目38个，水利建设项目29个，产业扶持项目8个。规范移民资金管理。按照《长沙市移民资金县级报账制实施细则》要求，所有移民资金一律实行县级报账制，并建立资金台账，做到不挤占、不截留、不挪用。全年对实施完工75个移民后扶项目均予以报账。8月，配合省、市移民局做好移民资金内部审计和水库移民稽察工作，对发现问题及时进行整改，确保移民项目和资金管理到位。以“一卡通”形式发放移民直补资金236.7万元，市、县级移民口粮补贴59.09万元。产业扶持资金66.64万元，重点扶持高桥食用菌协会大棚建设，高桥、金井茶叶基地建设和大山冲蔬菜专业合作社等，完成新开茶叶种植面积40公顷，提质改造茶叶种植面积33.33公顷。投入培训资金20.3万元，组织培训移民258人，其中实用技术培训170人，汽车驾驶、厨师等就业技能培训88人（其中12人送训岳麓厨师学校），实现就业转移80人，发放技能培训补助6.08万元。慰问特困移民86户，送去慰问金5.28万元。送去慰问金6000元。资助贫困大学生16人，发放助学金1.54万元。移民工作有序进行。白石洞水库需搬迁627户1926人，截至年底，完成签订搬迁协议613户1887人，占应搬迁移民人数98%。

【白石洞水库移民搬迁安置】 白石洞水库工程是省、市、县“十二五”重点水利工程建设项目，该工程涉及搬迁移民627户1926人。2013年7月移民搬迁安置工作正式启动，截至2015年年底，完成签订搬迁协议613户1887人，占应搬迁移民人数98%，其中370户1189人选择长效实物补偿生产安置方式，占移民人口总数61.7%。分散安置移民搬迁安置到位，集中安置区基础设施建设和移民自建房稳步推进，2015年年底，移民入住。

【库区移民后期扶持人口核定工作】 2009年9月，长沙市重点工程湘江长沙综合枢纽工程动工，同年10月启动库区工程建设。工程设坝后回水直接影响长沙县暮云、南托、跳马、榔梨、黄花、果元、星沙、黄兴、安沙、湘龙等10个乡镇（街道）34个村132个村民小组。2012年11月长沙县库区二期项目开建，库区淹没补偿工作有序开展。《湘江长沙综合枢纽长沙县库区淹没影响实物补偿方案》明确淹没影响区范围内土地281.44公顷实施退耕保护，采用常年补偿方式；涵闸、泵站和堤坊护岸等工程永久性占地采取征收补偿方式。2015年年底，省移民局核定批复该项目库区移民后扶人口600人。 （邓金玲）

镇街要览

责任编辑：张 娜

黄兴镇

【概况】 黄兴镇地处长沙市东南、浏阳河畔，是辛亥革命伟人黄兴先生、共和国开国元勋许光达和抗日名将黄杰将军故乡，具有深厚的文化底蕴、丰富的文资源、秀美自然风光和良好区位优势。2015年11月，根据《长沙县乡镇区划调整改革工作方案》要求，原黄兴、干杉两镇合并，组建为新黄兴镇，镇域面积157平方千米，辖19个村、3个社区，总人口约8.1万。2015年，实现财政总收入7474万元，地方一般预算收入2556万元，固定资产投资774909万元，社会零售品总额29036万元，规模工业产值326238万元。

三农建设。全面启动稻田重金属污染修复治理，施用生石灰380吨。大力推广蔬菜、旱粮等农作物新品种20多个。基本完成农村土地确权工作；完成“三项补贴”改革。开展农产品质量安全监管，进行农残检测320批次，合格率99.7%。扎实开展动物防疫免疫工作，与全镇42家畜禽产品经营户签订质量安全责任书。继续推进“小农水”建设，完成大塘港闸门改造、容塘水库整治、明月水库整治等工程，启动朱塘水库灌区改造工程。

工业发展。上海大众项目完成总投资50亿元，5月正式批量生产。高科技企业南方钽铌不断扩大生产规模，年均出口2000万美元。盘活土地及厂房资源，引进7家上海大众配套企业及十余家其它工业企业。

产业转型。总投资50亿元长沙会展中心主场馆建设加快推进。打造黄兴现代市场群，长沙黄兴海吉星农产品物流园部分试营业；德润物流园全面投产；海驿物流园、果之友一期、长沙家禽市场等项目施工推进。部署文化产业，协助建成湖南辛亥革命人物纪念馆。

重点工程。磁悬浮轨道、黄江大道、绕城三环联络线拓宽提质项目基本建成。市场群配套宋公塘路、东十一线等道路即将建成；黄兴大桥拓改、地铁配套项目“两路一站”等项目完成拆迁腾地；会展配套酒店、敢胜垸污水处理厂、劳动路、高塘坪路南延线、S207南延线、大众北路等项目具备交地条件；劳动东路二期延长线、S210南延线、滨河路（风光带）等项目征拆工作顺利推进。敢胜垸污水处理厂5天完成动迁50户。

生态建设。宣传动员垃圾分类减量，开展村组环境卫生评比。组织专业队伍对浏阳河、榨山港沿线堤岸不定点开展流动巡查，定期进行河道保洁，浏阳河水质连年保持在三类以上。突出抓好鹿芝岭村、万龙村美丽乡村建设，鹿芝岭村获评“全国生态文化村”“全省美丽乡村示范村”。仙人市村创建省级卫生村庄。

城乡改造。拆除违建卫片图斑存量85659平方米，坚持日常带挖机巡查，即时拆除新增违建65533平方米。计拆除违建面积15.1192万平方米。运行数字化城管，创新建立渣土APP管理系统，城乡管理出效率、见成果。完成杉岭集镇立面改造和农贸市场提质改造。

社会事业。2015年，计生率91%，免费优生检查任务完成90%，干杉卫生院职工公租周转房建设加快。举办纪念抗战胜利70周年合唱比赛、干杉文化艺术节等大型群众文化活动。金凤村连续三年举办“孝文化节”；新注册成立社区（村）群众文艺团队4支。完成干杉文化广场舞台、篮球场、门球场提质改造。

社会保障。强化拆迁户安置工作，对拆迁户安居、社保、就业、创业等制定一整套方案、提供一站式服务。新建两个针对拆迁户销售全限价房楼盘全面交房，组织拆迁户进行限价房第四批选房。投入资金48万元，对黄兴敬老院进行改造。杉岭社区成功申报市级农村幸福院。稳步推进干杉墓地接管工作。

安全生产。开展矛盾纠纷调处，受理化解民间纠纷300余起；处理群众来信来访，做好群众工作。应对波英集资案等社会问题，确保社会大局的和谐稳定。每季度对企业、小作坊、小仓库开展全面安全隐患排查形成常态，完善全镇安全监管单位基础台账。联合有关部门对食品制假窝点、非法黑作坊、违爆仓库进行执法取缔。组织开展“百人送训进千企”安全生产大培训27场。“微信安监”模式被长沙市安监局重点推介。

【上海大众长沙工厂正式投产】 5月20日，上海大众汽车有限公司长沙工厂正式建成，并迎来首辆轿车——新朗逸下线。这一采用大众汽车集团的先进建设理念进行设计、建造，并集成大规模工业化优势整车生产基地年生产能力为30万辆，年内预计生产新车4.05万台。将进一步提升上海大众汽车产能，促进企业可持续性发展。

【易炼红调研三大市场】 7月22日，省委常委、长沙市委书记易炼红就三大市场外迁和标准化仓储设施建设工作现场办公进行调研。易炼红一行先后到长沙农产品物流中心（现更名长沙黄兴海吉星农产品物流园）和实泰物流考察。易炼红要求长沙各级各相关部门，以钉钉子精神抓落实，在项目推进上全力攻坚，全力提速市场外迁和标准化仓储建设，做好分类指导，处理好实际问题，分门别类解决好审核立项、土地供应、征地拆迁、安置补偿、环评审批、配套建设、规划许可等工作，始终坚持把人民群众利益放在首位，实现有序外迁、平稳外迁、和谐外迁，严格按照既定时间节点推进到位，打造成长沙商贸物流业升级版和省会城市品质升级版。

【辛亥革命湖南人物业绩陈列在长沙开展】 10月10日，由民革湖南省委、长沙县人民政府主办的辛亥革命湖南人物业绩陈列开展仪式在长沙县黄兴镇湖南辛亥革命人物纪念馆前坪举行。民革中央常委、省政协副主席刘晓致辞并宣布辛亥革命湖南人物业绩陈列开展。省委统战部原常务副部长彭军良，省委统战部副巡视员王和平，省财政厅巡视员刘克邦，民革省委副厅长级干部雷震宇，省工商联副主席陈宏忠，省社会主义学院副院长黄自荣，长沙市委常委、市委统战部部长文树勋，长沙县委书记杨懿文、县长张庆红，各级有关部门负责人以及辛亥革命后裔代表覃晓光、蒋祖烜、杨道政、宋丕兴等出席仪式。民革省委副主席、民革长沙市委主委朱建军主持开展仪式。黄姓长孙、民革省委原副主委黄伟民代表辛亥革命后裔讲话。长沙县县长张庆红介绍湖南辛亥革命人物纪念馆相关情况。刘晓、黄伟民、文树勋、杨懿文等共同为辛亥革命人物纪念馆揭幕。

【黄兴镇人民政府正式挂牌】 12月4日，新黄兴镇党委、政府挂牌仪式在黄兴镇人民政府前坪举行，标志着区划调整改革工作完成。原干杉镇与黄兴镇地域相邻、道路相通、产业相补，特别是黄江大道、长株高速纵横交通干线将黄兴与干杉交通紧密相连，干杉汽车总车与配件先进制造业与黄兴会展、物流优势服务业形成产业互补、良性互动，更是为两镇强强联合、携手共进奠定良好基础。新的黄兴镇将区域同规、资源共享、产业并进。

（叶　凯）

江背镇

【概况】 2015年，江背镇实现财政总收入5583万元，地方一般预算收入2100万元。完成工农业总产值101.45亿元，其中工业总产值93.65亿元，同比增长16.1%，规模工业总产值71.7亿元，同比增长14.43%；完成全社会固定资产投资36.4亿元，同比增长20.1%，其中工业固定投资35.76亿元，同比增长41.90%，完成技改投资35.76亿元，同比增长37.54%；社会消费品零售总额1.4亿元，招商引资到位资金3.88亿元。该镇现有规模企业21家，其中亿元以上企业8家，十亿元企业2家。汽车配件、工程机械和水泥建材三大支柱产业带动效应进一步增强，配套产业不断完善。2015年，该镇农业总产值为7.8亿元，农民人均可支配收入25203元，比2014年增长9.6%。全镇共注册农民专业合作社158家，家庭农场20家，现代生态农庄6家，农业企业10家。粮食作物总产量5.4万吨，油料播种面积1466.67公顷，油料总产量2600吨，生猪出栏量3.4万头，家禽年饲养量12万羽，花卉苗木种植面积1000公顷，品种40余种。

【产业发展】 坚持“五个融合”推进现代农业发展，自成肉牛被评为农业部肉牛养殖科技示范场，天合农业建成观光荫棚、铁皮石斛仿野生红豆杉林区，多彩农业建成生态农业产业园火龙果生产大棚。江背镇连续两年被评为长沙市“现代农业发展优秀单位”。央视二套《生财有道》栏目组对该镇现代农业进行专题报道。梅花汽车获得国家工信部新能源汽车底盘生产资

4月17日，长沙县委书记、长沙经开区党工委书记杨懿文（左二）调研江背镇 （江背镇 提供）

质及整车生产资质，实现批量上市。印山实业、河田白石等建材企业积极响应“零碳县”创建要求，更换节能电机、加快煤改清洁能源改造。联合《长沙晚报》举办“相约最美乡村——博览江背”活动，提高对外美誉度；龙头井农庄举办长沙县烧烤帐篷节、全国山地自行车越野赛；锦绣江南农庄被评定为国家AAA级旅游景区。

【城乡统筹】 2015年，以完善基础功能目标，不断争取各级支持，加大资金投入，加快项目建设。编制《集镇新区与梅花工贸新区控制性规划》《给排水专项规划》，完成五美、梅花、朱家桥集镇提质改造等7个项目建设；扎实推进农民集居点基础设施建设、综合污水处理厂新建项目；黄江公路建设项目正式启动征地拆迁。完成八清线、暮五线等交通干线大修，硬化村级公路39.2千米，对存在重大安全隐患接福桥、吊牛桩桥实施维修改造，投入1668万元完成水库除险加固、山塘沟渠清淤，争取上级支持完成180户危房改造，12个村（社区）通过“一事一议”项目完善农田水利交通等基础设施。投入300多万元，狠抓农村环境整治。通过搞好卫生入户评比、试点流动垃圾收集、深化垃圾分类减量、推进规模养殖栏舍拆除，全镇环境卫生面貌大为改观。指导金洲、梅花、印山开展美丽乡村建设并通过验收，150家农户完成美丽庭院建设。该镇荣获长沙市上半年“农村环境整洁行动优胜乡镇”。

【社会治理】 2015年，探索创新基层社会治理新途径，充分发挥议事会作用，处理低保评定、春节慰问、项目建设等事关群众切身利益事务；深入推进乐和乡村建设，五福村成为长沙县示范村，乐和互助会主动承担部分村组事务，村民群策群力、投工投劳修路建院。阳雀新村、砖田新村、印山村也同步推进乐和乡村试点建设。全面检查生产经营单位505家，排查整改安全隐患698处，开展大型打非治违行动3次；对校车路线48处隐患进行全面整改，规范中小学校及幼儿园食堂进货渠道，指导农村安全聚餐180余次。各类社会矛盾得到有效化解，全年共调处矛盾纠纷223起；充分发挥村（社区）义务巡防队作用，社会治安明显好转。

【社会事业】 2015年，根据新实施特困医疗救助办法，累计救助250人次；对全镇三无人员和新增低保对象进行入户核查，做到应保尽保；完成农村劳动力转移就业437人，城镇新增就业408人；为308名眼疾患者进行二次筛查免费复明手术。五美社区、古井村卫生室建成投入使用，16个村（社区）村级标准化卫生室全面完成，免费健康体检全面推进。完成6所中小学改造、新建，初中中考成绩位居全县前列。成立全县首个乡镇文联、首个长沙市非物质文化遗产“长沙快板”传习所，举办“魅力江背大舞台”快乐戏迷擂台赛、“走进美丽乡村”墙体创作、摄影展览、书画交流等活动，编辑出版《文墨江背》。江背镇文联被评为2015年度全省文联系统先进单位，文化站站长陈恭森被评为长沙市最可爱基层宣传文化人。 （许 倩）

黄花镇

【概况】 2015年，全年财政税收达7.18亿元，增长16.8%；基础税源总收入2.32亿元，一般预算收入0.75亿元。完成全社会固定资产投资32.1亿元，为年度任务104%，同比增长21%；招商引资到内外资金7.07亿元；实现社会消费品零售总额2.6亿元，增长47%；农村居民人均可支配收入2.6万元，增长13%。农林牧渔业总产值7.84亿元，其中：农业总产值5.52亿元；林业总产值0.08亿元；牧业总产值1.43亿元；渔业总产值0.41亿元；农林牧渔服务业产值0.4亿元。全年全镇粮食作物种植面积达8633公顷，粮食产量达61425吨。全年实现二业总产值69.4亿元，同比增长7%；实现出口交货值25127万元，同比增长22%；创造利润47512万元，同比增长6%；上交税金25088万元，同比增长6%。其中23家规上工业企业，完成工业总产值38.7亿元，同比增长18%，完成目标任务100%；实现出口交货值25127万元，同比增长22%；创造利润14598万元，同比增长9%；上交税金7878万元，同比增长8%。积极发展第三产业，通过加大基础设施建设投入，提高小城镇品位，成功引进首个城市综合体——和通超市；长沙银行、建设银行等金融网点强势入驻；紫华郡、百姓嘉、空港朗园等楼盘销售火爆；以花港酒店、欧帝酒店为首住宿和餐饮业蒸蒸日上；特色商业街、品牌连锁店迅速发展；健身、影视等休闲门店风生水起，整个集镇商业氛围日趋浓厚。

项目建设。全年有47个项目征地拆迁，累计面积765.2公顷，涉及13个村164个村民小组，动迁1748户、6569人。由黄花镇人民政府担任业主建设项目43个，累计投资3亿元，其中1000万以上项目7个。黄花机场水系道路恢复和远大路两厢环境整治两个重点投资项目进展顺利。危房改造、道路硬化、学校提质、电力增容和线路改造、回龙片区水利整治、农贸市场新建、村部和村级卫生室建设等民生工程扎实推进。全年外出巡查300余次，下达停工通知书272份，集中开展拆违行动20余次，依法拆除违法违章建筑114225平方米。

环境治理。严抓集镇脏、乱、差整治，严格实行门前三包责任制度，切实杜绝牛皮癣、店外经营等违章行为。坚持村落整治，宣传普及垃圾分类减量操作方法，探索实践“一二三”农村环境治理工作法。开展畜禽养殖治污，确保禁养区“清零”和限养区减量，加大日常监管力度，全年完成生猪退养86户，拆除猪舍31138.52平方米。全年义务植树11万株，申报县级绿色村庄3个、县级花园式庭院60户。

社会民生。全年发放社会保障卡39609张，发放最低生活保障金502万元，养老保险基金缴费人数26000人，新增和转移就业1181人，城乡居民医疗保险参保率和基金征缴率均达100%。健全社会救助、慈善、助残等服务体系，救助大病医疗对象224人，慈善助学98人、608000元，危房改造63户。完成龙家滩小学、黄花小学、大路小学等改扩建工程，加强校车安全管理。组织6000余人参加免费体检，群众健康得到更加牢固保障。举办黄花镇2016庆新年文艺汇演，群众文化活动多姿多彩。立足凝聚社会正能量，广泛宣传身边的好人好事，积极开展“道德模范”“黄花好人”等评选活动，谷塘村王小艳成功获评长沙县孝老爱亲模范，黄龙新村王再德老书记获评县敬业奉献模范并荣登中国好人榜。完成孕前健康检查918人，人口计生率91.7%；走访慰问计生对象262户，发放慰问金23万余元；打造21个“流动人口之家”。推进安全标准化创建，实现安全生产和食品安全零事故，通过省级安全生产示范镇复审。调处各类矛盾纠纷194起，及时有效处理突发事件12件。全镇22个群众工作站安排镇群众工作队员103名、县直联点单位4个、县直队员12名，全年走访21290户，走访入户率达100%；收集群众反映问题753个，解决问题745个，镇域和谐稳定。

【黄花机场东扩工程完成】 5月7日，黄花机场东扩工程征地拆迁工作全面完成，工程六个标段全部进入“零障碍”施工。黄花机场东扩工程占地面积达264.8公顷（包括空管中心项目3.53公顷），总投资41.05亿元，涉及黄花镇谷塘、金塘、鱼塘、高岸和大路5个村25个村民小组，需动迁808户2900余人。该项目2014年7月获取国土资源部红线用地审批以来，不到一年时间内完成净地交付，一条长3800米、宽60米全新跑道预计2016年10月实现通航。

【邹铭到黄花镇调研养老工作】 8月8日，民政部副部长邹铭一行到黄花镇调研养老工作。省人民政府副省长蔡振红、市政府黎石秋副市长、市民

民政部部长邹铭（右一）到黄花镇银龙村幸福苑调研 （陈立摄）

政局曹再兴局长，县委副书记、县长张庆红，县委副书记吴新伟，副县长李开兴及黄花镇主要党政领导陪同调研。邹铭部长一行实地考察黄花镇高岸村和银龙村两个农村幸福苑，对幸福苑运转情况及老年人活动开展情况等进行详细了解，并指出要进一步加强志愿者队伍与农村幸福苑对接，要将黄花镇农村幸福苑成功经验在更大范围内予以推广。（陈　立）

【黄花镇首个城市综合体签约】 2月11日上午，黄花镇和通超市项目签约仪式在空港国际星城小区举行。空港国际星城总体量近10万平方米，涵盖星级酒店、大型生活超市、风情商业步行街、宜居住宅、时尚公寓、近2万平方米大型公园等多元业态。百信嘉公司董事长郑信和与长沙路口物资供销有限公司法人代表黄晓钦正式签订合约，和通超市一次性投资6000万元，购买空港国际星城商业项目裙楼7000多平方米临街商铺，将建成县域内服务能力最齐全的乡镇社区商业综合体、黄花面积最大、功能最齐城镇CBD。（黄丽娜）

【中外运－敦豪落户黄花镇】 8月，中外运－敦豪国际航空快件有限公司正式与黄花产业基地湖南双信置业有限公司签订租赁合同，拟设立湖南分公司。该项目拟投资5000万元，建设全自动化快递分拣线，2015年年底前投入使用。该公司是继长沙市阔韵快递有限公司、湖南鑫旺达物流有限公司后黄花产业基地引入第三家快递物流公司，在吸纳劳动力、促进就业、便利民众生活、服务社会生产和推动经济社会发展等方面将发挥重要作用。（王　霞）

春华镇

【概况】 春华镇辖12个村、1个社区。全镇总面积132平方千米，其中耕地面积3127公顷。年末总户籍人口4.5万人。2015年，春华镇经济总收入29.65亿元，比上年增长15%；财政总收入945万元，增长10%；地方一般预算收入385万元，增长15%；固定资产投资14.3亿元，增长41%；农村居民人均可支配收入1.86万元，增长14%。成功创建湖南省安全生产示范镇，获评长沙市2015年度人口计生工作优秀乡镇、长沙县2015年度领导班子绩效考核一等奖和长沙县特色镇一等奖。

产业发展。农业转型升级。省重点工程国家杂交水稻综合试验基地项目全工开建；现代农业成果展示园项目完成土地流转；米、油、红薯片、蔬菜、小水果等土特产健全产业链；鱻果农庄、春景农庄、红旗湖农庄、群益农庄等初具规模，形成“农业基地＋农庄”乡村旅游新路子；洞田香种植专业合作社油菜作物经济、大鱼塘村兴富孔雀和春红花卉、武塘村祥庄农业的限垂钓、春华山村绿钻农业电商平台、宇田农业杜仲和花卉产业等一批新型农业项目发展壮大；全镇耕地规模流转533.33公顷。工业提质增效。支持中小型企业落户发展，鼓励现有企业引进合作，技改升级，自主研发创新，重点扶持高泰克立体车库等国家专利产品研发。现代服务业融合发展。种子仓储物流园二期工程顺利推进；湖南发展集团投资60亿省内高规格养老度假产业春华健康城项目，流转土地200公顷，完成国土报卷和园区规划设计工作；投资2600万元农贸商贸综合体开工建设；长沙十里家具城项目启动征地拆迁。

项目建设。2015年，共完成产业、基础设施项目20余个。投资6300万元实施春华集镇（棚户区）综合整治，新街完成房屋立面改造、道路改造、管网建设、绿化亮化和店招店牌的规范；老街按照水乡古镇进行改造，沿港建设的亲水主题游步道强力推进。投资1200万元S207线、开元大道东延线、春垅公路亮化工程全面完成，亮灯运行。总投资1.2亿元百熙中学项目征地拆迁工作和规划设计工作完成。高峰集中居住示范点建成入住，金鼎山—武塘集中居住示范点建设全面启动。投入60余万元改善中小学校教学条件，投入380万元完成洞田小学综合用房建设，九田小学教师公租房项目顺利推进。春华卫生院职工周转房建设顺利实施。春华社区等5个村（社区）完成村级便民服务站标准化建设。投入40余万元在全镇建设“村村响”应急广播系统并投入使用。提质改造农村公路36.2千米，实施路容路貌整治27千米，改造农村危桥4座。投资3000万元太阳滩闸坝除险改造工程开工建设。投入340万元完成跃进、高冲水库病库治理。投入180余万元完成建庄水库引水渠建设，遴选的7处水利项目全部开工开建，民办公助小农水建设资金全部分解到村到项目。自来水入户工程逐步向农村延伸。

乡村治理。推进拆违控违，拆除和处罚各类违章建筑21处，面积1.3万平方米，制止新增违建11处，面积1400平方米。管控畜禽养殖污染，拆除规模生猪栏舍239户，面积8.5万平方米。加强集镇管理，强化对流动摊贩、小水果市场、门店、招牌、墙体广告、指路牌的管理，以及农贸市场、木材场、在建工地、施工道路和

6月12日，国家杂交水稻综合试验基地开工奠基　（春华镇　提供）

渣土的监管。开展绿色道路、绿色村庄、绿色庭院建设，完成春华山村、金鼎山村、九田村共7千米道路绿化，九木村、金鼎山村荣获绿色示范村，60户农户家庭被评为花园式庭院。

社会事业。社会保障卡“一卡通”发放工作全面落实；开通城乡公交5号线；投资2400万元春华敬老院建成即将入住；改造农村危房119户；实施“建档立卡”落实精准扶贫政策，476户1440人脱贫。落实“单独二孩”政策，全年出生人口638人，符合政策生育率90.6 %，征收社会抚养费112万元。文化事业繁荣发展，举办乡村文化艺术节等群众文体活动10余次，开展2次以长沙会战春华山抗战为主题纪念活动，牢记历史，不忘国耻，新华社、中央电视台等国内有重大影响力媒体进行报道；投入100余万元建成长沙会战春华山抗战遗址公园；编写全县第一本村级史话《金鼎山村史话》。落实安全生产责任制和领导带队检查工作，连续12年未发生生产安全责任事故。深入开展群众工作，采取“三调联动”工作模式成功调解矛盾纠纷246起。收到和处理“12345”市民热线109件、县长信箱34件，事事有回音，件件有落实。

【长沙县城管执法大队春华中队成立】 4月20日，长沙县城市管理行政执法大队春华中队正式挂牌成立，共4人，其中具有行政执法资格人员2名，另聘请2名专职城镇协管员，主要职责为依法行使城乡规划和市容环境卫生管理方面法律、法规等赋予行政处罚权，为春华镇集镇管理提供执法保障。

【国家杂交水稻综合试验基地开工建设】 6月12日上午，国家杂交水稻综合试验基地项目开工奠基仪式在春华镇金鼎山村举行，省政协副主席、中国工程院院士、湖南杂交水稻研究中心主任袁隆平宣布正式开工。项目占地31.57公顷，总投资约3亿元，设立科研试验区、科研配套设施区、试验示范区、科研辅助试验区、综合服务区共五大功能区，计划于2016年正式投入使用，建成后，将成为全国规模最大、最具影响力的杂交水稻科研试验基地。县委常委、县委办主任王国良出席奠基仪式。

【长沙会战春华山抗战浙江籍阵亡将士英灵启灵还乡】 7月18日，长沙会战春华山抗战浙江籍阵亡抗战将士英灵回家公祭仪式在春华镇抗日阵亡将士墓园举行，国民革命军陆军第33集团军总司令张自忠将军之孙张纪祖，台湾中华黄埔后代联谊会会长、国民革命军74师师长张灵甫将军之子张道宇，台湾知名学者邱智贤博士，浙江籍阵亡将士后裔，长沙县籍抗战老兵代表，以及湘浙两地相关方面代表300余人参与活动，新华社、中央电视台以及湘浙两地共28家媒体对活动全程报道。由湖南老兵之家发起，湘浙两地多家媒体、公益团队联动，先后找到在春华山战斗中阵亡118位浙江籍将士名单，并据此找到名单中8位烈士后人。7月18日，8位烈士后人们赶到春华，接烈士英灵回乡。返

7月18日，长沙会战春华山抗战浙江籍烈士后人接烈士英灵回家
（春华镇　提供）

回浙江后，烈士英灵将安葬在浙江安贤园的抗战老兵纪念园内。

【朱善璐参谒张百熙墓】 9月18日，北京大学党委书记朱善璐一行到春华镇洞田村张百熙墓参观、吊唁。副县长陈计伟、县政协副主席陈沃辉、县政府办副主任罗扬坤、镇党委书记魏检等陪同。朱善璐书记向大家介绍这位北京大学创始人、首任校长，感恩他为国家教育事业做出显著贡献，也感谢当地政府对张百熙墓重视和关心，同事希望当地政府能一如既往保护好墓地，发扬老一辈教育家精神，强化教育，用智力推动经济社会全面发展。随后，朱善璐一行来到春华镇正在建设的百熙中学，对这所旨在办湖南一流学校中学表示满意和肯定。朱善璐表示，学校建成后，可与北京大学进行教育资源合作共享，共同打造一所规范、优质品牌学校。

【电影《丰碑》入围全国发现最美善行者公益影像节最具影响力公益影像作品】 由春华镇人民政府与湖南老兵之家、湖南金鹰纪实频道、谍变工作室合作拍摄数字电影《丰碑》，入围发现最美善行者公益影像节全国10部最具影响力公益影像作品名单之一。《丰碑》电影以74年前春华山战役史实为基本依托，以刘金国老人守墓50年感人事迹为核心题材，在挖掘史实、讲述战事同时，着重挖掘刘金国这个“当代人”与第二次长沙会战春华山战役之间建立在被他发现、修缮和守护74军烈士墓之上抗战历史关联和爱国主义情感关联，既以历史真实发人深省，又以刘金国和以邱杏宦为代表春华山阵亡烈士这样两种跨越两个世纪、远隔阴阳“人”朴实故事来感人肺腑，注重历史性与故事性结合，史料性与艺术性结合，既向中国人民抗日战争胜利70周年献礼，又为新一代年轻人留下珍贵精神财富。

【创建省级安全生产示范乡镇】 围绕“加强队伍建设突出执法监管，完善责任体系，夯实工作基础，强化专项整治，构建长效机制”总体思路，突出“抓责任落实、促思想重安，抓宣教培训、促文化强安，抓监管执法，抓依法治安、抓特色建设、促示范兴安”工作措施，开展“湖南省安全生产示范镇”创建活动取得明显成效，全镇安全生产形势保持持续稳定，连续12年未发生生产安全责任事故。12月，创建省级安全生产示范乡镇。（黄新辉）

果园镇

【概况】 2015年，果园镇围绕“建设三型生态果园，打造田汉文化小镇”工作目标，完成年初目标任务。全镇完成财税总收入461万元（其中国税230万元，地税231万元），超额完成19.43%，一般预算收入183万元（其中国税42万元，地税141万元），超额完成56.41%，完成规模以上工业总产值8.8亿元，社会消费品零售总额7500万元，完成固定资产投资7.25亿元，城乡居民人均可支配收入达1.95万元。

重点项目。按照“城镇化的乡村、乡村式的城镇”建设目标，完成浔龙河幼儿园、村民广场、宋水线A段、农民菜园、农贸市场、临时公交车站等项目建设，农民安置房一期80户安置房建设。产业方面完成一期童勋营、牧歌山、云田谷项目建设，10月1日，浔龙河项目开园。启动了田汉故居集中整治工程、杨泗庙生态文化公园等城乡一体化项目建设。完成瞿麻线（瞿家塅—红花村段）8.7千米、新明村大龙路3 7千米、田汉国歌大道2千米道路“白改黑”提质改造，建设生态路8千米、硬化农村公路29千米，改造危桥4座，完成金井河上游5千米河堤灌浆、铺油、路灯等提质改造工程；完成宋水线路灯亮化工程；安装20千米防护栏，完成金井河、双江垸治理工程，完成新明渠道、南干渠渠道治理，完成85个小农水项目建设；农村安全饮水工程入户65户；完成115户危房改造，镇域内基础设施和公共配套不断完善。

生态建设。严惩企业违禁偷排、养殖粪污直排，严控“沿路焚烧垃圾、田间焚烧秸秆”，积极推进生态示范组建设。推进“三年造绿大行动”，创建花园式庭院50户，花园式单位9个，植树4000余棵。拆除174户、7万平方米违章建筑。全面推进畜禽治理控规工作，全镇拆除养殖户生猪栏舍256户，弘驯、黄小灿等栏舍全面退养转产。加强专业保洁员队伍建设，理顺考核管理办法，形成日常保洁常态机制。

农业发展。全面完成粮食生产任务，强化推进重金属污染耕地修复治理农田1333.33公顷；推动浔龙河公司流转耕地133.33公顷开展农作物规模种植，流转旱土33.33公顷建设精品苗木基地，整合区域优质农产品资源建成农产品加工基地。扶持浔龙河、佳农、天勤等农业龙头企业和润禾、益精等新型农业社会服务组织做大做强，打造果园名优特精农产品品牌。引进和扶持地球村公司、家味浓香原生态土鸡园、金霞米业等新型农业经营主体，发展绿色蔬菜、优质稻米、特色水果、花卉苗木，夯实绿色农业经济，推进生态休闲农业发展；做好农村土地确权登记颁证工作，完成1333.33公顷农田确权工作。完成森林防火、绿色创建、美丽乡村建设工作。打造浔龙河项目、田汉村、新明村等乡村旅游亮点，推进倡导和支持乡村创新创业，成立农村创业协会，建立果园镇创客服务平台。

文化事业。开展“升国旗、唱国歌、知国情、爱国家”系列活动。启动麦咭儿童音乐节等项目，新成立果园田汉文化艺术团、果园大河艺术团和果园镇书法协会。挖掘传承本土民俗文化，自编《浔龙河颂》《浔龙河传奇》等节目，新建成新明村金龟广场、花果村花果农民文化广场、大河社区油麻组文化广场、杨泗庙社区港背组四个农村文化广场。

法治建设。按照“互动学法、分类普法、多赢用法”工作思路，通过文艺送法、法治大讲堂、金牌调解能手评选、法律知识竞赛、互联网加法治宣传等主题活动，发放法治“书包”7000余个，开展“文艺送法三进”10余场，举行“学法大比拼”20多次，镇、村干部入户“法治大课堂”200多场，重点培养100名农村法律明白人。组建“红袖章”义务巡防队等多支群众队伍，积极化解信访积案，加大治安维稳力度，治安案件发案率下降19%，民意调查满意率跃升全县第二名。

社会事业。强化计生服务意识，完成孕前健康优生检测270余人，计生协会意外保险收缴10万余元。开展农村低保整顿，采取各村交叉检查形式，取消不符合条件对象56户，161人，落实五保供养，镇敬老院入住率达100%，实现新农保、新农合缴费率100%。创新开展双拥工作，落实好“军人之家”和预备役连队建设。完善安全综合监管网络，强化安全监管重点企业单位，加强对兰郑长输油站场管线主动巡查，积极督促就安全隐患整改落实，为广大人民群众营造了和谐稳定生活生产环境。（杨 超 刘塑琪）

11月2日，易炼红（右四）赴长沙县浔龙河调研新型城镇化工作

（果园镇 提供）

【月形山社区荣获湖南省综合减灾示范社区】 果园镇月形山社区按照《湖南省综合减灾示范社区创建管理办法》要求，推进社区综合减灾组织体系、工作机制、队伍建设、预案制度、物资装备、宣传教育等各项能力建设，不断创新社区减灾工作方法，切实增强居民防灾减灾意识和避灾自救能力，提升社区综合减灾能力。12月由湖南省减灾委办公室、湖南省民政厅发文命名为“湖南省综合减灾示范社区”(湘减办发〔2015〕5号)。

（罗 幸 刘塑琪）

【易炼红赴长沙县浔龙河调研新型城镇化工作】 11月2日上午，省委常委、长沙市委书记易炼红到位于长沙县果园镇的浔龙河生态艺术小镇，考察新型城镇化工作。易炼红书记详细了解项目发展规划、建设情况和民生发展等，实地查看浔龙河接待中心、童勋营木屋酒店、双河村农民集中安置区、民宿客栈、双河村村部等。调研中，易炼红书记指出，浔龙河项目创新做法是城乡一体化创新模式，是新型城镇化经典样板，要坚持走亦城亦乡融合发展新路，在持续改善群众生活条件、加快乡村发展、提升现代文化同时，留住青山绿水，留住永远乡愁。市委副书记徐宏源，市委常委、市委秘书长夏建平参加调研。长沙县委书记、长沙经开区党工委书记杨懿文，县委副书记、县长张庆红，县委副书记吴新伟，县委常委、县委办主任王国良陪同调研。

【黄跃进视察基层民兵建设工作】 11月17日下午，省委常委、省军区司令员黄跃进到长沙县果园镇双河村，就基层民兵建设工作情况进行视察，听取果园镇双河村基层民兵建设工作情况的汇报，并就基层民兵建设抓建工作作出指示。省军区政治部副主任刘明建，长沙警备区司令员王忠斌，长沙经开区党工委书记、长沙县委书记杨懿文，长沙县委常委、县人武部长陈晓成，县人武部政委刘立如参加视察。

【湖南省首本村志《浔龙河村志》发行】 11月25日，湖南省首部村志《浔龙河村志》在浔龙河村民广场正式交付。《浔龙河村志》由中国邮政集团公司湖南省长沙县分公司、长沙县果园镇双河村支部委员会、村民委员会共同编著。《浔龙河村志》坚持实事求是原则，采用述、传、图、表等形式，将双河村（拟改名为浔龙河村）历史沿革、山川地理、政治风云、经济文化、风土人情载入史册，内容详实、记录准确、编印精美，具有很强文学性、历史性，是珍贵历史文献资料。

【长沙县农创天地启动式在果园镇成功举行】 12月24日上午，长沙县在果园镇浔龙河生态小镇举行农村创客天地启动仪式，率先在全国启动农村创客平台建设，并发布一系列优惠政策和举措，全力打造创新活跃、就业充分、富足安居农村创客洼地。市县领导徐宏源、彭继球、杨懿文、张庆红等领导出席活动。省农科院院长邹学校，湖南农业大学党委书记周清明，省社科院原院长朱有志应邀出席启动仪式。（刘塑琪）

路口镇

【概况】 2015年，路口镇实现财税总收入1146万元，招商引资到位资金4800万元，完成规模工业总产值2.47亿元，完成全社会固定资产投资7.85亿元，完成工业投资1470万元，完成社会零售额2.12亿元。鑫瑞祥综合建材市场、瑞新钢材市场、上汽五菱4S店、城东驾驶员培训学校、长沙县万亩蔬菜专业合作联社农产品交易市场建设项目、重庆金阳麻林温泉项目、大山冲李小超艺术工作室、长春村和上杉市村村级物业项目正在稳步推进中，长沙县农产品精深加工园区确定选址路口镇。全年铺排各类项目36个、其中规划类2个，基础设施16个，产业类9个，公共服务6个，生态体系3个。集镇拍卖地商铺完工率达95%，近百缝商铺陆续投入营业；农贸市场、星沙农商行暨北部金库中心、和通商厦、镇文化综合服务中心等项目建成并投入使用；投资1500万元完成包括集镇道路工程、绿化、美化，亮化项目，完善集镇污水管网；建好夫子亭及振兴北路入口牌坊；文化大厦完工；完善农贸市场周边配套，并投入使用；完成机关办公楼维修改造；台田桥年初竣工；和通路（路口－浏阳秀山）、学院路（职业中专－路青线）路基完成，油砂路面正开工建设；G107改线经过温泉新镇区段、瑞鑫路启动征拆工作，温泉大道、荆花公路等完成立项，规划等前期工作；农村公路建设完成21.7千米，桥梁改造4座，长春村部、上杉市的金井河桥、花桥湾石门坎三个居民集中点立面改造工程完成前期调查、设计图意见征集；对公路包括校车运行路线进行全面隐患排查；危房改造工程累计完成105户，其中一般60户，重点45户。打好“拆违控违”攻坚战，加强户外广告牌管理，拆除栏舍工作全年执法4户，拘留4人，另有3户环保局完成取证并移交公安。以路口村廖家洲、长春村周泉组、明月村大屋湾组三个美丽乡村示范片建设为契机，开展绿色集镇、绿色村庄、绿色庭院、文明户创建等为内容美丽乡村建设，确定荆华村方塘组为路口镇乐和乡村示范点；全面实施农田水利项目和生态环境治理，做好粮食生产和土地确权工作；健全完善安全生产责任制和安全生产网格化制度，在全县率先制定《路口镇安全生产约谈制度》，做好安全生产隐患企业监管，全年镇纪委、镇安委办约谈4人次。全年共发放保障金353.4万元，兑付大病救助92人次，41.9万元。全年共排查解决各类矛盾纠纷115起，其中排查解决重大纠纷2起，调处率达100％，成功率达100%。计生工作常抓不懈，各项统计数据准确率99%以上；继续实行《路口镇教育教学奖励方案》，举办夫子亭落成典礼、路口镇庆国庆第三届群众文化艺术节暨首届“时代先锋”颁奖晚会、羽毛球比赛、“纪念抗战70周年”书法笔会、乒乓球赛等，进一步丰富群众文化生活，提升路口镇文化品牌形象。

【城乡一体化建设】 2015年，路口镇围绕打造“商贸中心，温泉小镇”目标，落实建设“美丽路口、商贸路口、温泉路口、艺术路口”四项任务。新集镇拍卖用地项目完工率达95%，集镇改造投资2000万元，主体工程完成，道路交通项目有序推进，美丽乡村建设示范户取得阶段性成果。麻林温泉采矿权摘牌，一期温泉旅游开发用地正在申报中。重庆金阳麻林温泉项目、城东驾驶培训学校拓址新建项目、湖南给力新能源生物质发电厂项目通过。县农产品精深加工园区确定选址路口镇，引进华聚农产品有限公司，准备建设辐射长沙北部农产品交易市场，沿S207万亩蔬菜基地和沿黄兴大道北延线特色特色花卉苗木、精品水果产业带基本成型。

【安全生产约谈制度】 路口镇坚持“抓安全就是抓发展”核心理念，从

4月22日，全国供销总社党组书记、理事会主任王侠（前排右三）一行视察长沙县路口供销社（路口镇　提供）

领导班子自身抓起，创新安全管理模式，逐步形成安全生产长效机制，特别是实行安全生产约谈制度，变事后追责为事前监督，为长沙县首创，为路口镇经济社会又快又好发展保驾护航。一是树安全理念，明确安全生产约谈制度内涵与外延；二是建长效机制，围绕约谈制度形成系列制度；三是抓日常工作，强化约谈制度效果。安全生产约谈制度实行以来，路口镇对明月村村书记和高路非法采石场、湖南老茶人、湖南金山粮油4位负责人进行约谈。通过约谈与检查执法行动相配合，两家粉尘企业相继整改完毕，高路非法采石场取缔，明月村级赶集场所隐患得到整治，约谈制度取得良好效果。

【拆除栏舍】　路口镇对50头以上规模养殖户进行全面监管，定期上户查看。发现污染户头，立即下达限期整改通知书，限期整改。对拒不配合整改户头，依程序申请环保局执法。全年路口镇生态办、各村组织农户自行整改的直排户21户，由县执法队上门上户的8户，行政拘留4人，另有3户执法队完成取证并移交公安。制定《路口镇2015年拆除畜禽养殖栏舍拆除工作方案》，全年完成754户养殖户栏舍拆除。其中拆房面积92955平方米，拆栏面积47870平方米。有效控制路口镇养殖规模，从源头上解决养殖污染问题。

【王侠考察长沙县路口供销社】　4月22日下午，全国供销总社党组书记、理事会主任王侠一行考察长沙县路口供销社。湖南省人民政府副省长戴道晋、湖南省人民政府副秘书长曹英华、湖南省供销合作总社主任曾震亚和长沙市、县、社等领导陪同考察。

王侠主任一行主要考察路口供销社路口镇域内农贸市场、和通商城、国药店、家电城和农资超市。考察中，路口供销社、路口物资供销公司董事长黄晓钦介绍该社多年围绕“三农”工作大局，以密切与农民利益联结为核心，以提升为农服务能力为根本，创新拓展服务方式和手段，打造综合服务平台基本情况。路口镇党委书记胡闽主要介绍该社在服务“三农”、活跃经济、密切党群中发挥的积极作用和党委、政府在帮助指导抓党建、拓展服务给平台、企业发展当后盾等方面支持供销社情况。

【杨绍品到路口镇调研蔬菜种植情况】　10月14日，农业部党组成员、总经济师杨绍品率调研组到长沙县路口镇，就蔬菜种植进行调研。杨绍品一行考察路口镇觉源农业科技有限公司蔬菜种植基地，边查看蔬菜种植情况边听取觉源蔬菜基地的相关情况。公司主要从事蔬菜种植、销售，通过一系列蔬菜病虫绿色防控措施实施，基地实现全年化学农药使用量减少50%，蔬菜病虫害整体防治效果提升10%，用药用工成本下降40%，蔬菜农残检测合格率达100%，蔬菜品质明显提高，产品得到市场普遍认可，销售情况喜人。

10月14日，农业部党组成员、总经济师杨绍品（左三）率调研组到长沙县路口镇就蔬菜种植进行调研（路口镇　提供）

【文树勋到路口镇上杉市村开展“一进二访”活动】 10月15日，长沙市市委常委、统战部部长文树勋一行人，到长沙县路口镇上杉市村（省级贫困村）开展“一进二访”活动，调研贫困户家庭并听取有关汇报。同行调研有开福区区委书记廖建华、市地税局副局长刘进、市交通局副局长李光、市国土局总规划师李远金等相关部门负责人，长沙县委常委、组织部部长沈光陪同调研。

【路口镇首届银企对接会】 6月4日，路口镇召开首次银企对接会。长沙宏兆置业有限公司和长沙汉光雕塑艺术品有限公司分别与星沙农商行路口支行签订长沙县路口镇2015年银企战略合作框架协议，授信金额近2000万元，有利于量身打造客户所需信贷及财务产品，实现经营产品全方位服务。

（曹　薇）

高桥镇

【概况】 2015年，高桥镇坚持科学发展，以“科技兴镇、产业强镇、生态立镇、开放活镇”目标，不断推进经济社会事业全面进步。全年完成财政总收入1940万元（含飞地战略税收）。完成农业经济总收入16.25亿元，比上年增长30.06%；完成社会消费品零售总额8400万元；完成基础税源总收入1111万元，完成全年任务数；完成固定资产投资总额73080万元，比上年增长15.23%，完成市外引资任务703万元，农民人均可支配收入达20500元，比上年增加35.6%。

项目建设。打造金桥范林“一带一路”美丽乡村，廉政文化公园、范金线白改黑、文化墙、慈善堂屋场和孝文化公园等项目。高桥中学改扩建项目进入施工阶段。中心幼儿园新建项目纳入2016年省为民办实事工程。桐仁桥村移民项目完成土地调规、设计规划和征地拆迁。维汉故居周边整治项目有序推进，县道莒马线高桥段、高白线高桥段、高白线至维汉故居支线道路白改黑，沿线道路绿化改造、故居周边110户棚户改造完成招投标工作，维汉小学提质改造项目即将开标。直荀故居修缮项目基本完成。集镇改造项目立面改造完成80%，绿化项目顺利进行。

特色乡镇。引进锦天投资公司和国进菌业二期。省农科院14个科研院所试验基地落户高桥，有6个国家级科研平台。依托省农科院技术优势，大力推广百石源村超级稻，维汉、双龙、高桥、合兴桥等村茶苗，金桥村的优质稻等项目。挖掘农业与旅游融合发展投资价值。以食用菌为代表的生态产业，以白鹭湖为代表的自然资源，以美丽乡村示范片为代表的田园风光展现高桥镇现代农业休闲旅游特色。

社会治理。全年共排查矛盾纠纷168件，调成168件，调成率100%，群众安全感和满意度明显提升，未发生群体性上访事件。高度重视防邪教工作，创建防邪教警示宣传教育室，被评为全国“2015年度防邪教活动先进示范镇”。健全全镇安监组织网络，新增20个高清摄像头纳入“县天网工程”。依法取缔5家非法采石场。食品安全落实到位，道路安全规范有序，社会大局和谐稳定。

民本民生。改扩建高桥中学，优化镇村公共卫生服务，实现农村基本医疗全面覆盖。精准扶贫全面发力，走访困难群众674户，发放慰问金102.9万元。率先开展社会保障卡“一卡通”发行工作。被授予“长沙市城乡居民基本养老保险经办服务示范点”。打造生态宜居环境，在长沙市2015年城乡环境卫生整洁行动中被评为“十佳”乡镇，金桥村被评为“十佳”村。完成规模生猪养殖栏舍拆除446户，面积13万平方米。举办6场大型文体活动。

【食用菌产业】 食用菌是高桥镇支柱产业之一，也是经济发展工作重点所在。2015年，夏巍齐食用菌开发有限公司和福翔食用菌有限公司发展壮大，并荣获“市级农业龙头企业”称号。加快实现生产技术自主创新，积极与湖南农业大学实现对接，并成为农大学员实习基地，实现食用菌技术研究与生产互动，实现与高校的成功对接，国进食用菌分校挂牌成立。该分校是湖南农业广播电视学校批复成立的省第一所农业产业化培训分校，真正实现校企合作，把新型职业农民培育落实到产业链上。

【农业科研实验基地】 高桥农业科学城，全称“湖南省农业科学院高桥科研基地”，是一个种植业科研为主，良种培育为重点，科技创新与示范推广相结合综合型农业科研试验基地。基地总规划为666.67公顷。其下属14个科研院所相继落户高桥，有12个研究所约30余个课题组在基地开展科研试验，获批6个国家级科研平台。高桥镇依托该基地技术优势打造“一村一品”特色农业，形成百石源村超级稻，维汉、双龙、高桥、合兴桥等村茶苗，金桥村优质稻等产业。

【社会管理】 率先创新一村级治理新模式，推出村民议事会制度。积极推进“乐和乡村”建设试点工作，引导双龙、金桥等试点村村民实现自我教育、自我管理、自我监督和自我服务，形成“大家的事我关心，集体的事我参与”良好氛围。为有效解决农村水利工程管护问题，按照水管体制改革要求和工作部署，依照“抓好试点，稳步实施，大力推进，务求实效”原则，采取“物业化”管理模式。由政府出资向社会购买服务实现治安巡防义务化。每村出一人组成义务巡防队，进行治安巡逻，法治宣传，摸排稳控。

（刘利红）

金井镇

【概况】 2015年，全镇完成规模以上工业总产值31.87亿元，比上年增长11.05%；农林牧副渔总产值11.64亿元，比上年增长6.58%；固定资产投资24.64亿元，比上年增长18.64%；工业投资12.33亿元，比上年增长18.92%；社会消费品零售总产值9400万元，比上年增长35.6%；基础税源财政总收入2089万元，比上年增长14.15%；一般预算收入624万元，比上年增长20.23%；城乡居民人均可支配收入达25100元，比上年增长30.28%。是年，获评湖南省首届新农村建设十大魅力乡镇、湖南省小城镇建设重点镇。

【新金井镇挂牌成立】 2015年年底，按照省、市、县安排，金井镇和双江镇合并为新金井镇，镇政府驻地设原金井镇政府驻地。合并后，辖区总面积210.8平方千米，是长沙县面积最大的乡镇。总人口约6.5万人，下辖24个行政村、3个居民委员会、580个村民小组。新一届党政班子、镇村干部深入各企事业单位、各村（社区）开展走访调查、座谈交流，深入细致做好群众政策宣传解释和舆论引导工作，真实听取民声，广泛征求意见，实现上级要求与群众意愿相结合高度统一。整合制定新工作制度、工作流程，实现了人员整合、资源整合、工作整合。为新镇率先发展、创新发展、全面发展、融合发展打下干部队伍基础和群众基础。

【长沙茶乡小镇建设开发有限公司正式成立】 9月10日，长沙茶乡小镇建设开发有限公司成立大会在湘丰茶业总部召开，会议签署《政府与社会资本合作协议》及《合资合同》，并举行揭牌仪式，长沙茶乡小镇建设开发有限公司正式成立，总投资约4.19亿元“茶乡小镇”城镇建设及旅游开发一期工程正式投入建设实施。项目包括金龙路、集镇污水主管、金井老街坊基础设施等市政基础设施，以及以石壁湖公园为重点公共服务和旅游基础设施建设等。同时，“茶乡小镇”城镇建设及旅游开发一期工程项目招商也正式启动。“茶乡小镇”建设理念旅游开发项目及社会资本加入进来，推动产业联系紧密、空间布局合理、资源体系整合、区域特色明显长沙城乡一体化样板镇建设。

【获评2015湖南茶叶“千亿产业十佳示范乡镇”】 8月12日，金井镇获评2015湖南茶叶“千亿产业十佳示范乡镇”。金井镇域内有3000公顷茶叶基地，“湘丰集团”与“金井茶厂”两家是省内茶业龙头企业。湘丰集团拥有世界上第一条全自动化绿茶炒青生产线和绿茶精制、包装生产线，开创茶叶加工标准化清洁化自动化先河，2015年，新开辟中欧、西非、中东等国际市场，外贸销售额达850万美元，同比增长20%，同时推出行业内首条红绿茶兼用全自动生产线，研制出六轴炒茶机器人，从单纯卖茶叶变身为兼卖茶机。金井茶厂长沙绿茶制作技艺被列入市级非物质文化遗产名录。湖南省金井茶业有限公司董事长周长树获评2015湖南茶叶“十大杰出制茶师”。

【湘丰集团获评全省首个两型示范基地】 湘丰集团将两型标准贯穿于生产经营的全过程和各环节，着力打造中国茶业全产业链两型标杆和绿色典范，实现生态效益、经济效益和社会效益全面丰收。与中国科学院长沙农业环境观测研究站合作，创建应用亚热带茶园生态管理技术体系，使茶叶生产完全不施用化学农药、化肥、激素，通过严格种植规程，灌溉用水量、生态农药投入量、肥料使用量分别下降45%、55%、30%，生产出茶叶在欧盟全项464项农残检测中全部合格；升级改造茶叶生产线，节约50%厂房面积；推进加工工艺创新，使节能率达20%以上；培育两型生活习惯，使用地热及燃气等清洁能源，热利用率达60%~90%。自有茶园98%符合欧盟标准，62%达到有机茶标准，飞跃基地顺利获IMO有机茶园认证。5月，被湖南省两型办评为全省首个“两型”示范基地。

【获评第四届全国文明村】 金龙村投入资金2000多万元，建设水、电、路、气、信息等基础设施配套建设项目，治理河流，整修山塘，建立环保超市，建设“户有垃圾桶、组有收集池、村有回收点、镇有中转站”基础设施网络，建设集中居住区，修建新小学、高标准幼儿园、农家书屋、五保户公寓等，开展“1+N”模式社区综合服务，为孤寡老人、贫困老人等提供服务。实现全村绿化覆盖率90%以上，道路硬化率100%，清洁能源普及率80%以上，水电路气全通，幼有所教，老有所养。同时因地制宜调整农业产业结构，依托茶叶、蔬菜、优质稻三大产业，建成153.33公顷高标准生态有机茶园、66.67公顷无公害蔬菜基地、66.67公顷高档优质稻示范区，实现村组固定基地收入200万元；金龙铸造集团、金井茶厂等知名民营企业在内5家驻村企业为本村提供了663个就业岗位。村支两委推行月核心工作法，即村级每月根据实际，推行一项群众关注度高、乐于参与的核心工作，如一月迎新春活动、三月学雷锋活动、五月村级运动会；引导村民建立威风锣鼓队、篮球队；开展道德模范评选，张贴“好人榜”和“善行义举榜”；开展十星级文明户、五好家庭、卫生标准户等评选；开展志愿者服务，现有志愿者200余名。2月，获评第四届全国文明村。

【李微微率队调研长沙县非公有制茶业企业】 6月12日，省委常委、统战部部长李微微率队到长沙县，实地考察部分非公有制茶业企业，并就非公茶业企业参与现代农业建设情况开展调研。省委统战部副部长、省工商联党组书记汤新华，市委常委、统战部长文树勋，长沙县委书记、长沙经开区党工委书记杨懿文，县委副书记吴新伟，县委常委、组织部部长、统战部部长沈光陪同调研。李微微一行先后考察金井茶业有限公司惠农村茶叶基地、湘丰茶业集团飞跃有机茶基地，并参观湘丰机械茶机事业部茶机制造车间。李微微指出，茶叶是湖南优势产业、特色产业。在产业整合过程中，要支持培育一批龙头企业，将产业做大做强做优。要把“互联网+”思维运用到茶叶种植、加工、销售等环节中来，消费者通过扫描二维码，便能追根溯源，一目了然地看到茶叶相关信息。李微微强调，长沙县茶业产业要进一步提升规划，创新理念，按照更高标准建设艺术化茶园。要整合发展资源，加大宣传力度，落实政策支持，建设精品的茶乡小镇，形成新的亮点、新的品牌、新的形象，将其打造成湖南的一张“新名片”。

（侯芳芳）

开慧镇

【概况】 2015年，全镇完成财税总收入432万元，占年计划的120%，完成固定资产总投资24亿元，为年计划的100%，完成规模以上工业总产值3.4亿元，占年计划的100%，白沙片区完成财税总收入479万元，占年计划的117%，规模工业总产值1.58亿元，完成目标任务的122%，完成固定资产投资1.7亿元，占目标任务的108%。

项目建设。全年开工项目35个，完成投资7.5亿元。华星直升机起降点获批国家二类通用机场。实泰物流商贸综合体启动整体招商，和通超市成功进驻并正式对外营业，成为辐射长沙县北部及平江、汨罗地区的购物场所。板仓民俗商业街改造工程完成，传统手工艺展示与体验、土特产与创意礼品、乡村特色餐饮与休闲等商铺开张营业，有效带动人气和商业氛围。双冲生态公园、喻家洞民宿点等乡村旅游景观项目顺利完工。汉硕文化教育产业园、粮食集团板仓国际水稻文化产业园、铁皮石斛种植基地、联想金沃蓝莓种植基地、大明湖生态湿地公园、麻林河白沙河段改造等项目有序推进。

产业发展。坚持乡村旅游、现代农业、休闲观光、养老养生、文化教育、商贸流通为主导产业发展格局。板仓国际露营基地成为省、市知名度较高的休闲度假基地。2015年，全镇接待游客近200万人次，旅游直接收入逾1亿元。依托533.33公顷小水果产业基地，举办赏花节、品果节，打破了传统经营交易瓶颈。全年水果产业收入600余万元，解决就业1100余人次。依托杨开慧故里、缪伯英故居等红色文化资源，举办潇湘红色露天电影节、《英雄之恋》电影发布会，不断丰富红色旅游内涵，提升板仓小镇知名度和美誉度。依托长沙县打造北部农村创客平台契机，承接举办全国首个以乡村为主题创客大会，迈出该镇搭建创客平台重要一步。抓好游客服务中心、停车场、标识标牌、绿化亮化、公共洗手间等配套设施建设，推进乡村旅游设施标准化、服务规范化、要素特色化。

环境改善。拆除养殖栏舍660户，面积13.1万平方米。落实12个村农村环境连片整治推进项目。完成658户改水改厕任务。推广绿狐尾藻生态湿地为技术关键养殖废水治理模式，建成桃源新村、锡福村等20处人工湿地，在黄兴大道北沿线打造33.33公顷人工湿地公园。在锡福村打造零碳生态小区景点，完成太阳能光伏发电、节能路灯安装、太阳能热水器安装、垃圾好氧堆肥处理、生活污水人工湿地处理等项目建设，率先创建“零碳村”。打造农园生产、休闲观光模式为主慧润会所、双冲村生态公园、曾家坊村樱花园等生态示范基地。双冲

村获评“长沙市两型创建单位”，李家山社区大屋组、锡福村喻家洞组成功创建县级生态文明示范点。

社会民生。开展春耕春种、重金属治污、森林防火、冬种冬修、动物防疫等工作，确保农业生产安全。做好土地确权工作，完成全镇9953户实地指界。加强农田水利设施建设，完成山塘整修、山塘清淤扩容262处。落实“一事一议”财政奖补项目15个。建成中心小学食堂礼堂综合楼、开慧中学学生宿舍楼，启动双华小学宿舍食堂一体综合楼建设。板仓中心幼儿园与湖南第一师范合作办学，被定为湖南省学前教育国培参观示范园。镇卫生院整体搬迁至葛家山集镇，推进计生优质服务，发放奖扶资金62万余元，破获长沙县首例整治“两非”案件。全年发放低保救助金430余万元，发放社会保障“一卡通”24503张。新增城镇就业人员378人，新增农村富余劳动力转移人员675人。328户危房改造援建户顺利竣工。落实精准扶贫工作，完成全镇610户1146人摸底识别工作，通过党员干部组团式结对服务，帮助群众解决问题100余个。新建5000平方米板仓全民健身中心，门球场、篮球场、羽毛球场及乒乓球场全天候免费开放，5人制足球场预约制开放。举办“纪念抗日战争暨世界反法西斯战争胜利70周年”演讲（朗诵）比赛、广场舞、农民趣味运动会等活动20余场。

社会稳定。全年检查各类生产经营单位100余次，约谈单位负责人30余人次，整改各类事故隐患10多条，保持安全生产、食品安全零事故。加强司法调解，调处各类纠纷184起，成功率100%。加大“六五”普法和综治培训力度，提升群众法律意识。保障群众财产安全，为4705户居民购买治安保险。

【新开慧镇挂牌成立】 11月，根据省委、市委、县委有关规定，开慧镇与白沙镇合并为新开慧镇，根据上级有关规定，建立健全18个办事机构，分别为党建办、党政办、财政所、农办、社会事务办、计生办、招商办、旅游办、综治办、生态办、“三资”管理中心、征拆部、食安监中心、美丽乡村建设办、集镇办、城建投、便民服务中心、征拆办，为全镇经济和社会事业发展提供了组织机构保障。

【板仓社区服务中心建成】 2005年，板仓社区居委会成立，成立后一直租赁场地办公，服务设施条件差，不适应发展要求。为解决这一问题，于2014年由镇政府以开发〔2014〕54号上行文件报县委组织部批准，同意新建开慧镇板仓社区服务中心。总投资115万元，占地面积483.3平方米，建筑面积一层254.8平方米，二层241.1平方米，施工方式采用“自选、自建、自管、自用”模式，服务中心集办公、会议、接待、娱乐、宣传各项功能于一体，为社区发展创造有利条件。

【举办世界创客大会】 10月19日至21日，2015年世界创客大会·开慧论坛在开慧镇举行，国内外友人在开慧镇欢聚一堂，共商创客创业发展大计。板仓国际露营基地获评全国十大乡村旅游创客示范基地。

【双冲村获评“全国特色景观名村”称号】 双冲村木鱼神共有居民45户，175人，耕地面积38.67公顷，以传统农业为主，凭借优美环境和特色景观，双冲村获评2015年“全国特色景观旅游名村”荣誉称号。

【板仓棋苑建成】 板仓棋苑位于开慧镇斯洛特湖旁，工程项目由湖南松雅建设工程有限公司承建，2月11日立项，4月15日开建，5月30日竣工，总投资22.4万元。项目建成后，成为斯洛特湖周边又一道亮丽风景线，为人们在小镇休闲、观光提供一个好去处，为小镇整体形象增加靓色。

【电影《英雄之恋》开机】 5月10日电影《英雄之恋》剧组成立暨合拍签约仪式在飘峰山村枫树湾缪伯英故居举行。《英雄之恋》影视剧是讲述中

9月26日，和通连锁超市开慧旗舰店开业　　（祖舟馨子　摄）

国共产党第一位女共产党员缪伯英烈士与中国共产党创始人之一何孟雄烈士在战斗中接受血与火洗礼的浪漫爱情，再现缪伯英、何孟雄夫妇英雄故事。《英雄之恋》拍摄，由原中国人民银行长沙中心支行行长缪曼聪发起，由湖南扬名文化传播公司、湖南和光传媒有限公司，北京橙天嘉禾影视制作公司强强联手，由著名导演嘉娜·沙哈提执导。湖南省人大常委会副主任陈君文、中共湖南省委原副书记文选德等省、市、县有关领导参加开拍仪式，并对《英雄之恋》拍摄工作寄予厚望。

【和通连锁超市开慧旗舰店落地开业】 9 月 26 日和通超市正式开业，为开慧人民及周边乡镇广大群众购物提供便利，完善配套设施。

【全民健身中心竣工】 2015 年，开慧镇启动全民健身中心建设工程，地处镇文化站旁，总面积 0.5 公顷，总投资 150 万元，9 月底竣工投入使用。建设内容坚持文化站核心，主要含室外塑胶篮球场、室外羽毛球场、室内（外）乒乓球场、门球场、室外 5 人制足球场、室外观众看台区、室外健身路径设施、室内器械健身房、室内健身操房、室内棋牌室，室内台球厅，接待区等建设内容。

【雒树刚到开慧调研】 4 月 26 日，中央文化部雒树刚部长一行到开慧镇调研农村群众文化工作，视察开慧镇文化站、葛家山村文化活动中心、杨开慧纪念馆。雒树刚部长对开慧公共文化服务体系建设给予了充分肯定，并对开慧镇文化事业发展寄予希望。参加调研视察的有文化部副部长董伟，

4 月 26 日，文化部部长雒树刚（前排左四）一行到开慧镇调研农村群众文化工作（祖舟馨子 摄）

省委宣传部部长许又声、省文化厅厅长李辉及省、市、县有关领导共 60 余人。（吴光明）

福临镇

【概况】 2015 年，全镇实现生产总值 19.9 亿元，增长 15.6%；固定资产投资 2.82 亿元，增长 28%；居民人均可支配收入 17639 元，增长 16%。制定《福临镇拆除规模生猪养殖栏舍、复耕复绿工作方案》，全年共拆除 1010 户规模养殖户栏舍共 26 万平方米，清除河道常年淤积粪渣垃圾，抓好麻林河中小河道治理整修和山塘水库提质扩容，新建占地 10.15 公顷 2 处（白马桥、同心）大型净化水质人工湿地，全年水利投入达 5245 万元。完成影珠山上山公路和菖马公路提质改造工程，新建村组道路 20.5 千米，新增入户生态路 8.5 千米。集镇人行道、后街、弱电杆线下地、污水管网等城乡环境综合改造工程基本竣工，省道 S323 和 S319 福临段路网交通建设项目顺利推进。打造开物村、西冲村富硒稻米基地 133.33 公顷，创办新兴专业合作社 92 家，农业科技公司 82 家，农业综合开发投入 2200 余万元。全年新农保缴费人数 1.282 万人，规范低保办理流程，保障困难群众 1073 人次，发放医疗救助金、临时救助金、助学金等 85.36 万元，惠及 297 人，完成残疾人护理补贴申报 293 人，发放残疾证 16 本；新增奖扶对象 66 个，特扶对象 4 个；推进棚户区改造及农民集中居住区改建工程，全年改造危房 104 户。开展打非治违行动 6 次，取缔无证经营商铺 28 家，收缴、销毁烟花鞭炮 300 余件。完成蔬菜农业残留检测 325 批次，检测合格率达 100%。全面推行“阳光信访”，拓宽群众诉求渠道，妥善解决群众合理诉求。引导支持村民自治，福临铺社区等 2 个村（社区）成功申报村民自治示范项目。完善人民调解三级平台建设，调处各类矛盾纠纷 87 起，调处成功率 100%。

【文化建设】 一是坚持文化旅游创品牌发展理念，以影珠山风景区独特自然景观和文化内涵为依托，构建“生态美镇、文化新镇、旅游名镇”，将影珠山打造成为“抗战名山、养生福地”。完成影珠山抗战遗址文化公园一期工程，启动抗战遗址文化公园核

9月2日，影珠山抗战遗址文化公园正式开园　　（福临镇　提供）

心景观续建工程（二期），全面实现旅游业向生态化、品牌化、特色化发展。深入挖掘影珠山抗战文化和传统文化内涵，主打文化旅游特色。二是完善文化基础设施。建成福临镇综合文化站，形成“全覆盖网络、多功能阵地、重参与的活动、人性化的管理”等特色。2015年，福临镇综合文化站获评全国优秀文化站荣誉，成为湖南省唯一获此殊荣文化站。

【影珠山抗战遗址文化公园】 9月2日，举国上下隆重纪念抗战胜利70周年之际，影珠山抗战遗址文化公园正式开园。　（王　柳）

青山铺镇

【概况】 2015年，青山铺镇党委、政府团结带领全镇人民，主动适应新常态，积极谋求新发展，全年实现财政总收入161万元，较上年增长2.5%；规模工业总产值1.35亿元，增长5.7%；固定资产投资3.158亿元，增长19%；农林牧渔业总产值3.16亿元，增长7.3 %；招商引资实际到位资金1380万元，增长10 %；农民（居民）人均可支配收入20400元，增长14%。

【项目建设】 确定18个预算总投资1.4亿元基础设施和产业发展项目，京珠高速公路连接线拓改二期、107国道提质改造、集镇三期棚户区改造、深远路道路综合整治等一大批重点项目顺利竣工。积极推进临汨罗产业园45.7公顷土地利用修编及G107青山铺至黄兴大道连接线项目拆迁工作。开通灰埠—青山铺城乡公交线路，实现青山铺至北山、开慧、路口、高桥等地公交直达，交通枢纽地位进一步凸显。推进梅数、洪河万亩粮食高产基地创建及双季稻全程机械化“四双超”技术攻关项目，投入资金1890万元和450万元分别实施农开项目和粮食产能项目建设。大力实施重金属污染治理，深翻耕农田417.7公顷、生石灰撒施1740吨、低镉品种推广48吨、有机肥施用965吨。完成农村土地确权颁证前期工作。培训技农1800多名，培育8名新型职业农民主体。完成山塘整治82处，加固沟渠、小型河道7处，河道清污扫障15千米，机埠改造3处。35千伏变电站即将竣工，群众用电将得到有效保障。

【招商引资】 举办大型葡萄节会，引导葡萄产业园对接市场主动招商搞好营销，以曙光山城、七鑫农庄为代表的葡萄产业发展壮大。支持和鼓励农民专业合作经济组织发展，现代农庄、特色种植和水产养殖蓬勃发展。对接汨罗产业园需求，一批餐饮娱乐、商贸连锁、金融服务等与生产生活配套的品牌企业陆续入驻，镇域业态日趋丰富。编制旅游发展规划，完善旅游标识标牌，加快天华山景区打造，刘少奇天华调查纪念馆知名度大幅提升，旅游产业发展加快。全镇产业结构明显优化，发展活力不断激发。

【公共服务】 完成市首批城乡居民低保一体化试点乡镇工作，被确定为全市农村“五保户”中的有女户变低保户改革试点先行单位。承办市人社局“服务群众，促进就业”专场招聘会，开展为期7天的创业培训，促进富余劳动力转移。各村均举办村级文化艺术节，文化事业蓬勃发展。高度重视计生工作，计生率、免费孕前优生检查覆盖率排名全县前列。全面完成农村义务教育学校标准化建设，公共卫生服务水平进一步提升，老百姓切实享受到了实实在在优惠。开展禽畜污染治理，全镇358户农户拆除生猪养殖栏舍77966平方米，发放补助金额796.8万元；大力推进美丽乡村试点工作，实现生态环境持续好转，人民群众生活质量明显提高。

【社会稳定】 开展矛盾纠纷大排查，推进治安巡防常态化，落实“天网工程”，严密防范和依法打击各类违法犯罪行为，全镇发案率明显降低。创新开展“平安三星”推选工作，平安创建成效明显。落实安全生产的地方责任和领导责任，投入40多万元新建安全生产主题文化公园，党政领导每月亲自带队开展安全生产和食品安全大检查、大整治，严肃查处安全生产和食品安全领域非法、违法行为，清除整顿安全隐患点58个，全镇未发生一起安全生产和食品安全事故，安全生产形势持续稳定，成功创建市级标准化安监站，人民群众的安全感持续提升。

8月28日，青山铺镇参加纪念中国人民抗日战争暨世界反法西斯战争胜利70周年歌咏比赛总决赛　（青山铺镇　提供）

【王忠斌一行到青山铺镇调研】 4月22日下午，长沙警备区司令员王忠斌一行到青山铺镇调研基层武装部建设和民兵整组工作，长沙县人民武装部部长陈晓成，政委刘立如陪同。王忠斌一行先后到青山铺镇人民武装部办公室、资料室、民兵器材室、国防教育室，查看民兵整组资料、战备动员方案，亲自点验民兵应急分队，并召开党委和专武干部座谈会，听取该镇经济建设成果和人民武装部建设情况，对青山铺镇党委政府高度重视武装工作给予了高度评价。王忠斌强调，民兵是脱产群众武装组织，是中国人民解放军助手和后备力量。党委、政府、人民武装部要始终把作风建设作为党委班子建设重点，不断激发干部职工立足本职自觉奉献积极性、主动性和创造性。要始终坚持立足战时、抓好平时思路，把应急处突、抢险救灾等内容练强练实，为维护社会稳定和促进经济发展奠定坚实基础。要始终抓好制度落实，通过兵源信息共享和民兵任务互通，落实好18-35岁民兵编排和组训工作，把战备、训练、日常管理落实好规范好。

【程水泉一行到青山铺镇调研村级集体经济发展情况】 5月28日，市委常委、组织部部长程水泉一行到青山铺镇调研村级集体经济发展情况。程水泉先后到梅数村、青山村，认真了解村级集体经济发展、村级组织运转保障、村干部待遇和基层群众诉求等情况，并在青山村组织召开座谈会。座谈会上，程水泉认真听取长沙县委、青山铺镇党委、县直部分单位、部分村支部书记关于村级集体经济发展情况汇报后，积极评价长沙县在发展村级集体经济方面所做探索和取得实效。同时指出，发展村级集体经济，一要突出科学发展，从本地实际出发，利用本地资源，分类指导、因地制宜，做到不破坏环境、不浪费资源；二要突出政府引导、市场主导，充分发挥各级财政资金的引导作用，用市场的理念、办法发展村级集体经济；三要突出培育经济主体，在集体经济发展不同阶段，要采取与之相适应多样化经营模式，大力培育专业合作社等市场组织和主体；四要突出人才和政策保障性支撑，要以积极、稳妥、科学的态度推进全市村级集体经济发展。

【世界反法西斯战争胜利70周年歌咏比赛】 8月28日下午，由中共长沙县委、县人民政府主办“爱我中华—放飞梦想”长沙县纪念中国人民抗日战争暨世界反法西斯战争胜利七十周年歌咏比赛总决赛在星沙开源大剧院举行。青山铺镇积极参加比赛，在各村（居）、机关单位、企业等选拔出歌唱爱好者组成98人合唱团，党政主要负责人带头参与活动，以小组第一好成绩顺利晋级决赛。最终取得9.814分的好成绩，荣获二等奖。

【胡衡华一行到青山铺镇进行调研】 9月9日上午，长沙市委副书记、市长胡衡华率队到青山铺镇进行调研，市政府秘书长谭勇陪同、区县领导杨懿文、李科明、张庆红、吴新伟、王国良、黄梁、李开兴等参加调研。在青山铺镇青洪湖文化公园，镇党委书记孟立祥就该镇努力建设长沙县北部门户特色小镇工作情况做简要汇报，胡衡华一行绕青洪湖一圈，详细查看公园建设情况，并对该镇工作给予了充分肯定。自青洪湖文化公园（一期）建成以来，吸引远近居民前来散步、跳广场舞、打太极拳等，为居民休闲、休息、观光、娱乐提供好去处；同时，镇村以文化公园平台，举行一月一专场演出暨各村村级文化艺术节，极大丰富群众精神文化生活，提升集镇品位和形象，加速青山铺镇北部门户特色小镇建设步伐。

9月9日上午，长沙市委副书记、市长胡衡华（左四）率队到青山铺镇青洪湖进行调研
（青山铺镇 提供）

【率先在全县举行200万元以下投资项目公开招标】 10月30日，青山铺镇举行青山铺镇梅数村特色集镇建设项目简易招标，该项目合理定价为1919749.87元，有32家建设单位参与投标,经评标委员会资质审定合格，通过两轮抽签，最终确定三家中标候选法人。此次项目招标，是青山铺镇政府根据《长沙县政府办关于规范政府投资建设工程招标有关事项的通知》（长县政办函〔2015〕68号）的相关规定，首次对政府投资建设工程施工单价合同估算价在200万元以下项目进行公开招标，确保项目招标公开、公平、公正。依据长沙县政府关于政府投资项目管理办法等文件精神，青山铺镇率先全县研究制定《青山铺镇政府投资项目招标实施办法（试行）》，坚持"公开招标是常态、确定队伍是特例"原则，政府投资项目按"三重一大"事项进行集体决策，切实规范简易招标的程序和要求。同时，建立"三重一大"事项民主决策备案表，报镇纪委备案。据悉，青山铺镇政府举行此次200万元以下政府投资项目公开招标在全县镇级单位尚属首例。

【袁建尧到青山铺政务服务中心调研】 12月30日，湖南省人民政府省长助理袁建尧一行到青山铺镇调研政务服务中心建设工作。按照上级标准化建设要求，该镇新建政务服务中心由原来的35平方米增加到110平方米，服务窗口由4个增设为10个，工作人员增为11人，集中为群众提供近40项便民服务。袁建尧在该镇政务中心调研过程中，详尽询问民政窗口工作人员青山铺镇养老保险参保情况及养老保险转移问题。随后，工作人员还就群众普遍关注城职城居两个养老保险之间衔接问题向领导作反映，省市领导表示此政策为过渡性情况，将会逐步改善。 （胡 甜）

安沙镇

【概况】 2015年，安沙镇围绕"依托高校、创新升级，南商北农、南城北镇，统筹城乡、构建和谐"目标，精心谋划，扎实工作。全年完成财税总收入1.12亿元，完成基础税源收入5321万元，同比增长28.1%；实现地方一般预算收入1842万元，同比增长43.8%。全年完成规模工业(2000万元以上)总产值16.88亿元，同比增长20.45%；完成全社会固定资产投资36.37亿元，同比增长25.8%；完成社会零售品销售总额3.3亿元，同比增长23%；完成市外境内到位资金7.28亿元，同比增长75.7%。

三农工作。完成农田高产创建，重金属污染治理、"三项补贴"发放、土地确权以及武广高铁沿线景观绿化等工作；开展重大病虫集中统防统治，实现全镇6100公顷水稻投保全覆盖。成立镇农民文化技术学校，开设农民文化技术培训课21次，培训人数2600人。花卉苗木、瓜果蔬菜等特色农业发展良好，天艺生态农庄、千惠农庄、紫慧农庄等现代农业项目逐步壮大，新景园食品、湘蕈食用菌农业企业产值逐步增长。积极争取上级水利资金近2亿元，如新建水渡河闸坝投资1.3亿元、浔龙河治理项目投资2800万元、半边街撇洪渠师院段改造工程投资1100万元等。认真做好农村公路项目铺排建设，完成道路硬化33.3千米，路容路貌提质改造25.2千米，生态路建设5.7千米，公路日常养护80余千米等。

重点项目。全年共推进项目建设12个，完成腾地面积91公顷，协议拆迁228户。完成信息学院三期用地、万家丽北路与绕城高速公路互通项目、纬七路、春建小学等6个项目房屋拆迁，县固体废弃物处理场搬迁2期进展顺利，恒广国际物流园、安沙国际建材城一期即将开业运营。引进凯泽园湖湘书画庭苑建设项目、长沙县城乡废弃物资源利用低碳产业园、青松老年公寓（二期）等3个项目。

新区建设。全面启动《安沙镇总体规划（2015—2035）编制及星沙城北新区城市设计》修编工作，并同步启动星沙城北新区详细性规划和城市设计。稳步推进将毛塘片区析置为水渡河街道的工作。新区"两路一桥"(物流大道二期、香堤北路、捞刀河大桥)建设全面启动，采用PPP建设模式，前期工作基本完成；新区纬三路一期全面完工；新区智慧城市PPP项目正在按计划筹备。

基础设施。全面完成G107安沙—青山铺段提质改造项目、唐田集镇综合改造工程一期、唐田集镇改造工程二期、鼎功桥集镇综合整治、G107水塘垸、龙华段92缝房屋立面、前坪改造工程等多个城乡一体化项目。统筹推进门前三包、店外经营、交通秩序等重点工程，数字化城管平台投入运行，镇容镇貌焕然一新，并通过市级绿色集镇验收。严厉打击违建、抢建，对新增违法建筑做到"发现一起，查处一起，拆除一起"，做到以控为主，控拆并举。2015年，拆除违法建筑56处17034平方米，其中包括控违新增拆除面积2623平方米，集体土地拆除12607平方米，国有土地拆除4427平方米，自行整改800平方米。强化设施配套，完成7个村级环保硬件设施配套。全力推进生猪栏舍拆除、垃圾分类减量等工作，环境卫生不断改善。充分调动村民积极性，突出示范点的示范作用，打造2个县级美丽乡村示范村，12个镇级美丽乡村示范组。

民生事业。全镇共有854户1930人享受农村低保，29户44人享受城镇低保。全年完成148户农村危房援建，援建金额392万元。新增城镇就业560人，新增农村劳动力转移400人，为2.98万人发放社会保障卡。全镇符合政策生育率92.88%，连续14年保持市优秀和县红旗单位光荣称号。投资1600万元对唐田中学等4所中小学进行提质改造，教学条件大大改善。大力提升公共卫生服务水平，代表长沙县成功迎接慢性病综合防控示范县创建工作省级验收，县对镇卫生工作绩效考核名列前茅，连续4年获评县无偿献血先进单位称号。举办一系列大型文体活动，组织各类艺术团体演出60余次。全镇23个村社区共有19个村和2个村民组举办文化艺术节。11月，安沙综合文化服务中心被评为"第六届全国服务农民服务基层文化建设先进集体"。

社会和谐。全镇共调处纠纷374起，调处成功率92%；深入推进巡逻防控，刑事发案率同比下降30%。"村村响"广播建设全面完成，覆盖全镇。乐和乡村建设、村民自治、村民议事会、群众工作等均得到有效开展，构建起全民共建共治氛围。完善领导干部安全生产"一岗双责"等各项工作制度，构建"党政同责、一岗双责、齐抓共管"工作机制。开展"春雷""霹雳""四小整规""飓风""百日利剑"等联合检查、集中整治行动，实现安全监管新常态和安全生产，食品安全事故零发生。

【水渡河街道析置工作】 7月14日，长沙县委常委会正式研究并同意启动安沙镇析置水渡河街道工作，成立筹备工作领导小组对安沙镇进行现场指导。对拟纳入水渡河街道的8个村(社区)开展调查走访。村组向县政府统一提交析置街道申请，在综合县委决策、安沙总体规划以及安沙镇历史沿革等因素后，安沙镇析置水渡河街道筹备方案及区划图顺利出台，并得到省、市民政部门初步认可。（赵　青）

【"送文化下乡"活动】 2月7日上午，省文联组织省内书法名家在安沙镇举办"送文化下乡"活动。活动由省文联、省书法家协会、长沙县人民政府主办，安沙镇承办。湖南省文联主席谭仲池，湖南省文联党组副书记、副主席夏义生，省书法家协会驻会副主席陈羲明，省书协12位书法艺术家出席本次活动，县委常委、宣传部部长彭勇以及安沙镇党委书记朱忠良、镇长李洪等参加此次活动。（陈志群）

【第二届"安沙杯"职工篮球赛】 5月20日下午，由安沙镇人民政府、安沙镇工会联合会、安沙镇商会联合主办第二届"安沙杯"职工篮球赛在镇综合文化站举行开幕式，安沙镇商会会长杨新远致开幕词，安沙镇党委副书记、安沙镇人民政府镇长李洪宣布篮球赛开幕。本届"安沙杯"篮球赛吸引镇内机关、企事业单位12支代表队参赛。经过四节比赛的拼杀，最终镇机关代表队以44∶34获胜。

（邹雨迎）

【长沙县首家粮食银行在安沙镇成立】 2015年，长沙县首家粮食银行——长沙哲农粮食银行在安沙镇成立，正式启动代民储粮、农户和企业双盈利新模式。粮食银行成立后，农户可以选择将粮食定期或活期存进银行，定期利息12分/千克/年，活期利息9.6分/千克/年。针对不少农民缺乏用药、施肥等技术的情况，银行可免费派专业技术人员实地指导。"粮食银行"则在粮食市场流动和周转中获得增值效益。长沙哲农粮食银行在全县有4个网点，分别位于安沙镇白塔村、和平村，黄花镇龙湖村及果园镇金江新村。有500余名农户在粮食银行办存折，存粮1000余吨。（赵　青）

8月13日，詹鸣（中）到安沙镇调研计生工作　（冯玲 摄）

【詹鸣到安沙镇调研计生工作】 8月13日上午，省卫计委党组书记、副主任詹鸣一行到安沙镇开展计生专项调研，市政府副市长何寄华、县委副书记吴新伟等市、县领导以及市卫计委、县计生局等主要领导陪同调研，安沙镇党委书记朱忠良、镇计生干部以及部分村（社区）计生专干、企业代表参加调研座谈。詹鸣一行参观安沙镇政务大厅计生窗口、镇计生服务所，随后召开座谈会。会上，县委副书记吴新伟、镇党委书记朱忠良分别汇报长沙县、安沙镇计生工作开展情况，并就工作中存在难点和问题提出意见和建议。詹鸣肯定长沙县、安沙镇计生工作取得的成绩，并就当前基层计生工作提出以下要求：一是机构改革要抓紧，卫计合并要尽快按要求到位；二是基层基础管理工作要抓好，机构改革不能影响正常工作；三是利益导向工作要推进，尤其是要做好失独家庭的稳定工作；四是不提倡鼓励政策内放弃再生育，减少独生子女家庭风险。　（冯　玲）

【安沙国际建材城】 11月15日，安沙国际建材城正式开盘。项目位于万家丽北路与北三环交会处，总规划面积100公顷，建筑总面积200万平方米，预计总投资100亿元以上。一期占地面积26.67公顷，建筑面积50万平方米，集交易、展示、物流配送等功能于一体，将传统门面经营转变为大型会展模式。安沙国际建材城是由湖南省福建总商会、长沙市泉州商会、长沙南安商会等多家会员企业携手共同投资开发，是全国600多家闽籍商会助推转型升级、创新引领、互联互通的大数据项目，是大众创业、万众创新电商孵化基地。　（胡　珑）

【获评“第六届全国服务农民服务基层文化先进集体”】 11月，安沙镇综合文化服务中心获评“第六届全国服务农民服务基层文化先进集体”。该项评选活动由中宣部、文化部、国家新闻出版广电总局联合开展。安沙镇综合文化服务中心坚持让公共文化服务深入农村、服务农民理念，致力于提供群众在家门口就能享受到的优质文化服务。采取干部组织、志愿者服务、群众参与的创新工作模式，每年组织各类群文活动多达60余场次，参与群众达5万人次。使群文工作深得老百姓的喜爱，也成为党委、政府弘扬正能量好平台。　（王　玲）

【青松老年公寓获评“全国先进社会组织”奖项】 2015年12月，青松老年公寓获得民政部颁发“全国先进社会组织”奖项，这是继中共中央组织部颁发“全国创先争优先进基层党支部”后，青松再一次获得国家级大奖。公寓作为一家民办非企业单位，坚持党管公寓，福利办院，以亲情化服务为重点，把社会效益最大化。（鲁　漪）

【袁建尧到安沙镇调研政务服务中心建设工作】 12月30日，湖南省人民政府党组成员、省长助理袁建尧一行到安沙镇调研政务服务中心建设工作。在考察中，袁建尧肯定安沙镇政务服务中心标准化建设工作，并表示安沙镇政务服务中心“部门指导业务、人员中心管理”管理模式、窗口人员AB岗模式和微信公众服务号预约服务模式可作为服务群众经验在全省推广。　（彭　甜）

【陈中到安沙镇调研农业农村工作】 12月31日，长沙市人民政府副市长、岳麓区委书记陈中一行到安沙镇调研农业农村工作。陈中一行首先到广联生猪交易市场，参观该交易市场各个运行环节，陈中叮嘱项目负责人一定要切实抓好食品安全，保障老百姓吃上放心肉。随后到安沙镇美丽乡村示范村白塔村进行调研。　（向　阳）

北山镇

【概况】 2015年，全镇完成财政收入870万元，地方一般预算收入329万元；完成规模工业总产值7.14亿元，固定资产投资19.39亿元；完成招商引资市外到位资金7543.1万元。引进利永包装、顶立科技、长大新能源和长大热能厨具等工业企业，前期建设投入5000万元。引进长沙市园林绿化公司开发建设北山精品园林基地一期，全年实现投入3000万元。全年政府投资项目25个，总投资12.272亿元。硬化村级公路29千米，完成“民办公助”小农水项目207处，机耕道建设15处，X037、X038线提质改造全部完成，基础设施进一步完善。北山大道全线通车，长青线开福区段正在建设当中；金山大道建设进展顺利，北山大道北延、北横线等在筹备当中。开展耕地污染修复治理工作，北山镇重金属污染耕地达标生产区1653.33公顷，管控生产区1520公顷，中度双超区243.33公顷。通过撒播生石灰、深翻耕、叶面肥、水分管理、种植水稻VIP+n、饲料桑、速生草等方式，进行耕地修复治理。推进农村环境综合整治，全年共投入285.76万元进行环境治理及生态建设。全年拆除396户生猪养殖栏舍，面积9.5万平方米。拆除违章建筑119800平方米，实现57家麻石锯台全部自拆完毕。完成公共饮用水源保护19处，发放户用垃圾桶8224个，垃圾处置池2174座，修建垃圾池26座，垃圾回收站6座，改造成为卫生厕所200座。全年北山镇教育建设资金投入达3000余万元，新建青竹小学附属幼儿园，对合新小学、高兴小学、蒿塘中学、石常中学进行改扩建。全年免费为4710位老年人进行健康体检，为2999名育龄妇女开展妇女病普查，全镇0~6岁儿童保健管理2584人，保健管理率达95%。全年组织各类大中型群众性文化活动12次，220个流媒体广播全部投入使用。全镇新农保参保率100%，新农合覆盖率100%，发放各类救济款2000余万元，危房改造210户，春节慰问群众1391人，发放慰问金150.2万元，敬老院改扩建二期工程正在建设当中。全年排查矛盾纠纷854起，无进京上访、群体性、民转刑事件。完成免费孕前优生健康检查468人，奖扶总金额达193.392万元，居全县首位。1月17日，中央电视台中文国际频道《远方的家》栏目组，到北山镇采风报道，在CCTV-4《远方的家——江河万里行》之湘江系列节目中播出，在省内外起到了积极宣传效应。在《湖南日报》发表专题报道《美自北山来》，对北山人文之美、生态之美、发展之美、和谐之美进行全方位宣传。

省委常委、市委书记易炼红调研长沙危险废物处置中心项目（王小益 摄）

【长沙市危废物处置中心试运行】 8月28日，省委常委、市委书记易炼红一行到长沙市危险废物处置中心现场调研。该镇致力于打造“环境零风险”项目，采取“专业监管+群众监督”模式，对项目建设情况进行全程监管。实时环境监测，收集相关排放数据，并将监测结果每月向群众监督委员会及北山镇人民政府进行通报。推进项目建设，打造北山新城。对800~1500米防护区内土地进行流转，建设北山精品园林基地，项目推进顺利，一期工程全部完工。北山大道全线通车，金山大道预计2016年10月份竣工，产业园在制定详规，配套新建中心小学、卫生院、派出所、文化广场等，将安置小区规划建设成为现代化宜居新城。

【北山大道全面通车】 北山大道起于开福区沙坪街道钟石村与该镇金星村交界的沙塘附近，横跨金星、蒿塘、福安、官桥、荣合桥5个村（社区），止于北山镇官桥村敏家塘组，全线长约8.16千米，其中开福区近2千米，北山镇境内6千米多，道路按城市次干道标准设计，路幅宽26米，双向四车道，时速50千米/小时，项目总投资约2.6亿元，2014年10月20日拉通全线路基，2016年1月22日实现全面通车。

【开通北山至安沙公交线路】 11月27日，开通安沙镇到北山镇（星通12路）公交。该线路一共设有19个站，单程18千米，6台新开通公交车采用7.7米长城市空调客车。公交线路开通，标志该镇群众城乡一体化提速。

（王小益）

星沙街道

【概况】2015年，星沙街道全年实现财政总收入6.5亿元，比上年增长20.37%；完成地方一般预算收入1.3亿元，比上年增长30%；完成基础税源收入6.1亿元，比上年增长41.2%。完成规模工业产值6.4亿元，完成全年任务的101.6%，比上年增长31.9%；全社会固定资产投资（固投）54.69亿元，完成全年任务的109.4%，比上年增长25%；全社会消费品零售总额31.01亿元，完成全年任务的100%，比上年增长10.7%。招商引资引进内资6.02亿元，完成全年任务的122.1%，比上年增长103.1%；引进外资2002万美元，完成全年任务的105.9%，比上年增长15.5%；外贸进出口总额3132万美元，完成全年任务的104.4%，比上年增长11%。城镇居民人均可支配收入45942元，比上年增长9.5%。

【项目建设】招引一批大企业、大集团、大项目落户，形成聚集效应。华润万象汇商业综合体正式营业，凉塘路城市综合体项目、友阿商业乐园提质改造项目等商业综合体建设项目有序推进，中国太平洋人寿保险南方基地建设、奥凯航空等总部经济项目和湘商鑫贸大楼、华润置地广场、蓝山郡写字楼等楼宇经济项目按计划进行。艺术职院及其周边三条道路、省基督教堂、县妇幼、县公安局、县法院、星沙文体中心、地铁3号线等重点工程和当代星沙MOMA项目、恒基三A期项目等房地产项目顺利推进。107国道城乡结合部环境综合整治工程完成项目整体进度的90%。旧城棚户区改造（1~6区提质改造）工程动工改造8栋房屋，完成年度投资计划的66%。特立路、星沙连接线、望仙路东延、宁华南路、东一路、板仓路、星城公园一期、生态公园二期等项目如期进行。基本完成一至六区、杉星宿舍、灰埠小区、商业乐园、商业步行街、开元鑫阁、文体市场、建材市场、茶叶市场、圆梦市场、城东和松雅第一轮维护。

【城市管理】拆除违法建筑49136平方米，投入81万元，基本完成望仙路与东三路东北角、特立路与东三路西北角、滨湖路与东四路西南角、特立路与东五路西北角、特立路与东五路东北角、特立路与东七路东北角、特立路与东七路西北角、特立路与东七路东南角共8块闲置地拆围透绿工作。开展“绿动积分计划”垃圾分类试点工作，在13个社区20个封闭式居民小区和2个事业单位推广“绿动积分计划”，共注册用户15800多户，回收可利用生活垃圾36吨。开展安全生产各项检查44次，检查生产经营单位2500余家，整改各类安全隐患500余处。组织开展安全生产宣教活动32场次，出动宣传车26天次，开展咨询日活动和应急演练各1次，制作安全宣传展板和横幅35条（块），发放自制校园和家庭安全知识宣传手册7万余份。创建安全生产标准化企业4家。同时，开展食品安全专项检查，共报送群众聚餐信息96条，报送日常巡查食品经营户和餐饮单位数1700余家，向职能部门提供食品安全线索22条，联合县商务卫生执法大队、工商部门检查学校、幼儿园62所，检查校园周边餐饮单位和食品流通单位300余家。督促各食品经营单位和餐饮单位办理健康证1053本、餐饮服务许可证213本、卫生许可证304本、食品流通许可证80本。检测具备农残检测设备的农贸市场4个、350批次、4755个样本，检测合格率99.8%。利用短信平台集中发送公众科学用药、健康生活相关信息5000余条，发放科普读本600余册。

【社会民生】创建县级规范化便民服务站的社区6个。杉仙岭、牛角冲和金牛湾3个社区新办公楼投入使用，开元路、凉塘路2个社区办公场地建设完成前期筹备事宜。杨梅冲社区引进湖南优家互联科技有限公司手机“优家园”APP，在阳光丽景小区和星邮小区试点，为居民提供社区政务信息、法律援助、物业管理等服务，创新社区治理与服务模式。率先全县引进“大同社会工作服务中心”，培育和孵化社会组织为社区居民服务。打造“时间银行”“公益联盟”“阳光驿站”“心理卸妆”等多个社区志愿服务品牌的基础上，积极创建市级“日间照料中心”、县级“居家养老示范社区”，市县级“绿色社区”、社区服务中心办公“一站式”、三星级明星社区，积极打造“一社区一品牌”。“六奖二免一干预”落实率100%。计划生育符合率94.19%。办理一孩证540本、独生子女证356本、再生育证238本，免费发放药具18300余人次、宣传资料25850余件，方便流动人口办证46本，流入人口孕检率达80%以上。

【社会稳定】星沙派出所共受理各类报警15298起，其中立刑事案件1347起，受理治安案件2700起，做纠纷调处4985起，其他处理6123起，共破获刑事案件245起，查处治安案件322起，调解治安案件399起，办理消防案件143起，刑拘以上打击处理192人（其中逮捕直诉158人），行政拘留379人，罚款168人。刑事发案方面，与2014年同期相比，刑事发案同比下降25%，矛盾调解率98%，城区各类案件呈明显下降趋势。

【数字化城管】 落实“最严城管”，全年共接收处理市平台案卷11155条、县平台5515条。共办结行政处罚案件350起，开展大型专项整治行动100余次、夜宵整治行动50余次；开展广告整治行动100余次，累计拆除户外广告600余块，计划外完成400余块，累计拆除面积4600余平方米。共查处渣土类案件23起，罚款26600元。街道在年度城市管理考核中排名第一。杨梅冲社区成功创建为全县首家市级“城市管理示范社区”，开元路社区被评为2015年市级“卫生示范社区”。

（宋 妙）

湘龙街道

【概况】 湘龙街道成立于2009年12月26日，位于长沙县县城西北部，东抵京珠高速，北临捞刀河。街道总面积22.63平方千米，建成区面积约为11.3平方千米，总人口约12万，下辖12个社区居委会(包括3个农村社区)。湘龙街道地理位置优越，交通便利，京珠高速公路、长永高速公路、武广高铁穿街而过，开元路、万家丽北路在街道范围内交错穿行，拥有中南汽车世界、湖南金鹰机电市场、汽配城、湘绣城等四个开放性专业市场。街道与世界之窗、海底世界毗邻而居，辖区内建有星沙生态公园，是居民理想的休闲娱乐场所。湘龙家园、好望谷、三一街区等一批高档楼盘环街道而建，国防科大、湖南工程职业技术学院、湖南安全职业技术学院、湖南机电职业技术学院、贺龙体校等7所大中专院校坐落其中，营造了浓厚的人文氛围。

（彭峥嵘）

【项目建设】 2015年，湘龙街道共有待拆迁项目32个、面积近200公顷。湖南省国安厅情报技术用房、长沙银行、富创世纪城、山东商会、生态公园三期等项目全面实现腾地，荣盛地产项目96%以上户主签订拆迁协议，星沙连接线完成全部房屋调查。升级以中南汽车世界、星沙汽配城、金鹰机电市场为中心汽车产业板块，提质以快乐淘宝、非物质文化遗产湘绣创意产业园主题文化产业板块，增值以楼宇经济、精品楼盘为主体高端地产板块，街道产业体系逐步向现代服务业转型升级。综合治税成效显著，财政总收入预计突破6亿元；社零总额预计完成225亿元，增速为15%，占比约为全县社零总额75%。

（彭峥嵘 张 卫）

【城市管理】 聘请专业技术人员对辖区内所有社区安全状况进行总体评估，将专业化安全评估“触角”遍布到街道各个角落，共发现安全隐患500余处，要求企业限期整改，真正做到先期研判，增加投资70余万元，增添12名湘龙防控中队队员和两台巡逻车，将专业巡防队伍与社区义务巡防队伍有机结合；深入基层走访群众8000余人次、门店4200家，提高公众安全感和满意度，深入推进“平安湘龙”建设；及时了解社会舆情，掌握重点人员动向，并通过微信平台与群众互动，形成共建共享浓厚氛围。

（胡 颖 田 博）

【民生工程】 龙塘农贸市场顺利开业，为周边6个社区4万余名居民提供生活便利。涉及9个征地拆迁项目限价房分配工作基本完成；积极协助各初创企业申报创业富民专项扶持资金，截至年底，完成76家单位的市、县级无偿资助专项资金申报，共获得政府创业扶持资金304.5万元；辖区内长沙县大学生创业大厦成功入选2015年省级创业孵化基地，街道各项民生工程落到实处。

（杨 眉）

【社区服务】 2015年，湘龙街道试行《长沙县物业综合监管实施办法》，试点上线运行物业监管平台，开展物业公司“结对帮扶”活动，努力打造出物业监管新模式；完善社区配套设施建设，拓展社区服务功能，成立湘郡社区日间照料中心，室内面积800平方米，为社区内老年人提供休闲娱乐、生活照料、心理疏导等服务。社区的保障、服务体系不断健全。

（贺平英）

【文化生活】 开展群众文化活动，举办“百花剧场之校园文化进社区文艺表演”“百花剧场之首届广场舞大赛”等3场大型文艺演出；精心指导和组织社区开展社区文化艺术节、各种文艺展演5场，社区画展、社区体育比赛等群众文化体育活动14场，群众参与度高、社会反响好。成功通过创新型乡镇(街道)验收并获授牌。（张 瑜）

泉塘街道

【概况】 泉塘街道围绕县委、县政府下达的各项目标任务，扎实工作，经济社会各项事业取得长效发展。2015年，街道预计完成财税总收入5亿元，为任务的378%；完成社会固定资产投资469,200万元，为任务的102%；完成规模工业总产值113,220万元，为任务的102%；完成社零85,000万元，为任务的100%；完成招商引资到位内资31,430万元，为任务的100.1%；完成到位外资965万美元，为任务的100%。完成个体税收303户，共696万元。

【城市管理】加强对流动摊贩的管理，拆除华天后街自由市场近360平方米违章搭棚，24小时不间断巡查与守点。在泉塘第一生鲜市场、小塘路菜市场、泉星夜市聚集点开展集中整治行动，共暂扣流动摊贩经营工具70余件，劝退流动摊贩600余人次。组织远大路沿线专项整治行动，出动执法车辆4台，行动人员35人，收缴落地灯箱40余个，拆除违章活动搭棚30个，规范店外经营60余家，清理沿街堆物10余处。加强户外广告管理，拆除违规"耳招"广告300余处，拆除违法广告招牌1700余块，督促办证400余起，完成东九线、东十线、漓湘路（星沙大道－东八线）、泉源路等示范路广告提质改造，统一安装广告304户，约4739平方米。对新安路、东二路、东三路等8条道路行道树进行补苗，共补苗8万株。拆除违法违章建筑47280.6平方米（不含后期新增）。制定《泉塘街道违法违章建筑整治工作实施方案》，制作12个固定宣传栏，悬挂宣传横幅60条，张贴拆违通告260余份，发放拆违控违法规政策汇编300余本。截至年底，共下达限期整改通知单100余份；组织大型拆违行动20余次，拆除历史违章建筑55处，违章面积8877平方米；发现并拆除新增违章建筑15处，550平方米。

【项目建设】抓好源汇房产、远大二路、东七线、远大"小天城"等项目拆迁扫尾协调工作，重点推进丁家集镇、电路板项目拆迁工作，丁家集镇拆迁项目已完成31户对证工作，启动28户拆房工作，全部拆除房屋11户；电路板项目完成全部户头房屋及青苗丈量工作。完成泉塘中学、泉塘三期菜市场、产业工人活动中心、泉塘和长桥社区服务中心建设。

推进中联浦沅棚户区改造，完成项目前期立项工作。推进长桥社区居民活动广场、安置区后街改造等社会管理创新项目，完成机关停车坪改造、丁家岭领尚公寓标准示范性小区建设等。

4月28日下午，省国土资源厅土地处处长刘斌（左一）一行到泉盛片区调研（刘艳艳 摄）

【安全生产】全年共执法检查经营单位500余家，社区安全专干完成安全检查1200余家，执法检查2000人次，发现安全隐患290个。开展重点区域安全大检查专项整治行动，共检查486家单位，223家存在安全隐患，发放整改通知书97份，对126家存在隐患的单位进行口头教育。开展"九打九治"打非治违专项行动，取缔非法经营烟花爆竹门店20家，黑燃气店1家，危化品许可证到期未续证企业1家；整治重大安全隐患3处，一般隐患200余处。加大安全生产宣传教育，以"全国安全生产月"契机，在昌和商业中心开展安全生产宣传咨询，共发放宣传资料5000余份。全年，辖区没有重大安全事故发生。

【社会管理】一是实施网格化。在全街推行网格化管理，共划分网格88个，成立12个社区城市管理工作站，将街道城市管理、计生、民政、文明创建等工作全部下放至网格，街道、社区干部全部分配到网格中，每个干部联系一个网格责任区域，并负责各自网格内城市管理、计生、综治维稳等所有社会管理事项。制订《泉塘街道网格化管理实施方案》，编制《网格员工作职责》手册，具体明确网格员工作职责。二是探索信息化。委托专业机构，定制GIS管理系统（人口信息化），实现"街道—社区—楼栋"三级联动网格全面信息化管理；开通所有社区微信公众账户、街道微信公众账号、街道政务微博，完善街道政务服务网站，每月安排专人及时发送街道经济社会发展动态；改进街道无线网络，实现街道无线WiFi信息全覆盖。三是推行专业化。聘请各类专业机构提供专业化公共服务。充分实施城市保洁外包专业公司；市政维修探索专业外包；优化市场管理模式，将辖区内菜市场纳入街道公共管理服务；组建专业治安巡防队伍，实现24小时无缝巡防等。

【社会民生】 2015年，街道共有城市低保44户,61人；农村低保5户,14人；农村五保1户，1人；临时救助14人次，救助金额22600元；大病救助30人，救助补助金额184940元。城镇新增就业789人次，完成131%；企业职工养老保险新增854人次，完成下达任务的122%。办理就业失业登记338本，申请社保补贴14人，城乡居民养老保险中60岁以下参保人数2973人。街道9913人全部完成信息采集。建立GIS管理系统（人口信息化），落实长效避孕节育措施，全年共组织521人参加了免费孕前优生检查，完成率101.95%。投入52万元依托泉塘公园打造人口文化主题公园。开展“温馨计生入企业”，联合辖区企业组织开展系列计生活动和讲座。建立全省一流产业工人活动中心，设有小剧院、排练厅、琴房、数字图书阅览室、培训室等。举办13期舞蹈、声乐、工间操等群众文化艺术培训班，近500人参加培训。先后举办“我们中国梦”全民文化月系列活动、社区文化艺术节、泉塘街道第四届广场舞大赛、“中华经典诵读”比赛、校园文化进社区等活动，群众文化生活不断繁荣。

【社会稳定】成立专业治安巡防队伍，聘请35人配备7台电动汽车，实行“5+2”“白加黑”工作模式开展无缝衔接巡防。开展打击传销行动，全年共走访疑似传销窝点76个，捣毁传销窝点37个，抓获并训诫教育传销人员130名。深化平安创建工作，成立平安宣讲队、矛盾化解队、邻里帮扶队、巡逻守望队和秩序整治队，发放红袖章1150个、平安创建手册11000份、平安创建宣传单39970份、政法宣传画报950套，印制平安创建宣传横幅50条。广泛开展政法综治宣传，坚持每月利用综治信息平台发送两条综治宣传短信，共发送42000余条贴心短信服务居民，先进经验在新浪网、红网等大型网站上广为宣传。做好“春节”“国庆”等重大节假日以及芙蓉国里、中茂城等重点楼盘的维稳、协调工作，有力确保社会大局稳定。

（刘艳艳）

9月2日，泉塘街道获长沙市纪念抗战胜利70周年文艺演出金奖

（刘艳艳 摄）

榔梨街道

【概况】 2015年，全年实现财政总收入8.4亿元，同比增长12%；完成工业总产值98.61亿元、规模企业工业产值70.1亿元、固定资产总投资59亿元、招商引资到位资金15.84亿元、社会消费品零售总额2.9亿元，同比分别增长15.6%、17%、31%、12.66%、13%。新增企业123家、个体工商户394家、商业网点426家，完成税收收缴1342户，收缴税款300余万元。在2015年全国农村优秀学习型组织创建中，被评为优秀学习型街道。街道社区学校成功创建全国优秀学习型街道。

【项目建设】 全年全街启动重点项目18个，总投资约2300万元。千山药机、大匠路、机场高速公路北辅道依法开工开建；水环境二期建设步伐加快，花匠港泵站完工，梨江港、双桥港泵站建设全面启动，防洪墙景观路开建；梨江大道两厢改造及机场高速公路榔梨互通连接线改造工程、福中道西延、佳园路南延等道路建设顺利完工；上海大众榔梨廉租房、龙华安置区二期、东七线、东十一线、土高路榔梨段等在建项目稳步推进；国内首条具有完全自主知识产权中低速磁浮专线建成试运行，并高效率、高质量推进磁浮线榔梨段两厢风貌整治工作，努力打造“全国知名生态走廊”。机场高速公路以南控制性规划、老镇区概念性规划和商务策划及梨江港商业街区修建性详规有序推进，榔梨环湖片区PFP建设项目确定怀秀堂公司为投资方，预计引资金额达8亿元；引进奕多等优质项目，积极与嘉年华、补天药业、亚林、佳欣洽谈；实现历年签约未落地项目突破，7个企业解决用地指标，10个有望在2016年得到落实；完成景程、众城机械用地摘牌，得芬、国通、科远、海逸凯达等4家企业国土权证办理；完善㮾梨汽车服务及配套生产研发工业地产、秋江医院建设、文体中心建设项目包装策划，以成熟的项目内容与新颖项目合作方式进入县商务局2015年发布招商引资目录库。

【征拆控违】 全力配合省市区县完成劳动东路、敢胜垸污水处理厂、生产留地地块、恒凯置业、花园小学等项目征地拆迁；协助完成县重点局50万伏线路、园区工业统征地、中城、广华实业等10个项目拆迁腾地，全年实现腾地约40公顷；完成保家、土岭社区等村组资料审核，将895户农户6690多万元生产留地收益金按程序发放到位；全面开展拆违控违、户外广告招牌拆除专项行动，深化建筑渣土、流动摊贩等联合治理行动，全年共拆除违法建筑122处，拆除违法面积约5万平方米，做到"控增长，消存量"。

【城市建设】 开展"清霾、碧水、静音、净土"环保行动；东六线、红树坡路、映霞路、长桥南路和社区公园完成"绿化亮化美化"；龙华、土岭农贸市场公开招租并正式运营；㮾梨水厂扩建项目顺利推进，届时将为近40万人和近2000家企事业单位提供优质安全生产生活用水；开展老楼危楼安全排查治理，对大园社区、陶公庙社区辖区内危房进行鉴定并申请危改项目；对辖区内市政、园林、环卫、广告等开展日常巡查和更换，全年共发现问题300处，整改300处；开展"全民清洁城乡""爱国卫生"卫生县城复检等工作，全力创建市级绿色集镇。全年完成村级道路硬化、生态路、机耕道16千米；扶持现代农业项目，加快土地流转，文扬生态、天人生态农业观光园等变大变强；完成山塘整修、清污、渠道整修18处，继续推进"小农水"建设，全年15个项目争取上级资金70余万元。

【民生保障】 全面落实各项扶贫帮困政策，通过大病救助、爱心助学、临时救助、拥军优属扶持等，构建立体式救助体系，街道全年发放各类救助资金110余万元，春节慰问资金61余万元；实施城乡低保一体化，严格核实低保对象，全年共发放低保户、五保户最低生活保障金约143万元；积极推进城镇居民基本医疗保险、城乡居民社会养老保险工作，全年完成社会保障一卡通信息采集及发放1.5万余张；加大就业创业扶持力度，联合蓝思科技、三一等大型企业优先就业，鼓励自主创业，全年新增城镇就业694人，农村劳动力转移就业709人；结合精准扶贫工作，完成贫困户建档立卡128户400人。

【公共服务】 完善大元中心小学、梨江中学、佳欣小学等基础设施建设，加快花园小学整体搬迁，街道社区学校成功创建全国优秀学习型街道，龙华小学成功创建市级家长学校，大园小学学生航模连续十年获全国金奖；超额完成义务献血，引导公众树立健康观念，完成中心幼儿园健康食堂、龙华小学健康学校、土岭社区健康社区的省级创建；街道政务服务中心、办公楼、宿舍楼完成提质改造，檀木桥、陶公庙社区公共服务中心相继竣工验收；围绕全面放开二孩政策，加强层级动态管理，创新计划生育服务与管理模式，不断提高优质服务水平，全街计生率达90.21%；不断完善文体设施，培育文体组织，加快传统文化、群众文化、企业文化的繁荣，全年精心组织15场"政府搭台、社会参与、群众受益"的群众文化体育活动，"福乐会"文化品牌不断巩固。

【社会稳定】 推动㮾梨"平安创建"，获得省公安厅推荐；启动天网工程二期前期工作，确保建成区基本实现电子监控全覆盖；认真排查、化解民间矛盾纠纷，全年共受理各类矛盾纠纷199例，调解成功率98%以上，无一民转刑案件发生；妥善处置各类信访案件，未出现一例进京上访案件和非正常上访案件，重点信访对象和群体都稳控到位；落实"一线工作法"，健全"人在网格走，事在网格办"的工作格局，将街道各项工作进入"网格管理"笼子，一网打尽、协调推进，机关干部全年走访群众1.4万户，收集群众反映问题267个，召开座谈会85次，征求群众意见和建议140余条，做到发现问题及时、解决问题有法。

【安全生产】 全年累计检查2300余次，坚决取缔非法"酒精"存储窝点、生猪屠宰处、加工黑作坊等11处，拆除危房5处，否决企业申请财政扶持资金2家，开展警示约谈6次；将餐厨垃圾统一收运处置作为从源头根治潲水油一项重要举措来抓，大胆探索街道餐厨垃圾管理新模式，实现日产日清、全面覆盖、安全处置，全年共收集餐厨垃圾约48.2万千克，确保老百姓舌尖上安全。

【梨江大道完成提质改造】 梨江大道全长2.5千米，主要建设内容含沥青路面层加铺、人行道、绿化、交通设施改造，以及英华路至终点段道路北侧照明等，总投资约3724万元。2015年全部完工。道路向南2.5千米外，便是上海大众长沙工厂厂区，该道路的改造，将有效扩宽产业发展空间，全面提升㮾梨城市品质。

【水环境综合治理项目】 水环境综合治理项目，第一期工程为浏阳河防洪工程、第二期工程为治涝工程、第三期为水质保障工程、生态修复及生态景观工程。到2015年年底，㮾梨水环境综合治理项目二期工程花园港泵闸、高排渠一期已基本完工，双桥港、漓江港泵闸进行完招投标进场施工，双桥港，梨江高排完成80%，梨江港泵站，泵站基础部分完工，双桥港泵站正在做导流，防洪墙景观工程正在做设计，预计2016年4月前可以完成工程建设。

【中低速磁悬浮铁路㮾梨段试运行】 中低速磁悬浮铁路全线路涉及长沙县16.5千米，其中涉及㮾梨街道6千米多，㮾梨站位于该街道花园村小屋组靠黄兴大道出入口，经过的线路涉及保家、三合、花园、金托四个村32户左右。工程于2014年5月16日正式开工建设，于2015年12月26日开始试运行。于2016年上半年开始载客运营。该磁悬浮列车设计最高时速120千米，为普通城区轨道交通1.5倍。工程建成后，乘客从高铁南站下车，搭乘磁浮列车，只需约10分钟即可到达黄花机场。为实现空地“零距离”对接，黄花机场在高铁站设置办理登机和行李托运手续的窗口，乘客要转乘飞机，可直接在高铁站办理，再乘磁悬浮到达机场后，可直接过安检登机，节约不少时间。

磁悬浮实景图　（陈婷 摄）

【㮾梨土岭农贸市场正式营业】 㮾梨街道土岭社区农贸市场完成竣工扫尾和验收工作，正式开始对外营业。该市场自2013年7月动工，工程造价300余万元，为两层框架式结构，总面积1500多平方米，农贸市场开放后将对农副产品进行分类管理，市场内能容纳60多个摊位。新建社区农贸市场能有效解决居民生活需求，缓解原综合市场压力，为市民提供更加便捷优质的服务。（陈 婷）

长龙街道

【概况】 2015年，长龙街道固定资产投资36.19亿元，为年度任务的100.5%；完成工业固定资产投资33.8亿元，为年度任务的103%；完成工业总产值36.54亿元，为年度任务的110.72%；实际到位内资任务99790万元，全年实际到位内资100522万元，为年度任务的100.7%；实际到位外资任务数3600万美元。

项目建设。全年完成房屋拆迁对证36户，签订土地费233亩；园区内C18、D12地块（磐吉奥、巨鑫人防）、长沙县职校、湖南劳动人事学院、茶塘路、长龙路、金塘路、11万伏石黄线电力线路、加油站等项目有序开展，长龙商务中心、阳光动力、美美食品、智普印刷等项目征地拆迁全力推进；地铁3号线停车场、望仙路项目完成上户调查和人口调查登记工作；东十一线项目完成详勘及南段放线工序；长浏天然气管道项目有序推进；500千伏老电力线路拆除项目全面完成；星沙产业基地污水排放管道建设项目完成线路踏勘定位、地勘施工作业；鸽子湖公园主体完工；全年完成危房改造8户。

城市管理。全年累计拆除、处置34处共计12249平方米；完成覆绿面积约1.8万平方米，建设通透式护栏1200余米；拆除星沙产业基地园区内占用绿化带大型违章公示牌10块，整治辖区内市政道路、村级公路和集镇沿线的违章户外广告和临街店铺落地灯箱、道旗等广告30处，总面积约400平方米；数字化城管考核平台派遣至该街道有效数字化案件共1366条，均处置到位，结案率100%。

环境治理。结合“乐和乡村”建设，着力打造湘峰村杨祠组、杨湾组环境卫生示范点；推动实施卫生保洁服务外包，实现卫生保洁社会化运营、公司化管理；组织拆除畜禽养殖栏舍5026平方米，拆除设施26822平方米；严格监控高污染燃料燃烧和垃圾焚烧，实行垃圾分类减量和生活垃圾处理工作，全年处理垃圾616吨。

安全监管。落实“党政同责、一岗双责”制度。全年检查企业安全生产407家次，检查食品生产经营企业401家次，指导农村集体聚餐217场次；发放安全生产手册2000本，举办街头宣传咨询3次；排查辖区重点消防安全隐患47例，提出整改意见112条；组织8次大规模安全生产培训，开展农机安全、消防安全和小学生遇险情逃生应急演练；针对因市区“拆违控违”搬迁至该街道无证“三小”企业，该街道下发3600份“告知书”，对47家“三小”企业共进行清理、整治。

社会保障。新增养老保险待遇领取人员47人，共征收城乡居民养老保险4102人49.354万元，基金征缴到位率105.89%；新增农村低保5户14人，取消农村低保9户24人。农村低保124户278人，三无人员47户49人。进行大病救助95人，共276487元；进行临时救济92户，共87300元；医保基金缴纳8890人；新增城镇职工就业100人，新增农村劳动力转移100人；完成新农保缴费4132人49.98万元。

社会管理。全年开展矛盾纠纷排查40次，预防矛盾纠纷41起，排查出各类矛盾纠纷151起，调节民事纠纷151件。成立长龙街道专职治安巡防队，实现24小时巡防，协助长龙派出所破获案件16起，调处矛盾纠纷29起；组织开展平安创建，评选出县级平安家庭4户，街道平安家庭200户；开展交通专项整治行动4次，查处客运车辆超员超载、违规货运及摩托车违法行为等161起。

计划生育。2014年10月至2015年10月出生243人，计外生育18人，计生率92.59%；孕前优生健康检查101人；社会抚养费征收到位率31.8%，立案30例，未立案4例；新增奖扶9人、特扶4人；录入流动人口3181人，其中流入人口2413人，流出人口768人，流入已婚育龄妇女418人，孕检98%。

2015年，长龙街道综治民调名列全市第二，获评市社会管理综合治理优秀街道；计生工作获评2015年度人口与计划生育工作优秀单位；湘峰村获评长沙市卫生村、“发挥‘五老’作用”示范基地。

【湘峰村集镇改造工程竣工验收】 湘峰集镇位于黄回线和Y312线重叠路段，是周边几个村镇必经路段，来往人员车辆多。从2014年10月以来，湘峰村荷塘岭集镇被纳入街道城乡环境综合整治改造项目，通过招投标和科学规划，投资400余万元进行集镇提质改造，实现路面“白改黑”、门店招牌统一规划、基础设施得到改善。

【湖南省劳动人事学校新校区开学】 9月18日，湖南省劳动人事学校新校区正式开学。湖南省劳动人事学校是湖南省人力资源和社会保障厅唯一直属全日制公办职业院校。学校新校区位于长沙县开元东路，地处长龙街道辖区内，新校区建设工程是湖南省重点工程。湖南省劳动人事学校是长龙街道辖区内第一所高职院校，依托星沙产业基地发展，将为园区企业培养大量优秀高级技术人才，成为该街道范围内重要人才基地。

【网格化管理】 2015年，长龙街道建立网格管理机制，通过网格化管理模式，将全体机关、村（社区）干部分配到每个网格中，涵盖拆违控违、城乡环境整治、安全生产、综合治理、村镇建设管理、经济发展、计生等工作。截至年底，上报和处置到位网格化案件19件。进一步提高街道社会事务综合管理水平，管理效能和公共服务能力。

【获评湖南省乡镇（街道）统计工作规范化先进单位】 2015年年初，长龙街道统计站获评“湖南省乡镇(街道)统计工作规范化先进单位”。长龙街道统计站坚持提高数据质量为中心，提升统计服务为目标，加强统计机构、办公设施、统计队伍、统计调查、统计服务、工作制度等基层基础工作规范化建设，实现统计基础工作规范化、制度化、科学化建设，为党委办事处提供大量基础统计信息和数据分析，为政府经济决策提供服务。 （陈 启）

先进模范人物

涂启伦

涂启伦，女，中共党员，长沙县人，本科学历。1985年，她从基层调到教育局机关工作，至今已走过了31个春秋。31年来，她先后担任教育局成人教育、职业教育、少先队共青团、计划生育等专干、科室负责人以及长沙县教育局副局长。2007年，接任长沙县教育系统关工委主任，便“用真心诚意”投入关心下一代工作，“用实实在在行动”为学生、家长服务。在这个岗位上，她把一个教育工作者的激情继续发挥得淋漓尽致，为推进全县教育关工委工作做出了积极贡献。尤其是在抓家庭教育上，她出高招，通过优化发展环境、办好家长学校、提升家教队伍素质等，长沙县家庭教育实现从无到有、从有到优、人优我特。至2015年年末，全县中小学校家长学校办学率100%，已创建4所省级示范家长学校、15所市级示范家长学校、75所县级示范家长学校，其中3所被评为省优秀示范家长学校。2011年，涂启伦获评“湖南省教育系统关心下一代工作先进个人”；2013年，被湖南省关工委评为全省关心下一代工作先进个人；2015年，获评教育部“全国关心下一代工作先进个人”。长沙县教育局关工委也连续多年被长沙市委、市人民政府授予“关心下一代工作先进集体”称号；2007年、2012年被省教育厅授予“全省关心下一代工作先进集体”；2011年至2015年连续三年获评教育部全国青少年五好小公民主题教育活动先进集体；连续多年获评教育部“全国教育系统关心下一代工作先进集体”。 （县教育局）

龙卫国

龙卫国 男，1980年6月出生，大专文化，中联重科工程起重机公司汽车吊大吨位车间调试钳工。中联重科工程起重机公司新产品调试第一人，先后负责对90吨、120吨、130吨、150吨、130吨、220吨、350吨、400吨、500吨、超大吨位B系列产品的调试与实验工作，为企业培养大吨位调试骨干20多名，理论实践授课1000次以上，其调试的产品一次交检合格率在98%以上。多次被委派到国外进行售后服务工作，在阿联酋气温高达40℃～50℃的沙漠地区，每天工作10多个小时，解决了多个难题。编制中联重科《汽车起重机调试入门手册》《调试技能手册》《QAY500调试作业指导书》，并获公司创新三等奖。2010年，获全国首届工程机械修理工职业技能竞赛个人优秀奖；2015年5月，获评湖南省劳动模范。（长沙经开区志办）

朱建新

朱建新，男，汉族，1965年生，湖南湘潭人，中共党员，教授，中南大学博士生导师，享受国务院政府特殊津贴专家，现任山河智能装备股份有限公司地下工程研究院院长。曾获国家科技进步二等奖1项、省部级科技进步一等奖3项、二等奖2项；申

请专利83项，获湖南省专利一等奖1项，参编著作2部；发表专业论文112篇，被EI或SCI检索论文24篇；培养硕士、博士研究生23人；先后获评“湖南省新世纪121人才工程第一层次人选”“长沙市优秀专家”“新世纪百千万人才工程国家级人选”“长沙市创新创业领军人才”“长沙市知识产权创造领军人物”等称号。2015年5月，获评湖南省劳动模范。朱建新长期在工程装备与自动化领域从事技术研究及产业化开发，作为技术带头人，他率队进行静压预制桩施工、钻孔灌注桩施工等基础装备的研发，开发出系列液压静力压桩机、旋挖钻机、双动力头强力多功能钻机、大直径潜孔锤钻机、全回转套管钻机等大型桩工设备，技术成果均实现产业化，产品性能可与国际品牌媲美，抵制进口并出口到欧、美、日、韩等高端市场地区，累计实现总产值超过78亿元，利税超过20亿元。特别是近年来，在新常态的经济环境下，他从技术走向市场，带领国际营销队伍实现国际销售增长209%的业绩。他长期工作在研发基层，深入市场一线，仅2014年累计行程近5万千米，带领研发团队获评公司“先进团队”称号。

（长沙经开区志办）

宋海晏

宋海晏，女，汉族，1967年3月出生，2003年7月入党，1995年开始从事基层工作，2004年担任金龙村党支部书记、村主任，2006年7月—2015年10月任金井镇党委副书记兼金龙村党支部书记，2015年11月至今任长沙县开慧镇镇长。宋海晏自担任金龙村党支部书记以来，始终坚持一个信念：竭尽全力给信任自己的老百姓一个好的交待。十余年来，金龙变了，生活美了，人民富了，作为基层党组织负责人，她殚精竭虑，一心为民，奔波劳累，给金龙村带来巨大变化：产业发展不断壮大、基础设施日益健全、村容村貌明显改善、文明新风蔚然兴起、农民增收步伐加快。村上先后实施重大工程项目20多个，村集体经济年盈利近100万元；成功引进银峰公司、隆平高科、中南电炉等企业，解决663名群众就业；农业产业化初具规模，已建成66.67公顷无公害蔬菜基地、66.67公顷超级优质稻示范区、152.73公顷生态有机茶园，村人均年纯收入2万元以上。同时，她多方筹措资金，修建学校、村部和幼儿园，增设村卫生室、图书室、农民文体活动场所、村民服务中心、文体活动中心等，为金龙村树立走在前列的新农村形象。金龙村先后被授予全国文明村、全国巾帼示范村、湖南省社会主义新农村建设示范村、省“五个好”村党组织、富民强省明星单位、省级卫生村、省魅力村庄、省两型示范村、省特色旅游名村、长沙市十佳卫生村、市新农村建设先进村、市绿色示范村庄、市党员干部示范基地、市青年文明号、县人民满意村、县学习型党组织、县创先争优先进基层党组织、县五星级两型村庄等荣誉称号。宋海宴是湖南省第九届、第十届党代表，长沙市第十一届党代表，长沙县第十四、十五、十六届人大代表，全国妇女十大代表，先后获评全省百姓心中十佳村干部、全省创先争优优秀共产党员和长沙市优秀党务工作者、十佳村支部书记、三八红旗手、“三严三实”学用典型等称号。2015年4月，获评湖南省先进工作者。　（金龙村）

社会新闻人物

王再德

王再德，男，汉族，长沙县黄花镇人，1946年9月生，高中文化，党员。1976年至2013年先后担任长沙县黄花镇黄龙新村党支部书记，2008年，村里升格为党总支后任村党总支部书记、第一书记，是湖南省八届、九届、十届、十一届人大代表，湖南省优秀共产党员，全国农村百名优秀支部书记带头人，长沙县首届道德模范。2015年6月，被省市定为“三严三实”先进典型；8月，入选“中国好人榜”“敬业奉献好人”。担任黄龙新村党组织书记30多年来，王再德始终坚持以党的建设促进经济发展，把一个昔日贫穷、落后的“三靠”村建设成为一个富裕、文明、秀美、和谐的社会主义新农村。村里先后办起银辉镀锌厂、邮电器材厂等7家集体企业，安排800多名劳动力就业。年产值9000多万元，每年上缴国家税收400余万元，利润400余万元。村集体经济的崛起，大大提升了综合实力。在大力发展集体经济的同时，村里还

实行多项优惠政策，鼓励发展私营经济。目前，全村共有个体户200余家，运输户60家，工业户40家，三者占全村总户数的30%。村里建有学校、敬老院、幼儿园、综合文化楼等公益设施。2015年，黄龙新村总收入6.95亿元，人平纯收入2.98万元，98%以上的农户建有楼房，三分之二以上农户有小车、用电脑、户户通水泥路、三网融合，村民过上了幸福生活。黄龙新村先后获评全国先进基层党组织、全国文明村、全国精神文明建设先进村、全国民主法治先进村、国家级生态村、湖南省新农村建设示范村等荣誉称号。（黄龙村）

范文山

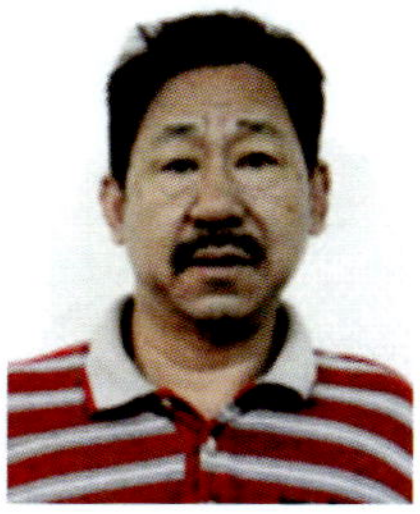

范文山，男，1961年生，长沙县城管局环卫所职工，退伍军人。他凭着军人的执着与诚信，默默坚持照顾牺牲战友的双亲，无微不至，细心体贴。34年来，无怨无悔，尽心尽力，兑现了一个军人一生的承诺。1979年，范文山与高中同学喻建平两人走上了祖国南疆血与火的战场，被分到尖刀班。夜晚，范文山与喻建平约定：如果谁倒下，另外一个就要替对方照顾父母一辈子。在一次战斗中，喻建平光荣牺牲。从那一刻起，他就在心里暗暗许下誓言，一定要好好照顾战友父母及其全家。1981年，范文山退伍回乡后，所做的第一件事，就是把自己的承诺告诉母亲。没想到，家人都非常支持他。母亲还陪同范文山来到烈士家。“建平不在了，我就是你们的亲儿子……”范文山噗通一声跪下，叫一声亲切的“爸爸妈妈”。两家人顿时热泪盈眶，颤抖的手抓在了一起。从此，范文山多了两位亲爸亲妈，喻家多了一位孝顺懂事的儿子。范文山心细，刚开始的七八年，他和爱人张美香去看望喻妈喻爸时，每次都尽量不提喻建平的名字，怕老人触景伤情。喻建平去世后，安葬在广西靖溪墓园。多年来，喻爸爸和喻妈妈希望能去看看。范文山考虑到两老身体不好，怕出意外，一直劝阻着，“我会代你们去看望喻建平兄弟。”2007年7月，他与喻家后人一同来到墓园，终于了却老人多年来的夙愿。2003年，喻爸爸中风躺在床上，生活几乎不能自理。范文山每次回家总会帮着洗脸喂饭。喻爸爸住院期间，他跑上跑下，帮挂号，出药费，端药替水。2013年，喻爸爸病故，范文山请假当起“孝子”，帮着料理后事。对于喻建平的哥哥，范文山也同样照顾有加。从其患肺心病住院，到去世后安葬，都是范文山帮着一手操办。“像亲儿子一样亲。”喻妈妈说。范文山却说：“不仅仅是为了承诺，还有后来胜似血缘的亲情。”如今，范家与喻家已亲如一家，对喻家所有亲戚都是按喻建平生前的称呼来称呼，范文山以及他的老婆、儿子已经完全融入这个大家庭。2015年2月，范文山荣登“中国好人榜”诚实守信好人；6月，获评长沙县首届道德模范。（县委宣传部）

杨松青

杨松青，男，汉族，1971年10月出生，长沙县安沙镇人，中共党员。曾任安沙区供销社汉山商店经理、泰阳商城商场经理、长沙县五金家电公司总经理等职。现为长沙县青松老年公寓党支部书记、院长。2010年，在“中国大孝·大爱无疆”首届全国养老机构颁奖典礼上，杨松青获评“推动中国老年产业健康发展十大爱心人物”荣誉称号。2011年，获评“中国好人榜”助人为乐好人”“中国时代新闻人物”荣誉称号；2012年，被全国敬老爱老助老主题教育活动组织员会授予“全国孝亲敬老之星”荣誉称号；2014年12月，被全国敬老爱老助老主题教育活动组织员会授予“中华孝亲敬老楷模提名奖”荣誉称号；2015年9月，在全国首届敬老志愿服务工作总结表彰大会上被评为“优秀敬老志愿者”。2009年以来，杨松青还先后获评“湖南省社会组织优秀共产党员”“湖南省十大孝星”“湖南省孝亲敬老之星”“《长沙年鉴》’2011年度人物”“长沙市文明标兵”“长沙市道德模范（助人为乐）”“长沙市劳动模范”“长沙市社会组织优秀党务工作者”“雷锋式先进个人”等荣誉称号。其创办的长沙县青松老年公寓也先后被授予“全国先进社会组织”“全国创先争优先进基层党组织”（全国唯一获此殊荣的养老机构）、“全国百家杰出养老机构”“全国百家无虐老机构”“中国时代风采创新单位”“湖南省社会福利养老示范点”“长沙市先进基层党组织”“长沙市文明单位”“长沙市青年文明号”“长沙市雷锋号示范岗”“长沙市工人先锋号护理班组”

等荣誉称号。

2005年，下岗职工杨松青开办起幼儿园。在其努力经营下，幼儿园发展到3家，并在当地小有名气。2009年，杨松青毅然将幼儿园全部转让，全力投身养老事业。在青松老年公寓与老人同吃同住，视公寓老人为父母，尽心尽力关爱老人。公寓开办至2016年12月，累计入住老人1500多人，其中大部分为失能失智老人，也有一部分困难家庭老人则免费入住公寓。公寓开办初期，缺少护理员，杨松青为老人接屎接尿，端茶喂饭。老人想吃豆腐脑，他便放下手中事务驱车去买；老人自闭不愿与人交流，杨松青就日夜陪在老人身边谈心聊天，直到老人叫出第一声“满崽”；老人在公寓去世，他便替不在老人身边的儿女尽孝，穿热寿衣，清理遗体，让老人的亲生儿女自叹不如……他以一颗赤子之心服务社会养老事业，赢得星城群众交口称赞。2012年起，杨松青将关爱的目光投向社会上的失独、空巢、困难家庭老人，除了将20多个困难家庭的老人接到公寓免费护理之外，还累计关爱社会上的失独、空巢、困难家庭老人，总计60多人。杨松青还组建了一支爱心团队，平时电话短信问候，逢年过节下乡看望，并发起成立首个失独认亲组织，让这些失独家庭的老人感受到久违的天伦之乐。杨松青承诺：只要老人有需要，今后都可以免费入住青松老年公寓。

在其悉心经营下，该公寓为全国民办养老机构探索出一条成功之路，形成独特的青松养老模式。为使更多的老人得到关爱，杨松青始终致力于扩大公寓规模。2014年12月1日，湖南青松养老产业投资管理有限公司正式在上海股权托管交易中心中小企业股权报价系统挂牌上市。这是长沙县乃至全省首个依靠养老产业登陆Q板（中小企业股权报价系统）的上市企业。股权简称：青松养老；股票代码：202667。2015年11月，投资1.7亿元、中南地区最大的养老基地——新青松老年公寓正式封顶，标志着青松老年公寓已成为一个集养老、医疗、培训、旅游、养老产品研发的养老综合体。

（孔艳辉）

覃 芳

覃芳，女，汉族，1974年12月生，湖南辰溪县人，中共党员，先后在长沙县人民检察院、长沙县安全生产监督管理局工作，2013年1月至今任长沙县果园镇党委副书记、镇长，是全县为数不多的女镇长之一。2015年12月4日，覃芳当选长沙市首届“十大最具影响力法治人物”。担任果园镇镇长以来，在没有任何农村基层工作经验的情况下，她迅速调整工作思路，跟机关干部学、向基层百姓学，很快融入新环境。她精于法律，始终将法律意识、法治思维贯穿于工作中。特别是在组织开展浔龙河生态示范点项目建设中，坚持依法建设、依法管理、依法推进，其建设模式在全国新型城镇化领域受到广泛关注，而她也成为依法推进项目建设的行家里手。她切实加强基层法治文化建设，组织编印《果园镇法治文化建设涉农法律汇编》，建立法治文化活动日，通过“法治大讲堂”“学法大比拼”“送法下村组”等丰富多彩的主题活动，大大激发了群众学法、守法、用法的积极性。

（果园镇）

曾 征

曾征，男，汉族，浏阳市柏加镇人，1978年1月出生，2009年至今在中共长沙县委宣传部工作。2015年1月，发起成立星沙公益读书会，每周坚持组织有益的读书活动，以此丰富群众精神文化生活。2015年5月，在星沙大街小巷创建“一起读书吧”，让市民随时随地阅读书籍和参加活动。2015年9月，在星沙街道凤凰城一期自家客厅开办公益读书场所——传奇书屋，已藏书7000多册，举行活动50多场，其中“传奇故事会”，演讲与口才公益培训，诵读比赛，父母课堂、爱心捐赠等活动深受市民喜爱，每次活动均吸引星沙乃至长沙各地朋友参加，为打造文化小区、文明小区，和谐小区做出了积极贡献。传奇书屋的故事被湖南电视台公共频道报道，《潇湘晨报》《长沙晚报》先后对传奇书屋进行采访报道。传奇书屋项目于年底获长沙市小型公益项目一等奖；2016年4月，曾征家庭获评湖南省“书香之家”称号。

（县年鉴编辑部）

文件目录选编

2015年中共长沙县委文件目录

▲长县发〔2015〕1号　中共长沙县委长沙县人民政府关于统筹推进城乡融合发展的实施意见（10月9日）

▲长县发〔2015〕2号　中共长沙县委长沙县人民政府关于统筹推进城乡融合发展的实施意见（1月19日）

▲长县发〔2015〕3号　中共长沙县委关于转发《长沙县人大常委会2015年工作要点》的通知（1月25日）

▲长县发〔2015〕4号　中共长沙县委关于在全县开展“适应新常态，再创新辉煌”主题讨论活动的通知（2月25日）

▲长县发〔2015〕5号　中共长沙县委关于印发《长沙县“一推行四公开”群众工作实施方案》的通知（3月25日）

▲长县发〔2015〕6号　中共长沙县委关于印发《长沙县落实党风廉政建设主体责任和监督责任追究办法》的通知（7月10日）

▲长县发〔2015〕7号　中共长沙县委长沙县人民政府关于推进功能分区建设有关工作的通知（7月23日）

▲长县发〔2015〕8号　中共长沙县委长沙县人民政府关于长沙县人民政府职能转变和机构改革的实施意见（10月10日）

▲长县发〔2015〕9号　中共长沙县委转发中共湖南省委巡视第八组《关于对长沙县巡视情况的反馈意见》的通知（10月29日）

▲长县发〔2015〕10号　中共长沙县委长沙县人民政府关于印发《长沙县乡镇区划调整改革工作方案》的通知（10月29日）

▲长县发〔2015〕11号　中共长沙县委长沙县人民政府关于长沙县人民政府机构设置的通知（10月10日）

▲长县发〔2015〕12号　中共长沙县委关于实施“党建+”模式引领率先建成全面小康加快实现基本现代化的意见（12月15日）

▲长县发〔2015〕13号　中共长沙县委印发《关于解决“有错无为、不在状态”问题形成奋发有为新常态的实施意见》的通知（12月15日）

▲长县发〔2015〕14号　中共长沙县委长沙县人民政府关于支持北部农村创客发展推进创新创业的意见（试行）（12月17日）

▲长县发〔2015〕15号　中共长沙县委关于明确县管国有企业领导人员管理权限和职务名称的通知（12月22日）

2015年中共长沙县委办文件目录

▲长县办发〔2015〕1号　中共长沙县委办公室长沙县人民政府办公室关于下达《长沙县2015年重点工程项目计划》的通知（2月16日）

▲长县办发〔2015〕2号　中共长沙县委办公室长沙县人民政府办公室关于印发《长沙县考核评定项目管理办法（试行）》的通知（2月16日）

▲长县办发〔2015〕3号 中共长沙县委办公室长沙县人民政府办公室关于印发《长沙县安全生产"党政同责、一岗双责、齐抓共管"暂行办法》的通知（2月11日）

▲长县办发〔2015〕4号 中共长沙县委办公室长沙县人民政府办公室关于建立清单管理制度从严控制文件会议活动的通知（3月10日）

▲长县办发〔2015〕5号 中共长沙县委办公室长沙经济技术开发区管理委员会办公室长沙县人民政府办公室关于下达2015年全县国民经济和社会发展计划的通知（3月18日）

▲长县办发〔2015〕6号 中共长沙县委办公室长沙县人民政府办公室关于2014年度县科级领导班子和领导干部绩效考核结果的通报（3月18日）

▲长县办发〔2015〕7号 中共长沙县委办公室关于成立中国共产党长沙县非公有制经济组织和社会组织工作委员会的通知（3月19日）

▲长县办发〔2015〕8号 中共长沙县委办公室长沙县人民政府办公室关于2014年度社会管理综合治理考核评估情况的通报（3月20日）

▲长县办发〔2015〕9号 中共长沙县委办公室长沙县人民政府办公室关于2015年县级干部和县直机关单位联系镇（街道）安排的通知（3月23日）

▲长县办发〔2015〕10号 中共长沙县委办公室长沙县人民政府办公室关于印发《长沙县贯彻落实〈党政机关厉行节约反对浪费条例〉责任分工方案》的通知（3月25日）

▲长县办发〔2015〕11号 中共长沙县委办公室关于印发《中共长沙县委全面深化改革领导小组2015年工作要点》的通知（5月5日）

▲长县办发〔2015〕12号 中共长沙县委办公室长沙经济技术开发区管理委员会办公室长沙县人民政府办公室关于2014年度工业经济工作考核情况的通报（5月6日）

▲长县办发〔2015〕13号 中共长沙县委办公室长沙县人民政府办公室关于印发《关于在全县退役军人中广泛开展"双带双促"活动的实施意见》的通知（5月18日）

▲长县办发〔2015〕14号 中共长沙县委办公室印发《关于在全县县处级以上领导干部中深入开展"三严三实"专题教育的实施方案》的通知（5月26日）

▲长县办发〔2015〕15号 中共长沙县委办公室长沙经济技术开发区管理委员会办公室长沙县人民政府办公室关于印发《长沙县（经开区）拆违控违工作方案》的通知（5月28日）

▲长县办发〔2015〕16号 中共长沙县委办公室长沙县人民政府办公室关于印发《长沙县2015年度镇（街道）领导班子绩效考核目标分解表》和《长沙县2015年度县直单位领导班子绩效考核目标分解表》的通知（6月5日）

▲长县办发〔2015〕17号 中共长沙县委办公室长沙县人民政府办公室关于公布2015年度全县重要文件重要会议重要活动计划安排清单的通知（6月11日）

▲长县办发〔2015〕18号 中共长沙县委办公室长沙经济技术开发区管理委员会办公室长沙县人民政府办公室关于推进"零碳县"发展模式试点工作的实施意见（2015—2025年）（6月26日）

▲长县办发〔2015〕19号 中共长沙县委办公室关于印发中共长沙县委书记、副书记、常委分工的通知（7月17日）

▲长县办发〔2015〕20号 中共长沙县委办公室转发《县委组织部县委政法委县直机关工委关于深入开展党员领导干部结对联系服务群众工作的实施方案》的通知（7月24日）

▲长县办发〔2015〕21号 中共长沙县委办公室关于印发《长沙县2015—2018年党员教育培训工作实施方案》的通知（7月29日）

▲长县办发〔2015〕22号 中共长沙县委办公室关于印发《长沙县县管企业领导人员管理暂行规定》的通知（8月19日）

▲长县办发〔2015〕23号 中共长沙县委办公室关于深入开展组团式结对联系服务群众工作的通知（8月24日）

▲长县办发〔2015〕24号 中共长沙县委办公室长沙县人民政府办公室关于加强教师队伍建设的意见（9月8日）

▲长县办发〔2015〕25号 中共长沙县委办公室长沙县人民政府办公室关于进一步规范完善我县离休干部和副县级以上退休干部服务管理工作的通知（9月9日）

▲长县办发〔2015〕26号 中共长沙县委办公室印发《关于省委巡视第八组反馈意见的整改方案》的通知（11月10日）

▲长县办发〔2015〕27号 中共长沙县委办公室长沙县人民政府办公室关于印发《县委、县人民政府部分领导成员工作分工调整》的通知（11月26日）

▲长县办发〔2015〕28号 中共长沙县委办公室长沙县人民政府办公室转发《县委组织部等部门关于进一步完善司法所管理体制的实施意见》的通知（11月26日）

▲长县办发〔2015〕29号 中共长沙县委办公室长沙县人民政府办公室印发《关于加强社区党建和社区建设的实施意见》的通知（11月26日）

2015年长沙县人民政府文件目录（部分）

▲长县政发〔2015〕3号 关于长沙市环保大道跳马段建设项目房屋征收决定公告（1月12日）

▲长县政发〔2015〕5号 关于收回湖南永德置业有限公司位于经开区东十一线东、西冲路以南、楠竹园路以北国有土地使用权的决定（2月2日）

▲长县政发〔2015〕9号 关于下达《长沙县2015年政府投资项目计划》的通知（2月12日）

▲长县政发〔2015〕10号 关于2015年《政府工作报告》主要目标任务责任分解落实的通知（3月10日）

▲长县政发〔2015〕11号 关于对叶春德同志进行行政问责的决定（3月16日）

▲长县政发〔2015〕12号 关于对黄再富同志进行行政问责的决定（3月16日）

▲长县政发〔2015〕15号 关于进一步加快蔬菜产业发展的意见（4月3日）

▲长县政发〔2015〕53号 关于开展违法建筑整治的通告（5月12日）

▲长县政发〔2015〕54号 关于进一步加强校车安全管理的通告（5月25日）

▲长县政发〔2015〕58号 关于印发《长沙县村级工程建设管理办法补充规定》的通知（5月29日）

▲长县政发〔2015〕64号 关于印发《长沙县城乡困难居民医疗救助办法》的通知（7月10日）

▲长县政发〔2015〕65号 关于公布县本级非行政许可审批事项清理结果的决定（7月14日）

▲长县政发〔2015〕66号 关于回收严海武、张弛、梅劲枝、余亮四人位于长沙县黄花镇华湘村划拨国有土地使用权的决定（7月14日）

▲长县政发〔2015〕67号 关于划定沪昆高铁线路安全保护区有关事宜的通告（8月17日）

▲长县政发〔2015〕69号 关于印发《长沙县（经开区）再生资源管理办法》的通知（9月8日）

▲长县政发〔2015〕73号 关于印发《长沙县停车场管理办法》的通知（9月21日）

▲长县政发〔2015〕75号 关于进一步加强计划生育特殊困难家庭扶助关怀工作的实施意见（10月19日）

▲长县政发〔2015〕76号 关于组织防空警报试鸣的通告（10月20日）

▲长县政发〔2015〕86号 关于印发《长沙县最严格水资源管理制度实施办法》的通知（12月21日）

▲长县政发〔2015〕88号 关于印发《长沙县人民政府办公室主要职责内设机构和人员编制规定》的通知（12月31日）

2015年长沙县人民政府办公室文件目录

▲长县政办发〔2015〕1号 长沙县整顿和规范豆制品、米粉和生猪产品生产经营秩序的指导意见（5月4日）

▲长县政办发〔2015〕2号 关于印发《长沙县县级公立医院综合改革实施方案》的通知（5月14日）

▲长县政办发〔2015〕3号 关于2015年县人民政府党组廉政建设主体责任主要目标任务责任分解落实的通知（5月29日）

▲长县政办发〔2015〕4号 关于实施农村因征地导致少地农民基本生活补助的指导意见（8月24日）

▲长县政办发〔2015〕5号 关于印发《长沙县财政性投资水务工程遴选办法》的通知（10月16日）

▲长县政办发〔2015〕6号 关于调整机关事业单位工作人员基本工资标准和增加机关事业单位离退休人员离退休费三个实施办法的通知（11月24日）

▲长县政办发〔2015〕7号　关于印发《长沙县市场和质量监督管理局主要职责内设机构和人员编制规定》的通知（11月24日）

▲长县政办发〔2015〕8号　关于印发《长沙县实行最严格水资源管理制度考核暂行办法》的通知（12月21日）

▲长县政办发〔2015〕9号　关于印发《长沙县发展和改革局主要职责内设机构和人员编制规定》的通知（12月31日）

▲长县政办发〔2015〕10号　关于印发《长沙县经济和信息化局主要职责内设机构和人员编制规定》的通知（12月31日）

▲长县政办发〔2015〕11号　关于印发《长沙县教育局主要职责内设机构和人员编制规定》的通知（12月31日）

▲长县政办发〔2015〕12号　关于印发《长沙县科学技术局主要职责内设机构和人员编制规定》的通知（12月31日）

▲长县政办发〔2015〕13号　关于印发《长沙县城乡规划建设局主要职责内设机构和人员编制规定》的通知（12月31日）

▲长县政办发〔2015〕14号　关于印发《长沙县民政局主要职责内设机构和人员编制规定》的通知（12月31日）

▲长县政办发〔2015〕15号　关于印发《长沙县司法局主要职责内设机构和人员编制规定》的通知（12月31日）

▲长县政办发〔2015〕16号　关于印发《长沙县财政局主要职责内设机构和人员编制规定》的通知（12月31日）

▲长县政办发〔2015〕17号　关于印发《长沙县人力资源和社会保障局主要职责内设机构和人员编制规定》的通知（12月31日）

▲长县政办发〔2015〕18号　关于印发《长沙县国土资源局主要职责内设机构和人员编制规定》的通知（12月31日）

▲长县政办发〔2015〕19号　关于印发《长沙县交通运输局主要职责内设机构和人员编制规定》的通知（12月31日）

▲长县政办发〔2015〕20号　关于印发《长沙县公路管理局主要职责内设机构和人员编制规定》的通知（12月31日）

▲长县政办发〔2015〕21号　关于印发《长沙县水务局主要职责内设机构和人员编制规定》的通知（12月31日）

▲长县政办发〔2015〕22号　关于印发《长沙县农业和林业局主要职责内设机构和人员编制规定》的通知（12月31日）

▲长县政办发〔2015〕23号　关于印发《长沙县商务局主要职责内设机构和人员编制规定》的通知（12月31日）

▲长县政办发〔2015〕24号　关于印发《长沙县文化体育广播电视局主要职责内设机构和人员编制规定》的通知（12月31日）

▲长县政办发〔2015〕25号　关于印发《长沙县卫生和计划生育局主要职责内设机构和人员编制规定》的通知（12月31日）

▲长县政办发〔2015〕26号　关于印发《长沙县审计局主要职责内设机构和人员编制规定》的通知（12月31日）

▲长县政办发〔2015〕27号　关于印发《长沙县城市管理局主要职责内设机构和人员编制规定》的通知（12月31日）

▲长县政办发〔2015〕28号　关于印发《长沙县行政执法局主要职责内设机构和人员编制规定》的通知（12月31日）

▲长县政办发〔2015〕29号　关于印发《长沙县环境保护局主要职责内设机构和人员编制规定》的通知（12月31日）

▲长县政办发〔2015〕30号　关于印发《长沙县安全生产监督管理局主要职责内设机构和人员编制规定》的通知（12月31日）

▲长县政办发〔2015〕31号　关于印发《长沙县供销合作社联合社主要职责内设机构和人员编制规定》的通知（12月31日）

▲长县政办发〔2015〕32号　关于印发《长沙县人民防空办公室主要职责内设机构和人员编制规定》的通知（12月31日）

▲长县政办发〔2015〕33号　关于印发《长沙县统计局主要职责内设机构和人员编制规定》的通知（12月31日）

▲长县政办发〔2015〕34号　关于印发《长沙县住房保障局主要职责内设机构和人员编制规定》的通知（12月31日）

▲长县政办发〔2015〕35号　关于印发《长沙县旅游局主要职责内设机构和人员编制规定》的通知（12月31日）

▲长县政办发〔2015〕36号　关于印发《长沙县粮食局主要职责内设机构和人员编制规定》的通知（12月31日）

▲长县政办发〔2015〕37号　关于印发《长沙县重点工程管理局主要职责内设机构和人员编制规定》的通知（12月31日）

▲长县政办发〔2015〕38号　关于印发《长沙县机关事务管理局主要职责内设机构和人员编制规定》的通知（12月31日）

▲长县政办发〔2015〕39号　关于印发《长沙县政务服务中心主要职责内设机构和人员编制规定》的通知（12月31日）

▲长县政办发〔2015〕40号　关于印发《长沙县国有资产管理中心主要职责内设机构和人员编制规定》的通知（12月31日）

▲长县政办发〔2015〕41号　关于印发《中共长沙县黄兴会展经济区工作委员会、黄兴会展经济区管理委员会主要职责内设机构和人员编制规定》的通知（12月31日）

重要文件选辑

中共长沙县委
长沙县人民政府
关于统筹推进城乡融合发展的实施意见

长县发〔2015〕1号

根据《中共长沙市委长沙市人民政府关于统筹推进城乡融合发展的意见》（长发〔2015〕1号），结合本县实际，现就统筹推进我县城乡融合发展工作提出如下意见。

一、明确城乡融合发展的指导思想和发展目标

1. 指导思想：2015年及今后一个时期，全县农业农村工作以党的十八大和中央、省、市农村工作会议精神为指导，以深化农村综合改革为动力，以统筹城乡融合发展为主线，以新型城镇化为引领，充分发挥城镇连接城市、带动乡村的核心功能，形成以工促农、以城带乡、城乡一体、融合发展的新型城乡关系，加快推进功能区建设，努力打造城乡规划融合、基础设施完善、社会事业繁荣、产业发展升级、生态环境优美的全国创新发展样本。

2. 发展目标：通过三年努力（2015—2017年），全县在稳步推进“14+2”城乡一体化试点镇村建设的基础上，提升打造2个全国闻名的城乡融合样板镇，初步建成6个特色鲜明的功能型品牌镇，基本建成30个“美丽乡村”示范村和30个农民集中居住示范点，整合打造出2个“美丽乡村”旅游示范片区，提质3条现代农业产业示范带，加快建设8个现代农业特色产业园和100个现代农庄，辐射带动100个示范性农民专业合作经济组织和1000个具有一定规模的标准化家庭农场，将我县发展成为空间形态布局更加合理、资源要素流动更加快捷、产业关联度更加紧密、农村生活环境更加优美、城乡一体化全面推进的现代化示范区。

二、优化城乡融合发展的空间布局

3. 建设特色农业产业园区。根据区域资源优势、产业基础和发展潜力，实施产业集聚发展战略，大力加强现代农业载体建设。规划建设“一区八园”，以国家现代农业示范区为载体，着力发展城郊型现代都市农业，在捞刀河以北区域建设长沙现代农业区。在高标准建好现代农业主体功能区基础上，重点打造8个功能明确、特色彰显、关联度高、聚集度强，在全省乃至全国具有一定影响力和辐射力的现代农业特色产业园，着力打造中部引领、全国一流的现代农业产业集群。

4. 打造乡村旅游示范带（片）。全力实施“三带两片”战略，充分挖掘乡镇旅游资源，着力打造特色鲜明的“美丽乡村”。以贯穿县域南北的三条主干道为带，按照生态优美、生活甜美、社会和美的目标要求，将“三带”建成各具特色的现代农业示范带、环境整治集中带、美丽乡村风光带；以南部的浏阳河沿岸产业风光带为纽带，以北部的金开线为主轴，打造南北2个“美丽乡村”旅游示范片区。在基础设施配套、公共服务、社会事业、城乡产业等方面加大融合发展支持力度，通过先行示范推动全域发展，打造全省“美丽乡村”示范县。

三、强化城乡融合发展的产业支撑

5. 巩固提升传统产业。稳定粮食生产，加快全国双季稻高产创建整建制示范县建设，启动10万亩现代粮食产业标准化生产基地建设项目，巩固国家粮食生产大县地位。提升绿色蔬菜（食用菌）产业，科学引导蔬菜产业向县域北部转移，向设施农业、科技农业和高效农业发展，重点打造以路口镇为核心，辐射春华、高桥、金井的万亩连片标准化蔬菜基地。做强茶叶产业，以百里茶廊为重点，实施种植基地提升、加工水平提升、公共品牌提升以及产业多元化发展模式提升四大工程，将我县打造成国家级标准茶园和茶文化休闲旅游复合发展的示范基地。优化养殖产业，调整畜牧业产业结构，科学引导畜禽业生产，重点保护和做强“罗代黑猪”品牌，支持发展特色生态养殖，鼓励林下适度规模经营，坚持走产业与环境协同发展之路。

6. 大力培育新兴产业。立足省会城市目标市场，大力推进都市农业。大力提高花木产业规模化、专业化、标准化、科技化水平，支持新技术、新品种研发推广，引导和促进花木产业由粗放经营的数量型增长向集约发展的质量型增长转变。重点加强白沙镇万亩时鲜水果产业建设，支持特色小水果品种发展。积极发展森林公园、现代农庄、创意农业、乡村客栈、露营基地等农业观光和乡村旅游产业，着力建成全省产业观光、生态观光的首选之地。

7. 积极发展养生养老产业。坚持国际化视野，以市场需求为导向，以生态环境为基础，以相关产业为支撑，挖掘地域文化特色，以休闲旅游景区的开发建设为切入点，引进大资本与大品牌，建设3个以上国内较大规模、较强影响、较高品质的生态休闲养生养老产业园，打造省会长沙养生养老宜居之地。

四、打造城乡融合发展的品牌特色

8. 以金井、开慧为重点，打造全国样板名镇。依托石壁湖商业片区、茶叶产业园、板仓港、养生养老公寓等一批重大项目，高标准、高起点完善城镇规划，配套基础设施和公共服务设施，提升可持续发展能力，塑造个性鲜明、内涵彰显的名镇风貌。

9. 以高桥、路口、春华为重点，培植现代农业强镇。重点推进湖南现代农业科学城、食用菌加工产业园、农产品精深加工园、温泉小镇、湖南现代农业成果展示园等一批重大项目建设，着力打造一批有自主知识产权、有较强竞争力的龙头企业和地标性产品，努力培育贸、科、工、农相结合的新型市场主体，延伸产业链条，推动农业与工业、服务业融合，促进区域农村经济发展。

10. 以安沙、黄兴为重点，做强商贸物流重镇。加快建设安沙国际物流园、黄兴市场群等一批重大项目，承接省会城市加工、物流、仓储等产业转移，积极发展连锁经营、物流配送、电子商务等新型商业业态，增强辐射功能和拉动效应。引导企业向园区聚集，形成产业集群，打造县域内南北两大商贸物流中心。

11. 以双江为重点，建设生态有机新镇。充分运用天然小盆地的独特资源禀赋和生态要素，在加强“罗代黑猪”品质资源保护的同时，努力营造全镇域有机产业生产氛围，加快推进生态有机种养产业发展，打造山清水秀、绿色低碳、宜居舒适的生态有机“乐活新镇”。

12. 以板仓小镇、茶乡小镇、浔龙河小镇、麻林温泉小镇、影珠山森林公园为重点，塑造旅游精品小镇。加大旅游基础设施、公交路网、游客服务中心、旅游标识标牌等公共服务配套的建设力度，大力提升环境水平，完善乡村旅游度假功能。瞄准国内知名旅游目的地目标，充分挖掘文化和旅游资源，加大旅游产业的招商引资力度，着力打造基础设施完善、旅游特色鲜明、服务功能齐全的特色旅游名镇。

五、突出城乡融合发展的生态建设

13. 推进美丽乡村建设。用三年左右时间，将30个“美丽乡村”示范村建设成为全省最具影响力的秀美村庄。同时，基本完成武广高铁、京珠高速、长永高速及G107、S207、黄兴大道沿线景观风貌改造工程。通过大力改善农村基本生产生活条件，综合整治农村环境，争取到2017年，实现100%的村庄整洁、环保、舒适，90%以上的村庄，村容村貌和村民素质有一个显著提升。

14. 强化城乡节能减排。严格依法打击企业违禁偷排、养殖粪污直排，严控焚烧垃圾、焚烧秸秆，依法打击破坏山体、水体、公共资源的违法行为。加强饮用水源保护，强化对企业污染治理设施的监督管理。深入推进电机效能提升计划，加强清洁生产技术的示范应用和推广。推广“零碳”模式，建设“零碳”体验馆、环境资源储备交易管理所，加快打造“零碳”县。

15. 严格养殖污染治理。力争到2017年全县牲猪存栏总量控制在40万头以内。将拆除牲猪养殖栏舍和清除外来养殖列入镇（街道）生态建设环境治理年度考核，确保拆除后养殖不反弹，拆除数量不虚报、转产扶助资金不挪用，确保拆除栏舍复耕复绿。

六、提升城乡融合发展的民生质量

16. 统筹城乡基础设施。坚持统筹兼顾、适度超前，推动城市基础设施向农村延伸对接。坚持集镇与城区同一标准建设，坚持向北部区域与薄弱环节重点倾斜，加快实现城乡基础设施均衡化。强化快速化连接和交通提质升级，建设S323及北横线干道，加快村级公路“白改黑”工程建设。推进城乡公交一体化提质升级，增加覆盖面，完善站点设施。强化标准化配置，完善城乡水、电、气等基础设施配套与升级，全面推进城镇高品质绿化、亮化、净化和美化。统筹推进市医危废处置中心及周边基础设施和招商项目建设，带动北山镇发展，促进干杉、江背等镇依托大众汽车项目发展配套产业园区，支持果园镇建设田汉文化名镇，支持黄花镇与空港城的产业对接与协同发展，支持有条件的镇开发建设商贸新城和发展新区。

17. 统筹城乡公共服务。优化公共服务设施的规划布局，制定更加开放的政策办法引导社会资本参与民生项目建设。推动物联网、大数据、无线宽带等新一代信息技术在城乡融合中的发展和运用。探索将社区服务中心升级为公共服务综合体，整合各试点镇土地资源，规划建设好学校、社区卫生服务站、农民公园、村级邻里中心等配套项目。实施缓解城区大班额三年行动计划，全面完成农村义务教育学校标准化建设，大力引进优秀教育人才和优质教育资源，推广联合办学，推动城乡教育均衡发展。加快城乡医疗卫生资源优化配置，积极鼓励社会办医，提高人均基本公共卫生服务经费标准，逐步实现居民健康医疗信息跨机构、跨区域共享。深入推进群众文体“百千万”工程，逐步推进“乐和乡村”全覆盖。加快便民公益性市场体系建设，实施农贸市场提质三年行动计划。到2017年，每个市级试点镇拥有一所与城区联合办学的初中，一所具有二级医疗服务能力的综合医院。

18. 统筹城乡社会保障。全面落实高龄津贴全覆盖等七大惠民政策，积极开展“五项保险”扩面提标，实施社会保险全民参保登记。建立完善镇村两级社会保障平台，完善被征地农民基本生活保障制度，健全社会救助制度。启动社会福利中心建设，完成老年活动中心及春华、北山等镇敬老院建设。加大公租房建设、棚户区改造、农村危房改造力度，持续提高社会保障水平。到2017年，全县惠民政策落实、各项保险及社会救助目标人群覆盖率100%。

19. 全面实现精准脱贫。坚持全员参与、全面覆盖，因地制宜、分类施策，发展为要、民生为重，政策主导、市场运作的原则，强化镇、村、组主体责任和农村党支部战斗堡垒作用，扎实开展精准扶贫和精准脱贫工作，确保2017年底以前全县建档立卡贫困人员全部清零，贫困村基础设施和基本公共服务主要领域指标以及贫困户人均可支配收入均接近或达到全县平均水平，率先全省实现全面小康。

20. 推动大众创新创业。建立健全政策引导、资金扶持、大众参与、政府服务的“众创”工作服务机制，为创新创业群体提供从源头到终端的全方位支持。县设立创新创业投资引导基金、创新创业服务中心和创客培训交流活动中心，以北部农业功能区为重点，通过实施“三百”工程，打造一批农村“创客”典型，即100个“零资金”创新创业典型、100个带动村集体经济发展的创新创业典型、100个带动精准扶贫创新创业典型。各功能区与镇（街道）要根据自身产业集群的特点，通过降低创新创业门槛，支持“创客”活动载体，搭建“众创”发展平台，切实为小微创新型企业成长和个人创业提供低成本、便利化、全要素的开放式综合服务，使我县农村区域成为全省最具吸引力的创客集聚地。

七、创新城乡融合发展的体制机制

21. 加大财政投入。按照统筹城乡融合发展的三年行动计划，调整优化财政支出结构，加大对城乡区域统筹发展的投入。在切实保障每年新增财力70%用于民生项目的同时，重点保障农业现代化和城乡一体化的财政支出预算安排。每年安排不少于1亿元专项引导资金支持“14+2”城乡一体化试点镇村项目建设，不少于5000万元的专项扶持资金注入创新创业发展基金，支持平台与项目建设，不少于4000万元专项引导资金支持农业特色园区建设，不少于1500万元产业化专项资金支持现代农业企业产业升级和示范性现代农庄建设。加快财政投入方式改革，提高“以奖代投”和“贷款贴息”支持比例，大胆探索“拨改投”的政府财政支农新办法。

22. 加强用地保障。充分保障“14+2”城乡一体化试点镇村、农民集中居住点和“美丽乡村”示范点土地利用规划的动态调整和用地需求。按县内年度建设用地指标总量15%以上比例确保现代农业产业园区和新建涉农项目的用地需要。严格执行有关规定，加快推进现代农庄建设。认真落实设施农业、休闲农业的用地政策，加快推进农业产业化和现代化进程，进一步提高农业生产效益。

23. 加强融资运作。创新城乡融合发展投融资平台，通过市场化手段，整合运营城乡资产资源，重点支持对各试点镇投融资平台的整合，提升政府平台市场运营能力，为现代农业功能区和城乡一体化试点镇的重大基础设施项目、重大产业项目提供支持。积极引导和推行PPP合作经营模式，引导社会资本参与城乡重大项目建设。建立和完善城乡融合发展金融服务，充分发挥财政资金的引导和杠杆作用，依托实体化平台设立我县城乡融合发展和现代农业发展基金，积极探索以财政手段与金融手段相结合的投入机制，支持重大项目建设，加快城乡融合和产城融合进程。

24. 加强创新驱动。稳步推进农村土地制度改革，全面完成农村土地承包经营权确权登记颁证工作，成立农村集体土地流转交易中心，积极推进农村集体经营性建设用地入市。按功能分区发展战略，创新城乡发展机制，有序推进农业转移人口就地市民化。按照中央和省市部署要求，深化试点镇行政管理体制改革，推动样板镇纳入新型设市模式试点范围，探索实施县级管理权限下移或委托行使。推进农村土地征收制度、农村宅基地制度等改革的先行先试，进一步激活农村发展的动力。加强农村土地规范流转和管理服务，扶持壮大农业新型经营主体，大力培育造就新型职业农民队伍。

25. 加强组织领导。强化县推进城乡一体化发展领导小组职能，及时研究解决城乡融合发展进程中的重大问题。县推进城乡一体化发展领导小组下设办公室（设在县示范区管委会），统筹推进县域城乡融合发展。各有关部门和各功能区管委会要各司其职，各负其责，形成条块联动、协调推进的工作机制。统筹推进城乡融合发展工作纳入各功能区、各镇（街道）、各部门年度目标考核。

中共长沙县委

长沙县人民政府

2015年10月9日

中共长沙县委
长沙县人民政府
关于推进功能分区建设有关工作的通知

长县发〔2015〕7号

各镇党委和人民政府，街道党工委和办事处，县直机关各单位，垂直管理各有关单位：

为贯彻落实省委“分类指导、科学发展”战略思想和市委常委相关会议精神，进一步打造省会次中心，根据《长沙市机构编制委员会关于印发〈长沙县功能分区体制机制和机构设置方案〉的通知》（长编委发〔2015〕23号）精神，现将我县功能分区建设工作有关事项通知如下：

一、明确各功能区的名称及范围

根据不同产业规划布局定位，在《湖南省主体功能区规划》将长沙县确定为重点开发区域的基础上，在不改变与长沙市行政隶属关系、不改变长沙经开区现有运行模式、不涉及行政区划调整的基础上，将我县全域科学划分为长沙经济技术开发区即先进制造业区、长沙临空经济区、星沙松雅湖商务区、黄兴会展经济区和长沙现代农业区。

（一）长沙经济技术开发区即先进制造业区。本区域以国家级长沙经济技术开发区为依托，涵盖泉塘街道，㮾梨街道的机场高速以北部分，长龙街道（星沙产业基地），黄花镇的华湘村、黄花村，春华镇的春华山村、花园新村、石塘铺村、春华山社区，干杉镇的百祥村。该区域面积约114.27平方千米。

（二）长沙临空经济区。本区域包括黄花镇的黄龙新村、合心村、长丰村、鱼塘村、东塘村、谷塘村、金塘村、高岸村、大路村、黄花路社区、黄谷路社区、机场口社区，江背镇，干杉镇的大岭村。该区域面积约261.02平方千米。

（三）星沙松雅湖商务区。本区域包括湘龙街道，星沙街道，黄花镇的回龙村、梁坪村、龙湖村、崩㘭村、银龙村、新江村、大兴村，安沙镇的龙华新村、杨梓冲村、谭坊新村、白塔村、毛塘社区、水塘垅村、三合村、梅塘村。（将新长海、明城片区纳入其中，即天华路、长永高速、京珠高速、漓湘路围合片区）。该区域面积约166.21平方千米。

（四）黄兴会展经济区。本区域涵盖黄兴镇，㮾梨街道的机场高速以南部分，干杉镇除百祥村、大岭村以外的部分。该区域面积约170.92平方千米。

（五）长沙现代农业区。本区域包括北山镇、青山铺镇、福临镇、开慧镇、金井镇、高桥镇、双江镇、白沙镇、路口镇、果园镇，安沙镇的双冲村、油铺村、太兴村、和平村、花桥村、新华村、泗洲村、黄桥村、五龙山村、唐田新村、万家铺村、宋家桥村、文家塅村、鼎功桥村、安沙社区，春华镇捞刀河以北的洞田村、九田村、九木村、松元村、龙王庙村、大鱼塘村、官塘村、武塘村、金鼎山村。该区域面积约1043.45平方千米。

二、准确把握功能分区发展定位

（一）长沙经济技术开发区即先进制造业区。突出发展工程机械、汽车及零部件、电子信息等先进制造业产业集群，以及新材料、节能环保等战略性新兴产业集群，加快推动食品饮料等传统产业转型升级，加快推进产城融合，打造国家级先进制造业中心。

（二）长沙临空经济区。以建设长沙黄花国际航空枢纽综合功能区为目标，培育具有高发展潜力、高附加值的临空高端服务业、临空高新技术产业、临空高端制造业。聚集资金、土地、设施等要素，着力打造依托湖南、立足中部、面向世界的特色航空产业高地、现代服务知识新城、绿色生态休闲的“中部空港第一城”。

（三）星沙松雅湖商务区。以松雅湖片区的总部经济、现代服务业、创投产业和毛塘片区的现代物流业为支柱，以现有建成区的生活服务业和毛塘片区、东八线以西的教育科研产业为主导，同时加强文化、体育、公共服务、公共政策等软环境培育，加快提速松雅湖和毛塘片区开发，着力打造彰显山水之美、人文之美、城市之美的国际化都市新区。

（四）黄兴会展经济区。紧紧抓住湖南省打造现代服务业示范区的机遇，推动该功能区纳入全省现代服务业总体规划，并依托长沙高铁枢纽和国际会展中心，大力发展会展经济、专业市场、楼宇经济、总部经济、文化旅游、金融创新、电子商务、服务外包等现代新兴服务业，着力打造全省现代服务业高地和核心增长极。

（五）长沙现代农业区。以国家现代农业创新示范区建设为载体，着力发展城郊型现代都市农业。引导农业人口科学聚集和有序转移，实现农业现代化和新型城镇化共荣发展。建成国家级现代农业技术产业开发区、先进要素聚集区、新型农业样板区和体制机制创新实验区，成为“示范全省、引领中部、影响全国、对话全球”的现代农业高新技术产业集成展示窗口。

三、科学谋划功能分区职能定位

作为经济分类的主要载体，功能区的划分不增加行政管理层级，功能区管理机构不直接管理辖区内镇（街道）的干部人事、财政税收、社会管理，不干预辖区内镇（街道）的日常行政工作，主要承担与经贸发展、项目建设和招商引资等相关的经济职能，着重于宏观管理、综合协调和监督考核，具体履行五个方面的职能。

（一）统筹区域规划。负责按照全县国民经济和社会发展规划、土地利用总体规划、城乡总体规划，实行“三规合一”，在此基础上拟订功能区发展战略和产业发展规划，并组织实施；负责编制区域产业发展指导目录，经审查批准后监督组织实施。

（二）统筹区域建设。牵头拟订区域重点项目规划和年度项目建设计划；统筹调度区域内项目建设；负责推进园区内项目建设。

（三）统筹区域招商。按照功能区相关发展规划，统筹园区内产业招商；编制功能区招商指导目录，拟订项目准入的细则；牵头协调区域内项目招商工作；牵头负责项目的策划、包装，协调项目的选址、落地、立项、规划的审核。

（四）统筹区域环境保护。拟订区域环境保护规划，并组织监督实施；统筹协调区域内重点环保工程的规划、设计和建设。

（五）统筹区域经贸管理。负责监测、分析和预测功能区产业发展态势，对功能区产业发展中的重大问题和热点、难点问题进行调查研究，提出政策建议。

四、建立健全联动发展机制

各功能区要积极探索，善于调动各方积极性，逐步健全联动发展、利益共享运作机制，切实推进区镇（街道）联动和功能区域建设。

（一）功能区党工委在县委领导下开展工作，负责指导功能区内党组织工作，贯彻执行党的路线、方针、政策；根据县委的授权，领导功能区范围内所辖园区党的建设工作。

（二）功能区党工委、管委会和镇（街道）均在县委、县政府领导下开展工作，向县委、县政府负责。建立起县委、县政府和功能区、镇（街道）的重要情况沟通和重大问题协调机制、重要审批催办督办机制以及重大事项通报机制。对涉及功能区范围内的规划、建设、招商、环境保护、经贸管理等方面的重大事项，由功能区管理机构统筹把关，报县委、县政府决定后，由管委会、镇（街道）按照职责权限组织实施。

（三）功能区党工委、管委会在功能区所辖园区内履行经济发展事务主体责任，对园区外经济发展事务履行统筹协调和督促考核职责。功能区范围内社会事务由所在镇（街道）实行属地管理。

（四）功能区党工委、管委会的运行经费由财政保障，功能区所辖园区的开发建设资金采取市场运作模式解决。

（五）功能区党工委、管委会履行县直有关部门委托下放的职权，并协助县直有关部门做好行政审批事项的基础性、事务性工作。

（六）功能区各项经济指标按属地原则纳入所在镇（街道）统计。

五、切实保障功能分区工作规范运行

（一）加强组织领导和统筹协调。县委每年定期听取工作汇报，县政府每年定期召开专题会，研究解决功能分区建设中的重大问题。由县政府办牵头，相关部门和单位参与，制定功能区管理办法，明确功能区管理机构与各方职责关系以及功能区管理机制、财政分配办法等。各牵头部门和单位要明确责任领导、责任人与进度要求，切实抓好各项工作落实。县委督查室、县政府督查室和相关部门要加强跟踪，做好督促检查工作，及时向县委、县政府报告有关重大问题。

（二）强化规划引导与一体推进。着力抓好“三规合一”，以规划一体化推动区域一体化，带动土地使用的集约化。在认真贯彻落实《功能分区体制机制创新实施规划》的基础上，进一步深化和完善各功能区域发展规划，统筹考虑功能区域的经济社会发展，统一规划区域的产业布局、基础设施、项目铺排以及商业、文化、娱乐设施等。以功能分区建设为抓手，以体制机制创新为龙头，深入推进投融资、环保、财税、土地、产业、社会管理和服务等多方面的综合配套改革，按照区划微调、县城提质扩容、打造县域新的发展极核等方面要求，实现资源要素统筹和节约集约发展，破解土地、资金等要素瓶颈，全面打造两型发展模式。

（三）搭建良好的工作机制和政策平台。功能区要创造条件进行改革创新，加强与省、市对接协调，全力争取上级支持。要加强协同配合，建立良好的部门联动机制。积极探索、认真研究各功能区差异化的产业政策、招商引资政策、投资政策、土地政策以及环境政策等并逐步实施，同时，建立健全差异化绩效考核评价体系，进一步凸显功能导向、分类指导。

中共长沙县委

长沙县人民政府

2015年7月23日

中共长沙县委
长沙县人民政府
关于支持北部农村创客发展推进创新创业的意见（试行）

长县发〔2015〕14号

为进一步加快我县农村经济社会发展，提升我县现代农业创新成果，引导鼓励创客入驻县域北部农村创新发展，根据中央、省、市有关大众创业万众创新及支持发展创客空间的精神和要求，结合我县实际，特提出以下意见：

一、指导思想

以促进产业结构转型升级加快实现富民强县为目标，以激发全社会创新创业活力带动就业与精准扶贫为主线，以长沙现代农业区建设为载体，坚持政府引导、市场运作、开放包容、示范引领原则，有效整合资源，集成落实政策，加快实施创新驱动发展战略，积极完善农村创客空间新型孵化模式，形成“大众创业、万众创新”的良好生态环境。

二、主要任务

通过大力实施创客招募行动，力争五年内吸引10000名创客主体进驻农村，重点培育100个以“零资金”启动快速成长、100个以新型产业带动村集体经济发展、100个以解决就业带动精准扶贫的“三个一百”创新创业典型，建设S207线、黄兴大道、G107线“三条创客大道”。加快推进产业深度融合，全面带动农民群众就业增收，将我县北部农村建设成为创新活跃、就业充分、富足安居的具有广泛聚集和辐射效应的农村创客洼地。

（一）搭建创客平台

1. 建立服务机构。建设县级农村创客服务中心，完善接待、管理、培训、交流、辅导、路演等功能，负责发布创业扶持政策、服务资源等信息，组织开展创业辅导、培训等活动，提供项目咨询、跟踪扶持等服务。由各镇人民政府按照符合规划、交通便利、面积适当、外形规则的原则，分类设立创客服务站（点），引导搭建创客空间和实践平台，组织创客交流活动，为创客提供各类综合服务。

2. 创建创客空间。各镇分别建设1个以上示范性创客空间（使用面积300平方米以上）。同时，鼓励各类社会组织机构创办创客空间，为创客群体提供研发场地、研发工具、创意作品展示、创意交流分享、创业辅导和资金对接等综合服务。鼓励利用闲置的民房、厂房、仓库和废弃的医院、学校等资源，打造创意工作室、创意坊等，满足各类创客主体的个性化需求。顺应“互联网+”时代趋势，引进国内外知名市场化运营机构在县建立分支机构，为创客提供设施、创业辅导、托管、预孵化等专业服务，提升创客载体的运营水平，推进农村信息化建设，完善农村电子商务生态。

3. 提供实践平台。鼓励农业科研院所、农业龙头企业、现代农庄及其他组织设立创客实践室、创客工场等实践平台，配备必要的设施设备，为创客实现创意成果转换提供场地。激励本地农民盘活个人资产、土地经营权，以入股、租赁、合作等形式融入创客队伍，发展传统手工艺、农产品加工、乡村旅游、农村服务业等。支持创客发展农民专业合作社、家庭农场、乡村客栈等，创建农村科技致富示范基地，推进青年创业富民行动。

（二）强化科学管理

1. 合理规划产业布局。根据区域资源优势、产业基础和发展潜力，对北部乡镇产业发展进行科学定位，合理引导创客主体入驻，整合资源、集中力量引导优质创新型产业实现集聚发展，促进就地就业增收和人才汇集，形成具备区域优势的现代农业创新产业集群，推动形成一批产业发达的中心集镇。

2. 做好创客智能管理。开发创客智能管理系统，健全创客动态管理机制。做好创客进驻备案登记管理，记录创客需求、创业项目特色，做好靠谱指数分析，力争引入优秀创客和优质创业项目。做好创客动态跟踪管理，准确智能地引导创客就位，并及时跟踪管理创客动态信息。建立完善创客诚信体系，实时开展效益分析，建立创客综合信息基础数据库。建立完善创客准入负面清单制度，在生态保护、合法经营、市场准则等方面设立限制类、禁止类等类目条款，由各相关职能部门负责按清单执行，确保创客依法依规有序入驻经营发展。

3. 注重绩效跟踪评估。根据创客项目成长绩效，定期组织开展评估，理性分析创客发展情况，对优秀创客和创新创业服务组织进行奖励表彰，推动北部农村创客健康有序发展。

（三）完善服务体系

1. 全程手续代办。优化创客服务中心和孵化器的创客入驻流程，向创客主体提供“保姆式”服务，为创客提供工商注册登记、专利及商标申请等手续代办或绿色通道。

2. 健全基础保障。推进通信网络全覆盖，加快光纤网络进村入户，依托创客空间、实践平台、城乡公交站点等铺设WiFi热点。完善城乡公交一体化网络，提高站点覆盖面；打通道路交通微循环，加快乡镇道路建设提质，实现镇与镇、村与村之间交通互联。

3. 畅通销售渠道。主动与知名电商平台对接，打造统一的电子销售平台；主动与连锁超市合作，在大型超市设置销售专柜，打造生产与销售、线上与线下相结合的销售渠道。加快现代物流进村发展，在创客大道沿线设置快递收发服务点，为创客畅通销售渠道提供优质服务配套。

4. 开展教育培训。整合县内各类资源，聘请资深创客、知名创客以及有丰富经验的企业家和技术专家担任创客导师，免费为创客提供创新指导和创业辅导；鼓励各类培训机构开设创业创新类课程，采取面授、远程网络互动、在线教育APP等方式开展创业培训。

5. 健全融资服务。建立政府主导的农村创客基金，鼓励银行等金融机构创新金融产品，为创客提供个人担保贷款、知识产权质押贷款、股权质押贷款等金融服务，支持天使投资、创业投资发展，培育发展天使投资群体，构建多元化、多层次、多渠道的投融资服务体系。

6. 促进创客交流。开展“众创新农·孵化传奇”品牌活动，并将其系列化、常态化、持续化。积极举办或承办创新中国创业项目大赛（DEMO CHINA）、全国大学生创业大赛等国际性、全国性创业活动。积极搭建对话交流平台，支持举办创意设计大赛、创客咖啡吧、创客沙龙（专题论坛、讲座）、创客训练营（路演汇、帐篷节）等各类主题活动。鼓励社会力量组织开展创客成果展、创客项目路演、创客集市等公益活动。

（四）加强政策支持

1. 加强财税政策引导。加强财政资金引导，建立农村创客专项扶持资金，对创客项目、创客服务、成果转化和创客活动予以支持。创新财政投入方式，充分利用财政资金的引导功能和杠杆效应，建立和完善无偿资助、偿还性资助、贷款贴息、风险补偿、股权投资后补助等财政资金支持方式，全面撬动银行、保险、证券、股权基金等资本市场要素投向创客发展。落实上级关于重点群体创业就业和支持小微企业发展等税收优惠政策。

2. 鼓励人才定居。在北部农村非控规区域，对入驻创业稳定发展三年以上，经县统一审批，有安居兴业要求且具有农业户口的优秀创客人才，可将农业户口迁入到规划的集中居住点所在地的村组，按选定地块面积缴纳一定的公共设施建设配套费用后可依规办理村民建房许可，户主对入住地所占地块（宅基地、院落地块）享有合法使用权，可继承但土地所有权仍属于所在村集体，其本人及后代不享受本土原有村民具有的山、水、田、土等承包经营权和集体收益分配权。其原本具有的城镇社保、医保、计生等相关政策维持不变。

3. 落实补贴支持。实行基础网络服务费补贴，在享受县内网络服务集团用户优惠的基础上，对经审核认定的创客，给予每年200元网络服务使用费补贴。建立电商物流配送扶持机制，实行快递网络实单补贴，加快城乡物流双向流通。每年对前100名经审核符合条件的“零资金”创客，可免费入驻政府指定的创客空间，并申请1~2万元创业启动扶持资金；对经审核认定的创客空间场地租赁，对房屋租金给予一定补贴。支持各类组织机构免费开展各类培训、交流等创客公共服务活动，对经审核备案的培训交流活动，经认定后按实际发生费用给予最高不超过50%的一次性补贴。

4. 集成扶持政策。加强部门协调联动，按30%比例整合部门各项支农资金，对创客发展形成政策支持合力。鼓励有条件的众创空间进行创新创业企业集群注册登记。鼓励科技创新，对创客发明成果专利申办补助，并对创客主体专利质押贷款实行贴息补助。鼓励知识产权转让，给予无形资产评估费用补贴。对众创空间培育出的高新技术企业或技术先进型服务企业，经认定给予一次性补助。完善现代农业新型产业创业项目考核评价体系，对成长快、用工多、税收贡献大、科技成果转化效益高、生态环保促进作用明显的新型创新创业产业项目，纳入支农项目资金支持范畴。

三、工作要求

（一）加强组织领导。成立长沙县北部农村创客发展工作领导小组，由县委书记、长沙经开区党工委书记杨懿文任组长，县委副书记、县长张庆红任第一副组长，县委副书记吴新伟任常务副组长，县委常委、常务副县长杨莉，县委常委、宣传部长彭勇，副县长李万兴任副组长，县委办、政府办、宣传部、财政局、教育局、科技局、商务局、交通局、现代农业区管委会、电信分公司为成员单位。领导小组实行联席会议制度，研究决策有关重大问题，建立政策执行情况督查督导机制，统筹有序推进各项工作。领导小组下设办公室（设现代农业区管委会），负责牵头组织创客发展工作的具体实施推进。

（二）确保实施效益。各成员单位要根据工作职能，制定完善支持创客发展的配套政策与操作办法，简化工作流程，认真组织实施，加强资金扶持的管理监督，确保政策实施落到实处、见到实效。各镇要明确专人，不断新增计划项目，定期评估项目实施情况，切实做好服务引导和政策落实工作。

（三）注重宣传引导。利用各类资源，重点宣传“三个100”典型创业人才，传播创业故事，推广创业经验，倡导形成内容丰富、形式多样、机制灵活、政策完善的服务氛围，营造敢为人先、合作共赢、宽容失败的创业生态，弘扬敢于有梦、勇于追梦、善于圆梦的创客精神。

（四）强化督查考核。将农村创客发展作为民生实事工程、地方发展工程来抓，列入全县“十三五”期间重点工作内容，并纳入年度绩效考核范畴，由领导小组加强工作督查和考核管理。

中共长沙县委

长沙县人民政府

2015年12月17日

长沙县人民政府

关于印发《长沙县最严格水资源管理制度实施办法》的通知

长县政发〔2015〕86号

各镇人民政府、街道办事处、县直机关有关单位、经开区有关单位：

《长沙县最严格水资源管理制度实施办法》已经县人民政府同意，现印发给你们，请认真组织实施。

长沙县人民政府

2015年12月21日

长沙县落实最严格水资源管理制度实施办法

根据《国务院关于实行最严格水资源管理制度的意见》（国发〔2012〕3号）、《国务院关于印发水污染防治行动计划的通知》（国发〔2015〕17号）、《湖南省人民政府关于印发〈湖南省最严格水资源管理制度实施方案〉的通知》（湘政发〔2013〕32号）、《长沙市最严格水资源管理制度实施方案》（长政发〔2014〕3号）及县委、县政府《关于加快水务改革发展率先实现水务现代化的意见》（长县发〔2011〕1号）等文件精神，为全面强化我县水资源管理工作，结合我县实际，特制定本实施办法。

一、指导思想

深入贯彻党的十八大精神，全面落实科学发展观，坚持“节水优先、空间均衡、系统治理、两手发力”的基本思路，严格控制县域用水总量，全面提高用水效率和效益，严格入河污染物总量控制。统筹生活、生产、生态用水，完善水资源管理体制机制，加强政策引导和法治保障，严格落实目标责任制，促进我县水资源合理开发利用和节约保护，保障经济社会可持续发展。合理确定发展布局、结构和规模。充分考虑水资源、水环境承载能力，以水定城、以水定地、以水定人、以水定产。

二、总体目标

确立全县水资源开发利用控制红线， 2015年，全县用水总量控制在5.83亿立方米以内；万元工业增加值用水量控制在36立方米以下，农田灌溉水有效利用系数提高到0.53以上，重要江河湖泊水功能区水质达标率达到80%以上，其中饮用水水源地水质达标率达到98%以上。

到2020年，全县用水总量控制在5.93亿立方米以内；万元工业增加值用水量控制在26立方米以下，农田灌溉水有效利用系数提高到0.62以上，重要江河湖泊水功能区水质达标率提高到90%以上，其中饮用水水源地水质达标率达到100%。

到2030年全县用水总量控制在5.93亿立方米以内；万元工业增加值用水量控制在18立方米以下；农田灌溉水有效利用系数提高到0.65以上；水功能区水质达标率达到100%。

三、工作重点

（一）严格水资源开发利用红线管理

1. 完善水资源规划体系。县水务局完成县级水资源综合规划，全方位规划水资源的开发、利用、配置、节约、保护工作，报县政府批准后实施。

2. 严格控制用水总量。依据市人民政府批准确定的我县规划期用水总量控制指标，制定各镇（街）和经开区园区水量分配方案，实行年度用水总量管理，建立取用水总量控制体系及考核奖惩制度。对取用水总量已达到或超过控制指标的地区，暂停审批新增取水的建设项目；对取用水总量接近控制指标的，限制审批新增取水的建设项目。禁止建设高耗水、低效益的项目。根据市政府划定的地下水禁采区、限采区，从严控制地下水取水，依法限期关闭城市供水管网覆盖范围内的自备水井。

3. 严格水资源论证制度。制定国民经济和社会发展规划，编制城市总体规划、中心镇总体规划、开发区规划、工业区规划、重大建设项目布局要开展水资源论证。在有关规划审批和建设项目批准、核准、备案时，项目审批部门应告知业主单位进行规划和建设项目水资源论证。对未依法完成水资源论证工作的规划和建设项目，发改部门及行业主管部门不得批准或核准，建设单位不得擅自开工建设和投产使用。

4. 严格实施取水许可和水资源有偿使用。严格规范取水许可审批管理，新增取水许可审批要符合《长沙市用水定额》标准，对不符合国家产业政策或列入国家产业结构调整指导目录中淘汰类的，产品不符合行业用水定额标准的，城市公共供水管网能够满足用水需要的，以及地下水超采地区取用地下水的建设项目取水申请，审批机关不予批准。建设项目水资源论证报告确定的节约、保护和管理措施全面落实并经水行政主管部门验收合格后，方可发放取水许可证。未经水行政主管部门批准或未按批准方案进行取用水的，由县水务局责令停止取用水。依法按时足额征收水资源费，确保应收尽收，任何单位和个人不得擅自减免、缓征或停征水资源费。水资源费主要用于水资源节约、保护和管理。

5. 实行水资源统一调度。县水务局会同相关部门制定旱灾、洪灾、水污染等紧急情况下的水量调度预案，经县政府批准后必须严格执行。加强江河湖库水量调度管理，水资源调度优先保障城镇供水和居民生活用水需要。合理进行水量调度，维持河湖基本生态用水需求，重点保障枯水期生态基流。

（二）加强用水效率控制红线管理

1. 强化计划用水和用水定额管理。对纳入取水许可管理的单位和年取用水 20 万平方米以上的用水大户严格实行计划用水管理。用水单位应当于每年 12 月 31 日前向县水务局提交下年度用水计划建议，县水务局根据《长沙市用水定额》，核定各行业用水户的年度用水量，用水单位根据核定的年度用水计划自行制定月用水计划报县水务局备案。县水务局定期检查用水单位的用水计划执行情况，对未取得用水计划指标的非居民生活用水户，供水企业不得供水。不符合用水定额标准要求的用水户，要加快进行技术改造，技术改造完成前，县水务局不得新增用水计划量。各用水户必须按照标准完善用水计量设施的安装和维护，全面实行用水计量。公共供水企业要定期统计水厂取水量、供水量和售水量数据，建立各供用水户的用水台账，并上报县水务局。建立用水户用水报表制度，规模以上工业企业要将每月生产、生活用水数据每月定期上报县水务局，各取水户应将每月取水量（或发电量）定期上报县水务局。

2. 加快推进水价改革。加快推进城市水价、农业水价和农村集中供水工程水价改革，完善有利于节约用水的水价格体系。县发改局负责将水资源费纳入公共供水基本水价，完善水资源费随水价联动机制，制定居民用水阶梯式水价及非居民用水超定额、超计划累进加价水价标准和超额水费收取及管理办法，实行居民用水阶梯式水价制度和非居民用水超定额、超计划累进加价制度。

3. 健全建设项目节水“三同时”管理。新建、扩建、改建的建设项目，应当制订节水措施方案，配套建设节水设施。节水设施应当与主体工程同时设计、同时施工、同时投产使用（即“三同时”制度）。建设项目在可行性研究阶段应当编制专门节水措施方案，初步设计、施工图设计阶段应当专门进行节水设施设计。对建筑面积在 1 万平方米以上的公共建筑、建筑面积在 10 万平方米以上的居民住宅建筑或年用水量大于 3 万立方米的建设项目审查组织单位应会同县水务局对节水措施方案进行评估；建设项目竣工验收时，建设单位应向县水务局申请对节水设施一并验收，验收合格的出具用水节水设施验收合格证明。县水务局加强对建设项目的节水设施运行的监督管理，对违反“三同时”制度的，责令停止取用水并限期整改。

4. 加快推进节水技术改造。加大农业、工业、生活节水技术改造力度。2020 年前，完成 4 个中型灌区和 20 个千亩以上的小型灌区配套及节水改造，发展管道灌溉为主的高效节水灌溉 20 万亩。工业生产应积极采用先进节水和中水回用技术，县经信局、经开区产业环保局要加强工业企业节水考核和监查，实施工业水效提升计划；探索开展水平衡测试和固定资产投资项目水效评估；推进工业节水重大示范工程建设，大力提高工业用水重复利用率。加强城市供水管网改造，降低供水管网漏损。到2020年，城市供水管网漏损率控制在10%以内；推进市容、绿化等公益性行业的用水计量，规范消火栓及公共用水管理；推广使用节水型生活用水器具和产品，按照国家相关要求，逐步全面淘汰不符合节水强制性标准的产品。加强对洗浴、洗车等高耗水服务行业的节水管理，严格审批，从事洗浴、游泳、水上娱乐等经营业务的，应当安装、使用节约用水设施、设备，提高水的利用率；月用水量超过五百立方米的车辆清洗点，必须安装、使用循环用水设施。

5. 加强取用水户监督管理。建立重点取用水户监控制度，到2020年前，对公共供水企业、四个中型水库及小Ⅰ水库灌区、年取用地表水20万立方米以上和地下水5万立方米以上的重点取用水户，安装取水远程计量监控系统，实现与县水资源管理信息系统联网运行。非重点取用水户，按规定安装取水计量设施，纳入规范化管理。逐步完善其它小型灌区和工业用水户的远程计量监控系统建设。

6. 大力推进非常规水源开发利用。由县规划建设局牵头，发改局、经信局、环保局、交通局、水务局和区建设局等部门配合，加快城镇再生水利用设施及管网规划建设工作，工业生产、城市绿化、道路清扫、车辆冲洗、建筑施工、农业灌溉以及生态景观等用水，要优先使用再生水，到2020年，城市污水处理设施再生水利用率达到20%以上。积极推行低影响开发建设模式，建设滞、渗、蓄、用、排相结合的雨水收集利用和建筑再生水利用等系统建设。新建城区硬化地面，可渗透面积要达到40%以上。对开发利用非常规水资源的，不计入区域用水总量控制指标。

（三）加强水功能区限制纳污红线管理

1. 严格入河湖排污口监督管理。严格入河排污口审批、登记和核查制度，核定水功能区纳污能力，严格控制入河湖排污总量，依法开展入河排污口日常监督管理。县水务局监测发现水域污染物排放总量超过水域纳污能力或者水功能区水质不达标时，不得审批新增取水和入河湖排污口，县环保局不得发放新的排污许可证，并应当限期削减污染物排放总量。新建、改建或者扩大入河湖排污口的，要进行入河湖排污口设置论证，入河湖排污口经县水务局会同县环保局联合审批后，县环保局方可审批建设项目环境影响报告。

2. 加强水功能区监测预警管理。县环保局负责全县水环境质量和水污染防治工作，承担对河流行政交界断面进行水质监测，县水务局配合对全县重点水功能区、上型水库进行水资源质量监测。县环保局加强对全县重点水功能区、河流行政交界断面的统一监管，2018年前完成重要水源地、重要河流断面水质、水量监测设施建设，对全县重点水功能区的水量、水质状况进行动态监测、评价，建立重要水功能区、河流行政交界断面的水质超标预警及通报制度。

3. 确保城镇供水安全。划定全县饮用水水源保护区，开展重要饮用水水源地安全保障达标建设。加大投入，加快推进金井水库清淤工程建设、供水水源多元化建设、重要饮用水源保护区生态移民等工作，统筹规划建设各供水区域管网间应急供水通道，建立城乡供水安全体系。县环保局、水务局、卫计局应定期监测、检测和评估本行政区域内饮用水水源、供水厂出水和用户水龙头水质等饮水安全状况，县城饮水安全状况信息都要向社会公开。

4. 严格城市排水管理。从事工业、建筑、餐饮、医疗等活动的企业事业单位、个体工商户向城镇排水设施排放污水的，应向县水务局申请领取污水排入排水管网许可证，未取得污水排入排水管网许可证向城镇排水设施排放污水的，依法进行处罚。县规划建设局牵头、县水务局、城管局配合，对县城地下排水管线进行普查，复核城市主排水管网的排水能力。需要与城镇排水与污水处理设施相连接的新建、改建、扩建工程，县规划建设局在核发建设用地规划许可证时，应当征求排水主管部门的意见。县城管局在排水管网运行管理中发现无证排入排水管道行为，应及时制止并通知排水主管部门处理。全面加强配套管网建设，现有合流制排水系统应加快实施雨污分流改造，旧城区改建及新建的开发区、工业区、住宅区等应当科学规划，建设污水管网并实行雨污分流，为对接市政排水、污水收集管道做准备。

5. 强化城镇污染治理。加快城镇污水处理设施建设与改造。现有城镇污水处理设施，要因地制宜进行改造，县城污水处理设施应于2017年底前全面达到一级A排放标准，城区内污泥无害化处置率达到70%以上。推进农村污染防治，科学划定畜禽养殖禁养区，依法关闭或搬迁禁养区内的畜禽养殖场（小区）和养殖专业户，自2016年起，新建、改建、扩建规模化畜禽养殖场（小区）要实施雨污分流、粪便污水资源化利用；控制农业面源污染。实行测土配方施肥，推广精准施肥技术和机具，到2020年，测土配方施肥技术推广覆盖率达到90%以上，化肥利用率提高到40%以上，农作物病虫害统防统治覆盖率达到40%以上。

6. 推进水生态系统保护和修复。加快推进水生态文明建设，严格控制利用水库、湖泊进行旅游、休闲、房地产开发等项目建设。禁止上型水库投肥养殖，划定禽畜禁养区和限养区，控制养殖总量，鼓励退养转产。依法禁止和打击河道采砂行为。城镇规划建设应注意自然水域保护，禁止侵占、填埋、填堵河道、湖泊、水库；城乡建设不得非法填堵沟渠和蓄水塘坝，确需占用的应依法办理相关手续。严格水域岸线用途管制，土地开发利用应按照有关法律法规和技术标准要求，留足河道和湖泊的管理和保护范围。

四、保障措施

（一）加强领导，健全水资源管理工作机制

进一步加强对我县实行最严格水资源管理工作的组织领导，健全水资源管理工作机制，全面强化“三条红线”管理，对水资源实行统一规划、统一配置、统一调度和统一保护，促进水资源可持续利用。各镇（街）、县直相关单位及经开区有关职能部门要按照职责分工（详见附件），各司其职，密切配合，形成合力，共同做好最严格水资源管理制度的实施工作。

（二）建立水资源管理责任和考核制度

各镇街主要负责人对本行政区域水资源管理和保护工作负总责，实行水资源管理工作行政首长负责制，把水资源管理保护工作全面纳入各镇（街）、部门的绩效考核体系，明确责任，实行严格的问责制。县人民政府对各镇（街）、各部门年度水资源管理主要指标落实情况进行考核和评分，考核结果作为各镇（街）、各部门及相关领导干部综合考核评价的重要依据。

（三）强化水资源管理措施

加强水资源开发利用事前管理，所有项目引进应将所在区域的水资源承载能力、项目周边市政管网排水能力、所在区域污水处理设施处理能力等分析作为招商引资工作领导小组前置会议重要内容。将建设项目水资源论证纳入项目立项审批的前置事项。将建设项目的用水节水设施竣工验收合格证明和城市排水许可证作为房屋建筑和市政基础设施工程竣工验收备案的必要申报资料。对未取得用水节水设施竣工验收合格证明和城市排水许可证的建设项目，供水企业不得供水。将新、改、扩建项目排水许可分别与建设工程施工许可和排污许可进行联合审批。建设项目涉及占用水域及河道、湖泊岸线的，在用地审批阶段应征求县水务局意见并办理相关手续。

（四）建立长效水资源管理投入机制

拓宽投资渠道，加大公共财政对水资源管理的投入，建立长效、稳定的水资源管理投入机制，对水资源管理信息系统建设、节水技术推广与应月、饮用水源地及河流生态系统保护与修复和水资源管理能力建设等给予重点支持。

（五）完善政策机制

研究制订实施最严格水资源管理制度的配套政策性文件，由县发改局牵头，县水务局、财政局配合制定城市居民用水阶梯式水价及非居民用水超定额、超计划累进加价水价标准和超额水费收取管理办法；由县水务局牵头，县国土局、县环保局、县城乡规划建设局联合制定我县地下水管理和保护办法；由县水务局牵头，县规划建设、环保、卫计、市场监管、物价、公安等部门参与制定我县供、排水及节约用水管理办法；由县水务局牵头，县国土、发改、规划建设、交通等部门配合对全县河道、湖泊进行划界确权，并出台我县岸线保护及水域占用补偿等相关政策，全面保障最严格水资源管理制度的有效实施。

（六）完善水资源管理社会宣传监督机制

广泛深入开展基本水情宣传教育，强化社会监督，形成全民护水、节约用水、合理月水的社会风尚。畅通公众对于水资源管理意见和建议的渠道，鼓励社会公众广泛参与，提高珍惜水资源、保护水生态的自觉性。对在水资源节约、保护和管理中取得显著成绩的单位和个人给予表彰奖励。

五、本实施办法自公布之日起施行。

六、本实施办法由长沙县人民政府办公室负责解释。

2015年全县统计资料

表2　　2015年综合统计资料

指标名称	计量单位	2015年	2014年	为上年的（%）
一、行政区域	–	–	–	–
乡镇（街道）个数	个	21	24	87.5
街道	个	5	7	71.4
镇人民政府	个	16	17	94.1
村民委员会	个	187	218	85.8
居民委员会	个	81	82	98.8
二、土地面积	平方千米	1756	1997	87.9
年末耕地面积	万公顷	5.22	5.71	91.4
其中：水田	万公顷	4.81	5.3	90.7
粮食播种面积	万公顷	8.3	8.81	94.3
三、人口情况	–	–	–	–
年末总人口（户籍人口）	万人	74.3	83.2	89.3
其中：城镇人口	万人	39.8	0	–
乡村人口	万人	34.5	0	–
年末总人口（常住人口）	万人	91.6	103.8	88.3
其中：城镇人口	万人	55.2	59.6	92.7
四、地区生产总值（当年价）	万元	11683431	10889212	107.3
第一产业	万元	674694	604956	111.5
第二产业	万元	8216345	7794073	105.4
其中：工业	万元	7092139	6826773	103.9
第三产业	万元	2792392	2490182	112.1
五、地区生产总值（可比价）	万元	10878629	9976214	109.0
第一产业	万元	455275	431857	105.4
第二产业	万元	7925633	7313505	108.4

续表

指标名称	计量单位	2015 年	2014 年	为上年的（%）
其中：工业	万元	6966824	6458118	107.9
第三产业	万元	2497721	2230853	112.0
交通运输、仓储及邮电通信业	万元	329443	309101	106.6
批发和零售业	万元	298393	277210	107.6
住宿和餐饮业	万元	148249	140644	105.4
金融业	万元	90602	121966	74.3
房地产业	万元	328149	302981	108.3
其他行业	万元	1302885	1059693	122.9
六、地区生产总值构成	%	100	100	–
第一产业	%	5.8	6.5	–
第二产业	%	70.3	71.1	–
其中：工业	%	60.7	62.0	–
第三产业	%	23.9	22.4	–
七、人均生产总值	元 / 人	128715	107562	119.7
八、工农业总产值（当年价）	万元	23909392	22401474	106.7
农业总产值	万元	1078371	1118765	96.4
其中：农业	万元	641080	685764	93.5
林业	万元	37208	34283	108.5
牧业	万元	362236	357379	101.4
渔业	万元	26291	26599	98.8
农林牧渔服务业	万元	11556	14740	78.4
工业总产值	万元	22831021	21282709	107.3
其中：规模工业总产值	万元	20588500	19299005	106.7
九、粮食总产量	吨	548202	585871	93.6
按播种面积亩平	千克	440.3	443.7	99.2
十、全社会固定资产投资	万元	7703673	7619086	101.1
十一、社会消费品零售总额	万元	3736670	2901287	128.8
十二、进出口总额	亿美元	34.7	31.0	111.9
其中：出口总额	亿美元	23.6	12.9	182.9
十三、实际到位外资	万美元	60651	56300	107.7
十四、财政一般预算收入	万元	760940	741063	102.7
财政一般预算支出	万元	1188121	1039861	114.3
十五、全体居民人均可支配收入	元	31260	28504	109.7
城镇居民人均可支配收入	元	36642	33513	109.3
农村居民人均可支配收入	元	25207	22872	110.2

表 3

2015 年人口及变动情况

地区别	年末总户数(户)	合计	年末总人口(人)							
			合计中		性别		年龄			
			城镇人口	乡村人口	男	女	0～17 岁	18～34 岁	35～59 岁	60 岁以上
甲	1	2	3	4	5	6	7	8	9	10
长沙县	235687	743210	398087	345123	371899	371311	142261	180415	278046	142488
星沙街道办事处	18961	46335	46335	0	23096	23239	10561	12616	18295	4863
榔梨街道办事处	11361	32481	25084	7397	15548	16933	6740	8105	11864	5772
湘龙街道办事处	9514	23854	23854	0	12001	11853	6552	7051	8087	2164
泉塘街道办事处	8667	22548	22548	0	11768	10780	5778	8408	6480	1882
长龙街道办事处	3048	9830	9830	0	4748	5082	2203	2541	3494	1592
黄兴镇	23771	81976	43593	38383	40148	41828	17339	20047	29013	15577
江背镇	17188	59339	31956	27383	30118	29221	10841	13373	22670	12455
黄花镇	23563	75249	24300	50949	36750	38499	15872	18825	26904	13648
春华镇	13521	46183	20542	25641	23408	22775	8560	10616	17348	9659
果园镇	7565	24831	15935	8896	12557	12274	4545	5818	9470	4998
路口镇	8712	28979	20314	8665	14606	14373	4900	6444	11226	6409
高桥镇	9068	29788	8543	21245	15179	14609	4874	6711	11918	6285
金井镇	18557	64508	16877	47631	32851	31657	11182	14805	25931	12590
安沙镇	18411	54100	25233	28867	26885	27215	9356	12556	20026	12162
北山镇	16977	52556	19627	32929	26622	25934	8182	11671	20281	12422
青山铺镇	5615	19108	6378	12730	9581	9527	3113	4414	7354	4227
福临镇	9075	29057	16927	12130	14806	14251	4482	6438	11431	6706
开慧镇	12113	42488	20211	22277	21227	21261	7181	9976	16254	9077

续表

地区别	本年度人口变动（人）									
	出生			死亡			迁入		迁出	
	合计	男	女	合计	男	女	省内迁入	省外迁入	迁往省内	迁往省外
甲	11	12	13	14	15	16	17	18	19	20
长沙县	12014	6291	5723	5397	3129	2268	7187	1518	1364	767
星沙街道办事处	904	506	398	122	70	52	1834	390	248	126
榔梨街道办事处	515	283	232	168	87	81	185	34	38	76
湘龙街道办事处	655	363	292	52	31	21	1488	230	199	45
泉塘街道办事处	596	311	285	53	27	26	1384	310	216	170
长龙街道办事处	90	50	40	16	8	8	8	4	1	1
黄兴镇	1490	753	737	394	237	157	565	99	58	20
江背镇	888	473	415	495	297	198	224	48	69	44
黄花镇	1348	684	664	600	361	239	304	73	62	48
春华镇	781	404	377	171	120	51	105	28	53	22
果园镇	389	218	171	170	87	83	69	15	29	10
路口镇	410	217	193	197	124	73	79	23	22	14
高桥镇	351	184	167	306	188	118	102	41	44	26
金井镇	912	484	428	1137	609	528	216	64	82	43
安沙镇	887	438	449	425	242	183	182	38	54	23
北山镇	585	295	290	384	228	156	147	40	76	33
青山铺镇	276	141	135	164	98	66	63	18	19	11
福临镇	361	178	183	200	123	77	86	27	39	10
开慧镇	576	309	267	343	192	151	146	36	55	45

表 4

2015 年人口和计划生育情况

指标名称	计量单位	2015 年	2014 年	为上年的（%）
一、人口自然变动情况	－	－	－	－
1. 年内出生人数	人	12161	12930	94.1
2. 出生率★	‰	16.7	15.7	－
3. 年内死亡人数	人	5045	7334	68.8
4. 死亡率★	‰	6.9	8.9	－
5. 年内自然增长人数	人	7116	5596	127.2
6. 自然增长率★	‰	9.8	6.8	－
二、计划生育情况	－	－	－	－
1. 政策内生育率	%	91.8	92.6	－
2. 已婚育龄妇女	人	155075	179348	86.5
3. 已落实节育措施人数	人	131177	152539	86.0
4. 节育率	%	84.6	85.0	－
5. 有一子女育龄妇女人数	人	99215	113464	87.4
6. 已领独生子女证	人	43672	51214	85.3
7. 领证率	%	44.0	45.1	－
8. 政策内（原计划内）出生人口	人	11169	11975	93.3
其中：二孩数	人	3413	2846	119.9
9. 政策外（原计划外）出生人口	人	992	955	103.9
其中：一孩数	人	3	11	27.3
二孩数	人	874	820	106.6
多孩数	人	115	124	92.7
10. 计划生育率	%	91.8	92.6	－

注：1. “出生率★”“死亡率★”“自然增长率★”均按照计生统计情况测算；2. 以上数据由县计生局提供

表 5

2015 年财政收支情况

指标名称	计量单位	2015 年	2014 年	为上年的（%）
财政总收入	万元	2020067	2072165	97.5
1. 一般预算收入	万元	760940	741063	102.7
上划税收	万元	633944	663659	95.5
2. 一般预算支出	万元	1188121	1039861	114.3
一般公共服务	万元	186294	184257	101.1
国防	万元	1004	862	116.5
公共安全	万元	52880	42176	125.4
教育	万元	124911	122759	101.8
科学技术	万元	23469	21087	111.3
文化体育与传媒	万元	22445	20346	110.3
社会保障和就业	万元	94822	66626	142.3
医疗卫生	万元	71851	67573	106.3
节能环保	万元	53573	39729	134.8
城乡社区事务	万元	162368	149696	108.5

续表

指标名称	计量单位	2015 年	2014 年	为上年的（%）
农林水事务	万元	174028	146450	118.8
交通运输	万元	79582	65338	121.8
资源勘探电力信息等事务	万元	67018	64541	103.8
其他支出	万元	73876	48421	152.6

注：以上数据由县财政局提供

表 6

2015 年金融保险证券情况

指标名称	计量单位	2015 年	2014 年	为上年的（%）
金融机构各项存款余额	万元	8426118	7323533	107.7
城乡居民储蓄存款余额	万元	3833785	3501821	109.5
金融机构各项贷款余额	万元	6819798	5842753	116.7
金融机构营业收入	万元	297027	315022	94.3
金融机构网点数	万元	177	170	104.1
金融机构职工人数	人	2065	2026	101.9
人均储蓄存款	元	42236	33743	125.2
驻县银行	家	23	21	109.5
各类保险机构网点数	个	75	60	125.0
国有控股保险公司保费收入	亿元	8	4.2	191.4
证券公司营业部	家	5	4	125.0

注：以上数据由县金融证券办提供

表 7

2015 年外贸和旅游情况

指标名称	计量单位	2015 年	2014 年	为上年的（%）
一、贸易情况	–	–	–	–
进出口总值	亿美元	34.7	31.0	111.9
其中：出口总额	亿美元	11.1	12.9	86.0
进口总额	亿美元	23.6	18.1	130.2
二、外经情况	–	–	–	–
1. 实际到位外资	万美元	60651	52674	115.1
2. 引进市外资金形成固定资产投资	万元	1549638	1255504	123.4
三、旅游情况	–	–	–	–
1、接待游客人数	万人次	623.3	717.7	86.8
2、旅游总收入	亿元	24.7	81.4	30.4
3、旅行社总数	个	5	3	166.7
4. 星级“农家乐”	个	52	52	100.0
5. 星级饭店个数	个	3	3	100.0
其中：五星级	个	1	1	100.0
四星级	个	2	2	100.0
6. 星级饭店客房总数	间	1233	897	137.5
7. 名胜风景区和文物保护区个数	个	48	48	100.0

注：以上数据由县商务局、县旅游局提供

表 8

2015 年教育事业情况

指标名称	计量单位	2015 年	2014 年	为上年的 %
一、中等专业学校数	所	1	1	100.0
1. 中等专业招生数	人	1230	832	147.8
2. 中等专业毕业生数	人	952	887	107.3
3. 中等专业学校在校学生数	人	3124	2803	111.5
4. 中等专业学校教职工数	人	215	208	103.4
二、普通中学学校数	所	38	40	9.1
1. 普通中学招生数	人	13593	14675	92.6
2. 普通中学毕业生数	人	12571	12666	99.2
3. 普通中学在校学生数	人	39163	42581	92.0
4. 普通中学教职工数	人	2984	3565	83.7
三、小学学校数	所	140	166	84.3
1. 小学在校学生数	人	63511	66448	95.6
2. 小学教职工数	人	2313	2978	77.7
四、特殊学校数	所	1	1	100.0
1. 特殊学校在校学生数	人	88	79	111.4
2. 特殊学校教职工数	人	30	23	130.4
五、幼儿园数	所	248	272	91.2
1. 幼儿园在园幼儿数	人	37153	37524	99.0
2. 幼儿园教职工数	人	3328	3259	102.1
六、学龄儿童入学率	%	98.2	100	–
其中：女童入学率	%	100	100	–
农村学龄儿童入学率	%	100	100	–
七、初中入学率	%	100	98.3	–
初中巩固率	%	99.9	100	–
初中升学率	%	98.2	98.3	–
八、高中阶段毛入学率	%	100	98.3	–
高中阶段辍学率	%	2.5	2.7	–
高中升学率	%	97.8	97.6	–
高考参考人数	人	4318	4093	105.5
九、农村中小学危房改造面积	万平方米	21300	46279	46.0
其中：C 级危房改造面积	万平方米	0	0	–
B 级危房改造面积	万平方米	21300	46279	46.0
十、农村现代远程教育普及率	%	100	100	–

注：以上数据由县教育局提供

表 9

2015 年科技发展情况

指标名称	计量单位	2015 年	2014 年	为上年的（%）
高新技术产业企业数	个	149	142	105.6
高新技术企业总产值	亿元	1589.2	1383.6	114.9
高新技术产业增加值	亿元	470.9	414.2	113.7
其中：规模以上工业企业高新技术增加值	亿元	468.1	411.5	113.7
高新技术产业研究与试验发展经费	亿元	42.3	40.6	104.1
省级工程技术研究中心	家	15	15	100.0
市级工程技术研究中心	家	19	17	111.8
全年申请专利数	件	3155	2624	120.2
当年获专利授权数	件	2479	2021	122.7
其中：发明专利数	件	597	311	192.0
实施本级科技计划项目	项	153	146	104.8
获得上级政府科技进步奖励项目	项	14	21	66.7

注：以上数据由县统计局、县科技局提供

表 10

2015 年文化体育事业情况

指标名称	计量单位	2015 年	2014 年	为上年的（%）
一、文化事业	–	–	–	–
1. 图书馆（室）情况	–	–	–	–
图书馆个数	个	1	1	100.0
图书室（农家书屋）个数	个	280	275	101.8
藏书	万册	121.9	101.9	119.6
发放借书证	万个	0.2	0.2	100.0
图书流通人次	万人次	4.5	1	450.0
本年新购图书	册	200000	5650	3539.8
阅览室座席数	个	140	140	100.0
图书馆（室）场地面积	平方米	4100	4100	100.0
其中：公共图书馆（室）面积*	平方米	2600	2600	100.0
其他图书馆（室）面积	平方米	1500	1500	100.0
2. 文化馆情况	–	–	–	–
文化馆个数	个	268	287	93.4
其中：群众艺术馆个数	个	1	1	100.0
镇街文化站个数	个	20	22	90.9
社区文化活动室个数	个	247	264	93.6
文化馆面积	平方米	117443	83878	140.0
其中： 群众艺术馆面积	平方米	21440.9	600	3573.5
镇街文化站面积	平方米	35901.1	28878	124.3
社区文化活动室面积	平方米	60101	52800	113.8
3. 演艺中心情况	–	–	–	–
演艺中心个数	个	150	177	84.7
其中：艺术表演场馆个数	个	7	7	100.0

续表

指标名称	计量单位	2015 年	2014 年	为上年的（%）
歌舞娱乐场所个数	个	178	170	104.7
演艺中心面积	平方米	130920	126919	103.2
其中：艺术表演场馆面积	平方米	26475	26475	100.0
歌舞娱乐场所面积	平方米	104445	100444	104.0
4. 网吧情况	–	–	–	–
网吧个数	个	216	170	127.1
网吧面积	平方米	69002	30000	230.0
5. 文化广场情况	–	–	–	–
文化广场个数	个	159	110	144.5
文化广场面积	平方米	951796	435747	218.4
6. 文化公园情况	–	–	–	–
文化公园个数	个	4	4	100.0
文化公园面积	平方米	50000	50000	100.0
7. 百家文艺团队	家	56	30	186.7
8. 年内电影放映场次	场	2737	2652	103.2
二、体育事业	–	–	–	–
1. 体育场馆个数	个	130	130	100.0
体育场馆面积	平方米	763721	763721	100.0
2. 游泳跳水场馆个数	个	7	7	100.0
游泳跳水场馆面积	平方米	6670	6670	100.0
3. 综合房（馆）及专业训练房管个数	个	140	140	100.0
综合房（馆）及专业训练房管面积	平方米	57249	57249	100.0
4. 室外专项体育场个数	个	486	485	100.2
室外专项体育场面积	平方米	449739	441739	101.8
5. 年内举办运动会	次	21	20	105.0
参加运动会运动员	人	45000	40000	112.5

注：以上数据由县文广局提供

表 11

2015 年卫生事业情况

指标名称	计量单位	2015 年	2014 年	为上年的（%）
卫生机构	个	440	506	87.0
其中：医院、卫生院	个	33	33	100.0
妇幼保健院（所、站）	个	1	1	100.0
专科疾病防治院（所、站）	个	1	1	100.0
卫生监督所	个	1	1	100.0
社区卫生服务中心	个	4	8	50.0
诊所、医务室	个	162	175	92.6
村卫生室	个	215	248	86.7
门诊部	个	23	15	153.3
其他卫生机构	个	–	24	–

续表

指标名称	计量单位	2015 年	2014 年	为上年的（%）
床位数	张	5464	5582	97.9
卫生人员	人	6222	5533	112.5
1. 卫生技术员	人	5155	4553	113.2
（1）执业（助理）医师	人	370	467	79.2
（2）执业医师	人	1653	1341	123.3
（3）注册护士	人	2248	2045	109.9
（4）药师	人	282	311	90.7
（5）技师	人	255	237	107.6
（6）其他	人	347	152	228.3
2. 其他技术人员	人	170	202	84.2
3. 管理人员	人	283	273	103.7
4. 工勤人员	人	493	505	97.6
疾病预防控制中心（防疫站）	个	1	1	100.0
疾病预防控制中心（防疫站）卫生防预人员	人	70	68	102.9
村级医生和卫生人员	人	215	337	63.8
5 岁以下儿童死亡率	‰	5.0	6.9	–
婴儿死亡率	‰	2.5	4.0	–
产妇住院分娩比例	%	100	100	–
诊疗人次	万人次	334.2	316.7	105.5

注：以上数据由县卫生局提供

表 12 2015 年劳动就业和社会保障情况

指标名称	计量单位	2015 年	2014 年	为上年的（%）
新增城镇就业岗位	个	17272	22103	78.1
城镇新增就业人员	人	17272	22103	78.1
城镇登记失业人员	人	3839	3442	111.5
城镇登记失业率	%	3	2.8	–
安排下岗失业人员再就业	人	2512	3785	66.4
其中：大龄就业困难对象再就业	人	1279	2075	61.6
下岗失业人员再就业培训	人	426	291	146.4
农村富余劳动力转移就业增加人数	人	9635	14572	66.1
农村劳动力转移培训	人	1620	1510	107.3
企业基本养老保险参保人数	人	161405	156187	103.3
机关养老保险参保人数	人	19735	19545	101.0
城乡居民养老保险参保人数	人	482461	483364	99.8
基本医疗保险参保人数	人	942135	928112	101.5
其中：城镇职工基本医疗保险参保人数	人	219589	203734	107.8
城镇居民基本医疗保险参保人数	人	69097	63919	108.1
新型农村合作医疗人数	人	653449	660459	98.9
失业保险参保人数	人	100000	80000	125.0
工伤保险参保人数	人	124165	118900	104.4

续表

指标名称	计量单位	2015年	2014年	为上年的（%）
生育保险参保人数	人	96821	92739	104.4
社会保险基金总收入	亿元	39.9	30.7	130.0

注：以上数据由县人社局提供

表13　　2015年民政工作和社会救助情况

指标名称	计量单位	2015年	2014年	为上年的（%）
登记结婚数	对	6877	9174	75.0
登记离婚数	对	1935	1989	97.3
各类收养性社会福利单位床位数	张	2587	2081	124.3
各类收养性社会福利单位收养人员数	人	1300	1189	109.3
财政预算安排“低保”资金增长率	%/万元	7158	6771	–
社会救济总人数	人	4807	4179	115.0
居民最低生活保障人数	人	21277	29040	73.3
其中：城镇居民最低生活保障人数	人	1989	2883	69.0
农村居民最低生活保障人数	人	19291	26157	73.8
农村“三无”人员低保	人	4851	5455	88.9
其他特困人员低保	人	0	0	–
接受社会捐赠资金★	万元	32.9	1.5	2193.3
销售社会福利彩票	万元	23000	20052	114.7
筹集社会福利资金	万元	1755	2570	68.3
基本养老服务补贴覆盖率	%	100	100	–
已发放基本养老服务补贴人数	人	750	972	77.2

注：以上数据由县民政局提供

表14　　2015年交通运输情况

指标名称	计量单位	2015年	2014年	为上年的（%）
辖区内通车公路里程	千米	4888	4982.6	98.1
货运量	万吨	2105.3	2080.8	101.2
货运周转量	万吨千米	107194.3	105944.6	101.2
客运量	万人次	3589.5	669.2	536.4
客运周转量	万人千米	53842.5	46771.7	115.1
公路年末到达数	千米	2392.7	2681.7	89.2
县道	千米	307.1	313.7	97.9
乡道	千米	695.3	783.5	88.7
桥梁年末数	座	232	250	92.8
县道	座	48	48	100.0
乡道	座	79	90	87.8
桥梁年末数	米	5560.1	5904.0	94.2
县道	米	2052.5	2052.5	100.0

续表

指标名称	计量单位	2015 年	2014 年	为上年的（%）
乡道	米	1505	1713.9	87.8
涵洞	道	2001	2001	100.0
县道	道	848	848	100.0
乡道	道	856	856	100.0

注：以上数据由县交通局提供

表 15

2015 年房地产管理情况

指标名称	计量单位	2014 年	2013 年	为上年的（%）
发放产权证本数	本	70000	60512	115.7
发放产权证面积	万平方米	1100	919.0	119.7
房地产交易宗数	宗	38526	31742	121.4
房地产交易面积	万平方米	389.2	329.1	118.3
房地产抵押宗数	宗	27835	20845	133.5
房地产抵押面积	万平方米	566	488.4	115.9
物业服务企业个数	家	177	168	105.4
其中：县内注册	家	115	95	121.1
其中：一级资质企业	家	22	21	104.8
二级资质企业	家	21	21	100.0
三级资质企业	家	134	126	106.3
物业管理总面积	万平方米	4325	3845	112.5
物业管理从业人员数	人	13057	10509	124.2
当年归积公积金	万元	68716	61513	111.7
累计归积公积金	万元	342040	273324	125.1
累计归积公积金余额	万元	183325	163329	112.2

注：以上数据由县住房保障局、县国土局、县公积金管理中心提供

表 16

2015 年邮政通信事业情况

指标名称	计量单位	2015 年	2014 年	为上年的（%）
邮政业务收入	万元	12814	10737	119.3
函件收入	万元	251	1750	14.3
包裹收入	万元	2460	49	5020.4
汇票收入	万元	12.5	107	11.7
报刊收入	万元	490	444	110.4
邮路总条数	条	121	121	100.0
邮路总长度（单程）	千米	4566	4566	100.0
邮政储蓄期末余额	万元	512441	449501	114.0
电信业务收入	亿元	12.4	11.6	106.9
移动电话用户	万户	157.2	130.2	120.7
计算机互联网用户	万户	25.3	27.5	92.0

注：以上数据由县邮政公司、县电信公司、县移动公司、县联通公司、县邮储银行提供

表 17

2015 年社会治安情况

指标名称	计量单位	2015 年	2014 年	为上年的（%）
交通事故件数	件	189	550	34.4
当年交通事故死亡人数	人	29	32	90.6
刑事案件立案数	件	5571	5918	94.1
犯罪人数	人	1179	1280	92.1
民事案件发案数	件	5619	5467	102.8
火灾事故件数	件	252	545	46.2
当年火灾事故死亡人数	人	2	1	200.0
亿元 GDP 安全事故死亡率	%	0.01	0.01	–
生产安全事故件数	件	103	38	271.1
当年生产安全事故死亡人数	人	10	12	83.3
群体性食品安全事故年报告发生数	起	0	0	–

注：以上数据由县公安局、县法院、县消防大队、县安监局、县食安办提供

表 18

2015 年档案事业与馆藏情况

指标名称	计量单位	2015 年	2014 年	为上年的（%）
馆藏全部档案全宗	个	225	220	102.3
馆藏全部档案案卷	卷	214222	198520	107.9
录音、音像、影片等	盘	143	139	102.9
照片档案	张	10052	10006	100.5
资料数量	册	7496	7445	100.7
利用人数	人次	916	862	106.3
利用档案	卷次	4624	4560	101.4
利用资料	册次	28	48	58.3

注：以上数据由县史志档案局提供

表 19

2015 年工商登记企业（年末数）情况

指标名称	计量单位	2015 年	2014 年	为上年的（%）
工商登记年末数合计	户	17559	10798	162.6
1. 农林牧渔业	户	2129	510	417.5
2. 工业	户	2505	1584	158.1
3. 建筑业	户	1007	637	158.1
4. 交通运输仓储及邮电通信业	户	715	466	153.4
5. 信息传输、计算机服务和软件业	户	647	322	200.9
6. 批发和零售贸易餐饮业	户	4894	3100	157.9
7. 金融保险业	户	518	616	84.1
8. 房地产业	户	493	408	120.8
9. 租赁和商务服务业	户	1944	1326	146.6
10. 科学研究、技术服务和地质勘察业	户	1978	1262	156.7
11. 水利、环境和公共设施管理业	户	75	68	110.3
12. 居民服务和其他服务业	户	310	222	139.6
13. 教育	户	37	25	148.0
14. 卫生、社会保障和社会福利业	户	22	17	129.4
15. 文化、体育和娱乐业	户	245	146	167.8

注：以上数据由县市监局提供

表 20

2015 年工商登记个体户（年末数）情况

指标名称	计量单位	2015 年	2014 年	为上年的（%）
工商登记年末数合计	户	66359	42538	156.0
1. 农林牧渔业	户	2241	1899	118.0
2. 工业	户	4339	2244	193.4
3. 建筑业	户	126	79	159.5
4. 交通运输仓储及邮电通信业	户	1895	1142	165.9
5. 信息传输、计算机服务和软件业	户	788	490	160.8
6. 批发和零售贸易餐饮业	户	48122	27142	177.3
7. 金融保险业	户	0	0	–
8. 房地产业	户	74	49	151.0
9. 租赁和商务服务业	户	1867	1226	152.3
10. 科学研究、技术服务和地质勘察业	户	315	162	194.4
11. 水利、环境和公共设施管理业	户	393	14	2807.1
12. 居民服务和其他服务业	户	5271	3351	157.3
13. 教育	户	17	6	283.3
14. 卫生、社会保障和社会福利业	户	122	86	141.9
15. 文化、体育和娱乐业	户	777	454	171.1

注：以上数据由县市监局提供

表 21

2015 年环境卫生事业情况

指标名称	计量单位	2015 年	2014 年	为上年的（%）
一、完成工作量	–	–	–	–
收运垃圾	万吨	226825	210042	108.0
清扫街道	万平方米	951	870	109.3
保洁从业人数	人	1907	1707	111.7
二、环卫专用设备	–	–	–	–
垃圾运输车	辆	31	29	106.9
扫路车	辆	32	30	106.7
洒水车	辆	54	50	108.0
三、环卫设施	–	–	–	–
公共厕所	座	92	75	122.7
其中：本年新建	座	2	0	–
垃圾站	个	83	77	107.8
其中：本年新建	个	4	0	–

注：以上数据由县城管局、县环卫局提供

表 22

2015 年园林绿化情况

指标名称	计量单位	2015 年	2014 年	为上年的（%）
园林绿化覆盖面积	万平方米	1932.9	1861.5	103.8
绿化覆盖率	%	37.9	36.5	–
绿地面积	万平方米	1785	1713.6	104.2
新增绿地面积	万平方米	71.4	65.6	108.8
绿地率	%	35	33.6	–
公园个数	个	10	9	111.1
公园面积	万平方米	123	94.3	130.5

注：以上数据由县城管局、县园林局提供

表 23

2015 年环境污染治理情况

指标名称	计量单位	2015 年	2015 年	为上年的（%）
一、环境污染治理本年完成投资总额	万元	42578	31386	135.7
二、环保设施情况	–	–	–	–
1. 废水治理设施数	套	210	189	111.1
2. 污水处理厂数	座	21	21	100.0
3. 垃圾处理站数	个	1	1	100.0
三、工业“三废”排放情况	–	–	–	–
1. 工业废水排放总量	万吨	1247.6	1006.5	123.9

续表

指标名称	计量单位	2015 年	2015 年	为上年的（%）
工业废水排放达标量	万吨	976.3	971.7	100.5
工业废水排放达标率	%	97	96.5	–
2. 工业废气排放总量	万标立方米	1183566.7	1419060	83.4
工业烟尘排放量达标率	%	95.2	94.8	–
3. 工业固体废物产生量	吨	72536.9	18779	386.3
工业固体废物综合利用量	吨	46796.8	18779	249.2
四、城市环境质量状况	–	–	–	–
1. 地表水质达标率	%	0	0	–
地表水水质满足Ⅲ类标准的断面比例	%	100	100	–
地表水水质满足Ⅳ类标准的断面比例	%	100	100	–
2. 城市污水处理率	%	100	100	–
城镇污水处理量	吨	86840000	91779943	94.6
3. 空气质量达标率	%	96.2	68.6	–
城市全年空气质量良好以上天数	天	350(PM10)	240	145.8

注：以上数据由县环保局提供

表 24

2015 年能源及能耗情况

指标名称	计量单位	2015 年	2014 年	为上年的（%）
行政区域土地面积	平方千米	1756	1997	87.9
其中：城镇建成区面积	平方千米	106	146.0	72.6
其中：县城面积	平方千米	71.8	70.2	102.3
城镇建成区绿化覆盖率	%	90	30.0	–
县城绿化覆盖率	%	37.9	36.5	–
森林总蓄积量	万立方米	402.3	390.5	103.0
活立木总蓄积量	立方米	428.2	418.0	102.4
森林面积	公顷	71814.5	81418.1	88.2
森林覆盖率	%	49.7	49.2	–
林地总面积	公顷	77730.9	88517.7	87.8
能源消费总量	吨标准煤	4868622	4689280	103.8
其中：工业能源消费	吨标准煤	1702461	1682380	101.2
单位 GDP 能耗	吨标准煤 / 万元	0.4	0.5	95.9
单位工业增加值能耗	吨标准煤 / 万元	0.2	0.3	93.8
全年用电量	万千瓦时	423965	364779	116.2
其中：工业用电量	万千瓦时	246191	211066	116.6

注：以上数据由县国土局、县城管局、县林业局、县统计局提供

2015 年长沙县镇街主要经济社会指标

表 25

2015 年长沙县镇街主要经济社会指标一览

单位名称	计量单位	星沙	泉塘	湘龙	榔梨	长龙	黄兴	江背	黄花	春华	果园	路口
居民委员会个数	个	17	12	12	5	2	1	4	4	1	3	2
村民委员会个数	个	0	0	0	5	3	11	12	18	12	7	8
乡镇行政区域面积	公顷	2453	2084	2263	3471	2900	8422	17452	14083	12534	6858	8828
耕地面积	公顷	88	2	383	937	816	3252	5017	5954	4014	2108	2410
乡镇总户数	户	18961	8667	9514	11361	3048	15861	17188	23563	13521	7565	8712
乡镇总人口	人	46335	22548	23854	32481	9830	54697	59339	75249	46183	24831	28979
财政总收入	万元	456570	329576	302340	16240	6073	5577	5583	74095	942	479	1137
财政支出	万元	4785	3310	4051	7793	2585	10307	3486	11579	3072	1904	2551
固定资产投资完成额	万元	546904	460654	505869	626333	361959	461956	364283	324016	143760	72482	78570
小学校总数	个	5	6	3	5	3	9	12	17	10	5	7
小学在校学生总数	人	10561	8827	7508	2920	320	3988	2576	4200	1962	1042	1170
小学专任教师数	人	385	408	210	137	28	146	142	210	98	71	83
幼儿园、托儿所	个	49	32	70	8	3	18	18	20	9	5	5
医疗卫生机构个数	个	9	2	0	2	0	1	1	1	1	1	3
执业（助理）医生	个	477	61	0	102	0	42	48	36	32	18	94
医院、卫生院床位数	床	761	368	0	282	0	35	50	50	60	40	240
各种社会福利收养性单位数	个	0	0	0	0	0	1	1	4	2	1	1
其中：床位数	床	0	0	0	0	0	60	80	172	248	95	120
收养人数	人	0	0	0	0	0	60	60	102	30	32	50
新型农村合作医疗参保人数	人	7537	8473	12279	16798	8815	46379	52398	57246	40484	21347	24579
农村居民最低生活保障人数	人	38	15	71	1218	327	1747	2548	1977	1765	939	1240

续表

单位名称	计量单位	高桥	金井	福临	青山铺	安沙	北山	双江	开慧	白沙	干杉
居民委员会个数	个	1	2	1	1	5	3	1	1	1	2
村民委员会个数	个	10	14	10	7	18	18	10	6	10	8
乡镇行政区域面积	公顷	11200	14447	8222	4619	15942	14500	6510	5430	6044	7300
耕地面积	公顷	2459	3253	2650	1604	4636	5072	1795	1718	1764	2263
乡镇总户数	户	9068	12442	9075	5615	18411	16977	6115	6210	5903	7910
乡镇总人口	人	29788	43251	29057	19108	54100	52556	21257	21781	20707	27279
财政总收入	万元	2006	2092	220	160	4848	858	93	431	479	1883
财政支出	万元	2198	6055	2197	1739	6011	18309	0	3965	0	0
固定资产投资完成额	万元	73080	234940	28258	31585	403164	193903	11451	240000	19358	312953
小学校总数	个	6	7	6	5	9	9	5	3	4	3
小学在校学生总数	人	922	1568	914	796	2054	1850	1049	1029	792	1001
小学专任教师数	人	58	112	69	36	125	112	51	72	53	64
幼儿园、托儿所	个	5	6	4	3	14	13	2	1	2	6
医疗卫生机构个数	个	1	1	1	1	2	1	1	1	1	1
执业（助理）医生	个	18	44	15	17	85	57	14	13	8	13
医院、卫生院床位数	床	30	120	40	19	205	60	30	20	19	20
各种社会福利收养性单位数	个	1	1	1	1	1	1	1	1	2	1
其中：床位数	床	95	150	80	70	150	150	150	120	140	36
收养人数	人	54	85	59	62	80	55	82	62	96	33
新型农村合作医疗参保人数	人	25982	35977	24387	17390	43934	46049	19654	19551	17618	20851
农村居民最低生活保障人数	人	934	1655	974	567	2358	2429	1635	702	671	853

新闻存目

表 26　　2015 年国家级媒体有关长沙县报道题录（部分）

媒体名称	时间（期号）	作者	标题	版面（栏目）
人民日报	2015-01-07	侯琳良	湖南今年首例污染入刑案宣判非法排污获刑 1 年	9 版
人民日报	2015-01-10	寇江泽	长沙县刮起低碳风	10 版
经济日报	2015-01-13	刘　麟　赵　鹏	“史上最严”环保法初试锋芒	13 版
中国产经新闻	2015-01-13	杨德成	湖南长沙县着力抓“松雅湖”商旅经济发展	5 版
新华网	2015-01-15	袁进涛	长沙县政府为全体居民买“民生保险”	——
农民日报	2015-01-22	李朝民	金井：一座温润如玉的茶乡小镇	4 版
经济日报	2015-01-29	刘　畅	“卖炭翁”的绿色追求	1 版
新华网	2015-03-17	张　晶	捕碳固碳交易碳 长沙县稳步迈向“零碳县”	——
东方周刊	2015-03-23	李　振　傅天明	长沙市长沙县发展零碳经济	——
中国新闻网	2015-03-24	刘双双	一个中部工业大县的“零碳”梦	——
新华网	2015-04-01	——	一个新华社高级记者关于长沙县 PK 昆山市的深度分析	——
中国新闻网	2015-04-01	驼　敏	长沙县湘龙街道 68 家企业被纳入安全生产重点监管单位	——
光明日报	2015-04-03	唐湘岳　龙　军　杨　文	湖南长沙县的新追求——创建零碳县	1 版
中国新闻网	2015-04-03	驼　敏	长沙县湘龙街道志愿者扮靓万家丽北路	——
中国新闻网	2015-04-07	——	创新社区治理模式 共建和谐美好家园	——
中国新闻网	2015-04-14	邓　霞	巨型“中国结”风筝长沙放飞	——
中国新闻网	2015-04-17	甘鑫毅	长沙县：城管来当志愿者 扮靓社区文化广场	——
中国新闻网	2015-04-30	——	长沙县湘龙街道 100 名幼儿参与负重远足活动跟着交警学交规	——
中国新闻网	2015-05-08	唐小晴	长沙机场东扩工程实现全面腾地未来可起降 A380 客机	——
经济日报	2015-05-13	乔金亮	鼓励监管并重 企业农户双赢	5 版
中国新闻网	2015-05-14	甘鑫毅	长沙县湘龙街道 6500 余名幼儿接受免费健康体检	——

中国新闻网	2015-05-14	谢　樱	长沙61岁农民挖酒窖酿酒互联网上自主创业	——
人民网	2015-05-26	侯琳良	湖南最大汽车项目投产	10版
中国新闻网	2015-05-26	——	长沙县湘龙街道爱心义卖迎“六一”用爱温暖困难“花朵”	——
中国新闻网	2015-05-29	——	长沙县交警支部联合湘景社区开展交通安全宣传活动	——
新华每日电讯	2015-05-31	白田田　刘良恒	维稳担子轻了 发展干劲足了	——
中国新闻网	2015-06-25	唐小晴	一个“全国十强县”的低碳土地整治模式	——
新华网	2015-06-26	白田田	湖南：闲置地变足球场 屋顶变菜场	——
中国新闻网	2015-06-29	鞠文霞	长沙县创建全国首个“零碳县”推广美丽乡村建设	——
新华每日电讯	2015-07-10	白田田　刘良恒	访“国歌之父”田汉故居	8版
新华网	2015-07-10	白田田　刘良恒	“敌有枪炮，我有血肉，这就是国歌精神”	——
中国日报	2015-07-28	张文良	长沙县开慧村探索红色旅游与休闲旅游结合新模式	——
中国日报	2015-07-29	张文良	长沙县惠农村：文化建设与现代农业比翼齐飞	——
人民网	2015-08-23	吴向家	长沙县跻身全国县域经济与基本竞争力前八	——
科技日报	2015-08-28	俞慧友　林均红	一个百强县的“草根”“零碳”梦	——
新华网	2015-08-28	刘良恒	湖南最大危险废物处置基地点火试运行	——
新华网	2015-09-23	段羡菊　刘良恒	拆墙拆“衙门”	——
人民日报	2015-10-10	张　杰　刘显全	打造区域技能人才孵化基地	07版
中国新闻网	2015-11-13	唐小晴	湖南长沙县评选“新乡贤” 涵育乡贤文化推动乡村治理	——
新华网	2015-11-27	段羡菊　刘良恒	巴黎气候大会：中国“零碳县”试验受到国际关注	——
新华网	2015-11-27	——	长沙县打造农村创客服务平台新农创客一条街启用	——
中国新闻网	2015-12-01	徐志雄	50条汇聚百姓智慧“金点子”	——
人民网	2015-12-05	曾　璐	长沙县率先实现村村通公交打通城乡公交最后一千米	——

表26　　2015年《湖南日报》有关长沙县报道题录（部分）

时　间	作　者	标　题	版面
2015-01-04	伊　利　倩　倩	星沙热土尽朝晖	3
2015-01-05	陈永刚　孙应德　张　奎	长沙县农民卖粮一分钟到款	3
2015-01-06	陈永刚　陈　达　刘曦阳	我省今年首例环境污染入刑案件宣判	5
2015-01-09	盛人云	湖南首例“排污入刑”案的标本意义	5
2015-01-09	文热心　夏声朝　周进银	长沙县创建国家一级综合档案馆	7
2015-01-21	罗杰斯	两元钱 无限爱	4
2015-01-21	陶芳芳　孙应德	养猪不“净”进班房	8
2015-01-23	彭雅惠	请环卫工提前吃年饭	11
2015-01-30	——	长沙县率先发布21个PPP项目	10

2015-01-31	文热心	“乡土书”热长沙县	9
2015-02-11	黄晓辉 周云武 张水湘	留住更美的乡愁	13
2015-03-02	邓献忠 张尚武	开慧村探路“强富美”	1（转2版）
2015-03-05	陶芳芳 刘娟慧 文 坚	铁面柔情筑平安	8
2015-03-25	贺 佳	长沙磁浮工程年底建成试运行	1（转3版）
2015-03-29	章琼锋	问计于民 彰显智慧	2
2015-03-31	周云武 李 治	大项目构筑大格局	9
2015-04-22	谢 璐 周云武	中部第一县迈向“零碳县”	15
2015-05-08	谢 璐 鞠文霞	黄花机场东扩完成腾地	3
2015-05-13	胡信松	上海大众长沙分公司本月投产	2
2015-05-22	陶芳芳 鞠文霞	长沙县“最美劳动者”获表彰	20
2015-05-25	田 甜 唐 婷	上海大众长沙工厂建成首辆轿车下线	1
2015-05-25	熊远帆	“黑灯工厂”很环保	2
2015-06-01	熊远帆 黄 姿 郑璇	长沙如何搭上“中国制造2025”“工业4.0”快车	2
2015-06-13	胡宇芬 杨耀松	国家杂交水稻综合试验基地开工	1
2015-06-24	李 勇 张吟丰 伍 飞	湖南首例环境污染入刑案尘埃落定	4
2015-06-25	李曼斯 周云武 李 治	白鹭为何成常客	3
2015-06-25	李曼斯 李 治	涧山村土地整治显生机	1（转8版）
2015-06-27	熊远帆 郑 旋	上海大众“葡萄串”效应显现	2
2015-06-29	熊远帆 郑 旋	长沙经开区IC产业跻身“国家队”	3
2015-07-07	谢 璐 王海燕 鞠文霞	中西部“第一县”的生态之路	1（转2版）
2015-07-22	——	立足本职 情系村民——长沙县黄花镇黄龙新村党总支第一书记王再德	19
2015-07-23	陈永刚 曲 直	九菜一汤，还有水果	5
2015-07-25	唐爱平	三一项目列入国家智能制造首批试点	4
2015-07-29	杨振华 文雪曼	长沙经开区总工会：打造“家”的新名片经验全国推广	10
2015-08-26	张福芳	金井：茶乡小镇的万种风情	16
2015-09-06	周云武	挺进“八强”——看逆势而上、持续进位的长沙县经验	1
2015-09-24	杨振华 邓 红 文雪曼	民生甘露润民心	7
2015-10-28	李曼斯 周云武	心忧天下敢担当——长沙县大胆探索“零碳县”之路	8
2015-10-30	杨懿文	坚持从严从实选人用人	7
2015-11-01	熊远帆	长沙经开区汽车产业马力足	1
2015-11-23	陶芳芳 鞠文霞	长沙县再获殊荣——蝉联中国“十佳”两型中小城市第一 居2015中国中小城市综合实力百强第六位	1
2015-12-30	杨懿文	全面落实从严治党要求 坚决抓好巡视整改落实	31
2015-12-31	——	2015——长沙县十件大事惠民生	6，7

人文拾萃

传奇人物 支持毛泽东从井冈山走进北京城的杨立三

修铁路、屯粮、屯棉、屯盐，他总能把后勤官变成先行官，做到“兵马未动，粮草先行”；

因其贤能，很多事情似乎非他莫属；

在毛泽东眼里，他又是那么忠心耿耿……

一、办农运，毛泽东赏识杨立三

杨立三，原名咏南，又名名世。1900年12月8日出生在长沙县尊阳都金井石壁湖（今金井镇金龙村）一个佃农家庭，后改名“立三”，是取“立言、立德，终在立行”的古训以自勉。

杨立三11岁进私塾读书，19岁投入湘军，1925年6月在金井组织雪耻会，1926年春在金井组织成立农民协会，任委员长。

1927年春，毛泽东到长沙县考察农民运动，从板仓出发步行15千米来到尊阳区脱甲乡许家屋场杨开慧嫡亲姨妈王十阿婆家，找来杨立三详细了解尊阳区农民运动开展情况。杨立三如数家珍作了汇报，还特讲到他家父是如何帮农会筹借2000元大洋活动经费的。毛委员对其大加赞赏。1927年1月杨立三光荣加入了中国共产党。

马日事变后，杨立三出走武汉，经郭亮介绍见到了周恩来。周恩来把杨立三介绍给了陈赓，要他随陈一起到叶挺任师长的第二十四师工作，杨立三到达第二十四师后，在新兵连当排长，先编入补充团，后编入警卫团第三营，警卫团团长为卢德明。因该团未赶上南昌起义部队，该团受命参加了毛泽东领导的湘赣秋收起义，被编为工农革命军第一军第一师第一团。杨立三从连队调到师部当副官。

关于杨立三与毛泽东在文家市见面的情形，杨立三有如下叙述：

“某日宿营时，我在师长处见到了几张草纸，上面是用五棓子浸水写的字，后来用矾洗显出来，见信后面署名的是‘毛泽东’。信上谈到第三团在东门作战不利，一团在金坪失败，要师部和一团向文家市进发，与第三团会师。由此我知道毛泽东同志来了，大家都非常高兴。”

“经过几天行程，我们到达了文家市，与第三团会师。毛泽东同志很快就来到了师部，与师首长们谈话直到深夜。我早就替他准备好住的地方，谈话结束后，便以万分高兴的心情把他接到这所屋里去睡觉的地方，仅仅是一张门板。当时，他穿着老蓝布农民衣服，脚穿草鞋，脚趾已溃烂。我问他的脚是怎么溃烂的？他告诉我，脚是由长沙来时爬山烂了的。我说，我早在报上看过他的《湖南农民运动考察报告》，他听了，惊奇地说：‘你看到我的《湖南农民运动考察报告》了？’我说：‘看到了，你那篇报告，对我们在湖南做农民运动的人来说，是一种很大的鼓励。他们总说我们‘过火’，实在呕气得要命。’他笑了。”

二、上井冈、驻延安，毛泽东倚重杨立三

在井冈山，杨立三根据前委指示，和师参谋何长工一道，在修水设计制作了中国工农革命军第一军第一师的军旗。这面红底、黄五星、五星中有镰刀斧头的军旗，是中国工农革命军的第一面军旗，这一时期，杨立三与人民军队的后勤工作结下了不解之缘。他坚决拥护毛泽东创建井冈山革命根据地，实行武装割据的正确主张。在毛泽东的直接领导下，他参与了包括废除薪饷制度、实行官兵待遇平等和经济民主制度、打土豪筹款、建立根据地财政、开展后方建设等新型人民军队后勤的创建工作。到井冈山后，他就根据毛泽东之命，开始抓井冈山的后方建设，很快建立了被服厂、修械厂、粮库等后方设施。1934年4月后，杨立三先后任军委后方办事处主任、总兵站部部长兼政治委员，统一领导后方军事机关。1934年10月，杨立三奉命筹措给养和资金，动员民夫，组织运输队，依靠人挑马驮，跟着部队艰难突围，迈上了漫漫长征路。

1935年8月下旬，右路红军开始过草地，周恩来随军行动，当时他大病脱险，但高烧不退，身体虚弱不能走路。彭德怀决定用担架把周恩来抬出草地，杨立三毅然报名参加了担架队。他整整六天六夜没有离开周恩来一步 硬是用手和肩膀把周恩来抬出了“死亡之地”，而自己却病倒了。

1935年12月，党中央决定渡过黄河天险东征抗日。毛泽东多次给周恩来、杨立三发电，要求在两天内修理好24只破船，筹集若干皮筏，准备500幅担架，以供渡河。当时，阎锡山的晋军已严密封锁了江面，时间非常紧迫，在料峭的寒风中，杨立三亲自前往前线建立兵站、勘察渡口、招募船工、修理渡船、制造皮筏，并亲自试渡，如期完成了任务，保证了部队安全渡河。1936年5月红军撤回时，

他又根据毛泽东的指示，亲自勘察河道，侦察敌情，在东岸敌堡林立、守军密布的情况下，从无定河口放船下行200余里，准确无误地到达清水关，接渡毛泽东、彭德怀所率的万余名东征红军和战利品安全西渡黄河。战后，毛泽东对杨立三进行了通令嘉奖。

1936年9月，毛泽东在延安接受了美国记者斯诺的采访。毛泽东在回答《苏维埃运动》专题时，说："这支领导农民起义的小小队伍，穿过湖南向南转移。它得突破成千上万的国民党部队，进行多次战斗，经受多次挫折。当时部队的纪律差，政治训练水平低，指战员中有许多动摇分子。开小差的很多。例如，指挥员余洒渡逃跑了。部队到达宁都时进行了改编，陈浩被任命为剩下来大约一团兵力的部队的指挥员，后来他也叛变了。但是，在这个最早的部队中，有许多人始终忠心耿耿，直到今天还在红军中，例如现任一军团政委的罗荣桓；现任军长的杨立三。这支队伍最后上井冈山的时候，人数总共只有一千左右。"

三、谋抗战，毛泽东点将杨立三

1939年1月中央军委为统一后方勤务各部门工作，决定成立军委后方勤务部，叶季壮任部长，杨立三为副部长。

1939年2月，朱德总司令、彭德怀副总司令筹建八路军后勤部。2月17日致电毛泽东、王稼祥、滕代远，"请从季壮、立三两人中无论如何抽一个来前方管理后方勤务工作。"毛泽东为此任命杨立三为八路军后勤部部长兼政委，并保留军委后勤部副部长职务。

1939年4月5日，朱德、彭德怀向全军通令："决组织集团军后方勤务部，任杨立三同志为该部部长。所有集团军供给、卫生、军事工业、兵站等部门，统归该员掌理。"原八路军后勤部副部长周文龙后来回忆："杨立三4月来晋东南任前总副参谋长兼后勤部长，兼边区政府财经委员会主任，同时兼冀南银行董事长。"

杨立三上任之日，正是国民党加紧推行"攘外必先安内"，多方限制八路军活动之时。国共两党原有协议，从1937年7月起，由国民政府按四万六千兵力供应经费物资，国民党却言而无信，不久便开始拖欠、克扣，至1940年1月便完全停止了供应。

从1941年至1943年，日军"扫荡"、国民党封锁，旱蝗灾害，严重摧残根据地的经济生活，抗日战争到了最困难的阶段。有时，连八路军总部伙房每天做的都是树叶、野菜加榆树皮面的糊糊或窝头，加点糠皮和麸子算是改善生活了。彭德怀和杨立三等总部领导人同大家一样吃这些东西。这时，正如毛泽东在《抗日时期的经济问题和财政问题》一文中所说的："我们曾经弄到几乎没有衣穿，没有油吃，没有纸，没有菜，战士没有鞋袜，工作人员在冬天没有被盖。国民党用停发经费和经济封锁来对待我们，企图把我们困死，我们的困难真是大极了。"

粮食是最重要的战略物资。杨立三一到晋东南，就通过调查研究，提出了屯粮、屯棉、屯盐的建议。这一着棋收到了明显的效果，为根据地渡过1941年至1942年最艰难的岁月作出了重要贡献。太行山西部的上党盆地，是著名的产棉区，而东部地区地少人多，粮价东高西低。1942年，杨立三获敌人要从产粮区低价收购粮食的情报，立即先发制人，组织在西线收购粮食21万担，并组织民力运往冀东冀南，不仅挫败了敌人抢购粮食的计划，还解决了根据地的军需民食。

军工科原来只有一个修械厂，百余名工人，只能修理一些枪炮和装填翻造子弹。为发展军工生产，杨立三将军工科扩编为军事工业部，与刘鼎、刘鹏两位部长一起，引进人才，建立制度，带领大家自己动手，白手起家，几年时间就建立起太行山军工生产基地。至1943年底，仅军工部的直属单位就达到10多个，职工1500多人，军工产品也发展到步枪、掷弹筒、迫击炮和各种子弹、炮弹等20多种，有力地支援了敌后抗战。

经济困难带来了物价上涨，货币工资不能保证兵工厂工人的生活需要。为了保证工人及其家属的生活，杨立三经反复调查研究，广泛征求意见，决定将按货币制订工资标准的办法，改为按实物单位计发工资的办法。这个单位，杨立三取名为"饻"（xi），含解决衣食问题之意。每"饻"含中等小米1千克，中等小麦0.5千克，食油25克，盐25克，中等土白布1平方尺，中等家用煤0.75千克，全部折合为小米，约2.25千克。发工资时，先按驻地每月15日中午时的市场价格计算饻值，然后乘以"饻数"，计算并发放工资。这个办法后来也用为计算军费。财政部原顾问、当年晋冀鲁豫边区政府副主席戎子和在他所著的《晋冀鲁豫边区财政简史》载："这种'实物分'制，一直实行到1950年物价稳定后才取消。""全国解放后，有一位著名民主人士（即章乃器先生）看到我们所定的供给标准和供给制度，极口称赞说'这是一门极其具体复杂的科学，共产党真了不起啊！'"

鉴于国民党政府发行之法币贬值并充斥边区市场，日伪又将在沦陷区搜刮的大量法币推向根据地，我发行之边币受到排挤，杨立三以冀南银行总行、边区工商管理总局名义作出《关于目前边区金融贸易问题的决定》，并经政府同意，以命令形式重申边币是边区唯一合法之货币，边区市场必须完全使用边币，否则以违法论处；军民手中所持法币，可按规定比价换成边币，严禁做外汇投机买卖。这一决定，对边币完全占领市场，胜利进行货币斗争，起了重要作用。

为应对日寇对根据地的经济“封锁”，杨立三组织后勤部机关率先开展生产节约运动，与参谋长滕代远一起，在1943年提出了历史上著名的《滕杨方案》。这个方案在总结敌后生产节约运动经验的基础上，大胆冲破了“一切归公”“反对私有”“个人积累劳动所得是富农思想”等错误观念的禁锢，提出了“生产有分工，劳动有报酬，公私两利”的方针，对集体和个人生产节约活动实行奖励。这在实行供给制的条件下，无疑是破石惊天之举。

当年实践，当年丰收。1944年，太行区部队开荒8172亩，人均3亩多，可自给3个月的粮食和全年的蔬菜，补贴了油盐，还减轻了人民负担约公粮10万石。太岳区部队开荒58000多亩，为上年的9倍，产粮25400余石，可减轻人民负担30%。至1945年年底，仅八路军总部（含第一二九师）一级就结余经费4841万元，为随后的解放战争奠定了较好的经济基础。《滕杨方案》有力地促进了生产节约运动的健康持续发展。

次年1月10日，毛泽东主席在陕甘宁边区劳动英雄和模范工作者大会上讲话说：“在目前条件下，为着渡过困难，任何机关、部队都应该建立起自己的家务。不愿建立家务的二流子习气是可耻的。还应规定按质分等的个人分配制度，使直接从事生产的人员能够分得红利，借以刺激生产的发展。”这也是对《滕杨方案》极好的肯定。

四、攻老蒋，毛泽东再点杨立三

解放战争中，杨立三任军委后勤部部长兼晋冀鲁豫中央局常委、经济部长，继续留在根据地，全面领导根据地的工商、贸易、矿山、工厂、交通、农业、银行和军工生产工作，致力发展根据地的经济实力和军工生产能力，努力把根据地建成我军战略反攻的大后方，同时也为建立统一的全军后勤积累经验。

1945年11月，杨立三从战略发展角度谋划提出的邯（郸）涉（县）轻便铁路的建设方案得到批准，并在他主持下动工建设，这条长100.6千米的铁路于1948年10月建成通车，是共产党领导人民修建的第一条铁路，被中央军委副主席周恩来称为“中国历史上的一奇”。

1947年5月，杨立三兼任华北财经办事处副主任，协助主任董必武工作，负责领导各解放区（不包括东北）的军事供应和军事交通工作。

1947年6月30日夜，刘、邓大军强渡黄河，拉开了人民解放战争战略进攻的序幕。作为军委总后勤部长的杨立三，当时还有名无实的后勤部需要他去创业。时任晋冀鲁豫野战军司令、政委的刘伯承、邓小平，却硬是拽住不放，请求中央让杨立三继续留在晋冀鲁豫。

8月30日，毛泽东主席为中共中央起草电报致朱德、刘少奇、董必武、薄一波并转各中央局、各野战军和各军领导：“同意在中央工委和华北财办领导下，统一各地兵工生产计划和指导，调杨立三主持其事，管理范围可限于华北、西北等五大解放区，以晋冀鲁豫为中心来分配和调剂各区的生产、器材、技术、干部和产量，办公地点以设在邯郸为宜。东北兵工仍由自己经营。”

9月，随着刘邓大军挺进大别山，陈谢、陈粟大军相继渡河，挺进豫西和鲁西南。至此，三路大军成品字形阵势，向国民党军展开了大规模战略进攻。9月22日，中央军委电示：“晋冀鲁豫中央局负责统筹刘邓、陈粟两野战军及陈谢兵团的后勤供应。”此时的晋冀鲁豫边区已成为我军大反攻的战略后方基地。

刘邓大军4个纵队13万人，千里跃进大别山。兵马未动，粮草先行，除全力搞好武器弹药的补给外，杨立三还部署造船200余艘，保证部队南渡黄河。又根据部队千里跃进，无后方作战的特点，他组织“小后勤”随军南下，把过去积攒下来的黄金、白银拿出来，供应出征部队，仅一次就派人带骡马驮100万银元和一批金子随军保障至湖北黄安。9月上旬，又装载6汽车银元运至河南安乐县，交给后续部队。

1948年初，人民解放战争进入夺取全国胜利的决定性时刻，杨立三返回总部，组建军委后勤部，协助军委副主席周恩来，协调各战略区的后勤工作。杨立三按要求每晚10时至次日凌晨2时，至周恩来处办公，处理财经和后勤工作。淮海战役前夕，1948年7月，受周恩来之命，杨立三去华东前线组织协调后勤保障工作，1948年9月1日济南战役即将开始，华东野战军代司令粟裕等请求派杨立三参加战役的后勤指导获中央军委同意。杨立三几度风尘仆仆，来往于总部与华东前线，他又是组织济南解放后我党接收第一个大城市的工作，又是处理华东主力南下后在黄河以北留下的后方7万余人（其中有伤残人员1万余人）的棘手事宜，更要组织协调两大野战军、三大军区、五个省联手的战役后勤保障工作，夜以继日，来往奔波，不遗余力，为淮海战役的胜利作出了重大贡献。整个淮海战役，依靠3大战略区、两大野战军和苏、皖、鲁、豫、冀5省通力合作，共筹粮4.8亿千克，动员民工543万人，大小车88万辆，前送弹药730万千克，后运伤员11万余名，胜利地完成了极为艰巨的战役后勤保障任务，并为全军后勤工作由分散走向统一积累了宝贵的经验。

在许多重大转折的关键时刻，杨立三总能把他这个后勤官变成先行官，做到“兵马未动，粮草先行”。

身处晋冀鲁豫山沟里的他，竟能捕捉到世界粮农组织的声音。他从粮农组织的报告中得悉世界和美国棉花生产的动向，判定蒋管区棉花供求的趋势，从而制订边区相应的管制棉花政策。

他早早就判定在解放大城市时必须就近屯粮，预见到入城后往往不能“就地取给”，反而要就地供应市民用粮。由此，杨立三曾建议中央，在即将解放的大中城市附近及早屯粮，为解放大中城市和解放后的城市恢复工作做好准备。1948年11月，周恩来起草中共中央至各中央局电称：杨立三同志提议，不仅适用于华北，亦适用于所有解放区。我们不仅要为新解放的大城市控制粮食，而且首先应为在大城市附近作战的大军准备粮草，不仅为大城市人民准备粮食或其他燃料，更重要的应为农民准备好合作社机构和贸易运输组织，以便在城市解放后组织农民输出余粮供应城市，收购城市中的货物供应农民；

淮海战役中，在围歼黄维集团的关键时刻，当大批炸药和手榴弹通过杨立三主持修建的邯涉铁路运到几乎弹尽粮绝，就要进行白刃格斗的中原野战军手中时，作为战役最高指挥员的刘伯承、邓小平，对杨立三的远见卓识，都表示出钦佩之情。

五、情意深，毛泽东非常关心杨立三

1949年10月，杨立三被任命为中央人民政府革命军事委员会总后勤部部长兼中央人民政府食品工业部部长和全国财经委员会委员。1953年改任中国人民解放军财务部部长。

杨立三长期艰苦工作，因其贤能，许多事情好象又是非他莫属。终因积劳成疾，于1954年11月28日在莫斯科克里姆林宫医院逝世。

杨立三的一生是供给制的一生。他亲自领导制订了薪金制条例，却在实行的前一个月离世。他没有拿过一块钱薪金，当然也与同时实行的军衔制无缘。杨立三是一个和党只共患难而未享安乐的人。

杨立三在前方主持后勤工作，其人身安危毛泽东十分牵挂。

1942年5月25日，日军向根据地发动了空前规模的夏季大“扫荡”，八路军总部遭到合围。总部决定由彭德怀率总部和中央北方局，罗瑞卿率野战政治部，杨立三率后勤部，分三路突围，左权殿后掩护。彭德怀突围成功，左权却壮烈牺牲，罗瑞卿、杨立三突围后又中敌埋伏，一度失去音信。5月27日，刘伯承、邓小平向延安发电，汇报突围情况。毛泽东、朱德接电后甚为焦虑，毛泽东当即亲自起草电报给刘、邓并转彭德怀问讯突围进展情况。电报全文是：

刘、邓转彭：

感日五时电悉。总部被袭，左权阵亡，殊深哀悼。瑞卿、立三已否脱险？甚念。

毛泽东、朱德

1951年夏，杨立三请求回乡省亲，毛泽东主席亲自指示，准许杨立三同志回乡探母，并亲批400元大洋给他偿还家乡革命债；1952年杨母去世，立三回乡葬母，周恩来总理送上祭幛，亲题“光荣母亲”四个大字；1954年杨立三身患重病，毛泽东主席指示：送国内最好的医院救治。杨立三逝世，毛泽东主席送花圈，刘少奇等党政军中央主要领导前往追悼，彭德怀、贺龙、徐向前、聂荣臻、叶剑英等吊唁并参加守灵，周恩来总理介绍生平，并亲自执绋送灵。

周恩来在追悼杨立三大会上讲话称：“杨立三同志从一九二七年参军起，就安心于后勤工作和财务工作，没有个人打算，不讲价钱。当有些同志还在错误地轻视后勤工作时，杨立三同志即已认识到后勤工作和财务工作是我军建设中的重要部分，深刻地体会到后勤工作和财务工作在保障战争胜利中所起的重大作用。因此，杨立三同志在各个时期的各种情况下，都能把个人的利益服从于党的需要和革命事业的需要，愉快地接受党所分配给他的任何任务，为完成这些任务而忘我地贡献出自己的一切。”

“杨立三同志革命的事业心和埋头苦干、不计较个人得失的精神，是共产党人和革命军人的楷模。”

（作者：黄柏强 周庆炎）

史海钩沉

抛砖屋场的怀念

抛砖屋场坐落于湖南省长沙县春华镇武塘村那风光秀丽的大镜园。别看这是栋简单的土砖屋，用村民的话说，这可是个住“大脑壳”的地方！在20世纪六七十年代，作为湖南省委工作组在乡村的驻地，这里曾先后住过张平化、毛致用、华国锋、王震、陶铸、程潜、雷洁琼、胡愈之、周立波等高级领导人。他们在这里居住、工作、劳动，身为省委书记的张平化、省长程潜，在这里一住就是数年，连当地的细伢子，都认得他们！

他们刚来时，所有的干部都分散住在社员家中。那时叫“三同”，同吃同住同劳动。当地有几位八九十岁的老人，总喜欢回忆那时的情景，他们至今还念念不忘：华国锋和我们扮过禾，毛致用和我们插过田，张平化和我们铲草皮，王震和我们栽红薯……我们同搞劳动，同住土砖屋，同呷小菜饭！后来来春华的干部，越来越多，为方便下乡干部的工作、生活，也为了不多打扰当地农民，张平化提出在这里建一栋永久性住房。

以后建的这栋房，为什么又叫抛砖屋场呢？这里，还有个蛮有味的故事呢——

一

抛砖屋场，是杜修经取的名。

杜修经是湖南著名的民主人士，也是一位充满传奇色彩的革命家，大革命时期，早在1928年，他就代表湖南省委，四上井冈山，成为知名的党史人物。可他一生曾三次入党，又两度脱党，新中国成立后成为著名的民主人士。

1963年，杜修经随省委书记张平化，最早来到春华镇武塘村蹲点。

张平化决定将省委工作组建在武塘合兴队大镜园的山脚下。建房任务全权委托给合兴队队长黄松贵。张平化再三嘱咐：建房水平按当地一般标准，不能超标。檩木就用当地土杉树，盖瓦用当地窑烧小瓦，砌砖也用当地人做的泥巴土砖，房子刷白就行。

偌大的抛砖屋场，以后张平化、王延春、李瑞山、华国锋、苏钢这几位省委正、副书记一住数年的省委工作组驻地，当时所有建房费用，包括全部建房材料，全部人工工资，总共只花3000多元，足见当年建房之节约、简陋。

那天阳光灿烂，社员正在热火朝天建房，张平化和杜修经来看房子了。

他们说说笑笑来到建房的前坪。张平化说：“我们建这栋房子，有人说，就叫省委工作组得了！我觉得，屋场还是应该取个名字。杜老，您说，叫什么好呢？”

人们知道，张平化极其尊重杜修经。唯其深厚的历史背景，平化书记尊重他；也唯其是一位民主人士，平化书记尊重他，而且是更真诚地尊重他。

那时农村建房，砌墙大都用土砖，墙砌一人多高后，下面做小工的，就把土砖一块块抛上去，砌墙师傅站在墙上，一块一块，接着砌。杜老眯着眼，望着这砌砖的一抛一接，一接一抛，觉得颇有意思。良久，他突然灵机一动：“书记，我们这屋，是不是就叫抛砖屋场？”

张平化一愣，他看着砌匠们那有规律、有节奏的动作，也正看得入了神……

“什么，抛砖屋场？”他一时也陷入沉思。突然，他一声大叫：“哇——好！抛砖屋场，好！”

心有灵犀，他和杜老几乎同声叫出：“抛砖屋场——抛砖引玉！”张平化抓着杜老的手直摇晃：“好，就叫抛砖屋场！抛砖引玉，抛砖引玉——我们就是来抛砖的，引这之玉，引全省之玉！”

新屋建成后，张平化拍板，这里就叫抛砖屋场了！杜老深感张平化厚待、知遇之情，在这里工作两年后，才奉命调离而去。从此，他再没回来。据说，直到2007年，他在湖南文理学院因病去世，享年101岁。

二

抛砖屋场建成后，张平化和其他省委领导就在这里安营扎寨了，从1963年到1966年这几年间，张平化基本居住、生活、工作、劳动在这里。省里会议他去一下长沙，结束后他马上返回春华。那时省里的厅长、局长要汇报紧急工作，也只得驱车春华武塘了。就连当时的中央农垦部部长王震，中南局书记陶铸来湖南，他们也直奔春华，他们知道，张平化不是在抛砖屋场办公，就是在田垄中插秧、扮禾，一找一个准。

省委书记、省长来了，省军区领导也蹲点来了，省会文艺团体几大剧团，如省京、省花、省湘、省木、省曲艺团等等，都来了！他们也和农民“三同”，同吃、同住、同劳动。劳动休息时，站在田垄中，就为农民唱歌、唱戏，我记得，后来成为著名歌唱家的李谷一，当时还是省花鼓戏剧院的年轻演员，社员吆喝她唱得最多的，就是《刘海砍樵》；而后来成为著名戏剧表演家的钟宜淳、彭复光，则为社员献上一段他们的拿手戏《补锅》！一有闲余，他们就教民兵练枪，教老农学文化，教年轻农民学唱歌、学唱戏……而他们自己，也拜农民为师，在田垄，在山上，学扯秧，学栽菜，学种棉花……2012年，《湖南日报》发表了一篇专稿《春华当年好热闹》，就再现了当年春华干群齐心建设新农村那热闹空前的场景。当时张平化经常讲："群众是真正的英雄！干什么事，我们都要走群众路线。密切联系群众，是我们共产党的优良传统，我们一定要发扬光大！"当时，干群关系融洽，鱼水一家亲的场面，真是随处可见。从生产队、到公社、到抛砖屋场的省领导，那时什么事都喜欢问群众，春华的几个机台建在何处？武塘的高产农田又选在哪里？张平化亲自带着去看，去勘察，他身边跟着的，不仅有春华的各级基层干部，更多的，是张平化点名请来的那些经验丰富的老农民。闻名全国的《活人碑》主人公石庚全，每次必到。每次张平化总要问："石庚爹来了没有？"他们后来成了莫逆之交，石庚爹从不叫张平化为书记，他口口声声，只喊他张大爹。当时春华的人都知道，碰到六十岁以上的老人，张平化一见不是握手，而是作揖，弄得那些老农民诚惶诚恐，不知如何是好。直到后来听了省文联主席周立波的建议，张平化从那以后才改为握手了。

那时，长驻抛砖屋场的省委工作组领导，对分布在春华各大队蹲点的干部，都制定了坚持走群众路线，密切联系群众的严格的规章制度，比如要坚持"三同"的规定，比如：每月要在住户住多少天，每月要参加多少天田间劳动，每月要搜集多少条群众意见，为群众解决了多少个问题，等等，都有详尽的规定。而且，每月必有检查督促，每月公布通报。

那时，我家就住在抛砖屋场旁边，同属一个生产队。当时我担任大队团支部书记、公社文化站站长。所以，我经常到抛砖屋场去玩，去汇报工作。那时有个细节，我记得最清楚，就是抛砖屋场有间专门的劳动工具房，干部每人配有一把锄头，一根扁担，一个草帽，一套雨衣；从张平化、程潜排起，每人都有一套，而且工具上面都贴有名字。去参加劳动时，拿着你自己那套去，散工后再交回来。那时干部参加劳动，绝不是摆样子，从这一细节，就足见真假。

凭借当年我或亲历、或耳闻、或目睹抛砖屋场的一些生活片断，近些年，我写出了《华国锋扮禾》《毛致用插田》《张平化请客》《陶铸送稻种》《程潜送藏书》《周立波租房》等系列回忆文章，先后被长沙市委党刊《长沙通讯》和省档案局《档案时空》等报刊发表、转载。抛砖屋场这颗沉睡几十年的明珠，闪烁出它耀眼的光辉。

当年，湖南省委就是凭借抛砖屋场这个指挥所，凭借省委的这块"试验田"，而摸索、引导、指挥全省的农村、农业工作。而我们当时的春华，则由于省委领导亲自蹲点，农业快速发展，而成为湖南省的农业高产典型。我们春华镇在全省第一个跨"纲要"，尔后，又在全省吨粮田大会战中，连续三年获得全省第一，三年连续夺取金杯，由此成为金杯的永久得主，而后在全省流传出"三夺金杯"的佳话。

三

"文化大革命"结束后，新一届省委书记毛致用又来春华蹲点。他真诚地去拜谒抛砖屋场，聆听当地农民讲述当年干群"三同"的故事。他也和张平化一样，继续发扬密切联系人民群众的优良作风，和春华人民一道，商量着更快发展春华农业的蓝图。为彻底解决当地干旱严重的境况，他亲自去争取到国家水利投资500万元，尔后，发动春华周围谷塘、黄花几个乡镇的人民，投工6万个，终于在春华境内修建起号称"天下第一槽"的春华高架渡槽，从而使上游的红旗湖水经过春华渡槽，欢快地流向下游的几个乡镇，灌溉滋润了数万亩干涸的农田，充分保障了春华农业的持续高产，及在全省一直领先的地位。

新世纪后的今天，"杂交水稻之父"袁隆平，也把他的杂交稻试验基地选在了春华。春华农业长盛不衰，直到今天，仍有"湖南农业看春华"的美誉在传颂。春华农民常说，是抛砖屋场给我们带来了好运！是抛砖屋场为我们引来了连年的丰收。这以后春华镇的历届党委、政府成员，和春华农民一样，有事没事，都喜欢到抛砖屋场来看看，来转转，他们都怀念着那段火红的岁月；怀念着当年抛砖屋场的主人在春华生活、工作、劳动的珍贵时光……

可惜的是，很长时间里，密切联系群众的优良传统被一些人忘记了。好在十八大以后，党中央审时度势，及时开展了覆盖全国的群众路线教育活动。我们的干群关系开始发生变化，老传统又焕发出新的光芒。水可载舟，水亦可覆舟。如果我们丢掉了群众路线，如果我们没有人民群众的支持，那，轻则民心丧失，重则亡国亡邦。这不是危言耸听，这是我们应该直面的现实！党中央为什么要开展如此广泛、深入的群众路线教育和实践活动，不正说明了这点么？！

而今，抛砖屋场已先后成为知名的春华历史传统教育基地、春华红色农村党性教育基地、春华青少年德育教育基地，并列为重点文物保护单位。

在党的群众路线教育实践活动中，春华镇党委、政府，经常组织基层干部，和党员群众拜谒抛砖屋场，用抛砖屋场这个鲜活的教材，教育干部和党员牢记抛砖屋场的过去，来传承、延续我们的今天！抛砖屋场，是当年践行群众路线的平台；抛砖屋场，是今天教育我们密切联系群众的课堂。她将历久而弥新。站在抛砖屋场的前坪，镇党委书记魏检、镇长张荣深情地说：抛砖屋场怀念的，就是当年省委那种坚持走群众路线、密切联系群众的优良作风。我们今天要延续的，就是那种传统，今天我们要发扬的，就是那种精神！这是党的要求，这是人民的迫切期望，这也是历史赋予我们共产党人的神圣职责！

世事沧桑，岁月流逝。当年曾在抛砖屋场生活、工作、劳动过的中央和省委一些领导同志，而今大都作古，驾鹤西去。抛砖屋场深情地怀念他们，春华人民永远地纪念他们！斯人已去，可抛砖屋场还在，我们将薪火相传，让抛砖屋场的精神，传统，传承到今天，延续到永远。

抛砖屋场前的青松苍翠，抛砖屋场的故事，将永远流传……

（作者：章资超，原载于《湖南日报》2012 年 12 月 27 日 F2 版）

秀美山川　“香格里拉”变身有机第一镇

地名来源：双江原因承祖寺而得名承祖乡，1928 年至 1935 年期间，其红色政权隶属于平江县第二十区管辖，1956 年改为双江乡，因境内由金井河源头之一的石湾、石板两条小河交汇于去往平江的双江桥而得名。后来双江短暂归属金井公社，2002 年，撤乡改镇。

区划调整：原双江镇面积 66.4 平方千米，人口 2.2 万。2015 年 11 月金井镇和双江镇合并为金井镇，镇政府驻地为现金井镇政府机关，合并后辖区总面积 210.8 平方千米，总人口约 6.5 万人。

驱车从 207 省道去双江，从金井集镇经过不到 15 分钟，就到了双江集镇。“这座小桥本地人叫双江桥，就是双江地名的由来。”在原双江镇工作了 4 年，并镇后成了金井镇副镇长的沈建强向记者指出，进入双江集镇前一座双向两车道的单孔石桥，而以前这个小桥只有 1 米来宽，却是从长沙县经过双江去往平江的必经之路。双江北东南被幕山及罗霄山脉余脉三面环抱，长沙县最高点龙华山矗立其间。这里是长沙县最偏的一隅，被称为“长沙县的香格里拉”，这里深藏着最动人的民俗，有着最美丽的乡愁。

A 红色记忆

289 个墓穴埋藏烈士忠骨

安详的远山，静谧的稻田，龙潭寺晨钟暮鼓延续千年，在这个似乎宁静出世的山乡，人们却有着刚烈入世的性格。

“明初，朱洪武血洗湖南，双江兵祸和瘟疫盛行。战乱中，江西人搬迁至此定居下来，于是成了当代双江人的祖先。追溯自明代以来双江籍人在历朝为官，诸如先锋将官、府台、县令不乏其人，尤其近代，自大革命以来，双江有 289 名烈士长眠，占全县烈士的一半多。”史载，这里曾是湘鄂赣苏区的一部分，当年风起云涌时还曾率先在石井村瓦厂山大屋挂起苏维埃政权的牌匾。赤卫队员、游击战士以及农会积极分子前赴后继投奔红三军团第十六军，双江两百多名烈士牺牲于江西三次反“围剿”战斗中。

踏入双江石板村，刚转过一个弯，就看到雄浑的大理石烈士方尖碑和龙华山融为一体。如今，由吴文炳烈士墓扩建而成的长沙县烈士陵园建于此处，289 个墓穴安放着烈士的遗骨、遗物。2015 年清明，从四面八方来双江祭祀先烈的车队让双江顿时人声鼎沸。

历史的痕迹随处可见。“这是父亲当年参加赤卫队留下的武器。”龙华村李家坡组 8 旬村民陈来新向记者展示前些年拆老屋时在屋檐下找到的一把锈迹斑斑的梭镖。而石板村张家塝组千年古樟曾是地下党组织秘密联络点和红军哨所，也留下众多故事。

B 非遗重生

滚灯车走出大山

“明清时期兴盛一时的双江赤马殿庙会曾吸引方圆百十里乡邻，到 20 世纪 40 年代末，赤马殿的锣鼓亭子会、滚灯会、秧歌会、戏剧会等 50 多个社团活跃于民间。”70 岁的原双江镇文化站退休老干部、“非遗”文化传承人吴乐华从父亲手里接过沉寂了数十载的技艺，捣鼓出一些当年最时兴的玩意儿——滚灯车，让这些几十年间接近失传的民间瑰宝重生。

滚灯车结构分为八方内灯、八方外架、滚灯把、木轮等部分，内灯架纸面描有花鸟虫鱼，古色古香。吴乐华现场演示：点灯后推动车把，八方灯架随着木轮周转，内灯透出的烛光顿时活起来，众车齐舞则群灯闪耀，颇有气势。以“三星高照”、“玉女穿梭”、“太极圈”等表演形式，配上乐队用锣、鼓、笛子演奏《送春归》、《梅花歌》等曲牌，就形成了一个完整的艺术形态。2007年，双江滚灯车、锣鼓亭子一起被列为第一批长沙市非物质文化遗产。如今，这些文化遗产有了最好的落脚点，在双江中学，学生们把滚灯车运动融进了集体广播操，将双江的过去与现在连接在一起。

C 美丽乡村

有机小镇开启新生活

双江三面环山，而西面向金井敞开怀抱，金井、双江地理相通，文化相近。镇名虽然消失，但是发展不会停滞。

“生态、有机就是我们的第一资源。省食品测试分析中心检测曾显示双江‘纯净米’的重金属含量低于国际标准1/10。”沈建强介绍，未来的双江片区和同样生态资源优良的原金井片区将有效整合，打造长沙县北部“有机第一镇”。一批有机农产品已经渐渐打出知名度，其中湖南著名地理标识产品“罗代黑猪”在这方水土生长，肉质鲜嫩，含有钾、钙、钠、铜、镁、锌等40余种有益微量元素。

68%的植被覆盖率，使得双江的空气中富含对人体健康有益的负氧离子，形成了一个“天然氧吧”。随着旅游4.0时代的到来，双江在乡村旅游和休闲养生领域也越来越受到青睐。

长沙县第一高峰龙华山的历史悠久，自唐代以来，佛家、道教就仰其峰高锦秀，均造寺庙于峰峦，结缘该山之灵气。目前，龙华山一带先后建有五座庙宇。龙华山泉水质优良，经由金井河汇入捞刀河，是捞刀河发源地之一。如今已有企业在山上开发山泉水资源，而一个投资10多亿元的龙华山生态资源开发项目也正在酝酿中。

（作者：胡益虎、涂立峰，原载于《长沙晚报》2016年2月29日A11版）

说 明：

1. 本索引采用分析索引方法，按索引词首字汉语拼音音序排列，首字音序相同者，按第二字音序排列，依此类推。
2. 类目、分目、副分目标题以及人名作索引词的均用黑体字标明。
3. 索引词后的阿拉伯数字表示内容所在页码，拉丁字母 a、b、c 分别表示左、中、右栏（仅有左、右两栏时则分别以 a、b 表示）；索引词后括注“图”“表”字样的为图或表。
4. “特载”“专文”“大事记”“统计资料”“综录”中部分内容未作索引。